亲子沟通

父母的语言

刘慧滢 / 编

吉林美术出版社 | 全国百佳图书出版单位

图书在版编目（CIP）数据

亲子沟通.父母的语言/刘慧滢编.－－长春：吉林美术出版社，2022.7

ISBN 978-7-5575-7278-5

Ⅰ.①亲… Ⅱ.①刘… Ⅲ.①家庭教育 Ⅳ.① G78

中国版本图书馆 CIP 数据核字（2022）第 118591 号

FUMU DE YUYAN
父母的语言

出 版 人	赵国强
编 者	刘慧滢
责任编辑	栾 云
装帧设计	于鹏波
开 本	880mm×1230mm 32 开
印 张	5
印 数	1—5000
字 数	128 千字
版 次	2022 年 7 月第 1 版
印 次	2022 年 7 月第 1 次印刷
出版发行	吉林美术出版社
地 址	长春市净月开发区福祉大路 5788 号
	邮编：130118
网 址	www.jlmspress.com
印 刷	天津海德伟业印务有限公司
书 号	ISBN 978-7-5575-7278-5
定 价	198.00 元（全 5 册）

前言 Preface

在育儿过程中,亲子之间的语言沟通始终占据着十分重要的位置。相关研究表明,社会地位、经济水平、种族、性别等因素,都是影响孩子学习能力的重要因素,但能够影响孩子学习能力甚至影响孩子一生的关键因素,是父母的语言。

随着孩子渐渐长大,父母会发现无论自己怎么苦口婆心地劝说,如何费尽心机地教导,孩子好像就是不明白,不能照做。父母看在眼里,急在心里,巴不得立刻让孩子明白对和错,乖乖听话。可是,成长并不是一朝一夕的事情,沟通也不是着急就能做好的。有时候,越着急就越容易出错,不但不能起到正确的引导作用,还会危害亲子之间的感情。

孩子不愿意与父母沟通交流,其实很大程度上是因为父母没有学会如何跟孩子说话。比如:孩子没有考好,父母就会用各种难听的话来数落孩子:"你真笨!怎么连这么简单的题都不会做?"或是直接给孩子贴标签:"你天生就不是个读书的料!"……

父母以为孩子听了这些话,就会幡然醒悟,从而好好读书。事实上，这些话语只会让孩子离父母越来越远，越来越不愿意与父母交流，因为孩子需要的是一个接纳他们感受的人，是一个能够倾听他们内心需求的人。

因此，父母对孩子的语言并不是简单地说话而已，目的是沟通。父母要怎么说，孩子才会听？这是值得每一对父母长期研究的"课题"。父母只有会交流，孩子才愿意与之沟通。而只有亲子之间沟通顺利，父母的语言才会对孩子的现在及其未来产生不可估量的影响。

在与孩子说话时，父母应多用开放的、激发孩子思考的问话。如：发生了什么事？你觉得问题出在哪里？以后发生类似的问题你会怎么做？现在你的打算是什么？你想要什么结果？等等。当孩子不断得到父母的支持后，就会对父母产生越来越深的信赖感。

在与孩子进行日常交流时，父母少用"我命令你……""你最好赶快……""我数一、二、三……否则……"这样带有指挥、命令、责备等负面意义的语言，多用"咱们一起""你看这样好不好"等商量的语言与孩子交流，会减少孩子对父母教导的抵触，减轻或消除亲子之间的隔阂，从而与父母之间形成温馨友爱的沟通氛围。

本书搜集了上百个精彩案例，从倾听、提问、引导、肯定、尊重、批评六大方面向父母传授和孩子交流的技巧，解决父母与孩子交流中所遇到的难题，让每一位父母都能够掌握与孩子沟通的正确方式，与孩子建立起彼此尊重、相互坦诚的亲子关系，开启幸福、快乐、和谐的生活。

目 Contents 录

第一章 有时无声胜有声，父母应学会使用无声的语言
1. 要想和孩子沟通，就必须学会倾听 / 002
2. 孩子不愿说的话，会从眼里流露出来 / 006
3. 时刻告诫自己，要让孩子把话说完 / 010
4. 边听边思考，听懂孩子的弦外之音 / 014
5. 与孩子沟通时，你的表情会出卖你的心 / 018
6. 孩子不愿沟通时，一封信可抵千言万语 / 022

第二章 批评的方式对了，才能起到教育孩子的效果
1. 孩子要面子，把批评的话语留到回家再说 / 028
2. 父母的贬低和否定，会让孩子停止爱自己 / 032
3. 幽默，是批评的最高级形式 / 036
4. 孩子最讨厌的批评方式——翻旧账 / 040
5. 借助沉默的力量，引导孩子自省 / 043
6. 只批评自家孩子，别表扬他人孩子 / 047

第三章 激励是个"技术活"，可不是夸两句那么简单
1. 学习不是交易，真正的激励不需要"行贿" / 052
2. 不一定要听父母的，孩子可以自己拿主意 / 056
3. 夸奖孩子聪明，不如称赞他们努力 / 060

4. 孩子的进步再小，也值得被肯定 / 065
5. 得到的肯定越多，孩子的闪光点就越亮 / 068
6. 别再说"你真棒"了，夸奖要走走心 / 071

第四章 掌握孩子的心理，才能引导他们的行为
1. 父母变身为朋友，孩子更容易敞开心扉 / 076
2. 站在孩子的角度，有助于看清孩子的世界 / 081
3. 巧用激将法，让孩子变得"顺从" / 084
4. 亲子"谈判"时，避免被孩子牵着鼻子走 / 089
5. 说服不了孩子时，试着讲个故事 / 094
6. 有的话不必明说，积极的暗示就管用 / 098

第五章 即便是聊天，孩子也需要父母的尊重
1. 管住嘴巴，不要把孩子的隐私说出来 / 103
2. 争吵也是一种沟通，但要保持理智 / 107
3. 父母也会犯错，错了就要道歉 / 112
4. 孩子也有权"参政"，有必要听听他们的意见 / 117
5. 在民主的家庭氛围中，孩子更健谈 / 121
6. 别拿孩子开玩笑，也不要取笑孩子 / 126

第六章 父母会提问，才能得到想要的答案
1. 再多的疑问，一次也只能问一个问题 / 131
2. 反问式的提问，只会让矛盾升级 / 135
3. 审问式提问，会让孩子"自动防御" / 139
4. 想得到真实的答案，就不要假设为先 / 142
5. 答案不确定时，先不要归罪于孩子 / 146
6. 多一个选择，孩子更容易找到答案 / 150

第一章

有时无声胜有声,父母应学会使用无声的语言

亲子沟通不仅仅是说话而已,愿意倾听的态度、说话时的表情、赞许的眼神,以及恰到好处的语言,都是沟通中的一部分。

有效沟通的前提,是父母充分了解孩子的心声,这样才能将话说到孩子的心里去。这就意味着,在与孩子沟通时,父母首先要学会倾听,将说话的权力交给孩子,让孩子畅所欲言,不受任何干预地表达。只有孩子愿意表达了,父母才能走进孩子的内心世界;只有父母愿意走进孩子的内心世界,孩子才愿意进一步对父母敞开心扉。

父母的语言
FUMU DE YUYAN

1.要想和孩子沟通,就必须学会倾听

> 在传统的教育理念中,父母认为好孩子的标准就是一切听从父母的安排,一切反驳父母的行为都被视为忤逆不孝的表现。就算现在已经到了21世纪,拥有这种传统观念的父母仍不在少数。但是,父母一味地说,让孩子一味地听,就能让亲子之间的沟通顺利进行吗?

▶ 沟通误区

小景上了初一后,选择了住校,每个星期回家一次。每次回家,妈妈都会拉着小景说个不停。

"小景,学校的饭菜好吃吗?"妈妈问。

"还行吧。"小景回答。

"妈妈就知道做得不行,肯定没有妈妈做得好吃。"妈妈紧接着又问,"在宿舍里跟其他同学相处得怎么样啊?"

"挺好的。"小景回答。

"要是有人欺负你,你可要告诉爸爸妈妈呀,爸爸妈妈给你出头去。"妈妈说。

第一章
有时无声胜有声,父母应学会使用无声的语言

"妈,没人欺负我。"小景无奈地说。

"你这孩子呀,从小就老实,别人欺负你了,你都不敢告诉老师。有多少次都是妈妈发现了你身上青一块紫一块的,才知道你被人欺负了。"妈妈说。

"哎呀,妈,真的没有人欺负我,你要我说多少遍你才相信呀?"小景有些急了,语气也有些冲。

妈妈听了,感到很委屈,说道:"哎,你这孩子,怎么这么不懂事呢?妈妈担心你,你还发起脾气来了。"

妈妈的话,让小景感到很无语,他怕妈妈再说起来没完没了,赶紧躲回了自己的屋子里。

看着小景紧闭的房门,妈妈心里更加难受了,她很怀念那个小时候总是缠着她说话的儿子,她觉得儿子越大,跟她越不亲了,什么话也不愿意跟她讲。

▶ 现场指导

大部分父母都存在这样的问题:孩子只说了两个字,父母就借题发挥一长串的话语;只要认为孩子做得不对,就会马上对孩子进行指责和埋怨;在孩子解释时,往往孩子刚刚开了一个头,就被无情地打断,至于孩子究竟要表达什么,很少有耐心听下去。

作为沟通过程中经常占据主动的一方,父母往往意识不到自己已经犯下了错误。孩子愿意跟父母说话,是因为希望父母听他们说话。若是孩子说了半天,父母却依旧用自己主观的理解去看待孩子诉说的问题,那么孩子就会产生"说了也白说"的想法,从而变得不愿意跟父母说话。

父母的语言
FUMU DE YUYAN

孩子的思想需要通过语言表达出来，如果父母不愿意倾听孩子的心声，怎么可能全面地了解孩子呢？不了解孩子，与孩子沟通时就会很费劲。俄国教育家乌申斯基说过："如果教育者希望从一切方面去教育人，就必须从一切方面去了解人。"从这个意义上说，真正的教育是从心与心的对话开始的，耐心地倾听，是父母对孩子的尊重与接纳。

走进孩子的世界，要从倾听他们内心的声音开始。这一点，从父母自身的体会就能够得到证实。在与人交谈时，我们是喜欢与喋喋不休的人谈话，还是喜欢和能够倾听我们心声的人去交谈呢？大部分人都会选择后者，一个能够耐心地听我们倾诉的人，可以让我们感到尊重与重视，因此更愿意畅所欲言。

这个道理在孩子身上也适用。父母总是觉得孩子进入青少年时期后就变得沉默寡言了，不再像以前那样爱跟爸爸妈妈聊天了，那我们作为父母是否反思过，自己耐心地听过孩子说话吗？面对自己不认同的观点时，也能保持耐心听下去吗？如果父母能够做到认真听孩子说的每一句话，就会发现孩子的想法远远超出了父母对他们的认知。

▷ 正确范例

明明考上初中后，向爸爸妈妈提出了住校的要求。对此，爸爸妈妈感到不能理解，因为家离学校并不远，为什么一定要住校呢？于是，当明明再次提出想要住校时，爸爸怒不可遏地问道："你为什么要住校？"

明明被爸爸的态度吓了一跳，嘴巴张了张，话却没有说出口。妈妈在一旁看到了，觉得孩子好像有话要说，于是便拉住明明的手坐

第一章
有时无声胜有声，父母应学会使用无声的语言

在沙发上，先安慰道："爸爸也是担心你住校会吃不好，所以说话声音大了点，你别害怕。你心里到底是怎么想的？能不能跟爸爸妈妈说说，也许我们听了你的理由，就同意你住校了呢。"

明明看了看妈妈，妈妈向他投来肯定的目光，明明这才大胆地开口说道："我每天晚上都跟奶奶住在一个房间里，感觉挺不方便的。奶奶睡得早，可我有时候想多看会儿书，奶奶就会一直催我赶紧休息。奶奶还总帮我收拾书桌抽屉，让我一点隐私都没有。"明明说到这里，爸爸已经气得快要坐不住了。

明明从小被奶奶带大，现在奶奶岁数大了，爸爸觉得明明开始嫌弃奶奶了，是不孝顺的表现，心里的怒气腾然而起。正准备指着明明的鼻子教训他一通时，妈妈及时按住了爸爸的手，说道："你先让孩子把话说完。"

听了妈妈的话，明明继续说了下去："所以我就想选择住校，这样晚上奶奶也能早点儿休息，我也不用担心睡得晚了会影响到奶奶。再说了，我已经长大了，可以照顾自己了，我想学着独立。"

明明说完了内心的想法，试探地看向爸爸妈妈，寻求着他们的意见。听到明明后面的话，爸爸的怒气消失了一半，原来孩子并不是嫌弃奶奶，而是怕影响奶奶休息。于是，爸爸妈妈商量后，同意了明明的住校要求。

⊙ 沟通笔记

著名教育家周弘说过："要想和孩子沟通，就必须学会倾听。倾听是和孩子有效沟通的前提。不会或者不知道倾听，也就不知道孩子究竟在想什么，连孩子想什么都不知道，何谈沟通？"

父母的语言
FUMU DE YUYAN

很多时候，在父母看来孩子是在犯错误，实际上只是孩子情绪上感觉不好，需要倾诉和发泄，希望得到理解和心理认同。只要父母此时愿意做忠实的听众，那么当孩子情绪得到宣泄，心情平和时，他们很快就能回归理性，按正确的方式去做事。

因此，在亲子沟通中，父母首先要做的，就是克制自己的情绪，耐心地、充满关爱地倾听，让孩子把想说的话说完，这样才能全面了解孩子真实的想法。

2.孩子不愿说的话，会从眼里流露出来

> 自从孩子长大以后，你有多久没有认真地注视着孩子的眼睛，与孩子进行交流了呢？有时候，是自己过于忙碌，顾不上看正在说话的孩子；有时候，是觉得孩子说的话太过离谱，所以根本不想理睬孩子……却从没考虑过，当孩子与我们说话时，我们看都不看他们时，他们会产生怎样的感受呢？

▶ 沟通误区

六年级的梓萌在学校遇到了一件不愉快的事情——她跟她最好的朋友吵了一架，两个人谁也不理谁了。

第一章
有时无声胜有声，父母应学会使用无声的语言

放学回到家，梓萌一改往日里"小话痨"的本性，默默回到自己的房间写作业。妈妈见状，一边在厨房里忙碌，一边忍不住调侃道："咦，今天我们的萌萌大小姐怎么这么勤奋，一回家就写作业了？"因为往常的梓萌回了家，总要先到厨房里转一圈，看看妈妈做了什么好吃的。

"没什么，就是心情不好。"梓萌没精打采地说道。

"谁惹我们梓萌不高兴了呀？"妈妈一边切菜一边问，其实她对小孩子之间的争执并不感兴趣，只是认为应该象征性地表达一下关心之情。

"是彬彬！她跟我是最好的朋友，但是在关键时刻一点也不支持我……"梓萌正说着，妈妈忽然发出"哎呀"一声，原来妈妈还有快递在提取点，她忘记取了，于是连忙说道："宝贝，你先别写作业了，快去帮妈妈取下快递，还有半个小时提取点就下班了。妈妈这儿炖着汤，出不去。"

梓萌明明很想跟妈妈诉说一下心里的郁闷，但是看到妈妈一副毫不在意的样子，瞬间失去了诉说的欲望。等到饭桌上妈妈再提起这件事时，梓萌只是低垂着眼睛，说："没什么。"于是妈妈只关注着梓萌有没有多吃青菜，完全没有看到孩子眼中的失落之情。

⊙ 现场指导

我们回想一下养育孩子的过程：

在孩子很小很小的时候，他们天真可爱，总让我们有一种看不够的感觉，不管是孩子的一举一动，还是一颦一笑，都能吸引我们的目光。

随着孩子年龄的增长，他们越来越顽皮，满脑子稀奇古怪的想

父母的语言
FUMU DE YUYAN

法,嘴巴也时刻说个不停,我们常常被他们吵得头疼不已,或许就是从这个时候开始,我们希望孩子的嘴巴能闭一闭,最好不要总是"妈妈,妈妈""爸爸,爸爸"地叫个不停。

所以,在面对孩子兴致勃勃的语言交流时,我们常常选择敷衍的回应方式——他们说他们的话,我们做我们的事。至于孩子说话时脸上流露出什么样的表情,眼中是什么样的神色,我们完全不在乎。这样的沟通方式,怎么能让我们完全理解孩子呢?

或许,在每天忙碌不停的父母眼中,孩子身上发生的事情,简单又不值得一提,因此常常对孩子的话题表现出不感兴趣的样子,让孩子自顾自地往下说,自己却该干什么干什么,全程都没有眼神交流。

实际上,对于孩子而言,无论他们的话题多么微不足道,他们都希望能够引起父母足够的重视,父母若是表现出很感兴趣的样子,他们就会感到十分兴奋;反之,如果父母看都不看他们,他们就会感到十分失望。这不仅仅会令父母错过与孩子沟通的良好时机,还会让孩子养成对什么事都漠不关心的毛病。

父母的注视,能够令孩子感到父母对自己的重视,当父母表现出对孩子足够的重视时,孩子才能觉得自己的话很重要,才会愿意与父母进行沟通,说出自己的心里话。

> 正确范例

14岁的小豪放学后一进门,就回到了自己的房间,"嘭"地一甩手关上了门。妈妈被这"惊天"的动静吓得浑身一哆嗦,感觉到事情不简单,于是立刻放下手中的活,轻手轻脚地来到了小豪房门外,此时小豪可能正在跟同学通话,只听小豪喊道:"这个李老师就是故意

第一章
有时无声胜有声，父母应学会使用无声的语言

让我出丑！"

妈妈听到这里，轻轻地敲了敲门，听到小豪说"进"后，妈妈才打开门走了进去。看见小豪双眼还冒着熊熊怒火，妈妈立刻换上了一张笑脸，说道："什么事呀，怎么发这么大脾气？差点把咱家门给摔坏了。"说完，妈妈还看了看门。

小豪看到妈妈那副紧张的样子，觉得妈妈太"财迷"了，不禁有些想笑。

妈妈看到小豪眼中的怒火好像熄灭了不少，趁机说道："你都是大孩子了，要学会控制自己的情绪，动不动就发脾气，可不像是个男子汉的所作所为呀！"

听了妈妈的话，小豪也意识到了自己的问题，委屈地解释道："明明就是李老师没有安排好时间，害得我没有把演讲稿写完，她还挺有理，冲着我发火……"

"嗯，被人冤枉的滋味确实不好受。不过，你有跟老师解释具体原因吗？"妈妈问道。

"我被气得就差跳脚了，根本没心情解释。"小豪依旧有些气鼓鼓的。

"那回头妈妈帮你发个信息跟老师解释一下，然后让她跟你道歉？"妈妈看着小豪的眼睛问。

小豪听了妈妈的话，进行了一番思考，眼中的怒火也渐渐消失了，换上了一副释然的表情，说道："算了吧，我堂堂男子汉让一个女的出面解决问题，那我岂不是太丢人了？我自己去找老师解释，道不道歉的无所谓，还我个清白就行。"

说到后面，小豪已经掩饰不住眼中的笑意了。妈妈这才放下心来，拍了拍小豪的肩膀后，出去继续做饭了。

父母的语言

> **沟通笔记**

孩子的情绪往往都是先从眼睛里流露出来，如果在沟通过程中父母不注重这一点，很可能就此错过最重要的信息。同理，当父母不能在感受上与孩子相通时，亲子之间就不能建立起牢不可破的亲密关系。

亲子沟通时，父母注视着孩子，及时回应孩子，能够表现出父母对孩子的重视。而孩子跟真正关心理解他们的人倾诉心声之后，会感到轻松，即使不能立即解决问题，他们也不会觉得问题严重到不可救药。

3.时刻告诫自己，要让孩子把话说完

在与孩子沟通的过程中，父母都或多或少地犯过这样的错误：因为觉得孩子年纪小不懂事，还轮不到他们说话，所以在孩子表达自己的意见时，会粗暴地打断孩子，轻则训斥，重则打骂，孩子只能将到了嘴边的话给咽回去。孩子究竟想说什么？他们想要表达的内容真的如父母所想的那样微不足道吗？无论如何，父母都要先学会自控，让孩子把话说完。

第一章
有时无声胜有声,父母应学会使用无声的语言

沟通误区

刚刚上初一的思婷,面临着一个不大不小的问题:因为搬家,上了初中后,思婷与小学的同学都分开了,在新的班级里,思婷孑然一身,独来独往。

可能是看思婷没有什么朋友,班里一个男生总是有意无意地欺负思婷。一次,这个男生故意拿着思婷的书包不给她,思婷情急之下,拿起手中的水杯就冲男生打了过去,不锈钢的水杯正好打在男生的脸颊上,一下子就把脸给打肿了。男生正准备还手之际,班主任来了,将他俩一起叫到了办公室进行批评。过后又叫来了两个孩子的家长。男生的家长一看到自己孩子受伤了,也不问缘由就对思婷一顿指责,说她一个女孩子却一点教养也没有。这时,思婷妈妈问思婷:"为什么打架呀?"

思婷回答:"他拿我书包不给我,我……"

"你怎么这么不听话?不是让你别惹是生非吗?拿你书包你要回来就好了,为什么要打人呢?你这孩子,真是越大越不听话了。"思婷的话还没有说完,妈妈就打断了她的话。因为在妈妈看来,思婷平日里脾气就有些大,在家里总是欺负弟弟,所以这一次也一定是思婷的做法有问题,于是连连向男生的家长道歉。

思婷对妈妈的行为感到十分失望,回家后便将自己锁进了房间里,无论妈妈在外面怎么敲门,思婷都不愿意开门,也不愿意再多做解释了。

现场指导

在面对孩子的问题时,父母时常过于主观,不考虑孩子的想法和

需要，也不会静下心来去倾听孩子的真实想法，有时甚至不等孩子把话说完，就打断了孩子的话语。

父母总是打断孩子的话，实际上表现出来的是父母对孩子的不够尊重。孩子虽然还不够成熟，甚至他们的很多想法听起来很幼稚，但是他们认为自己已经长大了，希望自己能尽情地表达内心的感受，诉说自己真实的想法。

如果孩子说的话得不到父母的重视，久而久之，孩子的自我表达能力就会逐渐降低，与父母之间的沟通出现障碍不说，还很容易出现社交障碍，进而产生自卑情绪，这对于孩子的成长是有百害而无一利的。

作为父母，在孩子表达自己的思想时，不要总是试图中途打断，如果孩子说得有理，应该多加赞赏；说得不合理，可以适时引导，解开他们心中的疑惑。只有这样，孩子才能勇敢地表达自己的想法。

意大利著名教育家蒙台梭利说过："对成人而言，儿童的心灵是一个难解之谜。我们应该努力地探寻隐藏在儿童背后的那种可理解的原因。没有某个原因、某个动机，他就不会做任何事情。"因此，父母在与孩子沟通时，要时时刻刻地提醒自己："让孩子把话说完！"

▷ 正确范例

上了初中后，从前爱说爱笑的小美忽然变得沉默了许多，不再像以前那样围着爸爸妈妈叽叽喳喳地说个不停。

这天，小美一回到家就把自己关进了房间里，妈妈跟她说话，她也不搭理，这不禁让妈妈有些担心。晚饭时，妈妈试着跟小美沟通，说道："小美，最近是不是有什么烦心事呀？总是一副闷闷不乐的样子。"

起初小美还不愿意说，低垂着眼睛说："没有，挺好的。"可小

第一章
有时无声胜有声,父母应学会使用无声的语言

美越是这样说,妈妈越是觉得小美有问题,便进一步引导说:"你要有什么不开心的事情,可以跟妈妈说,妈妈也许帮不了你什么,但是可以做你忠实的听众。"

小美听妈妈这样说,想了想后,开口说道:"我们班上的女生都穿一种运动鞋,特别好看……"

一旁的爸爸听了小美的话,忍不住用手指着小美,开口批评道:"你这学没上几天,倒是学会攀比了,咱们家的条件……"

这时,妈妈及时握住爸爸的手,示意他不要再说下去了,爸爸只好"半路刹车"。可是听到爸爸这样说后,小美原本想要说出口的话便咽了下去。妈妈只好再次鼓励道:"咱们家条件是一般,但也不至于一双鞋子都买不起。孩子大了,知道注意形象了,也没什么不可以的。小美啊,你是不是也想要一双跟同学一样的鞋子?"

小美点了点头,说:"妈妈,我这双鞋已经有些挤脚了,前两天上体育课时,因为鞋子有些小,跑完步后小脚趾都磨破了。她们还说我穿的鞋子太土了……我……我觉得挺丢人的。"

听了小美的话,爸爸妈妈都为自己没有及时关心孩子的需求而感到内疚,毕竟一双鞋子没几个钱,但要是因此让孩子感到自卑,就不值得了。

◎ 沟通笔记

孩子的心灵是纯洁而真诚的,是没有任何掩饰的,当他们在表达奇怪的甚至是令人气恼的想法时,父母千万要沉住气,不要打断他们,让他们把话说完。或许,孩子的真实想法并不是我们所想象的那样。即便孩子真的出言不当,与其呵斥、打骂孩子,不如耐心地听孩

子解释一下，让他把自己的真实想法说出来，这不仅能锻炼孩子的语言表达能力，也是父母充分信任孩子的表现。

4.边听边思考，听懂孩子的弦外之音

> 父母认为，孩子的思想行为都是单纯的，所以说话都是直来直去，有一说一，有二说二。但实际上，从很小的时候，孩子就已经学会"拐着弯儿"说话了。
>
> 可以说，每一个心理发育正常的孩子，其行为背后都有一定的目的性，很多在父母看来是"傻话"的话，其实都是因为父母没有细心地观察分析，因此无法听懂孩子的言外之意。

▶ 沟通误区

豆豆期中考试考了全班第二名，同桌乔乔考了第五名。但是豆豆和乔乔的心情却截然不同：豆豆一脸愁容，因为她的年级排名没有进前十名，回到家爸爸妈妈一定会说她；而乔乔则是一脸高兴，因为爸爸妈妈说过，只要她成绩进入班级前十，就会给她奖励，而这一次她考了前五，爸爸妈妈一定会表扬她的。

豆豆很羡慕乔乔，倒不是因为乔乔有奖励，而是因为豆豆也想得到爸爸妈妈的表扬。

第一章
有时无声胜有声，父母应学会使用无声的语言

回到家后，妈妈问起了豆豆的考试成绩。豆豆说："这次我们班整体成绩不太好，我在我们班排第二，但是年级只排十五。"

其实豆豆认为，自己这个成绩已经很不错了，毕竟全班成绩都很不理想，她还能闯进前十，比班里第三名整整高出10分呢。她很想炫耀一下自己的成绩，让爸爸妈妈来夸奖她一番，可是一直以来爸爸妈妈都教育她要谦虚，所以想要炫耀的语言到了嘴边，又被豆豆咽进了肚子里。

妈妈听了只是说："那你还得努力呀，中考的时候还是要看全年级排名的，光在班里排名靠前不管用。"

爸爸又跟着说："考了前三名也别骄傲，骄傲使人落后，谦虚才能使人进步，下次咱们争取考第一名。"

听了爸爸妈妈的话，豆豆眼中的神采顿时暗淡了下去，但随即她又想到了什么，于是接着说道："我们班的乔乔说，她每次考好了，爸爸妈妈都会给她一个奖励，这次她考了第五名，她妈妈说只要进了前十名，就带她去游乐场玩儿……"

"豆豆，咱们不能跟别人比。每个家长都有教育子女的方式，爸爸妈妈的教育方式就是不会用奖励去激励你学习，因为学习是你自己的事情，需要你自己努力才行。"豆豆的话还没说完，爸爸就板起脸来，对豆豆进行了一番说教。

"我……没有想要跟别人比。"豆豆说着，声音越来越小，越来越低。她心里想：难道让爸爸妈妈夸自己一句就那么难吗？

⊙ 现场指导

表面上看，豆豆好像在羡慕乔乔能去游乐场，但实际上，豆豆只是想告诉父母，别人家的小孩儿考好了，爸爸妈妈都会很高兴、会夸

父母的语言

奖他,她也想要得到父母的肯定。

要想做称职的父母,首先要善于倾听,其次要善于思考,只有这样,才能听出孩子的话外之音。

有一个法国小女孩这样说:"我是你的孩子,所以你要理解我所说的话。请不要笑,这不是让你笑的,而是让你听懂的,否则我不原谅你。"这个小女孩就是在告诉父母,在与孩子沟通时,要善于倾听他们的弦外之音,这样才能明白他们的真实意图。

尤其是青少年时期的孩子们,比起直接表达内心的感受,他们更喜欢用"隐讳"的方式来表达自我,如果父母与孩子之间有足够的默契,能够听出孩子的弦外之音,对亲子之间的沟通,就能起到锦上添花的作用。

▶ 正确范例

辰轩上了初中以后,妈妈为了培养他的独立能力,将以前每天给零花钱的方式变成了每个月给零花钱,希望辰轩能够学会自己规划零花钱,合理使用零花钱,并且说,一旦零花钱用完了,那么就只能等到下个月才能重新拥有零花钱。

辰轩对妈妈的提议表示赞同,表示妈妈早该这样做了,并向妈妈承诺,一年下来自己一定会攒出一笔"巨款"。妈妈则笑着说:"只要你别不够花再跟我要就行。"不过,这话说完妈妈就忘记了,辰轩也一直没有开口向妈妈额外要过钱。

这天放学回来,辰轩一进门就对妈妈说:"妈妈,明天我和朋友约好一起去植物园玩儿,中午我们可能要在外面吃饭。"

"好啊,去吧,注意安全,早点儿回家。"妈妈听了,很爽快地

第一章
有时无声胜有声,父母应学会使用无声的语言

就答应了下来,但是辰轩却没有离开的意思,依旧站在妈妈身边。妈妈抬头看了辰轩一眼,辰轩一副欲言又止的样子。

这孩子,还想要说什么呢?妈妈心里不禁思忖着,于是仔细回忆了一下辰轩前面说的话,忽然意识到,孩子说了中午要在外面吃饭,那零用钱会不会不够用呢?

于是妈妈连忙问道:"你的零用钱够不够?妈妈再给你一点吧。"

辰轩听到妈妈这样说后,明显松了一口气,回答道:"确实还差一点。"

妈妈听了有些哭笑不得,说:"那你刚刚怎么不直接说呢?"

"我之前信誓旦旦地说要攒钱,这不……没攒下来嘛,说出来怕你笑话我。"辰轩摸着脑袋,不好意思地说道。

▷ 沟通笔记

孩子懂得用"隐讳"的方式表达自己内心的想法,是他们的心智得到进一步发展的证明。对此,父母应该感到高兴,并认真思考孩子的弦外之音,以及孩子为什么不愿意直接表达的原因,是不是平时的管教太过于严厉,导致孩子不敢直接提出?或者是家里言论不够自由,所以孩子认为说了也白说呢?

因此,在与孩子沟通时,父母光会听是不行的,还要会思考。父母只有做到边听边思考,才能听出孩子的真正想法。

父母的语言
FUMU DE YUYAN

5. 与孩子沟通时,你的表情会出卖你的心

在亲子沟通中,父母通常会认为语言最重要,其实不然。在信息的表达中,语调的重要性为7%,声音表达的重要性为38%,剩下的55%是表情。

表情在沟通中的重要性,在孩子还在婴儿时期就已经显现出来了。当一个笑容可掬的小姐姐接近小婴儿时,小婴儿就会十分放松,甚至会十分高兴;而当一个严肃的大叔出现在小婴儿面前时,婴儿通常会被吓哭。表情在沟通之中如此重要,那么在日常生活中和孩子的沟通,父母注意过自己的表情吗?

▷ 沟通误区

五一放假的时候,爸爸妈妈带着晨晨出去玩儿。对于孩子而言,只要能出去玩儿,就是一件令人开心的事情,所以一上路,晨晨的嘴就"叭叭"地说个不停。爸爸在专心致志地开车,妈妈则趁着这难得的闲暇时光看起了手机,时不时对晨晨的话做出一些回应。

"妈妈,我给你讲个恐怖的故事吧,那天我同学给我讲的,差点

第一章
有时无声胜有声，父母应学会使用无声的语言

吓得我尿了裤子。"晨晨结束了一个话题后，提出了讲故事的建议。

"好啊。"妈妈头也不抬地答应了下来。

得到妈妈的允许后，晨晨便兴致勃勃地讲了起来。可是讲着讲着，晨晨就没有声音了，等妈妈反应过来时，看见晨晨正趴在车窗上看风景。妈妈忍不住问道："你不是说讲故事吗？怎么讲到一半又不讲了呢？"

"没意思，不想讲了。你根本就不害怕。"晨晨没精打采地说道。

妈妈觉得自己一直在看手机，有些对不起晨晨，于是想安慰晨晨，便说道："妈妈害怕呀，你继续讲吧。"

"你骗人，你根本不害怕，我不想讲了。"说完，晨晨扭过头去，继续看风景去了。

◎ 现场指导

妈妈到底害怕不害怕，不是嘴巴上说说而已，孩子更相信自己眼睛看到的一切，孩子没从妈妈的表情上看到害怕的样子，又怎么会相信妈妈所说的"害怕"呢？

有句歌词是"你的眼睛背叛了你的心"，在沟通的过程中，表情也会背叛你，将你心中没有说出来的话，全然展示在孩子面前。父母觉得自己一句过分的话都没说，孩子为什么会闷闷不乐呢？实际上，孩子已经从你的表情中读到了他们想知道的一切信息——你对孩子产生的失望、无奈，你内心的愤怒和不满……因此，有时候父母不必说出"我对你太失望了"这样的话，只需要给孩子一个嫌弃和轻视的表情，就可以让孩子很受挫。

父母可能不知道，当你露出发愁和无奈的表情时，孩子通常会

父母的语言
FUMU DE YUYAN

感到很迷茫；当你露出失望不满的表情时，孩子就会感到很自卑；当你露出愤怒或生气的表情时，孩子就会产生自我怀疑，同时感到十分压抑；尤其当你露出带有歧视和侮辱成分的表情时，孩子就会自我贬低，甚至产生自暴自弃的想法……

拿日常的微信沟通来说吧，一句"你现在在哪儿呢"，在收到信息的人看来，可能因为自己回家晚了，认为这句话带有责备的语气；而如果在这句话后面加上一个"笑呵呵"的表情，表达的意思则变成了"好奇和关心"。同样是一句话，加不加表情会引起完全不同的效果。

可见，表情在亲子沟通中的威力不可谓不大。很多时候，我们可以管住自己的嘴，却无法控制住表情，表情往往会在第一时间将我们内心最真实的想法表露出来。正所谓相由心生，父母的负面表情即便伪装得再好，也无法欺骗早已经对我们"了如指掌"的孩子。

那么，你知道孩子最喜欢父母露出什么样的表情吗？答案只有一个，那就是微笑。只要是父母发自内心的微笑，孩子就能够从中感受到父母对他们的爱，就能够产生足够的安全感，就能够从中找到快乐和自信。

▶ 正确范例

中考来临，林林报考了市内一所私立中学。这所中学除了笔试以外，还有面试，只有笔试、面试都通过了，才能顺利入学。

林林的笔试成绩过了以后，就进入了面试环节。在面试的当天，妈妈陪着林林一起走进了考场。老师让林林用英语做一段自我介绍，略微有些紧张的林林，在介绍时说错了一个单词。坐在一旁的妈妈听

第一章
有时无声胜有声,父母应学会使用无声的语言

到了,心里很着急,但是她害怕自己一旦流露出担心的样子,孩子会更紧张,于是嘴角立刻扬起一个微笑,用没有任何波澜的眼神看着林林。

原本有些慌神儿的林林试探着看向了妈妈,他很怕妈妈会因此责备他,结果却看到了妈妈鼓励的眼神,林林的心立刻沉稳下来,他重新整理了思绪,顺利地完成了面试。结果,林林的面试成绩虽然不是很理想,但是也成功通过了面试。

回到家后,全家人都恭喜林林考上了理想的中学。爷爷问他:"乖孙子,面试的时候紧张了吗?"

林林看了一眼妈妈,点了点头说:"紧张了,还不小心说错了一个单词,我本来以为我要完了,可当我看到妈妈对我笑时,我立刻就不紧张了,后面就完成得很好。"

说完,林林又看向妈妈,虽然林林没有说话,但是妈妈从林林的表情中读出了孩子对自己的感谢之情。

❯ 沟通笔记

父母想在沟通中做好表情管理,首先要修炼心性,提高自己的修养。从内心深处爱孩子、相信孩子的父母,不会对孩子产生失望的心理,也不会对孩子露出失望、愤怒的表情。修养好的父母,所说的话不会伤害到孩子,更不会在孩子表现不够好时,对孩子露出蔑视与歧视的表情。

父母的语言
FUMU DE YUYAN

6.孩子不愿沟通时,一封信可抵千言万语

> 在与孩子沟通时,父母经常会遇到这样的难题:自己有一肚子话想要跟孩子说,但是又不知道该从哪里说起,尤其是一些比较敏感的问题,更是不知道该如何跟孩子说。因此,父母在大部分情况下就选择了沉默,时常与孩子四目相对却不知道该聊些什么;要么就是还没聊上几句,就因为观念不和、看法不同而争吵起来,让彼此之间的沟通陷入僵局。

▶ 沟通误区

小时候,娜娜和妈妈就像是无话不谈的好朋友,无论娜娜有什么事情,都愿意跟妈妈一起分享。可是随着年龄的增长,娜娜和妈妈之间的话越来越少了。有时候,妈妈忍不住多说了几句,娜娜就觉得妈妈很唠叨。

上了初中以后,因为学校离家较远,娜娜选择了住校,一个星期才回家一次。周末,母女俩难得坐在一起吃饭。娜娜对妈妈说:"妈,一会儿你可以给我50块钱吗?吃完饭我和同学出去买点东西,晚饭我们约好在外面吃。"

第一章
有时无声胜有声,父母应学会使用无声的语言

妈妈听了,忍不住打听道:"几个同学呀?是男生还是女生呀?你们打算去哪里逛逛?"

娜娜一听妈妈有这么多问题,有些不耐烦地说道:"三个,全是女生,就在大街上逛逛。"

听到娜娜说全是女生,妈妈才放下心来,但还是忍不住教育道:"你不能一天到晚总想着玩儿,要把心思用在学习上,学习可不能三天打鱼两天晒网,得坚持才能学好……"

"你上班的时候就化妆,休息的时候脸都不洗,你这算不算三天打鱼两天晒网呀?"娜娜不等妈妈说完就反驳,然后放下碗筷起身回了房间。

妈妈怕两个人再闹不愉快,就把钱放在门口,然后回了自己的房间。

▶ 现场指导

孩子一天天长大,他们的观念和看法也发生着翻天覆地的变化,从前他们认为父母的话就是真理,但是到了青少年时期,他们觉得除了父母的话其他的话都是真理。因此,亲子沟通就出现了一个恶性循环:一个想说,一个不想听,因为不想听,所以说得少,说得少,沟通就少,时间长了,彼此之间的代沟越来越大。长此以往,亲子之间的沟通就会出现难以弥补的裂痕。

但是很多话父母又不得不说。尤其是遇到比较敏感的问题时,如果直接给孩子指出,可能会伤害孩子的自尊心,但不说出来,又担心孩子一错再错。这个时候,通过文字来表达自己的心情不失为一种与孩子沟通、交流的好方法。

父母的语言
FUMU DE YUYAN

以书信的方式说出来的话显得更诚恳。尤其是对那些个性较强、当面很少夸奖孩子的父母来说,通过书信来抒发一下自己对孩子的真情实感,不仅仅是方便,更重要的是它可以打破亲子沟通的僵局,缓解亲子之间的矛盾。

同时,写信可以让父母与孩子之间以一种更平静更理智的心情来进行交流。因为不用你一言我一语地当面锣对面鼓地说清楚,在很大程度上避免了父母在沟通中出现情绪波动,可以静下心来将事情阐述清楚;而孩子则不用担心面对面聊天时父母时不时唠叨起来没完没了的困惑,从而使孩子更有耐心了解父母的真实想法。

◎ 正确范例

鑫淼是单亲家庭长大的孩子,在她上幼儿园时,妈妈就因为意外事故离开了她,爸爸一直独自照顾着鑫淼。

转眼间,鑫淼就长成上初中的大姑娘了。除了身体上的变化,鑫淼的心理也发现了明显的变化,她不再像以前一样总是黏着爸爸撒娇了。最近爸爸发现,鑫淼总是在下晚自习回家的路上,与一名男生并肩前行。爸爸想像以前一样,跟鑫淼谈谈心,聊聊这个男孩儿,但是鑫淼总是一副不太愿意说话的样子。

就在爸爸感到束手无策的时候,看到了台湾作家龙应台写的那本《亲爱的安德烈》。这本书中记录了龙应台和儿子安德烈之间交流的信件。这让爸爸深受启发,并很快也给鑫淼写了一封信。

亲爱的女儿:

这是爸爸写给你的第一封信,很想知道你收到这封信时,脸上会

第一章
有时无声胜有声，父母应学会使用无声的语言

挂着怎样的小表情。

最近两年你长大了，不再是整天跟着爸爸身后跑的"小尾巴"了。对此，爸爸感到很开心，同时也有一丝丝惆怅，因为有很多话，你都不愿意跟爸爸说了。对此，爸爸愿意尊重你的选择，但爸爸有一些话想要跟你说。

这段时间，爸爸经常看到你和一个男孩子一起并肩回家，你们似乎很谈得来。起初爸爸的心情是无法平静的，但后来想到我的女儿如此优秀，如此漂亮，有人喜欢是一件很正常的事情，我应该感到骄傲才对。

那为什么爸爸的心里会不平静呢？我想了想，应该是因为爸爸怕你受到伤害吧。那个男孩儿和你一样，也是处于懵懂青涩的时期，这个世界你们了解的太少了，我希望你不要把他当作你的全部世界，并且懂得自爱。在面对别人的甜言蜜语时，你的心中也要有一杆秤，学着去衡量你在对方心里的重量。

同时，爸爸希望你还是要以学业为重，因为只有你足够优秀了，你才能吸引更加优秀的人。

最后，爸爸想告诉你，如果你想跟爸爸谈谈那个男孩儿，说说你的心里话，爸爸很愿意做你忠实的听众。"

爱你的爸爸

亲爱的爸爸：

收到你的信，我感到很意外。我用了两天时间，好好整理了一下思路，所以回信有些晚了，你不要生气（笑脸）。

首先来解释一下你最关心的一件事，关于这件事，我想你是误会了。我确实每天晚上都会跟一个男生一起回家，一来因为我们顺路，

父母的语言
FUMU DE YUYAN

二来因为我们都对宇宙的黑洞很感兴趣,三来嘛,就是我们有着相似的家庭,他的父亲也在他很小的时候就去世了。基于以上原因,我们成了无话不谈的好朋友。所以,我们现在没有在谈恋爱,至于以后会不会谈恋爱,我还不知道。我想那应该是很久以后的事情了,如果我打算谈恋爱,我应该会提前跟你说,好让你有个心理准备。

至于我不爱跟你聊天了这事,我仔细反思了一下,似乎是比小时候少了点。其实我也很想和你聊聊天,可是我们之间的共同话题太少了,我跟你探讨的问题,你不了解,我说东,你说西;你想跟我说的话,你还没有张嘴,我就知道你想说些什么了,自然就不想听了。

对了,爸爸,有件事情我一直想问你,你不考虑找个女朋友吗?

十分关心这个问题的女儿

◎ 沟通笔记

书信自古以来就是人与人沟通的好方法。著名的教育学家傅雷一生写了很多书,但其中最广为人知的还是《傅雷家书》,里面收录了傅雷及其夫人写给两个孩子的信件,通过信件他们教育孩子先做人,后成"家",被视为素质教育的经典范本。

不能说一封短短的家书就能够将孩子教育成才,但是不能否认的是,人们可以借助家书这个无声的载体,说出许多无法用言语表达的情感。

第二章

批评的方式对了，才能起到教育孩子的效果

有的家长认为，批评孩子就是责骂孩子，骂得越狠孩子越长记性。但事实是，严厉的责骂只会让孩子更加叛逆。

著名教育学家李玫瑾教授曾对1000名未成年人进行调查，结果显示：在家里经常被父母辱骂嘲讽的孩子，性格出现缺陷的概率大，25.7%以上会出现自卑、抑郁的情绪，22.1%以上会变得冷酷无情，56.5%以上会变得脾气暴躁。

对此，李玫瑾教授无比痛心地表示："毁掉孩子一生的杀手不是游戏，也不是贪玩，而是父母的语言暴力。"

孩子的成长，就是一个不断"试错"的过程。孩子只有知道自己哪里做错了，才能知道怎样才能做对。因此，孩子犯错并不可怕，父母用错了批评的方式才可怕。

父母的语言
FUMU DE YUYAN

1.孩子要面子,把批评的话语留到回家再说

> 　　古人有句话:"人前教子,背后教妻。"说的是对孩子的教育可立即在人前进行,让他明白错在哪里,该怎样做;妻子如果有错,则应该在只有夫妻两个人的情况下指正,不要在别人面前指责,这样双方都有面子,不伤自尊。
> 　　难道只有成年人有面子要自尊,孩子就不需要吗?孩子同样需要,因此批评孩子的话语也要在家里说。

▶ 沟通误区

　　子晨今年刚上初中,因为性格顽劣,很是让老师头痛。

　　这天,子晨因为一点鸡毛蒜皮的小事跟同学争吵了起来。那名同学气不过,伸手打了子晨一拳,子晨忍不住还了手,两个人很快扭打在了一起。老师将他们拉开后,分别叫来了他们的家长。

　　子晨爸爸到了学校后,二话不说就给了子晨一巴掌,吼道:"我送你来念书,是让你学知识的,不是让你惹是生非的!"

　　老师见状,连忙上前阻拦,劝说道:"有什么话好好跟孩子说,不要动手打人。"子晨见爸爸问都不问一下就动手打他,心里感到很

第二章
批评的方式对了，才能起到教育孩子的效果

委屈，正欲开口向爸爸解释，可刚叫了一声"爸"，就被爸爸硬生生地打断了。

"别喊我'爸'，我丢不起这个人！我怎么就有你这么一个没出息的儿子，学习成绩一塌糊涂，打架骂人倒是能耐得很。"爸爸指着子晨，气愤地骂道。

而先动手的那名同学，他的父母从进来后就一直在跟老师了解情况，未骂过孩子一句。这样的对比令子晨心里更加委屈了，他觉得自己一秒钟都不想待在办公室里，不想再看见爸爸了。

◉ 现场指导

在面对犯下错误的孩子时，很多父母都会像子晨的爸爸一样，不分场合大喊大叫地批评孩子。不管是在路边当着众多路人，还是在家里当着众多客人，只要发现孩子做错了，马上做出激烈的反应，对孩子大加指责，更有甚者，当场打骂，并美其名曰"人前教子"。

古人"人前教子"的说法，并不是让父母当着众人的面打骂孩子，而是要跟孩子摆事实、讲道理，让他明白自己错在哪里，应该如何改正。如果只是一味地人前打骂，很容易伤害到孩子的自尊，还会引起孩子的逆反心理甚至敌对心理。

家长批评孩子，很多时候并不是孩子犯了不可饶恕的错误，而是家长只顾着自己出气，完全不顾及会对孩子的心灵产生怎样的影响。孩子的心灵是脆弱的，尤其是正处在少年期的孩子，他们内心渴望与成人地位平等。遇到一些自尊心强的孩子，父母当众责骂不但不能起到教育的作用，还会令孩子产生逆反心理，这不但不利于亲子关系的建立，还会严重影响孩子身心的健康成长。

父母的语言
FUMU DE YUYAN

法国思想家蒙田认为：棍棒下成长起来的孩子，心灵更为懦弱，更为固执。因此，面对犯错的孩子，正确的做法是在众人面前维护孩子的自尊，将批评的话语留到回家再说。

▶ 正确范例

丽丽今年上初中了，她发现班上的女生都十分在意自己的形象，平日里经常攀比穿着打扮，这让丽丽感到很自卑。因为丽丽的妈妈认为，女孩子不应该把心思花在打扮上，而应该安心学习；所以，不但不给丽丽买漂亮的衣服，还严格管控着她的零花钱。

为了能够在同学面前抬起头来，丽丽动起了歪心思。周六，丽丽独自来到了商场，看到一双漂亮的皮鞋后，她一边假装试鞋子，一边用眼溜着售货员，当售货员转身去货架上拿货时，她立刻向大门口走去。

可是丽丽还没有走到门口，就被追来的售货员抓住了。售货员看她只是个孩子，便叫来了丽丽的妈妈。丽丽妈妈来到商场，得知丽丽偷了人家的鞋后，脸色立刻变了，就在丽丽以为自己必将遭受一场"暴风雨"时，妈妈却用异常平静的语气问她道："丽丽，你很喜欢这双鞋吗？"

丽丽迟疑地点了点头。

"喜欢也不能用这样的方式得到，你的行为会给他人造成损失，但损失更大的是你，你抹黑了自己的人格。这件事，你要先跟售货员阿姨道歉。"妈妈说。

丽丽连忙给售货员阿姨鞠了一个躬，说道："阿姨，对不起。"

售货员点了点头说："孩子，你还小，以后路长着呢，可不能再犯这样的错误了。"

第二章
批评的方式对了，才能起到教育孩子的效果

丽丽听了，拼命地点头。之后，妈妈掏钱给丽丽买下了那双鞋。一路上，妈妈什么都没说，可是一进家门，妈妈就给了丽丽一巴掌。

妈妈说："从小到大，我只打过你这一巴掌，也希望你能记住这一巴掌。妈妈会反思自己的教育方式，但也希望你记住，作为一名学生，你最主要的任务是学习，而不是爱美和攀比，为了美和攀比去偷东西，就更加不应该。"

听了妈妈的话，丽丽哭了，不是因为妈妈那一巴掌有多疼，而是因为她真的感到悔恨。

◎ 沟通笔记

英国教育家洛克说过："父母不宣扬子女的过错，则子女对自己的名誉就愈看重，他们觉得自己是有名誉的人，因而更会小心地去维持别人对自己的好评；若是你当众宣布他们的过失，使其无地自容，他们便会失望，而制裁他们的工具也就没有了，他们觉得自己的名誉已经受了打击，则他们设法维持别人的好评的心思也就愈淡薄。"

父母能够在众人面前维护孩子的体面，既保护了孩子的自尊心，又能让孩子明白自己的错误并及时改正，同时还会让孩子变得更加自尊自爱，何乐而不为呢？

2.父母的贬低和否定,会让孩子停止爱自己

孩子犯了错,很多父母在批评孩子时,总是怕自己批评得不够严厉,因此极尽严厉地说教,甚至是全盘否定孩子,一定要将孩子批评得抬不起头来才肯罢休。

其实,"子不教,父之过",孩子做错了事情,父母对孩子进行批评教育是为人父母的责任,但批评并不意味着一定要对孩子进行贬低或否定,这对亲子之间的沟通起不到任何有利的作用。

▶ 沟通误区

周末,华华写完作业后,将几个好朋友叫到了家中,组团玩起了手机游戏,因为玩儿得太过专注,妈妈下班回家他们都没有注意到。

当妈妈打开门看到四个大男孩儿慵懒地坐在沙发上,嘴里还喊着打打杀杀的语言,又想起孩子这次退步的成绩,内心就涌起一股怒火,脸色也变得异常难看。孩子们见到华华妈妈回来了,连忙结束了游戏,匆忙离开了。

妈妈看着依旧一副懒散模样的华华,生气地说:"一天到晚不想

第二章
批评的方式对了，才能起到教育孩子的效果

点有用的事情，光想着打游戏，打游戏能让你考上重点中学吗？我看你除了打游戏行，其他干什么都不行。"

本来被妈妈抓住打游戏的华华心里还有一丝丝的内疚，但是听到妈妈这么说，他那根叛逆的神经瞬间敏感起来。他认为自己不过就是打了个游戏而已，为什么要否认他全部的努力呢？为什么他熬夜写作业背题的时候，妈妈偏偏看不到呢？

"既然我在你心里一无是处，你为什么还要生我呢？"内心憋屈的华华冲着妈妈喊出他憋了很久的一句话，既然妈妈这样看待他，那他今后也就没有了努力的理由。

▶ 现场指导

父母想要贬低或否定孩子时，先扪心自问一下：孩子真的一无是处吗？或者他们真的有我们说的那般不堪吗？当然不是。每个孩子都有值得肯定的地方。

如果父母批评孩子的时候，习惯对孩子进行全盘否定，而对孩子的优点视而不见，那孩子内心就会觉得不公平，认为父母只看他的缺点，而不关注他的优点。这不但会伤害孩子的自尊心，还会引起他们对父母的反感，甚至产生"破罐破摔"的心理。

就如案例中的华华，孩子在学习之余玩会儿游戏，作为父母提醒一下孩子别耽误了学习就好，但是妈妈偏偏要将孩子说得一无是处，这让本来还想要努力学习的孩子产生了放弃努力的念头。

有时候孩子犯错，可能仅仅是无心之过，也可能是经验不足，还可能是能力不够。父母在批评孩子错误的同时，也要善于发现孩子的优点，要用发展的眼光看孩子，这样才有利于孩子进步。批评的目的

父母的语言
FUMU DE YUYAN

在于强化,与其强化孩子的弱点或全盘否定孩子,不如将孩子的点滴成绩看在眼里,记在心上,挂在嘴边,强化其好的一面,让孩子看到自己的潜力,提升自信心。

美国人际关系大师卡耐基曾经说过:"当我们听到别人对我们的某些长处表示赞赏之后,再听到他的批评,心里往往会好受得多。"这对亲子沟通是个很好的启示。父母要让孩子知道,父母的眼睛并不是只盯着他们的错处,他们做得好的地方父母同样看得见。这样,即便被批评,孩子也比较容易接受。

▶ 正确范例

星晨最大的爱好就是打电子游戏,除了学习时间,他都在研究怎样能将游戏打得更好,并梦想着能够成为一名职业电竞选手。对于星晨的这个梦想,妈妈从来没有说过反对,但也从来没有说过赞成。

这天,星晨写完了学校里留的作业,就叫了几个好朋友一起来家里打游戏。大家正玩儿得热火朝天呢,妈妈回来了。孩子们看到家长回来了,都有一些拘谨。星晨妈妈第一次见四五个大男孩儿聚在一起打游戏,短暂地愣了一下子,不过她很快恢复了平静,热情地招呼着星晨的朋友。

孩子们也很识趣,打完手中的这局游戏,就纷纷离开了。星晨看着有些乱糟糟的家,不好意思地跟妈妈说:"妈妈,我作业都写完了,有人说想要出去玩儿,我觉得外面太热了,就把他们都叫到家里来玩儿了。"

妈妈知道星晨的梦想,也知道孩子平时学习挺努力的,但是作为长辈,妈妈总怕星晨沉迷游戏而耽误了学习,并且长时间看电子产品对眼

第二章
批评的方式对了，才能起到教育孩子的效果

睛也不好。可妈妈也知道，如果直接批评星晨，只会令他反感，更加叛逆。于是妈妈思量片刻，说道："以前我还真不知道我儿子人缘还挺好的，看到你有这么多志同道合的朋友，妈妈还是挺欣慰的。"

听到妈妈夸自己，星晨不免有些得意起来，说道："那当然了，我在我们班成立了一个兴趣小组，我是组长，因为我打游戏打得最好。"

这话倒是让星晨妈妈十分意外，因为这充分证明了星晨的组织能力，于是由衷地赞叹了一句："我儿子还挺厉害呀！"赞叹完以后，妈妈话锋一转，说道："妈妈知道你以后想当职业电竞选手，但是任何梦想都需要强大的知识作为支撑。妈妈希望你们在玩游戏之余，也能探讨探讨学习，一来休息眼睛，二来不管哪一方面都能共同进步，也能让你们的友谊更加长久。"

星晨觉得妈妈的话十分有道理，不住地点头称"是"，决心在学习上再加把劲。

⊙ 沟通笔记

父母在批评孩子时，要就事论事，不要把孩子说得一无是处，尤其是不要对孩子的人品、人格进行否定。父母对孩子要有一个全面的认识，孩子不小心犯了一个错，或一件事没有做好，不等于总犯错，什么事都做不好。

孩子就像一只没有倒满水的水杯，父母不能总是盯着杯子空的那一部分，也要将目光不时移到有水的那一部分上。要知道，父母的贬低或否定，不一定会让孩子停止爱我们，但很可能会让他们停止爱自己。

3.幽默,是批评的最高级形式

> 面对屡教不改的孩子,父母应该意识到,严厉的责骂已经起不到作用了,这时候改变教育方式,说不定能起到不一样的效果。如果父母在批评孩子时,能够将唠叨、责骂变成智慧的语言和行为,孩子就可能容易接受批评了。

▶ 沟通误区

亮亮的妈妈一个学期内被老师"请"了三次,每次都是因为亮亮上课爱说话。第一次妈妈还能心平气和地跟他说:"下次注意,不要再犯了。"第二次妈妈就有些生气了,说:"你怎么就不长记性呢?就不能管管你那张嘴?"第三次因为还是同样的问题,妈妈简直怒不可遏,整张脸乌云密布,黑得都能滴下墨汁来,刚一出老师办公室,妈妈对亮亮就是一顿劈头盖脸式的责骂:"你真是屡教不改,我看找个医生把你的嘴缝上得了。全班就你能说是吧?那你去说相声得了,还上什么学呀?"

其实亮亮也知道自己的毛病在哪里,他也在努力改掉自己的毛病,可没有想到他比较倒霉,每次说话都能被班主任逮到,好多同学

第二章
批评的方式对了，才能起到教育孩子的效果

也说话，偏偏就没有被叫家长。所以当妈妈这样批亮亮时，亮亮心里不满极了，忍不住顶嘴道："老师就是看我不顺眼，全班那么多同学说话他都不管，就抓着我不放。"

"你犯了错误，还有理了是吧？我是不是还要到老师面前给你申冤呀？"妈妈觉得亮亮简直太顽劣了，不但不承认错误，还胡搅蛮缠。

⊙ 现场指导

在批评孩子时，父母都会让自己看起来严肃一些，以为这样至少可以起到震慑孩子的效果。确实，父母严厉的批评会让孩子心生畏惧，但是教育的效果却不见得最佳。俗话说："伤树不伤皮，伤人不伤心。"父母严厉的语言、严肃的面孔，让批评如同冰刀霜剑，不但会伤到孩子的自尊心、自信心，还容易引起孩子的逆反心理。

德国著名演讲家海茵兹·雷曼麦曾经说过："把一本正经的真理用幽默风趣的方式说出来，比直截了当地提出更能为人接受。"因此，与其板起脸来教训孩子，不如采用幽默的语言或方式和孩子进行沟通交流，这样不但利于保护孩子的自尊心，还能够让孩子意识到自己的错误。

不过，幽默的批评可不是一件简单的事情，在所有的批评方式里，幽默的批评算是难度系数最大的批评方式了。

幽默的批评方式，要求父母拥有较高的文化修养和良好的心理素质。拥有较高文化修养的父母，往往拥有较高的生活情调和渊博的知识，这使得他们在批评孩子时，能够旁征博引，使用更加委婉的方式说出指责的话语；而良好的心理素质则能够使父母在孩子犯错以后，克制住冲动的情绪，学会用宽容的心态包容孩子的错误，能够站在孩子的角度去看待问题，理解孩子的不良行为，最终能够以平和幽默的

父母的语言
FUMU DE YUYAN

语言与孩子交流。

在使用幽默的批评方式时,父母还要十分注意,真正的幽默是父母觉得有趣,孩子也觉得轻松的话语;而不是父母觉得有趣,但孩子却难以接受的话语,这样的话语不叫幽默,而是讽刺。

▷ 正确范例

钧涵今年上六年级了,他机灵聪明,学习成绩也不错,但有一点却十分让老师头痛,那就是他总在课堂上乱说话,有时候是跟同学在下面悄悄说,有时候是接老师的话茬儿,有时候还会带着同学们起哄,导致课堂教学无法正常进行。

这天,钧涵又在课堂上打开了"话匣子",任课老师提醒了多次都不见效后被气得扔下书本去找班主任"投诉"了。班主任也感到很头痛,这个孩子一直名列前茅,不打架不斗殴,跟同学们和睦相处,也很尊敬老师,但他总是不遵守课堂纪律。

班主任无奈之下,采用了"请家长"这一招。当着钧涵妈妈的面,老师将钧涵在学校的"顽迹"数落一番,妈妈被说得很不好意思,心里想着回了家一定好好教训一下钧涵。放学后,妈妈看着钧涵跟同学一起有说有笑地走出校门,七八个同学都围在他的身边,妈妈觉得,钧涵之所以有这么多朋友,每天都这么开心,都得益于他开朗的性格,可能性格太过于开朗使得他有些管不住自己的嘴。想到这里,妈妈的气消了一半,因此一路上也没有提及班主任对自己说的那些话。倒是钧涵有些忍不住了,问道:"妈妈,老师叫你来,跟你说什么了?"

妈妈看着孩子略微紧张的样子,笑着说:"老师夸你了,她夸你特

第二章
批评的方式对了，才能起到教育孩子的效果

别有毅力。"钧涵听得一头雾水，忙问："为什么夸我有毅力呀？"

"因为你能一直坚持上课说话，不管什么课，不管哪位老师，都阻挡不了你上课说话的热情，这还不叫有毅力吗？"妈妈一本正经地解释道。

聪明的钧涵当然听出了妈妈拐弯抹角的批评，支支吾吾为自己解释道："我就是没管住自己，老师讲得挺有意思，我就想跟同学们探讨一下。"

"哦——"妈妈拉长了声音，一副了然于心的样子，说："那我下次见了你们老师，得好好解释一下，你说话是因为老师课讲得有趣，是你对老师能力的一种肯定，所以，下次得鼓励你这种行为。"

"不，不，不，妈妈，我知道错了，我一定改，以后不在课堂上乱说话了。"钧涵听了妈妈的话，立刻求饶道。

妈妈虽然一句也没有批评钧涵，但是却让钧涵感觉自己像坐在了仙人掌上，他打心眼儿里觉得自己对不起老师，老师平时对他很好，他却没能让老师省心。

◎ 沟通笔记

幽默，作为一种独特而富有魅力的语言艺术，在亲子沟通中是一种更为高超的沟通方式，如果父母能够用幽默的方式让孩子认识到自己的错误，孩子一旦领悟到了父母的良苦用心，就会主动去审视自己的错误并改正。

4.孩子最讨厌的批评方式——翻旧账

> 当孩子反复犯同一个错误时,作为父母往往难以控制心中的怒火,觉得孩子"屡教不改",所以在批评孩子的时候,会忍不住"新账旧账"一起算。殊不知,自己在不经意间犯了批评孩子的大忌——翻旧账。

▶ 沟通误区

小豪今年上五年级了,学习成绩还不错,就是生活习惯不太好,房间里总是乱糟糟的。小豪的妈妈是一个一丝不苟的人,她始终认为"一屋不扫何以扫天下",也认为好习惯要从小培养,所以曾反复教育小豪,要求小豪每天早晨起来将自己的屋子收拾好。

这天,妈妈的一个朋友到小豪家做客。参观到小豪的房间时,只见小豪的房间乱成了一片,被子没有叠,书本摊开乱丢在桌上,椅子上放着睡衣……

在朋友面前,妈妈只是说了句:"这男孩子呀,生活上就是有点邋遢。"可是等小豪回来后,妈妈的满腔怒火都喷发了出来。

"我不知道跟你说过多少遍了,每天早晨起来先收拾房间,可你

第二章
批评的方式对了，才能起到教育孩子的效果

一直都当作耳旁风。今天妈妈有多丢人你知道吗？全家都干净整洁，一打开你房间的门，就像进入了另一个世界。"

小豪自知理亏，小声地说："我下次一定打扫。"

"下次，下次！你都说了多少回下次了，上次被我发现没有打扫房间，你也说下次，结果呢？这次还不是一样没有打扫。我还怎么相信你的下次？"妈妈越说越气，声音也越来越大。

"那谁让你进我房间的？你不会别进吗？"小豪忽然大声冲着妈妈喊道，并冲回自己的房间，使劲儿把门关上了。

"你……你……做错事情，怎么还敢发脾气？"妈妈指着小豪紧闭的房门，气得手直哆嗦。

◯ 现场指导

就事论事，不翻旧账，是批评孩子时必须把握的第一要诀。而小豪的妈妈在与孩子沟通时就犯了这个致命的错误——翻旧账。

在父母看来，翻旧账的目的是总结孩子过往的错误行为，引起孩子高度重视。但在孩子看来，就是另一层意思了，那就是父母只注意到了他的错处，揪着他犯过的错误不放手。

本来只是提醒孩子以后不要犯同样的错误，可父母却把孩子昨天、甚至前天的"旧账"都抖搂出来。这种"翻箱倒柜"式的过度批评，不仅不能使孩子改正错误，反而会让孩子心情沮丧。一次又一次地提起这些"旧账"，就好比把孩子的伤疤一次次地揭开，这样很容易让孩子觉得父母总不能原谅他的过去。

即便孩子曾经犯过类似的错误，那也是过去的事情了，已经批评过就该"翻篇"了，下一次再犯，那是下一次的事，不要跟上一次的

事情扯到一起。一遍遍地提起，只会让孩子觉得自己只要犯了错，就永远无法翻身，既然这样，那改与不改又有什么区别呢？

也许孩子本来已经改正了，但被父母这么一"提醒"，说不定又会再犯。父母爱翻旧账，会导致孩子对父母"敬"而远之，一旦在外面犯了错，为避免以后又成为旧"账"，便会想方设法瞒着父母。原本只是犯错，但为了避免被"翻旧账"，又添上了说谎这一毛病。在批评孩子时，父母总是三番五次地重提"旧账"，不是在教育孩子，而是在伤害孩子。

犯错对于孩子的成长而言是必要的，没有不犯错就会长大的孩子。犯错是一种生活体验，它能告诉孩子什么事是不可以做的。因此，父母要大度一些，原谅孩子曾经的过错，不要动辄翻旧账。

▶ 正确范例

这天，桐桐又没有收拾自己的房间。本来帮助孩子收拾一下房间并不是大事，但是桐桐妈妈觉得，孩子长大了，需要有自己的空间，妈妈不想做这个"闯入者"。因此，妈妈跟桐桐约定好，每天早晨起床后，桐桐要自己整理房间。

一开始，桐桐还坚持得不错，渐渐地，桐桐便有些放松自己了。针对这个情况，桐桐妈妈曾经批评过桐桐：一来做什么事情都要坚持不懈，不能坚持两三天就放弃了；二来作为小小男子汉，应该说到做到。

面对妈妈的批评，桐桐也认识到了自己的错误。可是这一次，桐桐又没有收拾自己的房间，这让妈妈有些生气，认为桐桐将自己的话当作了"耳旁风"。中午，桐桐放学回来后，妈妈板着脸指了指没有收拾的房间，说："能告诉我，今天为什么没有收拾房间吗？"桐桐

第二章
批评的方式对了，才能起到教育孩子的效果

连忙辩解道："妈妈，早晨我起晚了，怕迟到，所以没有整理房间，我现在去整理可以吗？"

妈妈听了桐桐的话，心里的气消了大半，说道："如果你愿意的话，以后起晚了可以跟妈妈说一声，妈妈帮你整理一下，但只能是偶尔。"

听了妈妈的话，桐桐原本还略显紧张的脸立刻放松了下来，说道："放心吧，妈妈，我以后不会给你'表现'的机会的。"

⊙ 沟通笔记

其实，就算父母不提，孩子自己也会记得犯过的类似错误。父母不提，就是把自尊留给了孩子，把自省的空间留给了孩子。如果确实需要对孩子的缺点和过失提出批评，父母也要尽量做到"只谈眼前，不翻旧账"。

5.借助沉默的力量，引导孩子自省

> 如果父母每次批评孩子时，都是一样的说辞，非但不能令孩子长记性，还会让孩子变得更加"放纵"，而且对孩子今后的教育也起不到什么实质性的作用。适当地沉默，更能体现出父母的威严，父母要恰到好处地借助沉默的力量，引导孩子自省。

父母的语言
FUMU DE YUYAN

◇ 沟通误区

已经上六年级的涛涛十分爱玩,放学后经常一边走路一边玩,五六分钟的路程,他往往要走上十几分钟。有时候走着走着就偏离了回家的路线,拐到小区里的公园去玩了,玩够了才回家。为此,妈妈没少批评涛涛,甚至还扬言,以后再不按时回家,就不给他开门了,让他住在外面好了。一开始,涛涛心里还有些忌惮,被妈妈骂过之后的一段时间内,他都乖乖地按时回家。可是坚持不了几天,老毛病就犯了,回家的时间一天比一天晚。

这天,涛涛在回家的路上遇到了以前的小伙伴,在小伙伴的邀请下,涛涛直接去了小伙伴家玩耍。玩到了吃饭的时候,小伙伴邀请他留下吃饭,涛涛毫不客气地一口答应了下来,直到吃饱喝足了,才想起来该回家了。

不出涛涛所料,一进门,涛涛就被妈妈暴风雨式的责骂声覆盖了:"你是不是忘了我上次怎么骂你的?……"话还没说完,涛涛就接上了下一句:"你怎么一点记性也不长?下次再这样,你就不用回来了。"简直跟妈妈平时批评涛涛的话语一模一样,甚至连语气都一样,直接把妈妈说愣了。末了,涛涛还一副满不在乎的样子说道:"妈,你每次骂我都是这几句话,我都能背下来了,你能不能说点新鲜的?"

妈妈被涛涛说得很无语,难道挨骂还想要听新鲜的话语吗?

◇ 现场指导

或许孩子早就意识到了自身存在的问题,只是由于年龄的原因,他们的自制力有限,无法在短期内完全改掉身上的毛病。这时,父母

第二章
批评的方式对了，才能起到教育孩子的效果

一次次地敲打，日复一日地重复着同样的批评，只会让孩子的心里变得麻木不仁，在面对他们再熟悉不过的话语时，就变得"厚脸皮"起来，不但不引以为戒，还会很快就忘记。

这时，父母该怎么和孩子沟通呢？

一位教育学家说过："教养孩子，运用沉默的方式，也能发挥很大的效果。孩子到了某个年龄段已经能分辨好事、坏事了，自己要是做错了事，也知道会受到大人责骂，这个时候如果真如自己所预料的那样受到责骂，反而使他心里放下了一块石头，同时他也许会忘记这次的过错。"

相反，父母越是沉默不语，孩子越是认为父母身上有一种不可侵犯的神秘的力量，不知道父母会对自己采取怎样的惩罚，也不知道父母在想些什么，只好自己胡乱地揣测父母的想法，这会使孩子更加忐忑不安。之后，孩子就会从自身出发，反省自己犯下的错误。

就如美国教育家塞勒·塞维若所说："犯错之后，每个人都会或多或少地有沮丧和后悔的心理。对于性格好强的孩子来说，与其喋喋不休地数落其错误，倒不如保持沉默，给他们认识错误的空间。"

▷ 正确范例

从五年级起，子轩就独自一人上下学了。有一次，子轩在放学的路上碰到了一个好朋友，对方邀请子轩去他家玩，子轩觉得晚回家一会儿也没什么，便跟着去了，结果回家晚了一个多小时。这一个多小时里，妈妈到处找他，别提有多担心了，所以子轩被妈妈狠狠地骂了一顿。从那以后，子轩在很长一段时间内都准时到家，即便妈妈不在家，他也不敢晚回家。

父母的语言
FUMU DE YUYAN

这天在放学的路上,子轩目睹了一场车祸,一辆三轮车将一条流浪狗撞死了,很多同学都围在一边看着,商量着怎么处理这场事故。后来有同学提议,将小狗掩埋起来,并给可怜的小狗立个墓碑。

热心肠的子轩当仁不让地参与了进去,帮着刨土、掩埋、找木板,等到忙完这一切,天都快黑了,大家一溜烟地赶紧往家跑。想到上次被妈妈批评的情形,子轩深呼吸了好几次,才鼓起勇气推开了家门。

但令子轩意外的是,妈妈一句话也没有说他,只是将热好了的饭菜端到了子轩面前,然后一言不发地回到了卧室。子轩一边吃饭,一边揣摩着妈妈的心理,最后得出的结论是:这一定是暴风雨来临之前的平静,因此一顿饭子轩吃得心里七上八下的。

吃完饭后,子轩便做好了挨骂的准备,可是他等了半天,作业都写完了,妈妈也没有理他,这一下,子轩的心里更慌了,他很害怕妈妈从此以后都不理他了,于是准备主动"投降"。

"妈妈,对不起,今天我又回来晚了。"子轩低着头在妈妈面前认错。

妈妈没有说话,只是静静地看着子轩。

"我在路上看到一辆车把小狗撞死了,我觉得小狗很可怜……"子轩将放学路上的事情一五一十地汇报给了妈妈。

妈妈听完后,虽然依旧很生气孩子不顾父母的担心在路上逗留,但是也很赞赏孩子的爱心,所以妈妈只说了一句"下不为例",给这件事情画上了句号。

子轩那颗悬着的心这才放了下来,他暗下决心,下次一定回家先说一声再出去,这种提心吊胆的感受实在太煎熬了。

第二章
批评的方式对了，才能起到教育孩子的效果

> 沟通笔记

父母用沉默来代替对孩子的直接批评和斥责，实际上是在对犯错的孩子进行无言的谴责。在父母沉默的这段时间里，孩子会拥有很强的自我感受和很大的思考空间，迫使他回想自己的所作所为，这样可以促进孩子更好地反省自己的错误并积极做出改正。

因此，父母若是发现孩子犯了错，但弄不清事实真相时，为了使孩子不隐瞒过错，及时纠正自己的错误行为，可以有意地选择沉默不语，让孩子在父母的沉默中感到压力和不安，自觉地把问题讲清楚，这样，既方便父母对症下药，因势导利，又可以帮助孩子认识并改正自己的错误。

6.只批评自家孩子，别表扬他人孩子

几乎每一个孩子都有一个看不见的"宿敌"——别人家的孩子。因为父母在批评自己家孩子的时候，总要拿别人家的孩子来表扬一番，这似乎已经成了一种定式。其实父母本没有恶意，只是希望孩子能够将别人家的孩子作为"参照物"，改掉自身的不足之处。但是，父母这样做时却没有考虑过孩子在被比较时产生的感受。

父母的语言
FUMU DE YUYAN

❯ 沟通误区

琪琪今年上初二了,自从进入了青春期,她就变得不再那么活泼可爱,总是沉默寡言的。平日里,她就把自己关在屋子里学习。

这天,琪琪放学后碰到了邻居家的阿姨,阿姨很热情地问琪琪:"琪琪,放学了呀?"琪琪没有吱声,只是点了点头。这一表现让跟在后面的妈妈十分不满,觉得琪琪越大越没有礼貌了。回到家后,妈妈对琪琪说:"琪琪,阿姨跟你打招呼,你怎么都不说话呢?这样也太没有礼貌了。你看看陈阿姨家的孩子,跟你一样大,也是小女孩儿,人家那小嘴儿甜的,就跟抹了蜜似的。这样的孩子才招人喜欢呀,像你这样半天都不吭一声的人,以后怎么在社会上立足呀?"

妈妈叽里呱啦说了一大堆,丝毫没有注意到琪琪的脸色越来越难看。

见琪琪不说话,妈妈更加生气了,继续说道:"你这孩子,妈妈跟你说话呢,你听见没有呀?"

"你就知道夸别人家的孩子。别人家的孩子那么好,你去给别人家孩子当妈妈好了。"琪琪反驳完就回到了自己的房间,重重地将门关上了。

妈妈站在原地,半天都没有回过神来,心里想:这个孩子,要么不说话,要么一说话就堵得人说不出话,这以后可怎么办呀?

❯ 现场指导

《少年说》栏目有一期节目,一个小女孩儿在台上质问自己的妈妈:"你能不能别总是拿我跟别人家的孩子比较?你自己的孩子也很努力,你为什么不看一下?"她妈妈的回答是:"我觉得你的性格需

第二章
批评的方式对了，才能起到教育孩子的效果

要被时常打击一下，否则你就会有点飘。"

很多成年人在看到这个小女孩儿时，仿佛看到了自己的小时候。可悲的是，那些从小被比较的孩子，在为人父母以后，依旧用同样的方式对待着自己的孩子。父母希望通过夸奖其他的孩子，激发起自己孩子的斗志，却没想到给孩子带来的打击远远超过能够给孩子带来的斗志。

换个立场想一下，如果孩子回家后总是有意无意地提起别人的父母如何好，自己的父母处处不如人时，身为父母的我们会怎么想呢？是自卑和气馁的感觉强烈一些，还是想要奋发图强的心强烈一些呢？相信一定是前者胜于后者。因此，总把别人的孩子和自己的孩子做比较，是父母在教育上最大的失败，也是最大的教育事故。

在《性格与教育：致正在长大的父母》一书中，张春梅教授说："其实人与人之间本没有优劣，只是不同而已。每个生命都是独特的，父母要把自己的孩子当成别人家孩子客观地看待，保持对孩子朴实的兴趣。"

每个孩子都是独一无二的，他们的性别不同，性格不同，成长环境也不同，因此想法和行为能力也会千差万别，即便同时做同一件事情，得到的结果也会不尽相同。如果父母总是将自己的孩子与别人的孩子做比较，用别人孩子的长处去对比自己孩子的短处，只会无限放大自己孩子的不足之处，导致他们渐渐对自己失去信心。

▶ 正确范例

欢欢的妈妈在暑假到来之际，给欢欢报了游泳课。在游泳课上，妈妈发现其他孩子都按照老师的指导，在水面上练习游泳的姿势，欢欢却总是一个人猫在水里。想到自己花着昂贵的学费送孩子来学习，而孩子却不听从老师的指导，欢欢妈妈感到很生气，便批评欢欢道：

父母的语言
FUMU DE YUYAN

"别人都按照老师的指导练习,怎么就你不听老师的话呢?你这样什么时候能学会游泳呀?"

欢欢被妈妈训斥得不知所措,还好这时教练走过来了,说:"您的女儿憋气很厉害,很有潜水的潜质呢!"

老师的话让欢欢妈妈吃了一惊,她没有想到孩子在自己眼中的不足,在教练眼中反而成了长处。回到家后,欢欢妈妈做了一个深刻的自我检讨,从前她只看到别人孩子身上的优点,并以此来对比自己孩子身上的不足,现在她明白了,自己孩子身上也有其他孩子所不具备的优点。

后来,每当欢欢有些事情做得让妈妈不满意时,妈妈都会思量再三才开口批评,而且不再拿欢欢与其他孩子做比较,只会用欢欢从前的表现和现在的表现做比较,或是用未来欢欢可能成为的样子和现在的样子做比较。

妈妈发现,从前她批评欢欢、表扬别人孩子时,欢欢总是特别抵触,甚至产生逆反的心理;可是自从她停止了在欢欢面前夸其他孩子,只是单纯地批评欢欢时,欢欢反而变得好沟通了很多。

▶ 沟通笔记

父母在批评孩子时,千万不要将自己的孩子与另一个孩子做比较,也不要总是羡慕别人家的孩子如何听话、如何聪明,哪怕那个孩子是自己的另一个孩子也不可以。如果你希望自己的孩子越来越好,那么类似于"你妹妹比你懂事多了""人家怎么能考得那么好,你就不行呢,不是一样在听课吗……"这样批评的语言,就不要再出现在亲子沟通之中了。

第三章

激励是个"技术活",可不是夸两句那么简单

许多父母在教育孩子时都主张"激励"教育,因为正确的激励,可以让孩子立刻信心百倍。但激励孩子是一个实实在在的"技术活",可不是对孩子简单地说"你真棒""你真漂亮",这样过于抽象的表扬不能起到最好的激励作用。

想要我们的激励不停留在"你真棒"这样肤浅的层面上,父母就要拥有一双善于发现孩子优点的眼睛,在平时的生活中要多注意孩子的一举一动,不放过孩子身上任何一个小小的闪光点,因为这些小小的闪光点,或许就是孩子日后持续发力的生长点。

1.学习不是交易,真正的激励不需要"行贿"

> 孩子天性爱玩,对于学习通常都缺乏自觉性。因此,父母为了激励孩子学习,可以说是无所不用其极,其中"行贿式"激励,被使用得较为广泛。所谓"行贿式"激励,就是指父母在激励孩子学习时,会附带着奖励,而且往往是物质与金钱方面的奖励。这是一种非常要不得的做法,这种做法往往让家庭教育变成交易,不但透支孩子的学习热情,还会影响孩子的学习观念。

▶ 沟通误区

"妈,我朋友新买了一个双肩背包,可好看了,我也想要一个。"吃饭的时候,晓璐对妈妈说道。

"多少钱呀?"妈妈习惯性地问道。

"50块钱,我觉得不太贵。"晓璐笑嘻嘻地说。

"嗯,是不太贵。"妈妈说着就想要答应下来,但是想到马上就要考钢琴五级了,于是到嘴边的话就变成了:"可以给你买,但是你得过了钢琴五级才行。我看你最近都不好好练琴。"

说完,妈妈心里暗暗得意,觉得自己太机智了,这一招"行贿式

第三章
激励是个"技术活",可不是夸两句那么简单

的奖励"简直是一举两得,既满足了女儿的要求,又起到了激励女儿练琴的目的。

听了妈妈的话,晓璐一口答应下来,为了能够背上心爱的新书包,大不了就是多练练琴呗。于是吃完饭,晓璐就坐到了钢琴旁,认真地练了起来。其实晓璐很有音乐天分,老师说,只要她多加练习,过五级没问题。

果然,晓璐顺利地通过了钢琴五级的考试,成绩出来的第一时间,晓璐就拉着妈妈上街买书包去了。背上新书包的晓璐心里美滋滋的,妈妈也觉得是自己的激励起到了作用,母女俩都觉得自己"赚"到了。

钢琴考级过后没多久,市里要举办一场钢琴比赛。妈妈觉得这是一个锻炼的机会,想让晓璐报名参加。晓璐却问妈妈:"妈妈,要是我拿奖了,你给我什么奖励呢?"

"如果你比赛得了奖,会赢得一个奖杯,这还不够吗?还要让妈妈给你什么奖励呀?"妈妈有些吃惊地问道。

"哼,没有奖励我才不去呢!还得天天练琴,奖杯又不是我想要的。"说完,晓璐别过头去,不再理妈妈了。

▶ 现场指导

很多父母习惯在激励孩子时加上"奖励",认为这样可以激发孩子努力的动力,而且奖励越大,孩子的动力就越强。

比如,对孩子说,"你好好写作业,写完作业就可以看30分钟动画片";再如,对孩子说,"你这次要是能考100分,就奖励你100块钱"。

孩子听到这些"奖励",自然是两眼冒光地去努力了,但是他们是为了自己努力吗?不一定。大多数孩子在受到"行贿式"的激励时,都认为自己是在为父母努力,而奖励就是他们努力的"报酬"。

父母频繁地用"奖励"与孩子做交易，只会让孩子觉得学习不是自己分内的事情。

采用"行贿式"激励，起初可以看到孩子明显的进步，但是随着奖励次数的增多，孩子就会形成习惯，只有有奖励才愿意努力。而孩子的"胃口"也会一次比一次大，起初也许只是想要一个玩具枪，后来变成了游戏机，再后来可能就变成了电脑、手机。父母若是停止奖励，孩子就会陷入"不愿努力"的境地；父母若是继续满足，那么早晚有一天孩子会对这些物质奖励渐渐失去兴趣。那个时候，无论家长提出什么"奖励"条件，孩子都不再拥有学习的热情了。

"行贿式"的激励方式看似给了孩子一定的激励，却在孩子未来的成长中埋下了一颗炸弹。当家长对孩子说"你好好写完作业，就可以看30分钟电视"时，孩子会觉得，看电视是一件快乐的事情，而学习是一件痛苦的事情。就这样，孩子对待学习的热情，在一场场的"交易"中被消磨殆尽。

其实，对于孩子而言，他们更需要的是来自父母精神上的奖励，也就是父母的爱。可以说，父母的爱是对孩子最好的激励。在孩子取得好成绩时，父母的爱可以是全家一起出动的郊游，也可能是一场孩子想看了很久的电影，或者是孩子最爱吃的小菜，甚至也许只是一个温暖的拥抱……

◉ 正确范例

小橘的爸爸妈妈在城市里靠摆早点摊为生，生活艰难不易，他们最大的愿望就是小橘能够好好学习，考上一个好大学，靠知识改变自己的命运，不用像他们一样艰难地生活。

第三章
激励是个"技术活",可不是夸两句那么简单

上初中时,小橘从农村来到城市上学。面对城市的一切,小橘感到十分新奇,这里有她从来没有见过的图书馆、从来没有进过的电影院,还有数不清的好吃的、好玩的。

妈妈对小橘说:"宝贝,你一定要好好学习,这样就能留在城市里生活,住上大房子,开上好车子。"

小橘喜欢热闹的城市,听了妈妈的话后不住地点头。"妈妈,我一定好好学习,长大以后挣大钱,然后带你和爸爸去那里看电影。"小橘指着早点摊前方的电影院说道。

"好,爸爸妈妈等着。"妈妈欣慰地说着,同时把小橘这个小小的愿望记在了心底。

因为曾经的教育有些落后,导致小橘在城里的学校学习感觉有些吃力,但是她只要想起妈妈说的话,内心就会充满力量。在她的脑子里,每天除了英语单词,就是数学练习题。经过一个学期的努力,到了期末,小橘已经从班级排名中等,冲进了班级前十名。

看到小橘的成绩,爸爸妈妈由衷地高兴。想到小橘那个看电影的愿望,妈妈咬咬牙买了三张电影票,一家三口走进了电影院。在电影院里,妈妈告诉小橘:"妈妈想让你知道,只要你努力,你想要的一切都能够靠你的双手得到。"

◎ 沟通笔记

爱是不需要讲条件的,情感上的激励远比物质上的奖励更加有温度,更能够让孩子实实在在地感受到父母对自己的关怀与激励,即便父母不提供任何物质上的奖励,孩子也会为了不辜负父母的爱而主动去努力,这才是最好的教育。

父母的语言
FUMU DE YUYAN

2.不一定要听父母的，孩子可以自己拿主意

在与孩子交流的过程中，大多数父母都听过这样一句话："我凭什么听你的？"当孩子一脸不服地冲父母喊出这句话的时候，父母就犹如受了内伤一般，有苦说不出，心里反复问自己："这不是我养大的孩子吗？难道不应该听我的吗？我吃过的盐比他吃过的米都多！"事实上，孩子真的不一定非要听父母的！

▶ 沟通误区

上初中后，新新交了不少新朋友。其中有一个叫小强的男孩子，学习成绩比较差，在班级里处于垫底的位置，他还总是喜欢去网吧里玩。

爸爸妈妈知道这些后，对新新说："不许再跟这个小强玩了，听见没有？到时候都把你带坏了。"

新新想不明白，一个人的好坏跟其他人有什么关系呢？小强是小强，他是他，两个人只不过喜欢在一起玩而已。于是，新新反驳父母道："凭什么呀？我连交朋友的自由都没有吗？"

新新一句"凭什么呀"，反驳得父母顿时不知道该怎么说了。是呀，孩子大了，应该拥有交朋友的自由，但是如果父母不加干预，孩

第三章
激励是个"技术活",可不是夸两句那么简单

子真的学坏了怎么办?这时,爸爸忽然想起一句话,便说道:"'近朱者赤,近墨者黑。'你总是跟这样不上进的孩子一起玩,迟早会被他影响,变得不上进。"

新新觉得爸爸是在故意抹黑自己的朋友,心里更加不舒服了,丢下一句:"我自己的事情不用你们管。我自己知道什么样的朋友该交,什么样的朋友不该交。"就进了自己的房间,关上门,拒绝与父母继续交流。

⊙ 现场指导

进入青春期的孩子,有一个很明显的特点,就是变得叛逆。从前觉得父母的话全都对,因此言听计从,遇到什么事情也都想要征求下父母的意见,父母点头了才敢去做;但是现在却觉得父母说的话全是错的,遇到事情后更希望自己拿主意,而不是由父母来决定自己该怎么做。

在这一时期,父母对孩子太过于压制,就好比在使劲儿按压一个弹簧一般,一旦松开了手,弹簧就会加倍反弹。孩子如果被父母压制得厉害,叛逆的心理就会变得更加严重。而一些控制欲强的父母,面对孩子的反叛,会强迫孩子顺从,甚至为了让孩子顺从自己,不惜搬出"家长"的身份,对孩子施压。殊不知,以爱的名义对孩子进行控制,其实已经成为一种伤害,它会谋杀孩子的个性,抹杀孩子的幸福感。

处于青春期的孩子,不会像小时候那样压抑自己的情绪,屈服于父母的"权威",面对强势的父母,他们会忍不住反问:"我凭什么要听你的?"这句话对于含辛茹苦把孩子养大的父母而言,不可谓不扎心。虽然扎心,但父母应该感到高兴,因为这说明孩子长大了,他们能够对父母的话产生质疑,发现了这个世界还有更多的可能性;而父母所说的话,并不一定都是正确的,他们想要按照自己的想法去做事情。

所以，当孩子发出"我凭什么要听你的"这样的信号时，父母就要尝试着改变沟通方式了，不能再像以前那样"说一不二"，要求孩子必须听自己的话，而是有选择性地将选择权交到孩子手中，让孩子自己做出决定。

为什么说是"有选择性地交出选择权"呢？因为孩子虽然长大了，但是在考虑问题时仍然缺少成熟的思维方式。如果父母选择了控制的另一个极端——放任，那么孩子感受到的就不是自由，而是不被重视了。不被父母重视时，孩子就会感到孤独无依，内心也会更加敏感脆弱。

正所谓"无规矩不成方圆"，亲子沟通也是如此，什么事情可以交给孩子自己做决定，什么事情需要父母帮助孩子进行分析，然后帮助孩子做出决定，这都是父母需要思考的问题。

因此，父母要懂得在沟通中给孩子设置边界。这个边界是指父母可以帮助孩子去做一些他们还没有能力做到的事情，或者是禁止他们去做错误的事情。除此之外的事情就可以放心交给孩子自己去做决定了。

需要注意的是，在设定边界时，父母要与孩子事先进行沟通，什么事情可以做，什么事情不可以做，要与孩子商量之后才能够做出决定。只有父母与孩子能够彻底地相互了解，在设置了边界后，亲子之间的沟通才能顺利地进行下去。

正确范例

海涛出生在一个比较民主的家庭。上初中时，海涛为了跟自己的"好哥们儿"上一所中学，回到家后就对父母说："我想去二中念书。"

按照海涛的成绩，海涛可以选择三所中学：一所是一中，离家较近；一所是二中，离家较远；还有一所是育才中学，属于私立中学。

第三章
激励是个"技术活",可不是夸两句那么简单

其中,一中和二中的教学质量差不多,父母更偏向于选择一中,因为离家近,跑校比较方便。

于是爸爸说道:"二中也不错,就是离家有点远,到时候跑校是个问题。"

爸爸把难题摆在了海涛面前,希望海涛能够"知难而退",但是海涛却说:"没关系,就是多了二十多分钟的路程,我就当锻炼身体了。"既然海涛这样说了,父母便尊重了他的选择。

结果上了一段时间后,海涛又提出了想要住校的想法。"爸爸妈妈,上学路上太耽误时间了,我得比别人早起半个多小时呢,现在天天觉都不够睡。我要是住校呢,这样可以多睡一会儿觉,还能多出时间来学习,你们觉得怎么样?"

表面上看起来海涛是在征求父母的意见,但父母知道,海涛自己心里早已经打定了主意,于是便做了一个"顺水人情",同意了海涛的提议,但妈妈还是忍不住提醒道:"住校以后,你就脱离了爸爸妈妈的管控了,以后全靠你自己管自己。你要是管不好自己,那学习成绩就得下降,到时候你还乖乖跑校,回家来住。"

听了妈妈的话,海涛立刻就把心放进了肚子里,他拍着胸脯向妈妈保证,一定会管好自己,决不让他们失望。事实证明,海涛确实做到了。同寝室有一个游戏迷同学,经常悄悄溜出校园去网吧打游戏,同寝室好几个同学都被带着去玩了,只有海涛一直坚持着自己的原则,因为他十分清楚自己想要什么,那就是考出好成绩,上重点高中。有了这一坚定的目标,就算面对再大的诱惑,海涛都能够将心思放在学习上。

◎ 沟通笔记

《自驱型成长》一书中说:"让孩子自己做主并不意味着孩子可

以在所有事情上拿主意，孩子承担不起无限的选择。"所以，父母既要做到激励孩子自己做主，又要在合理的范围内控制孩子的选择，这样才能在沟通之中表现出对孩子的充分尊重，又能在一定范围内控制着孩子成长的方向。

3.夸奖孩子聪明，不如称赞他们努力

当孩子表现出"聪明"的一面时，父母内心的骄傲是溢于言表的，因此，也会时常将"我家××就是聪明"这样的话语挂在嘴边，无论孩子做成了什么事，永远都是用这一句作为激励。但是，孩子真的喜欢听父母夸自己"聪明"吗？

▷ 沟通误区

翔翔从小就是一个聪明的孩子，无论做什么事情，只要看别人做一遍，他就能学会。家里的大人总是夸他聪明，有时候还会叫他"小天才"，所以翔翔也觉得自己是个天才。

转眼，翔翔上小学了。三年级以前，翔翔几乎就是边玩边学的状态，因为老师讲的内容他很快就能够理解，所以学得很快，学习成绩也始终名列前茅。

第三章
激励是个"技术活",可不是夸两句那么简单

但是上了四年级以后,翔翔的成绩就有些落后了。到了五六年级,翔翔的成绩只能排到中等水平了。对此,妈妈有些着急了,开始逼着翔翔认真学习。可是之前形成的学习习惯,让翔翔一时半会儿还无法转变过来。

于是,妈妈又尝试起其他的办法来了。她给翔翔报了一门"机器人"课程,因为妈妈听说机器人也有考级,级数高的孩子在高考时可以加分。但是翔翔对妈妈给他报的这门课程却不太满意,起初课程简单,翔翔还觉得挺有意思,但是随着课程越来越复杂,翔翔就有些应付不来了。

"妈妈,我不想上这个课了,太难了。"一次上课前,翔翔噘着嘴巴对妈妈抱怨道。

妈妈一听便急了,连忙想办法鼓励道:"那怎么能行呢?凡事都是坚持下来才有结果!况且,我儿子那么聪明,这点内容还叫难吗?"

听妈妈前半句话的时候,翔翔还有些动摇,想着再坚持坚持,但是妈妈后一句话一说出来,翔翔就立刻改变了主意,心想:如果继续学下去,却又学不好,是不是就说明自己笨,不再是小天才了呢?于是,翔翔态度坚决地说:"不,不,我就不要学了,我一点也不喜欢机器人课。"

说完,翔翔就关上了自己房间的门,不管妈妈怎么敲门就是不开。

◎ 现场指导

翔翔就像是《伤仲永》中那个可怜的仲永,明明小时候天资出色,但因为在成长过程中受到了太多的赞美,以至于迷失了自己,最终从天才变成了庸才。

翔翔的表现跟父母平时的夸赞不无关系。夸赞孩子确实是激励孩子的一种方式，经常得到夸赞的孩子，会更加自信和勇敢，但前提是父母要用对夸赞方式——夸孩子"聪明"远不如有夸孩子"努力"更加具有激励的效果。

斯坦福大学著名心理学家卡罗尔·德韦克曾经做过一个实验：

她选取了400名五年级学生，将他们分为两组，然后交给他们一系列的智力拼图任务。在这期间，她对其中一组学生进行这样的称赞："你对拼图很有天分，你很聪明。"对另一组学生进行这样的称赞："你刚才一定非常努力，所以表现得十分出色。"随后，让两组学生参加第二轮的拼图测试。拼图有两种不同的难度可以选择，孩子们可以进行自由选择。结果被夸聪明的那组孩子，大多选择了难度较小的拼图；而被夸努力的孩子，几乎都选择了难度较大的那组拼图。

对于这个结果，可能很多父母都会觉得疑惑：难道不应该是经常被夸"聪明"的孩子更加有自信吗？为什么他们却选择难度较小的拼图呢？

原因就在"夸奖"二字上。总是被夸"聪明"的孩子，确实可以变得自信起来，但是他们只做自己有把握的事情，也就是说，父母夸赞孩子聪明就等于在告诉孩子，为了保持"聪明"千万不要去冒可能犯错的险。所以，为了避免失败，被夸"聪明"的孩子会选择更加保险的方式去进行挑战。

而那些被父母夸"努力"的孩子，内心会产生一种"我可以掌控结果"的感觉。在孩子们看来，成功与否掌握在他们自己的手中，只要他们努力，就能够得到自己想要的结果，所以他们更愿意去尝试更有难度的挑战。

因此，父母夸孩子"聪明"，实际上是鼓励孩子用一种保守的心

第三章
激励是个"技术活",可不是夸两句那么简单

态看待自己,因为聪明是天生的,所以最初什么样,最终也会是什么样。当孩子长期陷在这种情绪之中时,他的内心会渐渐不堪重负,因为他总是担心别人看到他不聪明的一面,所以做事情畏手畏脚,遇到困难就想要直接放弃。

而父母夸孩子"努力",则是在鼓励孩子用"成长的心态"看待自己,因为没有人天生就会努力,努力是后天形成的结果,是可以不断增加的东西。当孩子经常被父母称赞努力时,他们不但不会产生压力,还会想办法让自己变得更好。

所以,父母不要总是夸赞孩子"聪明"了,多多肯定孩子为做某事所付出的努力吧,哪怕孩子只是用了一点功,也要努力将其放大,让孩子知道,他能够做好这件事是因为他付出了努力,而不是因为他聪明。

▶ 正确范例

小晴从小就聪明伶俐,妈妈逢人就夸:"我们家晴晴特别聪明。"小时候,听到妈妈这话,晴晴总是骄傲地扬起小脑袋,迎上别人赞许的目光。

可是随着年龄的增长,不知道是听腻了这句话,还是什么原因,小晴开始害怕妈妈说这句话,尤其是当她发现她身边有很多比她优秀的孩子时,她的内心就控制不住自己的嫉妒之情。

小晴知道自己这样做不对,所以性格变得越来越内向,也越来越不自信,生怕出了差错被人嘲笑。但是在老师眼里,小晴是一个很优秀的孩子,明明题目全部都能做对,但课堂上就是不敢举手发言。

在一次家长会后,老师专门与小晴的妈妈聊了聊,得知妈妈平时的教育方式后,老师对妈妈说:"多夸孩子,倒是没什么错,但是不

能总夸孩子聪明，夸得多了，孩子容易产生心理压力。"

妈妈将老师的话牢记在心。这天，小晴的舅舅送了她一套三千多片的拼图，小晴一拿到手就迫不及待地拼了起来。可是拼着拼着，小晴就有些泄气了，拼图块数太多了，有些还特别容易混淆，她已经拼错过两次了，这些挫败感让小晴有些想要放弃了。

"妈妈，我不想拼了，太难了。"小晴耷拉着头说。

妈妈本想说："我们小晴这么聪明都觉得难，那说明这个拼图确实是难。"可是话到了嘴边，妈妈想起了老师的话，再想到小晴前两次拼错了都没有放弃，因此觉得孩子也是具备一些坚持不懈的精神的。

于是，妈妈的话变成了："是不是拼累了呀？拼累了就歇息会儿。妈妈还头一次见你做事情这么认真呢，你已经连续拼了快两个小时了，这专注力值得表扬。就冲你这认真的样子，这拼图迟早能拼起来。"

听了妈妈的话，小晴又重新燃起了自信，调整了一下心情，继续拼了起来。

▶ 沟通笔记

或许孩子是真的聪明，让你忍不住想要夸奖两句，但是当你知道了夸"聪明"和夸"努力"之间的区别后，会怎样选择呢？孩子的未来有无数种可能，而这无数种可能就隐藏在父母平时与孩子的交流之中，有时候仅仅因为父母一句激励的话，就能够让孩子拥有截然不同的未来。

第三章
激励是个"技术活",可不是夸两句那么简单

4.孩子的进步再小,也值得被肯定

> 许多父母认为,只有对孩子要求严格,才能促使孩子进步。所以在亲子沟通之中,有些父母会因为孩子进步太小,没有达到自己心中的标准就把孩子全盘否定,无视孩子的点滴进步,并自认为这是激励孩子的一种方式,却不知这种方式于无形中对孩子造成了伤害。

▶ 沟通误区

鹏鹏的成绩在班里一直处于中下游的水平,眼看着就要小考了,妈妈心里十分着急。为了提高鹏鹏的成绩,妈妈给他报了一个全科辅导班,几乎每个周六周日,鹏鹏都是在补习班里度过的。

鹏鹏懂得妈妈的良苦用心,所以学习起来也十分用功,只是因为基础薄弱,学得十分吃力。在一次数学小测验中,鹏鹏得到了有史以来的最好成绩——91分。终于上90分了,鹏鹏为此激动不已,出了校门一看见妈妈,就连忙将自己的"战果"汇报给妈妈。

"妈妈,我这次小测验考了91分!"鹏鹏一脸笑容地说。

妈妈听了,心想:补了这么长时间课,也就进步了5分。便说道:

父母的语言
FUMU DE YUYAN

"得意什么呀?补了这么长时间的课,才进步了这么几分。"

"老师都夸奖我了呢!"鹏鹏继续补充道。

"那是你们老师要求太低了。就你这分数,距离优秀还差得远呢,还得继续努力,听到没有?"妈妈说。

"哦。"鹏鹏点了点头,回答道,但是脸上已经没有了之前的笑容。

现场指导

有些父母对孩子的要求太高,只看到其他孩子的进步,看不到自己孩子的进步;只看到大进步,看不到小进步。实际上,孩子无论进步多大,他们都需要得到父母的赏识和肯定。

当孩子为了点滴进步付出了努力,却没有被父母肯定时,他们的内心是失望且难受的。孩子在学习和生活中,总会有一些不如意的地方,或许他们的成绩没有别人好,或许他们的脑筋没有别人聪明,或许他们做事没有别人快……

父母总是希望自己的孩子是最棒的,可孩子并不是生来就是最棒的。只要孩子在慢慢进步,我们就应该看到孩子的进步,哪怕这些进步非常小,我们也应该满含热情地鼓励孩子:"不错,你比以前进步多了。别着急,继续努力,一定会越来越好的!"

《劝学》中说:"不积跬步,无以至千里。"孩子的进步也是如此,没有一点点的进步,又哪里来的更大的进步呢?所以父母不要小瞧孩子小小的进步,孩子的自信心往往就是在点滴的进步中逐渐累积起来的。

聪明的父母要善于发现孩子的进步,并予以肯定和表扬。当孩子得到父母的肯定和鼓励后,他们往往会继续坚持和努力,让自己每一天都会有一些变化。虽然只是一些细微的改变,但是孩子的自信心会越来越强。

第三章
激励是个"技术活",可不是夸两句那么简单

▶ 正确范例

岩岩上初二那年转到了另一所学校念书,新学校里人才济济,原本成绩就不算好的岩岩,到了新学校直接成了倒数第一名,人生地不熟,再加上成绩倒数,岩岩脸上的笑容越来越少了。

这一切,妈妈都看在了眼里。为了激励岩岩,妈妈报考了注册会计师,每天陪着岩岩一起学习。在妈妈的带动下,岩岩虽然有了学习动力,但是学起来依旧吃力,数学小测验的时候,岩岩的成绩依旧不理想,只比上一次进步了10分,名次从倒数第一名变成了倒数第二名。

对于这个结果,苦学了两个多月的岩岩自然不太满意,他郁闷地问妈妈:"妈妈,你说我是不是就不是学习的料呀?别人稍微用用功就能实现突飞猛进的进步,而我用了这么大的功夫,却还是倒数。"

妈妈听了岩岩的话,忍不住笑着说:"可不能这么贬低自己,在妈妈看来,你这次进步不小呢!整整进步了10分呢!妈妈虽然还没看卷子,但是也知道,要进步这10分,可不是做对一两道小题的事情,这说明你正在把以前落下的知识点一点一点地补上来呢!只要你坚持下去,你迟早能够有突飞猛进的进步。"

原本心情十分低落的岩岩,听了妈妈的话,立刻士气大振。过了一会儿,岩岩对妈妈说:"妈妈,你给我找个补习老师吧,我想有老师的帮助,我能进步得再快一点。"

别人家的孩子都对补课避之不及,岩岩却主动提出了补课,这让妈妈感到欣慰不已,连忙拍着胸脯说:"没问题,这件事情交到妈妈手上了,我儿子这么爱学习,妈妈就是赴汤蹈火也得支持你呀!"

说完,母子二人都笑了。

父母的语言
FUMU DE YUYAN

> 沟通笔记

孩子的成长是一个漫长的过程,要一步一步不断地去实现。因此,对于孩子的每一点进步,父母都应格外关注并及时地给予鼓励。尤其是在孩子表现不好的时候,父母更应该善于发现孩子哪怕是一点点的进步,并及时用语言对孩子进行肯定和激励,表现出对孩子的赏识,这样才能帮孩子建立起勇气和信心。

5. 得到的肯定越多,孩子的闪光点就越亮

曾经有这样一项实验:让一群中国孩子和一群外国孩子分别将自己的考试成绩带回家,结果显示,有80%的中国父母对自己孩子的成绩不满意,而外国父母中则有80%对自己孩子的成绩表示满意。实际上,外国孩子的成绩远不如中国孩子。

实验虽然只选取了少部分的学生,但是反映出了大部分中国孩子的现状,那就是总是被父母用挑剔的眼光来看待。

> 沟通误区

佳馨的妈妈从小到大都是非常优秀的一个人,无论是上学期间还是工作以后,都拥有十分不错的成绩。因此,在佳馨妈妈眼中,自己的孩

第三章
激励是个"技术活",可不是夸两句那么简单

子也应该具备优秀的基因。小时候的佳馨也确实如此,唱歌、跳舞、画画,样样都拿得出手。可是自从升到三年级以后,佳馨的成绩便渐渐有些落后了。因此,妈妈给佳馨报了很多课外补习班,这些补习班占据了佳馨大部分的时间,使得她有兴趣的课程都没有时间上了。

平日里,佳馨妈妈最常挂在嘴边的一句话就是:"笨鸟先飞,脑子笨的人,就得比别人付出更大的努力。"妈妈天天这样说,佳馨便也这样觉得,时常跟小伙伴们说:"我没空出去玩儿,我妈说我是笨鸟,得先飞。"即便这样,到了六年级佳馨的成绩依旧不理想。在小考前,佳馨经常学习到晚上十一二点,早晨又早早起来背课文背英语。可是佳馨仍然和重点中学的分数线擦肩而过。看着佳馨努力了这么长时间得来的成绩,佳馨妈妈失望地说:"你怎么就没有继承我一点优点呢?没有什么特长就算了,学习成绩也上不来。"

妈妈的话让本就沮丧的佳馨心情更加晦暗了,她瞬间觉得自己一无是处,糟糕透顶,就算上了初中,也不会有什么好成绩了。

❯ 现场指导

佳馨真的一点优点都没有吗?并不见得。任何一个孩子,都有自己的长处和优点。如果你觉得孩子不优秀,那说明你看待孩子的角度不对。父母的眼睛若是只盯着孩子的短处,就会忽略了孩子的长处。而长处总是被忽略,孩子渐渐就会忘了自己也有优秀的一面了。

曾有一位心理学家拿出一张白纸,在白纸上随意点了一滴墨渍,然后他问别人看到了什么,几乎每个人都说看到的是一个黑点。如果说白色是优点,黑色是缺点的话,那么大多数父母都会跟佳馨的妈妈一样,只看到孩子的缺点,将孩子的一点错误无限放大,却对孩子所

具备的"闪光点"视而不见,从不给予肯定与鼓励。亲子之间这样相处下去,注定不会成功。

每一个孩子都渴望得到来自父母的肯定与认可。有时孩子的上进心要远远高于成年人,对于他们而言,父母的欣赏就是他们成长的养料。如果有父母欣赏的话,那么他们会在情绪上产生快感,在精神上受到激励,在思想上获得新的启示,这样积极的内心体验就能增强孩子的自信和自尊,使他们更加有向上的动力。

父母若是有心,就会发现孩子身上的"闪光点"不止一点点。除了学习成绩外,每个孩子在性格、兴趣爱好、文体才能、文明礼貌、社交能力、卫生习惯、劳动表现、动手能力等方面,都具备着或多或少的"闪光点"。

对孩子而言,父母的欣赏就像是一支"催化剂",能够促使孩子们成为一个有追求、有理想、有上进心的人,就看父母给不给孩子机会。

⊙ 正确范例

海翔小时候就开始学写毛笔字,那时候他的字迹算不上优秀,但是妈妈总能从海翔练过的字里面发现几个写得好的,或是有了重大进步的,然后把这些作品统统"收藏"起来,像"宝贝"一样放到一个盒子里。时不时拿出来端详一番,将过去的字和刚写完的字做对比,然后告诉海翔:"只要今天比昨天强就行。"

虽然妈妈很在意海翔的练字作品,但是妈妈从来不会强迫海翔练字。而且海翔每次练字,妈妈的鼓励都不会缺席。对于海翔写得好的字,妈妈就会由衷地赞赏道:"这字写得很好啊!比上次好了很多呢!"因为喜欢得到妈妈的表扬,海翔从一开始并不热衷于练字,到后来真的爱上了书法,并且水平不断提高。

第三章
激励是个"技术活",可不是夸两句那么简单

后来,妈妈已经无法从技巧上再给予海翔帮助了,但海翔觉得,妈妈能够作为一个欣赏者站在他身边,对他就是莫大的鼓励。

2000年,海翔参加清华大学国际MBA的考试,当时有4000多名高中毕业生同时报考,但最终仅有62人入选,海翔就是其中一位。

❯ 沟通笔记

知心姐姐卢勤说过:"成功的教育方法就是,放大孩子的'闪光点'。"因为每个孩子都十分在意自己的成绩和努力的结果,如果得到了父母的欣赏,他们就会感到骄傲和自豪,并且愿意继续努力;但如果没有得到父母的欣赏,那么可能有些孩子就会自我放弃,认为坚持也没有用。

父母的欣赏,是鼓舞孩子树立信心、勤奋进取的法宝,是提高孩子上进心的动力,也是父母充分挖掘孩子潜能的一种无形的力量。有一句话可以视之为真理:父母用欣赏的心态教育孩子,孩子都会成为杰出的天才。

6.别再说"你真棒"了,夸奖要走走心

有人说,"好孩子是夸出来的"。说到"夸"孩子,很多父母会觉得这太简单了,什么"你真棒""太了不起了""乖孩子"……这样夸奖的话语,不是张嘴就能来吗?但是这样的夸赞,你的孩子喜欢听吗?你夸完了会有用吗?

父母的语言
FUMU DE YUYAN

⊙ 沟通误区

今年上五年级的小威已经是个大男孩儿了,却依旧改不了调皮的毛病,为此,妈妈打也打了骂也骂了,却看不到什么效果。一个偶然的机会,妈妈听别人提起了"赏识教育法",就是要多夸赞孩子,还说好孩子都是夸出来的,于是妈妈打算在小威身上试验试验。

比如:小威吃完瓜子,弄了一地的瓜子皮,没等妈妈说就主动将瓜子皮扫了起来,妈妈就会说"小威真乖"。

起初,小威听了妈妈的表扬很受鼓舞,明显比之前勤快了许多,这让妈妈觉得"夸赞大法"确实是个好办法,于是每次小威主动收拾了房间,妈妈都会如此夸赞一番。但是没过多久,小威的热情就降了下来。

其他方面也是如此。小威作业完成得好,妈妈便夸奖他:"小威真棒!"然后小威就会坚持那么一段时间,新鲜劲儿一过,无论妈妈再怎么夸奖"小威真棒",小威的学习热情也不再高涨了。

对此,妈妈无奈道:"这'夸赞大法'虽好,就是保质期太短了。"

⊙ 现场指导

事实上,并不是"夸赞大法"保质期短,而是小威妈妈在使用此方法时,没能掌握好技巧而已。

赏识教育的确是一种有效的亲子沟通方法,很多父母都将赏识教育当作教育好孩子的法宝。但赞美孩子可不是简单夸几句那么简单的事,很多父母就因为不能很好地把握赏识的技巧,使得赏识教育的效果不尽如人意。

每次对孩子进行表扬,都只是笼统地、泛泛地夸奖孩子"你真

第三章
激励是个"技术活",可不是夸两句那么简单

好""你真棒""你干得真不错"……第一次听到,孩子会热血沸腾,充满了力量;第二次听到,孩子会觉得内心愉悦,沾沾自喜;但是第三次、第四次……听到的都是这样的赞美,孩子就会对这些赞美产生"免疫能力"。

父母虽然夸赞了孩子,但是对孩子而言,夸与不夸没什么两样。更重要的是,这样没有"营养"的夸赞还会使孩子养成骄傲、听不得半点批评的坏习惯。

那么什么样的夸赞才是孩子愿意听,并且永远也听不腻的呢?

对于孩子而言,夸赞的语言不能太笼统、模糊,不能简单地用"你真是一个好孩子""你真棒"这样的一般赞语,而是要告诉他哪里棒,为什么棒。父母对孩子的表扬越具体,孩子就越容易找准努力的方向。

夸赞不应当只是一个形式,马马虎虎地夸上一两句是没有长期效果的。父母在夸奖孩子时话语足够具体,能体现出父母对孩子的肯定足够走心,这样孩子才会觉得父母的夸奖是有价值的。

▶ 正确范例

晓丽已经上初二了,因为马上要面临着中考,妈妈希望她把所有的心思都用在学习上,所以,家里大大小小的事情都不让晓丽插手,晓丽则渐渐地习惯了妈妈为她准备好一切。

这天,晓丽放学回家时看到妈妈闭着眼睛,一脸倦容地躺在床上睡着了,她本想将妈妈叫起来为她做饭,但是看到妈妈睡得那样香甜,晓丽临时改变了主意。她静静地走出卧室,来到了厨房,学着妈妈的样子拿出了电饭锅,蒸上了一锅米饭。

父母的语言
FUMU DE YUYAN

看到家里还是乱糟糟的样子,晓丽又连忙将家里收拾了一番。等到米饭熟了,晓丽做了一个最简单的炒鸡蛋,然后把饭菜都端上桌,才将妈妈喊了起来。

看到整齐的家、热腾腾的饭菜,妈妈心里别提多感动了,连连夸赞道:"哎呀,我们晓丽真是长大了,越来越懂事了。"晓丽听了妈妈的话,只是笑笑不说话,因为每次她做得好时,妈妈都会这样说,她都已经习惯了。

但是这一次,妈妈显然特别满意,夸奖的话语接二连三地说了出来:"昨天妈妈加班到深夜,早上起来给你做完早点后,就有点困,想着先躺一会儿,结果就睡着了。还好你懂事,知道自己做口饭吃,还把家里收拾得这么整洁,让妈妈好好睡了一觉,怪不得人家都说'女儿是妈妈的贴心小棉袄'呢,真就是这么回事。"

平时妈妈说这么长一串话,晓丽早就感觉不耐烦了,可是今天对于妈妈的"唠唠叨叨"晓丽却好像没有听够一样。她暗自下决心,以后妈妈辛苦的时候,自己一定要多帮忙。

◎ 沟通笔记

父母对孩子的夸奖,其实是对孩子做事动机的肯定,是对孩子付出的努力表示欣赏,夸奖的话语越具体,越能说明孩子的努力被父母真切地看到或感受到。对于很多孩子来说,他们的努力就是为了得到来自父母的认可,尽管这未必全对,但只有父母认可了,他们才觉得一切付出都是值得的,才会继续为之努力。

第四章

掌握孩子的心理，才能引导他们的行为

心理学家认为，身为父母必须学会如何说服孩子，因为这有利于巩固父母在孩子心目中的权威形象。事实上，孩子也希望父母拥有这样的地位，这会让他们内心充满安全感。但与此同时，孩子又希望自己能够摆脱父母的掌控，能够超越父母，尤其是在父母向他们灌输一些在他们看来枯燥无味，甚至是陈旧落伍的观念时，这种想法会更加强烈。在这样两种心理的冲击下，孩子成了一个不容易被父母说服，但也希望父母能够给予他们引导的矛盾体。

因此，父母想要令孩子信服，仅仅有正确的观点还不够，还要掌握孩子的心理特征，以及相关的交谈技巧。

1.父母变身为朋友,孩子更容易敞开心扉

> 父母是孩子在这个世界上最亲近的人,但这并不表明父母就一定是孩子最贴心的人,尤其是青春期的孩子,他们的心中有了很多秘密,但他们不愿意跟高高在上的父母说,而是更愿意跟自己的朋友诉说。因此,父母想要知道孩子内心的小秘密,并且在他们做得不对时给予引导,就要变身为他们的朋友,像朋友一样和他们交流。

◎ 沟通误区

子萱长得很可爱,瓜子脸,大眼睛,皮肤白皙,身材高挑,不但是学校里的文艺骨干,而且学习成绩也很棒,常年保持在班级前三名。

但是,上了六年级以后,子萱的成绩忽然下滑,爸爸妈妈以为是学习压力太大所致,几次三番想要找机会跟子萱聊聊,帮她疏解一下情绪。爸爸妈妈问子萱是什么原因导致的学习成绩下降,子萱要么说自己也不知道,要么就是沉默不语。

就在爸爸妈妈准备找班主任谈谈的时候,一封夹在书中的信被妈妈发现了。信的一开头表达出了对某个男生的想念之情,然后就吐露

第四章
掌握孩子的心理，才能引导他们的行为

出了自己内心的不快，什么爸爸妈妈成天逼着她学习了，还有那个男生跟别的女生说说笑笑被她看到了之类的，结尾还提到学习好累，就想天天和那个男生一起出去玩儿……

看完信的妈妈，只感觉头脑一片空白，她没有想到平日里看起来乖巧听话的女儿，竟然背着他们悄悄谈起了恋爱，要不是她将信件忘在书里了，这个秘密父母可能永远都发现不了。

在平息了自己内心的怒火以后，妈妈以雷霆般的手段将子萱这段感情扼杀在了摇篮里。她先是找到了男生的父母，严厉地警告了对方，不要再让他们的儿子骚扰自己的女儿，否则就选择报警；然后又给子萱办理了转学手续，远离了那个男生。

妈妈认为这样子萱就能静下心来好好学习了，没有想到子萱就像是"失恋"了一般，整个人都如丢了魂，学习成绩一落千丈，整天一副郁郁寡欢的模样，不但没有升入重点中学，就连普通初中都差一点没进去。

▶ 现场指导

早恋，通常被父母视作大问题，一旦发现，处理起来绝不手软，也丝毫不给孩子留情面。正是因为父母这样的处理方式，使得孩子害怕心中的秘密被父母知道，只能选择隐瞒。而隐瞒，是比早恋更严重的问题。孩子一旦瞒着父母去做事情，父母就无法得知孩子的具体情况，也无法在孩子犯错之前给予孩子劝说和引导了。

如果孩子开始对父母有所隐瞒，那么父母就要反思自己平时的教育方式了。是不是平时从不给孩子发言权与选择权？或是从不注意孩子的隐私权？如果在亲子沟通中父母有这样的行为存在，那孩子就会

渐渐地从畅所欲言变得凡事能瞒就瞒。

父母想要真正走进孩子的心里,就要彻底放下家长的架子,想方设法做孩子的朋友,这样孩子才会愿意跟我们沟通。

曾经有一位教育专家是这样处理他和儿子的关系的:10%是父亲,90%是朋友。心理学专家李子勋也提到过一个观点:关系大于教育,良好的亲子关系是教育的根本。

也就是说,父母不需要每天苦口婆心地告诉孩子该怎么做,不该怎么做,只要有良好的关系存在,很多教育问题甚至都不会出现。这种良好的关系不是一种过度亲密、过度依恋的纠缠关系,而是一种相对自由、和谐、彼此相互尊重的朋友关系。

其实,每一个孩子都希望父母把自己当成朋友,彼此之间能够平等对待,相互尊重,包括尊重他的感情、他的愿望、他的选择;希望在自己犯错的时候,父母不要以长辈的身份去"审问"自己,而是以朋友的身份理解他们,耐心倾听他们的想法,然后一起商量解决问题的方法。

▶ 正确范例

菲菲恋爱了,对象是同班的一个高高瘦瘦的男生。每天上学,男生会绕路到菲菲家附近等着她;每天放学,男生又会将菲菲送回家。有一次放学,菲菲正好碰到了出来办事的爸爸。

只见爸爸面带笑容地走到两个孩子面前,打了个招呼说:"菲菲放学啦,这位同学是……"爸爸说了一半,停了下来,将主动权交给了菲菲。

"爸爸,这是我同学,我们顺路,就一起回来了。"菲菲假装

第四章
掌握孩子的心理，才能引导他们的行为

若无其事地说道，但是爸爸明显感觉到了菲菲的不自然和紧张，却没有拆穿菲菲，而是顺着菲菲的话说道："哦，那很好啊，一起放学还安全些，那你们赶紧回去吧，爸爸有点事要去办，你回家跟妈妈说一声，爸爸晚点回家。"

说完，爸爸就真的开车离开了。菲菲以为爸爸相信了她的话，长长地舒了一口气，但是等她回到家时，才发现爸爸根本就没有去办事，而是站在家门口等着她。看到菲菲后，爸爸说："走，今天爸爸请你出去吃。"

不明所以的菲菲战战兢兢地跟着爸爸来到了餐馆，爸爸也没有拐弯抹角，直接就问菲菲："那个男孩子是你男朋友吧？"菲菲本能地想要否认，但爸爸那肯定的语气，让她不敢再否认。

"眼光不错，小伙子白白净净、高高瘦瘦的。"听到爸爸夸自己的男朋友，菲菲意外极了，她以为爸爸会将对方贬得一文不值。

爸爸又接着说："爸爸像你这么大的时候，也曾喜欢过班里的一个女生。"

菲菲听了忍不住问道："那个人是妈妈吗？"

爸爸笑着摇了摇头，说道："不是。我现在甚至已经记不太清她长什么样子了，只记得她学习特别好，是我们班的学习委员。我追求她的时候，她跟我说，只要我学习成绩能超过她，她就答应我。"

"那你做到了吗？"菲菲追问道。

"我做到了。为了追上她的成绩，我使劲儿学习，终于在初三那年成绩超过了她，考上了特别好的高中。但我忽然之间发现，我对她的感情不那么浓烈了。再加上她也转学去了另外的城市上学，我们之间就没有联系了。现在想起来，我很感激她，是她让我从一个满脑子只想谈恋爱的傻小子，变成了一名只知道学习的好学生，这样才得以

考上大学,认识你的妈妈,生下了你。"

菲菲听到这里,忽然也很感谢那个未曾见面的阿姨,同时她也明白了爸爸跟她说这一段往事的目的。

"爸爸,我明白了,我不会因为谈恋爱影响学习的。他学习很好,经常帮我补习,我们希望能够考入同一所大学。"菲菲一脸认真地说。

从这以后,菲菲有什么心里话都愿意第一时间分享给爸爸,有爸爸"保驾护航",菲菲度过了一个快乐美好的青春期。

⊙ 沟通笔记

想和孩子做朋友,就要经常跟孩子沟通和交流,像朋友一样谈谈心,父母可以告诉孩子自己曾经的经历,可以是成功的,也可以是失败的,甚至可以是丢人的瞬间……只有这样,孩子才会觉得自己与父母之间没有距离,才愿意畅所欲言。

当孩子觉得和父母聊天没有"被惩罚的威胁"时,他们才会更信任父母,什么秘密都愿意告诉父母。这样,父母对孩子的所思所想及所处状态就能够拥有比较全面的了解,亲子沟通也就能有的放矢了。

第四章
掌握孩子的心理，才能引导他们的行为

2.站在孩子的角度，有助于看清孩子的世界

> 人与人之间的想法存在着很大不同，成人和孩子之间的想法更是天差地别。有时候，父母和孩子之间会产生分歧，这并不能说明谁对或是谁错，更多的是因为看待问题的角度不同。如果父母愿意站在孩子的角度去看待事情，那孩子身上存在的问题可能就不再是问题了。

◎ 沟通误区

小静14岁了，喜欢一切潮流时髦的东西，她的梦想就是成为形象设计师，引领时尚潮流。所以，当小静发现走在潮流前线的偶像穿了一条破洞裤后，也想拥有一条。可是当小静从网上找到图片让妈妈给买时，妈妈一口拒绝了小静的要求："你看那是什么裤子？谁穿着破裤子上街呀？跟个乞丐一样！那像是学生吗？"

听了妈妈的话，小静没有吭声，而是默默地回到了自己的房间里开始盘算起来。妈妈每个星期给小静一百元零花钱，她打算省着点花，这样用不了多久，就可以买到心爱的破洞牛仔裤了。

三个星期后，小静终于攒够了钱。为了不被妈妈发现，小静特地

父母的语言
FUMU DE YUYAN

将快递寄到了同学家,然后装在书包里悄悄带回家,藏在了衣柜最里面。等到休息的时候,小静会把破洞裤放在包里,然后穿着正常的衣服出门,到了外面的公共厕所,再将破洞裤换上。

就这样,小静穿上了自己心爱的裤子,妈妈却什么都不知道,还以为小静听了自己的话,放弃了买破洞裤的念头呢!

▶ 现场指导

每个孩子都有自己的思想,都希望自己的想法被尊重和理解。小静的妈妈没有理解小静的想法,所以小静选择了沉默和隐瞒。这是亲子沟通中最容易出现的问题,原因在于父母不会从孩子的角度考虑问题,而是将自己的意愿强加在孩子身上,这样非但收不到预期的效果,反而会激起孩子的逆反心理,导致父母永远不会知道孩子的心里在想什么。

想要与孩子进行良好的沟通,父母应该学会放下自己的成见,试着用孩子的眼光来了解和认识孩子。因为对于同一个问题,大人和孩子的视角不同,所以做出的判断和产生的认识也不一样,误解就很容易产生。

就像小静和妈妈之间的对话一样,妈妈认为破洞裤是乞丐才穿的衣服,而在小静眼里,破洞裤代表着时尚和新潮。毕竟出生的年代不同、成长的环境不同,对事物产生的认知也不同。不能说妈妈的做法不对,只能说妈妈和小静之间的立场不同。大人有大人的世界,孩子有孩子的世界,这是两个不同的世界。如果父母非要用大人世界的要求来对待孩子,势必会发生许多亲子关系上的问题和不愉快。

只有懂得换位思考,在与孩子沟通交流时,才能够以孩子的角度来看待问题、分析问题,彼此达成共识并有效地解决问题。

第四章
掌握孩子的心理，才能引导他们的行为

> 正确范例

小莹身边的朋友都买了破洞裤穿，她看了心里痒痒起来，用攒的零花钱也买了一条穿。这天休息，小莹穿着新买的破洞裤刚刚走出房门，就被妈妈看到了。

"天啊，你这穿的是什么裤子呀？"妈妈吃惊地望着小莹说，只见小莹的裤子每条腿上都有两个硕大的窟窿，从大腿一直露到膝盖。

"妈妈，这是破洞裤，今年最流行了，我的偶像就穿了一条一模一样的。"小莹略带嫌弃的解释道。

听了小莹的话，妈妈似乎也想起来，单位的一个小姑娘也总是穿着露膝盖的裤子，不过作为成年人这样穿是没什么了，但是作为学生这样穿就有点不合适了。妈妈一边仔细端详着小莹的穿着，一边想着该怎么劝阻小莹。

看着看着，妈妈就觉得这裤子穿着也不是那么难看，好像大街上的年轻人都这样穿；再想想自己年轻的时候，也是流行什么穿什么。于是，妈妈从内心里接受了小莹的这身装扮，但还是嘱咐道："穿是可以穿，不过，你现在还是学生呢，无论是言行举止还是穿着打扮，都应该有个学生的样子，这样才能给老师和同学们留下好印象。这样吧，平时休息的时候你可以穿穿，但是千万不能穿到学校去。知道吗？"

小莹听了，不住地点头说："知道了妈妈，您就是借给我十个胆，我也不敢穿到学校去！"

说完，小莹高高兴兴地出门了。

父母的语言
FUMU DE YUYAN

> 沟通笔记

父母在教育孩子时,要站在孩子的角度去思考和理解他们的内心世界。因为站在孩子角度看问题,就等于掌握了孩子心灵的钥匙,能够轻松地打开他们看似封闭的心灵。而父母想要更多地了解孩子,就得换位思考,进行角色转变,这样才能对孩子的想法感同身受,从而避免误解发生。

3.巧用激将法,让孩子变得"顺从"

"激将法",是指设法刺激他人,鼓动其做出符合自己意愿的行为或举动。

《三国演义》中的诸葛亮就十分擅长运用此计。在曹操攻打孙权和刘备之时,为了让孙权与刘备结成联盟,诸葛亮故意劝说孙权投降曹操,同时表明刘备是皇室正统,即使战死,也不能投降曹操。这一下,刺激起了孙权的自尊心,孙权发誓要与曹操决一死战。

虽然激将法出自兵法,但同样可以运用在亲子沟通之中。

第四章
掌握孩子的心理，才能引导他们的行为

⊙ 沟通误区

上了初中后，很多孩子都有了自己的手机，于是小杰的父母也给他买了一部手机。起初，小杰就是用手机打打电话、查查资料，后来在同学们的带动下，开始玩起了网络游戏，而且越玩越上瘾。

每天晚上，小杰都会假装先睡着，等到爸爸妈妈睡了以后，他便偷偷拿出手机玩游戏，经常玩到三更半夜，早晨带着两个黑眼圈起床去上学。到了学校，自然犯困打瞌睡，学习成绩一路下滑。爸爸妈妈发现后，果断地没收了小杰的手机，以为这样就能够断绝小杰玩游戏的念头。

没有了手机的小杰，为了玩游戏开始泡网吧。当他再一次晚自习逃课去网吧时，老师拨通了小杰爸爸的电话。接到老师电话的爸爸，立刻就出门去找小杰，转遍了大街小巷的网吧，爸爸终于找到了蜷缩在角落里玩得正起劲儿的小杰。

爸爸二话不说，一把拽起小杰，一巴掌打在了小杰的脸上，瞬间小杰的半边脸就被打红了，然后爸爸拖着小杰出了网吧。回到家里后，爸爸把小杰锁进了房间里，骂道："你一天戒不掉网瘾，就一天别想出这个门！"

此时小杰想起自己的学生身份来了，哭丧着脸说："可我还要上学呀！"

爸爸听了更加生气，骂道："你这个时候想起上学来了，早干吗去了？我给你掏钱念书，你逃学去玩儿游戏，你还上什么学？别浪费这个钱了。"

听了爸爸的话，小杰不但没有悔过的意思，反而觉得爸爸太不讲理了，他不过就是逃了晚自习，又没有逃其他的课程，爸爸就剥夺了他上学的权利，以后自己没本事，就是爸爸的错。

父母的语言
FUMU DE YUYAN

▶ 现场指导

父母使用激将法与孩子沟通，其实就是利用了心理学中的"激将效应"，即通过反向刺激促使孩子做出正向选择的行为。俗语说："树怕剥皮，人怕激气。"孩子虽然不大，但是好胜心强，尤其是青少年时期的孩子，他们凡事爱以大人的标准要求自己，凡事又都爱斗个胜负输赢，如果父母在与孩子的沟通中，能够利用孩子自尊心和逆反心理积极的一面，激起他们"不服气"的情绪，就能令孩子主动按照父母的心意去做事。

但是，在对孩子运用激将法时，父母一定要看准对象，因为此方法只适合用于具有强烈进取心的孩子身上，对于没有什么进取心，并且内心比较敏感的孩子而言，激将法怕是会引起相反的效果。

曾有机构对孩子就"父母的哪种行为你最无法忍受"做过一个调查，结果发现，有30%左右的孩子不能忍受妈妈说自己不如别的孩子的"激将法"，这说明孩子有强烈的自尊心，他们不愿意妈妈拿别人与自己比较，尤其是别人家的孩子。所以激将法虽然灵验，但父母也要有分寸地使用，千万不要用别人家的孩子去刺激自己家的孩子，否则不但达不到引导的效果，还可能会刺伤孩子的自尊。

▶ 正确范例

上了初中后，小凯就染上了网瘾，只要一有空，他就拿出手机打游戏，或者用聊天软件找附近的女孩儿聊天，除此之外，任何事情都无法引起他的兴趣，学习成绩自然也越来越差。

爸爸妈妈看在眼里，急在心里。这时，一个亲戚给小凯爸妈出主

第四章
掌握孩子的心理，才能引导他们的行为

意说："有一个网瘾治疗中心，能够让孩子戒掉网瘾。"爸爸妈妈听了以后就心动了，连哄带骗地将小凯带到了那个治疗中心，结果那里所谓的"治疗"就是电击，只要孩子一动了上网的念头，就会对孩子进行电击，通过身体的疼痛让孩子对网络产生排斥感。

爸爸妈妈不忍心小凯遭受这样的折磨，就将小凯带回了家。在回家路上，妈妈叹着气问小凯："儿子呀，你怎么就这么爱上网呢？那网络游戏就那么好玩儿吗？"

小凯看了看妈妈，实话实说道："嗯，在游戏中我能找到自信，也能找到志趣相投的朋友，我们有很多共同的语言，彼此之间相互信任。我觉得网络世界比现实世界温暖多了，你和爸爸平时总是忙着做生意，连听我好好说话的时间都没有，但是网络上的朋友不一样，他们总是能在我无聊的时候陪着我。"

妈妈听了小凯的话，心里感到很内疚也很无奈。爸爸听了这话，想得却是：既然父母的错误已经铸成，与其逼迫孩子改变，不如父母先进行改变。

经过一段时间的冥思苦想后，爸爸终于找到了好办法。这天，爸爸回到家，就故意用很大的声音对妈妈说："我今天去健身房办了一张健身卡，从今以后打算好好健身，把我这个大肚子练下去。"

一旁的小凯听了，不以为然地笑了笑，在他眼里，爸爸生意那么忙，哪里还有时间去健身，这分明就是在浪费钱呢！

爸爸看到小凯的笑容，故意问道："你小子笑什么呢？我本来想给你也办一张，但后来想到你每天不是看手机就是打游戏，跟温室里的小花一样，怎么可能举得动杠铃，就没浪费这钱。"

爸爸这话明显瞧不起小凯，小凯觉得很不服气，说道："你看不起谁呢？我一个大小伙子，还能举不过你一个大叔？"

087

父母的语言
FUMU DE YUYAN

妈妈也赶紧抓住机会,说道:"就是,我儿子年轻力壮,不比你一个老头子强!"

"那咱们就比试比试?怎么样?敢不敢?"爸爸把那张健身卡拍在了小凯面前,挑衅一般地看着小凯说。

"比就比,谁怕谁!"小凯一把拿起了健身卡,说道,"明天健身房见。"

从这以后,小凯学习以外的时间几乎都被爸爸占用了,爸爸自己锻炼得起劲儿,也不放过小凯,每次都把小凯累得回家倒头就睡。令小凯奇怪的是,虽然每次都很累,但是睡一觉醒来后,出了肌肉酸痛外,精神倒是很旺盛,这令他的听课效率提高了不少。

人一旦有了一些进步,就有了前进的动力,小凯就是这样。当他把精力都放在了学习和健身上时,他忽然发现他对网络世界不再那么痴迷了。

▶ 沟通笔记

革命志士秋瑾说过:"水击石则鸣,人激志则宏。"父母引导孩子,但孩子不愿意接受时,刺激一下孩子,或许就能唤醒他们的自尊心和荣誉心,让他们能够变得"顺从"起来。不过激将法虽好,却不能贪多。对于同一个孩子,激将法也不可常用,偶尔使用效果才佳。

第四章
掌握孩子的心理，才能引导他们的行为

4.亲子"谈判"时，避免被孩子牵着鼻子走

> 有人说，教育孩子的过程其实就是一个不停地与孩子"谈判"的过程。这话很有道理。随着孩子不断长大，他们开始有了自我意识和自己的想法，不会再像小时候那样，百分之百听从父母的。此时，父母若是一味想用过去常用的方法去解决"孩子的问题"，效果往往不尽如人意。

▶ 沟通误区

上了初中后，小智最好的朋友选择了出国念书，这让小智很是羡慕，想到自己家庭条件也不错，出国父母应该也负担得起，于是回家后小智就对父母提出了出国念书的要求。

"爸爸妈妈，你们看看我这次的考试成绩，你们说我这以后可咋办呀？估计考高中是费劲了。"小智拿出刚发下来的成绩单给爸爸妈妈看。

爸爸妈妈一看那平均不到60分的成绩单，气得哭笑不得，明明应该是他们问的问题，反而从小智的口中先说了出来。

爸爸指着成绩单问道："就这成绩你问我们怎么办？你说怎么

父母的语言
FUMU DE YUYAN

办？难不成我们替你学去呀？"

"我倒是有个办法，"小智不紧不慢地开口道，"要不你们送我出国吧，去日本或韩国，泰国也行，这些国家比较便宜。你们要是舍得花钱，送我去美国也行。我在国外的学校念几年，回来就是'海归'，到时候就不怕找不到工作了。"

"你真是异想天开！"听了小智的话，爸爸忍不住脱口而出地教训道，"你以为出国那么容易呢？国外多乱你知道吗？花钱又多又不安全。你就好好地在国内念书得了，想出国？等长大以后再说。"

"可是，你让我在国内待着就是在耽误我，也许我的大好前程就断送在你们手里了。"小智不满地说，他觉得爸爸妈妈不愿意送他出国是因为害怕花钱。

"你说什么？你说我们耽误你？你给谁学习呢？"爸爸气得一声比一声高，如果不是妈妈在一旁拉着，估计巴掌就打在小智脸上了。

后来，小智虽然没敢再提出国的事情，但是也不愿意把心思花在学习上了。

▶ 现场指导

在与孩子谈判的过程中，父母经常会遇到孩子与自己进行"讨价还价"的情况，此时父母若控制不住自己的情绪，谈判就会演变成一场亲子大战；而如果父母一味让步，就会在谈判的过程中被孩子牵着鼻子走。

那么在能够控制自己情绪的情况下，父母怎样才能避免被孩子牵着鼻子走呢？

这就要求父母在谈判之前，首先，在自己的内心里进行一次"演习"，在"演习"中将自己的情绪调整到最佳状态，这样才能在接下来的谈判中使用最恰当的语言和态度。其次，父母要事先设置好底线，以免孩子提出超出范围的要求时无从应对。有了底线后，对于谈判中孩子提出来的附加条件，父母才不会轻易做出承诺。父母若没有设置底线，尤其是没有是非善恶方面的防御点，就会一味地妥协、忍让，从而有可能促使孩子养成任性、自私、善恶不分的个性。

同时，在亲子谈判的过程中，父母要始终坚持自己的原则，无论孩子如何"讨价还价"，父母的注意力都要集中在那些希望孩子做出改变的行为上，这样思想才不会被孩子带"跑偏"，全身心去说服孩子。父母对"为什么要求孩子这么做"解释得越具体、越明白，孩子越能在交谈中了解到父母的真实想法，从而在一次次的交涉中被父母说服。

和孩子谈判，在一定程度上能够练就父母的耐心，因为可能一两句话并不能立刻改变孩子的观点和行为，父母需要在整个过程中都保持着足够的警惕性，在坚守底线的情况下，随时更改策略，最终达到与孩子协商一致的目的。

▷ 正确范例

上了初中后，小帅的成绩一直处在班级倒数的位置。因为成绩不好，在学校里愿意跟小帅一起玩儿的也大多是成绩垫底的那些同学，小帅对学习的热情也变得越来越弱。

新学期开学，一个跟小帅玩儿得很不错的男孩子选择了退学，原因就是既然学习成绩不好，与其在学校里浪费时间，不如去学个技术，将来也好有个一技之长，能够在社会上立足。到了职业技术学校

父母的语言
FUMU DE YUYAN

上学后的小伙伴，常常跟小帅联系，告诉小帅职业技术学校里有多好，学习任务也不那么繁重，每天都过得既轻松又快乐。

小帅听了心里也涌起了退学的冲动，并向父母提了出来："爸爸妈妈，我不想上初中了，我想去学个技术。"

小帅的话让爸爸妈妈感到很吃惊，虽然孩子成绩差，但是他们从来没有放弃过，没想到孩子自己却先选择放弃了。爸爸看了看小帅那副认真的表情，知道他不是说着玩的，心里便对这个问题重视了起来。爸爸认为，无论如何不能退学，孩子的未来有无数种可能，只有坚定不移地在学习这条路上走下去，才能够有更好的可能性。再说了，就算最后成绩依旧不理想，那时候再去学技术也不晚。

在内心打定了主意后，爸爸开口问道："你为什么想要学技术呀？"

"我朋友去学技术了，他说技术学校很好，学业又不重，还能学到技术，上两三年学，就能出来打工挣钱了。"小帅一五一十地说道。

听到这里，爸爸已经基本上摸清了小帅内心的想法，心里松了口气，说道："这倒也不错。只是爸爸觉得你现在就去学技术有些太早了。你现在的年龄更适合待在学校里好好学习文化课，只有把文化课学好了，你将来才能有更大的作为。"

小帅反驳道："可是我就考那么几分，还能有什么大作为？你们要是不让我去学技术，我也不会好好学习的，到时候我一样要去学技术，早学晚学不都是要学？"

妈妈听了，内心动摇起来，心想着：不如就答应小帅算了，这样孩子高兴了，父母也不用这么操心了。

但爸爸依旧坚守自己的底线，他摇了摇头说："不一样。你坐

第四章
掌握孩子的心理，才能引导他们的行为

在教室里一天，哪怕学会了一道题，认识了一个字，你就会比现在辍学强那么一点点。你想学技术可以，爸爸也支持。但是你得让爸爸看到你学习的本事。你没有学习的本事，就是去学技术，也不见得能学好。你需要用文化课来证明，证明只要你用心了，你就什么都能学好，这样我才能放心地送你去学技术。"

听到爸爸同意自己去学技术，小帅也就接受了爸爸提出的条件。当他真的开始用心读书的时候，他发现其实书本上的知识也不是那么枯燥无味。渐渐地，小帅竟燃起了学习的热情，再也没有提过要去技校之类的话。

⊙ 沟通笔记

很多家长在与孩子就某一个问题进行"谈判"时，总是会陷入一个误区，认为跟孩子"谈判"就是要争出个是非曲直，论出谁对谁错。其实，与孩子"谈判"的真正目的，是让亲子关系更上一个台阶，增进彼此之间的了解。因为只有相互了解，才能够使彼此之间的沟通更加顺畅。

同时，父母一旦掌握了与孩子"谈判"的技巧，不但能够在引导和劝说孩子方面如有神助，还能够用"谈判"来开启孩子对人生的思考，让孩子在家庭的内部"谈判"中学习对外交往的智慧。

父母的语言
FUMU DE YUYAN

5.说服不了孩子时，试着讲个故事

面对孩子身上存在的"缺点"或"不良习惯"，一次次的说教实际是在提醒：他们存在的不足之处如此受重视，反而会强化孩子的行为。如果父母要改变孩子的某个弱点或不良习惯，不一定都要对孩子进行说教，说教太多孩子听不懂，就算听懂了也接受不了。这时，不妨试试用孩子最喜欢的方式——讲故事，来与孩子沟通交流一下。

▶ 沟通误区

雨彤长得很漂亮，从小身边的人就说："长这么漂亮，以后去当大明星吧。"大人或许只是不经意的一句话，但孩子在心里播下了种子。

从上小学起，雨彤就成了追星一族，经常通过各种途径搜集自己偶像的照片啊，同款啊之类的。上了中学以后，雨彤的追星之路变得更加疯狂了。得知自己的偶像要到自己所在的城市参加活动时，雨彤不惜逃课前往，就为了在人山人海中远远地看一眼偶像。

雨彤逃课的事情被老师告到了妈妈那里。妈妈怒气冲冲地指责雨彤道："你现在是个学生，主要任务就是学习，你天天抱着明星的花

第四章
掌握孩子的心理，才能引导他们的行为

边新闻看，能提高你的成绩吗？"

雨彤却对妈妈的话不以为然，回答道："陈阿姨说了，我长得漂亮，以后可以靠脸吃饭，不用学习都行。好多明星都没有上过大学，但是他们一样可以挣很多钱呀！"

妈妈竟被雨彤反驳得无言以对，只能感叹现在的孩子越来越不好管了。

⊙ 现场指导

现在的孩子跟以前的孩子有很大的不同，过去的孩子接触信息的途径少，所以对社会了解得也很少。如果说，过去的父母吃的盐比现在的孩子吃的饭都多，那么现在的父母吃的盐，并没有比孩子吃的饭多多少，因为孩子可以通过各种途径去了解这个世界，不仅仅局限于父母给他们灌输的内容。

因此，孩子在很多问题上已经形成了自己的认知和见解，并且他们认为那就是对的，还会认为父母之所以不理解，是因为父母已经落伍了。这个时候，父母再对孩子进行说教，不但容易让孩子反感，而且即使孩子表面服从，内心也是抗拒的，无法达到引导劝说的目的。

孩子小时候都喜欢听故事，但有的家长认为孩子长大以后就对故事不感兴趣了。事实上，故事对孩子永远都具有吸引力，只是不同年龄段的孩子需要不同层次的故事来引导。小孩子多喜欢听童话和寓言故事，而大孩子则喜欢听名人故事，最好是讲他们崇拜的人的故事。

想要通过讲故事达到说服孩子的目的，父母就不能照本宣科，要学会用情绪去渲染故事气氛，比如，在讲述主人公的苦恼时，宜放缓语速，让孩子有时间细细品味其中的感受；在故事的特定阶段或转折处，可以稍稍停顿，让孩子有时间预想即将发生的事情。这样的讲故事方式，才能将孩子带入到故事情节中。

美国当代儿童心理学家劳伦斯·沙皮罗认为，故事是影响孩子思维的最好方式。每个孩子都爱听故事，故事是孩子最乐于接受的形式之一。每一个故事都有着深刻的意义，孩子在感受趣味的同时，也可以在潜移默化中启迪心灵、陶冶情操，形成良好的习惯。

正确范例

沫沫学钢琴七年了，已经考过了五级，越往后学习钢琴的知识越难，而且上了初中以后学习越来越繁忙，沫沫动了放弃学琴的念头。

妈妈觉得学了这么多年放弃了很可惜，便劝说沫沫道："都已经考了五级了，就这么放弃有点太可惜了，继续往下学吧。"

沫沫噘着嘴回应道："越往后学越难，本来功课就多，我还得抽出时间来练琴，我们班好多同学都把兴趣班停掉了。"

妈妈知道，这个年龄的孩子受周围因素的影响，远远大于父母给他的影响，便没有再多说什么，想着找机会再谈。这天吃完饭，又到了沫沫最喜欢看的综艺节目了。妈妈随便瞟了一眼，看到了节目里的导师，正好是自己年轻时代的偶像——周杰伦，妈妈立刻心生一计。

妈妈来到电视前，指着电视里的周杰伦故作惊讶地说："这不是周杰伦吗？他的每张专辑我都有。"

"妈妈，你以前也追星吗？"沫沫感到很惊讶。

"我们那个年代很少有人不喜欢周杰伦的。"妈妈解释说。

"我也觉得他唱歌挺好听的，好几个人都想要当他的学员呢！"沫沫一脸崇拜地说。

第四章
掌握孩子的心理，才能引导他们的行为

"那是，人家四岁就开始学钢琴了，每天坚持练琴两个小时。当时，他也不想练，他妈妈就拿着棍子站在他身后，只要他不好好练琴，就用棍子打他，就这样他坚持了下来。后来进了音乐公司，他用短短三天时间就写出了100首歌，只不过那时候他不红，他写的歌没有人愿意唱，最后他就自己唱，一下子就唱红了。红了以后，记者采访他时，他说他最感谢妈妈曾经逼着他学钢琴，如果不是妈妈的付出，他可能一事无成。"妈妈说完，意味深长地看着沫沫。

沫沫缩了缩脖子，问道："妈妈，你不会也要学习周杰伦的妈妈吧？"

妈妈笑着说："不会，不会。妈妈就是想告诉你，无论学习什么技能，你在学习的过程中都有遇到困难的时候，关键就在于你能不能坚持下去。就跟周杰伦一样，他也有被妈妈逼着学的时候，但他坚持下来了，你看人家成导师了。"

听到妈妈不是要打她，沫沫放心下来，仔细想想妈妈说的话，沫沫觉得挺有道理的，于是决定再坚持一段时间试试。

▶ 沟通笔记

故事给予孩子的不仅仅是一种娱乐，更主要的是它有一种很重要的启迪作用，能在不知不觉中锻炼孩子的心智，塑造孩子的人格。故事是一种语言，是一种情感，是一种绘声绘色的表演。故事里面不仅有道理，还有知识、生活中的好习惯，等等。父母在亲子沟通中，如果能够深入浅出地讲述一些相关的故事，一定能有效地引导孩子的成长和发展，达到良好的教育沟通的目的。

6.有的话不必明说,积极的暗示就管用

> 苏联教育家苏霍姆林斯基说过:"任何一种教育现象,孩子在其中感觉到教育者的意图越少,它的教育效果越大。"
>
> 那父母要怎么做才能让孩子在无形中受到教育呢?有一种很简单的做法,就是暗示。不过暗示分为正面暗示和负面暗示,父母在使用过程中要注意,只有积极的正面暗示才能让孩子有所启发。

❯ 沟通误区

静静快要小考了,妈妈看着静静每天一副毫不在意的样子,心里很是着急。这天,静静写完了作业,就打开电视看自己最爱的综艺节目。妈妈回到家看到静静正在看电视,感到十分生气,心想:都这种时候了,怎么还有心思看电视呢?

妈妈瞪了一眼静静说:"就你这样,天天写完了作业,也不知道复习复习,就知道看电视,你能考上好中学才怪!"

静静听了,心里很不是滋味,看了妈妈一眼就默默地关了电视。虽然她人坐在了书桌前,脑子里却依旧想着刚刚看的节目内容。同

第四章
掌握孩子的心理，才能引导他们的行为

时，静静有些埋怨妈妈，她觉得妈妈一点也不信任她，还没考试呢，就说她考不好。

几天以后，学校进行了一场摸底考试，成绩下来后，静静的成绩在班里排名中等。看到这个成绩，静静忽然想到了妈妈那天说她的话，她突然间觉得妈妈或许说得对，也许她真的考不上一个好初中了。

静静回到家，妈妈看到成绩单后很生气，说道："我说什么来着？就你这成绩，还想上好初中，有学校要你就不错了！一天到晚脑子里就不惦记学习的事，能考出好成绩才怪呢！"

妈妈的一番指责并没有让静静意识到自己的问题，反而让她觉得自己就这样了，反正现在是九年义务教育，自己总是会有学上的，实在不行就去打工。

⊙ 现场指导

明明是想要引导孩子好好学习，但是说出口的话却是句句在告诉孩子她学不好。这是很多父母在亲子沟通的时候经常会犯的错误，一些带有负面暗示的语言，总是在不经意间就说出了口。

那些带有负面暗示的语言，会让孩子放弃努力自甘堕落，认为自己已经无法变得更好了。因此，当父母希望孩子在哪一方面能够做得更好时，千万不要用带有负面暗示的语言对孩子说话，否则孩子真会"如你所愿"，越变越差。

在沟通中给予孩子正面的积极暗示，会得到完全不同的结果。爱迪生上学时被老师退学，老师留了字条给他的妈妈，告诉她爱迪生有精神缺陷，不适合上学。但是妈妈却对爱迪生说，他是一个天才，没有老师能够教好他，所以需要妈妈亲自教导。在妈妈积极的

父母的语言
FUMU DE YUYAN

心理暗示下,爱迪生努力学习,刻苦钻研,发明了灯泡,成为最伟大的发明家。

无法想象,如果爱迪生的妈妈接受了老师的观点,告诉爱迪生实情,会是怎样的结局。人类历史上会不会就此少了一个伟大的发明家?这就是积极暗示的力量,父母常跟孩子说"你会……""你能……""你是……"这样带有正能量的语言,就是在告诉孩子,他是一个很棒的孩子。而相信自己很棒的孩子,会对自己充满信心,无论做什么事情,都相信自己能够做好。

▷ 正确范例

期中考试的成绩下来了,玲玲又没有考好。看着试卷上的86分,玲玲想要找个地缝儿钻进去。上一次没有考好,她已经向妈妈保证过了,下次考试一定要上90分,然而她没有做到。

当玲玲哭丧着脸走进家门时,妈妈就知道玲玲一定没考好。妈妈很想说:"都六年级了,要多把心思用在学习上,少看电视和手机,要不怎么能考出好成绩呢?"但是这些话妈妈已经说过很多次了,别说玲玲了,就连她自己都觉得自己像唐僧一样招人烦了。

可是,不这样说,又能怎样说呢?就在妈妈思考对策之际,玲玲说话了:"妈妈,对不起,我这次又没有考好。你骂我吧。"说完,低垂着脑袋站在妈妈旁边,准备接受"暴风雨"的来袭。

看着玲玲沮丧的样子,妈妈不忍心再打击她了,心里那些指责玲玲的话,变成了指责自己。"本来你一进门就能吃上热乎饭,结果你看妈妈给耽误了。原因就在于妈妈回家以后,没有先洗菜做饭,而是先坐在沙发上看了一会儿手机,这一看就看上瘾了,时间过去了一

第四章
掌握孩子的心理，才能引导他们的行为

个多小时都没有意识到。妈妈就在想呀，这时间真是不等人呀，它不会因为妈妈一会儿还要做饭，就在妈妈看手机的时候让指针走得慢一点。看来，下次回了家妈妈不能先看手机了。"

面对妈妈这番"答非所问"的话语，玲玲当即就反应了过来，她说："妈妈，我错了。从今天起，你来监督我，只要我看手机或是电视超过半个小时，你就给我关掉。我要少看电视，把时间用来多看书。"

妈妈看到玲玲的反应，乘胜追击："你呀，从小学东西就特别快，只要你肯多花些时间在学习上，妈妈相信没有你学不会的。"

听了妈妈的话，玲玲重重地点了点头。

⊙ 沟通笔记

除了语言暗示，暗示的方法还有很多，比如行动暗示，文字、故事暗示，环境暗示，等。只要父母放弃传统的说教，在与孩子沟通时讲究一点暗示的艺术，与孩子玩一玩"心理游戏"，就可以使他们乖乖地"听教听话"，相信自己本就很好，并且还可以做得更好，从而自觉主动地改掉自身存在的毛病。

第五章

即便是聊天，孩子也需要父母的尊重

在亲子沟通中，父母与孩子之间的相互尊重是有效探讨问题的前提。如果双方能够用平等的方式沟通问题，不乱发脾气，态度不恶劣，即便有些不同意见，也能很快协商一致。

因为相互尊重的相处模式会产生一种健康的交流状态，可以让亲子双方在平等的位置上相互了解，减少彼此间的分歧、误解、猜疑，甚至是对立，从而不断缩短孩子与父母之间的距离，让两代人之间的代沟逐渐弥合。

因此，育儿专家建议父母要学会在沟通中将孩子置于平等的位置上，并且给予孩子足够的尊重。如果父母能够做到尊重孩子，那亲密的亲子关系就会长久持续，即使孩子长大后离开家步入社会，也会跟父母保持亲密联系。

第五章
即便是聊天，孩子也需要父母的尊重

1.管住嘴巴，不要把孩子的隐私说出来

> 进入青少年时期后，孩子的自我意识、自尊意识进一步增强，原先敞开的心扉渐渐关闭。他们渴望有独立的、受社会和家庭尊重的人格，于是很多孩子开始有了自己的"小秘密"。
>
> 对此，有的父母可以处之泰然；有的父母则会坐立不安，想办法窥探孩子藏起来的"秘密"；更有甚者，会当众将孩子的"秘密"抖搂出来。殊不知，这会让原本就已经对父母失去倾诉欲望的孩子紧闭心门。

❯ 沟通误区

上了初中后，雯雯有好多话都不愿意跟妈妈说了，她更愿意将自己的心事写进日记里。

有一次，雯雯的数学小测验只考了37分，她心里很难受，想告诉妈妈，但一想到这样只会招致妈妈一顿数落，便将难过的心情和糟糕的分数都写进了日记里。

过了几天，妈妈带雯雯去姥姥家吃饭，同桌吃饭的还有小舅舅一家。饭桌上，舅妈说起了自己家孩子的成绩，舅妈说："豪豪这次才

父母的语言
FUMU DE YUYAN

考了70多分,把我气坏了。"

妈妈听了,"哼"了一声说:"70分不错了,比我们家雯雯强,我们家雯雯才考37分!"

妈妈的话就像一道闪电劈中了正在吃饭的雯雯,雯雯觉得口中的饭菜瞬间失去了滋味儿。

"妈,你怎么能偷看我日记呢?还要当着别人的面说出来?"雯雯夹杂着哭腔问妈妈。

妈妈却不以为然地回答说:"我要不看你日记,还不知道你就考这么几分呢!你要觉得丢人的话,就好好学习,别成天脑子里净琢磨些没用的。"

听了妈妈的话,雯雯再也吃不下去饭了。回到家,雯雯就将日记撕得粉碎,并决定以后再也不写日记了。

▶ 现场指导

父母关心孩子,渴望了解孩子的一切,这可以理解。但是随着孩子的成长,父母要逐渐接受一个事实,那就是父母与孩子之间的爱,是唯一指向分离的爱,孩子不可能永远生活在父母的掌控之中,他们总有一天会拥有自己的秘密和隐私。

若是父母以"负责""关心"为由,想方设法窥探孩子的秘密和隐私,不但不会让孩子感受到丝毫的关爱,还会引起孩子的反感,若是父母不注重保护孩子的秘密和隐私,还会对孩子的心灵造成严重的伤害。

如果把孩子的自尊心比喻为花瓶,隐私就是瓶上的细小裂纹,父母随便暴露孩子的隐私,甚至当众宣扬,无异于在敲打这个有裂纹的花瓶,把孩子的自尊心敲碎,让孩子无地自容。

第五章
即便是聊天，孩子也需要父母的尊重

事实上，父母以"了解"孩子为由，想方设法打听孩子的隐私和秘密，希望孩子的一切行为都在自己的掌控之中的表现，并不是父母关心孩子、对孩子负责的体现，而是反映出父母对自己的教育没有信心的一面，也反映出父母在教育子女的过程中内心产生了焦虑和不安。

面对孩子的"有事相瞒"，父母先不要感到焦虑，而是要具体问题具体分析。事实上，了解孩子行为背后的真正动机，要比了解孩子究竟有什么秘密更加重要。

有的孩子选择隐瞒父母，是为了维护自己的自尊，不愿暴露自己的缺点。对此，父母应注意保护孩子的自尊心，多肯定成绩，不讽刺、不挖苦，并以建议的方式指出缺点，耐心帮助。

有的孩子因为性格内向，少言寡语。他们保守"秘密"，往往并非是有意的，多半与羞怯、腼腆、被动的个性有关。因而，父母应耐心疏导，培养其活泼开朗的性格。

有的孩子选择隐瞒父母，是因为他们只是为了坚持自己，不想自己的行为或想法受到父母的阻挠或干扰，对此，父母应以民主的态度，满足孩子的合理要求，给他们一定的自由。

在亲子关系之中，理解、沟通才是消除代沟的根本途径，并不一定要以牺牲孩子的秘密和隐私为代价。只要是孩子的小"秘密"不涉及道德原则，父母不必追究，也无须揭穿，应允许孩子有自己的"秘密"，孩子只有充分感受到来自父母的尊重，才会愿意渐渐对父母敞开心扉。

加拿大教育家马克思·范梅南曾说："家长和老师引导孩子或学生走向成年的唯一恰当的途径，就是不要刨根问底地了解孩子内心在想些什么，不去了解孩子们到底在做什么，否则的话，孩子的个性就很难真正发展。"

父母的语言

▶ 正确范例

期末考试结束后,小华得知自己的成绩不好,内心很焦虑。因为过年小华会跟着爸爸妈妈一起回老家,家里的七大姑八大姨都有小孩子,到时候人家要是问起自己的成绩,那不是太丢人了?想到被众人指指点点的样子,小华宁可一个人留在家里过年。

面对小华这个糟糕的成绩,妈妈自然也很不开心,一连几天脸上都没有笑容。转眼间,就到了过年的日子,小华对妈妈说:"妈妈,咱们能不能不回老家呀?"妈妈听了惊讶地问:"为什么呀?你之前不是一直盼着回老家吗?"

"回去以后他们肯定要问成绩,我这次考得不好,怕大家笑话我。"小华实话实说道。

妈妈听了,说:"放心吧,妈妈会替你保守这个秘密的。"

就这样,小华怀着忐忑的心情跟着爸爸妈妈回到了老家。果然不出小华所料,简单的寒暄过后,大人们就开始聊起成绩。大姑家的孩子学习最好,所以大姑第一个发言,那神情别提多骄傲了。接着就是小叔叔,他家孩子常年在班级里倒数第一,跟他家孩子比起来,小华的成绩还算优秀呢!

轮到妈妈时,小华的心立刻紧张了起来,他生怕妈妈背弃之前的诺言。只见妈妈笑着说:"我们小华这次考得不太好,为此他感到很懊恼,不想把成绩说出来,我答应替他保密,所以不能说。"

姑姑、叔叔一听,立刻心领神会地点了点头,因为姑姑、叔叔不知道小华具体的分数,所以也没有对小华进行"点评",小华的一颗心总算放下了。

事后,小华对妈妈说:"妈妈,谢谢你帮我保密,我下学期一定好好学习，考个好成绩出来。"

⊳ 沟通笔记

对于正在成长中的孩子而言，"秘密"就是他们成长的养料。如果发现孩子有了自己的"秘密"，父母应该感到高兴，这意味着孩子自我意识的萌生，他想拥有自己独立的空间。拥有"秘密"是孩子迈向独立和成熟的必经之路。

父母若是想要与孩子之间建立更加牢固的亲子关系，就不要尝试去窥探孩子心底的"秘密"，知道了孩子的"秘密"后，就要帮助孩子保守秘密，只有这样，父母才能得到孩子的信任，也才能令亲子关系更加亲密和牢固。

2.争吵也是一种沟通，但要保持理智

> 在日常交流中，父母和孩子有时候会发生争吵，而在争吵的过程中，父母往往容易把注意力放在"自己是长辈，孩子应该恭敬"上，所以不能容忍孩子顶嘴的行为；而孩子呢，则将注意力放在"尊重和理解"上面，不能容忍父母说出伤人的话。所以，父母和孩子之间一旦发生了争执，双方就会在争吵中逐渐失去理智，使矛盾进一步升级。

父母的语言
FUMU DE YUYAN

◇ 沟通误区

上了初中后,晓峰交了很多新朋友,这些新朋友大部分都跟晓峰的情况一样,父母在外打工,平日里缺少父母照顾他们。

有一天,其中一个叫虎子的男孩儿把大家带到了一个偏僻的地方,然后神神秘秘地从兜里掏出来一个"好东西",晓峰一看,是香烟,立刻来了兴趣。每次爸爸回来都会给爷爷买烟,爷爷拿着烟,就像是小孩子拿着糖一样,可高兴了,有时候爸爸给爷爷买来好烟,爷爷还要藏起来,等到家里来客人时才肯拿出来抽。

虎子在众人的催促下,拿出打火机,点燃了一根烟,几个孩子你一口我一口地轮流"品尝"。轮到晓峰时,晓峰猛地吸了一大口,呛鼻子的烟味直冲脑门,他"咳咳咳"地咳嗽了起来,大家见状,都笑话晓峰的窘样,这让晓峰觉得很没有面子。

晚上回家后,晓峰回忆起白天吸烟时的感觉,虽然不怎么好,但是被朋友嘲笑让晓峰心里很不服气,于是等爷爷睡着后,晓峰悄悄打开了爷爷的柜子,将爸爸给爷爷买的烟偷偷拿了一根出来……

大约过了半年之久,晓峰偷烟的事情才被爸爸知道,爸爸将晓峰关在屋子里,本想跟晓峰好好沟通沟通,但是看到晓峰那一副流里流气的样子,气得骂道:"你个小兔崽子,你学什么不好,学抽烟,小小年纪你就不学好!"

晓峰听了,心里很不服气,便反驳爸爸道:"你凭什么说我,你和爷爷都抽烟,这就叫'上梁不正下梁歪'。"

这话像汽油一般浇到了爸爸的怒火之上,爸爸抽出皮带,狠狠地抽向了晓峰,并且边抽边骂道:"我让你抽烟!让你出去给我丢人现眼!我今天就打死你这个兔崽子!"

第五章
即便是聊天，孩子也需要父母的尊重

晓峰被打得抱头乱跑，爸爸的话让他感到很伤心，他忍不住还嘴道："你打吧，打死我你就没儿子了，看谁给你养老送终！"

"我就当没有养过你！"说着，爸爸抽打得更用力了。

但是打过之后，事情没有得到任何改变，反而让晓峰觉得爸爸已经放弃了他。只要爸爸回家来，晓峰就躲出去，不愿与爸爸见面。不久之后，晓峰就与一些社会上的不良少年混在了一起，不但没有戒掉烟瘾，还学会了撒谎与逃学。

⊙ 现场指导

在亲子沟通中，冲动绝对是魔鬼。而在现实生活中，冲动型的父母却不在少数，只要发现孩子的不足或者错误，张口就骂"你怎么这么没用？""养个你这样的孩子，我真是倒了八辈子的霉！"，要么就是"你真是一点用都没有""笨得跟猪一样"……作为孩子最亲近的人，父母这样的态度会给孩子造成非常大的负面影响。

父母的话会成为负面的心理暗示在孩子心里扎根，让他们认为自己就是父母口中说的那个样子，从而渐渐走上一条偏离正轨的成长道路。在冲动之下说出来的气话，往往不是父母真心想要对孩子说的话，不但白白浪费了沟通的好机会，还会伤了孩子的心。

其实，即便是吵架，也是亲子之间进行沟通的良好时机，因为人在气愤之下，只要理智还在，往往容易将内心真实的想法一吐为快。如果父母抓住了这个机会，就能够听到孩子平时不愿意说出的话。因此，在与孩子发生争吵时，父母一定要保持冷静和克制，用温和的语气和态度与孩子沟通。父母一旦控制住内心冲动，就能够对孩子的行为进行冷静的分析。

父母的语言

> ### 正确范例

小安的爸爸是一名军人,因为工作原因,爸爸经常不在家,妈妈有时候工作忙碌起来没时间照顾他,就会给他一些钱,让他自己在外面吃饭。

经常独自去饭店的小安很快就引起了街上小混混的注意,这种形单影只又有钱的孩子,正是他们敲诈勒索的对象。于是,小混混们隔段时间就会出现在小安的学校门口,然后将小安带到无人的地方,让小安交出身上的钱,如果小安胆敢反抗,他们就会狠狠地打小安。

小安不敢声张,悄悄地忍受着一切。没了钱,小安也不敢跟妈妈要,只能饿着肚子去上课。后来小混混们的"胃口"越来越大,要的钱也越来越多。小安为了不挨打,开始悄悄偷家里的钱,偷不到钱就偷爸爸珍藏的酒和烟去给小混混。

很快,小安偷东西的事情就被爸爸妈妈知道了。爸爸气得火冒三丈,扬起手想要抽小安,小安见状,边躲边冲着爸爸喊道:"你打吧,你打死我吧!反正你们平时也不管我的死活。"

小安的话像一盆冷水,将爸爸从头浇到脚,让爸爸渐渐冷静了下来。看着眼前明显比同龄人瘦小的儿子,爸爸怎么也不愿意相信孩子会学坏,于是平静地问道:"妈妈给你的钱不够花吗?"

小安点了点头,又摇了摇头。爸爸虽然不知道小安什么意思,但是他感觉到了事情并不像他表面上看到的那么简单,毕竟小安从小就是乖孩子,十分善良和懂事。

想到这里,爸爸决定打出"亲情牌"来诱导孩子说出实情。"小安,爸爸得先跟你道个歉,爸爸平时工作忙,疏于对你的照顾,对

第五章
即便是聊天，孩子也需要父母的尊重

此，爸爸心里一直很内疚，你变成今天这样，爸爸有不可推卸的责任……"

爸爸的话还没有说完，小安的眼泪已经忍不住了，他觉得错的人是那些小混混，不是爸爸。于是小安终于打开了心扉，一五一十地将事情和盘托出。爸爸听后既气愤又愧疚，同时也很庆幸自己保持了理智，没有被气愤冲昏了头脑将那一巴掌打下去。

⊙ 沟通笔记

著名教育家陈鹤琴认为，孩子幼小的心灵极易受到挫伤，任何粗暴武断的教育方式都是不合时宜的，只有用温和的方式，才能走进孩子的心灵。如果父母希望孩子将来有出息，一定要谨慎地把握好自己的态度和言辞，尤其是在与孩子争吵的时候，无论多么生气，都要保持理智，从正面去积极教育，让孩子能够在健康和愉快的气氛中茁壮成长。

3.父母也会犯错,错了就要道歉

有句话是"天下无不是的父母",这句话的表面意思是世上做父母的没有不对的,但深层意思却是为了告诫孩子,要尊敬父母,恪守孝道,即便父母有做得不对的地方,也要宽容和理解,不要计较他们的错误。

但很多父母只理解了这句话的表面意思,在与孩子日常交流中,始终将自己置于"正确"的位置上,一旦谈话内容出现分歧,就认为自己是对的,孩子是错的。事实上,人非圣贤,孰能无过?

▷ 沟通误区

这天吃过晚饭后,年年和爸爸妈妈坐在一起聊天,聊到了交朋友的话题时,年年说:"我们班的陈桐特别讲义气。有一次,我们几个人不小心把车棚里的车子给碰倒了一片,正好被班主任抓了个正着,我们都怕被班主任惩罚,谁也不敢吭声,只有陈桐站了出去,把过错都揽在了自己的身上。后来他被罚站,在班主任的办公室门口站了两节课,他说他站得腿都酸了。我太佩服他了。"

第五章
即便是聊天，孩子也需要父母的尊重

妈妈似乎对陈桐这个孩子挺有印象的，因为偶尔他会来找年年玩儿，于是便问道："是不是那个经常穿奇装异服的男孩子？"

年年想了想，点了点头。陈桐确实喜欢穿一些与众不同的衣服，比如宽大的T恤、长到拖地的牛仔裤。

得到了年年的确定后，妈妈有些生气了，认为外表流里流气的陈桐看起来就不像是好孩子，身上没有值得年年学习的地方，便说道："他有什么好敬佩的？看起来就像是纨绔（妈妈说成了zhí kuā）子弟，你可别跟他学，最好离他远一点。"

年年觉得妈妈并不了解自己的朋友，却对自己的朋友指手画脚，这样做很不对，便忍不住说道："你凭什么这么说我朋友呀？你自己也没有好到哪里去，都把'纨绔'（wán kù）两个字说成了zhí kuā了。"

一旁的爸爸听了，笑着对妈妈说："你还大学生呢！怎么字都不认识呢？"

年年和爸爸的话，让妈妈脸上有些挂不住。

"我就是故意说错的。再说了，他看起来就不像是个好孩子，说说他怎么了？我说他不好，是为了你好，怕你学坏，你怎么就一点也不理解妈妈的良苦用心呢？"妈妈指着年年说道。

看着妈妈的样子，年年不再吭声了。他觉得妈妈就是老顽固，根本无法沟通。

现场指导

从二十四孝的故事中可以看出来，中华民族是一个讲究孝道的民族，父母对孩子有生育之恩，并认为生育之恩大过天，孩子为了报答

父母的语言
FUMU DE YUYAN

这份恩情,就要孝顺父母,而这份孝顺的表现形式之一就是无条件地服从。

但孩子是一个独立的人,不是父母的附属品。他们有自己的思想与认知,随着年龄的增长,他们的想法会与父母产生极大的差异,甚至是背道而驰。一些父母常常站在"过来人"的位置上,认为自己所说的都是经验所得,而孩子只有听自己的才能做对,并"霸道"地认为父母永远是对的,孩子永远是错的。

有的父母就算知道自己做错了,为了面子,也不会放下身段给孩子道歉;但如果情况相反,做错的是孩子,则必须要向父母道歉才可以。因为在传统的家庭观念中,父母是权威的象征,认错就会丢面子,会失去权威。

"天下无不是的父母",难道天下就全是犯错的孩子吗?如果用这样的观念与孩子进行沟通,那么就不要怪孩子不愿意与父母聊天说话了。作为新时代的父母,必须要认识到在人格上家长与孩子之间是平等的,孩子会犯错,父母也会犯错。孩子犯了错,要向父母说"对不起";父母错了,也要向孩子说声"对不起"。

父母能做到郑重地向孩子认错、道歉,反而会让孩子由衷地敬佩父母的气度和修养,从而更加信任自己的父母,还能让孩子懂得承认错误并不是一件可耻的事,每个人都有可能出错。此外,孩子还能够学习到父母勇于道歉的行为,采取同样的态度来面对他人,成为一个受人欢迎的人。

⊙ 正确范例

晓晓的妈妈在给晓晓收拾房间时,发现晓晓的书桌下面藏着一盒

第五章
即便是聊天，孩子也需要父母的尊重

香烟，这让妈妈感到十分气愤，她拿起香烟直接扔进了垃圾桶。

晚上，晓晓放学回来后就一头钻进了房间里，过了一会儿又出来了，直接质问妈妈："妈，你是不是给我收拾桌子了？我桌子下面那个黑色的塑料袋你给我放哪儿了？"

晓晓的质问让妈妈十分生气，妈妈认为自己还没有找晓晓算账，晓晓倒自己找上门来了，那自己就好好教训教训他，于是便回答说："我给扔了。"

"什么？谁让你乱扔我东西的？"晓晓急吼吼地说。

"你那是什么东西？是香烟！我不给你扔了，难道还留着让你抽吗？你才多大呀，就学着抽烟，你能不能学点好呀？"妈妈指着晓晓喊道。

晓晓被妈妈的话气得胸脯剧烈地起伏着，他喊道："你扔之前至少问我吧，你根本就是不信任我。"

"你都抽烟了，还让我怎么信任你？"妈妈也喊道。

"我没有抽烟！那不是我的烟，是我帮别人拿的。现在你给扔了，别人跟我要，我拿什么还给人家呀？"晓晓说完，气鼓鼓地回到自己的房间，关上了门不再出来。

过了一会儿，爸爸回来了，察觉到了家里异常的气氛，爸爸向妈妈问明了原因后，对妈妈说："你去给孩子道个歉吧，这件事是你做得不对。"

妈妈听了有些为难，说道："我也知道自己做得不对，但让我跟一个孩子道歉，那多丢人呀！"

"'知错能改，善莫大焉'，勇于道歉才不丢人，丢人的是明知道自己错了，还不愿意道歉。"

听了爸爸的话，妈妈来到了晓晓的房门外，轻轻地敲了敲房门，

父母的语言
FUMU DE YUYAN

说道:"晓晓,妈妈向你道歉,这件事情是妈妈做得太武断了,既不相信你也没有尊重你,你能原谅妈妈吗?"

妈妈的话音刚落,晓晓就打开了房门,冲妈妈伸出一只手,然后在妈妈诧异的目光中说道:"给钱呀,我得去买一盒新的赔给人家。"

妈妈连忙笑着拿出了钱包,她知道晓晓已经原谅自己了。

> 沟通笔记

如果父母总是因为放不下面子而坚持不承认自己的错误,让孩子蒙受冤屈,这不仅会给孩子带来莫大的伤害,而且会让孩子陷入迷茫之中,产生"父母永远正确而实际上老是出错"的观念,久而久之,孩子对父母正确的教诲就会置之脑后。

美国教育家斯特娜夫人说:"一个勇于承认错误、探索新的谈话起点的父母,远比固执、专横的父母要可爱得多。"其实,在孩子面前,父母不需要去做一个十全十美的人,在孩子眼里,勇于说"对不起"的父母才是他们愿意亲近的对象,勇于说"对不起"的父母会让他们更加尊重,从而使亲子沟通进一步融洽。

4.孩子也有权"参政",有必要听听他们的意见

在亲子沟通中,有一个很有趣的现象,那就是很多父母热衷于询问孩子的意见,但是却从来不尊重孩子的意见。比如:

妈妈问孩子:"中午吃什么呢?"

孩子回答:"我想吃比萨。"

妈妈说:"比萨上芝士太多了,热量超高,吃了会变胖,你已经很胖了。"

于是孩子说:"那我想吃汉堡。"

妈妈会说:"那玩意儿多没有营养啊,一个面包,夹那么一点点蔬菜,根本达不到营养所需。你应该多吃点蔬菜,补充维生素,我看还是吃炒菜吧。"

孩子不情愿道:"我不想吃炒菜。"

妈妈则回应道:"就吃炒菜了,别挑三拣四的。"

表面上妈妈一直在征求孩子的意见,实际上一直在否定孩子的意见;表面上看允许孩子说"不",实际上并没有允许孩子提出与自己不同的意见或是建议。

父母的语言

◇ 沟通误区

小考结束后,成绩不错的昕昕面临着择校的问题。昕昕想要选择市里的私立学校念书,因为那里环境好,很多同学都选择了那里。但是妈妈想要昕昕选择本地的重点中学,因为"六年一贯制"可以让欣欣从初中直升高中,免去了中考失误的风险。

眼看着报名的时间越来越近,到底去哪个学校报名成了母女俩每天茶余饭后必谈的内容。

妈妈问:"昕昕,你想好了吗?"

昕昕点点头,说:"我想去市里的私立学校,听说校园是刚建好的,特别大,特别好。"

妈妈说:"校园虽然好,但是去那里念书你就得住校,你还这么小,妈妈不放心。"

昕昕回答:"没事,我好多同学都打算报那里,我们可以相互照应。"

妈妈又说:"可是私立学校哪里有公立学校好呀,最好的师资力量都在公立学校。"

昕昕听了,说:"才不是这样呢!我同学说,现在的私立学校比公立学校办得好。"

妈妈继续说道:"就算是教学质量没问题,你也得考虑考虑自己的水平呀。你的学习成绩一直不稳定,虽说你这次小考成绩不错,但是有运气的成分在里面。万一你中考发挥失利了,那你再想进咱们这儿的重点可就进不来了。"

妈妈对自己的不信任让昕昕很伤心,她忍不住冲妈妈喊道:"你说话一点都不算数,说是问我的意见,但是我说了你又不听,你每次都是这样!"

第五章
即便是聊天，孩子也需要父母的尊重

妈妈也生气了，指着昕昕说："我这不是为了你好吗？怕你做出错误的选择。"

最终，母女俩的谈话不欢而散。

◎ 现场指导

父母询问孩子的意见，目的是了解孩子的想法，并且在合理范围内尊重孩子的想法，而不是为了做做样子，询问过后依旧坚持己见。

可能父母认为孩子不够成熟，所以总以为事事代替孩子做出选择是为了孩子好，但在孩子看来，这只是父母一厢情愿的想法，不但没有尊重他们的个人意愿，还剥夺了他们选择的权利。

孩子小的时候，确实需要父母处处为其考虑，帮助其做选择。但是随着孩子渐渐长大，他们开始有了自己的看法和选择，对待一些事情也能够提出自己的意见，这是他们正在成长的标志和表现，也是他们成长的需求。

每个孩子都有自己独立的愿望，作为父母不要再牢牢攥着那些"选择权"不放，不要再把自己的意愿强加给孩子，更不要表面上询问孩子的意见，但心里却从未想过采纳孩子的意见。

只要孩子的意见没有涉及原则性的问题，父母就应该给孩子充足的自由，让孩子自己做决定。如果孩子事事都被父母否定，父母处处干涉孩子的选择，久而久之，有的孩子就会认为他的想法可有可无；有的便索性听从父母的安排，放弃自己的想法，变得随波逐流；有的孩子可能变得倔强和叛逆，习惯性地与父母作对。

美国篮球明星乔丹的妈妈曾说："在对孩子放手的过程中，最棘手的问题是让孩子去追求自己的梦想，自己做出决定，选择与我为他

父母的语言

们设计的不同的发展道路。"父母想要让孩子真正独立起来,就要在沟通中多询问孩子的意见,并认真考虑孩子的想法。

▶ 正确范例

妙妙家准备换一个大房子,周末的时候,全家出动去看房。看完之后,一家人来到一家饮品店边休息边商量哪套房更好一些。

爸爸说:"我比较喜欢第一套,一楼带个小院子,能种些花花草草,就是害怕到了冬天采光不好。"

妈妈说:"你这样一说,我更加中意第二套了,离妙妙的学校近,去市场也近,就是小区有点旧了。"

妙妙听了爸爸妈妈的话后,也积极发表意见说:"我喜欢第三套,小区里面环境好,而且有一个房间的窗户是拱形的,特别像公主的城堡,我想要住在城堡里。"

妙妙说的这套房,是一个刚开发的小区,优点是环境好、房子新、价格便宜,但缺点也很多,如位置较偏,配套设施暂时没有建起来。

爸爸听了妙妙的话后当即拍板说:"那就听妙妙的,选第三套了。我也觉得这套不错,住里面心情肯定好。"

妈妈一听有些着急,说道:"房子这么大的事,怎么能够听一个孩子的意见呢?她懂什么呀,这房子住是一方面,另一方面也是资产,要考虑到投资回报的问题,要买将来能升值的房子,要不就亏大了。"

原本兴致盎然的妙妙听了妈妈的话,立刻变得神色黯然了起来。

爸爸对妈妈的话不认同,说道:"妙妙虽然是孩子,但也是家里的一分子呀,房子她也是要住的,说不定住的时间比我们还久,所以她的意见很重要。我觉得吧,房子首先是用来住的,所以住得开心更加重

第五章
即便是聊天，孩子也需要父母的尊重

要，至于会不会升值就看运气吧，也许我们运气好，等周围的配套设施建起来了，房价会快速上涨呢！"

就这样，妈妈被爸爸说服了，最终选择了妙妙喜欢的那套房子。爸爸说得没错，每天住在自己最喜欢的房间里，果然心情都变好了。

❯ 沟通笔记

歌德说过："谁不能主宰自己，谁将永远是个奴隶。"因此，父母可不要小看"家庭民主"的重要性，这可不是说上一两句话、发表个见解这么简单的事，它关乎着孩子能不能成长为一个独立自主的人。只有孩子在思想上解除对父母的依赖，才能在行动上独立起来。

5. 在民主的家庭氛围中，孩子更健谈

在孩子会走路说话后，他们会渴望拥有一个相对独立而且可以自由活动的空间，在这个空间里，孩子触手可及的物品都是自己的东西，他们可以按照自己的喜好随意摆放。当孩子年龄越来越大时，他们的需求从空间上转变到了心理上，他们渴望在家中被平等地对待。只有这样，他们才能感受到自己也是这个家的一分子，才更愿意在这个家中表达自己的想法。

父母的语言
FUMU DE YUYAN

沟通误区

妈妈要去参加同学聚会,接连试了几套衣服,可还是不知道该选择哪套,于是便问正在看书的果果:"果果,你觉得妈妈穿哪套衣服好看?"

"都还行吧。"果果敷衍地回答道。

"你这孩子,我问你哪套好看,你这说了等于没说。"妈妈抱怨道。

果果看了看正在镜子前左右端详自己的妈妈,再次开口道:"那你就穿身上这套吧。"

妈妈听了,转了一圈又仔细看看,似乎还是不满意,于是又走到卧室,问正在打游戏的果果爸爸:"老公,你觉得我这身衣服好看吗?"

果果爸爸连忙回头看了一眼,点着头说:"好看好看,我老婆穿什么都好看。"

妈妈觉得果果爸爸在敷衍自己,于是换了一套,到果果爸爸面前转了个圈,问道:"那这套呢?好看吗?"

果果爸爸又连忙回头看了一眼,点着头,台词也不换地说:"好看好看,我老婆穿什么都好看。"

妈妈一听生气了,说道:"我好不容易向你们征求一次意见,你们谁都不好好说,就知道敷衍我。"

一旁的果果听了,小声地嘀咕着说:"您也知道您问一次意见不容易呀,一年到头也就问这么一次,我和爸爸已经被'奴役'惯了,早就不会发表意见了。"

妈妈被果果的话气得半死,但是果果说得又句句属实。最后,妈妈还是穿上了一套自己喜欢的衣服出了门,既不是果果说的那套,也跟果果爸爸的意见无关。

第五章
即便是聊天，孩子也需要父母的尊重

> **现场指导**

一般说来，父母的教育方式大致可以分为三类：溺爱型、强势型、民主型。

如果说"溺爱型"的父母凡事都听孩子的，孩子说一不二，那么，"强势型"的父母则刚好相反，凡事都是自己说了算，其他人根本没有发言权。可以说，在亲子沟通之中，这两种类型的父母都无法与孩子建立起良好的沟通关系。

能够与孩子进行良好沟通的父母，是第三类父母——"民主型"父母。经过调查发现，创造能力强的孩子大多出生在一个民主氛围浓厚的家庭。那么，什么是"民主型"父母呢？

假如，孩子把厨房闹得一团糟，如果你说："乱就乱吧，妈妈一会儿就收拾好了。"那你就属于"溺爱型"的父母，既不会引导孩子，也不会批评孩子。

如果你说："你怎么这么能折腾？给我把厨房收拾好，以后再也不许进来了。"那你就属于"强势型"的父母，只要孩子没有遵从你的意愿，你就会对孩子施以严厉的批评。

如果你说："你是想给妈妈做饭吧？来，妈妈陪你一起做，我们一起研究一下怎么做美食。"这就是"民主型"的父母。

通过以上对比，如果你是孩子，你更愿意选择与哪一类型的父母交谈呢？答案是显而易见的。在一个民主的家庭氛围当中，父母往往可以成为孩子信赖的长者或是和蔼可亲的大朋友，孩子愿意与父母沟通、与父母聊天，愿意将内心真实的想法告知给父母，因为孩子知道，父母会尊重自己的意见和想法。

处在一个民主的家庭氛围中，孩子会对自己充满信心，会认为自己很能干，愿意在家庭中发表自己的各种观点。他们信任父母，渴求得到父母的指导。由于孩子愿意主动与父母进行沟通，因此家庭中亲子关系会非常和谐，孩子也往往性格活泼开朗、独立自信，有自制力和创造精神。

正确范例

莎莎要过十四岁生日了。她的好朋友过十四岁生日时，举办了一个隆重的生日聚会，邀请了很多人参加。莎莎也想办一个这样的生日聚会，但是莎莎需要先和妈妈商量一下。

回家后，妈妈恰好提到了莎莎过生日的事情，莎莎立刻抓住机会，说道："妈妈，这次过生日我可不可以在家里举办一个盛大的生日聚会？我想把我的好朋友都邀请来参加。"

妈妈听了，略显为难。因为莎莎家是一个大家庭，他们一家三口人和爷爷奶奶住在一起，偶尔小叔小婶也会带着小宝宝过来。如果把同学都邀请来，那么一定会影响爷爷奶奶休息。

妈妈想了想后，建议说："莎莎，这样好不好？妈妈帮你找个饭店，然后布置一下，在饭店里举办聚会行不行？"

莎莎听了，有些失望，她回答道："我不想去饭店，因为饭店吃完饭就得离开，可我还想和朋友们多玩儿一会儿。"

妈妈能够理解莎莎的想法，但是又不得不考虑家里其他人的情况，于是准备开一个小小的家庭会议来解决这个问题。

周末，小叔也来了。一家人坐在客厅，莎莎首先发言道："爷爷奶奶，爸爸妈妈，小叔婶婶，我马上就要过十四岁生日了，长这么大，我还没有跟朋友们过过生日，所以这次我想邀请朋友们来家里给

第五章
即便是聊天，孩子也需要父母的尊重

我过生日。"

奶奶听了说："看来这次我们得靠边站了，本来爷爷奶奶还想带你去吃好吃的呢！既然你决定跟朋友过，那就先跟朋友过吧。"

爷爷接着说："朋友多，说明我们莎莎人缘好，爷爷没有意见。"

小叔和婶婶听了，也笑着表示说："我们也没有意见。就是到时候家里人多，难免会吵闹一些，要不爸爸妈妈就去我们家玩儿一天吧。"说完，小叔和婶婶看向了爷爷奶奶，爷爷奶奶直称这是个好主意。

家里大多数人都表示了赞同的意见，莎莎的爸爸妈妈自然也选择了支持莎莎的选择。莎莎不但度过了一个难忘的生日，还从这个生日中学习到了遇到了事情，大家可以一起商量，这样就会得到一个最好的结果。

◎ 沟通笔记

在民主的家庭中，孩子可以学会互助、互爱、合作、谅解，这样的孩子情绪稳定，情感丰富、细腻，性格开朗，自信自爱。而要成为民主的父母，就要知道孩子与自己在人格上是平等的，要尊重孩子的发言权、参与权，有了事情对孩子用商量的口气，谁说得有理就听谁的，并且给他们自己做主的权利，父母的任务只是给予指导，而不是替孩子做决定。

只有在这种民主平等的沟通氛围中，父母和孩子之间才能建立起相互尊重、相互信任、相互理解的亲子关系。

父母的语言
FUMU DE YUYAN

6.别拿孩子开玩笑,也不要取笑孩子

很多父母总是喜欢拿孩子开玩笑,孩子出了糗,不但不安慰,反而是笑得最大声的那个人。这样的父母可能认为这只是一种生活态度,并不会对孩子的成长造成影响。却不知道,每个人对自己都会有一个总体上的知觉和认识,是自我知觉和自我评价的统一体。

孩子同样有这样的自我概念,而这种自我概念通常取决于父母如何看待孩子。父母不经意的一句玩笑话,在孩子看来那或许就是真实的自己,从而对自己产生认知上的偏差。

▶ 沟通误区

巧慧是一个长相白白净净、肉乎乎的女孩儿,在同学和老师看来她十分可爱。这天英语课上,老师要排练一个英语情景短剧,其中有一个人物形象十分符合巧慧,大家都推举英语口语很好的巧慧上台去表演,可是巧慧却扭扭捏捏地怎么也不愿意上台,最后老师不得不另选他人。

第五章
即便是聊天，孩子也需要父母的尊重

看着那个各方面都不如自己的女孩儿自信地站在讲台上，巧慧心里羡慕极了，不禁想起了小时候。小时候的巧慧就是胖乎乎的样子，别人夸她可爱的时候，妈妈会说："胖得像小猪一样，沉得抱不动。"

后来巧慧长大了，身材依旧是她过不去的坎儿。有时候巧慧吃得多了一些，妈妈就会说："少吃点吧，都胖成啥了？女孩子还是要身材苗条点。"

有时候，妈妈也会拿巧慧的体重开玩笑。巧慧称体重的时候，妈妈会在一旁说："小心点啊，别把秤踩坏了。"妈妈觉得很搞笑，但是巧慧却觉得很丢人。

所以上了初中以后，巧慧就开始有意识地减肥了，可每次巧慧说自己减肥的时候，妈妈总是说："你还长身体呢，减什么肥呀。"

在妈妈长期的说笑声中，巧慧只敏感于其中"嘲笑"的因素，从而变得十分自卑，她明明不是很胖，却总认为自己难看，平时走路也总是低着头，与同学相处时也是能让就让，绝不与人争执。

❯ 现场指导

有时候，在父母看来无关紧要的几句玩笑话，却可以在孩子心里埋下自卑的种子。父母用玩笑伤害了孩子，但孩子却不知道怎么应对这样的父母。

孩子高高兴兴地唱歌，父母就说孩子调子跑到了十万八千里以外；孩子蹦蹦跳跳地跳舞，父母就说孩子像猴子一样上蹿下跳；孩子皮肤黑一些，就时常嘲笑孩子是"黑煤球"；孩子身材胖一些，就说孩子像个小猪一样圆滚滚……

父母不知道的是，自己脱口而出几句开玩笑的话语，会给孩子造

成错误的认知,他们会觉得自己是不是做错了?父母是不是觉得他们很可笑?当他们找不到一个确定的答案时,内心就会陷入迷茫之中,从而对自己产生怀疑,陷入自卑的情绪当中。

进入青少年时期的孩子,他们既好强又脆弱,自尊心对他们而言,就像是一件易碎品,很容易受到周围人与事的影响,尤其无法忍受来自父母的取笑,哪怕这取笑是善意的。

所以,一位美国教育家曾这样说:"永远也不要取笑孩子,因为没有什么比取笑更能让一个孩子变得无礼、粗暴、心理扭曲了。"取笑就像是一把看不见的剑,会刺向孩子的心灵,刺伤他们的自尊心。同样的意思,用取笑和讽刺的口吻来说,就会让孩子怀疑自己,甚至无地自容;但用鼓励和平和的方式来表达,就会取得完全不一样的效果。

我们的最终目的是培养一个健康的孩子,不仅仅是身体健康,更重要的是心理健康。因此,在日常交流中,父母要尊重孩子,而这尊重不仅仅体现在大事上面,也要体现在生活的方方面面,尊重孩子就要尊重他们的一切,哪怕是孩子说的话在父母看来如天方夜谭一般,也不要取笑孩子。这不仅是父母对孩子的一份尊重,更是父母具有良好涵养的一种体现。当然,也只有父母给予孩子尊重,孩子才能从心里更愿意接近父母、更尊重父母。此外,面对别人对自己孩子的戏弄和取笑时,父母也应该理直气壮地抗议——"对不起,请尊重我的孩子,不要取笑我的孩子。"

▶ 正确范例

迪迪十分喜欢唱歌,他的梦想就是成为一名歌手。可是进入青春期以后,迪迪开始变声了,说话的时候声音就像鸭子叫一样,这让

第五章
即便是聊天，孩子也需要父母的尊重

迪迪感到十分自卑，不敢再在他人面前唱歌了。有时候他实在想唱歌了，就偷偷躲进房间里唱。

这天爸爸找迪迪有事，推开房门的时候，迪迪正在悄悄拿着音乐软件唱歌呢。爸爸没有惊动迪迪，等迪迪一曲终了时，爸爸站在门口鼓起掌来。听到掌声的迪迪扭头看到了爸爸，有些不好意思起来，说道："爸爸，你干吗偷偷摸摸地站在门口呀？"

爸爸笑着说："我要是不偷偷摸摸的，还听不到我儿子一展歌喉呢！你别说，你唱得还真不错呢！我觉得比那个谁谁谁强多了。"

迪迪觉得爸爸这"马屁"拍得有些太明显了，便自我贬低道："哪有呀？我现在声音跟鸭子似的，没唱得鬼哭狼嚎的就不错了。"

爸爸觉得迪迪太缺乏自信了，便鼓励道："你现在正在变声期，声音不好听很正常。但是你知道吗？这唱歌呀，声音好听不好听是一部分原因，还有一部分原因是感情，声音再好听的人，唱歌没有感情，那也打动不了人。我刚刚听你唱歌就很有感情，所以就忽略了你的声音是什么样的。"

听爸爸这样一说，迪迪相信爸爸不是故意拍他的"马屁"了，从此以后自信了很多，也不怕在他人面前唱歌了。

◎ 沟通笔记

我们成年人都反感别人的取笑和讽刺，更何况需要关心和呵护的孩子呢？父母要时刻谨记，孩子的世界与想法和大人们是不同的，大人觉得好笑的事情，对孩子而言可能就是一种伤害。所以，除非孩子特别开朗，否则父母千万别去笑他。

第六章

父母会提问，才能得到想要的答案

在亲子沟通之中，经常见到父母还没问上几句话，孩子就回答得不耐烦了的情况。父母认为这是孩子对父母缺乏耐心，不愿意交流的表现，实际上是父母的提问方式出了问题。

父母或许没有意识到，一个简简单单的问题，往往直接决定了亲子之间的沟通质量。父母能够恰当地提问，孩子才愿意好好地回答，父母也才能够越问越明白。也只有恰当的提问，才不会给孩子造成很大的压力，能让孩子畅所欲言，充分表达自己内心的想法。这样，父母才能进行明确的判断，并且有机会给予孩子适当的引导，告诉孩子如何完善想法，从而形成亲子间深层、良性的互动。

第六章
父母会提问，才能得到想要的答案

1.再多的疑问，一次也只能问一个问题

> 有时候，父母太过于急切，想马上知道孩子的所有情况，所以在提问时会把诸多问题全都在一个时间段内提出来，而这样连珠炮式的提问，很容易导致孩子为了求得安宁，而用拙劣的借口来搪塞父母。

▶ 沟通误区

小江从前是一个比较顽劣的孩子，经常逃课打架，妈妈为此操碎了心。但自从初二换了班主任后，小江的情况有了很大的改观，只是妈妈还时不时害怕小江犯"老毛病"。

这天正上着晚自习，忽然停电了，学校只好提前放学。

小江回到家里时，爸爸妈妈正好不在家，于是小江就看起电视来。正看得起劲儿呢，妈妈回来了，看到此时不应该出现在家里的小江，妈妈第一反应就是小江又逃课了。

"你怎么在家呀？这个点你不是应该在学校上课吗？你是不是又逃课了？"妈妈连珠炮似的问道。

面对这一连串的问题，小江也不知道应该先回答哪一个，只好用

父母的语言
FUMU DE YUYAN

"没有"两个字回应妈妈。

"真的没逃课?那你怎么没去学校?在家待着干吗呀?是哪儿不舒服了吗?"妈妈对小江的话半信半疑,于是接着问道。

"我没撒谎,你爱信不信!"说完,小江起身关掉了电视机,转身回到了自己的房间,将房门"咣"的一声关上了。

妈妈很生气,觉得孩子一点也不让她省心。小江也很生气,觉得妈妈一点都不信任他。

> 现场指导

很多父母在提问时,一心想要证实自己内心的猜想,所以恨不得一次性将自己心里的疑问全部问完,却没有考虑过面对着"狂轰滥炸"式的提问,孩子的内心会做何感想。父母会觉得这是自己关心孩子的一种表现形式,但在孩子看来,这却是父母不信任自己的表现。

父母合理地提问,可以了解孩子日常的情况,也能增加亲子间的关系。但是提问的方法不对就会让孩子产生反感,不仅起不到很好的交流作用,还会让孩子不知所措。连珠炮似的提问方式,既表现出了父母的急躁和没有耐心,也会导致孩子不知先回答什么,所以只回答其中一个他认为最重要的方面。

而得不到想要的答案,父母就会认为孩子没有认真听自己讲话,对自己的问题"答非所问",于是会进行下一轮的"轰炸式"提问,直到将孩子逼到无处可退的地步,使孩子不是在沉默中爆发,就是在沉默中无语。

孩子虽然小,但他们也有自己的一番天地,如果父母将他们"逼"得太紧,就会引起他们维护自己一方领地的警觉,从而不愿与

第六章
父母会提问，才能得到想要的答案

父母打开天窗说亮话。况且，现在的孩子功课多压力大，回家若是再遇上父母没完没了的发问，哪个孩子不会烦呢？

而且孩子最怕的就是被身边的人怀疑，尤其是来自父母的怀疑。如果父母对他们的行为产生怀疑，就会让他们产生极强的挫败感，心理脆弱的孩子还会因此对父母产生失望之情。

因此，父母若是想要从孩子口中得知自己想要的答案，就要耐着性子，一次只问一个问题，等到孩子回答完后，再继续提问。

⊙ 正确范例

最近，妈妈发现晓乐似乎十分重视自己的外貌，以前一个星期顶多洗两次头发，现在几乎天天都要洗，有时候不洗头发都不愿意出门。

妈妈认为，当一个女孩子开始注重自己的外表时，很有可能是谈恋爱了。于是妈妈便趁着晓乐不注意，悄悄跟踪晓乐，但奇怪的是，一直没有发现晓乐身边有"身份可疑"的男孩子出现。后来学校开家长会，妈妈发现不知道什么时候晓乐的班主任换了，换了一个年轻帅气的小伙子。妈妈开始怀疑，晓乐之所以这样注重自己的外表，是因为她暗恋老师。

这一猜测让妈妈更加担心了。这天，妈妈看到晓乐又在洗头发，便走过去问："晓乐，你昨天不是刚洗过头发吗？怎么又洗呀？"

晓乐一边冲水一边说："我头发爱出油，一天不洗，头发就贴头皮上了，跟海带片一样，难看死了。"

"哦，这么回事呀。"妈妈假装明白了，但是心里却依旧怀疑，她知道孩子不会轻易吐露心声，于是接着问道，"你以前不这么注意外表呀，怎么现在变得这么在意了？"

父母的语言
FUMU DE YUYAN

"这不是以前没人跟我说过这事吗?前段时间天气热,我同桌就说我了,老远就能闻到我头上的头油味儿,还问我是不是一个月才洗一次头,我当时恨不得找个地缝儿钻进去,真是丢死人了。"晓乐说着,头发也洗完了,抬头看着妈妈,不解地问道,"您这么关心我洗不洗头干吗,怕我浪费洗发水呀?"

听到晓乐的回答后,妈妈的心立刻就放进了肚子里,原来是自己多想了。所以面对晓乐的反问时,多少有点心虚,连忙解释道:"这不是关心你嘛!或许是妈妈买的这个洗发水不适合你,下次妈妈换一个牌子的,你看看头发还会不会出油了。"

听了妈妈的回答,晓乐点了点头,吹干头发上学去了。

▶ 沟通笔记

"问"的前提是充分尊重孩子。因此,父母在同一件事上的提问不要多,"一次只提一个问题"就足够了。过多地提问不但不能够向孩子表达出关心之情,还会让孩子变得敏感、抑郁。

其实,孩子在成长过程中难免出现一些问题,而这些问题最终的结果,跟父母关系巨大。父母若是能够以一颗平常心对待,不要一发现孩子有反常之处,就对孩子进行喋喋不休的盘问,让孩子感受到来自父母的信任,孩子就会用成为更好的自己,来回报父母的这份信任。

第六章
父母会提问，才能得到想要的答案

2.反问式的提问，只会让矛盾升级

在亲子沟通中，很多父母习惯性地用反问式的责备与孩子交流，比如，孩子被地上的玩具绊倒而大哭时，妈妈会指责说："你看你看，早就跟你说过小心一点，你长耳朵干什么使的？"

父母以为这样的提问方式能够让孩子感受到责备的力量，实际上，反问句对于亲子关系的建立，并不是一种很好的方式。

◎ 沟通误区

文婷这次考试失利了，总分比上一次下降了20多分。看着试卷上的成绩，文婷后悔极了，因为在考试前妈妈一直督促文婷好好复习，但是文婷认为学习的内容比较简单，快考试时再复习也不迟，于是每次都说"不着急，考前两天再复习也来得及"。现在成绩退步了，文婷不知道回到家后妈妈会怎样批评自己。

当文婷硬着头皮走进家门后，妈妈第一句话问的就是："这次考试成绩下来了吧，考得怎么样啊？"

文婷小声地说："没有上一次考得好。"然后小心翼翼地汇报出

父母的语言
FUMU DE YUYAN

了各科的成绩。

"什么？数学才考了70多分！我跟你说什么来着？让你早早复习，你怎么说的？你说'不着急'，我还以为你胸有成竹了呢！结果就考了这么几分回来。你说说你，是不是有些过分自信了？"

文婷被妈妈说得低下了头，她不知道该怎么回答妈妈的问题。实际上，妈妈的问题也不用回答，答案就在问题中。

看文婷不说话，妈妈更生气了，继续说道："你怎么不说话了？考试之前你不是说得挺好的吗？"

"我说话你就不骂我了吗？"被妈妈批评得也有些生气的文婷气鼓鼓地说道。

"你还有理了？你没考好，我批评你几句都不行了吗？"妈妈大声地问道。

文婷很想说："你那是批评几句吗？"但是文婷知道，这样回答，妈妈一定不会放过自己，于是主动认错道："妈妈，对不起，我错了。"

"错了？那你说说你错哪儿了？"妈妈明知故问道。

"我不该不听你的话，不该不着急复习，不该过分自信。"文婷一条一条地说着。

"知道错了，还在这儿傻站着干吗？赶紧写作业去呀！还等着我给你写呢？"妈妈瞪了一眼文婷，恨铁不成钢地说道。

文婷回到自己的房间，关上房门的那一刻，文婷长长地舒了一口气，如果跟妈妈再多相处一分钟，文婷觉得自己一定会窒息而死。

⊛ 现场指导

文婷妈妈这种反问式的提问，实际上就是在责备孩子，会使孩子

第六章
父母会提问，才能得到想要的答案

对父母的语言产生排斥和防卫心理。不管多大的孩子，在父母的反问式质问下都会感到委屈，甚至胆小一点的孩子马上会眼泪汪汪，而稍微倔强一点的孩子，家庭争吵肯定无法避免。在这样的情况下，父母还想要了解一些关于孩子的真实情况，那就难上加难了。

用反问式的方式对孩子进行提问，孩子无论是辩解还是反问回去，都会令亲子双方的火气越来越大，因为反问作为一种修辞方式，它的重点是明知故问，也就是"揣着明白装糊涂"，只有这样才能增强语气的力量。换句话说，反问的目的是增强语气，令说话人更加有气势，并不是以"沟通"为前提，不是以沟通为前提的沟通，双方又怎么能平和地进行交流呢？

心理专家认为：特别是在处理亲子之间的矛盾时，跟孩子之间的沟通一定要忌用反问句，反问句给予孩子的是责备，是质问，是在展现自己的优势，透露的是消极的不合作的态度，不是一种积极解决问题的方式。

因此，父母想要与孩子进行良好的沟通，唯一的办法只能是绕过反问，将自己真正关心的问题提出来，直接对孩子进行发问，这样孩子才能直接回应父母提出的问题。

▶ 正确范例

小颖在钢琴课上学了一首新曲子，因为曲子比较难，小颖掌握得不是很好。回了家一进门，妈妈就问小颖："今天练的什么曲子呀？弹一弹给妈妈听听。"其实，妈妈已经知道了今天小颖练了什么曲子，因为老师已经在群里说过了。

平时妈妈对小颖要求很严格，如果让妈妈知道自己弹得不好，妈妈肯定又会批评自己。情急之下，小颖弹了一首曾经练习过很多次的曲子。

父母的语言
FUMU DE YUYAN

妈妈听到小颖弹了一首旧曲子,心里很恼火,没好气地问小颖:"你当我是聋子吗?你弹的是新曲子还是旧曲子,我难道听不出来吗?"

小颖看到妈妈有些生气了,便不熟练地弹了一遍新曲子。妈妈一听更加生气了,问道:"你弹的这是什么东西呀?你自己不觉得难听吗?我每个月花那么多钱让你学琴,你就学成这个样子?你对得起我的付出吗?"

听到妈妈这样说,本来就觉得自己没有弹好的小颖心里更加难受了,忍不住坐在钢琴前哭了起来。看到孩子伤心的样子,妈妈突然有些后悔了,她觉得自己说话的语气太差了。

于是妈妈迅速调整了自己的情绪,对小颖说道:"妈妈不应该用那种责备的语气对你,对不起,妈妈错了。原谅妈妈好吗?"

小颖擦了擦眼泪,点了点头。

妈妈见小颖的情绪好了一些后,便柔声问道:"你能告诉妈妈为什么这首曲子你没有学好吗?"

看着妈妈的表情柔和下来,小颖也放松了下来,说道:"这首曲子今天刚学,我还练得不是很熟练。你刚才让我弹,我害怕自己弹得不好你会批评我,所以就有点紧张,越紧张就越弹不好。"

听了小颖的解释,妈妈告诫自己,以后再也不能用那样的语气跟孩子说话了。

⊙ 沟通笔记

在亲子沟通中,反问是一种非常糟糕的表达方式。同样的问题,如果父母换上"是不是这样""说说原因好不好"之类商量的语气,就会让孩子更加乐于与之交流。即使是犯了错误的孩子,面对父母给的"台阶",也愿意主动说明自己的情况或表示自己的悔意。

第六章
父母会提问，才能得到想要的答案

3.审问式提问，会让孩子"自动防御"

> 审问式提问，顾名思义，就是一方以审问犯人一样的方式进行提问。在亲子交流的过程中，很多家长都是审问式提问的高手，弄得与孩子之间的距离越来越疏远。

⊙ 沟通误区

上初中后，小宇交到了一个好朋友小雪，两个人很有共同话题，经常一起学习一起看书。

但是小雪的妈妈十分反对小雪和小宇做朋友，因为小雪妈妈认为男孩子和女孩子之间走得太近不正常。她总是时刻叮嘱小雪不要与小宇走得太近，而且每次都会搬出"学习"这座大山来施压，告诉小雪这样下去会影响她的成绩。这使得小雪与妈妈之间的谈话变得越来越少，小雪在自己的心里建立了一道防御的高墙，将妈妈隔绝在外。

这天，小雪对妈妈说她要去图书馆借书。妈妈马上露出了怀疑的表情，问道："你和谁去图书馆？是不是和那什么宇一起去？"

妈妈的态度让小雪很是反感，于是不耐烦地回答道："我和其他同学一起去。"

父母的语言
FUMU DE YUYAN

"和谁去？是男同学还是女同学？叫什么？"妈妈挡在小雪面前，像审问犯人一样盘问小雪，这让小雪感到十分不舒服。

于是小雪气呼呼地说："我不去了行不行？"说完，转身回到了自己的屋里。

小雪越想越觉得气闷，于是拿出手机，给小宇发了个信息："我妈好烦！每次出门都要刨根问底，恨不得装个监视器在我身上。我觉得自己不是她的孩子，而是她的犯人。"

作为好朋友，小宇连忙安慰了小雪一番，这让小雪与小宇之间的关系更亲近了。

▶ 现场指导

在对待孩子的问题上，很多父母总会不自觉地表现出居高临下的态度，而审问式的提问方式就是这种态度最明显的体现。

审问式的提问，使孩子处于"被审问者"的位置，这样很容易给孩子造成一种"受审"的不平等感。特别是孩子到了青春期时独立意识增强，在这种审问方式下，孩子心理就会启动"防御系统"，要么以沉默应对父母，要么用假话、谎话来应付父母，或者用生气的方式来表现自己的不满。

或许父母本身并没有意识到，审问式的提问方式对孩子具有强烈的暗示性，暗示孩子的行为或情绪是错误的；而从孩子的角度来说，他们并不认为自己有错。于是沟通之中的矛盾就这样产生了。

孩子都喜欢听好话，父母越是指责他们，他们就越会和父母对着干。因此，在与孩子交谈时，父母的言语要尽量温和并充满慈爱，多用关切商量的语气，将孩子与自己置于平等的位置上，切忌使用居高

第六章
父母会提问,才能得到想要的答案

临下的训导式、审问式交谈。

即便在交谈中,发现孩子的想法与自己的明显不同,甚至是错误的,也不要马上打断和质问。很多孩子产生异常行为都不是一时冲动的结果,多数是因为与父母缺乏有效的沟通,自己长期积压的情绪得不到安慰、支持和宣泄,才转而选择逃避或毁灭自己的方法。

所以,父母想要知道孩子的真实想法,掌握孩子的真实动向,就千万不要选择"审问式"的提问。

⊙ 正确范例

馨瑶有一个从小玩到大的"死党"阿飞,不过这个死党是一个男生。小时候两个人总在一起玩儿,大人们觉得很正常,毕竟小孩子心思单纯,不会有那么多复杂的想法。但是自从上了初中后,馨瑶还天天跟阿飞玩在一起,妈妈就有些担心了,因为正是青春懵懂的年龄,男女同学在一起,很容易产生悸动。

周末,馨瑶穿得漂漂亮亮地准备出门,临走前对妈妈说:"妈,我和阿飞去趟图书馆啊。"

妈妈一听跟阿飞一起出去,瞬间就紧张起来,她很想问:"就你们两个人吗?"但是又怕问得多了会引起馨瑶的反感,于是到了嘴边的话变成了"路上车多,你俩注意安全啊"。

馨瑶听了,摆摆手说:"放心吧,我们好几个同学呢!"说完就出了门。妈妈听到不止他们两个人,心也放了下来。

可是总这样猜忌,妈妈觉得不是长久之计,便决定找个机会,好好问问馨瑶。晚上馨瑶从图书馆回来后,拿着新借回来的书向妈妈炫耀说:"妈,你看这本,是阿飞推荐给我的,他都看完了,说特别好看。"

父母的语言
FUMU DE YUYAN

妈妈顺势问道："馨瑶，你跟阿飞从小玩儿到大，你会不会喜欢他呀？"

馨瑶瞬间明白过来妈妈所说的"喜欢"是什么意思，立刻脑袋摇得像拨浪鼓般，说道："妈，我们是'哥们儿'，是一起玩儿尿泥的交情。"

看着馨瑶那认真解释的样子，妈妈瞬间放下心来，说道："我就是好奇问问，这不也是关心你嘛。"

"您就放心吧，如果我哪天喜欢上他了，第一个告诉你。"馨瑶丢下这样一句话后，抱着书回自己房间了。

⊙ 沟通笔记

想让孩子快乐成长，并不需要父母有多少专业性的知识与技能，只需要父母拥有更大更开阔的精神空间，遇到问题直接沟通，不是高高在上的审判，也不是无休无尽的猜忌，而是与孩子进行平等的交流，言辞间表现出对孩子的尊重与关爱。只有这样，孩子才会卸下心里的防备，愿意真实地回答父母提出的问题。

4.想得到真实的答案，就不要假设为先

提问的方式有很多种，但假设式提问基于事实而不限于事实，非常具有创意特征，也因此常被访谈类节目主持人采

第六章
父母会提问，才能得到想要的答案

> 用。当然，家长们在尝试这种提问方式时，需要根据具体情况而定，避免因不懂技巧而产生背道而驰的效果，最终影响亲子关系。

> 沟通误区

木木开学上小学六年级了，新学期开学的第一天，妈妈送木木去学校报到。

路上，妈妈不放心地嘱咐道："木木，你都六年级了，可不能再像以前那样上课小动作不断了。"

"知道了，妈妈。"木木回答说。

到了学校，妈妈看着木木和老师走进了教室，一步三回头地离开了。

木木放学回到家里后，妈妈第一件事就是询问："儿子，今天上学怎么样啊？你淘气没有？你们的老师管得严格不严格？"

木木有些迟疑，小声说道："我们老师很厉害，谁不听话就会训谁！"

妈妈一听，觉得木木是在有意逃避她的问题，于是继续问道："那你上课是不是捣乱来着？"

木木回答："没有。"

可妈妈却不信，在妈妈看来，既然孩子没有捣乱，怎么会说老师厉害呢？于是继续问道："上课没有捣乱，你怎么就说老师厉害呢？"

木木被妈妈问得不耐烦了，再加上妈妈总是引导他说出自己"捣乱"的话，于是气呼呼地回答道："那你去问老师好了，别问我了！"

143

父母的语言
FUMU DE YUYAN

> ## 现场指导

其实,父母对孩子发出这样的假设性提问时,往往在内心已经设定好了答案,而孩子的回答只是用来验证自己的判断是否正确。

比如:在学校吃过饭的孩子回家后,又吃了很多饭,父母便想要知道孩子在学校的吃饭情况,于是问道:"你们学校的午饭是不是没有家里的好吃?你怎么和没有吃一样?"

在这个问题中,父母就事先有了一种假设,那就是学校里的饭菜没有家里的饭菜好吃,而父母发问只是想要证实一下自己的判断。如果孩子的回答肯定了父母的判断,父母就会说:"我就说嘛,肯定是这样。"如果孩子的回答与父母的判断不一致,父母就会追问:"真的吗?你是不是在骗我?"

这样提问的次数多了,一些孩子为了避免"节外生枝",便会顺着父母假设的问题来回答,至于答案是否属实,对于孩子而言并没有什么关系;但是对于父母而言,却错失了听到真相的机会。

因此,如果父母想要从孩子的口中得到真实的答案,就应慎重假设性提问。杨澜说过:"作为一个提问者察觉对方头脑中的一些价值观假设的过程,其实就是验证自己价值观建设过程。"意思就是说,在假设性提问中,父母就是观点的引导者,是在有意识地引导孩子的观念和思维,所以孩子的回答多半是受了父母引导的影响,并非完全是自己真实的想法。

那假设性提问能不能用呢?当然可以用,只是要分情况使用。当父母想要知道发生在孩子身上的真实情况时,就不能用假设性的提问对孩子进行提问;但如果父母希望通过提问的方式让孩子进行思考,就可以尝试使用假设性的提问来引导孩子。

第六章
父母会提问,才能得到想要的答案

> 正确范例

芝芝的爸爸和妈妈感情不太好,但是为了给芝芝一个完整的家庭,爸爸妈妈一直努力维持着表面的和谐。

芝芝一天比一天大,上了初中以后,芝芝越来越懂事,有时候看到爸爸妈妈吵架,芝芝还会安慰妈妈说:"妈妈,等我长大了,一定挣很多很多钱,给你买个大房子,这样你就不用受爸爸的气了。"

在再一次争吵过后,妈妈想跟爸爸彻底分开,但是妈妈又怕直接跟芝芝说这件事,芝芝会接受不了。左思右想之后,妈妈想到了一个办法。

晚上芝芝正准备睡觉,妈妈走了进来,坐到芝芝旁边说:"芝芝,妈妈想问你个问题。"

芝芝问道:"什么问题啊,妈妈?"

"嗯,是这样,妈妈的一个朋友打算离婚,但是不知道该怎么面对她女儿,是直接说呢还是先瞒着她女儿呢?她女儿跟你一样大,所以我想问问你,你说她更愿意接受现实,还是更愿意生活在美丽的谎言中呢?"说完,妈妈看着芝芝,等待着芝芝的答案。

"这个嘛……我不是她女儿,我也不知道呀!"芝芝回答说。

"那假如换作是你呢?你会选择什么?你是愿意接受爸爸妈妈分开的现实?还是愿意爸爸妈妈为了你,勉强生活在一起?"妈妈继续问道。

"我,我当然希望我们一家人永远生活在一起。"芝芝眨巴着眼睛看着妈妈,妈妈虽然有些失落,但这是孩子的愿望,妈妈也只能接受。这时,芝芝又继续说道:"但如果让爸爸妈妈为了我勉强生活在一起的话,我也会不开心。我希望爸爸妈妈都能开心,只要爸爸妈妈开心,我也会开心。"

说完,芝芝对着妈妈露出了一个微笑,仿佛在安慰妈妈一般。

父母的语言
FUMU DE YUYAN

妈妈什么也没有说,但心里已经有了打算,她摸了摸芝芝的头说道:"谢谢宝贝的答案,晚安。"

> 沟通笔记

语言是一门艺术,亲子之间的对话更是一门特殊的艺术,父母在问话上不仅要注意自己的问话方式,还要注意问话使用的场合。同一种问话方式,可能适用于这个场合,却不适用于那个场合,就像是"假设性提问"一样,要根据不同的情况使用,这样才能起到更好的沟通效果。

5.答案不确定时,先不要归罪于孩子

在现实生活中,孩子犯了错后都会本能地想要告诉父母,但渐渐地他们却开始选择隐瞒,这跟父母对待孩子的态度有很大的关系。有时候父母归罪式的提问方式,就会令孩子选择逃避的方式来面对。而父母若总是用归罪式的方式进行提问,那孩子就会习惯于用逃避责任的方式来回应父母。

> 沟通误区

放暑假了,表妹来到了糖糖家。糖糖十分开心,这样爸爸妈妈去

第六章
父母会提问，才能得到想要的答案

上班时，就有人跟自己在家做伴了。这天，爸爸妈妈去上班了，写完当天的作业后，糖糖和表妹便玩起了"公主参加晚宴"的游戏。她们假装自己是公主，穿上了漂亮的裙子。

"姐姐，公主还有高跟鞋，我们没有穿高跟鞋，就不像公主。"表妹说道。

"我们把我妈的高跟鞋找出来穿上，走！"说完，糖糖就拉着表妹来到了鞋柜前。

鞋柜里有好几双妈妈的高跟鞋，两个人一人穿了一双，在客厅里走起"模特步"来。忽然，"啪"的一声，糖糖脚下的高跟鞋跟断了。这可把糖糖和表妹吓坏了，她们连忙脱下鞋子，重新放进鞋柜里。

"姐姐，怎么办呀？大姨回来一定会骂我们的。"表妹一脸愁容。

糖糖心里也很烦躁，但是她想只要勇于跟妈妈承认错误，妈妈应该会原谅自己的。

五点多的时候，妈妈下班回来了。当她打开鞋柜换鞋的时候，一眼就看见了断了跟的高跟鞋，想到这双鞋昂贵的价格，妈妈气不打一处来。

"糖糖！"妈妈大声喊道，糖糖赶忙站到了妈妈身边，正鼓足勇气想要跟妈妈解释时，妈妈指着她怒骂道："这是不是你给我穿坏的？"

糖糖被妈妈的怒吼声吓得浑身一哆嗦，不敢开口说话了。

"肯定是你！你说说你怎么这么淘气？大人的高跟鞋你也拿来玩儿！你知不知道我这双鞋多贵？就这样让你给穿坏了，真是气死我了！晚上你不要吃饭了。"妈妈指着糖糖大声地指责着。

这下糖糖有些不服气了，梗着脖子说道："凭什么呀？又不是我一个人穿了，妹妹也穿了，你为什么不批评她？"

看到糖糖如此挑战自己的权威，妈妈气得挥手打了糖糖屁股一

147

父母的语言
FUMU DE YUYAN

下,还说道:"犯了错误不知道认错,还要说表妹的不是!"

被打了的糖糖赌气回到了自己的房间,就连妈妈来叫她吃饭,她也死活不愿意出门。

◎ 现场指导

父母归罪式的提问,又称猜想式的提问,这种提问方式是以自己主观的猜想为前提,并在问话中带有归罪性质。当孩子面对这样的提问时,不管是否孩子的问题,他的第一反应都是否认,而后再想办法进行解释。

父母在与孩子沟通的时候,往往会凭借自己的经验对实情盖棺定论。比如孩子小时候很淘气,经常损坏家里的物品,那么当孩子长大后,家里的物品损坏后,父母还会理所当然地认为是孩子干的。

事实上,孩子究竟有没有犯错,父母并没有亲眼所见,只是依照经验做出判断,然后对孩子进行归罪式的提问。说是提问,实际上已经肯定了答案。这种不问青红皂白就先归罪于孩子的沟通方式,会令原本诚实的孩子本能地选择逃避。

不管孩子到底有没有犯错,作为父母都不能用归罪的语气和孩子交流。东西毁坏了可以买个新的,但是亲子间的情感关系破坏了就不容易弥补了。一味地责怪与归罪,只会让孩子逃避问题,同时对父母感到失望,从而渐渐衍生出不愿意与父母沟通的想法。

那么,当父母遇到这种问题时,该怎么跟孩子沟通呢?把注意力放在目前亟须解决的问题上,只描述亲眼看见的,或者直接描述问题,而不要指责或归罪于孩子。

第六章
父母会提问，才能得到想要的答案

> 正确范例

浩浩今年五年级了，他还有一个弟弟，刚刚上幼儿园。这天，妈妈临时有事，爸爸也不在家，妈妈只好把弟弟交给浩浩，让他在家照顾弟弟。

以前浩浩也经常帮妈妈照顾弟弟，但是独自一人照顾弟弟还是第一次。妈妈走后，浩浩便开启了"看娃"模式，弟弟走到哪儿，浩浩就跟到哪儿，生怕弟弟不小心磕着碰着。玩儿了一会儿后，弟弟说要大便，大便过后，浩浩帮弟弟擦了屁股，冲了小马桶。

当浩浩从卫生间出来时，发现弟弟"闯祸"了。原来弟弟趁着浩浩在卫生间洗马桶的功夫，找到了一盒酸奶，然后把酸奶的盖子打开了，可是他拿不稳，把酸奶洒得到处都是。

浩浩见状，想要把弟弟手中的酸奶抢过来，但是弟弟怕被浩浩抢走，抱着酸奶一路跑一路洒，全然不管浩浩在后面说些什么。为了躲避浩浩，弟弟还爬到了床上，把酸奶藏在了枕头下面，这下不仅地上到处是酸奶，就连床上也到处都是了。

浩浩只好拿出拖布来拖地，没想到酸奶根本拖不干净，就好像在地上画花一样，越擦越脏。就在浩浩忙得焦头烂额之际，妈妈回来了。

看着满地酸奶的污迹，妈妈感觉自己的血压瞬间升高了，恨不得把浩浩两兄弟拽过来打一顿。但是又看到浩浩拿着抹布，一脸委屈的样子，妈妈的气消了大半，她什么也没说，而是脱下外衣，挽起袖子，对浩浩说："浩浩，你把拖把放起来吧，然后把抹布给妈妈拿来。"

浩浩本以为自己会挨骂，结果妈妈却没有骂他，于是干起活来分外勤快。妈妈让浩浩将地上的玩具捡起来，浩浩就立刻捡起来；妈妈让浩浩去清洗下抹布，浩浩立刻跑去洗。然后浩浩还帮妈妈铺了新床单，晾了洗干净的床单。

看着被妈妈收拾得焕然一新的家，浩浩低着头说："妈妈，对不起，我没有看好弟弟。"妈妈听了，笑着摸了摸浩浩的头说："你已经做得很好了，帮了妈妈这么多忙，不是吗？"

妈妈的一席话，让原本对弟弟颇有怨言的浩浩瞬间原谅了弟弟。

▷ 沟通笔记

无论孩子是否真的犯了错误，都不要轻易归罪于孩子，大人尚不能做到永远不出错，更不要说心性还不够成熟的孩子。过早归罪于孩子，会让原本已经知错的孩子错失主动认错的机会，让原本没错的孩子蒙受冤屈。所以，在亲子沟通中，父母一定要避免使用归罪式的提问。

6.多一个选择，孩子更容易找到答案

在育儿的过程中，父母经常会遇到这样的问题：面对我们直接的命令，孩子会条件反射般地选择拒绝；但如果我们将决策权交到孩子手上，孩子的选择又往往会超出我们的控制能力范围。这时，在问题中给孩子添加一个选项，问题往往会迎刃而解，这样不但尊重了孩子的选择，同时使事态处于我们的控制范围之内。

第六章
父母会提问，才能得到想要的答案

> 沟通误区

恬恬舞跳得十分好，每次学校举办文艺汇演，恬恬都能在节目中大放异彩。在即将举办的六年级的元旦晚会中，老师特地给恬恬安排了一个独舞，这是恬恬在小学阶段最后一场演出了，所以恬恬特别重视，每天放学回家后都要练习很久。

就在恬恬信心满满地准备参加演出时，她发烧了。医生说恬恬患的是病毒性感冒，最好居家隔离，不要到人员密集的地方去。这下可愁坏了恬恬，眼看着第二天就要跳舞了，她却发着高烧，门都不能出。

"宝贝，你还是好好休息吧，妈妈给老师打个电话，取消你的节目吧。"妈妈对恬恬说。

恬恬一听要取消表演，着急地说："不要，不要。妈妈，我不想取消表演，我想参加表演。"

"可是你现在生病了，医生说你至少得三天才能退烧，而且你的病会传染，最好不要出门。"妈妈耐心地劝说道。

"不嘛，不嘛。这是我最后一次表演了，错过了我就再也没有机会了。我吃了退烧药，戴着口罩去，可以吗？"恬恬一边哀求妈妈，一边抽泣着。

"不行！"妈妈态度坚决地拒绝了恬恬的要求，"我是你妈妈，我得为你的健康负责，表演机会以后多得是，错过这一次没什么！你就好好在家待着，直到痊愈为止。"

恬恬一听，哇哇大哭起来，她觉得妈妈一点也不理解她的心情。当妈妈再次让恬恬吃药时，恬恬把药推向一边说："我不吃药了，反正我也参加不了元旦晚会，好不好都无所谓了。"

看着恬恬那哭肿的双眼和病恹恹的样子，妈妈一肚子责备的话语也不知道怎么说出口了。

父母的语言
FUMU DE YUYAN

⊙ 现场指导

像恬恬这种情况,几乎每一位家长在育儿的过程当中都会遇到,孩子固执己见,父母的劝说和命令起不到任何作用。有时候,父母还会被孩子的情绪带动,思维陷入僵局,双方互不让步,导致亲子之间的沟通也陷入僵局。其实,只要父母能够冷静下来,分析一下当下的情况,将一个选项分裂成两个选项,问题很快就能够得到解决。因为,在亲子沟通中,如果父母只问一个问题,然后提供两个选择,大多数孩子都会不由自主地从父母所提供的答案中选择其中的一项。

人的潜意识当中似乎有这样一种思维习惯,就是在面对选择时,会选择其中一项,就算这些选择里并没有他想要的条件,但是因为选项只有这些,便会从中做出选择。当然,也会有人提出其他的条件,但只占很少一部分。

孩子也是一样,当父母为孩子提供了两个选项时,孩子会自然而然地从父母提供的两个选项中选择其中一项。

举个例子:

当父母问孩子:"你今天是去奶奶家还是去姥姥家呢?"孩子就会下意识地在奶奶家或是姥姥家做出选择,或是回答"去奶奶家",或是回答"去姥姥家"。

但如果父母问的是:"你今天想去哪里呢?"孩子可能会回答:"我想跟妈妈在一起。"

若是父母直接命令说:"你今天去奶奶家。"那可能会得到孩子的拒绝:"不要,我想要跟妈妈在一起。"

在面对两个选项时,孩子通常会忘记去考虑自己更想要什么,而是转而去考虑这两个选项中哪一个选项对自己更有利了。

第六章
父母会提问，才能得到想要的答案

因此，在父母与孩子产生冲突时，父母把自己能够接受的方案做成两个选项提供给孩子，让孩子做最后的决定。相比起父母的强制或批评，孩子会因为有了选择而感觉得到了父母的尊重，也会因为拥有了"选择权"而变得积极起来。

需要说明的是，父母在问题中给孩子提供的两个选项，要确保至少有一个选项是孩子能够并且愿意接受的。这样一来，不论孩子做出哪种选择，家长都能够达到平息亲子冲突的目的。但如果父母提供的两个选项都是孩子不愿意接受的，那么孩子就会去选择不存在的第三个选项。

另外，父母只能给孩子提供两个选项，不要给孩子太多选择，因为选项太多容易让孩子无所适从，反而会起到适得其反的效果。

▶ 正确范例

妙妙报名参加了市里的歌唱比赛，为了能够在比赛中取得好成绩，妈妈特意从服装店里给妙妙定做了演出服。每每想到自己穿上漂亮的演出服站在舞台中央高歌的场景，妙妙就激动不已，盼望着比赛那天快点来临。

可就在比赛的前两天，妙妙因为着凉发起烧来，嗓子肿痛到说不出话来，这可把妙妙给急坏了，她沙哑着嗓子问："妈妈，我还能参加比赛吗？"

妈妈安慰妙妙说："只要你能尽快好起来，就还可以参加比赛哦。"

妙妙掩饰不住内心的沮丧之情，忍不住问："那要是好不起来呢？"

妈妈只好回答说："那就没办法了，只能退赛。"

"不，我要参加比赛，好不了也要参加！"妙妙急得大哭起来，

父母的语言
FUMU DE YUYAN

想到自己无法穿着演出服站在灯光夺目的舞台上,妙妙就伤心不已。

妈妈看着哭泣的妙妙,努力安慰她说:"你嗓子都哑了,还怎么上台演唱呢?这样的比赛以后还会有,错过了这一次,还有下一次呀!我们等下一次好不好?"

"不好!我都练歌两个月了,就等着比赛这一天,我不想错过。"妙妙态度坚决地说。

妈妈意识到,再这样沟通下去肯定无法说服妙妙,于是换了个思路,问妙妙:"以你现在的身体状况来看,如果你坚持带病参加比赛,不仅不会取得好成绩,还会影响你的嗓子正常恢复和发育,有可能以后你再也无法唱歌了。但如果你选择退赛,好好修养身体,明年的歌唱比赛你就能拿出更好的状态去应对,说不定会取得比今年更好的成绩。这两个选项,你选择哪一个比较好呢?"

听了妈妈的话,妙妙闭上眼睛,思考了片刻后,说道:"那就退赛吧。"虽然妙妙并不情愿,但终究可以好好躺在床上养病了。

◎ 沟通笔记

可以说,增加提问选项对于打破亲子沟通中的瓶颈,是十分有效的方式,不仅有助于孩子直接选择,还能帮孩子获得更多自信。一方面,能给孩子带来选择的空间,让孩子感受到来自父母的尊重;另一方面,能够让父母节省下不少说服孩子接受自己建议的时间,可谓是"一问多得"。

亲子沟通

这样给孩子定规矩

刘慧滢 / 编

吉林美术出版社 | 全国百佳图书出版单位

图书在版编目（CIP）数据

亲子沟通.这样给孩子定规矩/刘慧滢编.--长春：吉林美术出版社，2022.7
ISBN 978-7-5575-7278-5

Ⅰ.①亲… Ⅱ.①刘… Ⅲ.①家庭教育 Ⅳ.① G78

中国版本图书馆 CIP 数据核字（2022）第 118589 号

ZHEYANG GEI HAIZI DING GUIJU
这样给孩子定规矩

出 版 人	赵国强
编　　者	刘慧滢
责任编辑	栾　云
装帧设计	于鹏波
开　　本	880mm×1230mm　32 开
印　　张	5
印　　数	1—5000
字　　数	128 千字
版　　次	2022 年 7 月第 1 版
印　　次	2022 年 7 月第 1 次印刷
出版发行	吉林美术出版社
地　　址	长春市净月开发区福祉大路 5788 号
	邮编：130118
网　　址	www.jlmspress.com
印　　刷	天津海德伟业印务有限公司
书　　号	ISBN 978-7-5575-7278-5
定　　价	198.00 元（全 5 册）

前言 Preface

很多家长认为只要有了最好学校的学区房，能够将孩子送进最好的学校，这样孩子就能赢在起跑线上。其实，对孩子而言，最好的教育不是在学校，而是在家庭。孩子成长的每一步，都与家庭教育息息相关。

那么最好的家庭教育应该是什么样子的呢？那就是给予孩子自由与规矩并行的爱。

给予孩子成长的自由，可以使孩子内心放松，拥有一种自内而外的自信心，长大以后他们敢于遵从自己的内心，追求自己喜欢的一切，并且觉得自己值得拥有。但是这种自由要建立在"规矩"之上。孟子云："不以规矩，不成方圆。"无论做任何事情，都要讲规矩，而一个家庭想要教育好孩子，也要有规有矩，要让孩子知道什么该做，什么不该做。

只有在规矩之内，给予孩子自由，这才叫成全；规矩之外给予孩子自由，那只能叫冒险。真正的爱孩子，不是让他一味放纵，而是教会他遵守规则和做人的道理。爱孩子是无条件的，但一定是有原则的。

作家刘墉曾说过一句很深刻的话:"你不舍得给孩子立规矩,就会有人给孩子长教训。"刘墉是这么说的,也是这么做的。

他在儿子刘轩小时候,就给他定立了十分严苛的规矩,如:"自己的事情自己做,严格作息,不能偷懒";"自己洗衣服,父母不在家的时候,要自己做饭"……刘轩看电视要被管,上学也要被管。刘墉立下的规矩,几乎布满了刘轩生活的各个角落。

有一次,刘轩犯了错误,刘墉批评了他几句后,转身欲离开,在扭过头的瞬间,看到了刘轩伸出了脚,对着他做出了"踢人"的动作,虽然这只是一个假动作,但是刘墉还是狠狠地教训了刘轩一顿,因为刘轩违背了"尊敬长辈"的规矩。

每个孩子都渴望无拘无束地长大,所以刘轩对于父亲的严格管教有讨厌的时候,也有憎恨的时候。直到刘轩考上哈佛大学那一年,他才真正理解了父亲的良苦用心,并在开学前给父亲写下了"爱的告白书",在信中感谢父亲对他的严格管教,并称没有父亲的付出,他就不会拥有现在的成就,是父亲的规矩让他成为了一个自律、有原则、有目标的人,而这些品质让他一生受益。

由此可见,孩子的本性大都是顽劣的、叛逆的,而有远见的父母,懂得在孩子小时候就教会孩子基本的行为准则,让孩子拥有行走世界的底气。

但现实问题却是,规矩很好立,执行起来却困难重重。常常我们说了好几遍,孩子就是爱答不理;我们强调过无数次,孩子仍旧会出错;明明我们为孩子好,孩子却总是无法感受到我们的良苦用心……

其实孩子的种种表现,大多源自父母的一种心理,那就是孩子就应该乖乖遵守父母制定的规矩,如果不遵守,那就是不听话、叛逆的表现。这种"我是家长,我说了算"的思想,是引起孩子反叛心理的重要原因。因此,我们不能用压迫孩子的方式让孩子守规矩,而是要用有效的策略去引导孩子守规矩。

《这样给孩子定规矩》的内容大致分为两大部分,第一部分主要讲了给孩子制定规矩时的方法与策略,从父母如何了解孩子开始,再到父母如何从自身做起,然后再说到给孩子定规矩时应该注意到的问题,以及需要遵守的相关原则,力求帮助家长制定更适合自己的孩子、孩子也更愿意去遵守的规矩。第二部分主要从修养、社交能力,以及生活中习惯这三个方面入手,具体地说明了如何去做,可以让规矩得到更好的执行。

希望每一个读到此书的家长,都能从中获益,收获到给孩子定规矩的方法与策略,将孩子培养成为一个守规矩、懂规则的人。

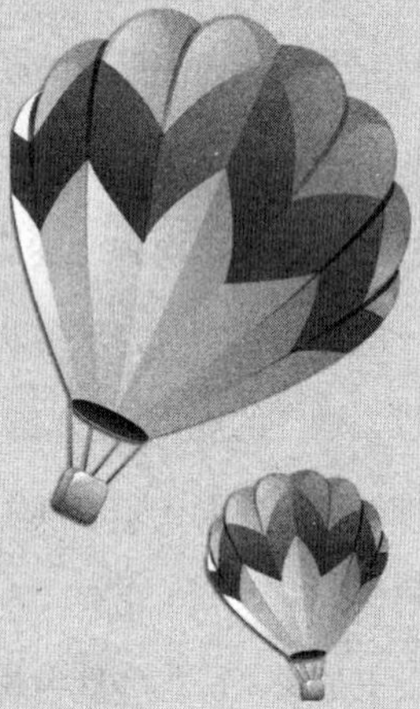

目录 Contents

第一章 定规矩在后，了解孩子在先
1. 你知道孩子需要什么吗？／002
2. 你的规矩符合孩子的性格吗？／007
3. 你的规矩符合孩子的成长规律吗？／012
4. 你知道孩子为什么会破坏规矩吗？／017
5. 你确定孩子能够做到这些规矩吗？／021

第二章 父母先以身作则，孩子才能以身守则
1. 父母的尊重，让孩子更愿意接纳规矩／026
2. 夫妻之间也需要遵守规矩／030
3. 父母先管好自己，才能管好孩子／034
4. 父母要先在规矩里成长／037
5. 给孩子树立起"知错就改"的榜样／041

第三章 制定规矩的五项原则

1. 原则一：规矩要简单易懂 / 046

2. 原则二：自由与规矩并行 / 050

3. 原则三：忽略与强化同在 / 054

4. 原则四：事先制定惩罚制度 / 058

5. 原则五：明确规定"不可以" / 064

第四章 不打不骂，也能让规矩执行下去

1. 请面对面地给孩子提要求 / 069

2. 及时奖励更有利于执行规矩 / 073

3. 制定规矩最忌朝令夕改 / 077

4. 用"面壁思过"应对孩子的吵闹 / 080

5. 执行有困难，规矩需调整 / 085

第五章 孩子良好的修养，靠规矩塑造

1. 孩子出口成"脏"，父母管教有"方" / 090

2. 孩子丢下的是纸屑，掉下的是教养 / 093

3. 让孩子做自己情绪的"小主人" / 096

4. 遵守公共秩序，讲究先来后到 / 100

5. 懂规矩的孩子，在外不做"熊孩子" / 104

第六章　社交之中懂规矩，孩子更受欢迎

1. 与异性玩耍，小小规矩要记牢 / 109
2. 告诉孩子，随便打断别人说话不礼貌 / 112
3. 分享的"天性"需要后天来培养 / 116
4. "爱打招呼"的孩子人人爱 / 120
5. 在别人家要做个有规矩的小客人 / 124

第七章　家庭，是规矩最好的养成所

1. 给"小小电子迷"制定规矩 / 129
2. 规矩立得早，孩子生活习惯好 / 133
3. 让"黏人精"不再黏人的规矩 / 137
4. 让孩子成为花钱有度的"小富翁" / 141
5. 孩子做作业拖拉，还需"对症下药" / 146

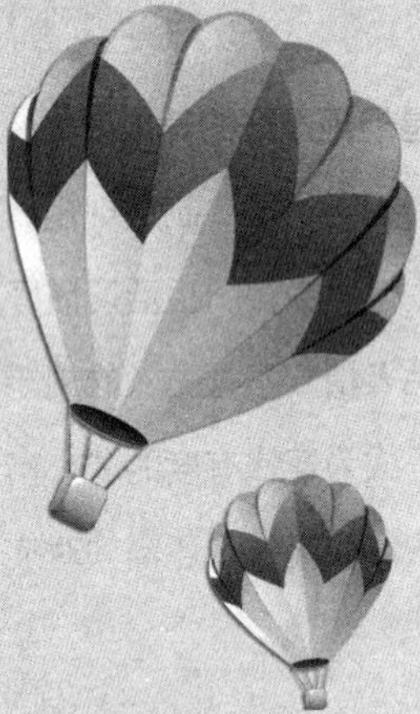

第一章

定规矩在后，了解孩子在先

当孩子一天天长大后，父母常常会发出这样的感慨：为什么我说的话，孩子听不进去了？其实很大一个原因，在于家长没有用发展的眼光去看待孩子，对孩子的了解停留在了某一阶段，而事实上孩子是在不断成长的，在成长的过程中他们会改变，父母若是想给孩子定立规矩，就要事先了解孩子，了解孩子一切，了解孩子的当下，这样才能制定出符合自己孩子的规矩。

1. 你知道孩子需要什么吗?

大部分父母给孩子立规矩,都是从自身的角度出发,自己希望孩子成为什么样子,就给孩子定立什么样的规矩加以约束。父母是立规矩的人,但守规矩的人却是孩子,因此我们在给孩子定立规矩时,不能只从自己的角度出发,还要考虑到孩子究竟需要什么,只有我们先满足了孩子的需求,孩子才能感受到来自父母的尊重和理解,在被尊重和被理解的前提下,孩子才更愿意遵守父母定立的规矩。

那么,在定立规矩以及执行规矩的过程中,孩子都需要什么呢?

▶ 孩子需要认可

也许是因为孩子刚生下来的时候,需要父母进行无微不至的照顾,导致在大部分父母心中,孩子都是一个"极弱"的存在,不管孩子做什么,在父母眼里都"不够好"。"罗马不是一天建成的",孩子也不是突然之间长大的,孩子的成长需要过程。而在这个过程中,孩子缺乏一些能力是自然而然的,如果我们坚持用自己内心的

第一章
定规矩在后，了解孩子在先

标准去要求孩子，那么就很难真心地认可孩子。

而一个长期得不到父母认可的孩子，就算他拥有再好的物质生活条件，他的内心也无法得到满足，一个内心总是不满足的孩子，又怎么能够感受到快乐呢？从孩子的角度来看，父母的不认同，对他们而言是一种伤害，而在这个基础上，我们还要跟他们定立一些规矩，要求他们必须完成，这对一个感受不到幸福，并且没有快乐的孩子而言，是很难做到的事情。

父母的认可，是孩子自信心的来源。有了自信心，即便是在执行规矩时，遇到了困难，他们也会努力地去克服，想办法去解决，而不是轻易选择放弃。

▶ 孩子需要关注

没有孩子不渴望得到父母的关注，有的孩子甚至为了得到父母的关注，会故意大喊大叫，或是故意捣乱惹怒父母。

有时候，我们面对孩子的"无理取闹"会利用规矩来压制孩子，希望他们能够闭上嘴，安静下来。但实际上，此时的孩子只是希望父母能够多看他们一眼，能够关注到他们的表现。而我们不但没有关注他们，反而用规矩来压制他们的时候，孩子只能体会到规矩的"冰冷无情"，并不能将规矩与自己的行为联系起来，所以没有建立在关注之上的规矩，是无法得到很好的执行的。

因此，当孩子释放出"求关注"的信号时，我们要及时地满足孩子的需求，不要觉得"蚂蚁搬家"没什么可大惊小怪的，也不要觉得路边的野花没有什么好看的，积极地响应孩子的"妈妈，快看""爸爸，快来"，跟他们一起分享"发现新大陆"的快乐，最好是能够主动地去关注孩子的举动，这样孩子们才能肯定"爸爸妈妈是爱我的"。规矩只有建立在这种"爱"之上，孩子才更愿意去执行规矩。

➢ 孩子需要陪伴

父母的陪伴，是给孩子定立规矩的重要前提条件。如果父母不在孩子身边，只是给孩子定下了规矩，然后将孩子交给爷爷奶奶或是保姆去看管，你觉得孩子还会认真去遵守规矩吗？

前面我们说到孩子需要父母的关注，那没有陪伴，又何来关注呢？没有父母的关注，孩子又怎么有执行规矩的动力呢？说白了，孩子愿意去执行规矩，更大程度上，是他们想要通过守规矩这件事来感受到来自父母的关心。一旦没有了父母的关注，那么规矩只是一个压制他们的工具，甚至会让他们产生"不公平""被束缚"的不良感受。

事实上，缺乏父母陪伴的孩子，所表现出来的情况远比不愿意遵守规矩更加严重。现代医学表明，一个长期缺乏父母陪伴与关爱的孩子，会长期处在焦虑和抑郁之中，睡眠和饮食都会受到影响，从而导致他们的生长激素减少，引发不长个或是过度瘦小的情况发生。

而这仅仅是身体上的问题，心理上的问题更不容忽视，孩子的幸福感主要来源于父母的陪伴，没有父母陪伴的孩子，幸福感会极度缺失，甚至会影响他们一生的情感道路。

诚然，目前的社会状况，会令很多父母在陪伴孩子这件事情上产生困难。其实陪伴孩子并没有想象中那么难，不一定要花费很多

第一章
定规矩在后，了解孩子在先

的时间，只需要做到高质量就可以。所谓高质量，就是在陪伴孩子的时候，专心且用心，真的融入孩子的世界里，想他们所想，爱他们所爱。这样的陪伴，每天只需几十分钟，就能让孩子感受到来自父母的爱。

◎ 孩子需要信任

父母对孩子的信任，是定立规矩的另一个基础。孩子要信任父母，相信父母定立的规矩能够帮助他们更好地成长；父母也要信任孩子，相信孩子有遵守规矩的意志力和能力。这样规矩才能定得顺利和有效的执行，任何一方失去了信任，规矩都会成为"摆设"。

相比较之下，父母对孩子的信任更为重要。而父母对孩子的信任，来源于我们是否能够将孩子视为一个独立的个体。

在既定的事实面前，不要"自以为是"地按照自己的理解认为某事就是怎样怎样，然后对孩子产生不应该有的怀疑。与孩子说话时，语气、态度应该保持平和，不要在还没有进行调查和确认前，就认为孩子有问题。同时，只要是孩子这个年龄段或是以他们的能力能够掌握的事情，就要放心交给孩子去办，不要对他们的能力进行怀疑。

父母对孩子越信任，越能够促进孩子去遵守规矩，并且他们的表现也会越来越好，甚至会超出我们的预期。

◎ 孩子需要知情权

这一点是建立在父母是否能够将孩子当作一个独立的个体来看待。很多父母认为孩子只要负责快乐长大，好好学习就行，其他家里的一切事情都不需要孩子操心，就算是天塌下来，也会有父母顶着。

但是站在孩子的角度来看，孩子也是这个家里的一分子，他有权知道这个家里发生的事情。更何况，我们所定立的规矩，很多都跟家里的事情相关联，如果只是强硬地要求孩子遵守规矩，却不告诉为什么要遵守，那么孩子就会对这个规矩产生抵抗的情绪。

因此，给孩子定立规矩时，我们需要让孩子了解家庭的实际情况，让他们明白某些规矩为什么会这样定立，是在什么情况下定立出来的，对规矩了解透彻了，孩子就不会因为自己的情绪而反抗规矩。

▶ 孩子需要安全感

孩子需要安全感，这是我们给孩子定立规矩的又一个必要前提条件。拥有安全感的孩子，会将自己所有的心思都放在规矩的内容上，而不会去考虑其他的问题，例如：如果我做得不好，是不是爸爸妈妈就不喜欢我了？

孩子安全感的建立，首先要从生活中的人身安全开始。保证孩子的人身安全，是让孩子拥有安全感的最基本的条件。有些做法会令孩子感到恐慌，从而缺乏安全感。比如：将幼小的孩子独自放在家里，孩子感到害怕时，父母却不在身边；或者直接将孩子置身于危险当中，使孩子的身体受到了伤害等。

其次，作为父母我们要尽量去做孩子心目中的"英雄"，尽量在孩子面前展示我们英勇的一面，能够在孩子感到害怕时，给他们一个坚实温暖的怀抱。父母愿意做孩子永远的"避风港"，孩子的内心就会充满安全感。

第一章
定规矩在后，了解孩子在先

一个有足够安全感的孩子，对做事情就能够表现出兴趣，对遵守规则，也能产生更多的自信心。

2. 你的规矩符合孩子的性格吗？

孔子曰："因材施教"，给孩子定规矩也要"因人而异"，因为规矩是给孩子定的，遵守方也是孩子，因此在给孩子定规矩前，我们要清楚自己的孩子属于哪一类性格。

有的孩子外向活泼，有的孩子内向安静，每个孩子都是独一无二的，都有自己的优点和缺点，有时候，即便是在同一个环境中长大的两个孩子，他们的性格也会有差异。只有充分了解了孩子的性格，才能做到在立规矩时区别对待。

表姐家有两个孩子，老大是姐姐，老二是弟弟。生老大时，表姐也是第一次当妈，所以恨不得时时将孩子捧在手心里，从孩子出生到孩子上幼儿园以前，表姐几乎没有离开过孩子，从每天早上的穿衣梳头，再到每天晚上的洗漱讲故事，表姐几乎都是亲力亲为。

即便老大已经上了幼儿园，每天早上仍旧是表姐给穿好衣服，收拾妥当一切，老大就像是一个洋娃娃，乖乖地站在那里任由妈妈摆布。老大四岁那年，表姐又怀孕了，一直到孕晚期，表姐也没有疏于对老大的照顾。后来老二生下来了，表姐才分身乏术，经常顾得了这个，顾不了那个。

而老大因为从小被妈妈照顾习惯了，所以不管做什么事情，都必须要妈妈帮助才愿意去完成，每当这个时候，表姐就不得不把老二交给家里的其他人看管。老大开始上学了，学校不但经常搞活动，还会留一些家庭作业，表姐对老二再也做不到像从前对老大那般尽心尽力了。

时常是在表姐早晨起来给老大梳头发时，三岁的老二就已经醒了，但是姐姐要上学，表姐就只能对老二说："宝宝自己穿衣服哦。"因为从两岁就开始练习自己穿衣服了，老二穿起衣服来倒也熟练，就是经常会反穿着在屋子里晃荡。真正印证了那句老话："老大精养，老二放养"。

现在两个孩子都大了，表姐发现虽然两个孩子都是从她肚子里出来的，但是在性格上却完全不同。姐姐凡事都爱寻求妈妈的帮助，如果被拒绝了，就会觉得爸爸妈妈不爱她了。但是弟弟却独立性极强，什么都爱自己干，无论是穿衣服，还是吃饭喝水，小小年纪就已经做得有模有样了。

对待不同的两个孩子，表姐在给他们制定规矩的时候，如果"一视同仁"就行不通了，同样的规矩，姐姐做不到，弟弟可以做到，而有的时候是姐姐可以做到，

第一章
定规矩在后，了解孩子在先

但弟弟却做不到。因为两个孩子的性格不同，独立性也不一样，那么针对不同性格的孩子，我们应该怎么去制定规矩呢？

▶ 对待"外向型"的孩子要"刚"

其实简单地用"外向型"和"内向型"两种形态来区别孩子，并不是十分严谨和准确，只是可以帮助我们更好地了解孩子的性格罢了。

通常来说，外向型的孩子各方面都表现得比较豪爽，没有那么多小心思，同时也更大胆一些，他们对独立性的要求也更高一些。

性格外向的孩子对世界充满着好奇心，精力格外旺盛，喜欢探索和自由，只要遇到了感兴趣的事情，他们就会大胆地去尝试。小到穿衣服穿鞋，大到独立出门，他们都想要独自尝试一番，即便是失败了，也会继续进行尝试。面对父母定下的规矩，外向的孩子配合度也会比较高，尤其是父母的期望与他们的愿望刚好契合时，他们会更加乐意去执行，并能够从中获得成就感。

这看起来似乎是不错的一面，但实际上，外向型的孩子常常很难约束住自己，愿意去执行规矩，并不代表他们可以执行得很好。大多数时候，他们都是根据自己的喜好去做事，所以经常出现结果与我们预想的不一样的情况。

因此，针对性格外向的孩子，我们在给他们制定规矩时，最好简单直接，切实可行，包括定规矩的言语，也要更加直接一些，多用"一定""必须"这样强制性较强的语言，这样才能更好地约束外向型的孩子。

比如：全家计划一起出行时，我们可以提前明确地告知孩子，在出行时需要遵守哪些规矩，他们如果做到了，我们就可以按照他们喜欢的游玩计划进行下一步；如果他们不能很好地遵守，那么游玩计划就会终止。

有了明确的规矩作为参照，外向型的孩子就会有意识地收敛自己的行为，在一次次成功履行规矩的过程当中，孩子的独立性也一步步得到了更好的发展。

❯ 对待"内向型"的孩子要"柔"

内向型的孩子与外向型的孩子相反，他们做任何事情都会有很多顾虑，表现得畏首畏尾。当需要他们独立去做一件事时，他们的内心会很抗拒，希望能够得到父母的帮助，以脱离独自行事的孤独感。一旦在做某事时遭遇了失败，他们会大受打击，很可能不愿意再继续尝试。

因此，在给内向型的孩子制定规矩时，我们首先要让孩子感受到足够的安全感，理解孩子的敏感和脆弱，并且接纳他们的种种表现。千万不要用自己的"急性子"去面对他们的慢热，更不要从言语中流露出对他们的失望之情。

比如：当我们需要孩子帮忙出去扔个垃圾时，孩子表现出害怕不愿意的样子时，我们不要说"你怎么这么胆小"这样的话，这样的话只能让孩子更加胆怯。

正确的做法是让孩子感受到来自父母的鼓励与支持，这能够让

第一章
定规矩在后，了解孩子在先

内向型的孩子更加相信自己。只要他们鼓起勇气迈出了一小步，我们就要及时地进行鼓励和肯定。给他们定的规矩，也不要太苛刻，在执行起来时最好具有一定的缓冲时间，即便是惩罚，也不能太过于严厉。

内向型的孩子很重视自己的小世界，所以对待内向的孩子就不能像对待外向型的孩子那样强硬了，要更柔和一些，才能让他们主动地去执行规矩。

⊙ 尊重孩子独立性的发展

性格是影响孩子独立性发展的重要条件，独立性又决定着孩子能不能很好地凭借着自己的意志去遵守规矩。因此，无论是外向型的孩子，还是内向型的孩子，我们都应该尊重孩子独立性的发展，这是给孩子制定规矩的前提条件。

当孩子还是婴儿的时候，他们除了吃喝拉撒睡这样的本能以外，其余做任何事情都需要依赖父母的帮助，但随着时间的推移，孩子会从成长过程中学习到各种各样的能力，这个过程也是孩子一步步脱离父母，形成独立性的过程。

这个时候，我们需要做的就是渐渐放开双手，给孩子机会和空间去成长，而不是人为地去阻止他。比如：在孩子的成长过程中，他们经常会有想要独立去做一件事情的时候，也许是自己开柜门，也许是自己去拿高处的东西，这个时候家长往往认为孩子还小，能力还不足，于是便会直接代替孩子去做这件事。可以理解父母这样做，是为了避免孩子发生危险，但其实并不是在所有的情况下，都

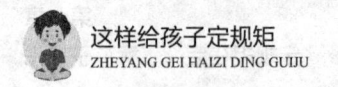

会产生对孩子的危险，要根据具体的情况去分析，这个内容我们在后面会提到。在这一节，我们就先说父母的阻止或是代劳，会给孩子造成哪些影响。

父母的每一次帮忙，孩子都会感受到一定的挫败感，次数多了，孩子会慢慢习惯这种感觉，然后变得不再愿意主动去做任何事情。可是当孩子长大后，父母又觉得孩子长大了，凡事该自己干了，所以总是要求孩子自己去做，孩子不愿意去做，就会被视为"变懒了""不听话了"，事实却是孩子的独立性已经被父母扼杀掉了。

一个缺乏独立性的孩子，就会变得没有主见，凡事都想寻求父母的帮助。所以，父母不要轻易阻碍孩子独立性的发展，要给孩子自主发展与成长的机会。

3. 你的规矩符合孩子的成长规律吗?

不同年龄的孩子，对规矩的理解程度，以及执行能力都不尽相同，在给孩子制定规矩时，你有考虑到孩子的年龄问题吗？

表姐家的两个孩子相差不到五岁。在老二还小的时候，表姐以为有了培养老大的经验，再培养起老二来，应该是轻车熟路，毫无困难可言。可是真的实施起来的时候，她才发现现实和想象之间的差距不是一般的大。

第一章
定规矩在后，了解孩子在先

就拿看电视这件事来说吧，老大到了三岁才开始接触电视和电子产品，但是到了老二这里，因为姐姐每天看电视，弟弟便早早也养成了看电视的习惯。为了不让姐弟俩沉迷于电视中，表姐制定了一个规矩，那就是每天下午五点以后可以看电视，每次看电视时间不得超过一个小时。

面对这项规矩，姐姐倒是遵守得很好，每天一到下午，姐姐就会问妈妈："妈妈，到五点了吗？"

妈妈如果说"到了"，姐姐就会立刻打开电视，等到一个小时的时候，表姐会提前提醒一下姐姐，告诉她时间到了，然后让姐姐关掉电视。但是这个规矩，在弟弟这里却不太好用。首先，弟弟根本不知道什么是下午五点，当弟弟感到无聊的时候，就会要求打开电视看。不管妈妈怎么跟他解释说："还没有到看电视的时间，现在是上午十点钟，你要等下午五点才能看电视。"弟弟统统都用哭闹来对抗妈妈。

还有关于看电视的时间，弟弟也并不知道一个小时有多长时间，妈妈每次提醒说："到时间了，要准备关电视了。"弟弟就会哭闹，不允许妈妈关电视。

后来，针对看电视这个规矩，表姐进行了适当的调整。她将"每天下午五点以后可以看电视"变为了"姐姐放学回来后，可以看电视"，然后将"可以看电视一个小时"改为"可以看三集，第三集结束后就要关掉电视"。

这样给孩子定规矩
ZHEYANG GEI HAIZI DING GUIJU

就这样一个小小的改变，弟弟竟然欣然接受了。

我们想要成功给孩子制定规矩，就要事先弄清楚孩子在不同年龄段，对规矩的接受情况。那么，针对不同年龄段的孩子，我们该怎么去制定规矩呢？

▶ 0~1岁，先学会满足孩子，不着急定规矩

很多妈妈在给孩子定规矩这件事情上，会有一个疑问，那就是孩子还小，是否有必要定规矩，毕竟还是婴童时期的孩子，给他们定规矩，就好像在"对牛弹琴"。

给孩子定规矩，自然是越早越好，但是也要考虑到孩子的实际年龄。0~1岁的宝宝，正处在建立安全感的关键时期，这个时期的孩子心理需求十分简单，就是哭的时候，希望父母能够及时满足他们的需求。

所以在这个阶段，我们不要先急着立规矩，只要尽力去满足孩子的一切需求就好，饿了就赶紧喂孩子，哭了就赶紧哄孩子，孩子感到孤单了，就赶紧抱抱孩子。不要信奉那些"哭了不抱，不哭才抱""饿了先不喂，让孩子等上一阵，延时满足孩子"的理论，这些理论其实是有悖常理的，在面对孩子的需求时，我们满足得越快，孩子的安全感就会越强烈。

安全感是给孩子定立规矩的基础和准备，孩子安全感越强，今后在定立规矩时我们就会感到越轻松。

第一章
定规矩在后，了解孩子在先

❯ 1~2岁，可以建立安全规则

有人说，孩子2岁是可怕的魔鬼般的年龄。的确，在孩子1~2岁这个阶段，常常会让我们哭笑不得。笑的是，这个年龄的孩子已经能够听懂我们所说的大部分指令；哭的是，随着孩子的动作发育，孩子的探索需求日益强烈，他们就像是一个"破坏分子"，所到之处一片狼藉，除此之外他们还喜欢把能够拿到的东西都塞进嘴里尝一尝，这些行为会让我们感到十分焦虑，并且迫不及待想要给孩子定立规矩。

其实在这个时期，孩子最主要的需求是自由探索，对此我们可以在家里做好一切防护措施，给孩子营造一个安全的探索空间，让孩子能够自由自在地进行探索。对于一些比较危险的行为，则需要用简单的指令给孩子定下规矩，比如："要得到妈妈的允许，才可以爬高高哦。"

另外，这个时期的孩子已经可以掌握一些生活技能了，因此我们可以尝试着培养孩子自己吃饭、自己收拾玩具、自己脱衣服这样简单的生活习惯。

❯ 2岁以上，抓住规则敏感期，给孩子定立规矩

孩子到了2岁左右，就进入了规则敏感期，这个时期的宝宝喜欢和大人"作对"，无论大人说什么，他们都喜欢说"不"。这或许会让我们感到很苦恼，但这却是一件好事，因为孩子的智力和自我意识都在正常发展。此时的他们以"自我"为中心，认为这个世界上的一切都是围绕着他们运转的，所以他们无法理解他人的感受。

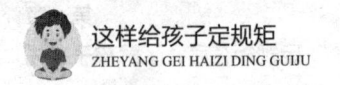

这个时候其实是给孩子定立规矩的大好机会，具体怎样定立，还需要根据不同的场景具体分析，这个在后面的章节会具体提到。这里只说两点原则，一是既要定规矩，又要鼓励孩子勇敢地去探索，自由地表达自己的情绪。比如：孩子难过的时候，我们可以跟孩子说："心里不舒服，可以哭出来。"父母的鼓励，会让孩子成为一个具有探索精神，并且乐于表达的人。二是给孩子制定明确的限制。一些可能会产生危险的行为，或是会让他人感到不愉快的行为，我们需要明确地告诉孩子"不可以这样做"，也许这些限制会让孩子感到不舒服，但是也会让孩子意识到哪些事可以做，哪些事不可以做。

▶ 3岁以上的孩子，多让孩子接触同龄人

当孩子到了3岁左右，大部分孩子都已经有了接触社会的经验，他们会有自己固定的好朋友，也会懂得如何去与人交往和玩耍。但与此同时，孩子会出现更多让我们头疼的问题，比如：跟其他小朋友抢东西、出手伤人等。

这些行为往往会被我们视为孩子没有规矩的表现，其实这是孩子在这个年龄段的正常表现，我们除了要遵循上面提到的两个原则给孩子定立规矩外，还要多给孩子营造与同龄人相处的环境。

在与其他小朋友相处的过程中，孩子会渐渐意识到，自己的哪些行为是不对的。比如：当孩子看到其他小朋友排队时，也会萌生出"我也要排队"的念头。孩子就是在与同龄人不断的冲突与磨合中，渐渐成长为一个懂礼貌的人。

第一章
定规矩在后，了解孩子在先

4. 你知道孩子为什么会破坏规矩吗？

随着孩子年龄的增长，我越发发现，给孩子定规矩，绝对不是一件轻松的事情。有时候跟孩子之间就像是"敌我双方"在谈判一样，双方各执一词，谁也不愿意做出让步，最后勉强定下的规矩，孩子还时不时表现出抵触的情绪。几乎每个给孩子定立规矩的家长都会遇到这样的问题，孩子会破坏规矩，这是我们在给孩子定规矩前，就应该做好的心理准备。

为了让孩子养成良好的学习习惯，我曾给我的孩子定下这样一项规矩，那就是"必须写完作业才能出去玩儿"。定下规矩的时候，女儿答应得很痛快，而且说这个规矩太没有挑战性了，她绝对能够遵守。

但随着学习难度的加深，作业量的增多，偶尔她就会控制不住自己。有一次，老师留了一篇作文。她写完之后我觉得她写得不太好，文中有几处句子不通顺，于是我便叫她改正之后再出去玩儿。

女儿一看这里要改，那里也要改，有些不愿意了，说："我不想改了，你又不是我们老师。"

"可是你们老师说了，作业写完以后，让家长帮忙检查。"我将老师的原话转告给她。

她只好不情不愿地改了起来,结果因为心不在焉,导致越改越错。因此,当我第二次让女儿去改的时候,她一把将作文本扔在地上,边哭边说:"哼,你总让我改,我就不改!我就不改!"

我没有理会她的眼泪,而是说:"改不完,就不要出去玩儿。"

女儿一听,生气地躺在地上,打起滚来,还一边打滚一边哭:"我都改了一遍了,你又让我改一遍,你浪费了我的时间。"

"是你自己在浪费时间,有撒泼打滚的时间,你的作业早就改完了。"女儿哭了一会儿,可能想通了我说的话,默默捡起了作业本,将作文重新写了一遍。

孩子的这种表现与他们的成长有关,因为年龄的限制,孩子的思维十分简单,做一些事情常常不会经过大脑的思考,尤其是当事情的发展没能如他们所愿时,他们的逆反情绪就会更加严重。

就像我女儿的表现一样,她的年龄和思维致使她的注意力全部集中在了"写完了作业就要出去玩儿"这件事情上,所以她无法令自己集中精力去面对改作业这件事,而我又一再逼迫她去做这件事,就会导致她情绪失控,也会导致规矩暂时无法执行下去。

其实,孩子会抗拒父母给定下的规矩,往往是由于以下几种原因。

第一章
定规矩在后，了解孩子在先

⊙ 孩子容易情绪失控

现在的孩子与过去的孩子相比，想法和主见不是一般的多，所以很多时候我们会认为孩子的情绪管理也会更强一些。但事实上，想法多有主见并不代表孩子的情绪管理能力也会很强。

当事情不能如孩子所愿时，孩子的内心就容易滋生抵触情绪，而这种情绪得不到宣泄时，孩子的情绪就容易失控，这个时候他们就会做出一些未加考虑的行为，以此来宣泄自己的情绪，至于会产生什么样的后果，他们则很少会去考虑。

而规矩的存在，就是去规范孩子的行为，让他们学会约束自己，这与他们宣泄情绪放任自己的行为是背道而驰的，所以在孩子冲动的情况下，他们就很容易做出抵触规矩的行为。

⊙ 规矩太苛刻，孩子无法遵守

对孩子寄予的希望越大，给孩子制定的规矩往往就越苛刻。而规矩太苛刻，就是孩子抵触心理产生的重要原因之一。

据一项调查显示，在许多一线城市中，有超过50%的父母要求孩子"必须争第一"，有超过90%的父母希望孩子未来能够从事高精尖职业。另一项调查显示，父母与孩子之间最明显的冲突，是来自父母的期望与孩子的愿望之间的差距。

这两项报告告诉我们什么呢？就是孩子想的和父母想的有时候并不在同一个水平上，往往父母对孩子的期望要远远高于孩子自己的愿望，"望子成龙，望女成凤"这可以说是父母对孩子一种爱的体现，但是对于孩子来说，这种带有"高压"的爱，会让他们无法承受。

弹簧越用力下压,反弹就越厉害,育儿也是如此。我们给孩子定的规矩越严苛,孩子在发现自己完成不了时,他们的反抗也就越强烈。

▶ 孩子的要求太容易得到满足

有的家长在定规矩时很严厉,但是在孩子守规矩这件事情上却极容易放松。很多孩子抵触规矩,不愿意遵守规矩,就是因为他们没有遇到过障碍,想要什么就有什么,想做什么就做什么,从来没有什么能够限制他们。

长期处在这样的环境中,孩子突然受到了制约,就会难以适应,他们不但不愿意接受规则,甚至还会发脾气。而父母由于长期无限度满足孩子,面对孩子破坏规矩的行为,常常毫无招架之力。于是,就造成了"定规矩时好定,守规矩时却守不住"的局面。

▶ 孩子故意破坏规矩

孩子抵触规矩的最后一个原因,不是孩子做不到执行规矩,而是孩子故意不照着规矩做。孩子这样做的原因有二:一方面是孩子想和父母开个玩笑,想要看一看父母脸上那愤怒、焦虑的表情,而我们越是因此而生气着急,他们就越是感到有趣,想要再试一试。另一方面,是孩子想要通过这样的方式引起父母的注意。有时候孩子表现得乖巧懂事,反而会被父母忽略,但是当孩子开始捣乱不听话时,却会引起家长的注意。所以对于一些用正常方式无法得到父母关注的孩子来说,破坏规矩倒成了吸引父母注意的好办法,哪怕这个办法的结局可能不太好。

第一章
定规矩在后，了解孩子在先

5. 你确定孩子能够做到这些规矩吗？

家长为什么想要给孩子定规矩呢？

大多数时候，都是因为孩子的某些表现没能达到家长的预期，所以希望通过定规矩让孩子有更好的成长和发展。

因此，很多家庭的规矩定得都十分严苛，家长认为规矩越严苛，孩子便越优秀。但前提是，孩子能够百分百做到这些规矩。可问题是，孩子能够做到吗？如果孩子做不到，那再好的规矩不也是摆设吗？

记得女儿三岁的时候，我带她到朋友家玩儿，朋友家的小孩儿当时正在拼图，我走过去一看，好家伙足足有五六十片的拼图，小家伙已经拼完一大半了。女儿在旁边看了一会儿，也很感兴趣，总是想要上手试一试，可是朋友家小孩儿怕她给弄坏了，便不让女儿动手。

回到家以后，女儿对我说："妈妈，我也想要拼图。"我当即就答应了下来，拼图可是好东西，不但可以锻炼孩子的专注能力，还能锻炼孩子的思考能力。在网上挑选了半天，我挑选了一款和朋友家小孩儿一样的拼图，我想女儿一定会喜欢。

刚拿到拼图的时候，女儿确实十分喜欢，但是没拼一会儿她就不想拼了，直接把"拼好"的任务扔给了我，自己跑到一边玩玩具去了。

"你这孩子，要拼图的是你，买回来不想玩的又是你。"我总是希望孩子能够做事情认真一点儿，所以忍不住批评了她。

女儿被我批评了，噘着小嘴巴又回到了我身边，这一次倒是认真拼了一会儿，可她总是拼错，被我频频纠正了一会儿后，女儿就借口说自己困了，想要睡觉，可是我把她抱到床上后，她又半天都不睡，故事书讲了一本又一本。

过了很久，女儿才迷迷糊糊睡着。我起身一边收拾拼图，一边想：为什么明明在别人家表现得十分感兴趣，真的买回来却不喜欢了呢？拼图一模一样，两个孩子的年龄也差不多，难道我家孩子跟别人家的孩子差这么多吗？

虽然这是个我不愿意接受的现实，但是也不得不接受，并不是我认为孩子能够做到，孩子就一定能够做到，也不是别人家的孩子能够做到，我的孩子也一定能够做到。

孩子的能力与我们的预期之间，其实还有一定的距离。就拿我女儿来说吧，她虽然也玩拼图，但是却是那种低阶程度拼图，最多只有十六块儿，我一下子给她买了六十多块的拼图，她自然无法适应。而朋友家的小孩儿，从小就喜欢玩拼图这类的游戏，从最简单的开始，逐步

第一章
定规矩在后，了解孩子在先

开启有难度的模式。

这样一看，倒不是女儿做事情没有耐心，而是我这个做妈妈的，没有认识到自己孩子的真实情况。同样的道理，在定规矩时也是如此，规矩还是要根据孩子的实际情况来定，不要对孩子期望过高。只有给孩子制定期望值合理的规矩，才能既符合孩子的成长规律，还不会让我们自己徒增烦恼。那么接下来的问题是，我们该如何确立合理的期望值呢？

▶ 评估孩子当下的行为

当我们制定了规矩，但是孩子又做不到时，我们就会觉得孩子不好好表现是孩子的态度问题，不是觉得孩子不够认真，就是觉得孩子不听话，或是觉得孩子没有全力以赴，但实际上孩子一直在努力，只是他们的能力还达不到我们的期望值而已。

所以，当孩子表现得让我们不太满意时，先不要给孩子扣上"态度不好"的帽子，而是要看看孩子都做了哪些事情，他是不是真的用心做了，只是做不好而已。如果他真的用心做了，那么最后的结果是什么，就不那么重要了，我们不但不能因为孩子没有做好而批评孩子，还应该肯定孩子所付出的努力，并且借这个机会引导一下孩子，让孩子可以在以后做得更好。

当然，如果孩子是真的没有用心去做，那么我们也不能轻易就放过，适当地给予孩子一些提醒，然后再给予一些鼓励和支持，帮孩子将积极性调动起来，让他们能够引起重视，多用一点儿心。

⊙ 让孩子自己制定努力的标准

我们给孩子制定规矩时,总会觉得孩子自己心里没数,不知道自己该朝着什么样的方向努力。其实,孩子虽然小,但是他们的内心也会有"我想要做到何种程度"的想法。只是,他们的标准和我们给他们制定的标准往往不在一条线上,孩子的标准往往没有我们定得高。如果让孩子严格按照我们制定的标准去做,那么他们很可能做不到,进而产生"我做不好""我做不到"这样的想法。

制定规矩的目的是为了让孩子去执行,该朝着哪个方向努力,以及努力到什么程度,还是要以孩子为主。因此在制定规矩前,我们可以跟孩子聊一聊,问问他们想要实现什么样的目标,然后根据孩子的目标去制定方向,这样孩子在执行起来时不会觉得太难,也会更有动力去做。

⊙ 认清孩子的真实能力

大部分家长看待自己的孩子,都带着很厚的"滤镜",就像《乌鸦妈妈》一样,总认为自己的孩子就是这个世界上最漂亮的孩子。但实际上,孩子可能很普通,能力也一般般,这是我们必须要去接受的事实,只有接受了这个事实,我们在给孩子定规矩的时候,才能够顺应孩子的成长规律。

定规矩的目的不是为了打压孩子的天性和打击孩子的自信心,而是为了培养孩子的自律,做事的自信心。因此,我们不要把孩子想得多么不平凡,不要逼着他们去实现过高的目标,让他们在自己的能力范围内去执行规矩。

第二章

父母先以身作则，孩子才能以身守则

无数的事实证明，父母的一言一行对孩子的成长有着巨大且深远的影响，如果父母不守规矩，那么孩子定然也不会遵守规矩。定规矩这件事，从来都不是针对孩子一个人而言的，而是需要家里的每一个人都遵守，才能发挥作用。因此，想要孩子更好地执行规矩，父母首先要以身作则。

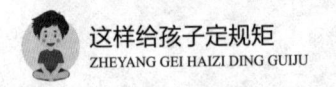

1. 父母的尊重，让孩子更愿意接纳规矩

在给孩子定立规矩前，有一点很重要，那就是父母要学会尊重孩子。在大部分中国父母的眼中，孩子是属于自己的，自己想怎么对待就怎么对待，但事实上，你的孩子是一个独立的个体，有着自己的喜好、情绪和未来，他可能跟我们想象中的孩子完全不一样。所以，为人父母，我们首先要学会尊重自己的孩子。

玲子是我见过的最"听孩子话"的妈妈，因为她竟然可以答应孩子在家里养蛇。

玲子的女儿叫瑶瑶，大约四岁左右的时候，玲子带着瑶瑶逛街，路过一家宠物店的时候，瑶瑶非要进去看看。宠物店里有很多动物，什么猫啊、狗啊、仓鼠、兔子之类的，玲子觉得都很可爱，心想：如果孩子喜欢，就买一只回家养，正好可以培养孩子的责任感和爱心。

可是令玲子没有想到的是，瑶瑶进去环视一周后，果断地向养蛇的玻璃缸走了过去，玲子当场就吓出了一身冷汗，因为她最怕蛇了。但是瑶瑶却露出十分感兴趣的样子，竟然还向宠物店的老板提出"摸一摸蛇"的请求。

宠物店老板很痛快地同意了瑶瑶的请求。掀开了上

第二章
父母先以身作则，孩子才能以身守则

面的玻璃盖后，瑶瑶伸着小手轻轻地摸了摸蛇的身体，摸到了蛇后，瑶瑶欣喜万分地跟玲子分享她的感受："妈妈，蛇身上冰凉凉的，摸起来好舒服呀。"玲子听了忍不住起了一身鸡皮疙瘩，想拉着女儿赶紧离开宠物店，可是瑶瑶却不愿意回家，她想要把那条小蛇也带走。

这可让玲子为了难，因为她真的很怕蛇，虽然宠物店老板一直强调这种小蛇性格温顺，轻易不会伤人，也没有毒，饲养比较容易，可是玲子就是感到害怕。看着女儿期待的眼神，玲子实话实说道："妈妈害怕蛇，所以……"

没等玲子说完，瑶瑶就表示她会看好小蛇，不让它从箱子里跑出来，还会给小蛇喂食和打扫。说完，就抱着玲子撒起娇来，不断地哀求她。

既然孩子都这样说了，玲子干脆就将"丑话"说在了前面，孩子想养蛇可以，但是必须遵守以下几点规矩：

①小蛇的水箱只能放在孩子自己的房间里。

②不可以将小蛇拿出来玩儿。

③必须学会如何饲养小蛇，并且不能要求妈妈帮忙。

瑶瑶仔细斟酌了一下，就同意了玲子的要求。并且在养蛇的过程中，瑶瑶真的做到了"说到做到"。因为小蛇是自己真心想要的宠物，而妈妈虽然不喜欢，还是买给了她，这让孩子感受到了来自父母的支持与尊重，为了回报这份支持与尊重，瑶瑶也会努力去遵守相关的规定。

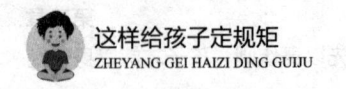

可见，孩子是喜欢被尊重的，父母对孩子的尊重，能够让孩子自尊自爱，而一个自尊自爱的孩子，对自己的要求也更加严格，对父母定下的规矩，也会更愿意去遵守。

那么在养育孩子的过程当中，我们该怎样去尊重孩子呢？

▶ 尊重孩子的个人空间

对孩子的尊重，往往体现在一些很细微的事情上，比如：进孩子房间要敲门、不乱翻孩子的东西、在孩子专注于某件事情的时候，不随意打扰他们……父母做到了充分尊重孩子的个人空间，才能给孩子机会去发展独立的人格，同时也从行动上教会孩子如何做一个懂规矩的人。

如果我们希望孩子在进门之前懂得敲门，那么我们在进入孩子的房间前就要敲门，即便是门开着，我们也应该敲下门，征得孩子允许后，我们才可以进入孩子的房间。

如果我们希望孩子不乱翻别人的东西，那么我们在收拾孩子的东西之前，就要先得到孩子同意，经过孩子允许后，我们才能着手收拾，在收拾的过程中，不要故意窥探孩子的隐私。

我们这样做，是为了教会孩子如何去尊重别人，一个进别人门不爱敲门，到了别人家随意翻动别人东西的孩子，无论如何都无法给别人留下"懂规矩"的印象。所以，不要再以为这些生活中的点点滴滴是小事了，尊重孩子就要从小事做起。

第二章
父母先以身作则，孩子才能以身守则

> **尊重孩子不是放纵孩子**

尊重孩子不同于放纵孩子，现实中，很多父母在育儿的过程中拿捏不好尊重与放纵之间的区别。错误地认为无论孩子做什么，只要是孩子想做的事情，父母选择支持就叫尊重。实际上，我们支持孩子做的事情，到底是尊重还是放纵？需要放在具体的情景中来看。

举个例子：孩子在自己家将所有的饮料都混在一起，观察颜色的变化，我们选择支持，这叫尊重；但如果孩子在别人家将所有的饮料混在一起，观察颜色的变化，我们仍旧选择支持，这就叫放纵。

对孩子的好奇心和探索欲表示支持和鼓励，允许孩子发表自己的看法，这是尊重；但如果不考虑其他人的感受，给他人带来了困扰，这就叫放纵。

给孩子自由，让他们有足够的空间成长，这是尊重；但如果孩子的自由对别人和社会造成了影响或是伤害，这就是放纵。

理解孩子的天性，不用成人的眼光挑剔孩子，判断孩子的是非，是对孩子的尊重；但是如果放任孩子养成不良的习惯，染上恶习，那就是放纵。

孩子是一个有思想、有主见、有个性的独立的人，需要得到父母的尊重，但是尊重不等同于放纵，并不意味着我们要一味地满足孩子的所有愿望，毫无约束和限制可言，这样的"尊重"只会让孩子变得任性自私，霸道专横，丝毫不知真正的尊重为何物。

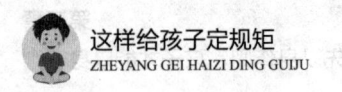

2. 夫妻之间也需要遵守规矩

在看日剧《坡道途中的家》时，有一幕令我印象深刻。

剧中的女主角名叫里沙子，原本是一名家庭主妇，虽然孩子经常让她头痛不已，但是她也勉强能够应付得来。但是一个意外打破了这种平静，那就是里沙子被选为了候补的国民参审员，虽然只是候补人员，但是也要每天去法庭聆听。

每天在法庭结束聆听后，里沙子还要匆忙赶往孩子的奶奶家接孩子，然后买上菜回家做饭。有一天，里沙子买了满满两大包东西，快到家门口的时候，女儿忽然闹脾气，非要让里沙子抱，但是里沙子已经没有多余的手来抱孩子了，在反复劝说无果后，里沙子故意对孩子说："那妈妈先回家喽。"说完，就向前走去，然后躲在一边偷偷看着孩子的反应。

孩子站在原地放声大哭，这一幕正好被下班回来的丈夫看到了，丈夫抱起女儿对着里沙子就是一通埋怨："你这是在干什么？你平时在家就是这样看孩子的吗？"

里沙子连忙向丈夫解释说："不是你想的那样，我手里拿了太多的东西，实在没有办法抱她了。但她一直在闹脾气，我只是想让她冷静一下，而且我并没有走远，

第二章
父母先以身作则，孩子才能以身守则

就躲在一边看着她呢！"

但是丈夫却并不信任里沙子，他怀疑里沙子经常这样做，还警告里沙子说，将儿童丢下是虐待儿童的表现。

而这样的场景不止一次出现，里沙子平时教女儿时，明明一切都很好，但是丈夫总是要插上一脚，还有身边的人也总是对着她指手画脚，导致女儿越来越不听她的话，有时候还会故意惹怒她，然后再去找爸爸为自己撑腰。

在现实生活中，这样的场景也并不少见：要么就是这边妈妈管孩子，那边爸爸惯孩子，妈妈说："不可以吃冰激凌。"爸爸就偏偏偷偷给孩子买来吃，还要嘱咐说："不要告诉妈妈。"要么就是爸爸管孩子，妈妈不让管。孩子犯了错，爸爸的手还没伸到孩子身上，妈妈就一把将孩子护在身后说："你要打他，就先打死我吧。"

试问，在这种情况下，孩子究竟该听谁的呢？

做任何事情都需要有一定的环境支持，给孩子定规矩也是如此。如果父母能够给孩子营造出一个和谐幸福的家庭环境，不但有利于孩子更好地遵守规定，还可以使孩子养成良好的性格。因此，夫妻之间也应该遵守一定的规矩。

▶ 不能"一个唱白脸，一个唱红脸"

李玫瑾教授曾经说过："管孩子只能有一个声音。"意思是说，在管孩子这件事情，全家人要统一战线，切不可"一个唱白脸，一个唱红脸"，这样只会让孩子感到不知所措，不知道该听谁的。等

孩子再长大一些，就会懂得"趋利避害"，谁对他的约束力更低，他就更愿意听谁的。这样不但会让其中一方失去权威，同时也会因此而影响夫妻之间的感情。

所以在育儿这件事情上，夫妻之间首先要遵守的一个规矩就是：在一方管教孩子的时候，另一方要么站在同一战线上，要么选择沉默。

如果遇到了意见不统一的时候，也不要当着孩子的面就发作出来，等孩子不在身边时，再向对方提出自己的观点和见解。只有夫妻之间在大是大非的问题上协调一致，孩子才能学会分辨是非，就如黄磊所说："再优质的教育也比不上夫妻同心，给孩子一个和睦幸福的家庭。"

▶ 不要当着孩子面争吵

家长可能想象不到，当着孩子面争吵时，会给孩子的内心留下多么大的创伤，父母也许只是宣泄自己一时的情绪，吵过之后会立刻和好如初，但是孩子却可能陷入巨大的恐慌之中，他们会认为是自己的原因导致了父母的争吵，因此产生很强的罪恶感。有的孩子还会刻意讨好父母，为的就是父母不再争吵。

一个生活在父母经常争吵的家庭中的孩子，会逐渐产生信任危机，长大后可能对建立亲密关系感到恐惧。一些父母长期感情不和，即便原本性格再开朗的孩子，也会变得沉默寡言，甚至是性情冷漠。

而反观那些在父母恩爱的环境中长大的孩子，则表现完全不同。焦俊艳曾在一期综艺节目中说自己是精神上的"富二代"，因为她从小就是爸爸妈妈之间的"电灯泡"，父母恩爱让她有足够的安全

第二章
父母先以身作则，孩子才能以身守则

感去面对这个世界，所以她从来不怕黑，无论做什么事情，内心都是坦坦荡荡的。

生活在父母恩爱的家庭中的孩子，是非常幸运的孩子，因为他们见过人世间最好的感情，所以对健康的爱拥有敏锐的嗅觉，人生的方向感就不容易出错。著名婚恋专家约翰·格雷认为：夫妻关系的好坏，直接影响到亲子关系的好坏。如果亲子关系出了问题，即便立了规矩又能起到多大的作用呢？

因此，作为成年人，我们要学会控制自己的情绪，与伴侣之间达成"君子协定"，争吵时尽量避开孩子，不要给孩子幼小的心灵造成伤害。

⊙ 不要在孩子面前抱怨彼此的父母

常言道："百善孝为先。"一个人若是连孝顺老人都做不到，那么还怎么去教孩子呢？而孝顺老人，不仅仅是指孝顺自己的父母，还包括伴侣的父母。而孝顺的内容，也不仅仅是尽到赡养义务就好，还包括不当着孩子的面，指责对方父母的不是。

现在的孩子多半是爷爷奶奶或是姥姥姥爷在带，两代之间的育儿观念难免会有所不同，年轻人觉得老人的那一套都过时了，所以希望老人事事处处都按照自己说的来办，一旦老人做得不对，那么就会对老人心生抱怨，然后再对着自己的伴侣表达出自己的种种不满。

在这种环境下耳濡目染的孩子，你觉得他会学习到什么呢？我们给孩子定下了"尊老爱幼"的规矩，让孩子不要跟大人顶嘴，但是自己却经常当着孩子的面，说孩子的爷爷奶奶做得不对，说孩子的姥姥姥爷太过于溺爱孩子，那么孩子能学会的，就是对老人越来

越刻薄，甚至对老人充满敌意。

如果对家里帮忙带孩子的老人有意见，可以跟老人私下沟通，或者是夫妻间私下沟通，不要将孩子牵扯到大人的矛盾中来，以免孩子将来变成一个不明事理、不懂尊重长辈的人。

3. 父母先管好自己，才能管好孩子

记得有一张在地铁上拍摄的照片，曾被朋友圈的许多父母转载过，照片上是正在乘坐地铁的两对母子，其中一对母子，妈妈拿着书看，孩子也拿着书看。另一对母子，妈妈拿着手机看，孩子也凑过去跟着看手机。

这一幕让我为之一颤，我们或许意识不到，自己平日里一个不经意的动作，已经深深地影响到了孩子。这也是为什么平日里我们管教孩子，孩子却总是不听话的原因，因为父母起到了很好的"带头"作用。

朋友曾经跟我提起过发生在他身上的一件事。

朋友有抽烟的习惯，妻子说了他很多次，但是他都无法抵抗烟瘾的吸引力。同时，朋友也觉得吸烟损害的是自己的健康，对其他人没有影响，所以戒不戒烟没有多大关系。

直到有一天，朋友的儿子笑笑跟小朋友一起玩过家家，笑笑负责当爸爸后，便拿起一支铅笔别在了耳朵上。

第二章
父母先以身作则,孩子才能以身守则

过了一会儿,笑笑又拿下耳朵上的铅笔,放在嘴里假装吸了一下,并做出了吐烟的动作。

朋友见状,气不打一处来,上前打掉了笑笑手中的铅笔,说道:"你怎么不学好呢?学抽烟!"被打的笑笑感到很委屈,撇着嘴说:"爸爸,你也抽烟!"

孩子的一句话,犹如一记重拳打在了朋友身上。是啊,自己还抽烟呢,又有什么资格说孩子呢?

事后,朋友说:"我们总怪孩子做得不好,其实是自己没有做好。"

的确,在育儿的道路上,父母若是不能做好榜样,孩子就很容易走上歧途。父母若是管不好自己,给孩子讲再多教育的真谛都没有用。那么,在给孩子定立规矩前,身为父母的我们,都应该从哪些方面管好自己呢?

⟩ 父母要管理好自己的一言一行

先讲一个笑话:有一个小男孩儿对着同学说了一句脏话,他爸爸听到了,上去就是一巴掌,骂道:"你个小兔崽子,谁让你说脏话的?"

是啊,究竟是谁让小男孩儿说脏话的呢?答案昭然若揭。如果我们留心观察就会发现,那些满嘴污言秽语的孩子背后,都站着一个把脏话挂在嘴边的爸爸或妈妈。相反,每一个谈吐优雅的孩子背后,站着的都是一个说话举止彬彬有礼的父母。

著名相声演员郭德纲和他的儿子郭麒麟就是这方面最好的例子,无论是谁接触过郭麒麟,都要忍不住夸上一句"有教养"。而

郭麒麟待人接物、说话办事那谦卑有礼的样子，都是郭德纲言传身教的结果。

郭德纲个人的规矩素养，有很大部分来自家庭氛围的熏陶。他从来不说一个脏字，对待长辈永远是毕恭毕敬的样子。正是在父亲的教育之下，郭麒麟才能成为行走的礼仪教科书。

所以，父母首先要管理好自己的一言一行，孩子才能有样学样，并且面对父母定下的规矩时，才会愿意自觉地去遵守。

▶ 父母要管理好自己的情绪

在给孩子制定规矩的时候，父母的情绪尤为重要。因为一个不能控制自己情绪的家长，也无法培养出深明事理、不骄不躁的孩子。

我们在面对不守规矩的孩子时，常常不能控制自己的情绪，轻则训斥，重则打骂。在这个过程中，孩子除了全面吸收来自于父母的负面情绪外，唯一能够学会的，可能就是在面对自己不如意的事情时，用发脾气的方式来解决吧。

可以说，每一个孩子都需要情绪稳定的父母，就算是他们做错了事情，也不会对他们大呼小叫，而是能够平心静气地与他们好好谈，这样孩子才能拥有好的性格，在面对父母定下的规矩时，才不会产生叛逆的心理。

胡适曾经说过："如果我学得了一丝一毫的好脾气，如果我学到了一点点待人接物的和气，如果我能宽恕人、体谅人——我都得感谢我的慈母。"胡适是出了名的好脾气，而他的好脾气就来源他妈妈的榜样作用。

第二章
父母先以身作则，孩子才能以身守则

▷ 父母要管好自己的欲望

人会管不住自己，往往都是内心的欲望在作祟。父母若是无法控制自己的欲望，一味地放纵自己，那么就无法培养孩子的自律。如果父母在想玩游戏的时候，就玩游戏，想睡懒觉的时候，就睡懒觉，完全释放自己的欲望，那孩子向谁去学习自律呢？

而我们给孩子定立规矩，其实就是通过规矩培养孩子的自律能力。每一个孩子都是天生的模仿者，父母想要孩子能够遵守规矩，能够控制住自己的欲望，首先就要做到管好自己的欲望。正人先正己，管孩子也是一样，只有父母管好了自己，才有资格去管孩子。

4. 父母要先在规矩里成长

父母给孩子定规矩之前，首先要确定一件事，那就是规矩不仅仅是给孩子定的，父母也同样需要遵守规矩。身边很多小孩子无法遵守规矩，我发现大多是因为他们的父母就没办法说到做到。

邻居家的小孩儿楠楠与我女儿一般大，是一个十分淘气的小男孩儿，同时也是楠楠妈妈口中"一刻也离不开手机"的孩子。

为了控制楠楠玩手机的时间，楠楠妈妈要求楠楠每次只能玩儿半个小时，然后休息一个小时。对于楠楠来说，能玩儿手机就比不能玩儿强，于是答应了妈妈要求。

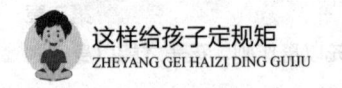

起初，妈妈为了给楠楠做榜样，也尽量缩短自己在孩子面前看手机的时间，除了必要的工作和生活所需，楠楠妈妈尽量不去看手机。但是坚持了没几天，楠楠妈妈就有些坚持不下去了，尤其是在无事可做的时候，就想打开手机看看小视频，或是看个小说。

有一次，楠楠妈妈刷小视频刷上了瘾，不知不觉一个多小时就过去了，楠楠站在一旁说："妈妈，你都看了好久手机了。"

楠楠妈妈头也不抬地说："儿子，你有什么事吗？"

楠楠说："你只让我看半个小时，你自己却看起来没完没了。"

楠楠妈妈一听，生气了，说道："我是大人，我看手机还得让你管着呀？"

楠楠没有再说什么，之后却不愿意再遵守妈妈之前定下的规矩，他说："凭什么大人就可以不用守规矩，但自己就必须守规矩？"

父母是孩子的第一任老师，在孩子年幼时期，接触最多的人就是我们，所谓"上行下效"，意思就是说，孩子在模仿父母的行为，所以父母立下规矩，自己就要带头执行，这样孩子才有学习的榜样。父母以实际行动做出的规矩，比写在纸上、说在嘴上的规矩更有说服力。

相反，家长没有原则和规则的时候，也很难教育好自己的孩子。因为孩子知道自己的父母是没有底线和原则的，所以孩子可以随意打破家长定下的规矩。

第二章
父母先以身作则，孩子才能以身守则

那么，在给孩子定规矩的过程中，我们应该怎么带头遵守规则呢？

❯ 身教重于言传

古训有言"身教胜于言教"，这是我国传统家教的重要经验。但是在给孩子定规矩时，大部分家长都只停留在"口头传达"上。

孩子回了家，父母会说："赶紧去学习。"但是孩子到底有没有去学习？父母却懒得去看一眼；让孩子晚上不超过九点上床睡觉，但是自己却时常熬夜追剧；不准孩子玩电子游戏，但是自己却打游戏打得忘乎所以……

父母一边做着破坏规矩的事情，一边却又要孩子必须遵守规矩，这不但不会让孩子学会如何去遵守规矩，还会让孩子的心理产生问题，那就是长大了就可以不守规矩了，父母不在身边监督了，就可以放纵自己了。正人先正己，想让孩子做一个遵守规矩的好孩子，我们首先就要做个带头遵守规矩的好父母。

❯ 别只要求孩子，不要求自己

常言道："严以律己，宽以待人。"但是在给孩子定规矩的过程中，家长们往往都是"宽以律己，严以待人"，什么意思呢？就是对自己的要求很宽松，却要求孩子必须按照规矩去办。或者是自己都做不到，却要求孩子必须做到。

那么作为孩子而言，他心里就要不服气了，凭什么爸爸妈妈可以随便破坏规矩？自己就要被约束？不要拿"爸爸妈妈已经是大人"这样的话语来压制孩子，约束孩子主要靠规则，而不是靠父母的威

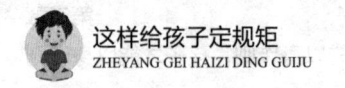

严。换句话说，一个带头破坏规矩的父母，在孩子心中，也没有什么威信可言。

所以，我们在给孩子制定规矩的时候，不要只要求孩子不要求自己，要重视起来自己在孩子面前榜样的力量，凡是我们要求孩子必须做到的准则和规矩，我们必须要比孩子先做到；我们要求孩子做好的事情，要比孩子做得更好。这样孩子才能对我们心服口服，对我们制定的规矩，也不会充满排斥的情绪。

▶ 父母要言行一致

对于孩子而言，最难过的事就是父母言行不一，因为父母是他们最信任的人。如果父母在孩子面前"说一套做一套"，那孩子对父母就会渐渐失去信任。因此，在生活的方方面面中，父母要注意言行一致，在给孩子定规矩时，父母也要做到言行一致。

比如：某项规则无法执行，或者不能持续执行，我们说了"不要执行了"，就真的不要再去执行了。不要因为一时生气说出气愤失望的话语，但是回过头来想想，又觉得不行，于是将自己之前的结论再次推翻，次数多了，我们的话对孩子就失去了约束的效力。

如果确实有不可抗拒的因素导致我们无法"说到做到"，那么我们就要在事后认真地跟孩子解释其中的缘由，取得孩子的理解。

只有父母"说话算话"，亲子之间才会建立起信任和尊重的纽带，为下一步执行规矩奠定下良好的基础。

第二章
父母先以身作则，孩子才能以身守则

5. 给孩子树立起"知错就改"的榜样

榜样的力量是无穷的，父母的言行无时无刻不在影响着孩子的成长。英国教育家洛克主张，在教育孩子时，与其让孩子记住规则，还不如给他树立榜样。这"榜样的力量"里，就包括"知错就改"。

电视剧《小欢喜》热播时，我和爱人每天都守在电视机旁准时观看，电视剧中的几组家庭各有各的特点，每个家庭都能从上面找到自己家的影子。

记得有一集中，身为高官的季爸爸在和儿子争吵过后，主动放下身段，当着众人的面给儿子赔礼道歉，承认了自己的错误，平时性格冷漠的儿子在那一刻被爸爸感动了，颤抖着身体，眼泪止不住地流淌下来，对父亲积攒了多年的怨恨，在那一刻全部释怀了。

看到这里，我的爱人抹了抹眼睛，我还笑话他"大男人还哭鼻子"，后来他给我讲了他小时候的一件事。有一次，他跟同学在学校打架，原因是那个同学先出口伤人，他实在气不过才推了那个孩子一把，结果那个孩子上来就跟他扭打在了一起。

事情被老师反映到父亲那里时，就变成了他寻衅滋事，主动挑衅的那名同学却成了无辜的受害者。父亲当

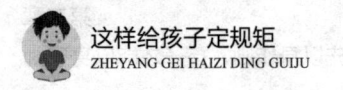

场要求他道歉，他死活不愿意，父亲气急之下，给了他一巴掌，他哭着离开了学校。

后来父亲碰到了他的同班同学，通过同班同学的阐述，知道了事情的真相，父亲知道自己冤枉了他，但是在看到他的那一刻，也没有向他道歉，而是继续埋怨他说："我怎么就生了你这么个不争气的东西，成天就知道给我找事。"

爱人说，那一刻他想到了死，真的很想死在父亲的面前，就看看他会不会后悔，会不会跟自己道歉。

听完爱人的叙述，我无法再笑话他。他接着说，在教育孩子的问题上，他特别佩服我的一点就是我能够很坦诚地跟孩子道歉，从来不会顾及自己的面子问题。我想：这可能跟我自身的成长经历有关。

我的父母都是比较开明的人。我也忘了自己具体是几岁，只记得当时父亲带我经过一条路，我们同时指着路牌上的字念，但是我跟父亲念的读音却完全不同，我坚持说自己是对的，但是父亲当时说："我一个大人还没你一个孩子识字多吗？"

我很不服气，觉得父亲有些蛮横。但是隔了一天后，我放学一进家，就看到父亲站在门口等我，见到我的第一句话就是："宝贝女儿对不起，爸爸得向你承认错误，那天那个字确实是你念对了，我错了。"

当时被父亲训斥得不快我早就已经忘记了，但是父亲居然还为此去查字典，知道自己错了后，还郑重其事

第二章
父母先以身作则，孩子才能以身守则

地向我道歉的场面，令我至今难忘。

从那以后，我就知道了懂得示弱，主动道歉的父母，不仅给孩子树立起了知错就改的榜样，同时也能赢得孩子真正的尊重。

那么在现实生活中，我们怎样给孩子树立起一个"做错能改"的良好形象呢？

▶ 放下面子，主动承认错误

人非圣贤，孰能无过。知错就改，善莫大焉。人生在世几乎没有不犯错的，但犯了错，就要有勇气去承认并改正错误。但现实中，很多父母犯了错误不愿意在孩子面前承认，因为在他们眼中，孩子还小，什么都不懂，道不道歉都没有区别。

但实际上，孩子虽然年龄小，但是心里的感受却清楚得很，父母做了什么让他们感到委屈，父母又做了什么让他们感到释怀，他们都会记在心里。而孩子都十分善于模仿，很多孩子长大以后犯了错却不愿意承认，跟父母从来不愿意主动跟他们道歉有很大的关系。

因此，我们若做错了事，就要敢于在孩子面前承认错误。让孩子知道什么是对的，什么是错的，错了以后该怎样去做。

▶ 态度真诚地道歉

很多父母在跟孩子交流时，都是以居高临下的姿态进行，习惯了这种姿态后，在给孩子道歉时也是这样。

我曾经在公园看到过这样一幕：父子俩面对面站着，孩子低着头，父亲也低着头。父亲说："爸爸错了，你别生气了，我们赶紧回家吧。"孩子仍旧低着头，不为所动，父亲又说了什么，孩子还是无动于衷，父亲便一把拉过孩子，在孩子的哭闹声中，硬是将孩子塞进了车后座里。

这个父亲全程没有蹲下来看着孩子的眼睛说话，一直都是高高在上的态度，从道歉的话语中听不到一丝真诚的情感，反而让我这个外人听来，更像是父亲急着回家，不得不用道歉的方式让孩子屈服于他。

给孩子道歉，要学会蹲下来，看着孩子的眼睛进行，这样我们才能看到孩子眼中的委屈是否消失了，也只有这样，孩子才能感受到来自父母真诚的歉意。

◎ 不但知错，还要改错

有的家长很有意思，批评孩子时常说孩子"屡教不改"，但其实自己也是个"屡教不改"的典型。其实认错不难，一句"对不起"而已，才短短三个字，难的是知错后能改正。之前有一个妈妈，因为逛街忘记了时间，导致孩子在幼儿园滞留了一个多小时。见到孩子后，她很真诚地跟孩子说："宝贝对不起，妈妈迟到了，下次妈妈一定注意。"孩子听了，很大度地原谅了妈妈。

结果下一次，这个妈妈又因为其他事情，将接孩子的事情抛到了脑后。这一次，她再向孩子道歉，孩子却不再轻易原谅了，孩子说："你上次就说不会再迟到了，结果又迟到了，我不相信你了。"

我们跟孩子道歉，目的并不仅仅是征求孩子的原谅，也不仅仅是疏导孩子的情绪，更重要的是我们能够真正认识到自己的错误，并且以后不再犯了。同时，也让孩子知道这个道理，道歉的目的除了求得原谅外，还警示自己不要再犯同样的错误。

第三章

制定规矩的五项原则

父母给孩子制定规矩的最终目的，是为了规矩能够顺利地实施下去，很多规矩无法贯彻实施下去，原因就在于父母缺少切实可行的方式，要么规矩定得有问题，要么执行过程不讲究方式。所以规矩不是想怎么定就怎么定，而是要讲究实用性和科学性，既让孩子能够好好地遵守规矩，又不会因为规矩而影响孩子的天性发展。

1. 原则一：规矩要简单易懂

孩子真实的理解能力与大人所认为的情况之间，还存在着很大的一段距离，有时候，孩子"不听话"的表现，并不是他们不想听话，而是他们根本没有听懂父母的话。

天底下的小孩儿可能都有一个爱好，那就是走路的时候喜欢踩着又窄又长的"马路牙子"。记得有一次，我在街上也看到了一个大约三四岁的小女孩儿，只见她一会儿在马路上跑两步，一会儿又踩上"马路牙子"摇摇晃晃地走几步。她妈妈一边扶上扶下，一边忍不住问道："你能不能好好走路呀？"

每次妈妈这么说的时候，小女孩儿都会很认真地看妈妈一眼，然后点点头，但不一会儿似乎就将妈妈的话忘了，继续走走路面，走走"马路牙子"……她妈妈在一边不住地叹气，继续重复着自己的那句"好好走路"。

后来，孩子的妈妈电话响了，妈妈便将注意力放在了接电话上，孩子独自一人上了"马路牙子"，摇摇晃晃地走着，忽然一只脚没有踩稳，整个人摔进了旁边的花坛里，被树枝刮伤了脸，"哇哇"大哭起来，孩子妈妈连忙挂了电话，将孩子抱了起来，检查了一下并无大

第三章
制定规矩的五项原则

碍后,妈妈说道:"妈妈让你好好走路,好好走路,你就是不听话,你看这下摔倒了吧。下次你还这样走路吗?"但回答孩子妈妈的只有孩子一声高过一声的哭泣。

孩子真的不听话吗?并不是这样的,而是孩子并没有理解妈妈口中的"好好走路"究竟是怎样走路。就像我们平时对孩子经常说"你要乖一点儿",但是"乖"的含义太广泛了,究竟怎样才算乖?我们对孩子说"你要认真学习",但是"认真"这个词太抽象了,何为"认真"?这些概念在孩子心中都没有明确的答案,再加上孩子年龄所限,他们很多时候不知道该如何表达自己的疑惑,只能选择"不听话"。

同样,如果我们给孩子定规矩时的语言不够明确,那么就会影响孩子对规矩的理解,若是孩子连规矩究竟规定了什么都没有理解,又怎么能准确无误地执行规矩呢?下面这几个小技巧,能够帮助我们把规矩说得更简单,更直接,让孩子一听就懂。

⊙ 用简单的逻辑代替复杂的规矩

我们给孩子定下的规矩,通常都是针对一些具体的场景来说的。孩子在幼儿时期,他们的思维都非常简单,当遇到比较复杂的情况时,孩子就会反应不过来,因为他们发现同一个规矩,在不同的场景里,执行起来会有不同。

比如:我们经常会跟孩子说:"不可以爬高哦!"但是这个规矩在不同的场景里,实施的过程会有所改变。如果是爸爸妈妈在看

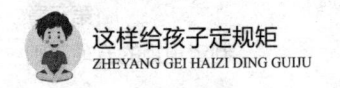

孩子，对于孩子爬一些比较高的地方，父母具有保护的能力，所以就会支持孩子向上爬；但是如果是爷爷奶奶看孩子，由于爷爷奶奶岁数大了，体力跟不上，所以对孩子往高处爬这件事，往往都会采取制止的态度。

所以问题就来了，孩子就会奇怪，为什么有时候可以爬？有时候不可以爬呢？

我们要是想将能不能爬高的各种情况都跟孩子说清楚，以孩子的思维能力是根本无法理解和记住的，这个时候，我们就可以用简单的"在你想要干某事的时候，要先跟家里大人说，大人同意了，才可以进行"这样的逻辑来定立规矩。

对于其他一些比较复杂的情况，也可以用"做某事之前，先让大人知道"的方法来给孩子定规矩，这样孩子既可以很好地执行规矩，也能够在安全的范围内进行探索。

❯ 巧用肢体语言

比起话语，肢体语言的优势十分明显，那就是更为直观，更为简单。而且孩子十分喜欢用肢体语言，因为这样比通过组织语言表达内心情感简单多了。如果我们在给孩子定规矩的过程中使用肢体语言，会进一步拉近与孩子之间的距离，降低孩子对规矩的排斥感。

比如：我们想要跟孩子说"不可以"的时候，除了通过语言表达，可以将两根食指交叉，摆出"禁止"的手势。这样做的好处有很多，一来可以避免我们因为多次重复规矩而失去耐心，可以减少我们唠叨和发火的次数；二来，如果是在公众场合，或是我们心情不太好的时候，用肢体语言可以避免我们大声地吼孩子。

第三章
制定规矩的五项原则

很多时候，我们跟孩子说好多遍"不可以"时，孩子都置若罔闻，但是如果我们做出"禁止"的手势时，孩子就会奇迹般地停下来。究其原因，在于孩子可能更喜欢父母用温和的态度对待他们。

不过，这个方法只适用于我们传递比较简短的指令，尤其是对于禁止类的规矩会非常有用。

▶ 帮助孩子表达

在给孩子定立规矩的过程中，我们会遇到孩子故意不回应我们的时候，其实，并不是孩子不想回应，而是他们的表达能力还没有发展完全。

大部分孩子差不多要到四五岁，才能够做到很好地表达自己，在此之前，孩子想要表达清楚一件事，或是将自己内心的想法表达出来，对他们而言，可不是一件简单的事情。尤其是遇到要拒绝父母这种复杂的情况时，他们不懂得如何为自己辩解，只会用简单的"不"，或是哭闹，或是不回应这样的方式来应对。

因此，当我们遇到孩子不回应的情况时，我们就可以先猜一猜孩子究竟想干什么，然后替他们将内心的想法表达出来。

比如：我们跟孩子说："宝贝，我们出去玩吧。"孩子听了，既不说"好"，也不说"不好"，只是低头摆弄着手中的玩具，那就说明他们可能并不想出去，这个时候我们就可以将他们的内心想法替他们说出来："宝贝，你是不是想在家里玩玩具，不想出去玩呀？"

如果我们猜对了，孩子就会感到很高兴，因为他们感受到了来自父母的爱与理解，我们也建立起了和孩子之间的情感链接，为我们接下来与孩子沟通提供了方便。同时，孩子通过我们替他们表达的话语，学习到了自己该怎样表达。

> **将抽象的规矩具体化**

很多父母在定规矩时，喜欢用一些量词来约束孩子的行为，比如：只可以看15分钟的电视、不能吃太多冰激凌……像这种表示时间、长度、多少的词语，在孩子眼中都属于"抽象"的词语，尤其是年龄较小的孩子，他们是没办法理解这些概念的。

更好的办法是，我们将这些抽象的概念变成孩子可以看得见、摸得着的东西。比如：只可以看15分钟电视这件事，我们可以拿出一个表，对着孩子说："当长针走到这个位置上，就不能看电视了。"也可以准备一个沙漏，告诉孩子："等上面的沙子都漏完了，就不可以看电视了。"

用这样的方法，可以大大减少我们和孩子之间因为规矩的定义而产生争执，也能够帮助孩子更好地执行规矩。

2. 原则二：自由与规矩并行

我母亲常常跟我感叹："现在养个孩子太难了，过去让孩子吃饱穿暖就可以了，家里四五个孩子，大人哪里看得过来，都是大的看小的，也都好好地长大了。现在呢，家里就一两个孩子，能把一屋子大人支使得团团转。"

母亲这话真没错，现在的家庭越来越重视对孩子的教育

第三章
制定规矩的五项原则

问题了。因为重视,所以面临的问题也会更多,这是一个"孩子难,家长更难"的年代,孩子要成长要发展,父母要约束要管教,这之间如何做到"平衡",就成了一大难题。

有的家长认为不应该过多地约束孩子,尤其是六岁以前的孩子,正处在探索发展的关键期,因此要给予孩子探索发展的自由;而有的家长认为"小树不修不直溜",规矩就要在孩子小时候制定,这样孩子才能按照大人期许的方向发展。

于是这就形成了两个极端,有的家长认为孩子还小呢,要给予孩子更多自由成长的空间。现实中有多少孩子就被父母这句"他还是个孩子"给害了呢?比如:在火锅店将其他顾客的手机扔进汤汁中的小孩儿,也被父母说"只是个孩子";还有被吊销了驾驶证,但为了挣钱使用假证件违法运输,被交警查获的31岁青年,依旧被父母说"他还是个孩子"……

自古"慈母多败儿",如果父母认为不管孩子做什么,都选择维护和支持,就是给予孩子自由成长的权利,那就大错特错了。如果孩子从小没有规则意识,最终会在走入社会以后吃苦头。

相反,如果父母给孩子规定的"条条框框"太多了,同样也不利于孩子成长。我有一个朋友,十分爱干净,她无法忍受家中有一丝丝脏乱。有孩子的家庭都知道,有孩子的家里怎么可能不脏不乱呢?

于是,朋友为了维护家庭的整洁,从孩子开始爬行之后,就在家里装了一个围栏,只允许孩子在围栏内活

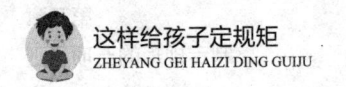

动和玩耍,任何玩具都不可以拿到围栏外。孩子如果想要在屋子里玩耍,那就只能在指定的屋子里进行,其余的屋子里,绝不可以乱翻乱动。有一次,孩子淘气在墙上画了一个圆,就被她用"戒尺"打了手板儿。

结果是,朋友的家中确实整洁地一尘不染,任谁看了都不像是家中有孩子的家庭。但是孩子却是出了名的胆小怕事,在幼儿园里,无论干什么,永远都是躲在角落里的一个,就连上厕所这样的小事,都不敢跟老师说。

幼儿的胆量和认知,都是靠着在生活中不断的"摸索"建立起来的,如果父母硬生生地阻断了孩子的探索,那么就相当于切断了他们认识环境的途径,一个对外界缺乏了解和认知的孩子,自然就会变得越来越胆怯了。

这就是给孩子定规矩最难的地方,如何既约束孩子的行为,又不影响孩子对这个世界的探索呢?规矩定得太松,约束力就不够,无法很好地规范孩子的行为;规矩定得太紧,又容易阻碍孩子的正常成长,使孩子变得自卑胆小,缺乏主见和自信。

那么,我们怎么做才能让规矩定得"松紧有度",既不松也不紧呢?

▶ 用替代法满足孩子的内心需求

孩子的大部分行为都是被他们内心的需求所驱使的,比如:口欲期的孩子喜欢将拿到的东西往嘴里放,肚子饿的孩子想要吃零食等。这个时候,如果我们严厉地制止孩子,跟孩子说:"不可以把

第三章
制定规矩的五项原则

东西放嘴里。"或是说:"不可以吃零食。"孩子内心的需求无法得到满足,他们就会觉得很难受。

其实,面对这种情况,我们也不是只有"制止"这一个办法可以用,如果我们无法直接满足孩子的心理需求,那么可以通过"间接"的方式来满足。

就拿孩子口欲期喜欢往嘴里放东西这件事情来说吧,我们可以给孩子准备一些可以随便啃咬的东西,比如:磨牙棒、牙胶等物品。在孩子将地上捡起来的玩具放进嘴里时,我们就可以将准备好的磨牙棒给孩子,跟孩子说:"地上捡起来的玩具不可以放进嘴里哦,但你可以将这个玩具放进嘴里。"

再比如孩子吃零食这件事,孩子胃口小活动量大,往往吃完饭没多一会儿,他们的小肚子就会有饥饿感,可能就会吵着要吃零食。这个时候,我们可以提出"我们吃点坚果好吗"的建议,或者将零食换成孩子比较爱吃的水果,这样就可以既保证孩子果腹,又避免孩子吃过多零食。

▶ 不要给孩子提供太多选择

如果我们希望通过规矩让孩子养成良好的习惯,但是又不希望遭遇到孩子强烈的反抗时,就可以给孩子提供一些选择,但是要将选择的范围缩小到可以控制的范围。

比如:带孩子到玩具店,如果我们问孩子:"你想要什么呀?"那孩子的选择可能就会超出我们的预期。但如果我们问:"你是想要变形金刚,还是想要遥控汽车?"那孩子的答案,往往就会被限制在我们的问题当中。

给孩子提供有限的选项，可以在我们控制的范围内，让孩子体会到自由抉择的快感，既满足了孩子的需求，也不至于对孩子的管教过于宽松。

▶ 给予孩子规矩的安全感

在给孩子定规矩时，我们常会遇到这样的难题，就是孩子特别喜欢某样东西，但是我们又必须去限制他们，比如：吃糖、看电视等。

有限制就可能会遇到反抗，而孩子的反抗，多半是因为他们怕"过了这个村就没有这个店儿"了，在这样的心理驱使下，我们若是直接制止孩子说"不可以"，那孩子多半会反抗。所以，我们要让孩子对规矩产生信赖，让他们相信，如果遵守规矩，那么第二天依旧可以得到自己想要的东西，那么他们就会比较愿意遵守规矩了。

就拿吃糖这件事情来说，如果我们给孩子规定了"每天只能吃两颗糖"，那么当孩子开始耍赖的时候，我们就可以说："明天你还可以再吃两颗。"那么到了第二天，我们一定要说话算数，按照约定好的时间和数量，将糖给孩子。当孩子建立起规矩的安全感时，那么他就比较愿意去遵守规矩了。

3. 原则三：忽略与强化同在

演员孙俪曾在网上发了这样一条微博，内容是：

"昨晚在餐厅吃饭，两个孩子，我叫了八百遍先去

第三章
制定规矩的五项原则

洗手，没人理我……我心想：随便他们去，脏手吃了拉肚子，生病，有了后果得了教训，这样他们可能永远都不会忘记了……没出10秒……我又想，不对呀，现在流感那么厉害，万一中招了，还不是羊毛出在羊身上，最终都是我自己的事情呀……然后，我又叫了八百遍催他们去洗手了。"

这一幕是多么的熟悉，相信在很多家庭都无数次地上演过，有时候因为这么小小一个规矩，还会跟孩子闹得家里鸡飞狗跳。洗手这么简单的规矩，尚且都要花费半天的力气，那复杂的规矩执行起来，就更加不容易了。

其实，给孩子立规矩的过程可以更加温和一些，大可不必与孩子之间搞成"剑拔弩张"的境地。很多时候问题并没有多么严重，而是"世上本无事，庸人自扰之"，定规矩也是这样，面对孩子做得不好的地方，有时候并没有必要着急生气，只是我们自己给自己找不痛快罢了。有时候，有选择性的忽略孩子的一些行为，可以让亲子之间的关系缓和下来，这样更有利于规矩的执行。

对此，有的家长可能会担心，我们选择忽视，会不会让孩子变本加厉，或是觉得自己不受重视呢？答案是不会，因为我们并不是忽视所有，对孩子做得好的地方，我们还要及时地肯定和鼓励。

下面，我们就分别来说一说，孩子身上有哪些行为可以被忽略，以及如何去强化孩子身上好的行为。先来说说在孩子身上有哪些行为可以被忽略。

> 安全的行为

孩子身上的一些行为，对孩子本人而言并不会造成伤害，但是却总是被父母屡屡禁止，比如：玩泥巴、抠脚丫这样的行为，在父母看来，玩泥巴太脏了，抠脚丫不雅观，所以每当孩子出现这些行为的时候，家长就会立刻出言制止。

但实际上，这些行为都是孩子源于那旺盛的好奇心和探索的需求，父母越是禁止，孩子的需求就越是得不到满足，反而不利于他们成长。因此，只要是那些对孩子自己和他人不会造成伤害的安全行为，我们就可以选择忽略，不要跟孩子斤斤计较。

> 偶然的行为

有一些行为不常在孩子身上出现，但是偶尔出现一次，父母就对此过度反应，而孩子会因为自己这个行为得到了父母的关注，所以以前只是偶尔出现的行为，后来就出现得越来越频繁了。

因此，对于孩子偶尔出现一次的行为，我们没必要引起太大的重视，这可能仅仅是孩子一次突发奇想的尝试，又或者是他们只是在当时觉得这样做很有趣，如果我们选择了忽视，他们可能过了这一阵就忘记了。

不过这并不代表对于孩子偶尔出现的问题，我们完全不去管，只是说不用大动干戈，而是用"你这样做会更好"的方式来帮助孩子改正。

比如：我们已经给孩子定下了"垃圾丢到垃圾桶"的规矩，孩子也会遵守，只是偶尔会出现把垃圾扔在地上的行为，这个时候，我们就可以当着孩子的面，将垃圾丢在垃圾桶里。整个过程，动作表情可以尽可能夸张一些。事实证明，很多孩子看到家长这个行为后，都会主动将自己的垃圾捡起来，然后扔到垃圾桶里。

第三章
制定规矩的五项原则

> **求安慰的行为**

当孩子想要得到父母的关注时,他们也会出现一些偶然的行为,比如:在你打电话的时候,故意跑到你身边,又吵又闹。孩子也知道这样会被父母责骂,但是对他们而言,被关注的需求比被父母骂还要迫切和重要,所以他们宁愿被父母骂,也要"铤而走险"来博得我们的关注。

对于孩子的这种行为,我们如果可以放下手中的事情暂时满足一下他们,那么就满足一下他们;如果无法做到当下就满足他们,那么就可以选择忽视他们的行为,或者自己换个房间继续做自己的事情,或是假装看不见他们的行为就好。

接下来,我们再说一说如何去强化孩子身上好的行为。想要强化孩子好的行为很简单,肯定和鼓励就可以了,具体的内容我们可以这样去说:

> **"我看到……,你真棒!"**

当孩子根据我们的示范,将规矩执行得很好时,我们就可以首先将孩子所做出的行为说出来,然后再对孩子进行肯定。

比如:"妈妈看到你将垃圾扔到垃圾桶了,你真棒!"

前半部分描述了孩子的行为,可以让孩子加深对这个行为的印象,知道父母认可自己这样的行为,后半句对孩子的鼓励,可以让孩子将这种肯定转化为再一次做这件事的动力。

> **"你做了……,是一个……的孩子。"**

相对于上一个句式,这个句式有一些复杂,属于上一个句式的升级版，当我们觉得孩子做得不错时，就可以说："我看到你将垃圾扔进垃圾桶了，你真是一个爱干净的好孩子。"

这样说可以让孩子知道他做这件事情的意义，将垃圾扔进垃圾桶是爱干净的表现，孩子很愿意贴上这种正面积极的"标签"，这会让他们更愿意继续这样做下去。

> "我相信……"

当孩子不愿意做某事，或是第一次做某事时，总是会表现出抗拒的心理，这个时候我们就可以表达我们对孩子的信任，来增强孩子的自信心。比如：孩子不愿意将垃圾扔进垃圾桶，我们就可以说："你是一个爱干净的好孩子，妈妈相信你会将垃圾扔进垃圾桶的。"

这样说可以帮助孩子勇敢地迈出第一步，从而继续向更好的方向走去。如果孩子是第一次做某事，那么我们不但要在口头上对孩子进行鼓励，还要在行为上帮助他们完成，比如：孩子第一次自己上卫生间，可能会有点儿害怕，这个时候我们就要陪着孩子一起走到卫生间门口，然后在卫生间门口等着他们。父母对孩子的信任，可以让孩子变得更加自信，更愿意主动去探索和尝试，最终成为一个独立自主的人。

4. 原则四：事先制定惩罚制度

到底能不能惩罚孩子？这是一个十分具有争议的话题。在我的孩子还小的时候，我是坚决反对惩罚孩子的

第三章
制定规矩的五项原则

一派,孩子那么可爱,怎么忍心惩罚他们呢?后来随着孩子的成长,叛逆期的到来,我时常被孩子气得血压飙升,那个时候才发现,不惩罚不行,尤其是对于定规矩这件事情来说,一个不需要孩子承担相应后果的规矩,就像是一张没有规定还款日期与利息的借款条,不具备任何约束效力。

我女儿刚上一年级的时候,没有什么时间观念,每天早晨起床后,无论做什么事情都是磨磨蹭蹭的。几乎每天早晨,都是在我一声又一声的催促中完成穿衣、洗脸、刷牙、吃早餐这一系列的事情。有时候我在一旁着急上火,人家还是一副气定神闲的样子,真是"皇帝不急太监急"。

有一次,我实在被逼得没有办法,便横下心对孩子爸爸说:"你走吧,今天就让她迟到一天,否则她永远不知道着急。"

孩子爸一听,有些为难,问道:"万一老师批评她怎么办?咱闺女脸皮薄。"

这何尝不是我担心的问题呢?但是如果不让她体会到后果的严重性,那么她什么时候才能重视起这件事呢?最后,等我们到了学校门口时,除了看门的老大爷,已经一个人影都没有了。

"咦?怎么没有人了?今天不上学吗?"女儿疑惑地问。

"因为你迟到了,其他小朋友已经都进教室了。"我告诉她说。

"啊?"女儿的脸色瞬间变了,下一秒就撇着嘴哭了起来。

"你现在哭也没有用了,你已经迟到了,你越在这儿哭,迟到的时间就越长。"我给她讲道理说。

"我不敢进去,我怕老师批评我。"女儿边哭边说。

听着她哭,我差一点儿就心软了。但最终还是硬下心肠对她说:"每个人都要为自己的错误承担后果,迟到就是你磨蹭应该承担的后果。妈妈帮不了你,你可以选择自己走进去,向老师为你的迟到道歉,也可以一直站在这里,直到放学,但是妈妈不能陪你,因为妈妈还需要工作。"

听到这里,女儿哭得更厉害了,她站在原地不知道该怎么办。整个过程我也没有催促她,而是静静地等着她做决策。过了一会儿,她整理好了自己的情绪,红着眼眶向校园里走去。

那天放学后,女儿不等我问,就对我说:"妈妈,早晨老师批评我了,还让我在门口站了五分钟,进教室的时候,大家都看我,我觉得太丢人了,下次我再也不要迟到了。妈妈,你给我买个闹钟好不好,闹钟一响,我就知道要快点了,这样就不会迟到了。"

经过这一次"惩罚",虽然她这磨蹭的毛病不会一朝一夕就改正了,但是从那以后,只要一说"会迟到",她就会明显提速。而从这以后我明白了,任何没有后果需要承担的规矩,都不具备真正的约束力。因为孩子本身的年龄所限,他们的自控力本身就较弱,如果没有相

第三章
制定规矩的五项原则

应的后果，他们的天性就会战胜他们的理智，反正不遵守规矩也没什么，为什么还要遵守呢？

所以，要想我们定的规矩能够有效地执行下去，就要事先将不遵守规矩需要承担的后果跟孩子讲清楚，所谓的"后果"就是惩罚，但是惩罚需要技巧，否则会伤到孩子幼小的心灵。那么，我们该怎么建立惩罚的制度呢？

▶ 惩罚之前，要说明原因

父母首先明确一点，我们对孩子的惩罚不是为了发泄自己心中的怒火，而是因为孩子违反了规矩，为了避免孩子误以为是因为爸爸妈妈生气自己才遭受惩罚，我们在惩罚孩子之前，要先跟孩子说明他们被惩罚的原因。

比如：孩子打破了玻璃杯，而我们事先给孩子定立过"不可以玩大人的杯子"这样的规矩，这个时候，我们就可以跟孩子说："我们之前说过，你可以玩自己的水杯，但是不能玩爸爸妈妈的水杯，现在你把妈妈的水杯打碎了，所以你要受到惩罚，这个月不能买玩具了。"

如果我们不说明原因，孩子很可能就会认为自己被惩罚是因为爸爸妈妈生气了，那么在他们生气的时候，他们就会采取同样的方式对待其他人。比如：他们打碎了玻璃杯，妈妈打了他们，却又不说明理由。他们就会认为自己打破了玻璃杯，妈妈很生气打了他。然后等他生气的时候，他就会通过打别人来发泄自己心中的怒火。

▶ 惩罚要一视同仁

教育孩子的一大要点，就是要公平，这个原则不仅仅适用于小朋友之间，还适用于孩子与家长之间。简单来说，就是哥哥打了弟弟要被罚，那弟弟打了哥哥也要被罚。如果规矩中制定了"打人要被罚"，那么孩子打了别的小朋友要被罚，父母打了孩子，父母也要被罚。

这个公平说起来简单，做起来实际上却很困难，尤其是在家庭成员众多的情况下，很难做到绝对的公平。比如：我们规定孩子晚上九点必须上床睡觉，但是爷爷奶奶却看电视到十点。

这个时候就很难做到平等了，错误的做法是，对孩子说："你是小孩儿，爷爷奶奶是大人，他们可以晚睡，你不可以。"这样就等于父母在采取"权威"让孩子屈服，孩子可能会听家长的话，但是他们的内心却是不服的。

如果可以，建议遇到这种情况的家长采取"隔离"的方式来对待。比如：爷爷奶奶在另一个房间看电视，家长带着孩子在另一个房间睡觉，将孩子哄睡着了以后，家长再去做自己想做的事情。

只有在一个公平公正的环境中实施惩罚，孩子才不会觉得自己是被"压迫"的一方，反而他们会明白，这是规矩，大家都在遵守，自己也不应该例外。

▶ 温和的惩罚方式

说到惩罚，可能大部分父母先入为主的概念就是打骂，但其实惩罚有很多种形式，有的方式既温和，又不会给孩子造成心理伤害。

撤销类的惩罚方式就是其中一种，所谓撤销类的惩罚方式，就是取消孩子原本拥有的特权或是一些游戏活动的时间。比如：孩子原本每天有30分钟的看动画片时间，孩子犯错后，就可以取消他当天看30分钟动画片的时间。

第三章
制定规矩的五项原则

还有补救类的惩罚方式也比较常用，即让孩子想办法去弥补自己犯下的错误，比如：孩子将妈妈刚刚铺好的床弄乱了，那么我们就可以罚孩子将床铺恢复成原样。

另外，一些轻度的身体惩罚也可以使用，比如：罚站、跑步、打掌心等。但需要注意的是，做这种类型的惩罚时，家长要确保自己的情绪处在一个稳定的状态，切忌在自己的气头上去做这件事情，因为人在生气的时候，往往控制不住力度，很容易伤到孩子。

▶ 不可用的惩罚方式

与上面提到的惩罚方式不同，这里提到的惩罚方式是不建议家长使用的方式，因为这些方式会伤害到孩子幼小的心灵。

一是威胁孩子会遗弃他的方式，这种方式其实经常会在不经意间被家长使用，比如：孩子在外面玩儿，叫了几遍都不愿意回家的时候，家长就会吓唬孩子说："你再不走我不要你了哦。"

家长认为只是吓唬一下孩子，让孩子听话，又不是真的要遗弃孩子，所以对孩子造不成什么伤害。实际上，对于孩子而言，他们就已经陷入了会被妈妈"丢掉"的恐惧之中了。

除此之外，还有将孩子关进阳台，关进小黑屋，或是说要把孩子送人这样的行为，都属于这一类型。想想我们的孩子有多么爱我们，我们怎么忍心他们成天生活在恐惧当中呢？

二是千万不要在自己愤怒的情况下打孩子，让孩子成为我们情绪发泄的"垃圾桶"，孩子长期处在被父母暴力对待的环境中，很容易形成童年创伤，甚至引发心理扭曲，长大后产生"报复社会"的行为。

063

5. 原则五：明确规定"不可以"

规矩的存在，一方面是为了规范孩子的行为，另一方面是为了保障孩子的安全。过来人经常会说一句话，就是"不养儿，不知养儿难"，事实确实是这样，在没有养孩子之前，我从来不知道要把一个小孩儿健健康康、平平安安养大，是多么困难的一件事。

在我女儿的成长过程当中，发生过很多让我至今想起来还心有余悸的事情。有一年端午节，我和母亲忙着准备包粽子，两岁多的女儿就在我们旁边走来走去。

我自认为自己当时看得很好，时不时提醒女儿说："盆里的东西不要动哦。"女儿听到了，走到盆子旁边时，就赶紧站远一点儿。结果还是百密一疏，女儿不知道在什么时候拿了一粒花生米玩儿，并且趁我们不注意的时候，塞进了鼻孔里。

我只是见她一直在抠鼻子，便问道："宝贝，你鼻子痒吗？"女儿不说话，还是继续抠鼻子，于是我对她说："不要总是抠鼻子哦，鼻子会流血的。"

我的话音刚落，女儿就大声哭了起来，一边哭还一边指着鼻子说："出不来了。"我这才反应过来，连忙抱起女儿查看，才看到她已经将花生粒塞到了鼻子的最

第三章
制定规矩的五项原则

里面，鼻根的部分被花生粒撑得鼓了起来。

我当即抱上女儿，叫上母亲，一起向医院跑去。一路上，女儿总是哭，我一直在安抚她，生怕她呼吸得太用力，将花生粒吸进气管里，那后果简直不堪设想。

到了医院，医生询问了情况后，便让我和母亲紧紧抱住女儿，然后医生拿出一个又长又尖的镊子，准备用镊子将花生粒捏出来，女儿看到吓得浑身发抖，哭得撕心裂肺。还好医生技艺高超，只用了几秒钟就将花生粒取了出来。

离开医院时，医生还嘱咐我们道："千万要看好孩子了，别再出现这样的事故了。"

那天回家的路上，我觉得自己反复唠叨了不下几十遍，一直跟女儿说："不要再往鼻孔里塞东西了，千万不要再往鼻孔里塞东西了。"等到了家，我才发现自己因为过于惊吓，整个后背的衣服都湿透了。

而我身边，孩子发生各种意外的例子多不胜数。

之前还有一个朋友，从来没有跟孩子说过不要碰烫的锅，结果孩子看到地上放着一口锅，认为里面有好吃的，于是趁大人不注意，想要自己掀开锅盖，结果没站稳，胳膊一下子滑进了滚烫的稀粥中。

稀粥不同于一般的开水，它会黏在孩子的身上，就是用水冲，一时半会儿都冲不掉。等家长好不容易将表面的粥冲掉了，才发现孩子的衣服和肉已经粘在一起了。为此，孩子在医院住了好久，伤口反复感染。后来出院了，胳膊上留下了难看的疤痕。

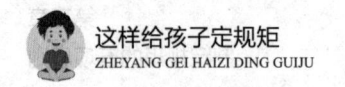

还有家里的一个亲戚，从来没有跟孩子说过，不要踩没有盖好的井盖。于是，孩子在小区里玩的时候，看到一个井盖没有盖好，便和小朋友们一起在那里跳来跳去，结果一脚踩在了井盖上，万幸的是人没有掉下去，但是腿卡在井盖和井壁中间，硬生生将大腿骨卡骨折了。

很多时候，孩子遇到危险，都是因为父母的规矩定得不够及时，导致孩子在完全不懂的危险的情况下，发生了危险。生活中，孩子会遇到的危险太多了。除了上面提到的内容，下面再具体说一下，在孩子的成长过程中，哪些方面还可能会导致孩子出现安全问题，同时针对这些危险，我们应该怎样去制定规矩。

▶ 玩具方面存在的安全隐患

在给孩子购买玩具时，我们常会看到一些玩具上标明着"此物品含有小零件，禁止三岁以下的幼儿使用"，其实就是怕孩子将玩具上的小零件误吞到肚子里，从而引起孩子窒息的危险。因此，这类型的玩具，不要给孩子买。

还有一些玩具上面有尖锐的棱角，也不适合孩子玩耍，因为孩子喜欢拿些玩具走来走去，万一摔倒，尖锐的地方很容易刺伤孩子。所以这类型的玩具也不适合给孩子买。

▶ 家中和户外的安全隐患

首先，家里是非常容易出现安全问题的地方，因为环境太过于熟悉，所以往往会让人放松警惕。但实际上，家里存在的安全隐患

第三章
制定规矩的五项原则

一点儿都不少,比如:水、电、火、尖锐的桌角、楼梯、药品等等。

因此,我们一方面要做好检查工作,一切孩子不能接触的物品,都不要让孩子碰到,比如:老鼠药、洗洁精、消毒液、打火机等等;另一方面,我们要用孩子能够听得懂的语言,告诉他们绝对不可以碰这些地方,比如:插座上的孔,杯子里的热水等等,为了让孩子印象深刻,我们还可以通过故事,或是情景重现的方式,让孩子对这些危险认识得更为深刻。

出了家门后,户外也存在不少安全隐患。交通安全、高空坠物、溺水、走失都是最常见的危险事件,因此我们要提前跟孩子说"绝不可以闯红灯""绝不可以站在围墙下""绝不可以独自下水""绝不可以离开妈妈的视线",这些规矩,需要我们反复对孩子讲,并带着孩子反复演练,直到孩子记住为止。

▶ 性危险

最近几年,家长们越来越重视孩子的性教育了,往前几年,中国儿童的性教育基本是一片空白,家长羞于开口,孩子懵懵懂懂,因此越来越多的儿童性侵案出现在大众的视野中。所以,我们有必要将性教育提上日程,根据孩子的不同年龄给他们普及需要掌握的儿童性知识。

比如平时我们可以跟孩子说:"小背心小短裤遮住的地方,绝对不可以给别人看。"或是"不要让不认识的叔叔阿姨摸你。"除了语言的规定,我们还可以给孩子读一些性教育的绘本故事,让孩子通过故事来学会如何保护自己。

总而言之,对于孩子的性教育只需要爸爸妈妈耐心正确地去引导和解释,这样才能让孩子更健康快乐地成长。

第四章

不打不骂，也能让规矩执行下去

对于孩子而言，没有什么比父母的爱更加重要了。如果在执行规矩的过程中，父母能够用有爱的方式去督促教导孩子，那孩子就能够感受到父母深深的爱意，愿意乖乖地执行规矩。相反，若是父母总是责骂孩子，甚至用殴打的方式让孩子执行规矩，那孩子只会越来越讨厌规矩，并且不再愿意去遵守规矩。因此，在实施规矩的过程中，父母要学会控制自己的情绪，把握好管教的尺度，争取做到不打不骂地让规矩执行下去。

第四章
不打不骂，也能让规矩执行下去

1. 请面对面地给孩子提要求

记得有一次到朋友家做客，我和朋友坐在客厅里说话，朋友家的两个孩子在他们的房间里玩耍。一开始两个小家伙还很正常，过了一会儿就玩疯了，一个拿着鼓"咚咚咚"地敲，另一个拿着喇叭"哇啦哇啦"地吹，严重影响了我和朋友之间的谈话。

朋友不好意思地向我笑笑说："男孩子，就是淘气。"说完，她冲着屋子的方向，喊了一声："你们俩小点声，影响到我和阿姨了。"

但是孩子们仅仅停顿了一秒，声音就再次响了起来，而且比方才声音还大。这一次，朋友有些生气了，说话的声音也随之变得大了起来："我跟你们俩说话呢！不要制造噪声了，否则我把你们的玩具没收了。"

屋子里依旧没有停下来的迹象。朋友"腾"地一下站起身，气势汹汹地走进了房间，对着两个孩子一通大骂，但朋友骂完后，老大又吹了两声喇叭，好像跟朋友故意作对一样，气得朋友照着老大的屁股拍了两下。这下，屋子里顿时安静了。

这个场景在我们的育儿过程中经常会出现，就是不

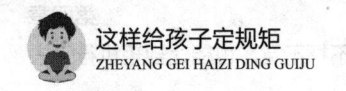

管我们怎么喊，孩子该干什么还干什么，仿佛没有听到我们喊话一般。孩子的不回应，时常让做父母的感到抓狂，起初还能控制自己的情绪，但是三五声过去，孩子依旧不听时，几乎没有人能够控制得住自己内心的愤怒。

其实很多时候，我们对孩子提出要求，孩子不照做，并不是因为他们有多么抗拒做这件事，而是因为他们觉得这件事可做可不做，究其原因就在于父母在与孩子说话时，没有面对面地跟孩子说，所以无法引起孩子的重视。

面对面给孩子提要求，看起来好像并不难，但实际上并不是只做到了"面对面"就可以达到我们的目的，具体做法还需要参考下文：

❯ 吸引孩子注意力

很多父母在跟孩子说话时，根本不管孩子的注意力是否在自己这里，只是自顾自地往下说，等说到最后，才发现孩子根本没有听，然后免不了冲孩子发一顿火。

所以，我们在跟孩子说话时，不仅自己不能分心，还要想办法引起孩子的注意力。最简单的办法就是叫孩子的名字，叫之前我们需要离孩子近一点儿，并且和孩子产生眼神交流后，再叫孩子的名字，也可以让孩子到我们的房间来，或是我们直接到孩子的房间去。总之，一定要确定孩子的注意力被我们吸引了，才能继续对孩子说出我们的要求，然后让孩子按照我们说的内容去做。

除了叫孩子名字外，我们还可以站到孩子面前，对孩子说："看着我。"等孩子的视线与我们产生交流后，再向孩子提出我们的要求。

第四章
不打不骂，也能让规矩执行下去

只有面对面与孩子进行眼神交流的时候，孩子的内心才会产生一种约定感，并且会暂停手下正在做的事情，专注于听我们说话。

⊙ 明确地告诉孩子怎么做

当孩子的注意力被我们吸引过来后，我们就可以告诉孩子该怎么做了。跟孩子说话时，要注意始终保持着对孩子的尊重，同时语气要坚定，想让孩子怎么做，就要直接说出来，千万不要使用一些在态度上模棱两可的语言。

有的家长，在无法招架孩子时，会利用哀求的方式跟孩子说话，如："你就不能帮帮我吗？"这样的话在孩子听来，就是"可帮可不帮"，所以在他们内心有些抵触的时候，他们就会果断地选择"不帮"，而这显然不是家长想要的结果。

同样，用询问的方式沟通通常也无法达到家长的目的，比如：问孩子"你可以帮妈妈收拾玩具吗？"孩子不想收拾时，就会很直接地拒绝"不可以"，毕竟回答一个"不"，要比收拾玩具简单多了。

所以，当我们希望孩子改正或是按照我们的要求去做时，要注意不要使用容易被孩子拒绝的方式跟孩子沟通，像这种乞求式的，还有询问式的方式，都不是好的选择。最好的方式就是用尊重的态度，坚定的语气，在保证与孩子有眼神交流的情况下，直接对他说："请现在立刻去把玩具收起来。"

需要注意的是在整个过程当中，我们都需要控制好自己的情绪，不要因为孩子没有按照我们的要求去做，就立刻改变了态度，开始居高临下地命令孩子，让孩子产生极大的压迫感并不是一件好事。我们只需要让孩子明白：妈妈希望你这样做，并且在等着你这样做。

一次只讲一件事

有时候孩子对我们的要求不回应，并不是他们不想回应，而是他们不知道该怎么回应。原因出在我们给孩子提要求时，没将指令说得既简单又直接。

比如：孩子将家里弄得很乱，玩具扔得到处都是，水杯放在了沙发上，书本被放在了地上，这个时候我们就希望孩子将所有的东西全部还原到最初的位置，于是就会要求孩子"将玩具放到玩具筐里，将水杯放到桌子上，将书本放到书架上"，当这一系列的要求说出来的时候，孩子就已经接近"崩溃"的边缘了，他会忍不住想哭，觉得妈妈给他布置的任务太多了，一来他不知道自己该先做什么；二来他觉得要做的事情太多，会占用他很多时间。

即便孩子没有反抗，直接按照我们说的去做了，那么在众多的事情当中，他们也很容易分心，被某件事情吸引，从而做不完所有的事情。

所以，在我们想要他们做哪些事情时，切忌一次性都说完，而是要分开次数，一次只说一件事。然后让孩子完成一件事情后要告诉我们，我们检查过后，对孩子提出表扬，再要求孩子去做下一件事情。

对孩子而言，做一件事情要比同时做很多件事情简单得多，因此他们不会产生太大的抵触情绪，而且每做完一件事都会让他们产生成就感，从而更有动力去做下一件事情。

等有了结果再离开

很多时候，家长提出了要求，孩子也按照去做了，但最后的结果却差强人意，原因就在于家长没能"坚持到最后"，看到孩子开始去做了，便离开去做自己的事情了，而孩子在无人监管的情况下，

第四章
不打不骂，也能让规矩执行下去

就很容产生怠慢的心理，凑合着完成任务，甚至直接"罢工"。

因此，在给孩子提出要求后，我们不要去做任何事情，先站在一边安静地看着孩子。在我们的注视下，如果孩子没有按我们的要求做，我们也不用着急上火，也不用再强调什么，就摆出一副"不打算离开"的态度，用这种无声的语言给孩子一种"压迫感"，让孩子觉得"不做不可以"，一般情况下，孩子都会在这种无形的压力下立刻开始行动。

2. 及时奖励更有利于执行规矩

记得我小姑在提到自己的童年时，说过这样一句话，她说："从小我就特别自卑，从来不觉得自己长得漂亮，也不觉得自己有多优秀，因为我父母从来没有夸奖过我。"

听到这话的我还是挺诧异的，因为小姑不但样貌好，而且还十分有才华，在她们生活的那个年代里，她不管是跳舞还是画画，都比同龄人强。

只是那个时候的父母，奉行的是"打压式"的教育，他们怕夸得多了，孩子会骄傲自满，所以即便自家的孩子很优秀，也从不夸奖，即便外人提起来，也会谦虚地说："哪里哪里，还差着远呢！"

即便到了现在，也有很多父母在这样教育着孩子。孩子考了第三名，父母说："第三名有什么了不起的，又不是第一名。"等孩子考了第一名，又会说："不要骄傲，次次都得第一才是真的厉害。"

孩子在这样的"打击"教育下，会变成什么样呢？往往会出现两种结果，一种是十分自卑，认为自己处处不如别人，什么都不敢争取，哪怕自己明明可以做到；一种是极度争强好胜，无法忍受自己不如别人，凡事一定要争第一，得最好。

我们自然不希望自己的孩子成为这两个极端，所以我们要学会去肯定孩子取得的成绩。有一位儿童教育专家说："好孩子是夸出来的。"意思就是说，我们要懂得肯定孩子，这样孩子才能越来越好。

我曾经在网上看到过一个让人感到十分高兴的新闻：

孩子因为期末考试成绩优秀，被妈妈奖励自由购物30秒，在这30秒中，他可以不受任何限制地在超市的零食区买他想要的东西，妈妈则在一旁负责计时。

计时器按下后，孩子像一阵旋风般在零食区扫荡起来，30秒钟一到，他已经装了满满一购物车的东西，孩子兴高采烈地推着购物车跟着妈妈去结账，那快乐的神情是无论如何也装不出来的，而且相信他很久以后想起这一刻，内心仍旧是愉悦的。

当时我们女儿跟我一起看的这个视频，看过之后，她一脸羡慕地说：妈妈，等我上学了，考了100分，你能不能也这样奖励我？

我笑着说："如果到时候你不改变主意的话，我想可以满足你这个愿望。"

第四章
不打不骂，也能让规矩执行下去

女儿听了，立即欢快地跑开了。

当孩子通过自己的努力完成一件有意义的事情时，孩子的内心是充满了喜悦的，因为他们通过自己的行为证明了自己，并从中获得了极大的信心。这个时候，我们要做的不是怕孩子骄傲，给孩子泼冷水，而是及时地给予孩子奖励。在给孩子立规矩中也应如此，我们要及时给孩子奖励，这是保证孩子能够执行规矩的有力保障。

那么，在具体的实施过程当中，我们该如何建立奖励制度呢？

⊙ 及时对孩子进行奖励

当孩子很好地执行了规矩，或是很好地完成我们的要求，我们就要立刻对孩子进行奖励，这样可以让孩子明白他们以后也应该这样做。而不是等到过了很久，忽然想起才对孩子进行奖励，这样奖励的效应会大打折扣。

其实，孩子在做好一件事情时，或是他们完成了父母交给的任务时，他们的内心是期待着得到父母的肯定的。如果没有立即得到来自父母的肯定，孩子就会感到失落，甚至产生"我做好了，妈妈也看不到"的想法，这将不利于他们将良好的行为持续下去。

所以，千万不要吝啬我们对孩子的奖励，同时，奖励孩子的语言要具体，类似于"真听话""好乖啊""真棒"这样的词语就属于不够具体的类型，具体的奖励语言要能够明确地说出来孩子哪里做得好，哪里做得棒，比如：当孩子按照我们的要求，将玩具收拾干净后，我们就可以说："做得好，妈妈只说了一遍，你就将玩具收拾干净了。"

这样孩子就知道自己下一次努力的方向是什么，即：父母说一遍，自己就要赶紧去做，这样就能得到父母的夸奖和肯定。

▶ 精神奖励为主，物质奖励为辅

一说到奖励，家长们头脑中的第一反应就是"花钱"，要么买玩具，要么去游乐场，不花钱似乎就无法谈"奖励"。实际上，奖励并不仅仅指给孩子买玩具、送礼物这样的物质奖励，精神上的奖励也是奖励，而且有时候比物质奖励更加管用。

所谓的精神奖励，就是口头上对孩子进行奖励。如果觉得孩子做得实在太好了，仅仅是夸一句"你真棒"不足以表达我们对孩子的肯定之情，那么还可以将口头的奖励变成行动上的奖励，比如：亲亲孩子、抱抱孩子，或是特意抽出一段时间来，全心全意地陪孩子疯玩儿一次。

那么，物质奖励的方式究竟可不可以用呢？当然可以，偶尔用一次，并不会造成多大的影响，反而还会给孩子带来一次惊喜的感受。但是如果经常用物质的奖励方式对待孩子，那孩子就会过分依赖奖励，造成不奖励就不愿意去做的情况，使教育变成了一场"交易"。所以，对孩子的奖励要多使用精神上的奖励，物质奖励偶尔出现就好。

▶ 一定要兑现奖励

奖励的方式有很多种，有一些奖励是需要父母付出行动的，比如：我们答应孩子，如果规矩执行得好，就带他们去野外郊游，那么当孩子真的做到以后，我们就要立即去兑现自己的承诺。

大人可能觉得孩子还小，记性也不好，没有必要答应孩子的每件事情都办到。这样偶尔一次两次的失信，可能不会造成太大的问

第四章
不打不骂，也能让规矩执行下去

题，但是如果父母经常给孩子开"空头支票"，那父母的诚信度就会在孩子心中大打折扣。更严重的是，还会给孩子造成心理创伤，到了孩子青春期的时候，亲子之间的沟通就容易出现裂缝，因为孩子对父母缺乏信任，导致他们不愿意跟父母交心。

▶ 善于发现孩子的闪光点

曾有家长跟我说："我在我们家孩子身上看不到一丝优点，学习成绩不行，爱好特长也没有，嘴巴不甜也不会哄人，哪哪都不如别人家的孩子。"其实，并不是孩子没有优点，而是父母的眼光太过于挑剔，从而忽略了孩子身上的那些闪光点。

对于孩子，我们要像在"鸡蛋里挑骨头"那样，去发现他们身上的闪光点，然后肯定他们。哪怕孩子的进步十分小，我们也要及时认可他。当孩子知道自己的每一个优点、每一次进步都会被看到时，他们就会有更多的动力去做得更好。

当我们所有的肯定都是基于现实时，孩子是可以感受到来自父母的肯定与支持的，然后他们会将父母对他们的肯定与支持，转化为内在的动力，继续努力向前。

3. 制定规矩最忌朝令夕改

我女儿刚满三岁的时候，我就将她送进了幼儿园。

那是一所刚刚成立的幼儿园，春招的时候生源不太多，

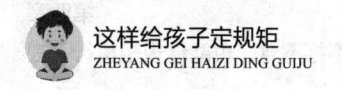

一个小班里也就六七个孩子,一个主班老师一个副班老师,还有一个保育员,所以老师看管起来比较轻松。

每天中午,若是有小朋友不愿意睡午觉,老师就会陪着这些小朋友讲故事,或是到外面观察一下景物。到了秋天招生的时候,一下子多了不少学生,从一开始的不到十人变成了二十多人。因为学生多了,所以老师便要求集体午睡,即便是不想睡觉的小朋友,也必须安安静静地躺在床上。

对此,女儿表示十分不满,回来不止一次问我:"为什么以前可以出去玩儿,现在就不可以了呢?"

学校根据实际情况去调整教学方式,这本是很正常的事情,但是对于孩子而言,学校"朝令夕改"让他们感到十分不解,并且对新定下的规矩产生排斥的心理,不愿意去遵守。

给孩子定规矩,最忌讳的事情就是"朝令夕改"。虽然这是发生在幼儿园的事情,但是在家庭教育中也同样适用。幼儿园更改规矩,是因为被现实所迫,而家庭教育中更改规矩,多半是因为家长不能坚持贯彻。

在现实生活中,我们经常会遇到这样的场景,孩子喜欢吃糖,即便已经给孩子规定了"每天只能吃N颗"的规矩,但只要孩子一哭闹,家长就赶紧拿出糖来安抚孩子,只要孩子不哭了,多吃几颗也没关系;孩子喜欢看动画片,明明规定好了"只能看40分钟",但是只要孩子一哀求,家长就心软,放宽了时间的限制……

所谓规矩,就是具有一定的标准,需要老老实实去

第四章
不打不骂，也能让规矩执行下去

执行的准则，如果父母只凭着自己的主观意志办事，今天高兴了就放宽要求，明天生气了就严格要求，那这还能称之为规矩吗？还能怪孩子不愿意去遵守规矩吗？

规矩，就像是公司里的规章制度一样，一旦确立了，就不要随意改动，否则孩子就会轻视规矩。给孩子定规矩不同于我们给孩子讲算术题，这道题弄明白了，就可以讲下一道题；也不同于给孩子讲道理，一件事做错了讲完道理就不用再讲了。定规矩需要坚持，只有持之以恒，才能看到教育的成果。

那么，在定规矩的过程中，我们该怎么做才能避免规矩"朝令夕改"呢？

❯ 给孩子适应规矩的时间

孩子从接受规矩到能够真正地执行规矩，需要有一个适应规矩的过程，不要寄希望于只说一两次，孩子就能够很好地遵守规矩。在他们还无法适应规矩的时候，可能会出现抵触规矩的情况。所以在规矩定下后，若是孩子一时半会儿无法做到，我们也不要急着去改变规矩，甚至是直接放弃这个规矩。

多一些耐心，也多给孩子一些消化和理解的时间，让孩子对我们更理解，对规矩更理解，他们就会尝试着努力去控制自己的行为，从而越做越好。

❯ 跟全家人明确规矩

有的时候，规矩是妈妈给孩子定下的，所以规矩就只有妈妈和孩子两个人知晓。因此，孩子到了爷爷奶奶家时，规矩就面临着被"破坏"的危险，一来是老人不知道孩子需要遵守哪些规矩；二来是老人一般都比较宠溺孩子，无法抗拒孩子的"一哭二闹"。

所以，这就需要我们在定好规矩后，郑重其事地在家里宣布这个规矩，并且私下里跟家里的其他成员沟通后，请大家一起配合你。毕竟我们给孩子定立规矩，是为了孩子能够更好地成长，如果真正地爱孩子，就应该能够做到共同帮助孩子遵守规矩。

▷ 给予孩子修改规矩的参与权

当我们确定要修改已经制定好的规矩时，请给孩子参与权，不要自己想怎么改就怎么改，孩子的意见和看法同样重要，我们需要跟孩子进行沟通，了解他们真实的感受和需求。毕竟规则的改变是一个重新找到大家都能接受、理解和认同的新的行为规范的过程，让孩子参与进来，有助于孩子对规矩的理解。

给孩子参与权，能够让孩子感受到来自父母的尊重，同时他们也会感受到规矩内容与自己息息相关，并且融入了自己意见的新规矩，想必在执行起来时，也会更加顺利。

4. 用"面壁思过"应对孩子的吵闹

"在给孩子定规矩的过程中，我与女儿发生过不少'正面冲突'。有一次，女儿的同学来我家玩儿，两个

第四章
不打不骂，也能让规矩执行下去

人一见面就拉着手到卧室里玩去了。大约一个多小时后，女儿同学被其父母接走了。我打开房门打算叫女儿出来吃饭，结果发现她的房间里就像被"打劫"过一般，衣服被子被扔在地上，书本被扔在床上，还有一双拖鞋被放在了书架上……

"妈妈，我们玩了'时空转移'的游戏，你看所有东西都变了位置。"女儿兴奋地向我介绍道。

我很赞赏她们的游戏创造能力，但是玩儿归玩儿，玩儿过之后要将房间恢复成原样，这是我们早就立下的规矩。于是我提醒她说："你需要把你的房间收拾好哦。"

"可是我现在饿了。"她说。

"那就先吃饭。"我说。

可是吃过饭后，女儿却看起了动画片，不愿意起身去收拾房间，我反复提醒了很多次后，她总是推说："我看完就去收拾。"

就这样，我又等了她将近一小时的时间，直到她看电视的时间结束，她才慢悠悠地走进了自己的卧室。以往收拾房间，都是一些小"场面"，她几乎不费什么力气，就能将房间恢复成原样，但这一次收拾了半个多小时，房子里还是乱糟糟的。

"妈妈，我不想收拾了。"女儿带着哭腔说。

"不可以。"我直接拒绝了她的请求。

女儿一听，便"哇"的一声大哭了起来。

"我们早就说好了，房间弄乱了，要自己收拾，对

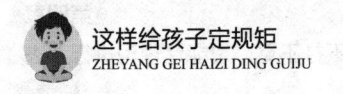

不对?"我好言好语地开导她。

"我不要,我不想收拾了。"女儿一屁股坐在地上,边哭边说道。

我知道,在这个时候跟她说任何道理,她都听不进去了,于是便对她说:"你先冷静一下,五分钟之后,我们再来谈这件事。"

说完,我就来到了客厅,等待着她的结果。一开始她很不服气,对着墙又踢又打,我就当没看见,不予理睬。过了一会儿,她停止了动作,但依旧抽抽嗒嗒地哭着。又过了一会儿,她不哭了,问我:"妈妈,五分钟到了吗?"

我回答她说:"还没到,但是如果你想好了,可以过来,我们再谈一谈。"

女儿没有立即过来,又站在原地想了一会儿,她才说道:"妈妈,我想好了。我弄乱的房间我应该收拾,可是我太累了,而且总是收拾不干净……"

"你有这样的体会很好,希望下一次你做出某些行为之前,先想一想,自己是否能够承担这个后果。至于这一次,妈妈愿意帮你一起收拾,但是下不为例哦。"

听了我的话,女儿擦干净眼泪,点了点头,继续认真地收拾起房间来。"

很多时候,我们制定的规矩无法进行下去,除了本书之前提到过的一些观点外,还有一点就是家长无法应对孩子的哭闹,俗话说:"会哭的孩子有糖吃。"如果孩子是一把哭的好手,那么一些意志力不够顽强,或是缺少应对

第四章
不打不骂，也能让规矩执行下去

方法的家长，常常会"缴械投降"，任由孩子破坏规矩。

我应对如此发脾气的孩子时，最常用的方法就是"面壁思过"。"面壁思过"这个词很好理解，就是让孩子对着墙壁好好思考一下。那么，我们在具体实施的时候，该怎么做呢？

▶ 选择合适的"思过"地点

让孩子站在哪里"面壁思过"，是我们需要认真考量的问题，可不是随便哪一堵墙都行的。

首先，这个地方必须要离开孩子的日常活动区域，因为如果环境中有太多能够刺激到孩子的物品，如：玩具、电视……孩子就无法专注于"思过"，他们很可能一会儿工夫就开始跟我们聊天，或是看电视，或是玩玩具了。

其次，这个地方要安全。因为去面壁思过的孩子，往往都带着强烈的情绪，他们很可能会做出一些踢踢打打的行为，如果我们将他们安置在一面镜子前，那么很可能会发生危险。

最好的地点，就是家里走廊、过道、父母的卧室、家里的活动室，或是客厅里开辟出来的小角落等，实在没有这些地点可以选，那么也可以在家里的浴室里，不过在此之前，要先将浴室里危险的东西放到孩子够不到的地方。

▶ 不要过分关注孩子

孩子面壁思过的时候，家长最好不要陪在身边，因为我们跟孩子之间刚刚发生过矛盾，站在一起很容易继续争执不休，所以面壁思过的地方只留孩子一人就可以。这个过程当中，我们要时不时地看一眼孩子，避免他们做出危险的行为，只要他们的行为不会对自己造成伤害，我们都可以采取置之不理的态度。

有些孩子在短暂地冷静之后，可能会想着法子跟父母说话，有的孩子为了不再面壁思过，可能还找出要上卫生间这样的借口。这个时候，我们一定要把持住自己，不要理会他们，也不要跟他们有眼神的接触。除非必须要回答的问题，其他的问题一律不予回答，否则很容易让孩子因此而转移话题，或者再次绕到原来的问题上。

⊙ 保持"面壁"时间充裕

如果是第一次让孩子面壁思过，就要事先留出充足的时间。因为第一次面对面壁思过的孩子，往往反应都会十分强烈，不断地试探我们是不是真的打算让他们这样做。所以，我们需要有一个十分清闲的时间，没有任何人干扰，也不会急着出门，抱着"你若不照做，就死磕到底"的态度进行这件事。

至于每一次面壁思过的时间具体要多久，通常根据孩子的年龄来制定。通常越小的孩子，时间就越短，只需要几分钟的时间就可以。年龄稍大一些的孩子，就可以适当延长。同时，也要根据具体的时间，以及孩子每一次思过后的表现来确定时间。如果孩子情绪一直很激动，久久无法平静下来，那就需要多一点儿的时间；如果孩子会很快反思自己的错误，那么就可以适当缩短时间。

第四章
不打不骂，也能让规矩执行下去

5. 执行有困难，规矩需调整

有一次，女儿将玩具一股脑儿全都倒了出来，我对她说："你一会儿玩完要收拾哦。"

"好。"女儿很痛快地答应了下来。

可是当我们要出门时，女儿还坐在玩具堆里玩着，我叫了她几次后，她才不情不愿地站了起来准备跟我出门，可是玩具还是乱七八糟地摊在地上。我便命令女儿道："去把玩具收拾了。"

"我一会儿回来还要玩儿。"女儿说。

"那一会儿再拿出来。"我不打算给她逃避的机会。

"我都摆好了，回来就摆不好了。"女儿有些着急地说。

"那也不行，我们要说到做到，说好了玩完了玩具要收拾好，就要收拾好。"我耐着性子跟女儿说，说完便坐在了沙发上，等着她收拾。

女儿见原本已经准备好要出门的我，又坐了下来，顿时急了。拉着我的手说："走，走，走，出去，出去。"

"你收拾完我们就出去。"我坚持着说道。

"我饿了，我要出去吃饭！"女儿见拉我不动，便坐在地上，扯着嗓子哭了起来。

看到女儿不讲理的样子，我也有些生气了，说道："那你饿了，更应该赶紧把玩具收拾好，这样才能赶紧出去呀！"

"不要，不要，我不要！我就要现在出去吃饭！"女儿边哭边拍打着地面，把地上的玩具拍打得到处都是。

见此情景的我立刻火冒三丈，把女儿从地上拎起来，强行命令她站好，呵斥道："说！为什么把玩具打乱？"

女儿已经哭得上气不接下气，哪里还有力气回答我，我们就这样僵持了十多分钟，其间她一直一边哭一边喊"饿"，而我却一点儿办法也没有，最终只能选择妥协，先带她出去吃了饭。

奇怪的是，吃完饭回家后，女儿倒是主动把玩具收拾好了。她跟我说："妈妈，我刚才太饿了，没有力气收拾玩具了，我现在吃饱了，就有力气了。"

说来说去，倒成了我的错误了。不过，事后我仔细回忆了整个过程，发现自己确实有做得不对的地方。首先，家庭计划有变化，我并没有事先与孩子说，自己说出门就出门，完全没有给孩子心理准备时间，在她还沉浸在游戏之中时，就提出要出门，让她将玩具收拾起来，完全没有给孩子"缓冲"的时间。如此一来，孩子做出反抗的表现，倒也情有可原。

我们在前面提到规矩定下了就不可以随意更改，但俗话说："规矩是死的，人是活的。"规矩不可以随意更改，并不代表不可以更改。所谓随意更改，指的是不能只为了维护哪一方的单方面感受和需求被打破，如果只是为了给

第四章
不打不骂，也能让规矩执行下去

父母行方便，或是自己禁不住孩子的哭闹，就会让孩子觉得规矩不具备约束能力，从而无法对规矩内容重视起来。

但是更改规矩，却是为了让孩子更好地遵守规矩，在之前的内容中，我们曾经提到规矩的制定要符合孩子的成长特点和性格特点，如果我们制定的规矩，恰恰违背了这两点，那么固执地坚持下去，只会令情况更糟糕。因此，面对这种情况，父母就可以根据孩子的实际情况对规矩做出一定的调整，并且对孩子说明调整的原因。

▶ 留出弹性时间，应对突发状况

常言道："计划赶不上变化。"虽然我们通常会对什么时间做什么事情进行事先安排，但是也难免会出现突发状况。这就要求我们在做计划安排时，适当地留出一些弹性时间去处理突发状况。尽量不要想到什么就立刻去做，这样孩子的大脑可能会无法在短时间内做出转变，引发他们对规矩的反抗情绪。

更好的做法是，提前告诉孩子："我们今天中午要出去吃饭，所以妈妈叫你准备的时候，你就把玩具收拾好，这样才不会浪费时间。"

有了这样的"预警"，孩子在玩儿的过程中，就会惦记着要出去这件事，有的还会问妈妈："到时间了吗？我还想再玩一会儿可以吗？"这样母子双方都有了一定的心理准备时间，可以更好安排自己的时间，不会因为变化而被迫改变"计划"。

▶ 站在孩子的角度，适当选择让步

面对突发事件时，大人有时候都会手忙脚乱，所以我们不能要

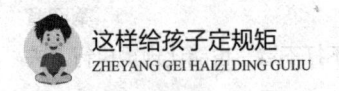

求孩子立刻就随着突发的状况改变自己的状态。我们要站在孩子的角度去看待一些问题，孩子有时候选择跟父母对着干，原因就在于他们无法理解父母的行为。比如：他们正在玩玩具，我们却叫他们吃饭；他们很想吃饭，我们却要求他们一定要把玩具收拾好才能吃饭……这些与孩子本意相悖的要求，孩子自然不愿意去执行。

我们要根据具体的情况去执行规矩，当孩子不愿意执行规矩时，我们先看看孩子反抗的原因在哪里。类似于这种因为饿，不想收拾玩具的情况，我们就可以选择适当放宽要求，对孩子说："我们可以先吃饭，但是吃过饭了，一定要将玩具收拾好，可以吗？"一般孩子面对父母的让步时，他们也会选择"退一步海阔天空"。

▶ 重新审视规矩与现实的差别

有时候孩子死活不愿意遵守规矩，不管父母说什么，都采取反抗到底的态度时，我们就要重新审视一下自己定下的规矩了，是不是规矩的本身存在一定的问题？虽然在定立规矩之前，我们都会与孩子商量，然后共同制定下规矩，但这仅仅存在于双方的想象当中，真正实施起来时，想象与现实之间会产生差距。

这个时候，我们依旧坚持按照当初说好的内容去做，那就会令孩子感到不舒服。不如及时面对现实，将规矩调整到更切合实际情况，这样才更有利于规矩执行下去。

不过需要注意的是，这种情况一定要是原先立的规矩根据客观情况需要调整，不能一遇到孩子不愿意执行规矩，就对规矩进行调整，或者干脆按照孩子说的办，这样规矩就失去了应有的效力。

第五章

孩子良好的修养，靠规矩塑造

《韩非子·解老》云："万物莫不有规矩。"人生在世，与人交往，修身养性，处处离不开规矩。生活中，很多不成文的小规矩，都是一些不起眼的小细节，而恰恰是这些细节，最能反映出一个人的素质和修养，而素质和修养又决定了一个人的生命层次。所以，父母想要孩子成为一个有修养的人，那就要从小给孩子定立下相关的规定，通过文化的积累，习惯的养成，让修养逐渐融入到孩子的成长中，并成为孩子自身不可分割的一部分。

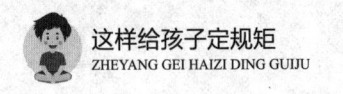

1. 孩子出口成"脏",父母管教有"方"

对于父母而言,孩子的成长过程总是充满了各种"惊喜",时而惊吓时而喜悦,孩子有了进步我们自然喜悦,但只要出现了任何偏差,又会让我们紧张焦虑。

一位母亲提供了这样一个例证:记得女儿五岁左右时第一次骂人,这让我焦虑到彻夜难眠。

当时,女儿正在跟小朋友玩耍,不知道为何两个人争执了起来,女儿气不过,对着小朋友骂了一句:"你放屁,我不跟你玩儿了,哼!"说完,就气鼓鼓地离开了。

而被骂的小朋友,边哭边找她妈妈告状,指着女儿离开的方向说:"妈妈,她骂人。"虽然小朋友的妈妈嘴上说着:"没关系,没关系,童言无忌。"但对方看我的眼神,仍旧让我觉得很丢人,感觉自己养了一个"坏孩子"。回到家后,我第一时间批评了女儿,谁料女儿脾气比我还大,指着我说道:"你根本不懂,哼,我不喜欢妈妈了。"

那一夜,我辗转反侧无法入睡,满脑子都是女儿骂人时的样子,我很担心她这么小就骂人,那长大以后该怎么办呢?同时也觉得很丢人,觉得自己的教育方式出了问题。

第二天,女儿似乎不再生气了,我再次提起了她骂人的事情,这一次女儿委屈地跟我说,她骂人是因为她太生气了,

第五章
孩子良好的修养，靠规矩塑造

她看到电视上的人在生气时候就会骂人，所以她便跟着学了。

事后，我反思了自己在教育上的疏忽，同时也跟女儿拉钩约定，无论多么生气，也不能再用脏话来表示愤怒了。女儿也很听话，从那以后再也没说过脏话。

这位母亲提供的"例证"很典型，很多父母在遇到孩子说脏话时，其反应无外乎这三种：一种是觉得面子上挂不住，害怕被人质疑家庭教育；一种是过度担心，认为从小看大，现在说脏话，以后就会打架斗殴；还有一种是抱着无所谓的心态，认为"童言无忌"，他们只是学着别人的样子来表达自己的愤怒罢了。

其实，孩子说脏话也并不是什么特别严重的问题，但也不能放任不管。那么，我们该如何给孩子制定"不说脏话"的规矩呢？不同年龄的孩子，处理的方式是不一样的。

▶ 小宝宝说"脏话"，可以选择性忽略

对于正在学话中的小宝宝们，他们可能会受到周围环境的影响而说脏话。当我们第一次听到孩子说脏话时，不要马上发怒，也不要去笑话孩子，因为父母任何过度的反应，都会引起孩子的注意，孩子会认为自己说脏话可以引起父母的关注，那么他们会为了引起父母的关注而再次说脏话。

但如果父母对孩子说脏话的行为并未表现出过度的反应时，孩子则会觉得这个行为没什么意思，转而逐渐减少说脏话，或者干脆不再说脏话。

▶ 制定规矩，并告诉孩子说脏话的危害

对于年龄已经比较大的孩子来说，说脏话就已经不仅仅是模仿

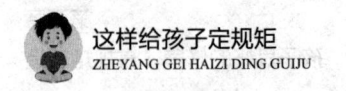

大人，想要引起大人注意的行为了。他们说脏话，往往是为了泄愤，或是表达某种郁闷的心情。这个时候，我们就不能再采取"置之不理"的态度了。

首先，我们要让孩子明白说脏话的危害。有的孩子只知道说脏话可以发泄情绪，却不知道说脏话意味着什么。所以我们有必要让孩子知道，在外人看来，说脏话的孩子就是没有教养的孩子，别人不但会看轻他，还会看轻他的父母，认为他的父母没有教育好他。

同时，脏话也是极具"杀伤力"的语言，对别人说脏话时，会让人感到极度不舒服和伤心，有时还会影响人与人之间的感情。

最后，当孩子明白了说脏话带来的危害时，我们再给孩子定下"不要说脏话"的规矩，孩子就会比较容易接受了。

▶ 当说脏话成为习惯，父母要反思

孩子说脏话的"最高级别"，就是说脏话已经成为孩子的一种习惯，甚至是"口头禅"了。尽管我们已经定下了"不能说脏话"的规矩，但是孩子仍旧无法控制自己的言行。这种情况下，孩子的脏话必定有一个固定的"源头"。不出意外的话，这个"源头"百分之八十都存在于家庭中。

想要孩子改掉说脏话的习惯，那父母首先要做出改变。当我们又无意中对孩子使用了粗鲁的语言时，要及时做出更正，对孩子说："很抱歉，刚刚我不该那样说，请你帮忙监督我，提醒我注意和改正。"

当父母开始正视自己身上存在的问题，并且积极地进行改正时，那么孩子也会从中吸取到力量，逐渐去正视自己说脏话的问题，并努力去克制自己。

第五章
孩子良好的修养，靠规矩塑造

> **从意识层面，断绝孩子说脏话的念头**

当家庭规矩定立起来，父母也做到了言传身教后，我们就可以着手从孩子的意识层面去断绝孩子说脏话的念头了。

如果说规矩和父母的影响都是"外因"的话，那么孩子的自我意识就是"内因"，只有内外因相结合，孩子才能从根源上杜绝讲脏话的行为。

孩子说脏话，其实就是还没有学会如何尊重他人，如何处理与他人之间的关系。当一个孩子真的发自内心地明白，人与人之间可以存在不同的思想、言语和行为，除了相互诋毁外，也可以相互尊重，除了针锋相对外，也可以退一步海阔天空。这样，孩子就能够做到当与别人发生争执时，至少脱口而出的不会是脏话。

然后，我们还要教会孩子，如何用更加友好的方式说话，如何在不伤害他人自尊的情况下，有理有据地表达自己的观点。

2. 孩子丢下的是纸屑，掉下的是教养

我们隔壁的小区，因为紧邻着学校，所以在小区里有很多接送站。接送站多，孩子就多，制造的垃圾也就越多。孩子们放了学路过小卖店，总要走进去买一点儿零食吃，吃过零食的包装袋，就随手扔在地上，哪怕旁边就有垃圾桶，他们也不愿意多走那两步路。

因为卫生条件差，业主和物业公司多次爆发争执，一个说物业公司不作为，一个抱怨业主素质低，各执一词，

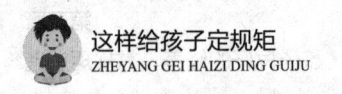

互不相让。

我在去朋友家串门的时候，碰巧碰到了这样一个小学生，直接把雪糕的包装袋扔在了地上，我上前问他："你怎么随便乱扔垃圾呀？"

那小孩儿舔了一口雪糕说："又不是我们家。"

"不是你们家就可以随便乱丢垃圾吗？"我问道。

"对啊，我妈就总这样做。"孩子满不在乎地说道。

还真的是每一个熊孩子的背后，都站着一个熊家长呀！但无奈的是，这样的事情经常发生在我们身边。

有的家长在家里要求孩子不许随地乱丢垃圾，但是自己到了外面，却经常随手乱丢垃圾。有的家长，说孩子一套，自己却做着另一套。我就曾在马路边见过这样一幕：一个小姑娘将擤完鼻涕的卫生纸随手丢在了地上，孩子爸爸说："不许随地乱丢垃圾，去捡起来扔到垃圾桶。"说这话的时候，孩子爸爸一边嗑瓜子一边将瓜子皮吐在地上。孩子看了一眼爸爸，不情愿地将纸捡了起来，狠狠地扔进了垃圾桶。

还有的父母，他们会管教孩子，但是却不愿意亲身做示范。有一次看到一个小孩儿边跑边吃干脆面，结果没拿稳，干脆面撒了一地，孩子妈妈追上来，一把打在孩子手上说："你看，你看，撒了一地不是？一点儿也不爱护公共卫生。"说完，用脚将地上的干脆面划拉到一边，领着孩子离开了。

随手丢垃圾这样的事情，说起来很小，但是在孩子将垃圾丢在地上的那一刻起，孩子的教养也随之掉在了

第五章
孩子良好的修养，靠规矩塑造

地上。更重要的是，这不仅仅关系到孩子的教养问题，还关系到整个大自然的环境问题。

所以，我们不光是要告诉孩子爱护环境，更要让孩子真真切切地做到爱护环境，不随地乱丢垃圾。那么，我们该怎么给孩子制定"爱护环境"的规矩呢？

▶ 作出表率，而不是仅仅制止

父母是孩子最好的老师，孩子的大部分行为都是跟父母学来的。当我们看到孩子随手乱丢垃圾时，一方面要及时制止孩子的行为，要求他们捡起来扔到垃圾桶里；另一方面我们也要做到不乱丢垃圾，而且在孩子不愿意将垃圾捡起来时，我们要将孩子丢掉的垃圾捡起来，并扔进垃圾桶里，用实际行动告诉孩子该怎么做。

另外，我们还可以学着废物利用，让一些废旧的物品重新焕发出生命。让孩子明白，废品不是只有"扔"一种选择，还可以做很多事情，这样也可以大大减少他们乱丢垃圾的行为。

▶ 让孩子参与到家务中来

家庭，是礼貌最好的启蒙地。一个孩子，如果在家都有规则意识，外出时自然而然也会执行礼节、遵守规矩。

同样，一个在家里都随地乱丢垃圾的孩子，在外就更做不到爱护环境了。所以，这个规矩还是要在家里开始培养，最好的办法就是让孩子参与到家务当中来。孩子不懂得爱护环境，很大程度上是因为他们没有体会到劳动的辛苦，如果孩子体会到了，那他下一次再想乱丢垃圾时，就会想一想别人为了收拾干净，要花费多大的力气。如果是他自己的劳动成果，那他会更加积极地去维护卫生。

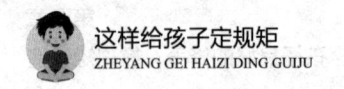

一般当孩子到了三岁左右时,就可以帮助父母做一些简单的家务了,像擦擦桌子、拿东西等。等孩子再稍微大点,我们就可以教给孩子如何扫地了。让孩子有所付出,他们才会有所珍惜。

▷ 多带孩子参加公益活动

让孩子理解某件事情的最好方式,就是让他们沉浸在其中。记得我们小时候,很喜欢把吃完的泡泡糖随便乱粘。有一次,老师把我们带到街上,每组划分了一片区域,要求我们将那一片区域打扫干净,墙上的小广告要刮干净,地面也要清扫干净。

那一天,我不记得自己处理了多少块泡泡糖了,只记得黏在物体上的泡泡糖太难清理了,要用小刀一点儿一点儿地刮,才能处理干净。从那以后,我吃过的泡泡糖绝不会随便扔在地上。

同样的道理,如果所在的城市有类似于环保的活动,我们就可以带着孩子一起去参加,让孩子动手捡捡垃圾,孩子就可以从中体会到他人工作的不易,进而学会从行为上约束自己。同时,让孩子通过公益活动,置身于大自然之中,感受一草一木对于生活的重要性,也会对环保理解得更加深刻。

3. 让孩子做自己情绪的"小主人"

小孩子都是比较情绪化的生物,高兴了就笑,生气了就哭。但若是孩子生气了,却不允许孩子发脾气,对孩子而言,可不是一件简单的事情,毕竟不计后果地发

第五章
孩子良好的修养，靠规矩塑造

脾气，是小孩子的"专利"。但有些人因为小时候没有约束，所以长大以后仍不能控制自己的情绪。一个不能控制自己情绪的人，生活会有多糟糕呢？从那次震惊全国的"公交车事故"中就能够看出来。

2018年10月28日，在一辆正常行驶的公交车上，一名妇女坐过了站，要求司机立即停车让她下车，但是公交车哪能说停就停呢？司机拒绝了这名女乘客的要求，随后这名女乘客大声辱骂起司机来，司机气不过，便与女乘客争吵了几句。

女乘客随即上前殴打起司机来，司机被逼还手，就这样一辆载着15人的公交车，因为一场2秒钟的打斗，坠入了江中，车上无一人生还。

如果这个故事中的两人，都能够稍微控制一下自己的情绪，也许这场悲剧就不会发生。拿破仑曾说："能控制好自己情绪的人，比能拿下一座城池的将军更伟大。"我们若是任由孩子由着自己的性子来，那么长大后的孩子也是一个充满了情绪化的人，所以我们要在孩子还小时，就得给孩子立下"不乱发脾气"的规矩，教会孩子控制自己的情绪，成为情绪的主人。

注意，我们这里说的是让孩子控制自己的情绪，而不是让孩子压抑自己的情绪。这二者之间有什么区别呢？让孩子控制自己的情绪，是在孩子想哭的时候允许孩子哭，但同时告诉孩子哭不是解决问题的唯一方式，解决问题的方式还有很多种。这样孩子再一次遇到相同的事情时，就会选择更温和的方式来表达自己的情绪。而让

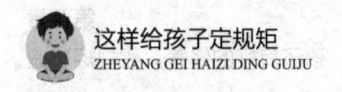

孩子压抑自己的情绪，则是在孩子想哭的时候，对孩子说："哭什么哭，不许哭。"

不单单是孩子，包括大人在内，如果长期压抑自己的情绪，除了产生严重的心理问题外，对控制情绪起不到任何积极的作用。所以，我们要求孩子控制情绪的前提条件，是首先要允许孩子发泄自己的情绪，然后教会孩子正确宣泄情绪的方式，最后再要求孩子不要乱发脾气。

那么，在具体制定规矩的过程当中，我们该怎么去做呢？

❯ 营造和谐的家庭环境

一个脾气暴躁，动不动就生气的孩子，有百分之八十的可能性是出生在一个父母脾气暴躁的家庭中。若是夫妻之间一言不合就争吵，说不了几句话就动手，那么孩子在这样的环境影响下，性格会变得十分极端。他们会在父母面前表现得乖巧温顺，希望通过讨好的方式让父母注意到自己。但是在他们内心的深处，他们又是暴躁的，他们会将这种暴躁的情绪宣泄在更弱小的人或是动物身上。当他们再长大一些时，性格的缺陷就会不加掩饰地展露出来。

当父母给孩子做了错误的示范后，还要过于溺爱孩子，只要孩子一发脾气，父母就立刻听从孩子的指令时，那么在孩子身上就形成条件反射：刺激——反应，孩子哭闹——父母满足需求，从学习到强化，每一个步骤都会让孩子宣泄情绪的方式变得更加歇斯底里。

因此，我们想要孩子性格温和，不乱发脾气，那么家长首先要做到控制自己的情绪，在问题面前保持冷静，选择更温和的方式去解决问题，先从根源上切断孩子成为暴躁宝宝的可能性。

第五章
孩子良好的修养，靠规矩塑造

> 跟孩子一起认识情绪

兵书上说"知己知彼，百战不殆"，同样的道理，想要孩子战胜情绪，成为自己情绪的小主人，那孩子就先要了解各种各样的情绪。

孩子通常都不知道掩饰自己的情绪，喜怒哀乐都会写在脸上，但是他们并不知道这些情绪是什么样的。这时我们可以通过一些绘本故事，让孩子通过图画和故事的形式，对各种情绪进行了解。了解过之后，孩子才会知道，原来高兴的时候会哈哈大笑，而生气的时候表情则会变得很狰狞，很不友好，让人看了心情沉闷。

同时，家长也要借着孩子有情绪的时候，认识孩子的情绪，如：孩子每一次生气都是因为什么？了解孩子情绪的来源，才能为我们之后寻找缓解孩子情绪的方式提供方便。

> 引导孩子正确表达情绪

当孩子认识了情绪后，我们就可以告诉孩子如何去缓解和应对情绪了。这一步不能在孩子情绪来临时进行，因为那个时候的孩子正处在情绪旋涡中，父母说的话他们很有可能都听不进去。最好的方式是通过一些情景演练，让孩子置身于各种会引发情绪激动的场景中，然后通过"提问——回答——引导"的方式，让孩子学习怎样去控制情绪。

比如：我们假设"冰激凌掉在地上了"这样一个情景，然后问孩子的感受，孩子通常都会说："我会很伤心。"这时候我们就可以告诉孩子，伤心的时候除了可以哭，还可以将自己的伤心告诉妈妈，妈妈会想办法帮助他一起解决。与"哭"相比，"告诉妈妈"更加有利于问题解决。

另外,在孩子表达情绪的过程中,我们不要打断孩子,让孩子努力地去表达自己,即便他们表达起来很困难,但这个过程,除了他们自己以外,我们谁也替代不了。只有孩子自己学会了如何正确表达情绪,才能逐渐学会掌控自己的情绪。

4. 遵守公共秩序,讲究先来后到

之前在网上看到这样一个帖子,发帖人是一个妈妈。

这个妈妈带着孩子在儿童乐园玩儿,孩子很想玩儿秋千,但是当时正有孩子在上面玩儿,妈妈就带着孩子站在旁边排队等待。等了很久,秋千上的小朋友也没有要下来的意思,孩子的妈妈还配合着孩子越荡越高。此时,来排队玩秋千的小朋友越来越多,他们都在等着这个小朋友下来后自己上去玩儿。

最后,这个妈妈问:"如果你们碰到了这种的情况会怎么做呢?会让给下一个小朋友玩儿吗?"

一个简单的问题,一个常见的场景,一下子引起了网友们的热议。有的网友说:"换作我就不会让,凭什么让人家的小孩高兴,自己家的小孩难受呢?"

也有网友说:"游乐场是公共的区域,理应相互谦让。"

还有的网友说:"她让不让是她的事,这你管不着,你要想玩儿第二天就早点儿去,占上了就别下来。"

后来这个妈妈就听从了第三种意见,第二天她早早

第五章
孩子良好的修养，靠规矩塑造

带着孩子到了秋千旁，打算让孩子玩儿个尽兴。期间也有小朋友过来问："阿姨，我可以玩一会儿吗？"这个妈妈都婉言拒绝了，一直到自家孩子玩腻了，主动从秋千上下来，别的小朋友才有机会坐上去。

这个妈妈原本还体会到了"报复"的快感，直到她看到两个小朋友因为玩秋千争执起来，一个说："我都排了很久的队了，该我玩了。"另一个说："我刚才还排了很久的队呢，别人都不让给我，我凭什么让给你。"

孩子的话，让这个妈妈心中那点"报复"的快感瞬间荡然无存，最后她在帖子里说："我好像做错了。"

这让我想起了之前看到的一条新闻，华人首富李嘉诚资助儿童200万元，富人做慈善本不是什么新鲜事，新鲜的是李嘉诚资助这笔款项的理由。

之前李嘉诚在日本的北海道机场，看到一群戴着帽子、穿得整整齐齐的小孩去参加舞蹈比赛。在搭乘自动扶梯时，小朋友们在完全不认识李嘉诚的情况下，排好队耐心地等待，让李嘉诚先行。因为在孩子们的眼中，李嘉诚是长辈，是老人，理应让老人先行。

孩子们的这一举动，让李嘉诚十分感动。回去后，李嘉诚就给这些小朋友资助了200万元，作为此次旅行的经费，仅仅是因为这群小学生能够在乘坐电梯时，守规矩懂礼貌。

我们可以想一下，一个从小就被妈妈教育"这是你先占上的，你不用让给别人"的孩子，长大以后会是什么样呢？会成为一个愿意安静等候为老爷爷让路

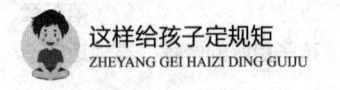

的人吗？

孩子在公共场所表现出来的行为，反映出的是一个家庭的教育水平，甚至是父母的修养问题。那么，我们该如何给孩子定立遵守公共秩序的规矩呢？

❥ 先从家里建立起秩序

在给孩子定规矩前，我们要先给孩子的头脑中灌输"公共秩序"的概念。社会是一个整体，我们每个人都不可能脱离社会独立而活，孩子最终也要走向社会，并且融入社会，那么就应该遵守社会的法则，以维护社会稳定发展。

对于孩子而言，最基本的社会法则之一就是"排队"。大多数孩子上了幼儿园后，就会立刻接触到"排队"的概念，但是我们不能将希望寄托在幼儿园中，毕竟有的孩子在幼儿园可以很听话，但出了幼儿园就是另一番表现了。

所以我们在家里也要建立起"排队"的秩序，比如：吃饭前全家人都要洗手，这个时候就可以规定"先来后到"，而不是孩子最小，就让他先洗。尤其对于孩子多的家庭而言，建立起"秩序"，对平衡孩子之间的关系，也大有帮助。

❥ 严以律己，宽以待人

在我们给孩子定下"遵守公共秩序"的规矩时，往往会遇到这样的情况，就是自己的孩子可以很好地遵守公共秩序，但是别人家的孩子却无法遵守。比如：当我们带着孩子排队等待时，其他的小孩儿做出了插队的行为，这个时候，孩子就会问我们："为什么他可以不排队，我们却要排队呢？"

第五章
孩子良好的修养，靠规矩塑造

在孩子的意识里，父母是他们模仿学习的对象，身边的其他小朋友也是他们模仿学习的对象。针对这个问题，我们可以从三个方面来疏导孩子。首先，从公平公正的角度去说。这个世界上存在着一些不够公平公正的现象，但我们要严格要求自己，约束自己的行为，努力去维护这个社会的公平与公正。

其次，从遵守秩序的角度去说。我们遵守规则，是为了不给他人带去困扰，同时也是保护自己的一种方式。如果人人都随意插队，那么队伍就乱了，最后受到影响的人还是自己。

最后，从人生的角度去说。人和人成长的环境不同，受教育的程度不同，导致人与人之间的行为也会产生一些差异。不同的行为会给自己带来不同的影响，插队的人，会受到他人的指责，而遵守规则的人，会受到他人的尊重。所以，我们要努力做一个遵守规则的人。

⊙ 教会孩子维护自己的合法权益

很多家长教孩子去"争"去"抢"，其根本原因在于害怕孩子受了委屈，就拿排队这件事情来说，我们的孩子老老实实在排队，但是其他小孩儿却无视规则，直接插在了我们孩子的面前，这样一来我们的孩子不就吃亏了吗？

其实，我们要求孩子遵守公共秩序，并不代表着孩子就不可以维护自己的权益。如果别的小孩儿都欺负到头上来了，那么我们也要告诉孩子："你可以反击。"甚至我们可以给孩子做出示范，让孩子学习如何反击。

比如最常见的情况，在游乐场这样的公共场所玩玩具时，我们的孩子拿在手里的枪，被其他孩子一下子夺走了。我们就可以让孩子自己去要回来，告诉对方："这个枪是我先拿到了，我还没有玩够，

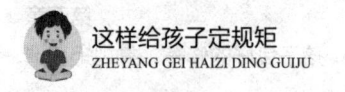

等我玩够了再给你。"

如果事情到这里就结束了，那就算是完美。但如果不行那个孩子告知了自己的家长，那问题就从两个孩子身上上升到了父母身上，一般情况下，如果我们能够跟对方父母讲清楚事情经过，并且提出希望对方遵守次序的时候，对方都会答应。

比较麻烦的是遇到内心也没有规则感的家长，在我们一再强调规则的时候无动于衷，这时候我们就可以找场地上的工作人员出面解决。至于最后解决的结果如何并不重要，重要的是我们希望孩子能够目睹这个过程，并且明白为了自己的权益，可以据理力争。

5. 懂规矩的孩子，在外不做"熊孩子"

我曾经在电影院经历过这样一幕：

我旁边的观众是一个小孩，可能是由于看的电影不是他这个年龄喜爱的内容，所以电影开始没多久，他便有些坐不住了。孩子的妈妈为了安抚住他，便将手机给孩子看。孩子看了一会儿手机，觉得没有意思，便拿起手机对着屏幕晃动起来，因为他发现，他每次举起手机的时候，屏幕上都会出现手机的影子，这让孩子觉得很有趣。

在孩子三番五次这样的操作下，后面已经有观众感到不满了，小声说道："谁家的孩子呀？怎么也不管一管？"

孩子妈妈听到了，露出"不好意思"的表情，赶紧

第五章
孩子良好的修养，靠规矩塑造

将孩子的手拉了下来，并低声呵斥道："你能不能安安静静地坐一会儿？"

孩子正玩得尽兴，结果被妈妈给阻止了，心中自然不愉快。闷闷地坐了一会儿后，孩子说："妈妈，我想回家。"

"你再坚持一会儿哦，电影马上就结束了，我们现在离开，电影票就浪费了呢！"妈妈好言相劝道。

可孩子却没有听进去，吵闹的声音更大了："我想要回家，我不想看电影。"这声音严重影响了大家观影，于是后面有观众忍不住了，大声地说道："赶紧带孩子回家吧，在这里吵得我们都看不好。"

孩子听有人为他说话了，更加大声地吵闹了起来。最后，孩子妈妈一脸无地自容的表情，带着孩子离开了。

在公众场合，最让家长感到头疼的问题，就是孩子大喊大叫或是撒泼打滚，引来人们纷纷侧目。为什么孩子会在公共场所里大喊大叫呢？一来是孩子刚到了一个新的环境，新环境让孩子感到十分兴奋，所以他们会大喊大叫，以表达自己兴奋的心理；二来是因为孩子感到害怕，想要离开，所以会选择大声哭闹的方式迫使父母带他离开；三是孩子在当下的环境中感到无聊，希望通过这种方式能够引起父母的注意；还有就是孩子可能有其他的目的，想用喊叫的方式达到自己的目的。

但无论孩子是出于哪种原因，在公共场合里如此吵闹，都会让家长感到十分尴尬，无法淡定应对。但是碍于是公众场合，我们又不能大发雷霆，所以很多家长宁

这样给孩子定规矩
ZHEYANG GEI HAIZI DING GUIJU

可将孩子放在家里,也不愿意带孩子出门。

其实,我们完全可以通过立规矩的方式,让孩子在公众场合表现得更加有教养,成为懂得照顾他人情绪的好孩子。针对不同的场合,我们可以制定不同的规矩,比如:在电影院,我们就可以制定不许大声说话、随意走动的规矩;在餐厅里,我们可以制定不可以浪费食物、到处乱跑的规矩……

无论是针对什么场景来制定这些规矩,我们的宗旨都是为了告诉孩子,要尊重公众场合里的其他人。那在具体执行这些规矩的时候,我们应该怎样做呢?

▶ 在家里讲好规矩再出门

虽然这个规矩是针对出门在外时定立的,但是却需要我们在家里提前讲好,因为等到了外面再讲就晚了。

如果我们打算带孩子去餐厅,那就提前跟孩子说:"在餐厅要安静,不能大声说话,也不能乱丢食物。如果你做得好,回了家可以吃你最爱的牛奶糖,如果你没有遵守规矩,那今天回家就不能看电视了。"

为了让孩子对公共场合的规矩更加理解,我们可以在家里跟孩子进行一下模拟练习。假设家里是某个场景,如:电影院、超市、公交车等,然后问孩子:"我们在这里可以大声吵闹吗?"孩子如果说:"不可以。"那我们就要立刻对孩子的回答进行肯定,进一步加深孩子对正确行为的认识。

第五章
孩子良好的修养，靠规矩塑造

⊙ 营造独处的环境，让孩子安静下来

孩子当着众人的面又哭又闹，时常让我们觉得面子上挂不住，所以对于一些脾气较好的家长来说，他们很可能会为了让孩子安静下来而选择妥协。但这样做会让孩子觉得"大哭大闹"是个达到目的的好方法，下一次还可以这样做。

正确的做法是，当孩子在公众场合大哭大闹时，我们可以先将孩子带到一个人少的、偏僻的角落里，营造一个相对独处的环境。当孩子离开了原来的环境后，他的情绪就能够得到一定的缓解，同时没有他人的围观，也能让我们的心理放松下来。

等到孩子的情绪渐渐平静下来时，我们就可以帮孩子回忆一下我们之前定下的规矩，如："记不记得我们说过，在公众场合要保持安静？"得到孩子的肯定后，再带着孩子去完成之前没有做完的事情。

⊙ 用更温和的方式对待孩子

对于脾气比较暴躁的家长来说，如果碰到了孩子在公众场合大哭大闹的情况，可能会为了让孩子停下来，而对孩子说："不要哭了，再哭我就走了，不要你了。"事实上，这样恐吓的话语只会吓到孩子，让他们失去安全感，也许还会让孩子哭得更加厉害。

其实，我们只需要蹲下来紧紧地拥抱孩子，先不要急着跟孩子说定立的规矩，就静静地等着，用一种更加温和的方式，让孩子平静下来。一般情况下，没有孩子可以拒绝妈妈温暖的怀抱。

第六章

社交之中懂规矩，孩子更受欢迎

在当今社会，社交已经成为一种非常重要的社会活动，关乎着孩子以后的人生道路。心理专家指出：许多成年人存在不善于社交的情况，多半都是在幼儿时期就没能培养起在复杂的社交活动中从容面对的素养和妥善处理的能力。所以父母应该从小培养孩子的社交意识，教会孩子一些基本的社交礼仪。让孩子在学习待人接物的规矩的过程中，逐渐培养起卓越的社交能力。

第六章
社交之中懂规矩，孩子更受欢迎

1. 与异性玩耍，小小规矩要记牢

女儿上幼儿园中班的时候，有一天回家后对我说："妈妈，我不喜欢我们班的晨晨。"

"为什么呀？"我好奇地问道。

"他总是跟着我，还爱搂我，今天还说要娶我当媳妇。妈妈，什么是媳妇？"女儿一脸好奇地问我。

其实孩子在进入到性别敏感期后，会对异性产生好奇，这是十分正常的事情，但是如果父母不加以正确的引导，那就难免会惹出麻烦来。

于是我问女儿，那你有没有跟他说："你不喜欢他跟着你，不喜欢他搂着你呀？"

女儿摇了摇头，说："他是新转来的，老师说要多照顾他，让我们跟他一起玩。"

我听了点了点头，然后说："老师说得对，我们要团结同学。但如果他的行为让你感到不舒服了，你就要当面告诉他，你不喜欢这样做，希望他不要再这样做了。"

女儿听了，似懂非懂地点了点头，后来挺长一段时间里，没再听到女儿提起这件事。可是没想到，女儿这边解决了她的麻烦，那个叫晨晨的小朋友，却惹上了新的麻烦。

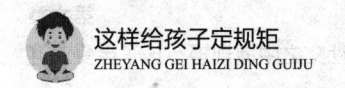

据女儿说,晨晨喜欢上了班里的另一个小女孩,并趁着这个小女孩不注意,亲了小女孩的嘴,小女孩就哭了,当着班里好多同学的面骂晨晨是"臭流氓",这个新鲜词汇一出来,好多孩子都跟着学,不管男孩还是女孩,都指着晨晨骂"臭流氓",甚至还有的孩子一看到晨晨就跑开,嘴里还说着:"臭流氓,你可别亲我。"

听着女儿的叙述,我觉得骂一个小孩"臭流氓"有些太过分了。果然,晚饭过后没多久,家长群里就炸开了锅。先是晨晨的妈妈在群里不点名喊话:"孩子之间的友情是纯真的,只有思想龌龊的人才会用肮脏的语言诋毁孩子。"

小女孩的妈妈立刻回话道:"男女有别不知道吗?你儿子喜欢亲小女生,摸小女生也不是一次两次了,你应该好好反思一下你的教育,而不是在这里指责别人。"

一时间,家长群里闹的火药味儿十足。这件事真是"公说公有理,婆说婆有理",作为家长,我们确实无权去指责别人的教育怎么样,只能致力于将自己的孩子教育好,一来要告诉他们如何保护自己,对让自己不舒服的行为,敢于大声说"不";二来要告诉孩子,和异性朋友之间玩耍,都需要遵守哪些规矩。

> 学会尊重对方

我国曾有着上千年"男尊女卑"的陋习,这也因此导致了现在还有一些人的头脑中残存着"重男轻女"的腐朽的思想;还有一些人则是"矫枉过正",出现了"重女轻男"的现象。

第六章
社交之中懂规矩，孩子更受欢迎

这是个男女平等的年代，男孩儿不比女孩儿尊贵，女孩儿也不比男孩儿金贵，这是父母首先要明确的一点，不要将"重男轻女"或是"重女轻男"的思想传播给孩子。否则孩子就会出现不尊重异性，在语言和行为上诋毁异性的行为。

因此，无论是男孩儿还是女孩儿，在相处过程中首先要做到尊重对方。有了以尊重为前提，孩子才会在交往或游戏的过程中产生"边界意识"，明确什么行为可以有，什么行为不可以有，女孩子会更加端庄大方，男孩子也会更加彬彬有礼。

▶ 学会保护自己

现在的孩子接触信息的渠道十分广泛，什么电视啊、网络啊、书籍啊等等，都会过早地给孩子传达出"爱情"的信息。有一些儿童书籍和动画片堂而皇之地描写和演绎谈恋爱的场景，使得孩子小小的年纪，心里就已经有了"男朋友""女朋友""结婚"等概念。

这不能算是一件绝坏的事情，但也绝不是一件好事情，因为这里还涉及到一个更深层次的概念，那就是该如何保护自己。据悉，现在医院里未成年人打胎的比例在直线上升，最小的只有十二岁。而这些孩子并不是缺少父母管教的孩子，有的孩子甚至出生在非常好的家庭，只是他们缺少性教育，不懂得该如何保护自己。

性教育，是孩子成长过程中必上的一堂课。不管是男孩儿还是女孩儿，我们都应该让孩子从小就明白"男女有别"，只有明白了这其中的利害关系，才能拥有保护自己、尊重他人的意识。"

此外，到了一定年龄，家长要力所能及地进行更高层次的教育，即初步的人生观、婚姻观的教育。

> **不要太过于拘谨**

有的父母比较重视孩子与异性朋友之间的交往,所以总是表现出一副很紧张的样子,小朋友之间拉拉手,搭搭肩,都是表示友好的行为,所以父母不必上纲上线,这样只会让孩子在与异性的接触中变得拘谨起来,男孩子高冷不理人,女孩子拒人于千里之外,这样并不利于孩子与异性之间的正常交往。

与异性之间交往虽然不同于同性之间的交往,但是也没有必要视对方如"洪水猛兽",相反,孩子与异性相处,还有很多好处。首先,孩子将来要走向社会,在社会中会遇到各种各样的人,从小就懂得人际交往之间的规矩,更有利于孩子提高自己的社交情商。其次,从宏观的角度来看,女孩和男孩之间存在着差异,无论是性格,还是智力等,比如:男孩在大运动方面领先,而在精细动作发育上要比女孩慢,经常一起玩儿,可以让他们相互学习。

所以,我们只需要告诉孩子如何正确与异性朋友相处,如何正确表达自己对异性朋友的喜欢就好,并鼓励孩子落落大方地与异性朋友相处。

2. 告诉孩子,随便打断别人说话不礼貌

"大人说话,小孩别插嘴",这句话很多人在小时候听到过,当还是孩童时期的我们兴致勃勃地想要表达自己的观点时,却被父母绷着脸要求"不许插话"时,那种委屈无以名状,并且直接影响到了我们长大后的自

第六章
社交之中懂规矩，孩子更受欢迎

我表达能力。

其实，孩子爱在父母聊天时插话，一是希望自己能够引起他人的注意，这种情况往往是因为家长聊得太过热火朝天，而忽略了孩子的感受，所以孩子急于找到存在感。二是孩子所处的年龄段所致。当他们听到大人们谈话时，为了"露一手"，展现下自己的"本领"，所以打断大人的谈话。三是孩子的性格所致，有些孩子天生语言表达能力强，所以遇到自己感兴趣的话题时，就要表达一下自己的观点。

女儿有段时间就非常能说，不管大人在讨论什么问题，只要是其中有她的"兴趣点"，她都要急于表达自己的观点，即便是家中有客人时也是如此。只要不影响大人的谈话，大多数情况下，我都会给她发言的机会。

有一次，爱人的领导来家中做客。在聊天的过程中，女儿一直饶有兴趣地坐在一旁听着。但过了一会儿，她不甘于只做一个"听众"了，于是便跑到我面前，不停地叫："妈妈……妈妈……"当我的视线转移到她身上后，她立即想将自己所知道的内容告诉给我。与此同时，爱人的领导也在说话。

我很想对女儿说："自己到一边玩去，爸爸妈妈有正事要谈。"但是转念一想，这样说与"大人说话，小孩别插嘴"又有什么区别呢？于是到了嘴边的话变成了："宝贝，你可以等一会儿再说吗？等晚上睡觉时，你悄悄告诉妈妈好不好？"

"嗯……那好吧。"女儿虽然有些扫兴，但是她还

113

是同意了我的建议。后来我发现，这是个很不错的方法。

我在学校上课的时候，也经常有孩子急于表达自己的观点，而他的观点往往与讲课的内容无关，如果让孩子继续讲下去，不但会破坏课堂气氛，还会拖延讲课时间。这个时候，我就会对那个学生说："这个问题咱们留在课下再谈论好吗？"通常，孩子都会选择乖乖地闭上嘴巴，等着下课时再与我讨论。

不管是大人说话时，还是在老师讲课时，孩子插嘴都会被认为是不礼貌的行为。但无论是哪种情况，不可否认的是，让孩子拥有话语权，对其今后的语言表达能力有很好的促进作用。所以我们万不可强行制止孩子发言。但如果一味地纵容，又无法让孩子掌握到人与人之间轮流发言的应对秩序，这将会影响孩子的人际关系。

这时，我们就需要一些小规矩来约束孩子的行为，具体该如何制定呢？

▷打电话时让孩子学会"安静"

许多父母都遇到过这样的问题，就是在我们打电话的时候，孩子总是在一旁"妈妈、妈妈"地叫个不停，有的甚至还会跟父母抢着通电话。这个时候我们往往都会十分生气，觉得孩子太不听话了。

实际上，孩子这样做是因为他们觉得电话"威胁"到了他们的地位，仔细回想一下孩子抢电话的时候，大多都是因为父母前一秒还在陪孩子玩儿，后一秒接起电话就不理睬他们了。所以在孩子的意识里，是电话抢走了他们的"爱"。

针对这种情况，我们可以在接电话前，先问问孩子："妈妈要

第六章
社交之中懂规矩，孩子更受欢迎

接个电话，你是选择坐在妈妈旁边安静的玩玩具，还是到屋子里找爸爸呢？"给了孩子选择权，孩子就可以感受到自己拥有了某种控制能力，同时他们也感受到了父母并没有完全忽略他们。通常，他们就会从中选择一项，然后不再打扰父母接电话。

需要注意的是，我们要给孩子明确的选择，不要问一些答案模糊不清的问题，比如："妈妈打电话，你想干什么？"这样问的话，我们与孩子之间就可能陷入无休止的争论之中了。

▶ 让孩子学会等待

很多时候孩子插嘴，是因为他们并不知道自己在这个时候说话不合适。因此，我们就需要跟孩子商量好，什么时候可以说话，什么时候不可以说话。

在我们不加以制止的时候，就说明孩子可以发表自己的建议；但如果我们说："宝贝，大人有些事情要谈，你先自己去玩儿，有什么话我们晚上悄悄说，好不好？"那就是告诉孩子，这个时候他不能发表意见。

这一点需要我们提前跟孩子说，就像事先商量好暗号一样，只要这个"暗号"一出现，孩子就要明白，接下来的场景他需要保持安静，因为大人有正事要谈，不适合小孩子发表意见。如果孩子很好地遵守了这一协定，记得要及时肯定孩子的表现哦。

▶ 利用游戏培养孩子的秩序感

一般孩子在上了幼儿园之后，就已经具备了"先来后到"的概念了，他们懂得滑梯要轮流玩儿，这样才能形成良好的秩序。我们可以利用这一点来打比方，告诉孩子，滑滑梯需要轮流玩儿，说话

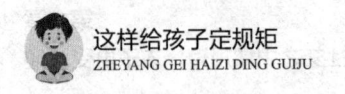

也是一样，在别人没有将话说完时，我们不要随便插嘴，想说的话，可以等别人将话说完自己再说。

另外，"一问一答"也是一个不错的办法。具体做法是，我们与孩子面对面坐在一起，然后问孩子："你今天在幼儿园都干什么了呀？"

在孩子回答的过程中，我们要表现出认真倾听的样子。孩子说完后，我们再发表意见，再让孩子问一个问题，我们来回答。如果孩子在我们回答的过程中忍不住插嘴，我们就可以用手势示意他们先不要讲话，等我们讲完了，再给他们讲的机会。

3. 分享的"天性"需要后天来培养

孩子在小时候，大多都是"自私"的，因为他们的道德认识发展是直观的，是以自我为中心的，没有主观的责任感。因此他们很少考虑到别人的感受，更不能客观地看待问题，所以产生了一系列在父母看来十分"自私"的行为。尤其是当家里来了"入侵者"时，他们就会将这种"自私"发挥得淋漓尽致。

记得有一次，姑妈家出了点事，无奈之下只能将家里的小孙子先放在我家，让我母亲帮忙照看。有小弟弟陪着玩儿，我女儿本是很高兴的，但是只玩儿了一会儿，他们之间就产生矛盾了。

小弟弟想要拿女儿的万花筒看一看，但女儿就是死

第六章
社交之中懂规矩，孩子更受欢迎

死抓在手里不愿意松开，母亲怕人家的孩子在我们家受了委屈，便让女儿让出万花筒，还跟女儿说："小弟弟是客人，你是主人，你要照顾好小弟弟。"

可是女儿就是不愿意，而且还将摊在桌子上的玩具一股脑儿都塞进了抽屉里，然后整个人挡在抽屉前，说："这都是我的玩具，不给弟弟玩儿。"

母亲一听便生气了，训斥女儿道："弟弟好不容易来咱们家做客，你怎么能这么小气呢？你怎么当姐姐的？"

被骂的女儿不服气，噘着嘴巴看着母亲，就是不肯做出让步。我见状，只好先和起了"稀泥"，抱起小侄子说："走，表姑带你去那屋玩儿，那屋有个大皮球，我们滚皮球玩儿，好不好？"说完，我特意看了看女儿，希望她能够冷静下来，意识到自己的错误。

小侄子点点头，女儿却不乐意了，抓着我的衣角说："妈妈不许跟弟弟玩儿！"

"为什么呀？弟弟这么可爱，妈妈喜欢弟弟。"我本意是想激发女儿对弟弟的喜爱之情，结果却无意中打翻了女儿的"醋坛子"。原本只是不愿意让弟弟玩玩具的女儿，现在变得不肯让妈妈接近弟弟了。

她抱着我的大腿，整个人像考拉一样"挂"在我身上，说："你是我妈妈，不能抱弟弟，不许抱弟弟。"

见女儿如此不讲理，母亲强行将女儿抱了起来，一边给她讲道理，一边让她懂事听话些，可女儿丝毫听不进去，一直在母亲怀里使劲儿挣扎。结果女儿对小弟弟的敌意一直持续到小弟弟的妈妈将他接走。

其实不愿意与其他孩子分享自己的玩具、零食等，这是孩子的天性，我们需要尊重孩子的自我成长，不能在孩子表现出"自私"的时候，对孩子进行批评或是打骂。但是孩子终究要长大，要走向社会，他们又不得不学会与人交往的能力，这就需要孩子懂得与他人合作与分享。如果我们一味纵容孩子的"天性"发展，那么孩子就会变成自私自利的"小气鬼"。

所以，当孩子稍微长大一些，开始尝试着与外界接触的时候，我们就要给孩子定下"乐于分享"的规矩了。

▶ 先给孩子灌输"分享"的理念

给孩子灌输"分享"理念，不是对着孩子讲一些枯燥无味的大道理，而是从生活中的点点滴滴做起，一点点地将"分享"的理念渗入到孩子的头脑中。

比如：我们买回家的水果，在洗干净以后，不要放在桌子上等着大家自己拿着吃，而是让孩子分给大家吃。或者是在给孩子买了好吃的时候，不要只顾着让孩子吃，可以对孩子说："给妈妈吃一口好不好？"也可以让孩子拿着分给家里其他人尝一尝。

很多孩子之所以不愿意与人分享，很大的一部分原因在于他们根本不知道何为"分享"，因为在家里的时候，无论是吃的还是玩儿的，都是他一个人的，就算他偶尔出现将好吃的给家人尝的行为，也会被家人说："妈妈不吃，你多吃点。"或者"妈妈不爱吃，这就是给你买的。"这样一来，孩子就失去了学习"分享"的途径了。

另外，通过一些内容跟"分享"有关的绘本故事，也可以给孩子灌输"分享"的理念,并且会让他们印象深刻。

▷ 用情景演练的方式,教会孩子"分享"

当孩子懂得了什么叫作"分享"后,我们就要教孩子怎样"分享"了。孩子最喜欢的学习方式就是游戏,我们可以通过玩"过家家"的方式,与孩子进行"分享"。

比如:我们充当小主人,让孩子充当来家里做客的小朋友,然后我们拿出玩具来和孩子一起玩儿,或者拿出美味的食物,与孩子分着吃。我们做完一遍后,再与孩子进行角色转换,让他们来当小主人,我们来当小客人,让孩子来招待我们。这个过程当中,我们就可以清晰地了解到我们的教学成果怎么样了,如果孩子中途没有做到"分享",我们就可以提醒他们一下,等他们做到了以后,再告诉他们:"以后小朋友来家里做客,你就可以这样招待他们。"

▷ 利用"共情"让孩子感同身受

有句话叫作"隔岸观火不如身临其境",意思就是说,无论什么事情,只有亲身体验过,才能够真正地理解。分享这件事也是如此,孩子不愿意跟其他小朋友分享时,他们是无法体会被拒绝的小朋友的心理状态的。

因此,我们若想孩子对"分享"有更深一层的理解,就要想办法让孩子产生"共情",比如:当孩子不愿意分享时,我们可以问他们:"如果是你到小朋友家做客,小朋友什么也不愿意给你玩儿,你心里会怎么想呢?"

对此,大部分孩子都会回答说:"我心里会很难受。"

这时我们就可以接着说:"所以啊,你不跟别人一起玩儿,别人也会难受的。"

如果孩子对此无动于衷,那么我们可以在带着孩子去别人家玩儿时,让孩子体验一下这种"难过"的情绪,事后再告诉他们"己所不欲勿施于人"的道理。

4. "爱打招呼"的孩子人人爱

我家楼上的一个大爷,特别喜欢我女儿。因为每次女儿见了他,都会甜甜地打个招呼说:"爷爷好。"所以大爷每次见到我,都会夸奖女儿说:"你们家的小女儿太懂礼貌了。"殊不知,我女儿曾经也是一个害羞的小姑娘,见了人就往我身后躲,别说打招呼了,连别人多看她两眼,她都会觉得不好意思。

记得有一次我在接女儿放学的路上,遇到了我一个很久不见的朋友,我激动地拉着闺女说:"快,叫阿姨。"朋友也很激动,一脸期待地等待着女儿跟她打招呼。结果女儿却一下子闪到了我身后,说什么也不肯露面。

朋友很想好好端详端详女儿,便伸手去拉她,并说道:"别害羞嘛,让阿姨看看最近又长高了没有?"

朋友越是热情,女儿就越是退缩,把我弄得十分不好意思,心想着女儿平时也挺活泼的,怎么打个招呼还这样扭扭捏捏呢?于是硬是将女儿从我身后拽了出来,命令她道:"赶紧叫阿姨啊!今天怎么这么胆小啊?"

第六章
社交之中懂规矩，孩子更受欢迎

说完，还用眼神示意女儿，但是女儿还是躲躲闪闪的，就是不愿意开口。还好这时朋友及时说道："快别勉强孩子了，孩子还是那么小的时候见过我，这么长时间没见，肯定陌生。"

我连忙借着"台阶"下来了，说："是，她就是有点儿胆小。"

后来，我们又寒暄了一阵子才相互道别，这其间女儿的情绪一直很低落，直到回了家也没怎么说话。此时，我开始意识到自己之前的做法有些不妥，回想起自己小时候被母亲带出去时，所承受的"打招呼"的恐惧感，现在我又把这种"恐惧"强加在了孩子身上，我这是"己所不欲勿施于人"吗？更何况，我逼迫孩子开口打招呼，更多的是自己的虚荣心在作祟，想让孩子给朋友留下"懂礼貌"的好印象。而且只因为女儿不愿意，就给孩子贴上了"胆小"的标签，这对孩子而言，实在是不公平。

于是，我利用哄女儿睡觉的机会向她道了歉，表示自己不该在别人面前说她"不好"，女儿就像小天使一样，并没有跟我计较，而是说出了她的心里话。她说自己并不认识那个阿姨，也不知道该跟阿姨说些什么，所以才选择了不肯开口。

我们该如何给孩子制定"见人打招呼"的规矩呢？

尊重孩子的能力，不要强迫孩子

通常而言，大部分孩子在一岁半左右，就可以说一些单个的词语了，在这个阶段，家长通常都会教给孩子一些称呼，比如：

叔叔、阿姨、伯伯等，目的就是为了孩子在见到这些人的时候能够脱口而出。

提早做准备是对的，但是却不能心急，因为对于这个年龄段的孩子来说，训练他们打招呼还不是最好的时机。因为从六个月开始一直到一岁半期间的孩子都处在依恋敏感期的爆发阶段，他们见了陌生人会十分害羞，甚至感到不安，所以会做出紧紧抱着父母的行为。如果父母此时离开他们身边，他们还会着急哭泣。

这些都是孩子在这一时期的正常表现，所以父母万不可以给孩子过早贴上"内向""胆小"的标签。等到孩子过了这个依恋敏感期后，他们对陌生人就不会这样排斥了，我们再开始给孩子定"见人打招呼"的规矩也不晚。

▶ 对内向的孩子多一点儿耐心

见到人愿不愿意开口打招呼，跟孩子的性格有很大关系，性格内向的孩子比较慢热，内心也比较敏感，他们适应一个新环境往往需要更长的时间。基于此，我们在让内向型的孩子打招呼时，就一定不能着急，要先给孩子一些时间，去适应当下的环境以及眼前的这个人。

如果孩子适应以后，不愿意主动开口，我们就可以提醒孩子一句"要叫阿姨哦"，不要想着批评或是惩罚孩子，也不要用强制性的语言，如：必须、一定等，来逼迫孩子立即开口。如果我们提醒了孩子后，孩子还不愿意开口，我们就可以主动给孩子做个示范，如："阿姨好"，一旦孩子主动开口打招呼了，我们就要立刻给予孩子肯定。

但如果孩子始终没有开口，我们也不能对孩子说"你没有礼貌"，

第六章
社交之中懂规矩，孩子更受欢迎

或是"你不乖"这样的话语，这样的评价会让孩子很难过，以为自己犯了错误。而实际上，见人打招呼这样的行为，与骂人打人不同，没有涉及原则性的问题，所以我们不必给孩子太多的压力。

对于缺少社交经验的孩子来说，他们需要的是时间和理解。这里有一个小技巧，孩子虽然不爱问好，但是却很爱说"再见"，所以当孩子不愿意开口问好时，我们可以在与别人分开时，让孩子和别人说"再见"，这对孩子而言比较简单，也更愿意接受，而且还缓解了我们因为孩子不愿意开口问好而产生的尴尬。

⊙ 正确引导外向型的孩子

外向型的孩子与内向型的孩子恰恰相反，他们活泼又热情，很愿意和主动打招呼，但问题是他们常常会用错方式。比如：看到熟悉的小伙伴了，他们会上去就拍人家两下，或者推推人家的脑袋。对于一些敏感的孩子而言，这样的行为就可以称之为"打人"了，但实际上，这只是外向型孩子打招呼的方式。

因此，我们要及时教会外向型的孩子正确打招呼的方式。对于外向型的孩子，我们可以使用一些带有强制性的词语，如：对孩子说"见到人一定要打招呼哦"。

当孩子明确了这个规矩后，我们就要着手教他们了。这里可以使用"演练"的方式，即我们对孩子说："你好啊！"然后引导孩子说："妈妈你好。"我们还可以充当一下其他的人，如：邻居的阿姨、楼下的奶奶、孩子的好伙伴等，分开角色与孩子进行练习，相信孩子很快就能掌握正确的打招呼的方式。

5. 在别人家要做个有规矩的小客人

近两年特别流行盲盒，我的一个喜欢收藏的朋友十分沉迷于此，她专门为自己的盲盒人物买了一个玻璃柜，将这两年拆出来的限量款、珍藏款等都陈列在了里面。

我第一次带着女儿去他们家时，女儿趴在玻璃窗前看了许久，朋友则站在一旁认真地给女儿讲解每个"人"都叫什么，有什么来历。我看出女儿满脸向往的表情，不过令我欣慰的是，从始至终她都没有说出"我想要一个"这样的话语，只是站在那里观看，一直到我们离开。

可当我第二次带着女儿去她家时，赫然发现柜子上多了一把锁，看着我吃惊的表情，朋友连忙解释说："可别误会啊，不是为你们而锁的，我是怕我那小侄子又来。"

原来，在此之前，朋友的表侄子到她家玩了一天，正好朋友不在家，等她回来的时候，发现所有的人物都不在原位放着，而且还少了三个。这让朋友当场暴跳如雷，随即就买了这么个锁回来，意在告诉所有人："里面的东西很贵重，不能动。"不明白的人可能觉得朋友有些兴师动众了，明白的人就知道且不说这些盲盒花了多少钱，关键是有的款是珍藏款，不但再也买不到了，而且还一直在升值。

朋友的母亲也不知道这些，只是以为是小孩儿玩的

第六章
社交之中懂规矩，孩子更受欢迎

玩意儿，所以当朋友的表侄子死活要拿出来玩儿时，朋友的母亲就同意了。那孩子拿着这些人物，玩了一天的"打仗"游戏，最后走的时候，因为太喜欢其中的三个，便说什么也不愿意放回去。

朋友的母亲不想让人以为自家小气，便擅自做主送给了小孩子。朋友考虑了良久，还是硬着头皮向侄子家提出归还的要求，结果人家却说早就不知道扔哪去了，什么时候找到什么时候再还吧。

朋友说到这里，忍不住夸赞了一下我女儿，说："还是你女儿懂规矩，知道别人家的东西不能乱动。"

这得归功于我给女儿规矩立得早，在我感觉可以带她到别人家玩儿时，就给她立下了一条规矩——除非得到主人的允许，否则别人家的东西不能乱动，也不能乱要。

起初女儿也不太能坚守这个规矩，到了别人家总是很好奇，这个也想看看，那个也想摸摸，甚至还动手打开别人家的抽屉看了看。事后回了家，我说出了她的错误，并取消了那个星期要带她去游乐场的计划。

除此之外，我还给女儿制定了别人家要吃饭、休息时必须回家，以及"玩完以后要帮忙收拾现场"的规矩。有了这些规矩的制约，女儿到别人家时，总能成为那个受人欢迎的小客人。

因此，要解决上述的问题，便需要相应制定一些规矩。在制定这些规矩以及实施这些规矩时，大家可以参照以下方法：

这样给孩子定规矩

▶ 给孩子找到行为"参照物"

孩子就像是一个小树苗,他们会本能地朝着有阳光的方向生长。所以,我们可以利用孩子这种"求好"的心理,给孩子找一个榜样,让他们找到自己的行为"参照物",这样孩子就会变得越来越好。

在孩子的小伙伴中,一定有一些十分懂礼貌守规矩的小孩儿,当这些小孩儿来家里做客时,家长就可以将他们行为做得好的地方记下来,然后等着这些小朋友离开后,与孩子一起讨论一下这些孩子都哪里做得好。人人都说"懂礼貌的孩子走到哪里都受欢迎",孩子也会欢迎这样的小朋友来家里做客,也许有的小朋友不会乱翻玩具,也许有的小朋友会礼貌地和家里的大人打招呼……总之做得好的地方,自家的孩子也会深有体会。

而在这个体会的过程当中,就是他们学习的过程。不过需要注意的是,我们可以夸别人家的孩子好,可以客观地对别人家孩子的行为做出评价,但是不能做对比,切忌"捧一踩一",要知道孩子最讨厌和别人进行对比。因此,单纯地夸可以,千万不要拿自己的孩子和别人家的孩子进行对比。

▶ 制定"双向"的规矩

前面我们说到"定规矩要做到一视同仁",即规矩定下了,每个人都得遵守。在孩子去别人家做客这个规矩上,也应该如此。当我们给自己的孩子规定到别人家不得乱翻人家抽屉时,那么这个规矩在自己家也要得到执行,否则孩子就会不服气,凭什么他可以随便动我的东西,我却不能随便动他的东西?

也许有的家长会觉得为难,管自己的孩子是天经地义,管别人的孩子就有些说不过去了。这个问题很好解决,我们不方便说的话,可以让孩子去说。如果小朋友随意翻动家里的东西,而这个规矩正是我们给孩子制定的要求他去别人家遵守的规矩,那么孩子就会对小朋友说:"这个抽屉的东西不能乱翻。"

这样一方面可以避免一些"熊孩子"在家里肆无忌惮地捣乱,也可以让孩子对"到别人家该怎么做"有更加清晰的认识。

▶ 说明"自己家"与"别人家"的不同

对于初次做"小客人"的孩子而言,他们可能还不知道自己家与别人家有什么区别,所以到了别人家就像进自己家一样,随意地坐在沙发上,光着脚到处跑来跑去,想上床上床,想下地下地。

捣乱的行为在自己家可以有,在别人家就是不懂规矩的表现了。所以我们要及早给孩子灌输"自己家"和"别人家"的概念,让孩子先在概念上有所区分,然后再告诉孩子哪些事情在自己家可以做,到了别人家不能做。

只有知道自己家和别人家不一样,孩子才能知道具体的行为准则是什么,从而更好地执行父母给定下的规矩。

第七章

家庭，是规矩最好的养成所

家庭，对孩子而言，是温暖的港湾，是成长的摇篮，有位优秀的教育家说过："优秀的品格，只有从孩子还在摇篮之中时开始陶冶，才有希望在孩子心灵中播下道德的种子。"因此，我们要给孩子创造一个良好的成长环境，让孩子从出生起就拥有良好的家庭教育，这样孩子才能养成种种良好的习惯。

第七章
家庭，是规矩最好的养成所

1. 给"小小电子迷"制定规矩

随着科技的进步，电子产品的普及，几乎每家每户都有电视、电脑和手机。这些电子产品在给我们生活带来便利的同时，也给我们带来不少麻烦，首当其冲的麻烦，就是家里的孩子都成了小小的"电子迷"。且不说电子产品里的内容是否都经过了筛选才被孩子看到，单说电子产品对人类健康产生的不良影响，就不是一星半点。

表姐生她家二宝的时候，因为涉及住院、坐月子等事情，不能将大宝带在身边，只能选择让大宝先跟着爷爷奶奶住一段时间。

爷爷奶奶为了安抚大宝，使出了"杀手锏"——手机，只要大宝吵着要妈妈，奶奶就赶紧将手机奉上，没出三天，大宝就对手机了如指掌了，奶奶不会用的地方，还得"请教"大宝。

等到表姐坐完月子，将大宝接回家时，才发现大宝多了个毛病，睡觉前必须要看着手机才能睡，不给看手机就睡不着；吃饭的时候也要看手机，否则就不肯吃；妈妈没时间陪她的时候，也要看手机，否则就感到无聊。

所以最初回家的几天，大宝几乎一天要哭上七八回，回回都是因为表姐不让她看手机。哭了这么几天后，大宝居然不再吵着闹着要看手机了，表姐以为孩子成功戒掉了"手机"。直到有一天，表姐哄二宝睡着以后，听到客厅里的大宝一点儿声音都没有，感到很好奇，便起身出来看，发现大宝正抱着手机躲在客厅的角落里看得津津有味。

表姐十分震惊，心想：为了不让孩子看手机，特意将手机设置了密码，没想到密码都锁不住孩子想要看手机的那颗心。后来表姐更换了密码，大宝也没说什么，但过了没几天，大宝就将表姐的手机密码破译了。

后来表姐见设密码的方式不管用，干脆采取了"听之任之"的态度，让她一次玩儿个够，结果大宝就真的可以拿着手机看一整天。

这恐怕是很多家庭正在经历的问题，大人为了图省事，就用电子产品来"打发"孩子。结果等孩子玩上瘾了，再想方设法让孩子"戒掉"电子产品，这谈何容易呢？就像"病来如山倒，病去如抽丝"一般，电子产品上瘾很容易，但是要再想让孩子从电子产品中抽离出来，可就不是一件容易事了。

根据美国儿科协会的建议，18个月以下的孩子禁止接触电子屏幕，2~5岁的孩子，每天使用电子产品的时间不能超过1个小时，而且不可以用电子产品代替亲子之间的互动，更不能占用睡眠、社交和运动的时间。因此，关于电子产品的使用规矩，我们要及早定立，及时执行。

第七章
家庭，是规矩最好的养成所

那么我们该怎么给孩子制定关于使用电子产品的规矩呢？

> 规矩要具体明确，不要含糊不清

在给孩子制定这方面的规矩时，首先我们内心一定要十分明确自己的希望，我们希望孩子使用电子产品多长时间？孩子看了电视，还可以再看电脑或是手机吗？明确了这些内容后，我们就可以着手给孩子定规矩了。可以规定孩子每天只能看一个小时的电子产品，然后让他自己选择时间段，是上午看？还是下午看？或者是晚上看？

如果我们对时间段有要求，那么再给孩子提供选择时，将范围设定在我们要求的范围内。然后还可以让孩子自己确定，在这一个小时内，他是选择看电视，还是选择看手机。选择可以变，但是无论选择什么，每天都只能看一个小时。

需要注意的是，我们必须将时间明确地做好规定，不要用"一会儿"这样模糊的词语进行规定，至于如何让孩子计时，前面提到的沙漏和做标记的方式，同样也可以在这里使用。

> 提前提醒，强制执行

在规矩规定的时间快要到来时，我们要提前提醒一下孩子快到时间了，让孩子有一个心理准备，然后时间到了就要按照要求关掉电子产品。

如果孩子做到了，那么我们就要及时给予孩子鼓励和肯定。但如果孩子做不到，我们就可以告诉孩子："你该关电视了，如果你

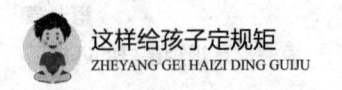

不关，那我就要关了哦。"然后观察孩子的反应，如果孩子主动关了，那么我们依旧要给予孩子鼓励和肯定。

如果经过我们的提醒，再提醒，孩子依旧做不到的话，那么我们绝对不能"手软"，该出手就得出手。有些妈妈可能会觉得孩子正在看的内容很有意义，便生出想要让孩子看完的念头。这样的话，孩子就会轻视规矩，认为"只要我不说，妈妈就不会管我"。

实际上，有意义的节目不是今天演完，明天就不演了，而是今天没有看完，明天仍旧可以接着看。更何况，一个好规矩的养成要比一档有意义的节目让孩子更加受益终生。

这里需要注意的是，如果孩子不守规矩，我们强制执行就可以了。千万不要说威胁孩子的话语，如："你再不关电视，明天就不许你看了。"这样威胁的语言，只会让孩子情绪崩溃，对规矩产生逆反的心理。

▶ 不要将电子产品当作"哄娃儿神器"

有时候父母给孩子看电子产品，往往是出于无奈之举，比如：带孩子出去吃饭，孩子早早吃完了就开始捣乱，影响了大人之间的交谈时，父母往往会拿出手机说："别折腾了，手机给你看。"

这虽然可以帮我们解决一时的问题，但是却给我们立规矩留下了巨大的隐患，实在不是一个好办法。

如果我们在生活中会遇到以上类似的问题，需要做的是，在出门前准备好孩子喜欢的玩具，或是其他有趣的东西，比如：绘本、画笔、桌游等等，在孩子感到无聊的时候，将这些东西给他们，既可以起到安抚孩子的作用，也可以让我们的规矩得到更好的贯彻执行。

第七章
家庭，是规矩最好的养成所

另外，这个办法不仅仅适用于出门在外使用，在家中也可以使用，当孩子哭闹着不肯听话时，我们与其用电子产品来安抚孩子，不如选择一些其他的物品来代替手机。实际上，对于孩子而言，父母的陪伴永远比电子产品更具有吸引力。

2. 规矩立得早，孩子生活习惯好

在我女儿的学校里，坐座位的方式采取的是轮换制，每个星期孩子们都会按照顺序换位置。每次换位置女儿都很高兴，因为这样她就有机会距离自己的好朋友更近一些。只有一次，她表现出了不愿意的样子。

在换座位的前一天，她忧心忡忡地跟我说："妈妈，你能不能跟老师说一下，我不想坐在姜晨的位置上。"

原来女儿下一次要换的位置，现在坐着一个叫姜晨的小男孩儿。我感到不解，问道："为什么呀？"

女儿扭捏了半天，才说道："他的桌子和凳子都太脏了，我不想坐。"

"大家不都是一样的课桌椅吗？为什么他的那么脏呢？"我问。

"我就坐在他后面，我看到他上课的时候，总是把抠下来的鼻涕抹在桌子下面，有时候抹在椅子下面，太恶心了。"女儿皱着眉头说道。

133

这确实有些不讲卫生，女儿不愿意坐也是很正常的表现，但是就因为这样的原因就跟老师提出换个位置，会不会又有些小题大做了呢？毕竟女儿不坐那里了，还会有其他同学坐在那里，这样对别的孩子也不公平呀。但是看着女儿愁眉苦脸的样子，我还是拿起了手机，将女儿内心的顾虑说给了老师听。

一会儿老师就回了信息过来，老师表示十分能理解，因为不止一个孩子在换座位前跟老师沟通过这个问题，甚至有胆大的孩子当场提出不愿意坐在姜晨坐过的地方。老师为此也很头疼，私下里教育过几次姜晨，也跟他的父母反映过这个问题，但是这孩子似乎已经养成了习惯，总是改不掉。

最后，老师让女儿放心，因为老师在放学后，将课桌椅全部擦洗了一遍，而且还是用消毒药水擦洗的，绝对不会有鼻屎留在上面。

虽然个人生活习惯只是一件微不足道的小事，但是它却反映着一个人的生活情趣和精神面貌，孩子也有自己的自尊，也不希望自己给别人留下一个邋里邋遢的形象。而且，孩子不讲卫生不但会对自己的身体健康会产生影响，还会影响孩子在他人眼中的形象，给孩子的社交造成障碍。

我们若是希望孩子注意卫生，拥有健康的身体，除了父母自身要养成良好的卫生习惯，给孩子树立良好的榜样外，还要耐心地指导孩子，从小给孩子定立下关于

第七章
家庭，是规矩最好的养成所

生活习惯的规矩，如：早晚洗漱、定期洗澡、保持衣物整洁、饭前便后洗手等。

那么我们该怎么去制定生活习惯方面的规矩呢？

⊙ 卫生习惯，需从小培养

如果小时候父母任由孩子每天灰头土脸，穿着邋里邋遢，那么等他懂事以后，再去要求他要注意个人卫生，一时半会儿是无法达成所愿的。所以，良好的习惯需要从小培养。

当孩子一岁以后，虽然他们还无法用语言良好地表达自己，但是当我们用语言加行为反复做示范之后，孩子还是可以很好地理解一件事情的。这个时候我们就可以着手给孩子制定一些生活习惯方面的规矩了，但是由于孩子年龄还小，一些事情不是我们说一两句孩子们就能记住并且做到的，我们一定要拿出十足的耐心，不厌其烦地去指导孩子该怎样做。

为了让孩子更快更好地掌握我们定下的规矩，在制定规矩的初期，我们要陪着孩子一起做。比如：我们要求孩子饭前洗手，就要在开饭前，带着孩子一起进卫生间，然后一起洗手，并为孩子演示正确的洗手方式。而不是我们自己坐在饭桌前，然后对孩子说："去洗手，洗过手才能吃饭。"

⊙ 制作一张"日常生活习惯表"

给孩子定立生活习惯方面的规矩时，难的不是给孩子制定单个的规矩，而是怎么样让孩子把每一件事情都做到。这里将孩子要养成的卫生习惯做成表格，并设立好奖励机制，就可以帮孩子很好地形成卫生习惯，同时也可以避免我们唠叨孩子。

"日程生活习惯表"的做法并不难，在孩子小的时候，我们可以把孩子每天必须要做的事情，用图画的形式罗列出来，然后在每个图案的后面标上一段时间的日期，每天孩子完成了一项，就在当天的框框里给孩子画个"√"。

至于图画的问题，会画画儿的父母可以画出相关的图标，不会画画儿的父母可以把孩子做每件事情时的样子拍下来，然后打印出来贴在表格上，总之只要可以让孩子明白每天都要做什么就可以了。等孩子再大一些能认字了，我们就可以将图片替换成文字，让孩子继续照着执行。

如果孩子能够坚持下来，并且坚持得很好，我们就可以考虑给予孩子奖励，比如：孩子做到了一个星期中，每一天都圆满地完成了"任务"，我们就可以奖励孩子去一趟游乐场，或是多吃一颗糖等等。

▶ 让孩子自己决定表格的内容

日常生活习惯表的存在，是为了提醒孩子什么时间做什么事情，而不是我们用来控制孩子的工具。所以在制定表格内容的时候，我们要让孩子参与进来，具体要做哪些事情，怎么做，都要与孩子商量，并且要以孩子的想法为主。给孩子拍照时，也可以让孩子选择拍照的姿势、地点，以及选择哪一张贴到表上。

这样一来，孩子才能够十分清楚表格里的事情，也知道每一张照片都代表着要做什么事。切记父母不可自作主张地罗列出一系列内容，然后让孩子照着去做。只有孩子能够感受到充分的选择权，

第七章
家庭，是规矩最好的养成所

可以自己决定自己的生活时，他们才更愿意自觉地遵守规矩，更加热爱生活。

3. 让"黏人精"不再黏人的规矩

2020年，世界爆发了一场疫情，当时全国上下情势紧张，学校纷纷停课，为了孩子们的学习不被落下，学校组织老师们在家给孩子们上网课。于是，我就面临着很大一个难题，在我上网课的时候，淘气的女儿怎么办？因为小区里严禁出入，我又没办法将她送走，最后只能一边带着她，一边给孩子上网课。

第一天上课前，我再三叮嘱女儿"妈妈上课时，你不能过来捣乱哦。有什么事情，要等妈妈下课了再说。"女儿答应得很好，但是在我上第二节课的时候，女儿可能觉得我太长时间没有关注她了，一直黏在我身边不肯走，甚至还故意去按动我的键盘，就为了让我看她两眼。

一天的课下来，我被搞得筋疲力尽，既要保证课堂教学正常进行，又要时刻防着女儿过来捣乱。于是我忍不住向爱人抱怨道："让你看个孩子都看不住，你就不能带着她好好在客厅待着，别让她到我屋里给我捣乱吗？"

爱人一脸委屈地说："我不敢管呀，我不让她进去找你，她就要哭，她一哭不是更影响你上课吗？"

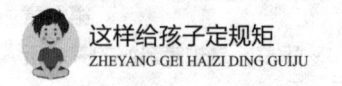

"那你就不会陪她玩儿一会儿吗?玩起来她不就忘了找我这件事了吗?"我对爱人看孩子的能力实在感到失望。

"我陪她玩儿了呀,她说玩什么,我就陪她玩什么,她要吃什么,我就给拿什么,你还想让我怎么看她呀?"爱人也有点儿着急了,他觉得自己已经使出了浑身的解数,但还是没能让我满意。

以往都是我陪着孩子玩的时候多一点儿,所以相对而言,爱人比较缺少看孩子的经验。我觉得这样争执下去也没有意义,与其埋怨爱人,不如一起想办法解决问题。

于是,当天晚上哄孩子睡觉时,我对女儿说道:"明天白天妈妈还要工作,只能爸爸陪你玩,但是爸爸缺少陪你玩的经验,所以有时候你得教教爸爸怎么跟你玩。"

女儿听了我的话,点了点头,说道:"爸爸特别笨,什么也不会玩。"

"所以才需要你教嘛!如果你表现得好,能够做到在妈妈上课时不打扰我,那每天妈妈就奖励你一分,你攒够五分的时候,妈妈就奖励给你一个玩具,好不好?"

女儿一听到"玩具"便立刻答应了下来。接下来的一段时间里,虽然她偶尔还是会找借口到我屋子里来转一圈,但是她不会再随便打扰我了。

看过上面的叙述,我们就清楚知道,对于一些需要居家办公的家长来说,孩子比较"黏人"是一件很让人头疼的事情,给他们讲道理,他们似乎都能懂,但是懂

第七章
家庭，是规矩最好的养成所

归懂，却总是办不到。这就需要我们用规矩来约束孩子了。那么，我们该怎么给家里的"黏人精"制定"不许黏人"的规矩呢？

▶ 事先培养孩子的独立性

在给孩子定规矩时，我们要先将孩子的独立性培养起来，很多孩子"黏人"是因为自身独立性不够。在孩子的依恋敏感期内，父母要尽可能地多陪孩子，给予孩子安全感。当孩子度过了依恋敏感期后，我们就可以着手去培养孩子的独立性了。

可以先从培养孩子独立做事情的能力开始，当孩子口渴时，我们可以说："好啊，妈妈教你给自己倒水喝好不好？"示范一遍动作后，再让孩子模仿一遍，确定孩子可以很好地做好这件事后，以后就可以放手让孩子自己去做了。当孩子在一些生活琐事上不再需要我们的帮助时，孩子打扰我们的次数就会大大减少。

接着，可以培养孩子独立玩耍的能力。孩子天性爱玩，但不代表他们天生具有独自玩耍的能力，独立玩耍的能力需要父母循序渐进地培养和鼓励。首先要给孩子准备好一个足够他们进行探索的空间，如：帐篷、大纸箱、小房子……孩子光是在这些地方钻来钻去就能够耗费不少时间了。然后尝试着在孩子玩儿得专注时，暂时离开一会儿，给孩子营造独立玩耍的时间。让孩子体会到，即便爸爸妈妈不在身边，自己也可以玩儿得很好。

▶ 定时向孩子"汇报"情况

当孩子拥有了一定的独立性后，我们就可以争取时间去做自己的事情了,但前提是我们需要让孩子知道我们要做什么,否则孩子很可能由于好奇我们在做什么,而不断出现打扰到我们。

如果孩子知道了我们在做什么,还是要"黏"着我们的话,我们就可以对孩子说:"你先去干……,妈妈十分钟之后就去找你。"孩子若是很听话地照做了,我们就要在这十分钟之内,尽快让事情告一段落,然后如约出现在孩子面前。记住,第一句话不要问:"你刚才找妈妈干什么?"而是要说:"宝贝你真棒,能够安安静静地等妈妈来。"

当我们安抚好孩子这一阶段的情绪后,我们就可以再回到自己的事情当中,同样也需要提前告诉孩子自己要接着去忙事情了,希望在这个阶段中,孩子能自己安静地干些什么。

其实孩子不断地找父母,一来是因为他们不能忍受来自父母的忽略,二来他们真的很爱我们,想要知道我们都在干些什么。所以只要我们解决好这两方面的问题,就可以大大减少孩子打扰我们的次数。

▷ 设立"特殊时间"

当我们能够做到以上两点时,仍旧会发现孩子还是会在我们忙的时候出现在我们面前,或是做一些想要吸引我们的动作,或是什么都不说,就是露出一副可怜的样子靠着我们。这并不是孩子忘记了规矩,他们只是控制自己的能力太差,在他们过来找我们前,他们其实已经努力在控制自己了。他们能够坚持几十分钟不来找我们,这已经是相当不容易的事情了。

所以,我们不要一上来就批评孩子,他们的想法很单纯,就是

第七章
家庭，是规矩最好的养成所

想要看一眼父母，好让他们获得安全感。这个时候，我们可以抱一抱孩子，亲一亲他们的小脸，抚摸一下他们的后背，让他们得到自己想要的关注后，我们就可以继续忙碌了。

但是不要忘了，工作虽然重要，但陪伴孩子同样重要。如果我们平时忙于工作，那么就要设立出一个"特殊时间"，在这个时间内全身心地陪伴孩子，不要看手机，不要忙工作，给予孩子高质量的陪伴。

当孩子懂得，只要自己乖乖地不去打扰父母的工作，那么爸爸妈妈就可以抽出时间来好好陪伴自己，这会让他们更加有动力去坚持规矩。

4. 让孩子成为花钱有度的"小富翁"

有一次，我带着女儿和朋友一起出去逛街。一路上，朋友的儿子都和女儿手拉着手一起走，我和朋友则跟在后面悠闲地逛着。

忽然，朋友一个箭步冲上前去，抱住她儿子就往前跑，同时还腾出一只手紧紧地捂住孩子的眼睛。孩子突然"被袭"，在朋友怀里一边扭动着身体，一边大喊着："放开我，放开我！"

我和女儿则被眼前的一幕惊呆了，因为不知道发生了什么，站在原地一动也不敢动。跑出去大约五六米后，

141

朋友才将儿子放下来。然后回头冲着我们勾手,示意我们快点跟上。那动作和神情,仿佛像是被坏人盯上后着急脱身一般。

丈二和尚摸不着头脑的我们只好赶紧跟了上去。"怎么了?"我紧张地问道。

朋友没有说话,而是用手指指了指后面,我循着她手指的方向看去,原来那是一家玩具店。这有什么好害怕的呀?我更加不解了。朋友看我一脸迷茫的样子,指了指她儿子的背影,又指了指自己的眼睛,最后摆了摆手。

我一下子明白了,原来朋友是怕儿子看到那个玩具店。不用朋友再过多解释,我几乎已经猜到了朋友这样做的原因,肯定是小家伙爱买玩具,只要看到玩具店就要使劲采购一番,而朋友怕自己的钱包"吃不消",又怕不给买儿子哭闹,所以才采取了这样能躲就躲的战略。

朋友这种情况,在现实中还真是不少见。我很多次和女儿逛玩具店的时候,都会看到这样的场景。一边是哭闹不止的孩子,一边是劝说无效的家长。其实按照朋友的家庭情况来说,给孩子买玩具并不会造成很大的经济负担,但是朋友认为,不能给孩子养成花钱无度的习惯,只是如何面对孩子花钱无度这个问题,她却没有切实有效的办法。

相信这也是很多家长所面临的难题,因为控制孩子花钱这件事并不简单,控制不好,就容易走上极端。

有的家长认为家里什么都不缺,所以面对孩子的花

第七章
家庭，是规矩最好的养成所

钱问题时，总是十分"抠门"，不但不给孩子零用钱，还会拒绝孩子买东西的需求。那这样的孩子长大就能够学会节约了吗？现实还真的不一定。

我有一个朋友，从小家庭条件就挺好的，但是父母对她管教却很严格。小的时候她几乎没有零用钱，别的小孩儿吃零食的时候，她只能眼巴巴在旁边看着，因为她即便说了，父母也不会给她买，更不要说玩具这样在父母看来可有可无的东西了。她的父母总是跟她说："那都是没用的东西，干吗花那冤枉钱？"

因为童年里的缺失，导致朋友实现了财务自由后，花钱开始大手大脚起来。每次去她们家，都能看到堆在一旁的快递盒子，有时候快递多到她都来不及拆封。可是这些东西她真正需要的特别少，有的买回来就放在快递盒子里，再也没有拿出来过。

而另一个朋友恰恰相反，因为父母觉得再穷不能穷孩子，所以拼尽全力给她最好的，父母可以没有新衣服穿，但从来不会拒绝她要买新衣服的要求。无论她想买什么，只要跟父母撒撒娇，父母咬着牙也会买给她。即便她的家庭条件并不是我们班里最好的，但是她却是我们班第一个使用智能手机的人。

按理说，父母没有过度克制她花钱，那么她应该能够养成花钱有度的习惯，但事实却相反。随着年龄的增长，她对物质的要求也越来越高，父母也渐渐不能满足她的胃口了。起初她靠自己打工挣钱，后来打工的钱不够花，她就透支信用卡，最后为了还钱，她又从网上借钱。年纪轻轻，已经欠了很多债。

由此可见，对于孩子花钱这件事，父母既不能管制得太紧，也不能完全由着孩子。两个朋友不同的成长经历，其实都是源自一个原因，那就是他们从小就没有学会支配金钱，导致长大后被金钱支配。

而现在的孩子与我们过去相比，简直是太富有了，我女儿过个年收到的压岁钱，轻轻松松就抵过了我一个月辛辛苦苦挣的工资。女儿小的时候，这些压岁钱就交给我来保管，可是到了四五岁时，她意识到了有钱的好处，开始要求自己管理压岁钱，我虽然答应了她，但是也附带了几条规矩。

▷ 定时定量给零花钱

孩子小的时候对金钱并没有什么概念，不懂得保存也不懂得如何去使用，所以这个时候没有必要给孩子零用钱。但是可以限制使用零用钱的数量，比如：告诉孩子一天只有多少钱，他可以选择攒着，也可以选择花了，花的话不能超过规定的钱数，否则就不能花了。

当孩子稍微大一点儿时，能够自己管理金钱时，我们就可以尝试着给孩子一定的零花钱了。原则上年龄越小的孩子，给的零花钱数量就要越少，周期也要越短，因为这个阶段的孩子的控制能力和统筹能力都会相对差一些，少给一点儿，多给几次，会让他们逐渐学会掌控金钱。

第七章
家庭，是规矩最好的养成所

⊙ 制定花钱计划

至于孩子该怎么支配零花钱，我们可以事先给予孩子一些建议，比如：一部分存起来，一部分用来随便花。但是各是多少，就要让孩子自己来做决定了，如果我们干涉得太多，会让孩子觉得失去了自主权。

在这个过程当中，孩子可能会存得很少，花得很多，家长难免会感到焦虑，但是也不用着急，随着孩子接触到生活中发生的各类事件，他们自己会适当地进行调整。

女儿五岁时，我每个星期会给她十元钱，让她自己支配。她选择存起来一元钱，然后剩下的九元钱随便花。我尊重了她的选择，但是很快她就发现只存一元钱太少了，要等上很久才能买到她想要的东西，所以从存一元变成了存五元。

⊙ 一次只能买一样东西

对于年龄较小的孩子，我们还可以给孩子定下这样的规矩，那就是在购物的过程中，只能挑选一样东西，而且这样东西要是家里没有的。这个规矩可以很好地避免孩子进了玩具店或是超市这样的地方随意消费。如果父母怕孩子挑的东西太贵，那么还可以附加上价格，比如：只能挑选多少钱以下的物品。而那些贵一些的东西，则可以留到孩子生日或是儿童节这样比较重要的日子里让孩子挑选。

5. 孩子做作业拖拉，还需"对症下药"

网上有人问："什么事可以让一个妈妈立刻疯掉？"网友的回答出奇地一致："陪孩子写作业。"

说起孩子写作业这个话题，家长们可谓抱怨连连。新闻上还说，有位家长因为陪孩子写作业，引发了心梗，不得不到医院做心脏支架手术。有人觉得这条新闻很好笑，只有真正陪孩子写过作业的人才知道，这一点儿也不夸张。

想起女儿刚上小学一年级时，我陪她写作业的时光，只能用四个字来形容——不堪回首。老师留五个生字，她一会儿抠抠手指，一会儿削削铅笔，不是渴了，就是想上厕所。明明好好写只需要十分钟，她却能写两个小时。

就算是我坐在她旁边不眨眼地看着她，她也总能找到机会干点别的，甚至有时候，还把我当成了"陪聊"，干脆放下笔跟我聊起天来。常常陪她写两分钟作业，我就能感觉到自己血压一路飙升，需要不断劝说自己"冷静"，才能够克制住想要打向她的手。

如此几次下来，不仅让我们母女之间的关系变得十分紧张，还让我产生了自我怀疑，难道我的孩子天生就不爱学习吗？这是随了谁的基因呢？我小时候也

第七章
家庭，是规矩最好的养成所

是这样让妈妈操心吗？

有一次接女儿放学，由于她们出来得有些晚，我得以有时间跟周围的家长聊聊天。这一聊才发现，原来写作业拖拖拉拉的不止我家孩子一个，大部分孩子都有这样的毛病。对此，有的家长说："孩子还小呢，长大以后就好了。"有的家长说："现在不管，以后就更不好管了。"

这时，一个高年级的家长说道："一到三年级主要培养学习习惯，好的习惯养成了，到了高年级家长就能省心很多。"

周围的家长听了，纷纷向这位家长取经，这位家长却只说了两个字——规矩。

这两个字瞬间给我提了个醒，之前我总是认为要培养孩子学习的自主性，家长不要过多干预，这样会使孩子产生依赖性，即：父母管则学，父母不管则不学。那些学业有成者，没有一个是靠着家长的约束成才的。

经过这位家长的提示后，我才意识到，对于孩子学习这件事，光靠孩子自觉是完全不行的，家长还是得把规矩定起来，有了规矩后，孩子才能更好地自觉起来。当然了，在给孩子定立写作业的规矩之前，我们还得先了解孩子写作业拖拉的原因在哪里，这样才好"对症下药"。

据深入研究，孩子写作业拖拉，通常是以下四种原因：

第一，孩子缺少时间观念。大部分孩子都没有时间观念，所以做什么事情都是慢条斯理，不慌不忙的，包

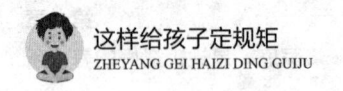

括写作业。他们不知道什么时间该写作业了,什么时间该睡觉了,什么时间该洗澡了,因此父母总是一遍又一遍地催促,催促的次数多了,孩子就产生了依赖性,只有经过父母多次催促以后,才开始动身去做。

第二,孩子的条理性差。孩子小的时候,我们总是包办他们的一切,导致孩子没有自己动手的机会。他们从凡事都由父母帮着做,突然变成只能独立写作业,自然会有一些手忙脚乱,尤其是碰到不会的题、不认识的字时,他们的第一反应往往都是找父母来解决。

第三,孩子过于追求完美。有时候我们对孩子要求过高,孩子就会出现过于追求完美的情况。因为我总是要求女儿将每一件事情都做好,对她做得不好的事情会多加挑剔,导致女儿在写作业时就会出现写了擦、擦了写、写了又擦的情况,一个字总要反反复复改上好多遍她才会满意,这样自然做作业的速度也就慢了。

第四,孩子的学习基础差。很多写作业磨蹭的孩子,都是因为学习基础差,经常遇到不会做的题和不会写的字,因为困难重重,在学习里找不到自信,所以对待作业就会有抵触心理,更提不起兴趣来,时常是被父母逼得没有办法了,才会去写作业。

其实,孩子跟我们一样,他们是第一次写作业,我们是第一次看作业,各有各的难处,我们生气发怒解决不了实际问题,也无法帮助孩子养成良好的写作业习惯。有时候,学习真的不是孩子一个人的事情,它需要家长

第七章
家庭，是规矩最好的养成所

进行辅助。因此，与其等到孩子在写作业中出现问题了再去解决，不如提前就把规矩定立好。

那么，针对孩子写作业拖拉的这几点原因，我们可以有针对性地给孩子制定以下规矩：

⊙ 自己的书桌自己收拾

孩子的条理性是从生活中的一些小事情中锻炼出来的，只有父母学会放手，孩子才能从这些小事情中得到锻炼，而让孩子自己收拾书桌，就是一件十分能够锻炼孩子条理性的小事情。收拾书桌的难度并不大，孩子可以独立完成，在完成的过程当中，孩子会进行分类和整理，先做什么后做什么，什么东西放在哪里，在无形当中，孩子的条理性就得到了锻炼。

⊙ 规定写作业的时间和完成作业的时间

从孩子开始写作业的第一天起，这个规矩就要定下，即：每天放学后的第一件事，就是先写作业，只有写完了作业才可以看电视或是出去玩。这样，就可以很好地避免孩子回家以后先玩或是看电视，从而拖延写作业的时间。

孩子开始写作业后，我们要给孩子规定好完成的时间，比如：语文的生字作业要用 20 分钟写完，如超过了 20 分钟，就要让孩子停下笔来。如果孩子完成了，则对孩子进行肯定与表扬；如果孩子没有完成，则对孩子进行一定形式的惩罚。

如果惩罚依旧不能让孩子按时完成作业量，那么家长就要狠心点，将作业收走，不再让孩子有机会写作业，这样到了第二天，孩子自然会受到老师的批评。老师批评一句，往往胜过父母唠叨十句。这一方法对自尊心强、渴望在学校表现良好的孩子尤为管用。

制定这条规矩的前提是，我们所规定的时间要合理，符合孩子的实际情况，不能时间太短，防止孩子真的写不完；也不能时间太长，以免孩子觉得没有挑战性，拖拖拉拉也能完成。

最后，执行这条规矩时，我们还需要给孩子准备一个小闹钟，让时间在孩子眼前一点儿一点儿地流逝，孩子的紧张感会更强。

一个字最多改一次

不要担心不给孩子改的机会，孩子会写不好，事实上，人会因为机会少儿倍感珍惜。我们不加限制的时候，孩子会觉得这一次没有写好，下一次还有机会，所以内心无法真正重视起来。但如果限定了更改次数，那孩子就会产生紧张感，知道只能一次写好，否则就没有改正的机会了。

先做会做的题，难题一次性解决

对于学习基础差的孩子，在写作业过程中可能会遇到很多问题，为此他们会不停地喊"妈妈"，而这个过程就会大大影响他们写作业的专注程度和速度。所以我们需要给孩子定这样一条规矩，那就是写作业时先写会写的内容，将不会的内容先放下，等到所有作业都写完，再一次性解决不会的内容。

亲子沟通

不吼不叫培养好孩子

刘慧滢 / 编

吉林美术出版社 | 全国百佳图书出版单位

图书在版编目（CIP）数据

亲子沟通.不吼不叫培养好孩子/刘慧滢编.--长春：吉林美术出版社,2022.7
ISBN 978-7-5575-7278-5

Ⅰ.①亲… Ⅱ.①刘… Ⅲ.①家庭教育 Ⅳ.① G78

中国版本图书馆 CIP 数据核字（2022）第 118592 号

BU HOU BU JIAO PEIYANG HAO HAIZI

不吼不叫培养好孩子

出 版 人	赵国强
编 者	刘慧滢
责任编辑	栾 云
装帧设计	于鹏波
开 本	880mm×1230mm 32 开
印 张	5
印 数	1—5000
字 数	128 千字
版 次	2022 年 7 月第 1 版
印 次	2022 年 7 月第 1 次印刷
出版发行	吉林美术出版社
地 址	长春市净月开发区福祉大路 5788 号
	邮编：130118
网 址	www.jlmspress.com
印 刷	天津海德伟业印务有限公司
书 号	ISBN 978-7-5575-7278-5
定 价	198.00 元（全 5 册）

前言 Preface

不吼不叫培养孩子已经不是一个新提法,但是能够真正做到"不吼不叫"却不是一件容易的事。我是一位妈妈,更是一位青少年心理教育工作者,对"不吼不叫"这个提法感慨良多。

在日常的来访者中,能够理性、客观教育孩子的家长所占比重并不算多,甚至很多家长也是沿袭了自己儿时所接受到的教育模式,在对孩子进行教育的过程中,方式方法粗糙、原始而无效。

这其中更多的原因,是家长缺少对低龄孩子心理发育、性格特征的了解和把握,也很少将孩子作为一个独立的个体予以尊重,这本身不是短时间能够解决的问题,需要家长不断提升自己的教育理念,才能跟得上孩子成长的脚步。

实际上,我在从事青少年心理教育工作之前,和很多普通家庭的家长一样,同样对孩子的培育理念没有理性认识,也只是按照自己从父母或其他同龄人那里以"拿来主义"的方式,匆忙复制,照抄照搬地马虎进行。

但慢慢地,我有了两个清晰的认识:一是不同阶段孩子的成长特点是有规律可循的，只要掌握好这个基本规律，就基本能够把握好孩子的教育方向而不至于犯方向性的错误；二是各个家庭的背景、条件不同，导致孩子从小所受的熏染也有不同，这就需要家长灵活多变地、有针对性地将一些方法予以变化，以符合自家孩子的成长特点。

结合这两点，如果能够将孩子成长过程中的几个核心面把控好，然后在这些核心面的具体行为细节上做好针对性的教育，家长基本上就能够在不吼不叫的前提下，较为轻松地解决孩子成长过程中的相关问题。

我将孩子健康成长最为关键的几个核心面归纳如下：

自我意识、进取心态、品格操守、自我认知、行为习惯及言行举止，考虑到培养孩子这几个核心面的执行人是家长，所以让每个家长真正做到不吼不叫的自我情绪管理更为重要，因为本书首章就从家长的自我把控开始谈起，让家长对自己的情绪、行为有个清晰的自我觉察，并以具体可操作性的方法步骤逐步接纳孩子、摒除浮躁。

因此，以上几个核心面加上家长的自我情绪管理就构成了本书的七个章节内容，基本上将我多年的案例积累、经验和教训心得囊括进来，尤其是我的女儿的大部分成长经历所呈现出的极具代表性的成长问题，以及我为此进行的尝试和努力，可以更好地以抛砖引玉的方式与广大读者朋友一起分享和借鉴。

书中很多内容也来源于我的同学、朋友及同行们的积极贡献，他们在教育自己孩子过程中所经历的酸甜苦辣也很好地代表了大部分家长的心声，是更多谋求孩子健康成长的家庭教育缩影。

这其中有家长自己的不当言行而导致孩子言行不端；有碍于工作忙碌、家庭关系疏远而导致孩子的性格孤僻、冷漠；有娇宠的家庭溺爱而导致孩子沉溺网络、物质消费而无法自拔……

林林总总的困惑构成了现实生活中更多家长亟待解决的家庭教育难题。在物质生活提升的今天，这些难题只要方法得当，只要家长肯于付出时间和爱，每个孩子都会如芬芳不同的鲜花，在合适的季节里，各自绽放。

今天，我们仍不停提倡不吼不叫培养好孩子的管教方式，就是因为很多家长依然以自己固有的思维认知去左右孩子的成长，导致孩子在本该健康成长的年龄走向与之完全相反的成长对立面。

《不吼不叫培养好孩子》是笔者自身教育孩子的经验分享，也是大多数家庭教育故事的精彩记录，有清晰的理念可以推敲，也有接地气的方法可以借鉴。

希望本书的编写能够为广大为人父母的读者朋友们带来实质性的帮助和思考，在辅助孩子成长过程中切实发挥一点指导性作用，倘如此，万分荣幸！

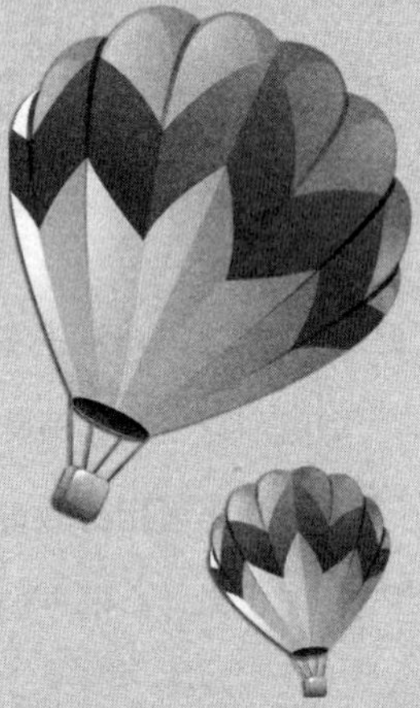

目 Contents 录

第一章 做个不吼不叫的家长：首先做好自己的情绪管理

1. 接纳孩子，就是接纳自己 / 002

2. 惩罚无度，伤害也就无限 / 005

3. 觉察：别把负面情绪传染给孩子 / 008

4. 掌控：自己没有脾气，孩子自然心平气和 / 011

5. 摒除浮躁，成长有时需要等待 / 014

6. 试一试，给孩子一个理解你的机会 / 018

第二章 培养孩子好的自我意识：让孩子自由独立

1. 自由的空间养成独立的孩子 / 023

2. 家长这一边放手，孩子那一边独立 / 026

3. 给孩子弥足珍贵的选择权 / 030

4. 托起孩子的理想，让他敢做敢想 / 033

5. 守护孩子的隐私，就是守护他的心灵财富 / 037

第三章 培养孩子好的进取心态：让孩子不畏挫折

1. 不要剥夺孩子坚强的权利 / 042

2. 每个孩子都有一颗冒险的心 / 046

3. 从一点点的坚持开始 / 049

4. 输了也没什么大不了 / 053

5. 帮助孩子发现自身优势 / 056

6. 乐观是挫折的"天敌" / 060

第四章 培养孩子好的品格操守：让孩子不卑不亢

1. 真正的孝顺是爱的自然流露 / 065

2. 以信任培育自律的孩子 / 069

3. 鼓励，而不是逼迫孩子勇敢 / 073

4. 陪伴和交流：开朗的孩子不自卑 / 077

5. 敢于拒绝才能维护自我 / 080

6. 以平等的眼光对待他人 / 083

第五章 培养孩子好的自我认知：让孩子内心强大

1. 100米远的距离——练习分离 / 088

2. 在安全无害的网络世界畅游 / 092

3. 不慕虚荣，方能守住本心 / 095

4. 无视嘲讽，勇敢做自己 / 099

5. 世界不完美，接受 AB 两面 / 104

第六章　培养孩子好的行为习惯：让孩子重塑自信

1. 做个干干净净的孩子 / 109

2. 好方法告别拖拉 / 113

3. 让孩子自己管理零花钱 / 116

4. 强身健体，发现另一个不一样的自己 / 120

5. 家务参与益处多多 / 123

第七章　培养孩子好的言行举止：让孩子更受欢迎

1. 遵守课堂纪律，尊重老师 / 129

2. 不给孩子播下"撒谎"的种子 / 132

3. 做个受人喜欢的小客人 / 137

4. 管教小小"人来疯" / 140

5. 轻松解决孩子"插嘴"行为 / 142

6. 巧管说"狠话"的孩子 / 146

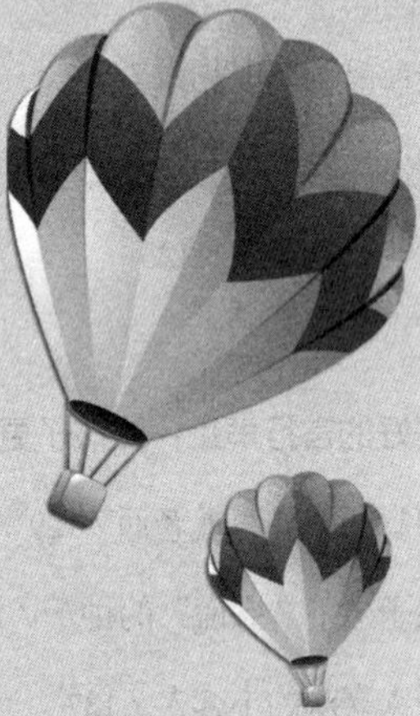

第一章

做个不吼不叫的家长：首先做好自己的情绪管理

父母的语言、行为、情绪都在不知不觉中影响着孩子。哪怕是那些被我们硬性控制的细微情绪变化，孩子都能够敏锐的感受得到，这一点，是孩子在母亲腹中就已早早练就的"本领"。而当我们最终能够真正平和下来，曾经那个总是闯祸捣乱的孩子，不知道什么时候就变成了活泼、向上、有着自己独特思维方式的乖孩子了。

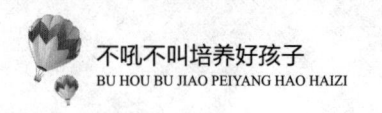

1. 接纳孩子，就是接纳自己

在我接触的众多家长中，有很多家长给我留下了深刻的印象，这其中有一个家长与其说是我向她传授育儿经验，倒不如说是她给我上了深刻的一课，因为是她教会了我接纳孩子，就是在接纳自己。这个家长叫"熊妈"，她之所以称自己为"熊妈"是因为她有一个"熊孩子"。

从熊妈的儿子一上幼儿园，她就看出了自己的儿子与其他孩子有什么不同，别的孩子能够利索爽快地说出"1+1=2"，而她儿子的头却摇得像拨浪鼓，老师提醒他可以掰着手指头算，即使这样，孩子也没能算清楚，但好在老师还是接收了她的儿子。

也是从这个时候开始，熊妈开始怀疑自己，是不是自己的教育出了问题，她一直提倡给孩子一个无忧无虑的快乐童年，所以从未对孩子进行过什么所谓的"早教"。而真正让熊妈感到恐慌的，是孩子进入小学以后，一纸成绩单如一根标尺般将所有的孩子分为了三六九等，而熊妈的孩子不幸成了最后一等。他不但学习成绩不理想，上课还不注意听讲，家庭作业也不认真完成。熊妈从恐慌变成了焦虑，她不愿意承认自己的儿子反应比别人慢半拍，于是辞了工作，开始了陪读生涯。儿子学什么，她就跟着学什么，学完以后跟

第一章
做个不吼不叫的家长：首先做好自己的情绪管理

着儿子一起做作业。

儿子每次写作业都要熊妈苦苦相逼才肯写，然后就算是抄，也会抄错；每次做数学题，就像受刑罚一般难熬，十以内的加减法，儿子都要错很多；英语更是一塌糊涂，英文字母都认不全，更不要说读出来。每每这时，熊妈就会想到别人家的孩子多么的聪明伶俐，越是这样想，就越觉得自己的儿子不争气。为此，熊妈也曾骂过孩子，甚至打过孩子。当她觉得心中的苦闷无处发泄时，也曾在网络上寻求过安慰，但得到的却是铺天盖地的批评，大家都说她是一个不称职的母亲，有的甚至要求她先吃药，再教儿子。安慰没得到，却得到了更大的打击，她从一个自以为教育方式有问题的妈妈，变成一个"坏妈妈"，这个打击几乎令她崩溃。

这一天，儿子写作业又写到了很晚，他想先睡觉，但是却被熊妈严词拒绝了。儿子不依，躺在地上边哭边闹，熊妈也被气得直流眼泪，那一刻她感觉儿子已经没有未来可言了，她累了，她想要放弃。这时，熊妈的先生鼓励她道："至少，我们的孩子学到了一项本领——'逆商'，即便成绩如此糟糕，但他还是能每天高高兴兴地去上学，有这样乐观的精神，我们还怕什么呢？"先生的话，犹如一道光，照进了熊妈的心中，她检讨了自己打骂孩子的行为，同时也接受了自己孩子比别人孩子笨的事实。她告诉自己，孩子的学习能力本身就是参差不齐的，有的甚至是天生的，作为家长千万不能强求，更不要拿自己的孩子与别人的孩子比，最重要的是要坚信自己是一个好妈妈。

一个人一旦说服了自己，那么接下来的路就会好走许多。熊妈

不再逼着孩子学习，每天晚上九点一到，就算孩子没有写完作业，也不会逼着孩子写了，她会打电话向老师说明情况，然后再在周末将作业补齐。孩子遇到不会算的数学题时，她也不再愁眉苦脸，而是想各种办法，让儿子更容易理解题意。

每当儿子的考试成绩下来，都是儿子最低落的时候，看着卷子上一个又一个红叉叉，熊妈心里也不是滋味，说不在乎那是骗人的，但是她却极力让自己表现出不在乎的样子，然后一道题一道题地帮儿子分析。在孩子的每一张卷子上，都密密麻麻地写着解题的思路，以及熊妈鼓励自己儿子的话语。渐渐地，熊妈感受到了儿子的改变，他学会举一反三了，他能够指出妈妈读错的英语单词了，他甚至不再稳坐全班倒数第一的"宝座"了。

熊妈的儿子上了六年级以后，尽管成绩依旧没有进入中上等，但是她已经非常满足了，儿子的每一个进步都能够让她欣喜若狂。用熊妈自己的话说就是："他再笨，也是我的儿子，我没有理由不爱他。"我很感谢熊妈能够将她的故事分享给我，她这六年来的心路历程，就像是一本"教科书"，教会我爱是接纳，接纳孩子的一切，包括他的优点和缺点。

如果我们不愿意接纳孩子的缺点，那只能离绝望的深渊越来越近，这是一个极其痛苦与煎熬的过程，这会让我们不断地否定孩子，否定自己，觉得自己是一个失败的家长。

但是当我们愿意接纳自己孩子的不足时，其实也就是接纳了自己的不完美，这个时候一切转机就出现了。你不再认为自己是一个

第一章
做个不吼不叫的家长：首先做好自己的情绪管理

不合格的家长，也不再认为孩子身上的不足是多么大的事情。你会成为一个好家长，一个会爱孩子的好家长。

2. 惩罚无度，伤害也就无限

孩子做错了事情要不要进行惩罚？这是前段时间在微博上广为流传的一个话题，一方为赞成派，所谓"不打不成材"；另一方是反对派，认为孩子不能惩罚。而我是中间派，认为孩子可以惩罚，但是要有度，因为无度的惩罚会给孩子带来无限的伤害。

刚刚大学毕业时，我在一家汽车媒体工作。其中有位男同事至今让我印象深刻。他的专业采访能力非常优秀，称得上是我们这些新人的"老前辈"，我们都很尊敬他。但他总是与大家保持着适度的甚至有些不近人情的沟通距离，偶尔还会在别人心情大好时说些刻薄的话，这样就导致了大家对他越来越敬而远之。

有一次，同事们都走了，公司里只剩下我们两人，忽然停电了，他吓得大叫了一声，连忙呼唤我的名字。我走到他的身边，可以清晰地感受到他的颤抖。一个大男人怕黑，这个多少让我有些意外。但是出于同事之间的关心，我还是轻轻地拍了拍他的肩膀，对他说："没事，别害怕，应该一会儿就来电了。"

他没说话，点了点头。

"你为什么怕黑呀？"我鼓足了勇气，好奇地问了他这个有些隐私的问题。

"你小时候被妈妈关进过衣柜里吗？"他沉默了几秒钟，反问我。

"没……没有。"我回应道。

"我被关过，关了整整一天一夜。"

他的回答，让我身体一颤，这实在太让人难以接受了。

"妈妈的新口红是我很喜欢的那种红色，我兴奋地到处乱涂，她一生气，就把我关进了大衣柜中，并反锁了门。我很害怕，不停地敲门，无论哀求还是踢打，她都毫不理会，柜子里很黑，我感觉自己快要窒息了。直到第二天妈妈才让我出来，然后问我'下次还敢不敢了？'从那以后，我很害怕黑，但是妈妈不让我开灯睡觉，我就缩在被窝里，在恐惧中睡着。从那以后她的任何东西我都没碰过，还真是'不敢了'。"

此时，办公室的灯亮了，他尴尬地看了看我，转身离开了。

我在想，这个如此优秀的"老前辈"，如果他的妈妈不用那样过激的手段惩罚他，他应该会成长为一个乐观开朗的人，也会特别愿意主动亲近我们这些"菜鸟"吧。也许，当年那个妈妈自以为是的惩罚，的确给他心理留下了相当大的伤害，恐怕他一辈子都很难从曾经那个恐惧的黑暗中走出来。

表面上，过度地惩罚孩子，可能会让孩子出于恐惧而记住当下的教训，但是却给孩子的成长留下了更大的隐患，身体上看似没有创伤，但心理上的伤痕却要伴随孩子一生。对于孩子来说，童年时

第一章
做个不吼不叫的家长：首先做好自己的情绪管理

代所经历的那些印象深刻的或喜悦或忧伤的小事件，都会不经意间留存在记忆深处，并在日常的工作、生活中潜移默化地发挥作用。家长认为惩罚孩子只是一件"小事"，如同一颗小小的雨滴或一阵微风，但在孩子看来，这无异于"狂风暴雨"。

既然不能过度惩罚孩子，那怎么能让孩子在所犯的错误中得到启发和成长呢？这方面，我想给你讲讲我的体会。

有一次，女儿正在写作业，楼下的然然小朋友来找她玩儿。为了能够早点与然然一起出去玩儿，女儿的生字作业写得歪歪扭扭，潦草至极，很明显就是在敷衍了事。我很生气，真想将她的作业撕掉，然后让她重写一遍。

可是这样就能让女儿记住这个教训吗？恐怕她只会觉得我冷漠、不通情理，所以我决定换个方式来处理。我将正准备出门的女儿叫了回来，当着她的面，擦掉了所有不规范的字，然后对她说："写作业不能敷衍，我擦掉的是你敷衍写下的字，如果你认为可以这样对待你的写字，那写与不写没有区别，所以，今天惩罚你不准写字！"

"我要是不写，明天老师会批评我的，说不定还会惩罚我呢！"女儿看到我，一脸惊恐地说。

"那就是你的事情了，既然不想好好写，那就索性不要费力去做嘛。"说完，我坚决地将女儿的作业本没收了。女儿几次想要要回去重新写，都被我拒绝了。可想而知第二天女儿会遭遇什么，但是从那天开始直到今天初二，女儿从未糊弄过一次作业，她的文字、板报包括后来的书法都成为班级同学的学习样板，漂亮、整洁的卷

面甚至还为她的考试加过分，我想这才是惩罚的正向结果。

没有哪个孩子会刻意去犯错误，也没有哪个家长无缘无故严厉惩罚孩子。所以，当孩子的错误是无心之过或者已经心怀内疚时，把无度调整为适度，这样的惩罚才是真正的教育。

如果你真的爱你的孩子，请先从停止过度甚至无度的惩罚开始吧。

3. 觉察：别把负面情绪传染给孩子

记得女儿两岁半左右的时候，我刚换了新的工作，新工作节奏比较快，再加之陌生的工作环境和人际关系，常常让我感到力不从心。那段时间，似乎任何事情都会引起我的烦躁情绪，比如先生看电视声音大了点，或者女儿玩闹过了头，都会让我感到心烦意乱，所以我经常说的话就是"烦死了"和"真麻烦"，每当此时，先生就会默默地调小声音，女儿就会听话地安静下来。

过了一段时间，我家附近开了一家连锁超市，前三天打折，我便带着女儿去凑"热闹"。一进超市就看见人山人海，就在我考虑是否要离开时，女儿皱着眉头喊了一句："真麻烦！这么多人。"那语气，那神态，简直就是我曾经的翻版，这时，我才意识到，家长无意识地用负面情绪对孩子说话，对孩子的影响有多么深远。但可怕的是，很多妈妈却意识不到自己的情绪对孩子的影响有多大。

第一章
做个不吼不叫的家长：首先做好自己的情绪管理

那还是在女儿上幼儿园的时候。那天放学后，女儿举着一只漂亮的风车跑了出来，一见到我就放到我手里，说是送给我的。同样，也有一个跟女儿一般大的小女生拿着一朵纸折的花跑了出来，满脸笑容地送给了自己妈妈。但是女孩儿的妈妈却看也没有看，只是催促着女孩儿赶快上车，说自己还要赶回家做饭。

女孩儿极力想让妈妈看一眼自己手中的花朵，所以并未听话地上车，而是走到了电动车前，举到妈妈的眼前。女孩儿妈妈对孩子的不听话十分生气，语气已经由"催促"变成了"呵斥""让你快点，没听见呀！干什么都磨叽！"说着，伸手去拽孩子的衣服，却不料碰到了车把上的袋子，袋子里刚买的菜撒落了一地。

这让女孩儿的妈妈更加生气了，立刻跳下车来，伸手在女孩脑门上戳了一下，并骂道："你个丧门星，就跟你那个老爸一样，从来不让我省心！"女孩儿在妈妈的"连番轰炸"下，终于忍不住哭了起来。哭声引起了女儿的注意，"妈妈，我过去看看。"说完，女儿不等我同意，就走到了那对母女面前，她先是拉住了女孩儿的手，然后对女孩儿的妈妈说："阿姨，这朵花是乐乐专门给你叠的，是康乃馨，她说你每天工作很辛苦，她要感谢你。"

听了女儿的话，女孩儿妈妈的脸上露出不怎么信任的表情，问女孩儿道："真的吗？"

女孩儿用力地点点头，同时哭得更大声了。女孩儿的妈妈有些后悔刚才那样对孩子，于是连忙蹲下身子将女儿搂在怀里。"你为什么不早点跟妈妈说呢？"女孩儿的妈妈柔声问道。

"我跟你说了，可是你没听见，一直催着我上车。"女孩儿委屈地回答。

此时，我也来到了他们身边，帮女孩儿的妈妈将掉在地上的菜捡了起来，女孩儿的妈妈对我报以感激的微笑。我举起手中的风车，对她说："看，这也是我女儿送我的，风车。"就这样，我们两个妈妈因为孩子的礼物，打开了话匣子。

女孩儿的妈妈告诉我，孩子的爸爸没有工作，所以她要一个人打两份工来维持生计，也因此她每天都很累，也没有多余的精力陪孩子玩儿。从心里她觉得很对不起孩子，但是在行为上，她又忍不住将自己对生活的不满发泄在孩子身上。说着说着，女孩儿的妈妈竟哭了起来。这一哭，竟哭了很长时间，似乎要将她心中所有的委屈都哭出来。

我心中一时感慨万千。没有人天生就会做妈妈，也没有人一开始就能够做个一百分的妈妈，我们都是在不停地学习中逐渐让自己变得合格，让自己成为更好的妈妈。作为一个普通人，我们可以在想发脾气时就发脾气，可以在内心痛苦时想哭就哭，但是妈妈这个角色，却让普通变得不能普通。一个妈妈，尤其是一个职场妈妈，不但要应付着职场上的竞争与残酷，还要处理家庭中琐碎的事情，身上的压力可想而知。

而家庭又是一个极容易让人卸下"伪装"释放真实情感的地方，因此将生活中的不快发泄到家庭中，甚至是孩子身上，是非常常见的事情。但是这样对孩子的影响几乎是毁灭式的。因为在孩子的成长过程中，情绪的学习一直贯穿其中。如果妈妈在生活中向孩子传达的情绪多为正面情绪，那么孩子的情绪自控能力和协调能力就能得到适时培养，这将更有利于孩子的性格与人格发展。

相反，如果妈妈在生活中的负面情绪较多，经常用一些很消极的语言对待孩子，那么就会将这种消极潜移默化地传递给孩子，导致孩子充满了不良的情绪，从而影响孩子智力的开发和健全发展。

4. 掌控：自己没有脾气，孩子自然心平气和

很多妈妈和我说过类似的话："我总是控制不住自己的火气，看到孩子捣乱不听话，那股无名之火噌地就起来了，说打孩子就打孩子，把孩子打哭了又特别后悔……"

以打骂的方式教育孩子当然不妥，但是当你对孩子怎么说、劝都无济于事时，那真是控制不住地想上去打他几下才解气。我理解这些妈妈的感受，是因为我也有过那种感觉，也经历过那样无法掌控的痛苦。有时，这样的失控还会波及与其他家人正常的沟通，会不由自主地再次发生争吵，可见无法掌控自己脾气，给一家人带来的伤害之大。

当然，人无完人，不可能永远心平气和，偶尔发一次火，能够跟孩子真诚地道歉，孩子也能理解我们。但如果这种状态是经常性

的，那就近乎失控，事后的道歉已经无济于事。对于孩子来说，有个动不动就发脾气的妈妈，这对他而言毫无安全感，慢慢地，在遇到困难时，他会选择放弃来避免因为做不好而受到妈妈的指责。

因此，学会掌控情绪，这对家长而言就格外重要。

最重要的，我们需要清楚让我们发脾气的原因不是孩子本身，而是我们对孩子某一行为的不接纳，即你无法接受孩子不能按照你的要求和想法完成某事。

女儿刚升入小学，和很多孩子一样，存在拖拉的毛病。刷刷牙、整理书包、找衣服、穿袜子，或者忽然又对某块好久没有使用的橡皮产生好奇，这些都让我大发雷霆，便不断吼着让她快点。最终，她在我的监控下，不知道下一步要做什么，常常愣愣地站在那里不知所措。

先生旁边提示我："你既然嫌她慢，你帮她做不就行了吗？"

"这明明是她自己的事，怎么能让我帮忙呢？"我生气地反驳道。

"那既然是她自己的事情，你为什么要催她呢？"先生半调侃地反问道。

我无言以对，但忽然意识到自己正在以我自己的标准要求女儿，因为她达不到我的标准而让我产生了情绪。从那一刻开始，我不再执意要求孩子达到我的标准。之后，我的脾气好了很多。我不会因为她写作业慢、穿衣服慢、吃饭慢而生气。

再之后，我对日常生活和工作中的很多事情也不再保持固有的执念，我的心态明显比过去平和了很多。我开始接纳饭桌上的一两

第一章
做个不吼不叫的家长：首先做好自己的情绪管理

个米粒、有几个玩具散落在客厅一角、孩子的某科功课迟迟不能达标。

我在真正掌控了自己的情绪后，开始意识到，原来女儿把作业速度放慢，是希望自己的文字看上去更整洁一些，那些未收完的玩具是她随时可能过来继续投入其中，那些米粒甚至都不完全是她掉落的，她有她自己所理解的世界和所能接纳的"无秩序"状态。

当我们能够不以自己的标准去要求孩子，并充分理解孩子行为背后的原因时，我们离一个能够控制自己情绪的好家长就不远了。虽然这个过程中，需要我们不断地去反省自己的行为，但是这绝对值得。

中国有句俗语："龙生龙，凤生凤，老鼠的孩子会打洞。"这其中虽然也有一部分遗传的基因，但更多的是孩子对大人的模仿。每个孩子的身上都会有父母的影子，父母的语言、行为、情绪都在不知不觉中影响着孩子。哪怕是那些被我们硬性控制的细微情绪变化，孩子都能够敏锐地感受得到，这一点，是孩子在母亲腹中就已早早练就的"本领"。

当我们最终能够平和下来，面对一个淘气的孩子不再抓狂，我们就会发现，曾经那个总是闯祸捣乱的孩子，不知道什么时候就变成了活泼、向上、有着自己独特思维方式的乖孩子了。

5. 摒除浮躁，成长有时需要等待

记得曾在一次青少年培训营里，看过几个孩子的一段表演，表演的内容就是呈现现实生活中孩子与家长沟通时，家长的态度，让我印象深刻：

孩子几次想要与爸爸妈妈们沟通些什么，却被急于出门的爸爸粗暴打断；在与妈妈尝试做进一步沟通时，妈妈正拿着手机刷朋友圈。

孩子很着急，在经过了几次努力后，家长开始烦躁起来，让他抓紧时间去写作业。孩子提高了声音以引起他们注意，说自己的确有个很重要的事情要说，但是爸爸急了，说自己有事都被耽误了，妈妈有些不耐烦地让他回自己房间。

最终，孩子没能完整地与父母进行一次完美的沟通，父母似乎太忙，认为他只是一个孩子，而学习永远是他唯一重要的事情。

台下的我和很多家长一样，忽然觉得自己好像真的很少有耐心去倾听孩子的每一个成长中的小秘密、小进步和小梦想。我们习惯于日复一日般浮躁地应付日常，忽略了孩子成长的每一个互动的瞬间。

生活中，当我们苦口婆心教了孩子一遍又一遍的数学题，但孩子依然一脸困惑地看着我们时，我们最终失去了耐心，喊了句："你想啥呢？你怎么这么笨？"

第一章
做个不吼不叫的家长：首先做好自己的情绪管理

当我们提醒孩子不要忘记检查书包，但孩子临到学校门口还是忘记了圆规或者量角器时，我们气得向他大嚷："我早上和你说了多少遍了，要检查，检查，你怎么就是不听呢？"

当我们反复叮嘱下雨天不要出去玩，以免淋雨感冒，但孩子发着高烧说难受时，你又心疼又生气地训斥："告诉你别出去，你偏不听！"

……

在这样的提醒、劝告和唠叨中，我们是不是要反思一下，究竟是孩子越来越不懂事，还是自己太过浮躁，失去了对他应有的耐心？

一位年轻的妈妈，在意识到自己两岁的孩子仍然不能发出一个完整的、清晰的词语时，便带孩子去医院做检查。经过一系列的专家会诊、测试后，诊断为高度疑似为自闭症。这个诊断如晴天霹雳，让她一时难以接受。爸爸从最初的努力坚持到最后放弃，只用了几个月时间，但是妈妈决定对孩子付出毕生全部的耐心。

她坚持每天给孩子讲故事，带孩子亲近大自然，临睡前，会拉着孩子的手，告诉孩子，她们今天一起做了什么事，然后尝试让孩子尽量去表达。

日复一日，终于在5岁那一年的某一天，孩子喊出了第一声"妈妈"，很快又喊出了"爸爸"。渐渐地，孩子如同冲刺一般，很快融入其他同龄孩子的无障碍交流当中。

我们不去探讨那个自闭症的确诊是否准确，但妈妈为了孩子的成长所付出的耐心却是百分之百。这个耐心的妈妈正是经由这样的

坚持，创造出了最后的奇迹。

实际上，我们大多数家庭的孩子情况也没有那么糟糕，他只是有时太过沉浸于自己的世界。只要我们能够有一点点的平静的陪伴和倾听，孩子就自然会呈现出他本来应该呈现的样子。在这个世界上，最该得到耐心的人，就是我们尚在成长中的孩子。

同样地，如果我们能够以心平气和的心态来对待周遭世界，那么孩子自然也会从我们家长身上学会耐心对待周遭世界。

那一年女儿刚刚读小学，考完最后一科，我就带着她回老家看奶奶。天气忽然大变，鹅毛般的大雪飘了起来，火车也随之晚点。我和女儿坐在候车厅，赶上学生放寒假，各个角落都坐满了人。

女儿逐渐失去了候车的耐心，开始不耐烦地问我："妈妈，火车什么时候才能来呀？"无论我怎么回答，她依然是不变样的那句："妈妈，火车到底什么时候才能来呀？"

嘈杂的环境，加上为了赶车而造成的疲惫，那个烦躁不安的自我差一点打败了平日安静的自我。但是，我几乎脱口而出的"你别问了行不行，我怎么知道什么时候来啊！"那句话，还是被我硬生生地咽了回去。看着同样烦躁不安的女儿，我深深地吸了一口气，然后蹲下身体，搂着她，告诉她："宝贝，妈妈也不知道具体什么时候车会来，因为外面的雪太大了，需要有叔叔把铁轨上的雪清理干净了，火车才能安全开过来，让我们上车。现在呢，我们除了耐心地等待，已经没有更好的办法了，你看看周围，叔叔阿姨、爷爷奶奶和弟弟妹妹，大家都在耐心地等待！"

第一章
做个不吼不叫的家长：首先做好自己的情绪管理

女儿看了看周围密密麻麻的人，陷入了沉默。过了一会儿，又忽然担心地问了一句："那这么多人，等火车来了，我们会不会上不去车呢？"

"不会的。"我把手中的车票交到她手中，告诉她："我们有票啊，只要有票就能上车。"

女儿看了看票，又看了看我，终于放下心来，也不再那么烦躁。事实上，那天的火车晚点了4个小时，在这4个小时的时间里，我和女儿坐在候车室狭窄的椅子上，靠猜谜语和讲故事度过了漫长的等待时间。

女儿开学了，有一天我和先生都赶上加班，无法准时到学校接女儿放学。女儿在学校一等就是两个小时，在这两个小时的时间里，女儿写完了家庭作业，还跟老师聊了天，直到我风风火火赶到学校，女儿也没有流露出一丝不耐烦的焦躁情绪。老师笑着跟我说，你家孩子真能沉得住气，边等家长还边开解老师说："着急也没有用，只能慢慢等，不过辛苦老师陪我一起耐心等妈妈。"

听到老师这么说，我真的很庆幸自己在那次候车时，没能像其他家长那样斥责自己的孩子，没有将内心的焦虑和烦躁传达给女儿，否则女儿今天就不能理解和接受两个小时的等待。

其实，在我们生活中，处处存在着培养孩子情绪智商的机会，只要我们摒除浮躁，就会对孩子产生积极的影响，让孩子在成长的过程中体会到更多的愉悦情绪，并能够以更加积极的心态去学习和处理人际关系，这会让他的成长之路走得更加顺畅。

6. 试一试，给孩子一个理解你的机会

我们常常讲，人与人之间最重要的就是理解和沟通，实际上，这句话在父母和孩子之间的关系上，更是如此。当我们因为孩子"不懂事"而愤怒时，不妨想一想，是孩子真的"不懂事"，还是我们与孩子之间缺乏必要的理解呢？

我母亲有一个相识了多年的老友，那个阿姨经常来探望我的母亲，而每次来她所谈论的话题，都离不开他那个"不孝"的儿子。比如：从未给她做过一顿饭；每天辛苦带孙女，儿子却还总嫌她带得不够好……

也因此，阿姨的儿子在我眼里一直都是一位"不孝子"。直到有一年过年，母亲身体不便，要我代她去给自己的老朋友拜年，我才发现事实并非如此。我去的那天，正赶上阿姨腰疾犯了，走路都要扶着腰。见到有客人来了，阿姨的儿子连忙从房间出来，准备给我沏茶倒水，但是却被阿姨制止了："你去休息吧，我来吧。"说完，又看着我解释道："我儿子昨天晚上加了一晚上班，你来之前他才进家，让他歇会儿吧。"听到阿姨的话，阿姨的儿子还真的就坐在沙发上一动不动了，任由自己的母亲扶着腰走向饮水机。

"阿姨，您腰疼呢，就别忙活了。"我有些看不下去，说到"腰

第一章
做个不吼不叫的家长：首先做好自己的情绪管理

疼"两个字时，故意加重了语气。

"妈，您腰疼了？"阿姨的儿子这才从沙发上坐了起来，连忙接过母亲手中的杯子，接着又带些埋怨地说："您怎么不跟我说呢？"

面对儿子的质问，阿姨笑了笑说："不是看你最近工作忙吗？不想耽误你工作。再说了，妈这是老毛病了，跟你说了也没用。"

那时，我才忽然发现，阿姨的儿子不是不孝，而是他不知道如何去"孝"，他的母亲没有教会他该如何理解父母，或者说"阻止"了他去理解父母。所以也就出现了一系列的"不孝"行为，因为不理解母亲每天也很累，所以从来不主动做家务；因为不理解母亲身体不好，所以才会埋怨母亲没有将孩子带好。

问题的根本所在是，你给孩子理解你的机会了吗？你的疲惫、压力和诸多不适是否因为自己的掩饰或压制而让孩子失去了理解、照顾你的机会？而最终你却因为孩子所谓的不懂事而指责他，这样不成逻辑的教育模式，怎么可能培养出一个懂得感恩、回报的好孩子呢？

孩子能够理解父母，这种理解父母的能力被称之为同理心。一个具备同理心的孩子，能够尊重自己的需求，同时也能敏锐地感受到别人的需求。在理解了别人的需求后，他们能够自觉地控制住自己的需求和欲望，从而照顾别人的需求。这种理解会渗透到他与亲人、朋友，以及今后的爱人的关系中。

但具备这样能力的前提，是家长需要给他们开出一条"理解的通道"，让孩子知道家长不是万能王、不是十全十美的人，也需要

被理解、关注和安慰。

有一段时间,因为公司总是加班,我每天回家都很晚。有一天,我几乎是强打着精神才支撑到家,女儿还在客厅看动画片,我心里便莫名腾起一股火。

"给妈妈倒点水来。"我没有像往常一样,一进门就收起所有的疲惫去拥抱女儿,而是要求她也能照顾我一下。

"……"

等待我的,却是无声的回答,当然,也没有水。

"给妈妈倒杯水!"我的声音骤然提高了八度,整个人也从沙发上坐了起来,就像是一头准备进攻猎物的狮子。

女儿显然被我吓了一跳,有些不满:"我正看小熊维尼呢,你自己倒吧。"

女儿的话让原本情绪就不佳的我,瞬间火冒三丈,我拿起茶几上的遥控器,用力按了关机键,然后呵斥道:"我让你给妈妈倒杯水,你为什么不倒?你怎么这么不懂事呢?"

女儿正看得起劲,被我这么一番处理,委屈得掉起了眼泪,转身去卧室找爸爸去了。

先生走出来,用手拍了拍我的肩膀,让我消消气,之后又转身去了卧室。坐在客厅,我隐约听见父女两人小声嘀咕着什么,但听不清具体内容。

不一会儿,女儿从卧室走出来,倒了一杯水送到我面前,小声说道:"妈妈对不起,我不知道你加班辛苦,只顾着自己看电视,

第一章
做个不吼不叫的家长：首先做好自己的情绪管理

请你原谅我。"

女儿的话瞬间软化了我的心，感动之余，忽然觉得自己从来没有和孩子表达过自己的辛苦，却总是希望她能无条件理解我的辛苦，这真是委屈了她。

我接过水杯，喝了一口水，感觉整个人都温暖起来，我拉着她的手，对她说："妈妈刚才太冲动了，妈妈应该先告诉你，让你知道我很累，需要你照顾我，如果是这样，你就一定会帮我倒水的，是这样吗？"

女儿点了点头。

的确，并不是孩子真的不懂事，而是他们根本没有机会和能力理解父母而已。此时，家长对孩子劈头盖脸的责骂只会让孩子感到莫名的委屈、难过和彷徨，但他可能正沉浸在自己的小小世界里，压根儿无暇顾及发生了什么。

实际上，在我们面对孩子的各种挑剔、反抗甚至挑衅时，我们更要彼此理解双方各自的感受，只有这样的通道建立起来，孩子的同理心才能开启。

所以，试一试吧，给我们的孩子一个理解你的机会。我相信，你定会收获一个完全不同的少年。

第二章

培养孩子好的自我意识：让孩子自由独立

生活中的每一件与孩子关联的事情，首先给孩子提供一个自由选择的机会，鼓励孩子自己去做选择，并尊重他们的选择，这才是最真挚的爱。这份爱，这份自由选择的权利，对于孩子的成长弥足珍贵；对于理解这份权利并给予重视的家长来说，也同样弥足珍贵！

第二章
培养孩子好的自我意识：让孩子自由独立

1. 自由的空间养成独立的孩子

给孩子从小定好规矩，长大了自然就不会做出格的事了，这是很多家长的观点。于是，孩子每天的起床时间、动画片的观看时间、外出踢球的允许时间；家里来客人时的欢迎辞、饭后碗筷的具体清洁方法、穿衣戴帽的先后次序、自身物品的摆放角度等，都被严格地做出具体化的规定，以此培养出言行举止都能完全正确的"高标准、高效率、高素质"的孩子。

但是，这真的可行吗？所谓矫枉过正，一旦最开始的出发点存在隐患，终有一天，它所难以修复的问题就会一一呈现出来。

周末的一天，我陪着女儿在小区公园玩耍，期间来了个小女孩，女儿就和她玩起了"石头棋"。"石头棋"是小区很多小朋友都爱玩的游戏，所以很快吸引了附近几个小朋友过来围观。

见女儿和小朋友玩得投入，我就索性在公园的躺椅上晒太阳。刚眯着眼睛不到十分钟，就听到孩子们那边的争吵声。刚刚起身，女儿走了过来，悄悄和我说道："妈妈，我把和我玩石头棋的小朋友气哭了。"

"气哭了？为什么啊？"我边听女儿解释，边拉着她往几个孩

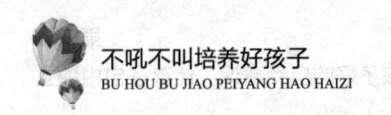

子那边走。"我想把她吃掉我的棋子放到我这边,这样进行下一轮的时候可以节约时间,不用再交换了啊。"

"那她为什么会哭呢?"我接着问女儿。

"因为她不想给我啊,她认为游戏没有结束,按照规则谁也不能乱动。"

我基本上听懂了争执的关键点,觉得尽管女儿的提议很不错,但是对方的坚持也有道理。我走到那个小女孩身边,安慰她道:"小妹妹,不要生气了,大家做游戏,重要的是开心。"

结果旁边一个男孩告诉我:"阿姨,你别安慰她了,她一直就是这样,只要别人不听她的话,她就会哭。"

小男孩的话就像开了一个头,立刻又有人跟着说起来:"阿姨,我跟她一个班。每次她的东西都要放在固定的位置上,一旦谁不小心占了她的位置,她就特别生气。"

……

这时,小女孩的妈妈来了,见到孩子哭也并未劝解,反而安慰我们道:"没关系的,我的孩子我了解,从小就是这样,什么事情必须都按照规矩来。没关系的,一会儿就好了。"

尽管我觉得小女孩坚持游戏规则并没有错,但是为了坚持规则而生这么大的气,会伤心到哭起来,还是出乎我的意料。

女孩妈妈告诉我,小女孩的爸爸是军人,从小就给她定了不少"规矩"。比如吃饭必须坐在哪个位置上,什么时间该跑步,什么时间该休息,什么时候该看电视,都有十分严格的时间规定。原本

第二章
培养孩子好的自我意识：让孩子自由独立

以为这样能够培养出一个事事有条理、做事自觉主动的孩子，却没有想到孩子越来越一根筋。

看着眼前的小女孩，我的内心不能平静，这个在约束中成长起来的小女孩，已经不再是凡事讲"规矩"，而是做人处事近乎偏执了。这是个信息多变的社会，每个孩子需要的都是极强的应变能力，如果孩子的天性被各类复杂而具体的框架所困，表现出的必然是僵化、封闭的思维模式和行为结果。

哲学家弗洛姆说过："教育的对立面是控制。"不要让孩子认为每件事情都有所谓的"规范""规则"，更不要因为孩子不能达到这些目标、不遵守这些规则，而对孩子进行批评或是惩罚。

或许有的家长会担心，完全任由孩子自由成长，会令孩子染上一些恶习，比如：打架骂人、毫无礼貌等。然而，需要声明的一点是：避免用琐碎的规矩束缚孩子，并不等于可以纵容孩子的不良行为。

一次，我带女儿去医院探望一位刚刚生完宝宝的朋友。因为不是独立的病房，所以也来了其他产妇的家属和朋友。聊天期间，有个不知谁家的小男孩，一会儿翻翻床头柜，一会儿摆弄摆弄氧气瓶管线，充满了好奇。

紧接着，紧靠窗户，上面躺着一位产妇的那张床引起了他的注意。他发现那里人少，还有个可以控制床头高低的摇手，就跑过去一会儿左摇摇，一会儿右摇摇。尽管由于力气不大，不会造成床头调节过度起伏，但最终那位剖腹产的女士还是因此疼得叫出声来。

正逢护士过来查房，护士大声斥责起来："谁家孩子，注意看

管啊，病人很虚弱，刀口很疼，哪能这么惯着孩子呢？"

这时，小孩儿的妈妈才半教训的口吻说道："别玩儿了，快过来，再玩儿的话，护士姐姐给你屁股打一针。"小男孩没玩儿尽兴，充满怨气地看了护士一眼后，躲到了妈妈身后。

等护士出了病房后，这位妈妈对旁边的人诉苦道："现在养个孩子真不容易，管得多了，说是抑制孩子的天性，管得少了，他又不听话。我也不知道怎么教育了，干脆就让他自由成长好了。"

实际上，约束和放任都是将孩子的培养推向了极端。如果给孩子绝对自由化的成长空间，孩子就可能在言行上无法无天，做什么事情毫无顾忌；而如果处处给孩子制定言行上的刻板规则，孩子的成长也必然畸形、懦弱，凡事不敢独立做主。

每个家庭，都应该根据自己孩子的特点，结合生活空间和其他社会空间的言行准则，为孩子量身打造属于他的一个相对自由成长的空间，以此滋养他，使其成长为一个独立的又不缺教养的孩子。

2. 家长这一边放手，孩子那一边独立

母爱之所以伟大，是它能够让孩子从中获取成长所需要的温暖和力量。但即便如此，这份爱也应该要有个"度"的把握，过度的关注，反而是对孩子成长权利的一种剥夺。

第二章
培养孩子好的自我意识：让孩子自由独立

燕子常常抱怨母亲给予的爱过于浓烈，沉重得让她有些喘不过气。事实上，燕子已经37岁了，已经有了自己的小家庭，为了更好地照顾母亲，她把老人接到了同一小区。没想到，她被母亲"照顾"的日子就此开始了。

燕子母亲和很多老人一样，都有早起逛早市的习惯。老人每天都会捎带一些水果、蔬菜之类，亲自送到燕子家。有时燕子还没起床，母亲就已经用燕子给的备用钥匙推门进来了。本来是考虑母亲日常过来方便给她一把钥匙，现在却反而让燕子恐惧极了，甚至每天早上都恐惧房间随时被打开，那份私人空间被侵犯的不安与烦躁，让她难以抗拒，即便那个拿钥匙的人是自己的母亲。

燕子的母亲我见过，非常慈祥也很勤快，和很多母亲一样，对自己的儿女有着永远放不下的心。经过一段时间的挣扎，燕子和母亲进行了一次认真的沟通，希望母亲能给自己一个独立的空间。结果母亲很伤心，认为燕子身在福中不知福，自己这样做是多少人求之不得的福气。

"你知道吗？就没有我妈不过问的事。"有一次，燕子向我抱怨道，"我每天工作怎么样？我要去哪？我要见什么朋友？我妈都要打破砂锅问到底。就连什么样的天气该穿什么样的衣服，我妈都要过问。我感觉自己好像从来没有长大一样，我甚至感觉自己一无是处，居然还不能脱离妈妈的照顾。"

是的，这份爱如果太重，就不再是温暖，而是一种绑架，它会让子女产生一种"没有妈妈我什么都做不好""我的生活不能离开

妈妈"的错觉。而母亲呢，会从孩子的这种依赖中，体会到自身存在的价值，但完全忽略了孩子自己是一个独立的个体。

作为家长，如果不懂得放手，在孩子学会走路后，依然将孩子抱在怀里；在孩子上学后，依旧不让孩子去做力所能及的事情；在孩子结婚后，依旧无微不至地照顾着她的生活，那么孩子永远无法成为一个成年人，即便已经二三十岁了，在心理上仍旧是个婴儿。

我们疼爱自己的孩子，目的是让他更好地生活和学习，但疼爱过重，那份甜蜜的保护就会形成一种无形的压力，如同一棵小草一直生活在大树下，在被树荫笼罩呵护的同时，也失去了阳光风雨的洗礼，势必会生长得营养不良。

当然，爱孩子是一种本能，要学会放手的确不是一件容易的事，我也曾一度为此苦恼。女儿上小学时，还保持着自己收拾房间的好习惯，但到了初中，她的被子甚至都懒得叠起来。最初，我帮她收拾房间、整理书架，以为这样可以更好地为她节约学习时间。结果，我的好心反而帮了倒忙，她经常因为找不到自己需要的书本资料和我争吵。有一次，我扔掉了一张看似无用的皱巴巴的废纸，结果居然是她为班级文化角设计的草图，搞得我也为此自责起来。

我所认为的垃圾，竟然是孩子的宝贝，我所认为的干净整齐，却让孩子觉得极为不方便。就在我纠结到底谁对谁错的时候，却忽略了孩子的房间怎样摆放，恰恰是孩子意志的体现，而我的整理，则是无意中对孩子意志的忽视和伤害。

后来，我与女儿进行了一次诚恳的谈话，在谈话中，我们约定

第二章
培养孩子好的自我意识：让孩子自由独立

了如下几条：

第一，以后进入彼此房间要敲门。之前我经常在孩子学习时，推门为她送进一些水果、牛奶，这份关心反而干扰了她的学习和与同学间的视频沟通，甚至她会担心自己的一些隐私被我看到。

第二，孩子的房间，交给她自己收拾。尽管收拾房间不是她太情愿的事，但相比我替她收拾所造成的困扰，她更愿意自己确定何时进行整理。

第三，参与家庭公共空间的整洁和其他日常事务的打理。在给孩子自由的同时，我希望她也能是一个讲规矩的人。属于家庭成员共同的地方，要有意识地保持整洁。而对于基本的垃圾清理、碗筷清洁等事物，也要适度参与进来。

如此一来，孩子有了自我独立的隐私空间，有了自我整理的权利，那种脏乱差的情况也开始逐渐好转起来，这应该归功于我的肯于放手的心态吧。

我想，在日常生活和学习中，不管孩子遇到什么事情，放手让他自己去选择和决策，孩子做错了也没有关系，相对于成功，有意义的失败对孩子而言才是最有价值的。

如果我们无法确定何时对孩子提供帮助，不妨这样想一想：我们所管的这件事，是孩子自己的还是我们的？如果是孩子自己的事情，那么我们能够做的就是提醒，而不是强求。比如天冷了孩子需不需要多穿一件衣服这件事，在三岁时，家长可能需要无微不至的照顾，但是对于一个十几岁的孩子甚至二十几岁的孩子来说，家长

还会为此插手，那是不是太过低估了孩子的自理能力？

所以，作为家长学会放手，孩子就会慢慢学会在独立中成长起来。

3. 给孩子弥足珍贵的选择权

朋友章涵的孩子，是我见过的所有小孩儿中，课外兴趣班科目最多的孩子。孩子的课程表上面写着钢琴、舞蹈、围棋、绘画、口才、话剧……时间被安排得满满的。在这些课程中，除了绘画最能让孩子产生兴趣之外，没有一科是孩子自己想学的，尤其围棋课，是孩子一点都不想学，却每次都要被妈妈逼着去学的课程。

我不理解章涵为什么要让孩子学这么多，她告诉我，自己小时候家境不好，自己本来好多兴趣班都想参加，结果哪个都没机会上，看着同龄孩子可以日常参加各种活动，自己特别难过。现在她也有了孩子，她不希望自己的孩子也和自己一样，所以她努力创造条件让孩子充分参加各类兴趣班，认为这样既能激发孩子的广泛兴趣点，还能应对未来多元化的社会竞争。

章涵所表达的和所期望的有她作为母亲的深深的爱在里面，只是忽略了孩子自己的主动选择权，和很多家长一样，都是用"我是为你好"这样的思维去对待孩子，以为自己的选择就一定是适合孩子的选择，殊不知，孩子的选择甚至可能和家长背道而驰。

第二章
培养孩子好的自我意识：让孩子自由独立

还有日常的鞋子、衣服、饮食、运动等，我们只是以自己的角度给孩子做了某种选择，加上我们自身态度强硬，孩子可能只是没有表现出反抗，但这未必代表他就喜欢。

当然，你会觉得孩子太小，怎么能客观评判某个商品、课程的好坏呢？事实上，孩子在婴儿期，就已经懂得了选择，只是这样选择背后的认知需要时间来积累而已。女儿两岁多时去商场，只要看到粉色的衣服，就会很兴奋，有时候还会挑出来放在我身上，示意我穿。

随着孩子的成长，他们的认知也在不断地提高，渴望自己进行选择的心理也越强烈，不管是穿什么、吃什么，还是买什么、学什么，她们都渴望能够自己做决定。

而对于孩子的决定、选择是否客观、准确的问题，也不是没有弹性可言。我们可以根据孩子的年龄、性格等方面来做综合考量。能够让孩子自己做决定的事情，一定是在孩子的认知范围内的。如果超出了范围，孩子自然会感到茫然失措，胡乱选择。在合理的范围内让孩子选择，即便选择错了也不要紧，影响也仅仅是当下的，并且还会从错误的选择中，得到相应的经验。

如果孩子失去了自由选择的权利，就会变得胆怯、畏首畏尾，不能自主。

一个朋友曾向我抱怨，已经上初中的女儿和她的关系非常差，两个人经常发生冲突。她自己感觉冷，就好心叮嘱女儿多穿点，女儿死活不穿；她看到女儿的鞋子坏了，买了一双新的给女儿，女儿

却宁可穿着那双坏鞋子，也不愿意穿她买的新鞋子；下雨天，她打着雨伞、提着雨靴去接女儿，但女儿看见她，却是一脸的不高兴，非要自己回家……

或许在很多妈妈的眼中，这个女儿简直太不懂得感恩甚至有些叛逆。但事实上，问题的根本却出在我的这位朋友身上。朋友总是以她的理解去看待女儿的世界：孩子的运动量大，所以御寒能力超过她，穿得少很正常；朋友喜欢以自己的审美去给孩子添置新鞋，并为孩子不愿意穿而感到难过，可她却不了解孩子对一款鞋子的质量、款式方面的具体要求；至于她不愿意妈妈雨天来接她，是她自己不希望被同学看作是处处需要照顾的小孩子，甚至她更愿意淋着雨、蹚着水，一路走一路玩地回家。

不妨想一想，如果我们的关心常常在孩子那里碰到冷冷的"墙壁"，这时请不要轻易冤枉孩子不懂感恩，孩子只是在用这种方式告诉家长："爸爸妈妈，在这件事情上，我已经有了自己的想法，能够自己做决定了。"而我们收到这个"信号"后，能够做的就是，不要用自己的"关心"去打扰孩子的生活。

当我们跟孩子说"天冷了，多穿点"时，孩子如果说"我不冷，不用穿"，那么我们就应该知道，那是他自己的选择，他自己可以感知温度，正在慢慢与这个世界建立自己的链接。我们应该为孩子有了这份自我选择而高兴，并在态度上给孩子最坚定的支持、信任和欣赏。

请记得：生活中的每一件与孩子关联的事情，首先给孩子提供

第二章
培养孩子好的自我意识：让孩子自由独立

一个自由选择的机会，鼓励孩子自己去做选择，并尊重她们的选择，这才是最真挚的爱。

这份爱，这份自由选择的权利，对于孩子的成长弥足珍贵，对于理解这份权利并给予重视的家长来说，也同样弥足珍贵！

4. 托起孩子的理想，让他敢做敢想

"长大以后想做什么啊？"这恐怕是每一个孩子都被经常问到的一个话题。而为了让孩子的职业理想金光闪闪，很多父母还会举出某某人因为不好好学习做了环卫工、捡破烂、卖菜、送快递等范例作为反面教材，以此激发孩子说出"我要成为一名飞行员、科学家……"之类的伟大而耀眼的未来理想。

但实际上，对于一个刚刚读小学的孩子来说，有时成为一名厨师的兴趣可能远远要比成为航天员更有吸引力，甚至在孩子眼中，他可能仅仅只是受到某一信息的影响就会很快将几个小时前的立志忘得一光二净。

有一次，闺蜜愁眉苦脸地告诉我："你知道吗，我那臭儿子，长大了居然想当土匪，说是土匪吃得好，这可真愁人。"没错，这个答案显然太过打脸，人家孩子一旦被问起长大了想做什么，不是回答当科学家，就是要做宇航员，而"土匪"这个答案简直是开了

天大的玩笑，传出去能让人笑掉大牙。

好在闺蜜并没有批评孩子，她通过观察发现，孩子正是因为被老人看管时间较多，所以经常看到一些战争题材的影视剧，而小小年龄的孩子只是片面觉得土匪的光鲜饮食更让他喜欢，馋嘴的孩子常常盯着那些鸡鸭鱼肉的镜头咽口水。

与更大的孩子相比，年龄过小的孩子还无法理解理想、信仰的真正内涵，所以家长大可不必小题大做，随着知识的不断拓展，他们必然会不断校正自己的理想目标。

就拿我的女儿来说吧，她的理想从最初的医生到后来的司机，又到后来的糕点师，目前是想当老师，总是在不停地变化着，不管她将来会干什么，有一点是不可否认的，那就是这些梦想都是有价值的，在孩子的心中，它要么是最美的，要么是最真实的，要么是最神圣的，我们都要给予尊重。

要知道，孩子只有敢想才能敢做，而在每一次实践的过程中，她都能有所收获，或许是发现了更好的自己，或许是获得了额外的知识，而这些都将为她们实现最终的梦想做铺垫。如果我们因为孩子的梦想不起眼，就将孩子的梦想扼杀在摇篮里，那么他就会失去一种人生体验，将原本宽阔的大路渐渐走成狭窄的独木桥。

要提醒自己，不管孩子的梦想多么的荒唐，多么的可笑，都是一个无价之宝。我们不能因为孩子想当农民，就说他没有出息，也不能因为孩子梦想能够住在月球上，就说他不切实际。试想一下，如果莱特兄弟最初对父母说要制造一只能够带人飞翔的大鸟，却遭

第二章
培养孩子好的自我意识：让孩子自由独立

到父母的反对时，那飞机的发明恐怕又要晚上许多年了。

一次上班的路上，我和一对母女一起等公交车。小女孩看起来有三四岁，当一辆环卫车从我们面前驶过时，车底的两个圆形大刷子引起了小女孩的兴趣，连忙问道："妈妈，那是什么车？"

"那是环卫车，开着这个车在街上走一圈，道路立刻就干净了。"女孩的妈妈说。

"我长大了也要开这个车！"小女孩雀跃地边跳边说。

"好啊。只要你努力学习，认真工作，行行都能出状元。"小女孩的妈妈柔声回应道。

这个答案简直太妙了，站在一旁的我都忍不住想要为这个妈妈鼓掌。因为有太多的家长，喜欢给职业分为三六九等，所以在孩子的心中，职业也有了高低贵贱之分。

我们小区里的绿化都是由一个乡下来的农民大伯负责，每天大伯就穿着一双旧胶鞋，一身蓝衣服，带着一个黑色的围裙流连在花草树木之间。因为工作的原因，他的衣衫上总是沾满泥土。那天早晨，大伯像往常一样，正在给花花草草浇水，一个梳着羊角辫的小姑娘跑过来，冲着大伯喊道："你是农民！你是农民！"说完，做了个鬼脸嬉笑着跑开了。小女孩的妈妈就站在不远处，我们原以为小女孩妈妈会批评她不懂礼貌，却没料想她妈妈说道："你不好好学习，以后就只能当农民了！"

没有不望子成龙的家长，我们都希望孩子将来能够从事一份光鲜亮丽的职业，可是每个孩子的资质都是不同的，从为社会做贡献

的角度来说，每份职业都是相同的，如果我们过于强调职业的高尚性，那么当孩子无法达到时，他的内心就会产生挫败感，认为自己是个没用的人。

大学时候有一个朋友，她从小就喜欢照相，长大以后又对绘画、摄影十分感兴趣，但是当她将自己这个梦想告诉给母亲时，母亲却给她泼了一盆冷水："就咱家这个条件能供你念书就不错了，还想学这学那的，你就把课本上的知识学会就不错了。"

后来这个朋友考大学时，被迫按照母亲的想法选择了会计专业，尽管她一点也不喜欢这个专业，但她强势的母亲坚持认为，这个社会，哪也缺不了算账的人，永远也不会失业。结果，她成了公司里摄影最好的会计，只是看上去总是那么不快乐。

美国著名的篮球运动员"飞人"乔丹，他小时候的身体条件并不出众，也几乎没有人能看好他的未来。但当他对母亲说自己想要成为著名球星时，他的母亲没有否定他，而是为了他的梦想摆宴席庆祝，还鼓励他说："想要成为著名的球星，就要向著名的球星学习。"为此，乔丹的母亲还为乔丹买来了很多体育杂志，与他一起探讨学习，并将杂志上的球星图像剪下来，贴到乔丹的房间中，以此来激励他。

果然，有了家人的鼓励，刻苦训练的乔丹真如他小时候所说的那样，最终成了扬名世界的篮球明星。

因此，作为家长，如果我们想要培养出一个有自我理想的人，但凡孩子能提到的每一职业或兴趣，都切记不要急于贬低或否定，而是要以一份常规心态来面对孩子,这会让孩子在面对自己理想时,能够得到家人的支持。

同时,若有能力把孩子的理想具体化,能够有针对性地对孩子进行规划、指导,那么孩子在实现自我理想的道路上,会更加具备可能性和自信心。

愿我们都能激发孩子找到属于他自己的那份理想,因为唯有这样从心而发的理想的力量才会让孩子有主动行动的动力,他才会在圆梦的过程中变得坚强、不退缩,并能够在克服困难的过程中得到快乐。

5. 守护孩子的隐私,就是守护他的心灵财富

孩子读到小学一二年级时候,班主任或语文老师一般会鼓励孩子写日记,我家孩子也是如此。有一次,无意间和几个家长聊到了写日记的事,大家纷纷分享了当年自己是如何藏日记的趣事。有的说,自己把日记藏在天花板上面;还有的说,把日记上锁,再把上锁的日记放到上锁的抽屉里;还有的说,包上书皮,和其他书籍混在一起……然后在哈哈大笑中,为自己曾经的机智点赞。

只有悠然妈妈不太愿意分享,大家开玩笑地问她是不是有什么童年伤疤。经这么一问,悠然妈妈慢慢打开了话题:"我读三年级的时候,很喜欢教我们的一位体育老师,那个时候同学们都写日记,

我就把这份喜欢写在了日记里。不曾想,有一天放学,刚刚走到家门口,就听到父母在聊关于我的什么话题,仔细一听,居然是我日记里的内容。我到现在还记得我进房间时,妈妈向我投来的那个狠狠的目光和那句'小小年纪,你不学好啊你'。"

悠然妈妈此时眼中带泪,很明显还没有抚平小学时期那段创伤。她看了看我们,接着说道:"唉,那个眼神包含着愤怒、指责、蔑视,唯独没有愧疚,两周后的期末测试,我的某科成绩很糟,这让父母一下子抓住了把柄,晚饭的时候还拿出那本日记的内容说事,当天晚上,我把我所有的日记都撕碎了,然后躲在被窝里哭了整整一夜。"

悠然妈妈其实已经是十岁孩子的家长了,谈到日记隐私话题,依然在情绪上波动很大,这说明孩子的隐私一旦被曝光甚至讥讽,给当事人带来的可能是一生的痛楚。

作家尼尔·波兹曼在《童年的消逝》中说过:"没有秘密就没有儿童时代。秘密伴随着孩子的整个成长过程,代表着孩子自我意识的苏醒。"当孩子有了秘密时,也就有了承载他秘密的载体,比如日记,日记可以说是孩子心灵的窗户,但这并不意味着我们可以随时打开这扇窗,去看看里面究竟藏了什么!

家长偷看甚至明目张胆地翻看孩子日记的前提是对孩子的关注和担忧,怕他吃亏、被骗或者有些事情被隐瞒而耽误处理,却不知能够将一些情绪、秘密写进日记,就是为了自己去消化或记录,不希望被家长看到而已。

日记那个小小的世界如同孩子一片神秘而独立的领域,不希望

第二章
培养孩子好的自我意识：让孩子自由独立

被他人碰触，这其中也包括自己的父母、老师和周边的人，除非他为此做出了打开日记的授权。

很多如悠然妈妈的妈妈那般的家长，那份关爱已经是一种变相的控制和极为不妥的冒犯，完全没有把孩子的自尊、自立放在眼中。

知名演员黄磊曾经在一期节目中说过："秘密是孩子内心最宝贵的财富。孩子有孩子的人生，想要孩子拥有健康的人生，就必须让孩子明白什么是对的，什么是不对的。如果自己都做不好，又怎么去教孩子呢？不看孩子的日记，不翻看孩子的手机，是对孩子最起码的尊重。"

作为家长，我们不能以"爱"的名义去做一件错事，然后还要理直气壮地对孩子说"我这是因为爱你"。要知道在孩子的内心，他所接收到的不是爱，而是"妈妈不尊重我""爸爸不理解我"，甚至错误地理解为"偷看别人隐私是对的，没有什么大不了"。

我的女儿三岁多的时候，经常拿着大大小小花花绿绿的盒子、罐子跑到我面前，然后让我猜里面到底有什么，但是她总是担心我会随时打开她的这些藏着各类宝贝的盒子、罐子，常常让我发誓不能去打开。

三岁的孩子，她的百宝箱里存放着的可能仅仅是石头、纸片和弹珠之类的玩意，但她坚决相信自己拥有的宝贝是天底下最漂亮、最神奇和最珍贵的，她会努力捍卫她作为箱子主人的拥有权。

她常常会在我面前小心翼翼地打开缠了好多线条的小锁头，然后从里面拿出两颗彩色小石子，一脸骄傲地问我："是不是最漂亮？"

我会故作惊讶地配合演出。

当然，随着她年龄的增长，她的百宝箱已经变化为各类灵感册子、少女日记、心情绘本等，尽管在整理她的房间时，这些似乎藏着魔力的本子、册子吸引着我前去探索，但想到她从小就为自己的隐私而斗争的样子，我就强忍住了自己的那股好奇心。

在电视剧《小离别》中，海清饰演的妈妈在女儿的垃圾桶里翻出了孩子写的小说，她怒气冲冲地质问孩子为什么不好好学习，却做这样无聊的事情。孩子因为无法解释这其中缘由，哭着将小说撕了个粉碎，最后黄磊饰演的爸爸在夜里用胶水一点一点将小说粘好，这一行为感动了女儿，让她觉得自己的爸爸才是真正帮着她守护她心灵财富的看门人。

具有心理咨询工作经验的我愈加明白：日记本上的那把锁，代表着孩子的心理界限，即便是最亲密的妈妈，也不能越界。可能正是因为如此，女儿的日记本，渐渐地从上锁变成了无锁，因为她相信她的妈妈会尊重她的隐私，在没有得到她本人的亲自授权，那把隐形之锁永远都会锁住她内心世界全部的秘密。

如果我们不小心看到了孩子的日记，并被孩子知道了，不要理直气壮地证明自己只是因为爱孩子，如果真的爱孩子，正确的做法，应该是真诚的道歉，并保证以后不会再这样做。

当然了，最正确的做法，就是在看到孩子秘密的那一刻，选择原地放好，不去窥探，也不去揭穿。只有我们尊重孩子，孩子才能够信任我们，而信任是孩子向我们敞开心扉的唯一途径。

第三章

培养孩子好的进取心态：让孩子不畏挫折

当我们帮孩子抵挡了他本来要去面对的风雨，那就等于剥夺了孩子学会坚强的权利。家长只有以一颗坦然的心，让孩子自然而然地去接受不同阶段的小小挫折，才有可能让孩子踏上真正的成长之路。

1. 不要剥夺孩子坚强的权利

每位家长都希望自己的孩子可以快乐成长,尽量不受委屈,甚至当孩子受到不公平对待时,表现得比孩子还要焦虑、愤怒,我也曾经是这样的家长中的一员。

女儿在社区有几个日常玩得很好的小姐姐,几乎每天睡前都和我讲这些小姐姐与她之间发生的各种故事。慢慢地,有些小姐姐因为到了上幼儿园的阶段而逐渐减少了与她玩耍的机会。

周末的一天,女儿在阳台的窗户前发现了一个熟悉的小姐姐正在小区里和其他小朋友捉迷藏,她急着让我带她下楼去找。当女儿兴奋地喊着"姐姐,姐姐"去靠近那个小姐姐时,小姐姐并没有表现出曾经那样的热情,而是喊了句:"快走开,我们正玩捉迷藏呢,别打扰我们!"

看着跑远的小姐姐,女儿显得有点伤心,呆呆地站在那里,不知所措。作为家长,我的内心也很难受,但又担心我的安慰会加重她的失落,所以也跟着站在那里不知所措。

隔了一会儿,那个小姐姐跑了一圈后,又绕到女儿面前,加了一句:"我有新朋友了,以后我就不和你玩了,你知道了吧?"

第三章
培养孩子好的进取心态：让孩子不畏挫折

听到这样确切的消息，我转过身去，担心被女儿看到。我不理解这个小姐姐为何会这样说话，或者这样的表达到底是出于什么目的。此时，先生打来电话，喊我们上楼吃饭。回来的路上，我拉着女儿的手，悄悄觉察她的表情。女儿蔫蔫的，但还好没有我想象中的那么脆弱。

一周后，我带女儿在小区散步。当我坐在长椅休息时，女儿很快加入到了新的小朋友的游戏当中。女儿小小的身体跳跃着，脸上又洋溢出曾经的那份快乐。

晚上，临睡前，我试探着问女儿："宝贝，你今天玩得好开心，是不是又交了新朋友啊？"

女儿一骨碌爬起来，开心地告诉我："是的啊，而且我一下子认识了两个呢，她们都说喜欢我，还说以后一起上幼儿园呢！"

"哦，是吗？那前几天那个小姐姐说不和你玩了，你是不是很伤心啊？"我趁机问女儿。

"嗯，我伤心了好长时间呢，但是她有新朋友了，我也有新朋友了，就不伤心了啊！"女儿答复道。

看到这个事情没有给她带来什么心理阴影，我放心了很多，也自觉自己看低了孩子的承受能力。我也暗自庆幸自己当时没有像一个老母鸡般站在孩子的面前，冲着那个小姐姐做些抗议，那就真的在无形中剥夺了孩子面对问题的自我承受、成长能力。

每个人来到这个世界上，都会在经历幸福和快乐的同时，经历磨难与痛苦，只有小时候在摔打中成长起来，才能勇于面对成人后

的挫折和打击。

小时候是摔跟头、跟小朋友吵架，长大了可能是工作和事业中的一些不顺利。任何挫折都是一种成长的历练，家长就算再疼爱自己的孩子，也不可能永远替他包揽全部难题，这本身也是对他成长的不公平对待，是一种错误的爱。

所以，在孩子还小的时候，不妨给他来一点挫折教育，将他推出去，让其遭遇一些挫折，以此锻炼孩子承受挫折的能力，而这需要我们狠得下心，能够忍受孩子在我们面前受些委屈。

一天，吃完晚饭后，我去小区公园散步，途中，一个三岁左右的小男孩从我的旁边气喘吁吁地擦身而过，朝着远处的两个稍大一点的两个男孩背影边跑边喊："哥哥，你们等等我呀。"三拐两拐，他们都跑远不见了。

又过了一会儿，我身后不远处传来低语声："别说话，他跟过来了。"我闻声望去，两个五六岁左右的男孩蹲在长椅后面，正观察着周边动静。正想着可能是刚刚被小男孩追赶的那两个大哥哥，忽然那个小男孩弓着身子出现在长椅子旁边，一脸兴奋道："哥哥，我终于追上你们了！"

"真烦人！赶紧跑！"两个男孩说着，一前一后反方向跑远了。

小男孩依旧不放弃，在后面慢慢继续追。我也跟着小男孩奔跑的路径往前走，忽然听到不远处一位女士的喊声："子辰，先过来喝口水。"

"我不渴！"那个小男孩回应道。

第三章
培养孩子好的进取心态：让孩子不畏挫折

看来她是小男孩的妈妈，我走近和她聊了起来："那个小家伙是你儿子啊？"

"嗯，对啊。"女士合上书，抬起头来，笑着回答我。

"明明那两个孩子不愿意带着他玩啊，您咋不劝劝您家儿子呢？"我笑着问她。

此时，刚刚两个男孩跑了一圈，又碰头之后绕过了这里，继续往前跑，明显是为了甩开那个小跟屁虫。

"不用劝，他就是想跟着人家玩，但是人家嫌他小，不愿意带着他，但是又担心甩不掉他，就反复绕圈跑，想让我儿子彻底放弃，我看着他们都这么跑好几圈了。"女士笑着说道。

"妈妈，你刚刚看见那两个小哥哥从这里跑过去了吗？"小家伙跑到妈妈身边，满脑袋汗水，问道。

"是的啊，但是他们跑得很快，你想追上去就要努力哦！"妈妈看着儿子，认真地回答道。

"哎呀，您这不心疼儿子吗？明明人家就是不想带着他嘛，何况追上去了也未必就同意和他一起玩了啊。"我又问她。

"现在很多家庭都是一个孩子，都很宠着，让孩子自己多受点挫折，多和别人接触接触，然后遇到问题自己解决，这也算是一种教育吧。"女士答道。

"那你不心疼吗？"我脱口问道。

"当然心疼啦！"孩子妈妈陡然提升了分贝，"可是心疼管什么用啊，我又不能代替他长大，如果这点挫折都接受不了，以后怎

么办？不过你看，我儿子也没那么失落，可能他自己都没我们想得那么多，他可能觉得这本身就是一种你追我赶的游戏吧。"

我一时语塞。

现在的孩子受到的呵护多，但这样过度的呵护会让孩子形成一个心理惯性：别人一直将我当宝，你凭什么当我是草？当这种惯性大到一定的程度，就很难再改变过来。就如在顺境中待久的人，无法适应逆境的反差一般。

所以，适度收起自己的那份玻璃心吧，当我们帮孩子抵挡了他本来要去面对的风雨，那就等于剥夺了孩子学会坚强的权利。家长只有以一颗坦然的心，让孩子自然而然地去接受不同阶段的小小挫折，才有可能让孩子踏上真正的成长之路。

2. 每个孩子都有一颗冒险的心

一个人的探索与冒险精神是需要从小培养的。孩子们来到这个世界上，只有通过各种活动不断积累各种经验，才能不断提升自己的能力。

朋友的女儿刚上幼儿园时，看到同龄大小的孩子玩滑轮，也嚷着要妈妈买给她，想和他们一起在广场自由地滑来滑去。实际上，朋友的内心是矛盾的，一方面希望孩子可以锻炼一下自己的胆识，

第三章
培养孩子好的进取心态：让孩子不畏挫折

经由自己的努力，可以自由地享受运动的乐趣；另一方面，也常常因为某家孩子因为滑轮锻炼而磕碰了骨头，留下了后遗症，担心这样的问题发生在自己孩子身上。

几番思想斗争，当她准备购买时，孩子爷爷奶奶的到访又打乱了计划。他们得知了朋友的决定，一致认为这么小的孩子玩滑轮太危险了，万一摔坏了胳膊腿，那要后悔一辈子的。

这个"后悔一辈子"的说辞的确吓到她了，最终打消了给女儿买滑轮鞋的念头。幼儿园毕业后的一天，看到满社区的孩子都在快乐地滑来滑去，她忽然有些后悔，觉得应该给孩子一个尝试的机会。当她最终决定把她的看法告诉给女儿时，女儿却不再像过去那样跃跃欲试，而是怯怯地拒绝道："太危险了，我怕摔倒，不要买给我！"

如此，朋友的犹豫让孩子失去了正当时的那种发自内心的渴望与尝试，到今天孩子依然在运动方面有些过于保守。这让我想起自己后来看到的一期真人秀节目《妈妈是超人》，嘉宾妈妈马舒雅自己感觉沙子太脏，就绝对不让孩子触碰，因为担心桌椅的边角会磕碰身体造成危险，索性搬光了客厅所有的家具，一家人坐在地上吃饭。

太多的家长出于保护孩子的目的而屏蔽掉了危险发生的可能，但殊不知，这其中也让孩子的性格失去磨炼的机会。外在的伤痛终会痊愈，但性格的软弱可能伴随一生，那些看似调皮捣蛋的孩子，往往最终能在大风大浪的人生困境中摸爬滚打，不怕困难。

孩子的冒险代表着对新事物的探索，而家长的保护则是对这一

宝贵进取精神的禁锢与破坏。

小时候和爸爸打羽毛球，一个不小心，羽毛球打飞到了房顶上。我不甘心，坚持要想办法把球取下来。爸爸鼓励我道："那你好好想想，怎么能把球取下来？"

我四处找工具，结果在杂物间看到了一个木梯子，我拽出梯子，搭在墙面上，爸爸也过来扶着梯子帮忙。墙好高，梯子也越来越抖，但我最终还是小心翼翼地把球取了下来。那一刻，我觉得我好像什么都不怕了。有了爸爸的鼓励，我觉得自己是全世界最勇敢的孩子。

所以，如果有家长遇到孩子主动想去做个冒险的某个尝试时，可以在有安全保障的前提下，让孩子意识到冒险可能发生的相关问题及应该注意的相关事项，这样的冒险就无比珍贵。一旦孩子通过这一努力而获得了成功，他会因此而获得极大的自信，即便失败，他也知道问题到底出在哪里。

当然，在这一过程中，孩子难免有某种冒失、做过头的可能而导致失败或者受到某些皮肉之苦，这时，家长千万不要以"你怎么不听我的忠告？""告诉你不行，你还非要自己试？"之类的语言予以贬损，而是要尽可能让他再次去尝试，不必为失败而担忧。必要时候，我们还可以选择和孩子一起冒险。

女儿两三岁时，家里的一切都被她翻了个遍，冒着热气的开水、插头插进去就能亮起台灯的插座、燃气的火焰等等，都是她想搞明白的事情。

对此，我会倒一杯热开水，然后给她做示范：我用一根手指轻轻碰触一下杯子,然后快速缩回来,嘴里喊声"烫",然后女儿也去这样尝试。很快她就懂了"烫"到底是什么样的一种感觉。慢慢地,她开始懂得蜡烛、打火机和燃气的火焰会点燃物品,同时也会烧伤身体。

诸如此类的冒险尝试我陪着女儿做了很多,慢慢地她可以根据积累的经验进行自我拓展,甚至还能鼓励其他小伙伴去做一些大胆尝试。

家长总是怕孩子冒险,所以禁止孩子尝试,这反而是危险的做法,因为孩子总会在我们看不到的时候"闯祸"。与其这样,倒不如在我们眼皮底下让孩子做一些尝试,这反而能让她们印象深刻,不会再背着家长偷偷去尝试。

因此,当孩子对冒险性的活动产生兴趣时,我们要从容对待,并不失时机地给予肯定和赞赏。不要怕孩子会摔跤,自己爬起来的孩子,他之后迈出的脚步会更稳健。

3. 从一点点的坚持开始

孩子稍微大一点后,家长一般会带孩子参加一些小规模性的竞技类活动。在活动中,有些环节需要孩子的耐性,但是有些家长担心孩子完成不了,就索性放弃了这样的参与,以此保护孩子的自尊

心不受打击，这实在是太过错误的操作。

实际上，孩子多坚持一点点，对未来的成长就可能是一大步。这其中，实在因为难度过高或其他特殊原因而需要家长陪同完成的，也尽量不要说放弃就放弃，这对孩子的进步实在毫无益处。

女儿三年级时，我带她一起参加了一个夏令营。开营第一天，孩子们就需要通过各个项目的挑战排名名次来获得早、中、晚三餐的食物选择权，也就是说，排名越靠前，就越有机会选择更为丰富、可口的食物。

在攀岩的项目中，女儿明显不及其他项目那么积极，我很清楚，她有些恐高。果然，在爬到一半高度时，她的双腿开始僵硬。我在下面给她打气："宝贝，你可以的，加油！"

女儿悬在半空的身体没有太多变化，有些孩子已经冲顶了，她开始向我求救："妈妈，我害怕，太高了。"

很多家长也开始给支招，但是显然女儿听不见半点建议，恐惧已经让她完全放弃了行动的动力。我征得教官同意后，戴上安全帽，系上安全绳索，然后慢慢爬到女儿的位置。

看到我爬了上来，女儿神态放松了一点，但随即又表现出委屈的样子。我安抚她道："没关系，妈妈来陪你，我们一起挑战这个高度。现在，你随着妈妈的节奏走，眼睛向前看，一鼓作气冲顶吧！"

最终，我们以倒数第一的名次完成了比赛，但因为坚持到了最后而获得了教官和家长、同学们的热烈掌声。女儿也很高兴，仿佛自己是那个排名第一的冠军。

第三章
培养孩子好的进取心态：让孩子不畏挫折

孩子就是在磕磕绊绊中成长起来的，所以家长不要总对他说"你还小""你还做不了"，而是要鼓励他说"加油，妈妈相信你""你这样做真不错""你已经是个大人了"等，多给孩子自己发挥的空间，多给孩子鼓励和支持，多让他体验到成功的快乐。

有一年暑假，女儿看到自己很要好的小伙伴报名学习游泳，就也让我报名和那个女孩一起学习。结果不到一周，因为那个女孩放弃了学习，女儿也打算就此放弃。的确，学习游泳不是短时间的事情，尤其她也看到了现场有人学习时出现呛水的情况，就更不打算继续坚持了。

我想起蔡康永在一本书中所写的一句话："15岁觉得游泳难，放弃游泳，到18岁遇到一个你喜欢的人约你去游泳，你只好说'我不会啊'。"实际上，这句话对我自己的刺激很大，因为我也曾中途放弃了游泳的学习。今天，女儿也即将要中途放弃，我不想让这样半途而废的事情再次发生。人生很多事情，在当时也许只是坚持一下，就会有一个完全不一样的结果。

想到女儿喜欢综艺节目《快乐大本营》，尤其喜欢里面的女主持人吴昕。我就和她讲起了吴昕关于"坚持"的故事。

吴昕在成为娱乐主持人以后，才发现自己安静的性格似乎并不太适合主持综艺节目，在节目中她就像是一个摆设，永远站在最靠边的位置。这让她开始怀疑自己的选择，无数次想要退出。但每当这个时候，何炅就会劝她说："你再坚持一天。"

就这样，坚持了一天又一天，吴昕坚持了整整十年。在这十年里，

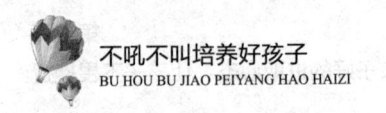

她找到了一条适合自己的主持之路，她站在台上时，不再感到拘束和压抑，这也让她获得了越来越多人的肯定。主持或许不是吴昕最喜欢的事情，但是她通过在这条路上的坚持，让自己做到了最好，然后再通过主持所带来的收益，去做自己更喜欢的事情，活成自己喜欢的样子。

女儿听了，陷入了思考。我继续鼓励她道："妈妈鼓励你再坚持一下，并不是希望有一天你能够成为游泳冠军，或者是游得多么的好。而是希望你能够在这件事情中，体会到'坚持'所带来的成就感。我希望你能再坚持一下，希望你在这样的一个喜欢玩耍、戏水的年龄里，可以像一条鱼一样，自由地游来游去。只要你能坚持一点点，就会实现这样的可能。"

最终，女儿重新开始了游泳锻炼。这期间，她呛过水、被教练训斥过，但都一点点坚持下来，终于可以在小伙伴的赞许目光中游来游去了。她非常庆幸自己最初的坚持。

面对挑战，面对困境，孩子产生退缩的想法，这再正常不过了。我们不必因此就给孩子扣上"没长性"的帽子，也不必当下就要求孩子必须坚持到底。

我们只要以他所能吸收的方式，鼓励他坚持一下，再坚持一下，让他不断地从每天的一点点坚持中获得动力，孩子就会在这种因坚持而产生的"惯性"行为中，不断拓展自己的前进可能性，最终坚持到底，直抵目标。

4. 输了也没什么大不了

如果家长过于执着输赢，只会让孩子陷入强大的压力当中而无法自拔。正确的做法是：要让自己的孩子既有自信心，又要以一颗平常心来面对竞争，做到不认输、有毅力，胜不骄、败不馁，学会竞争、适应竞争，从而在竞争中获得成长。

一次，朋友带着她的女儿彬彬来我家做客。两个小朋友年龄相差不多，所以很快就玩到了一起。我们在沙发上聊天，女儿和彬彬在我们旁边下围棋。

彬彬好胜心强，摆好棋盘后，扭头向妈妈表示一定能赢。女儿当然也不示弱，所以一开始两个小家伙就进入了紧张的对弈状态。我不太懂围棋，但是能明显看出彬彬的状态是步步紧逼，而女儿那边则是迂回战术，并不纠缠。

很快，彬彬棋走下风，脸上的表情有些挂不住，开始有意无意出现悔棋行为。最初女儿能够接受，但是有了前几次的妥协，女儿开始警告："彬彬，棋子落盘就不能再动，否则就是犯规，这是规则！"

彬彬妈妈担心孩子输，也在旁边时不时地提醒他要"想清楚！"

到了最后，彬彬棋盘上的大部分地盘已经被女儿占领，小家伙索性把手里的棋子往棋盘上一扔，用小手将黑白棋子打乱成一

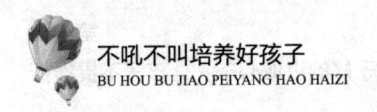

片……

输不起的彬彬开始闹情绪了。

"输不起"是很多小孩子的成长特点，这显然与家长平日的教导有直接关系。

彬彬妈妈善意的提醒实际上加剧了孩子担心输掉对弈的不安心理，孩子本能地会觉得妈妈不想让自己输掉比赛。这与平日彬彬妈妈看重输赢、凡事争第一有关，否则孩子刚刚准备下棋时就不会刻意向妈妈强调自己一定会赢。

当孩子经常性向家长表态一定会赢，说明孩子也会经常性地以赢得名次而获得家长关注，而家长的及时赞美也更加促动孩子下次一定还要赢的心理。但是要注意的是，这其中只求赢而不准输，或者输了就很丢脸的潜在意义，会让孩子无法接受失败的事实，因为这样会让孩子无法享受到那份被人关注的独特感受。

那一天，为了让两个孩子能够愉快地玩耍下去，我组织她们玩些女孩子都爱玩的过家家游戏。结果没过多久，两个孩子还是争执起来，原来是两个人都想扮演妈妈角色。我和彬彬妈妈开始各劝各家孩子做些妥协，最终还是女儿做了让步，以小主人的身份陪伴小客人一起做游戏。

临到告别时，彬彬随口叨咕了一句"我再也不来你们家玩了"，这让我和彬彬妈妈都好些尴尬。显然，彬彬对于今天的围棋对弈和过家家游戏依然心有情绪。

日常生活中，孩子输不起一般都有如下表现：

第三章
培养孩子好的进取心态：让孩子不畏挫折

玩游戏时，赢了就高兴，输了就会闹脾气，甚至出手伤人；在考试中非常看中自己的分数，成绩不好就哭泣，甚至不吃不喝；画画的时候，会因为没画好，就把整幅画都撕毁，并再也不愿意画画……

很多家长认为这是孩子"要强"的体现，说明孩子有非常强烈的上进心，并认为这样的孩子将来肯定有出息。但事实并非如此，真正有上进心的孩子，应该是能够坦然地接受失败的孩子，是懂得从失败中获取教训的孩子。

人生道路漫长，输赢只是一时，不能代表一世，所以孩子过度在意输赢的结果，只会平添烦恼。更何况，输虽然代表着失败，但是也蕴藏着经验和智慧。可以说，越早输过的孩子，才能更早获得成功。

小时候，我参加班级学习委员的选拔，因为一票之差，没能当上学习委员的我，回到家后哭得很伤心。母亲问清原因后，对我说："不要难过了，山外有山，人外有人，强中自有强中手。落选了也不是什么坏事，如果不是落选了，你又怎么能看到自己的不足之处呢？你正好可以借此机会，找一找别人身上更加优秀的地方，然后学习他，超越他。"

一番话，又点燃了我的斗志。但随后母亲又叮嘱我，别人当选也是一件高兴的事，应该与同学一起分享成功，分享胜利的快乐。因为这句话，我之前有些嫉妒的心理也消失了。

事实上，聪明的家长应坦然面对孩子的失败。在看到自己的孩

子失败时，不仅不要责备孩子，还要与他一起欣赏胜利者，从胜利者身上找出优点与长处，同时对比自己身上的弱点与不足，找到提高自己能力的方法。而孩子在与父母共同分析出自己需要提高的地方之后，这种家庭团队之间的配合也会增强他的自信心和动力。

孩子只有在学会了平静地面对自己的失败，才能冷静地分析自己的失败在何处，从而才能晓得哪些地方还需努力，这样才能为在下一次的竞争中获取胜利奠定基石。

5. 帮助孩子发现自身优势

孩子有了伙伴关系后，很容易因为对方的优越物质基础或特别之处而心生羡慕，希望自己也能拥有那样让人羡慕的不同。

在接送了女儿一段时间后，她从最初的新奇开始转为抱怨："妈妈，你能不能别老是骑着电动车接送我上下学啊？"

"为什么呢？"我好奇地问道。

"因为我们班级好多同学的爸爸妈妈都是开车接送，这样就不用担心刮风、淋雨了。"女儿的解释似乎也有道理。

实际上，能够低碳出行也是提倡环保的真正践行，既然女儿有这个不太过分的要求，索性就开车接送她吧。

结果没过多久，女儿又开始羡慕起班级乐乐家的漂亮小汽车、

第三章
培养孩子好的进取心态:让孩子不畏挫折

彤彤家从国外买回来的全套乐高玩具、玲玲那个会眨眼睛的爱莎公主。

孩子对这些美好事物的羡慕最初是正常的,但当开始不断呈现升级状态时,这种要不得的虚荣之心就需要家长格外注意了。我开始从女儿爱听故事的特点出发,慢慢给她做这方面的思维转化,于是,我给她讲了一个故事:

蜗牛和青蛙是住在河边的一对邻居,但是蜗牛却十分讨厌青蛙,总是处处为难青蛙。一天,青蛙终于忍无可忍了,便问蜗牛:"蜗牛先生,我并没有得罪过你,可你为什么总是与我过不去呢?"

蜗牛说:"你是没有得罪过我,但是只要看到你那能够活蹦乱跳的四条腿和我这背上重重的壳,我就气愤不已。"

"蜗牛先生,你只看到了四条腿给我带来的好处,却没有看到我没有壳的悲哀。"青蛙无奈地说道。

话音刚落,一只老鹰飞来,蜗牛立刻将身体缩进了自己的壳里,而青蛙却因为没来得及跳进水里,而被老鹰捉走了。

"这个蜗牛也太傻了吧!它羡慕青蛙,自己也不能长出四条腿呀。再说了,青蛙还没有壳呢!"女儿听完故事后,立刻发表了自己的看法。

我也立刻响应道:"你说得对,羡慕别人,并不能使自己变得更好。相反,还会让自己陷在羡慕别人所带来的痛苦中。你想啊,总是用自己没有的东西去羡慕别人拥有的东西,那能不痛苦吗?而且还会忽略了自己拥有的东西。"

听到这里，女儿一副恍然大悟的样子，用手指着我说："啊，妈妈，你是想用这个故事来告诉我，不要羡慕别人，是不是？"

我笑了笑，看着女儿，想听她还有什么感受。

"不过呢，你这个故事，确实让我明白了，羡慕别人也没有用。而且也让我发现了自己有，而别人没有的东西。比如：乐乐虽然每天有漂亮汽车坐，但开车的其实是专门请来的一位司机叔叔，但是她的爸爸妈妈却因为常年在外工作，不能陪在她身边。有一次，乐乐跟我说，她都有半年多没有见过爸爸妈妈了呢！那个时候，我还觉得她很可怜呢！"

"也说不定，在乐乐的眼中，你是比她幸福的那个人。"我适时地补充了一句。

"怪不得乐乐总是想来咱家玩儿呢！看来她是想过我的生活呀！"女儿的眼神也变得活跃起来。

其实，每个人都有自己的优点，同时也有着自己的缺点。即使我们的孩子外貌平凡，学习中等，我们也要鼓励他接纳自身，懂得爱惜自己。因为任何一个孩子都有不足之处，只有懂得发挥自己的长处，规避自己的短处，扬长避短，才能让自己更有吸引力。

新学期刚刚开始，为了积极鼓励学生们发掘自身潜在特长，女儿的班级搞了一场班委会委员自荐活动，希望孩子们通过各自的能力展现而竞选成为班委会成员。

因为都是新同学，所以出场顺序按照个头高低来依次出场。女儿个子较高，出场顺序自然排后，这让她首先从个头高低的角度对

第三章
培养孩子好的进取心态：让孩子不畏挫折

身边几位同学有了一个初步印象，同时也对其他同学的特长有了一个提前认识。

比如自己尽管会弹钢琴，但是居然有个同学的钢琴水平达到了十级；她一直觉得自己的国画还不错，甚至还获得过一些小奖项，但是还有一位同学已经开始了更为复杂的油画学习；还有一些同学歌舞出色，甚至有的还参加过市区的大型歌舞活动。

那天回家，她把当天的感受说给我听："妈妈，我怎么感觉自己一点特长都没有呢？"

听了女儿的话，我一时之间也有些不知如何作答。一个月后的家长会上，女儿班主任找到我说："你家孩子人缘特别好，全班级的人都喜欢她。"

"人缘好？"我不知如何回应老师的话。

"我决定了，想让你女儿做组织委员，她准能把一些活动很好地筹备、组织起来。"班主任笑着告诉我。

见我还是一头雾水的样子，老师耐心地和我说起了女儿在学校中的一些表现。在一次年级组的演出中，当别的孩子只顾着自己的妆容够不够好看，自己的衣服够不够合身时，只有女儿不是给这个系鞋带，就是给那个整理头饰。同学之间爱起外号，其他孩子被起了外号，总是立刻反击，或是怏怏不乐，但是女儿对于同学们给她起的外号，总是欣然接受，好像那不是一个外号，而是一个昵称……

老师零零碎碎地跟我说了许多，让我更多地了解了女儿在家庭之外的另一面。通过老师的描述，让我对女儿有了更为充分的认识。

作为家长，我们难免以外部世界的标准去评价孩子，但是孩子不是物品，从出生那天起，他的人生就注定了没有标准答案。如果我们用所谓的标准去衡量孩子，那只会磨灭孩子最闪亮的一面。

我将老师的话和自己的体会告诉了女儿，我认为"人缘好"这个优势或者说特质代表着女儿强大的组织能力、难得的包容心，她善良、开朗，乐于帮助别人，在我看来，这些要比多少分数和多高级别的艺术等级都更为宝贵，这是他人无法短时间拥有的优势所在。

听到这个答案时，她感到很意外，同样也没想到"人缘好"也算是优势。

细细想来，任何孩子都有自己的长处，也许这个长处并不是学校里所需要的，也不一定是老师所看重的，或者是受社会所追捧的。但是每种长处都有着它独特的价值，我们需要做的，不是将孩子按照"标准"改造成优秀的孩子，而是发现孩子的长处，让孩子成为独一无二的自己。

6. 乐观是挫折的"天敌"

一个美国医生曾做过这样一个实验，他用水和糖粉再加上某种色素调制成了一种"安慰剂"，然后让患者服用。当患者对这个安慰剂保持乐观的态度，相信它的药力时，90%的患者都因为这个安

第三章
培养孩子好的进取心态：让孩子不畏挫折

慰剂病情得到了减轻，甚至还有一部分人因此而痊愈。尽管医生开出的这个药方并不具备任何药力作用，但是他却充分地证明了乐观的作用，这其实就是一种心理暗示。

还有一个相反的例子。一个搬运工人被意外地关进了一间冷库里，他意识到，如果自己出不去，就会被冻死。20个小时过去后，当人们打开冷库的大门，发现了这名工人的尸体，从尸体外观上看，他确实是被冻死的，但是奇怪的是，当时的冷库的冷气开关并没有打开。可以说，是他的悲观冻死了他。

这就是乐观的力量和悲观的下场。一个乐观的孩子，挫折在他面前就会变得微不足道，相反，在一个悲观的孩子面前，挫折就犹如一座大山，压得他喘不过气来，令他没有前进的勇气。战胜挫折的方式有很多，勇敢、坚强、执着……而首当其冲的是乐观。因此，我们要培养孩子战胜挫折的精神，首先要让孩子成为一个乐观的人。

有个名叫窦林的小男孩，因为学习成绩差，经常被年轻又负责的班主任留校，将当天学习的知识再温习一遍。在学校里，经常被老师留校可不是一件"光荣"的事情，因为只有那些"差劲儿""没用"的孩子才会被留校，所以班里的同学时常在背后嘲笑窦林。有一次这些嘲笑的话语传到了窦林的耳朵里，让窦林感到很苦恼。窦林的爸爸知道这件事情后，是这样安慰窦林的："老师工作了一天，已经非常辛苦了，她还要抽出时间为你补课，就更加辛苦了，她是希望你的成绩能够越来越好，所以你应该谢谢老师。"

窦林想了一晚上，他觉得爸爸说的话对，所以再次被留下补课

时听得格外认真，他不想让老师白费辛苦。有一天，窦林又一次被留校后回家，对爸爸说，他想带一些吃的到学校，因为每次老师给他补完课，他都会感到饿。爸爸十分爽快地答应了窦林的要求，但是他转而想到，既然自己的儿子会饿，那么老师肯定也会饿。于是，第二天在窦林的小书包里，多了两块蛋糕，是窦林的爸爸亲自用烤箱做的，并且他还在放蛋糕的盒子里塞了一张小纸条，上面写着"老师您辛苦了，补课的时候你也饿了吧！"然后窦林的爸爸又对窦林说："当你饿的时候，说不定老师也饿了，所以爸爸给你准备了两块蛋糕，到时候你可以分给老师吃。"

窦林带着两块蛋糕高高兴兴地上学去了，当天就把蛋糕分给了老师，据说老师感动得眼泪汪汪。从那以后，窦林的爸爸每天都会花些心思为儿子准备小糕点，然后让儿子带到学校跟老师一起吃。孩子的纯真打动了老师，老师也经常带一些吃的给窦林，也越来越喜欢窦林，对窦林越来越好。

渐渐地，关于窦林"因为成绩差而被留校"的传言没有了，取而代之的是"老师给窦林开小灶"，同样的事情不同的说法，效果也就不同，起初窦林被同学们嫌弃排斥，现在反而成了大家羡慕的对象了。当然，一起改变的还有窦林的学习成绩，以及他面对事情的态度。

窦林的爸爸叫大军，是我为数不多的异性朋友之一，前几年他跟妻子因为性格不合离婚，然后就独自带着儿子窦林生活。窦林没有像一般离异家庭的孩子一般，变得消沉叛逆，我想跟大军的教育

第三章
培养孩子好的进取心态：让孩子不畏挫折

有很大的关系。

被留校补课原本是老师的一片好意，但是在其他人的眼中就变成了一件令人"难以启齿"的事情，让孩子倍感压力。如果在这个时候家长再给孩子施加压力，只会让孩子产生逆反心理，对补课反感，甚至对老师产生厌烦之情。补课不但不会让孩子的学习得以进步，还会让孩子感到羞耻和挫败。

为什么同样一件事情，人与人眼中看到的会不同呢？这源于每个人对于挫折的认知不同，这也是一个人最终能够战胜挫折的关键。乐观的人，在面对挫折时，他们的认知是"这没什么，我会战胜它"，而悲观的人，他们的认知则是"天哪！我完了！"

任何事情都有正反两面，大军在这件事情上最大的成功，就在于他教会了孩子如何乐观地去看待问题。他让孩子看到老师是为了自己好，看到了通过补课自己的成绩就能提高这些正面的一面。所以，孩子才能够从失败中看到进步，从挫折中获得成长。

第四章

培养孩子好的品格操守：让孩子不卑不亢

美国教育家杜威认为："同情心作为一种良好的想象力，使我们能想到人类共同的事情，反抗那些无谓地分裂人们的东西——当'同理心'或'同情心'这些东西成为一个人天性的一部分时，他就没有了自以为是，没有了居高临下，没有了敌视排斥，有了善良，有了豁达。"

第四章
培养孩子好的品格操守：让孩子不卑不亢

1. 真正的孝顺是爱的自然流露

孝敬长辈是中华民族的传统美德，然而，这种美德在一些独生子女身上却鲜有表现。一些家庭中的独生子女，表现十分令人失望，甚至令人心酸。我们经常会看到这样的情景：孩子生病了，一家人跟着忙前忙后地百般照顾；而父母身体不舒服了，孩子却很少关心关注父母。孩子的这种表现让父母深感无奈，认为自己养了个白眼狼，根本不懂得感恩。

在古时候，子女对父母有"晨昏定省"之礼，即每天晚间要服侍父母就寝，早上要省视问安，这是子女侍奉父母的日常礼节。如若哪个子女不能遵守，则会被视为"不孝"的表现。现如今，虽然很少有家庭还会要求孩子做"晨昏定省"，但是教育子女要孝顺的思想却从未改变。

如果要评选在中国家长中流传最广的一句话，"我辛辛苦苦养你这么大，老了你一定要孝顺我"这句话一定能够榜上有名。我们的本意虽然是想教会孩子孝顺，结果却将孝顺转化成了一种责任，强加在孩子身上，忽略了孝顺本身的出发点应该是爱，而不是一种责任。正是因为如此，我们快速要求孩子"感恩""回报"，以此

认定自己培养出了一个懂得孝顺的孩子。

但问题恰恰在于，这种不能彼此温暖、互相传递的关注只是一种强加行为，甚至以命令、要求的方式来达成，那就是被动的、非自然的形式主义，孩子当然无法真正领悟，也就谈不上自动自发地随着父母长辈的心情配合完成"孝顺表演"。

女儿刚上幼儿园的时候，正逢母亲节，于是幼儿园开展了一次以"孝顺"为主题的活动，其中孩子们有一项任务，就是为自己的妈妈洗脚。当天，我们从自己家带着洗脚盆赶往学校，然后老师一声令下，脱鞋脱袜子，等着孩子为自己洗脚。本来应有一个很有爱的画面，但是却让很多妈妈感到十分尴尬。好不容易等到老师说："可以了，各位妈妈可以擦脚了。"我竟有一种"终于解脱了"的感受。

事后，我问女儿有何感受，女儿的回答竟是"妈妈的脚不臭，爸爸的脚臭。"这个回答让我哭笑不得。随后女儿又问我感受如何时，我实话实说道："没有任何特别的感受，但是妈妈很谢谢你为我洗脚。"其实，在众多的家长中，很少有人从事着十分辛苦的工作，并且身体也十分健康，完全可以胜任为自己洗脚这件事。

而此时，让孩子帮忙洗脚，更多的表现的是一种形式，而不是一种由内而发的爱意。对孩子来说，可能仅仅是完成了老师给布置的一项任务而已。无论是孩子，还是家长，都没有从这个活动中感受到"孝顺"的意义。

我觉得，与其让孩子学会孝顺的这种形式上的"孝顺教育"，不如在生活的点滴中，表现出对自己父母的爱。只有真情实意的爱

第四章
培养孩子好的品格操守：让孩子不卑不亢

被孩子感受到，才会自动转化为孝顺的源泉。中国有句古话，叫"母慈，子孝"，意思是说，只有充满慈爱的母亲才能培养出孝顺的孩子，只要我们用正确的方式去爱孩子，自然也会收获到孩子的爱。

据说，在荷兰的感恩教育中，从来不会教孩子如何去孝顺父母。这不是因为他们人情淡薄，而是因为在荷兰的父母看来，孩子爱父母是自然而然产生的情感，是一种天性，不需要去教。因此，荷兰的父母更多的会教导孩子爱与给予的能力，包括爱这个世界的一切，大自然、小动物，以及比自己弱小的人。

我们也同样不需要被强迫的感恩，更不需要所谓的刻意的孝道。我们需要的是教会孩子如何真心地去爱一个人，将来这个人会是自己的父母、妻子或丈夫，还会是他（她）的孩子。而这种爱是强迫不来的，是任何力量都无法使之扭曲的。

当然，教会孩子孝顺长辈，并不是几句空口大道理可以实现的，也不是一朝一夕或只通过一两件事就能养成的，它需要靠日常生活的点滴积累，要在众多的生活小事和细节中吸收"营养"，这样才能在孩子的心中生根、发芽。

比如，吃饭时，让孩子帮我们盛饭，吃完帮父母收拾一下碗筷；下班回家时，让孩子为我们倒上一杯水，给我们捶捶背；当我们身体不舒服时，让孩子帮我们拿药；等等。让孩子从这些生活小事入手，他的孝心就会逐渐培养出来。

另外，言传不如身教，我们平时对老人的尊重、关爱之举，往往能促使观察力敏锐、情感丰富的孩子跟着学习，从而逐渐养成孝

敬长辈的美德。

有这样一则公益广告让我印象深刻：

一个年轻的妈妈给自己年迈的妈妈端了一盆洗脚水，然后为妈妈洗脚的情形被孩子看到了，孩子也效仿妈妈的行为，给自己妈妈端了一盆洗脚水。孩子之所以会给妈妈洗脚，是因为他看到了自己妈妈爱父母的行为，所以他也学会了。同样是洗脚，与女儿曾经给我洗脚的经历相比，前者是爱的传递，而后者则是形式上的模仿。

所以，要培养出一个真正懂得孝顺的孩子，与其对他说自己是如何一把屎一把尿把他养大，然后要求他长大以后一定要孝顺自己，不如用实际行动教会他爱，用心地去爱他，用心地去爱我们自己的爸爸妈妈。

如果我们自己以身作则这样去做，我们的孩子也会同样感受到父母这份发自内心的对于长辈的爱，那么孩子自然也会用同样的爱回应我们。而这样的孩子，不但在家里能够得到亲人的爱，离开家后，也有能力得到他人的爱和尊重。

孝顺是好的品格，但不能停留在形式上，它必须经由一个人的内心真诚感悟并且自然做到，才是真正的孝顺。身为家长，如果我们能够带头做到对父母长辈的孝顺，那我们的孩子自然也会如此。

父母与子女之间，尽孝和得到孝顺的双方，正是在这样的互动中，提升亲情紧密度，互相做到了情感上的表达与肯定，它自然而然地发生，也会自然而然地传递。

2. 以信任培育自律的孩子

孩子小时，父母于他而言，是如拐杖一般的角色存在，但随着他渐渐长大，这个拐杖的作用也就慢慢减弱，他需要更加自由而无须父母搀扶的空间。如果说最初的"拐杖"有保护也有限制，而逐渐长大的孩子则需要更多的信任与自由，这样，孩子才能逐渐从依赖走向独立，从被动的父母监督蜕变为自我管理。

和很多小孩子一样，女儿从小就爱吃棒棒糖，为此，我专门准备了一个铁罐子来给她装棒棒糖。当然，和很多家长一样，为了防止蛀牙，我严格规定女儿每天只能吃一颗棒棒糖。

很快，这种规定就开始失效，她常常趁我不注意，偷偷自己打开罐子偷取棒棒糖吃。怎么办呢？我最终决定将铁罐子放在她伸手也够不到的冰箱顶部。即便如此，女儿还是用了我不知道的一些办法够到了铁罐子，并且为防止我发现，还自作聪明地将罐子放回原处，以为我完全不会注意里面的剩余棒棒糖的数量。

这样"猫鼠游戏"的方式似乎不能解决根本问题，我决定采取另外一种从未尝试过的方法。一天，我对女儿说道："妈妈最近经常加班，不能每天都能想着帮你去取冰箱上的铁罐子给你拿糖吃，所以我准备让你自己看管这个铁罐子，自己负责吃棒棒糖的事情。"

"真的吗？"女儿眼睛一亮。

"真的！现在咱们查一查还剩多少颗棒棒糖，算一算如果每天吃一颗，具体能吃到哪一天，如果到了那一天你刚好吃完了，妈妈就再重新买给你，装好新的一罐子。"说完，我将铁罐子交给女儿，让她自己去数。

"妈妈，还有15颗了，应该正好是到这个月的30号，就都吃光了。"女儿查完棒棒糖数量后，认真地告诉我。

"好的。那接下来的时间里，你就要自己按照每天一颗的约定进行了啊，慢慢就让你自己来掌控这件事了哦。"我以无比信任的眼神看着女儿，这样说道。

接下来的几天里，我装作忙碌的样子，完全不在意女儿的一举一动。我有一丝忐忑，但更愿意信守自己和女儿之间的约定，当我这份发自内心的信任之感升起时，我觉得我与女儿日常的沟通也有了某种感觉上的不同。

月末的那一天，我买了一些新的各种口味的棒棒糖，回家打算看看女儿那边的情况。刚刚一进门，女儿闻声跑了过来，向我举起空盒子，说道："妈妈，我一天吃一颗，今天刚刚好吃完，你有按照约定给我买新的棒棒糖了吗？"女儿一板一眼地看着我问道。

我从包里取出装着棒棒糖的袋子，各色款式的棒棒糖一下子吸引了她，她接过袋子，说道："谢谢妈妈，我决定两天吃一颗，这样对牙齿好，而且我还可以节省很多棒棒糖呢！"

听到女儿的回答，我分外高兴，这种因为我的信任而投射到孩

第四章
培养孩子好的品格操守：让孩子不卑不亢

子身上所形成的自律，远远超出了我的预期，看来我的尝试是成功的。

后来女儿告诉我，实际上，她有几次都忍不住去提前伸手取出棒棒糖，甚至想着今天吃两颗，明天不吃，然后后天再吃一颗的方式也可以，但最后她觉得会辜负对我的信任，然后"忍痛"制止了自己的行为。

我们想让孩子做好某件事，一定要首先相信孩子能够做到，这份信任感孩子会有感知，并因此激发出他自身的自尊感和责任感。而为了不辜负这样的信任，他会以严格自律的方式作为对家长的回报，即使过程中有所犹豫、打了折扣，他也会因此不断矫正和夯实这样的行为，以更好的状态来平衡这份信任。

事实也证明，一旦这件事他做到了，他就会因此更加自律，更加以家长之间的约定作为赢得自尊的一种方式、一个机会，并且乐此不疲。

邻居丹丹妈妈在听了我的方法后，决定以此解决孩子写作业难的问题。但是两周后，丹丹妈妈抱怨说："很奇怪，怎么就没有作用呢？是不是孩子和孩子就是不一样啊？"当我仔细和她复盘前后尝试细节后，我发现了问题所在。

丹丹妈妈口头上和孩子说把写作业的主动权交给孩子自己，但是从孩子放学进房间，到吃饭、上厕所的各个环节，她的嘴上不提写作业的事，眼睛却始终紧紧锁定在孩子身上。她甚至会趁孩子不注意时，私下打电话询问具体作业情况，然后趁着孩子睡着后，再逐一掏出各科作业本进行核对。

我告诉丹丹妈妈，孩子对家长的一举一动都极为敏感，嘴上不

说，但是我们的一举一动他都能感应得到。

有一次，丹丹妈妈发现丹丹作业没写完就出去玩了，气得她浑身发抖。孩子刚一进屋，丹丹妈妈就将作业本扔在孩子脸上，批评孩子欺骗自己。结果孩子也很委屈，认为自己压根没有主动权，还是被妈妈监督作业，根本就是不信任自己。

丹丹问妈妈："既然你把主动权交给了我，那我就能安排好什么时候做作业。当我决定出去玩时，是我和同学约好了还有其他紧急的事情要做，我可以牺牲一点睡觉时间来完成作业，我是按照我自己的计划进行的，你为什么要横加干涉呢？"

妈妈被问得无言以对，毕竟最早提出给孩子主动权的是自己。孩子说出了问题的根本所在，也是我最想告诉丹丹妈妈的，那就是：当你想激发孩子的自律，但又不能对孩子抱持信任时，孩子会对家长的话产生怀疑，认为自己的主动权受到了破坏和质疑，是不被尊重的一种感受。

渴望被尊重是人的天性，而不信任是对他人不尊重的典型表现。家长的信任能够让孩子相信自己可以做到，并在行为上形成自律。相反，家长的不信任，会让孩子怀疑自己的能力，认为自己做不到，并且放松对自己的要求。

而一个从小就没有机会掌控自己的孩子，也很难学会自我控制。所以，我们不要再做孩子的监控者了，将属于他们处理事务的权利交还给孩子，并给予孩子充分的信任。也正是因为有了这样的信任，孩子才会有真正意义上的自律。

第四章
培养孩子好的品格操守：让孩子不卑不亢

没错，自律源于我们对他的信任，而信任也恰好支撑起了孩子的自我约束。

3. 鼓励，而不是逼迫孩子勇敢

家长会上，一位妈妈抱怨道："我的女儿都小学四年级了，还天天让我陪着她睡觉，要是让她自己独立睡，她就要求爸爸在客厅沙发睡，说给她做保护。唉，看来女孩就是胆小，这要是男孩就肯定能自己一个人睡了。"

女孩子就胆小吗？可能很多人都自然而然地这样认为，连我也差一点以为是真的。直到有一天，在老家听外婆聊起我三四岁时候的事，我才意识到这个认识是错误的。

外婆告诉我，我曾经自己不知在哪里抓住了一只很大个头的壁虎，然后戴上口罩，扮成医生的样子，用一把小刀说是要给它做紧急外科手术。听外婆这么描述儿时的自己，我简直不敢相信，因为直到今天，哪怕很小的一只壁虎，甚至一只蟑螂都能把我吓得迈不动腿。

看来，当我不知道"害怕"为何物时，我还是有一定的胆量的。

尽管如此，我还能回忆起来的稍大一点的童年时光，仍然多半是与胆小挂钩的。我害怕回答问题，即使站起来时，双腿也在不由自主地颤抖；我害怕见到熟人，即便非常熟悉的亲戚，见面也会心

生扭捏；我和那个家长会的妈妈提到的女儿一样，的确需要有人陪伴才能睡着；我喜欢唱歌，但我害怕登台汇报演出。我害怕很多事。

为什么外婆口中的自己与之后慢慢长大的自己有了不同，想必这是后天家长的管教所致。我记得妈妈提醒我：走夜路要小心，黑暗中可能藏着坏人；没有准备好，就不要登台演讲，否则你会很难堪；随时检查自己的着装，避免为此当众出丑，等等，诸如此类。

所以，到今天，我很少走夜路；和同事聚会时，也较少主动发言、唱歌，更别提跳舞；我很少主动与男性搭讪，即使是日常工作方面的，我也要经由第三人在场，才能有所好转。

为了自己的孩子和工作，我还需要不断调整这些父母当年不经意间的提醒所带来的负面影响。

有了自己的这些经历，我就懂得了，所谓的胆小只是家长的长期不良教育所致，家长甚至利用了孩子的胆小、顺从而让孩子变得更加方便管教，这实在是一个得不偿失的家教理念。或者说，某种程度上，父母本身也是性格中有胆怯、不肯主动担责的一面，只是这样的隐藏过于隐晦，很少表现出来而已。

至于外婆提到的儿时的我，那个拿刀想给壁虎做手术的我，我想可能与父母那个时间段不在我身边，没有将"恐惧"的概念灌输给我有关，所谓"无知者无畏"。或者说，那个年龄段，孩子所害怕的具体对象也存在差异性。

实际上，孩子对一些事物的恐惧出于一种自我保护的本能，比如：一岁内的孩子会害怕听到巨大的声响，害怕见到陌生人，害怕

第四章
培养孩子好的品格操守：让孩子不卑不亢

生活的环境突然改变；两三岁的孩子会害怕黑暗，害怕与父母亲分离……八九岁的时候害怕身体伤害、学习问题等等。

一般而言，这些恐惧会随着年龄的增长、心智的成熟而逐步减弱甚至消失。家长在这一过程中，应根据孩子自身性格特点及所面临的具体问题而进行灵活性的调整和对待，慢慢帮助孩子克服恐惧心理，而非以刻意的哄骗甚至逼迫的方式达到提升孩子勇气的目的。

有一次，我带着女儿在海边游玩时，看到这样一幕：

一位年轻的爸爸带着一个三四岁左右的男孩在海边玩耍，可能是第一次接触大海的缘故，孩子明显有些抵触，看到海浪涌过来时，就急忙拔腿往岸上跑。爸爸几次尝试带着孩子去接触海浪，但刚刚靠近浪花，他就吓得回头就跑。

爸爸有些生气，跑到儿子那儿，一把拎着孩子，然后跑到海边，直接把孩子扔进了海水里。孩子吓得大哭，拼命往岸边跑，弄得很是狼狈。就这样反复几次后，孩子的哭声近乎歇斯底里，明显已经失去了锻炼孩子勇气的目的。此时，刚刚经过此地的一位大叔制止了年轻爸爸的行为，爸爸这才停下来。

显然，逼迫孩子去做这样的尝试，孩子会有一种被抛弃感，无助的感受会伴随他很久，遇到同类情况甚至可能形成应激反应。

雨过天晴的一天，我带女儿去植物园玩，快到门口时，由雨水形成的一条细细的河沟挡住了我们的去路。对于成人来说，稍微高抬一点腿，加把力，就可以跨过去了。但眼前这条突兀的"鸿沟"让女儿无法前进，她伸手要我抱她过去。

我轻声鼓励她，不要担心鞋子会湿，尝试一下，看看是否能成功。没想到，这样反而让她不仅担心起来，更在意自己会不会摔倒在河沟里。于是，我让她留在原地，对她说："妈妈先给你做示范，你看妈妈怎么跨过去。"

我将腿抬高，身体前后晃动一下，加了下力气，喊了声："一二……三！"然后跨了过去。见女儿有些跃跃欲试的样子，但还是有些犹豫，我又将动作夸张地演示了一遍，然后对她说道："妈妈牵着你的手，带你一起跨过去好不好？"

"好，好！"女儿连连点头。

我带着女儿，她学着我的样子，一下子就跨了过去。我们开心地为自己鼓掌，然后又重复了一遍。最后，女儿自己也独立尝试了一下，再之后，她开心地在这个小河沟反反复复地跨越玩耍起来，完全没有了最初的恐惧状态。

实际上，在女儿的成长过程中，她不止一次地出现过胆小的时候，但是我从未强行逼迫她自己面对，我相信，通过我的努力加以时间，她会慢慢跨过很多成长中的"小河沟"。

家长通过强硬的逼迫手段试图让孩子变得勇敢，那是较为极端的做法。同时，很多胆小的孩子并不是做不到，只是因为胆怯、畏首畏尾、害怕失败和受人耻笑而不能放开自己，所以才不敢去尝试各种新鲜事物。

没错，一个怯懦的孩子未来难以在社会上立足，因为这样的孩子通常都缺乏自信和勇气。虽然他们也渴望成功、渴望朋友，可他们总是沉浸在自己想象的困难中,不敢迈开前进的步伐。

也因此,在孩子幼年时期,我们能够做的就是耐下心来,慢慢地陪伴和鼓励他,直到他能自己在这样的勇敢尝试中体验到快乐,勇敢才能真正作为一种品格操守,伴随孩子一生。

4. 陪伴和交流:开朗的孩子不自卑

新年伊始,大家都还沉浸在过年的快乐中,朋友家的孩子晴晴被确诊为"孤僻症",庆幸的是程度较轻,如果从现在开始改善,还有调整的可能性。朋友一遍又一遍地叨咕着"孤僻症"几个字,眉头皱成了一团。"我的孩子怎么会是孤僻症呢?他成天活蹦乱跳的,小眼睛骨碌骨碌地转得比谁都快……"

"自闭并不代表孩子的身体和智力有问题。"我打断了朋友的话,"晴晴最大的问题是,她不会与人交流。"其实晴晴的问题,早在晴晴两岁左右的时候,就出现了端倪。那时候,两个孩子一起玩儿,女儿总是很想与晴晴搞好关系,但是晴晴的眼中,却丝毫没有我女儿的存在,一直在自顾自地玩耍。

分开时,女儿懂得与叔叔阿姨再见,但是当我拉着晴晴的小手,跟她说再见的时候,她的眼睛却不知在看向何方,也丝毫不理会我所说的话,更不要说跟我说再见了。我曾委婉地跟朋友提起孩子的

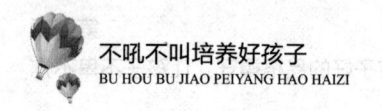

问题，但是朋友却丝毫不以为然，总认为是这个年龄的孩子贪玩所致。我时常劝说他们与孩子多交流，但是效果甚微。

朋友和他的妻子都是外地人，两人孤身在城市中打拼，身边没有亲戚，只有零星好友。妻子怀孕后，朋友就独自肩负起了生活的重担，妻子在家带孩子做家务。几乎每一个到朋友家去的人，都不敢相信，他家有小孩儿，并且是妈妈一个人带孩子，因为他们家实在太整洁太干净了。

朋友的妻子是个过分勤快的人，在别人一个人只带孩子都忙得手忙脚乱的情况下，她不但要带孩子，还要买菜做饭收拾家，几乎孩子刚刚将家里某一处弄脏弄乱，她就已经在第一时间收拾干净了。所以，她几乎没有时间与孩子做游戏，甚至说说话。大部分时间，晴晴都是一个人躺着，会坐以后，就是一个人坐着，会爬以后，就被妈妈用一根绳子拴在腰间，然后在固定的区域里爬来爬去……

晴晴一岁的时候，别人的小孩儿已经会说"爸爸""妈妈"等简单的词汇了，晴晴还是一声不吭，着急了只会"啊啊"叫，或是大哭。两岁的时候，晴晴依旧不会叫"爸爸""妈妈"，并且也不会听从大人的口令，除非是她自己想去做的事情。三岁的时候，倒是会喊"爸爸、妈妈"了，但是也只有在自己想说的时候才说，更像是在自言自语。送到幼儿园，老师以孩子不会说话、不听老师话为由拒收。此时，夫妻俩才意识到，孩子可能有问题，于是开始费尽心机地教孩子说话，可令他们崩溃的是，孩子根本不听他们说话。

缺少陪伴和交流，是形成孩子性格孤僻的主要原因。另一个离

第四章
培养孩子好的品格操守：让孩子不卑不亢

异的朋友阿红，为了能够给孩子更好的物质生活，将两岁的孩子送往老家由父母照看。她原本以为自己坚持每天给孩子打电话、视频就可以，只要坚持一年，她就把孩子接回身边上幼儿园。但令她没有想到的是，当她半年后回到老家，孩子仿佛变了一个人。见到她时，只是呆呆地看着她，既不喊"妈妈"，也不要她抱。她与孩子说话，孩子只会往角落里躲。晚上躺在床上睡觉时，孩子说什么也不肯闭眼，她一遍又一遍地讲故事，直到夜里十二点多，孩子困得上下眼皮直打架。"你是不是怕一闭上眼睛，妈妈就不在了？"终于，朋友问道。

孩子点点头，随即就陷入了睡眠之中。那一晚，阿红哭得不能自持。她没有想到，仅仅六个月的分离，就让她和孩子仿佛隔了一道"沟壑"。天亮后，她做出了一个决定，就算是再难，她也要将孩子带在身边。

心理学专家李子勋所著的《家庭成就孩子》一书中有这样一句话："孩子一岁以前，母亲有三个行为是别人不能代替的：一是哺乳，二是依偎着孩子入睡，三是和孩子亲密地喃喃细语；这是母亲的责任。"

是的，哺乳和陪睡，是妈妈必做之事，而这样宝贵的交流却被忽略掉了，一来大人认为孩子不会说话，与孩子交流无异于"对牛弹琴"，二来对于工作繁忙的妈妈而言，哺乳和陪睡已经占据了大部分时间，哪里还有时间陪着孩子喃喃细语呢？我们不与孩子交流，孩子就学不会交流，不会与人交流，便形成了孤僻的性格。

心理学家指出，一天中与父母亲接触不少于两小时的孩子，比那些一周内接触不到六小时者智商要高。所以，如果我们少一些时间玩手机，多一些时间陪陪孩子。当然，玩耍也是一个能力，只要

用心，日常生活中的一些行为，都能够成为一个有趣的游戏。

比如有时候我下班回家，会一边敲门一边对她说："大灰狼来了，小兔子开开门！"有的大人的"引导"，孩子会很快"入戏"，跟大人演一段游戏！

天气好的时候，我会带着女儿到大自然中玩耍，主要是让孩子接触到更多的花草树木的同时，也给自己创造出更多与孩子的交流机会与陪伴空间。

当然，陪伴和交流会消耗一定时间和体力，但这却是让孩子性格健康、活泼开朗最有效的途径。那些自我、孤僻、古板且封闭的孩子怎么可能健康面对人与人之间的关系问题呢？又怎么可能不自卑、懦弱、敏感、多疑呢？

想想看，我们对孩子的高质量陪伴和交流将带来怎么样的变化，这一切付出特别值得。趁现在还来得及，那就放下手机和游戏、处理好工作事务，投入到这样的亲子关系当中吧。

5. 敢于拒绝才能维护自我

多子女的家庭，家长一般不会刻意教导孩子"分享"各类资源，兄弟姐妹之间自然而然地就会互相照顾，基本上不存在一人独占的行为。但是独生子女家庭，可能这样的情况就会更多一些，为此，

第四章
培养孩子好的品格操守：让孩子不卑不亢

我以儿歌、绘本、动画片等各种方式教导我的女儿要学会分享。

身为家长，我也担心孩子成为一个自私自利的人，当我看到她能很大方地将自己的美食、玩具分享给其他小伙伴时，内心还是十分欣慰的，认为自己这样的教育起了作用，直到有一天发生了一件事，让我意识到"分享"这件事竟然还有很多功课需要完成。

女儿读三年级那一年，我被老师一个电话叫到了办公室。刚进入办公室大门，我就看见女儿站在老师旁边，一脸委屈地低头不语。经老师说明事情原委，我才知道，原来女儿在考试过程中，将自己的卷子借给邻桌抄袭，属于明显的作弊行为，为此老师将两个同学的卷子都定为零分卷。不单这样，如此的放肆行为也让女儿和那位同学受到了严厉批评，这也是我被电话叫来办公室的原因。

看到女儿脸部尚有泪痕，我既心疼又纳闷，不确定女儿为何会这么做。回家的路上，女儿拿着那张本来答题还不错的零分卷子，开始向我讲述她的内心想法。原来她也不想这样做，但是对方说她自私时，她内心就产生了动摇，认为自己不想被同学说成是一个自私的人，所以最终做出了这样的事情。

听到女儿这样的描述，我也陷入了反思。为了不被人说成自私，我也经常帮朋友、同学、同事、邻居写报告、填申请，甚至还帮一些家长的孩子写作文的开头……

最初我是快乐的，以为自己的举手之劳帮助了很多人，慢慢地，这样的事情越来越多，严重干扰了我的工作和休息，我开始从乐此不疲转为抗拒状态。这期间，女儿是能感受得到的，她有时也不理

解我为什么不能拒绝别人。

没错，这样的"滥好人"行为并没有得到他人的诚恳感谢，也没有额外的金钱回报，无非是担心自己被人认定为自私、冷血而逐步陷入不得不做的状态当中。这样无界限的干扰并不是正常的人际关系，也不是一个人应该有的行为模式。我想，在某种程度上，我对孩子所倡导的"分享"应该在某种程度上有刻意讨好他人的成分。

我开始告诉女儿，帮助别人是需要界限的，如果突破了界限去帮助一个人，不但得不到对方的感谢，甚至会让对方越来越懒惰、得寸进尺，这就一定会给自己带来不必要的麻烦。

女儿不太理解"界限"为何意。我就进一步以她所能理解的方式告诉她：所谓的界限，就是当你觉得对方的要求自己没有能力达到时，就可以选择拒绝；当自己为了完成别人的请求，而内心感到委屈时，就可以选择拒绝。如果你以"分享"的方式来让对方停止对你"自私"的评价，那你就干脆接受这样的"自私"，我坚决支持你这样的拒绝。

我还告诉女儿，作家冯骥才说过，风可以吹走一张白纸，却无法吹走一只蝴蝶，因为生命的力量在于不顺从。否则，我们又与一张白纸有何区别呢？女儿听不太懂，但是她听懂了可以不顺从、可以拒绝别人。

拒绝别人当然不是一件容易的事，尤其对于渴求伙伴关系的孩子来说，他担心自己的拒绝会失去一个玩伴。我们常常会看到如下类似的情形：

拿着汽车模型的男孩说："这个不能借给你玩，这是我爷爷刚刚买给我的。"

另一个男孩威胁道:"你真自私,你要不让我玩一会,我以后再也不和你玩了。"

手拎着小汽车的男孩想了想,说道:"那,好吧,但是你要一会就还给我哦。"

结果,这个"一会"延长成为 10 分钟、20 分钟还不愿意归还,甚至有些喷漆也被蹭掉了。但是那个男孩忍着,忍着,他一直不敢主动去要,担心失去这个伙伴。

实际上,当我在后来的拒绝当中体验到了"自私"的好处时,我可以更好地完成未处理好的工作、家务和对孩子的陪伴,更好地写作学习、阅读和对父母的陪伴。女儿也开始敢于拒绝他人了,她也像我一样,不会因为某些拒绝而焦虑失去这个朋友、同学或机会、美食。

一个不会拒绝别人的孩子,很容易被他人左右和利用,成为人云亦云、缺少主见的人,有时甚至还会给自己带来危险。因此,学会拒绝不仅是孩子自我保护必须迈出的第一步,也是他将来建立正常人际关系所需掌握的一种处世技巧。

6. 以平等的眼光对待他人

我家楼上住了一个先天发育迟缓的孩子铭铭,我们经常在楼道里面遇见,每次女儿都会很热情地走上前去拉住铭铭的手,奶声奶

气地喊一声"哥哥",然后要求一起玩儿。铭铭的父母很喜欢我的女儿,因为在此之前没有小朋友愿意跟铭铭一起玩儿,大一点的孩子会因为铭铭跟不上他们的脚步而嫌弃铭铭,而小一点的孩子,因为父母有意无意地阻止,导致他们远离铭铭。因此,女儿成了铭铭搬到这个小区后的第一个朋友。

女儿渐渐长大后,铭铭还是以前的样子。有一天,女儿从外面玩儿回来,问我:"妈妈,什么是傻子啊?"

"你为什么想知道什么是傻子呢?"我很好奇女儿的头脑里为什么有了"傻子"的概念。

"是玲玲他们说的,他们还不让我跟铭铭哥哥玩儿,说他会打人,还会让我也变傻。"说到这里,女儿噘起了嘴巴,小伙伴们的话让女儿很委屈,因为铭铭从来没有打过她,而且总是让着她。她不明白为什么自己的这个朋友要去说那个朋友不好,而自己也无法为那个朋友辩解。

"妈妈,铭铭哥哥真的是傻子吗?"我正在思考怎样让孩子走出这个心里漩涡时,女儿再次开口问我。

"不,当然不是。"我斩钉截铁地回答女儿。似乎这个答案已经在我内心酝酿了很久,可以说,从女儿和铭铭做朋友的那一天,我就预料到,总有一天,女儿会发现她与铭铭之间的不同,她会跑来问我这些问题。而我要提早做好准备,怎样回答才能不伤害任何一个孩子。从身体发育上而言,铭铭确实比其他孩子差很多。但从其他方面来讲,铭铭具备很多美好的品质。

第四章
培养孩子好的品格操守：让孩子不卑不亢

想了想后，我缓缓地开口说道："我们每个人都有缺点，就好像妈妈经常丢东西，爸爸经常不洗袜子，你经常赖床一样。铭铭哥哥也有缺点，只是他的缺点表现在身体上，让我们一眼就看到了，而很多人的缺点表现在心理和性格上，别人一眼看不到。所以说，铭铭哥哥不是傻子，他跟你们一样。"

事实证明，孩子对于自己想知道的事情，理解能力是超强的。

"那我以后还能不能跟铭铭哥哥玩儿呢？"女儿问我，她小小的眉头紧锁着，心里一定在权衡哪个朋友更加重要，自己该向着谁的问题。

铭铭是女儿人生路上遇到的第一个身体有缺陷的孩子，将来她还会遇到很多，怎样与他们相处，并表现得有"礼"可循，这是一个很好的教育契机。

我记得在我上小学时，就遇到过这样的同学。因为摸了高压电，那个孩子的整只右手都被高压电电成了弯曲状，永远无法伸展。因此，这个孩子成了学校里的异类。每个孩子，包括老师在内，都用"你是不正常的"这样的眼光看待这个孩子。

有一次考试，他唯一的铅笔断了，于是他便用很粗暴的语气向我借，我战战兢兢地将笔递给他，甚至不敢看他那只右手。考完试后，我竟然没有勇气将铅笔要回，原因是我怕他。过了几天，那个男孩儿在经过我位置的时候，将我那只铅笔扔在了我桌子上，笔尖被削地尖尖的。

小学毕业前，我们每个同学都买了同学录，然后交给同学们轮

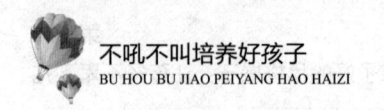

流写上毕业留言。那个男孩拒绝给别人写，别人似乎也不愿意让他写，但是他却例外地给我写了。只写了简单的一句话："祝你考上理想的中学。"然后后面一个大大的笑脸。当时我看到这行字，就像是做了贼了一样，生怕被别人看到。回到家后，还故意把这一页用胶水粘了起来。

时隔多年后，我从事了教育这个行业，了解了更多的孩子心理后，我猛然想起了这件事，为当初的自己感到羞愧，并为那个男孩当初在学校里受到的待遇而感到难过。美国教育家杜威认为："同情心作为一种良好的想象力，使我们能想到人类共同的事情，反抗那些无谓地分裂人们的东西——当'同理心'或'同情心'这些东西成为一个人天性的一部分时，他就没有了自以为是，没有了居高临下，没有了敌视排斥，有了善良，有了豁达。"

而当年的我，就是因为缺乏这种心理，才让自己的人生有了遗憾。不歧视不欺辱有缺陷的人群，并不代表就做到了以"礼"相待。只有用平等的眼光去看待和对待他们，才是做到了真正的尊重。当我将自己的故事讲给女儿听后，在判定我当初做得不对的同时，困扰女儿的小问题也得到了解决。或者说在她心里，她还是很喜欢跟铭铭在一起玩儿的。

第五章

培养孩子好的自我认知：让孩子内心强大

人生有时候就犹如一枚硬币，有A面，就有B面，我们不能只让孩子看到A面，却不让他们看到B面。世界本身就是不完美的，存在着不尽人意的遗憾和丑恶，孩子对此需要有免疫力，这样他们才能拥有克服社会中种种不如意的能力，才能知道在大千世界中如何进行自我保护。

1. 100 米远的距离——练习分离

有句话说，世间所有的爱都是为了相聚，唯独父母的爱是为了别离。

父母的首要任务是和孩子的亲密，其次是和孩子的分离。从亲密到分离，父母需要具备足够的勇气和智慧，要试着将生活中的每件小事，由本来的替代慢慢过渡到让孩子去做，最终实现孩子的自主权利和能力。这是培养孩子建立自我认知的前提和基础。

"妈妈，今天乐乐给我奶片了！"女儿一放学就忍不住和我分享她在幼儿园的事情。

"咦，老师不是不允许小朋友带吃的去幼儿园吗？"

"她偷偷给我的，老师不知道！"

"那你有什么东西可以给乐乐呢？"

"妈妈，你给我和乐乐一人买一袋牛奶吧！"

孩子有了朋友，并且互相分享，真的太好了，对于这样的要求，我从不拒绝。

从超市买了两袋牛奶后，女儿飞快地拿在手里走在我的前面，到了十字路口，我决定不再跟着她，看她自己能不能做这件事。

第五章
培养孩子好的自我认知：让孩子内心强大

乐乐家距离我停下来的地方大概有100米的距离。这100米远街边的路，路况比较复杂，女儿要穿过拥挤的大排档，还要提防马路上随时走动的人和车辆，同时要注意一些趴在门前或者在街边闲逛的小狗。

她要记得乐乐家是众多商铺中的哪一家，到了那里，她该如何进门，如何沟通，如何把自己的礼物送到接收者的手里。

这100米远的距离，对于4岁的女儿来说，是一个挑战。

站在十字路口，我鼓励她自己去走这段路。我用眼神给她鼓励，并且向她挥挥手，给她一个信任的姿态，传达给她一个信息：这没什么，你一定可以做到的。

我的女儿出发了，这100米是我目光能触及的距离，是我可以观察到的距离，虽然我未与你同行，我的女儿，我一直关注着你一举一动。

如果她被什么挡住了，我就紧跟几步，既怕让她看见，又不能让她在视野里消失。

女儿很快穿过商铺前密集的大排档桌椅，来到了乐乐家附近。但是，她没在店铺外发现她的朋友，她站在哪里，犹豫茫然，目光不时往我的方向张望。我则一直向她甩手，表示"去做！"。

孩子站在那里很久，不知道该怎么办。看来她是遇到了问题。

我一直忍住，没有走过去，时间实在等得太久了，女儿往我的方向走几步，又掉回头回去几步。看来她很犹豫。

当她再次将目光投向我，我向她招手，示意她过来。女儿终于

接到了可以回归的指令，飞快向我跑来。

"怎么了，宝儿？"

"乐乐没在那里。"女儿遗憾地说。平时乐乐总在幼儿园放学后在自己家的店铺门外玩，很容易碰上，女儿原以为自己随便就能在乐乐家附近的街边发现她，可是这次扑了个空。

"在街上碰不到乐乐，你还能怎么样把牛奶给到乐乐呢？"看来还需要继续启发她的主动思维。

"不知道。"看来无效。

"你知道乐乐的家在哪里吗？"我继续启发。

"平时都是和妈妈一起去，我没注意呀。"孩子总是跟随家长，自己就不会有主动的观察。

"门前摆了很多大箱子的那家就是乐乐家。如果你知道了乐乐家，而乐乐不在家，你还能用什么办法给乐乐呢？"。

"看不到乐乐，我可以进屋找乐乐的妈妈，让她妈妈转交给她！"女儿终于开窍了。

女儿又撒丫子跑了，等她兴高采烈地回来，我知道她终于送出去了。

"阿姨说，乐乐和小弟弟出去玩了！"

宝贝你知道吗？你就像妈妈手里的风筝，妈妈会有意识地将你越放越远的，从妈妈能够目光触及的地方开始，一直到妈妈看不到的地方，你会离我越来越远，但是，你的翅膀也会越来越有力量。最后，我们就靠这根亲情的线来维系彼此，来呼应彼此，通过这根线，

第五章
培养孩子好的自我认知：让孩子内心强大

妈妈会把爱和力量向你源源不断地传递，直到永远……

虽然这个过程中妈妈有些紧张，有些焦虑，也有些担心，但是，这是作为妈妈必须要承受的心理成长经历；你在被放手的过程中可能也会有些胆怯，有些害怕，有些不自信，但是只要你突破了这个障碍，你就能体会来自自己的力量，这也是你的成长过程中必须要积累的宝贵体验，只有这些体验不断的累加，你才能拥有属于自己真正的自信。

亲爱的孩子，今天你能独立走出100米远的地方，明天你就一定能走出更远！妈妈祝福着你，总有一天你会离开我，妈妈虽然对你有担心，但是我不能替代你去做你自己的事情。而你的力量，就在这平时的一次次分离和距离之中得以一点一滴的锤炼。等你向远处飞翔时，我希望你已足够坚强。

亲爱的家长朋友们，身为父母，我们只能参与孩子生命的一部分，要在照顾孩子时，有意识地将他面对的每件小事都能够逐渐放手，这是给孩子最好的爱。

这种爱真的很特殊，你爱他，还要慢慢让他分离出你的生命，直到他不需要你，能独立面对属于他自己的世界，但你必须告诉自己，没有这样的分离，他的自我认知将无从谈起。

撤退越早、越早放手，孩子越容易适应他们的未来。

2. 在安全无害的网络世界畅游

通过手机辅助学习、娱乐、上网络直播课、与同学朋友上网交流，这种情况较为普通。但是网络有它的两面性，在给孩子带来学习和交流便利的同时，一些负面新闻报道、不良色情网站及网络诈骗等各类危险也随之而来。

我的一个女性朋友，她的女儿读小学五年级了，一直嚷着要一部手机，说是为了提高学习成绩。哪知道，3个月过去了，成绩不但没提高，反而比过去还低了很多。家长会上，老师点名批评了几位家长，其中就包括她。

原来，学校是明令禁止带手机上学的，结果女儿还是偷偷把手机带到课堂，还引发了很多同学的嫉妒和不满。朋友本来工作就忙，为此头疼不已，索性收回了女儿的手机。

一天晚上，朋友正在客厅打理家务，忽然女儿的手机响起了提示音，她看了一眼，发现上面是一则让人不安的消息："我们见个面吧，这么多天没聊天，我想你想得茶饭不思，迫不及待想要见到你……"后面还有些什么字，朋友看不到了，因为女儿将手机上了锁。

"早恋？"朋友有些着急，但又担心直接问会影响女儿的情绪，于是她把手机交给女儿，说："你手机有提示音，是不是有人找你啊，

第五章
培养孩子好的自我认知：让孩子内心强大

你自己看看吧，别耽误你什么重要的事。"

女儿接过手机，转身进了自己房间并关上了门，直到晚饭后才走出来，然后把手机还给朋友。之后，朋友开始密切关注女儿行踪。周六早饭后，女儿说要和朋友出去玩，朋友假装不在意，告诉她路上小心。

女儿骑着自己的那辆山地自行车，朋友则骑着一辆电动车以一定距离跟随其后。很快，女儿在植物园的一个侧门停了下来，有一个黄毛小子正抽着烟，等在那里。朋友躲在一个大树后面观察动静。不一会儿，那个黄毛小子开始对女儿动手动脚，女儿开始躲闪，但是对方紧跟着不依不饶。

朋友见状，连忙跑上前去，大喊一声："你放开我女儿，光天化日之下，你耍流氓吗？"大喊声吸引了很多游人的注意，那小子转身跑了。

回来的路上，女儿还在哭，朋友也是又心疼又自责，认为自己没有管教好孩子。

实际上，进入青春期的孩子对两性关系懵懵懂懂，缺乏判断力，尤其容易被虚幻的网络爱情故事所感动，于是出于浪漫心理开始在网络上寻求知音，期待那些美好的爱情在自己身上发生。

与单纯的早恋相比，网络所存在的潜在危险性更大，它会依照孩子自身的虚拟、需求而夸张地将一些想象的情境投射到网络那端看不见的那个人身上。而越是在现实生活中不受父母理解、关注，学习能力较差、不合群的孩子越容易在虚拟的网络空间寻求存在感。

在孩子的头脑思维中，那些花样繁多的陷阱并不存在，他们很难识别和逃离。

心理学家认为，沉迷于网络的孩子，大部分都缺乏家庭关爱。尤其是一些父母工作很忙，长期不与孩子沟通交流。网络的世界能够让他们感觉不再孤独，并能了解到更多从未接触过的领域，就像是打开了生活中的另一扇门，让他们找到了更愿意去了解和理解自己的人。

他们正是因为缺乏应对困境的资源和方法，包括相应的勇气和智慧，无法积极有效地处理学习、生活和思想上的难题，于是试图通过在他们认为无所不能的网络渠道寻求答案，最终迷失在复杂多元的网络漩涡当中。而当这种沉迷一旦成为一种瘾，就会像烟酒一样极难摆脱，即便脱离了网络，仍然还会被其中的情节所蛊惑，严重影响身心健康。

为了让网络能更好地发挥它本来应该有的积极一面，如辅助学习、开阔眼界、高效沟通等，我们就应该做好安全控制，让孩子在无害的网络空间畅游。

如果你的孩子是由于工作忙碌造成陪伴缺失，就可能出现我朋友家女儿出现的潜在危险，长期活在虚拟的网络中不能自拔。这就需要我们多些陪伴时光，走进孩子的内心世界，将双方的心结打开并回归到现实层面。

对于因为学习原因而需要手机协助的，更要注意孩子的上网情况，做好网络安全保护措施。比如通过安装"防火墙"等方式，避免孩子误入不良链接或网站。

如果可能，最好参与到孩子的网络信息查阅当中，与孩子一起采集、过滤和对比信息，教会孩子正确利用强大的网络功能为自己的学习和生活提供帮助。还可以主动建立好的沟通微信群，方便更多有正能量的孩子共同发起集体活动，加强不同地区孩子间的互动和见解分享。

当然，身为家长，还是要引导孩子多参加一些线下集体活动，多鼓励孩子与同龄孩子交往。当孩子在现实生活中找到真正的寄托，找到自信，自然就不会被网络的虚拟世界所吸引了。

3. 不慕虚荣，方能守住本心

朋友有辆大众车，但前不久向我借钱，说要添置一辆宝马，这让我不能理解。后来我才明白，原来他们两口子把孩子送到了一家高规格私立学校，每次接孩子时，校门口成排的名车让他们实在觉得有失面子。

最初，他们是犹豫的，也觉得出门上班、接送孩子和外出旅行，有个代步车基本够用了，但是上三年级的儿子常常用羡慕的语气说着某某同学家的车特别好，某某同学家又换了一辆新车。考虑到给孩子撑个门面，他们下决心添置一辆宝马。

我听了他们的想法，忽然意识到，这是很多家庭的一个集中问

题，虚荣，爱攀比，并由此培养出了同样爱慕虚荣、好攀比的孩子。

事实上也的确如此，朋友很在意他人的评价，一旦别人买了什么，他也想法获得。与其说是为了给孩子撑门面，不如说是自己内在的虚荣心在作怪，实际上，孩子就读的那所高档私立学校的选择也已经超出了他们的家庭正常开支水平。

而他们的孩子，也越来越不满足于一个月前购置的书包、文具和动漫人偶，孩子的房间如同一个装载着花花世界的小仓库一般，但仍无法填满其内心攀比的欲望黑洞。

多么可怕的攀比心理。

难道得到的越多，人生就越快乐吗？答案是否定的。物质只能用来填充内心虚荣的空洞，却永远无法将其填满，反而得到的越多，越觉得不够满足，因为在物质的世界里，永远有人拥有的比自己更多，所以除了得到无尽的痛苦，其余的什么也得不到。

如今，满屏幕色彩斑斓的广告，每时每刻都在向孩子们展示着他们所向往的各类物品，从玩具到零食，从服装到旅行，从学习工具到才华展现舞台，这也在以一种潜移默化的方式误导孩子拥有这些东西才更幸福。

女儿三四岁时，就已经和很多其他同龄孩子一样，背着屏幕就能根据背景音乐对各类广告商品及宣传用语如数家珍。她常常伸出小指头对着屏幕说要喝那个吃这个，而一旦给了她迫切需要的那个甜品，她很快又在几天后随着新商品的迭代而提出新的需求，或者因为其他小朋友吃到了新口味而重新提出新的需求。

第五章
培养孩子好的自我认知：让孩子内心强大

最初，我并没有看重这样的情况发生所能带来的负面影响，直到无意中整理她房间时，发现那么多不同款的铅笔、橡皮和玩具时，我才意识到问题的严重性。这不是一个好的开始，如果不能及时把控住孩子的这份贪婪、虚荣，孩子就会失去最初那份宝贵的本心，会变本加厉地物化自己的额外需求，永无停止之日。

对于那些花花绿绿的广告，成人相对来说，可能会更加理性，但是对于孩子，那就是一份真实存在的企图唾手可得的真实世界。如果家长自身没有这个意识，或者家长本身也是这样已经虚荣到认为满足孩子需求是重中之重，那就真的把孩子推向了欲望的深渊。

在《中毒的童年》一书中，苏·帕尔默说："如果你认为他们拥有什么就代表他是谁，他们就是在为自己以消费为导向的不快乐生活做准备。"我的女儿，如果在她童年时期，就以获得更多的物质需求作为满足并由此得到无法替代的快乐时，那她长大的过程，就是在攀比的深渊中不断沉沦的过程。在最初的索取时，孩子和我们一样，并不认为这有什么不妥，他只是本能地想象着拥有之后的那份快乐，完全不会真正思考自己是否真正需求。

为此，我给女儿讲过这样一个寓言故事：

山鸡听说长颈鹿盖了一座高大挺拔的房子，森林里的动物纷纷去参观，大家都非常羡慕、称赞。山鸡见了，也非常羡慕，于是赶忙回到家，迅速地拆掉了自己的那个尽管暖和但很狭窄的小破屋，用了好长时间，费了很大的力气盖了一个与长颈鹿同样的房子，以为这样也可以得到动物们的羡慕、称赞。

事实还真如它所想的那样，所有的动物也都来祝贺，只有山雀没来。当大家交口赞叹时，山鸡非常高兴。

转眼冬天到了，山鸡在自己冰冷的家中冷作一团。然而，只要有人来看自己的房子，它便装作一副非常高兴的样子。

一次，山雀来了，对它说："不要总为别人活，要为自己活，爱慕虚荣，最吃苦的是自己。"

山鸡非但不接受山雀的批评和教诲，还非常不屑地说："山雀毕竟是山雀，你总跳不出自己的圈子，目光短浅，成不了什么大事的。"

冬天一天天冷起来，山鸡在那宽大的房间里无法取暖，一天天挨冻，但它只要一想到别人的夸赞，便又扬扬自得起来，最终却被冻死了。

女儿听了之后说："妈妈，山鸡真傻，它不应该为了获得别人的称赞而拆了自己那个暖和的小破屋，因为它和长颈鹿不能做比较，它会被活活冻死的。"

"那么，如果别人家的小朋友有这样那样的玩具，但可能并不是你感兴趣的或者你本身也并不需要的，你还会考虑拥有它吗？"我问女儿。

"妈妈，其实，我有很多衣服、鞋子和玩具都是不想穿的、用的，我只是看到别的小朋友有了我也想有一份而已。我觉得我和山鸡一样，犯了这个错误。"女儿听懂了寓言，这样回答我。

另外，作为家长，我们常常习惯于将爱与金钱、物质联系在一起，认为如果爱孩子，就要尽量满足孩子的需求，尤其是在孩子情绪失落时，很容易通过物质补偿的方式安抚孩子。

事实上，爱孩子与金钱并无半点关系，世界首富对孩子的爱并不见得比一个贫民窟父母给孩子的爱更多，从某种角度来说，一件名牌服饰和一件打了补丁的服饰并没有什么区别，它们都是孩子用来御寒与蔽体的工具而已。

真正的爱，是陪伴，是倾听，是鼓励，并由此让孩子成长为一个内心强大的人，而绝对不是更多的物质给予。所以，为了让孩子避免陷入物质虚荣的泥潭中，家长首先要以身作则，养成良好的消费观念，购买东西时看重实用性，并且按需求购买，而不是为了彰显什么。我们可以将经常带孩子逛街购物的活动，改为带着孩子参加一些有意义的活动，比如：书画展、模型展等。

在父母的身体力行和思想感染下，孩子才能建立起正确的价值观。今后的生活，不管他是贫穷还是富有，他都不会过分关注别人过得是否比自己好，同时，也不会因为别人过得比自己好，就产生攀比、仇富的不良心理。

4. 无视嘲讽，勇敢做自己

诗人但丁说："走自己的路，让别人说去吧。"

小时候读书时，我把它作为我的座右铭，时常写在给别人的分

别赠言里或者考试时的作文中,现在想想,真正做到这一点,实在不容易。因为身边太多的价值观甚至流言蜚语都在不时地左右着我们的一言一行,对大人来说尚且如此,对成长中的孩子来讲,那就难做到坚持自己而不被其左右。

记得读小学三年级时,班级有位男同学,因为家里种烟叶,那种因经常加工熏烤烟叶而散发出的刺激味道也吸附在了他的衣服上。刚刚开学时,就因为这个同学一身的烟味而被同学们排斥,谁都不想和他同桌。

当有位同学夸张地向老师表示:"老师,他浑身上下都是烟叶子味道,能把我熏昏过去。"说罢,还夸张地捂住鼻子,躲开好远。

经过这样一个开头,大家似乎得到了共鸣,全都表示不能接受。最终,他一个人坐在了班级座位的最后面。

第二天,当他一个人经过前排同学,走到自己的那个靠墙的座位时,途中经过的同学们还是一脸厌恶地向他表示出讥讽,他的前桌甚至问他:"你没换一身别的衣服吗?"

男同学一脸通红,连忙解释说:"我洗了澡的,根本就没有味道。"

另一位同学插嘴道:"那也没有用,你家要是还种烟叶,那你身上就永远有味道。"

男同学沉默不语,回到家后,他哭着央求爸爸妈妈别再种烟叶。很长一段时间,为了不再受到同学们的讥讽,他都没有正常上学,即便老师打来电话,他依然无法走进教室。

第五章
培养孩子好的自我认知：让孩子内心强大

为了生计，父母不可能轻易为了这个缘由就放弃种植，最终，这个男同学转学到了另一个稍微偏远一点的住宿学校，以此让他没有心理压力，安心完成学业。

那个时候我很小，但是这个事情对我却影响很大。一个孩子，如果他无法从父母那里得到针对某一件事、观点或行为的健康合理化诠释，那他一定会受到以偏概全的、狭隘的评价的影响。因此，为人父母必须要正视孩子针对某些舆论谴责时，所需要强化的自身立场，让孩子能够得到家长的支持和合理化建议。

一次，听公司一位同事说，她还在上幼儿园的女儿，因为有小朋友说她鞋子上的两朵花像大便，于是就不再愿意穿那双鞋，只要一穿上就哭闹不停，幼儿园也不愿意去。

这让我想起了买驴的父子俩。父子俩买了一头驴，回来的路上牵着驴走。一个人看见了，说："真傻，有驴不骑，偏要走着走。"于是父亲让儿子骑上了驴。走着走着，又遇到一个人，这个人说："这儿子真不孝顺，自己骑驴，让爸爸走路。"儿子一听，便下来了，让父亲骑上去。走着走着，又遇到一个人，这个人说："这个人怎么当爸爸的，自己骑驴，让儿子走路。"于是，父亲又将儿子抱上了驴，两人一起骑着回家。这时，走来一个老太太，指着驴说："好可怜的驴，这么瘦弱，却要驮着两个人。"

一头驴，不骑也不是，骑也不是，一个人骑不对，两个人骑也不对。生活中就是这样，无论你做得多好，总有人说不好，无论你说得多么有道理，也总有人说你说得不对。

面对孩子的被孤立或是被诽谤，我们首先要具有同理心，可能孩子所在意的问题在我们看来并没有什么大不了，但是我们的无视甚至是打压，只会让孩子感到无望，并且对他的焦虑、无助没有任何帮助。如果我们首先能够站在孩子的角度去看待问题，然后再向孩子传达"不必在意，没必要让每个人都喜欢你"的思想，那效果就会好得多。

做到这一点，首先我们自己就不要在意孩子被孤立或是被诽谤这样的事情，不要将"别人不愿意跟你玩儿"当成一件多么重要的事情去影响孩子。而是要让孩子明白，世界很大，人有很多，道不同就不需要强行为谋。

要记得，孩子最主要的精神支柱来源于父母的爱，如果能够在父母这里感受到源源不断的爱意与支持，那么他的内心就能衍生出对抗流言的力量。因为他知道：你不喜欢我无所谓，我还有爸爸妈妈喜欢我。

曾在一个现场求职的职场节目中，看到这样一个女孩。她大学学历，毕业两年了，一直没有找到合适的工作。这个女孩各方面虽然算不上优秀，但也并不糟糕，无非就是性格不太讨喜，与人说话时有些拘谨，带点固执，处理人际关系不够圆滑，但是这些却被现场的"导师"们批评得一无是处，然后又被各种指导，指导她该如何改进，指导她该怎么做，才能找到所谓的"好"工作。

女孩一直在耐心地听着，对于"导师"们给出的建议，不住地点头表示肯定。但是当有一家企业向她抛出橄榄枝时，她却拒绝了。

第五章
培养孩子好的自我认知：让孩子内心强大

因为她觉得自己不适合那份工作，她更愿意找一份安静的工作，哪怕薪水会低一些。这个选择引起了现场人员的笑声，多少有些嘲笑的意味在其中。因为在大家看来，这样一个女生，能够有公司愿意聘请她，她就应该烧高香了。而她居然选择了拒绝，这不就等于浪费了现场"导师"们的好意了吗？

但是我很佩服这个女孩的勇气，当别人都说"你这个性格不行的，你必须得改，否则你就找不到好工作"时，她依旧能够坚持自我，坚持自己内心的想法，这是十分难能可贵的。

一个求职节目给每位嘉宾的时间不过短短几十分钟，就算加上履历表，又能了解一个人到什么程度呢？所以女孩面对的不过是别人在这短短几十分钟里对她的最初步的了解，如果仅仅因为这个并不全面的了解就去改变自己，改变自己的人生态度，那也未免太草率了些。

事实上，孩子所面临的问题也不过如此，一些让孩子感到不适的目光，实际上都是来自他人并不成熟的看法。关键的是，别人说什么并不重要，重要的是孩子内心要有一个明确的方向，即自己要成为一个什么样的人。只要这个方向是正确的、积极的，那么我们就该鼓励孩子坚持自己。

记得第一次看《阿甘正传》的时候，里面有段对话，令我印象深刻。

"你以后想成为什么样的人？"

"什么意思，难道我以后就不能成为我自己了吗？"

"你想成为什么样的人？那你就努力成为你想成为的人。"

阿甘的精神之所以鼓舞了那么多人，是因为他能够不在意别人的眼光，坚定地走自己的路。每一个能够坚定地走自己的路，而不去在意其他人的目光的人，心中都有着无比坚定的目标，也十分明确自己的路该怎样走下去。

只有正确地认识了自己，才能够以正常的心态去面对他人的批评和表扬，在受到批评时，能够发觉自身的闪光点，在赢得表扬时，也能看到自身的不足之处，不会受到他人评论的影响，非常坚定地做自己。

无视嘲讽，勇敢做自己，我们首先做这样的家长，然后我们再去教导孩子做这样的他自己。

5. 世界不完美，接受 AB 两面

对于虚假、丑恶、暴力、死亡和血腥，我们总是讳莫如深，尤其是在孩子面前，我们总是试图掩盖这个世界的黑暗面，以为这样就能让孩子享受阳光普照的温暖。但我们却不曾想到，一味接受阳光普照的人，当有一天让他去面对黑暗时，他又该怎么办呢？

不管是在父母的口中，还是在电视上、书本上，要么坏人就是不存在的，即便是存在也总是能被好人制服，然后被关进大牢。可

第五章
培养孩子好的自我认知：让孩子内心强大

在现实生活中却并非如此。与其遮遮掩掩，欲盖弥彰，倒不如用客观的态度，让孩子在相信世界是美好的同时，让他们知道在这美好之中也会有残缺的存在。

我的女儿在成长过程中，曾经"丢"过一次，当时那种"失去"的恐惧，至今想起依旧能够让我冒出一身的冷汗。那天，我因为有事耽误了接孩子放学，当我赶到学校时，女儿却没有在原先商定好的地点等待我，我找遍了整个校园，问遍了所有的老师，都没有发现女儿的身影。顿时，脑袋就开始"嗡嗡"作响，感到阵阵晕眩，我哆哆嗦嗦地掏出手机，把这一切告诉了老公。不到十分钟，老公也赶到了学校，我们报了警，然后老公沿着学校周围寻找，我回家等待，也许女儿会自己回家。

就在我回家坐立不安地等了大约半个小时后，隐约听到了敲门声，我一个箭步冲到门口，打开门，女儿站在门外，书包带斜掉下来，校服的拉锁也被扯开了。那样子，就像是刚在外面疯玩儿回来。女儿看到我，小嘴撇了撇，不等我开口询问，她先哭了起来。刹那间，之前产生的恐惧、焦虑、担忧、生气……在那一刻全部化为了心疼，我连忙将女儿揽进怀里，顺便通知老公，女儿已经回家了。

等女儿的情绪平复了，她才给我讲起了从放学到回家这段时间内，她究竟去了哪儿，做了什么。原来，女儿放学后就站在门口等着我，就在大家都走得差不多的时候，她看到一个小孩儿坐在路边哭，一向热心的女儿连忙走上前去，一问得知这个小孩儿和妈妈一起出门，但是却在半路跟妈妈走散了。女儿一听，便拍着胸脯说：

105

"姐姐送你回家。"就这样,顺着小孩儿星星点点的记忆和并不完整的叙述,女儿带着小孩儿在街上兜兜转转了好几圈,也没能将小孩儿的家找到。情急之下,女儿忽然想到了警察叔叔,于是便带着小孩儿站在路边等待,等了很久,才看到一辆警车经过,女儿连忙将警车拦了下来,然后将小孩儿托付给了警察,当警察表示要送她回家时,女儿却拒绝了,因为女儿以为我还在学校门口等他。然而,出乎女儿意料的是,当她按照原路返回到学校的时候,却没有看见我的踪影,等了许久,女儿才决定自己走回家。

听完女儿的叙述,我浑身再次冒起了冷汗,脑海里显现出自己看到的一些关于拐卖儿童的新闻,很多人贩子为了引诱其他小孩儿上钩,会故意用孩子做诱饵,谎称自己找不到家了。这时,无论其他孩子还是大人伸出援手,等待他们的都是即将被拐卖的陷阱。如果那个小孩儿也是"诱饵",那我恐怕就再也看不到我的女儿了。想到这里,我把女儿抱得更紧了,生怕失去他。

事后,我进行了反思。女儿很小时,我便教育她做一个好人,而对于这个世界上存在的坏人,我却绝口不提。我天真地以为,只要我保护得够好,女儿就不会遇到坏人,甚至以为当孩子成长到一定的年龄,她自然会认清这个世界,并自然而然地生发出抵御"丑恶"的免疫力。而我却忽略了,每天网络上出现的那么多被拐卖的孩子,或是被陌生人伤害的孩子,他们又何尝不是跟女儿一样,但是他们却没有随着年龄的增长而加深对这个社会的认识,反而会因为太过纯真而听信坏人的谗言。

第五章
培养孩子好的自我认知：让孩子内心强大

那天以后，我便在有意无意间让孩子接触到一些世界不完美的一面，比如：战争、欺骗、虚假、丑恶等。电影《亲爱的》上映时，我就拉着女儿一起走进影院，当看到小主人公朋朋见到亲生父母都不认识的场景时，女儿哭成了泪人，之后一直问我："妈妈，如果我丢了，你会一直找我吗？"我回答她说："会。但是妈妈不确定能不能找到你。"这个事实，令我们母女二人都十分难过，但是同时也令我们在享受这个世界的美好的同时，也更加地警惕。

渐渐地，女儿不再天真地以为世界上都是好人，坏人都被警察抓起来了，她明白世界上还有很多坏人，但是也明白好人更多。

之前每次外出游玩儿，我的眼睛都不敢离开女儿一秒，但是当她知道这个世界有坏人存在的时候，她会有意识地主动跟随我的脚步，同步去做事情。当然，仅仅是让孩子得知世界不完美是不够的，还得让我们的孩子学会如何去抵抗这些不完美。比如：一旦与家长走散了，该怎么做？牢记住家庭住址、父母姓名与电话；不与陌生人说话；不接受陌生人给的食物、玩具等等。

人生有时候犹如一枚硬币，有 A 面，就有 B 面，我们不能只让孩子看到 A 面，却不让他们看到 B 面。世界本身就是不完美的，存在着不尽人意的遗憾和丑恶，孩子对此需要有免疫力，这样他们才能拥有克服社会中种种不如意的能力，才能知道在大千世界中如何进行自我保护。

第六章

培养孩子好的行为习惯：让孩子重塑自信

从小让孩子就有意识地、以干干净净的外在面貌去与人相处，让这种习惯、这种意识慢慢成为一种素养，让他在为人处世中更加阳光自信，这是最为基础的习惯养成教育，也是会让孩子受益一生的家庭教育。

第六章
培养孩子好的行为习惯:让孩子重塑自信

1. 做个干干净净的孩子

孩子上小学后,学校各班级出于学生视力纠偏考虑及更好地促进同学间的融合、交际,会定期进行座位轮换,有时按照整排进行调整,有时按照大小个头进行调整。

女儿告诉我说,她的班级一般一个月会进行一次这样的座位轮换,这也让她有机会与更多的同学近距离接触,她也非常受用。但是有一次,刚刚进行座位轮换的女儿却一脸不高兴,因为她与班级最邋遢的一位女生分到了一个座位。为此,她甚至悄悄找到班主任,希望能有机会换个同学作为同桌,甚至哪怕自己一个人独立一桌也不想和那个女生坐在一起。

"天啊,有多邋遢呢,让你会这么不喜欢那个女同学呢?"我实在不解,问女儿。

女儿气鼓鼓的不说话,因为班主任并没有答应她的请求。

"有没有可能在她身上发现大家看不到的优点和特长呢?比如,妈妈小的时候,有个同学……"我刚刚准备以自己的经历"现身说法",女儿忽然打断了我的话,说道:"妈妈,你是不知道啊,她上课、下课总是到处抹鼻涕,别提有多脏了,她穿的衣服好像就

从来没洗干净,而且脖子也黑黑的,看上去好脏啊。对了,同学值日,她的座位下面需要用很大的力量才能把脏东西拖干净,真是头疼死了。"说完,女儿重重叹了口气。

一番话,说得我哑口无言。

"妈妈,你总是教导我说要做个干干净净的孩子,这样才有人愿意和我接触,但是那个同学太不讲卫生了,我为什么非要和她同桌呢?"女儿似乎抓住了无可争辩的理由,向我提出反问。

"妈妈也忽然理解了你的感受,但是她一个女同学居然全班级都不喜欢她,我们有什么好办法帮帮她呢?"我开始和女儿共情,希望她能主动找到问题的解决办法。

女儿不说话,显然还是不太愿意接茬。

"有没有可能给她提供一些手绢之类的工具,然后让她不至于把桌椅搞得脏乱差呢?"我慢慢启发女儿。

"那,我给她带一些湿纸巾吧,然后慢慢让她学会控制,比如可以下课后去卫生间搞个人卫生。"女儿慢慢开始接纳,继续说道:"反正,再过一个月,我就又有新同桌了。"说完,自己也笑了。

这个女生的邋遢可能有些超过一般孩子,但不管怎么说,一个干净整洁的个人形象在集体当中还是极为重要的。一个孩子,即使他的外貌很出众,但是邋遢不堪的外表形象一定会令人敬而远之。

这个不难理解,仔细观察一下,那些朋友少的孩子,通常都是拖着两条鼻涕、衣服上残留着饭渣、小手永远黑黢黢的孩子。或者说,这样的孩子,他的同伴也多是这样的形象。一旦在集体交流互动中,

第六章
培养孩子好的行为习惯：让孩子重塑自信

这样的孩子自然会受到本能的排斥，这怎么能不令他自卑呢？

有这样一个街头实验活动：

一个穿着干净、打扮可人的小女孩站在路边哭鼻子，很多行人都会关切地上前去问："小朋友，你怎么了？需要帮助吗？"但是场景一换，同样一个小女孩，换上了一身邋遢的衣服站在路边抹眼泪，来往的行人只会注意到，但是却鲜有人上去询问。

事后对路过的行人进行采访，人们纷纷表示，穿着整齐的小女孩一看就是与父母走散了，找不到父母的样子，但是穿着邋遢的小女孩却像是一个四处流浪的小孩儿，说不定还是骗子的某种行骗手段。

你看，现实的反应就是这么明显，这就是一个人的外观形象所带来的不同结果。

当然，也有些家长认为，这个个人卫生问题是不是有些小题大做了，所谓做大事不拘小节，孩子其他方面突出，不能总盯着个人卫生问题说事。

个人卫生问题真的是小事吗？实际上，一个孩子看似微不足道的个人卫生问题，恰恰反映出他的个人精神面貌和自律精神，这是一个长期行为习惯的自然结果呈现。另外，更现实一点说，因为不讲究个人卫生，而造成病菌感染、痢疾发烧的还在少数吗？不注重个人卫生，又怎么可能在意饮食、环境上的健康问题呢？

从女儿出生起，我就坚持给她每天洗澡，就算因为特殊原因而导致无法洗澡，也一定要洗脸洗脚洗屁屁，不管我的工作多忙，这

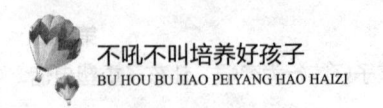

个习惯从未更改过。当她渐渐长大,开始自我独立时,这些习惯也就慢慢养成而不觉得是多么麻烦的一件事。

她从来不会因为吃饭时食物的汤汁撒在衣服上,就自欺欺人地去上学或者外出,她坚持更换一件整洁干净的衣服才肯出门。这就是我所强调的,干干净净不仅是对他人的尊重,也是我们对自己的尊重,我们要以这样的方式让自己内在精神获得提升,让这样的优雅成为一种个人素养。如此,自信、独立才会如寻常吃饭一样自然而然。

所以,无论女儿走到哪里,总会有人夸赞她道:"这个小姑娘真干净呀!"听到别人的夸奖,女儿自然也就更加注意自己的个人形象了。我记得女儿两岁多一点时,就已经懂得吃饭前先洗手;当食物的汤汁撒在衣服上,她会用纸擦干净,如果擦不干净,就会拉着大人的手说"脏";换了新衣服后,会小心翼翼地不再弄脏;早晚洗漱时,她已经懂得先刷牙洗脸,再洗屁屁,然后洗脚丫。一个步骤都不能少。

很多亲戚朋友见了,都会说:"你女儿太听话了。我们家那孩子,让他洗个脸要费九牛二虎之力,常常带着一张花猫脸就睡着了。"但紧接着又说了:"不过话又说回来了,小孩子嘛,有几个干净的?"

实际上,女儿形成这样的好习惯并不是听话那么简单,它需要家长自己的以身作则和对孩子这一行为习惯逐步形成时的及时鼓励。说到底,这都需要我们家长要用心,因为一个孩子的外在言行举止,无时无刻不在呈现出家长的个人素养。

第六章
培养孩子好的行为习惯：让孩子重塑自信

爱玩泥巴、水甚至自己的小便，这些都是孩子的天性使然，并没有问题，真正的问题是玩耍之后的清洗，这就是大人从小就要进行的有意识引导。孩子能否从小养成良好的个人卫生习惯，责任就在家长。比如每天刷牙、洗脸，经常洗澡，勤换衣服，勤剪指甲等，同时也包括不乱扔垃圾，不随地吐痰等。

如果小时候任由孩子每天灰头土脸，穿着邋里邋遢，那么随着他的不良卫生习惯逐步养成后，再去硬性强化，则难度很大，这个过程并不愉快，就如同女儿不愿意接触的那个新同桌，她一定短时间无法改掉长期形成的邋遢习惯，所以必然经常性受到大家的排斥。

所以，从小让孩子有意识地、以干干净净的外在面貌去与人相处，让这种习惯、这种意识慢慢成为一种素养，让他在为人处世中更加阳光自信，这是最为基础的习惯养成教育，也是让孩子受益一生的家庭教育。

2. 好方法告别拖拉

虽然女儿经过我的耐心教导，已经从小养成了一些好的行为习惯，但是这一培养过程中所出现的拖拉问题，也一度让我非常头疼。

比如快吃饭了，她却迟迟不肯放下手中的玩具；快出门了，她的袜子又不知道塞到哪里不知踪影；即将赶不上班车了，她却还在

一板一眼地刷牙洗脸……

时间久了,我也有些焦躁,一遍遍的催促开始成为家常便饭,但是效果似乎不太明显,女儿总是不耐烦、一脸懵地看着我,然后慢慢放下手中的东西,以自己的节奏忙这忙那。有时她也很生气,认为我不尊重她,但是明明上课时间、活动时间和睡眠时间已经不等人了。

于是,我催她慢,她慢我继续催,好像陷入了无尽的恶性循环当中。

我开始冷静下来并不断学习和思考,慢慢意识到了自己的问题所在。实际上,在我眼中看到孩子的拖拉,孩子自己并没有意识,也无法接受由此受到的催促和批评。也就是说,孩子压根不知道问题到底出在哪里。

有些孩子时间观念还没有建立起来,所以家长约定的时间对他并无意义。比如我和女儿约定看半个小时的动画后,就要洗漱睡觉了。她满口答应:"嗯嗯,我就看半个小时哦。"结果,半个小时到了,我过来和她说:"半个小时到了,准备洗漱吧。"她却马上反驳道:"还没到半个小时呢,等我这集看完了就到半个小时了。"

原来,女儿所说的半个小时并非我所理解的客观的半个小时,而是她内心获得满足的半个小时,而这半个小时可能就是一个小时、两个小时甚至更长时间。

另外,当孩子对诸如吃药、上幼儿园、培训等事情抗拒时,他就会表面上满口答应,但是行为上磨磨蹭蹭,不肯面对,想方设法

第六章
培养孩子好的行为习惯：让孩子重塑自信

把时间往后拖。

所以，当我们了解孩子拖拉背后的大概原因后，我们就不需要为此着急上火、大喊大叫，而是要逐步有意识地培养孩子正确的时间观念。

如果孩子年龄小，可以本着爱玩的角度，从游戏中培养时间观念。还是拿我的女儿为例，她读三年级时，老师就和我反映，说孩子写作文时候经常想着想着就走神了，常常无法在规定时间完成写作。

不仅孩子，这种情况我们成人也经常遇到，就是专注力不够导致时间的大量浪费。我把自己学习到的一个时间管理方法结合孩子的低龄、爱玩特点，做了个适度调整。

实际上，这个方法在培养孩子之前，我自己也已经开始使用，而且效果显著，就是"25分钟倒计时法"。方法很简单：当我开始准备做一项工作时，给自己定一个25分钟的计时器。当25分钟的计时提醒响起后，就停下手中工作，休息5分钟，然后继续进行新的一个25分钟倒计时，继续之前的工作；若25分钟完成了那项工作，就立即着手新的一项工作，并重新计时。

根据孩子的成长特点，同样操作原理下，如果25分钟内，某个事情没有做完，就要用嘴巴吹破一个气球作为小惩罚，称其为"炸弹惩罚"。当然，孩子可能会有喝水、上厕所等突发情况，那就把为此消耗的时间进行顺延或者将倒计时暂停，然后等待问题解决后，继续计时。

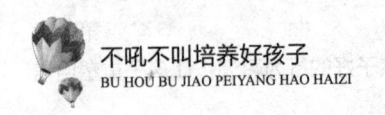

女儿第一次尝试这样的时间管理方法后,最初又紧张又期待。过程中,她走神的毛病又犯了,我适度用手指了指计时器后,她很快反应过来,眼睛看着时间在眼前消逝,有了一种不一样的感受。

从此,她开始懂得了时间的宝贵和针对自己作业、游戏和阅读的时间分配,很少发生做某件事走神的情况了,也告别了过去一些拖拉的小毛病。

偶尔,我也会让孩子做我的"监视人",当我无法在25分钟内完成自己规定的任务时,也会如约接受"炸弹"的惩罚。当孩子充分感受到高效率给自己带来的好处,以及来自妈妈的肯定和尊重时,她做事、学习越发有效率了。

话说回来,如果你有什么好的方法让孩子告别拖拉,也可以与孩子进行沟通,让他主动选择某个时间管理方法,这样执行起来,可能效果更棒。

3. 让孩子自己管理零花钱

我因为自己经常举办亲子活动,所以有一个几百人的家长群。有一次,针对孩子储蓄习惯的培养问题,我在群里做了个小小的调查。

有些家长认为储蓄问题早已经是过去贫穷年代的问题了,现在

第六章
培养孩子好的行为习惯：让孩子重塑自信

根本没有必要这么较真；有的家长觉得自己家里只有一个孩子，所以应该大人负责金钱储蓄上的学习，而对于孩子，则应该培养他们其他方面的特长；更有家长觉得家里有个女孩子，所以要富养，绝对不能再吃自己小时候的苦……

各个家长的回答都不太一致，只有很少几位家长认为应该有意识地培养孩子的储蓄意识。大多数家长更希望孩子能够多在学习上努力，孩子的各方面花销可以适当放宽。

把学习、储蓄和理财意识割裂开来看待孩子的成长问题，这是比较常见的现象。很少有家长能够将孩子未来走向社会后，因为不懂得基本的储蓄、理财知识而带来的冲动性消费、过度消费、信用卡透支等情况链接起来。

实际上，目前媒体频繁报道的类似有些小学生玩游戏买装备就花掉上万元，几乎是父母好几个月的薪水；还有的小学生打赏网络主播，小手一挥就是父母一个月的工资……孩子如果没有这方面的基本金钱管理能力，怎么保障他不会成为其中的一员呢？

事实证明，这些过度、盲目近乎疯狂的消费群体中的大部分小学生，其父母的收入非常有限，但正是因为家庭教育中丢掉了金钱观念的健康培育环节，最终导致了悲剧的发生。这些孩子没有储蓄习惯，也基本不懂得理财是什么概念。

亲戚的儿子阿林，从出生穿的纸尿裤开始直到上了小学，所穿所用都是名牌系列。而对于零花钱，那更是一周一给，从来没有间断过，渐渐地，数目也随着增长起来。

如此优越的生活环境使阿林成了"任性"的孩子，同龄孩子没有的，他是必须有的，同龄孩子有的，他的必然是更高级的。阿林的个人房间，没打包装的礼物、包裹就有好大一摞子。阿林妈和很多妈妈一样，总觉得不能让孩子再吃自己小时候的苦，而且就一个孩子，也没必要节省。

有了这样的家庭支持，阿林的消费指数估计还要不断突破啊。

我们不愿意孩子吃苦，追求自由消费，导致孩子挥金如土，但当孩子脱离父母，逐步走向个人独立时，又完全无法适应。那些三四十岁还在啃老的成年人，多是小时候被娇惯长大的孩子。

与过去的年代相比，经济条件的确好了太多，孩子逢年过节得到的压岁钱、零花钱自然也比过去翻了几番。对于这些钱，我们应该要对孩子有个好的理财引导，问问孩子，这笔钱计划怎么用，然后根据孩子的想法，逐步落实。

当孩子有了存钱意识后，家长可以带孩子多了解"银行""储蓄"等这样的金融概念，可以尝试为他设立一个独立存款账户，以此作为孩子独立管理零花钱的开始。慢慢地，每间隔一段时间，与孩子进行账户查询，让他能够真正体验存钱带来利息的成就感，了解利息的计算方法。如果孩子这方面的进步很快，可以给孩子一些用于家庭日用品开支的钱，由他进行这方面的消费和记录，使孩子理解钱的来之不易，进而感受到节约用钱、合理消费的必要性。

表哥家的生活条件很好，所以他的女儿丽娜在学习用品上也较为丰富。但是最近细心的妈妈发现孩子的学习用品似乎消耗过快，

第六章
培养孩子好的行为习惯：让孩子重塑自信

有些刚刚买完不到一周的橡皮就用光了一半。后来有别的同学的家长向她反映，说丽娜太过大方，常常主动把文具借给其他同学使用，时间久了，有些同学索性自己不买，直接借用丽娜的，甚至不还了。

丽娜是个很有善心的孩子，性格也很开朗大方，所以很少从同学们那儿再逐一要回借出去的文具用品。丽娜妈妈想来想去，觉得一方面不能打击孩子的这份善良，另一方面也不能这样"傻傻"地无限度地单方面付出，于是决定每个星期给孩子的钱控制在10元钱。

丽娜妈妈告诉孩子："这10元钱是你的文具专用钱，花不完的话，你就可以自己积攒起来，买你平常最想买的东西。但若是你提前花掉了这笔钱，我也不会再给，你要自己想办法解决问题。"

大手大脚习惯了的丽娜第一周不到就把钱花光了，当有同学再向她借文具时，她要么不那么积极借出，要么看着对方用完后，就赶紧要回来。

尽管随着学习量的增加，学习耗材不断加大，但是丽娜妈妈只是适度增加了孩子一点零花钱，并没有额外提高更高额度。丽娜的确不再像过去那样大手大脚了，并且为了节省更多的钱，她通过自己的计算，买了一些小贴纸和一个普通无图的文具盒，然后自己为其重新装饰。这让丽娜妈妈吃了一惊，因为她知道女儿内心一直想花钱去买一个图案精美的高级卡通文具盒。

可见，让孩子自己掌握零花钱，既可以强化孩子的算术能力，还能让孩子学会如何精打细算过日子。

因此，我们教会孩子如何花费和管理金钱，让孩子从小就有金

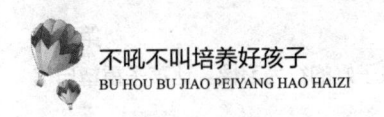

钱的意识，是家庭教育中一件必须要做的事情。孩子在这些自主支配的金钱管理当中，能够更好地锻炼他的计划性、决策性、对比性能力及难得的自控、自律能力，还会因此延伸到学习、生活的方方面面，成为掌控自己人生的小主人。

4. 强身健体，发现另一个不一样的自己

从孩子两岁起，我就发现女儿开始喜欢通过镜子观察自己了，时不时用手摸摸自己的鼻子、眼睛或头发。到了小学后，她已经将这种自我关注发展到了体重上，希望自己有个苗条的身材。

据英国发展心理学期刊公布的数据来看，在三到六岁的女孩中，有将近一半的女孩担心自己身材肥胖；在十一岁到十七岁的女孩中，苗条的身材基本上是所有人的目标和愿望了。

看来爱美的确是女孩子的天性，尤其对自己的身材胖瘦非常敏感。我还记得自己小时候参加学校舞蹈比赛，当时因借穿了一件紧身舞蹈薄裤，结果在比赛时腰部撑开了一个口子，实在尴尬得下不来台。回到家后，我就和妈妈嚷嚷："从今天起，我一定要减肥。"妈妈很纳闷，也训斥我："你一个小孩子减什么肥？身体健康更重要。"就这样，我第一次减肥的念头被打消了。

大学毕业后，经常参加一些聚会活动，内心那个爱美的小孩还

第六章
培养孩子好的行为习惯：让孩子重塑自信

是时不时产生减肥、健身的念头，只是另一个声音——母亲对我说的话"健康最重要"又随之飘荡过来，所以我只是常常将"减肥"挂在嘴边。直到我的女儿读到小学五年级了，她也开始萌生了我少年时光的"减肥"念头。

那一天放学，晚饭时她不再像以前一样狼吞虎咽，而是小鸡啄米似的象征性吃了几口。不舒服吗？不是，原来她想减肥。但实际上她的体检一个月前刚刚结束，一切指标正常，身高和体重比例也很协调。但是女儿告诉我，班级有些文娱活动，都是那些身材瘦削的同学在参与，自己机会很少。

亲戚家有个十几岁的孩子，整个人看上去病恹恹的，大家都故意喊她"豆芽菜"，家人为了让她多吃几口，想尽了各种口味做调剂，实际上孩子已经极度营养不良，但是心理上却觉得自己还是太胖。

这样一副林黛玉般的体态，即使花容月貌又如何呢？为了减肥，过度节食，不仅会令身体营养失衡，留下健康隐患，还会影响大脑的智力发育。当然，像我的妈妈只是强调"健康最重要"而不顾身体体形发展也不合适。要想拥有健美的身材，还是应该通过健康的饮食和合理化的运动来完成才行。

如今，物质生活水平的提高，营养过剩反而更让人担心。而超市的各种不符合营养需求的垃圾食品也严重影响了孩子的身体健康，大量的人工色素、香精、防腐剂、增色剂等，无一不损害健康。

所以，家长还是要重视孩子的一日三餐，这是摄入营养的最主要方式。事实上，营养均衡，搭配合理的三餐，并不会导致身体发胖。

真正令身体发胖的饮食习惯是暴饮暴食，要么就饿着不吃，要么就是看到好吃的东西没有节制地吃。这样不但对胃伤害巨大，对身材的维持也没有任何好处。

当我们的孩子提出了减肥的想法，作为家长，我们首先要客观看待他的体重是否在健康值范围内，如果答案是肯定的，那孩子可能是受到了家长或外部环境的影响，是渴望通过改变身材增加自信。

此时，我们要做的是思维上的积极引导和转化，一定要以健康为前提而不能盲目减肥。但如果孩子的确体重超标，那减肥无可厚非，除了健康的饮食，适宜的运动更是必要。

当女儿和我提出减肥想法后，我没有直接反对她，而是耐心告诉她，节食减肥对她弊大于利，如果希望身体匀称，可以通过跑步健身，还能做到劳逸结合。

为了鼓励女儿，我决定陪着她一起跑步。每天早上五点钟，我们就开始进行晨练，一直坚持了半年之久。半年后，女儿的体能得到提升，尤其自信心得到了提高，很多学校、班级的运动类项目她都积极参与，而不是被动等待，为此还新认识了其他班级喜欢运动的几个同学。

有了这样的变化，我们继续坚持，为了在冬天也能方便锻炼，家里还专门购置了一个跑步机，这样也就不用被天气变化所影响了。

在此之后，爬山、游泳等，也成为我们经常参与的活动。有一次，学校的一场秋季运动会中，女儿在中长跑、接力赛中取得了很好的成绩，看上去自信满满，越来越棒了。

第六章
培养孩子好的行为习惯：让孩子重塑自信

运动和学习一样，都要通过不断的坚持才能呈现出好的效果，循序渐进，孩子也会经由这样的努力，发现另一个不一样的自己。

5. 家务参与益处多多

让孩子从小参与家务活动有多重要？提到这个问题，可能很多家长口头上还是会说出很多条的，但是到了实际生活中，真正让孩子参与其中，承担起家中的一个小主人所应承担的家务活动，则往往会大打折扣。原因当然很多，但基本上都是没有把这个事情当作多么重要的一件事来对待。实际上，很多责任承担能力不足、独立意识较差的孩子，其小时候也的确没有参与家务的习惯。

我身边几个做婆婆的阿姨，在说起晚辈时，所用最多的一个字，就是"懒"。之前我曾目睹过小区里发生的一场激烈的婆媳矛盾，原因就是婆婆接受不了儿媳妇的懒惰。

小两口中的男方在外地工作，很久才回家一次。所以女方生宝宝后，为了方便照料，婆婆就搬来和儿媳妇一同住。起初儿媳妇坐月子，一切也都相安无事，但时间久了，矛盾渐渐尖锐起来。婆婆总是嫌儿媳妇太懒，什么家务活也不干。

吃饭时，都是婆婆把饭盛好放到她面前，吃完饭后，她把碗往桌子上一放，就起身离开了。脱下来的脏衣服就堆在床上，堆得都

如小山一般高了，也不会主动放到洗衣机里洗一洗，直到婆婆看不下去给洗干净为止。老人白天带孩子，晚上孩子休息了，还要打扫房间、洗衣服。而儿媳妇做得最多的事情，就是看电视、玩手机。最让婆婆无法忍受的是，儿子好久才回家一趟，回了家除了伺候媳妇，就是照顾孩子。老人看在眼里很是心痛，渐渐地，对儿媳妇的怨言越来越多，脸色也自然越来越难看。

儿媳妇呢，也发现了婆婆对自己的不满，但是她不但没有改过的想法，反而觉得婆婆干预了她的生活，限制了她的自由，对婆婆的一言一行也是百般挑剔。就这样，三天一小吵五天一大吵，刚结婚不到三年的小两口，因此而离了婚。

离婚时，女孩哭哭啼啼地诉说着婆家的种种罪状："我出嫁前都是我妈妈给我洗衣服、收拾房间，什么都不用我做。嫁到了你们家，又要扫地，还要擦桌子，我不愿意干，就说我懒。我嫁到你家不是给你家当牛做马的！"

显然，这个儿媳妇在未出嫁时也基本没有承担过家务劳动。现实生活中，很多女孩都是被父母捧在手心里的小公主。上学放学，有爷爷奶奶、父母帮女孩背书包；甚至有的父母心疼女孩，代替她写作业。家长自以为这样的女孩，今后就能避免过劳苦的生活。但事实上，这只会为她今后的生活带来更多后患。长期这样下去，女孩必然会养成生活上"饭来张口，衣来伸手"、学习上不爱动脑、知难而退的懒惰习惯。

这样的孩子，无论男女，长大后也往往不能吃苦，独立自主能

第六章
培养孩子好的行为习惯：让孩子重塑自信

力差，工作成绩平平，并且难以承担起在一个家庭中的角色。那么，让他依靠什么立足于社会呢？

社会学家和心理学家经过长时间的追踪调查、共同研究后发现：热爱劳动的孩子与不爱劳动的孩子，在性格、爱好、事业等方面，都存在着很大的差异。勤劳、热爱劳动的孩子与懒惰、不爱劳动的孩子长大后的失业率为1∶15，犯罪率为1∶10。可见，勤劳对于一个孩子的成长多么关键。

俗话说"心灵手巧"，劳动，可以让孩子的双手和大脑得到协调的发展，使孩子的脑细胞得到更多的刺激，增强他的智力和其他各项能力。而且，劳动还能减少孩子的依赖心理，促进孩子独立意识、创造意识的形成。

其实对于孩子而言，较早地鼓励他们做一些力所能及的事情，他们会有很强的参与感，认为自己也能为这个家庭做一点力所能及的事，有被接纳和认可的存在感。

但是这种参与感和存在感往往被我们家长不经意间给剥夺了，而我们自己居然浑然不知。我清楚记得小时候，看到母亲一个人做饭洗碗，照顾全家人的生活，很是心疼，于是想帮母亲扫地。我满以为母亲会夸奖我懂事，结果母亲却一把夺过我手中的笤帚，对我说："这不是你该干的事情，赶快写作业去。"

"我已经写完作业了。"我为自己申辩道。

"那就去预习预习功课，这些事妈妈来做就行了。"说完，拿着笤帚离开了。

想想看，我那做家务的热情，就这样被一盆"冷水"从头浇到脚，内心是怎样一种感受。渐渐地，我就被母亲养成了"懒姑娘"，什么家务活也不愿意干，并且理所当然地认为做家务并不是一项辛苦的工作。所以成年以后也很少帮助母亲做家务，有时候母亲会埋怨我懒，可是当我真正为她做起家务时，她总是会说："我来吧，你干不好。"要么就是对我做完的家务，挑出种种毛病。后来，当我拥有了自己的小家，我将它打扫得一尘不染时，我才发现，做好家务活，能够给人带来如此大的成就感。

因为我曾有这样的切身体验，所以我绝对不会让这样的事情在女儿身上发生。当女儿看到家里花草的叶子掉在地上，就懂得拿起笤帚和簸箕扫起来，尽管她还没有笤帚高，但是我很鼓励她这种行为，从来不认为她是在"帮倒忙"或是在捣乱。并且不管她是否扫干净了，我都会及时对她进行肯定："谢谢宝贝帮妈妈给咱们家打扫卫生。"

我用这样的话肯定孩子对我的帮助，也让孩子知道，她这样的参与不单是帮我，而是帮助我们这个家。因此，每当女儿听到这样的话，她都十分开心。

在女儿的成长过程中，我一直会交给她一些力所能及的家务活，有时候被亲朋好友看见了，会"批评"我说："孩子这么小就让孩子干活，她能干好吗？"其实，让孩子做家务的目的并不是让孩子一定要把某块区域彻底清理干净，而是培养孩子成为一个能主动承担家庭事务的人，让她在参与的过程中产生"同理心"，然后自然

第六章
培养孩子好的行为习惯：让孩子重塑自信

而然地体会到父母平日里的辛苦。

孩子在三四岁时是独立意识形成的关键时刻，这个时候也是培养孩子动手能力和责任意识的最好时期，他希望通过自我独立完成某些事情来确立自我。这时，如果家长能够积极、正确地引导、鼓励和强化，他今后的参与能力、独立自主能力及责任承担能力包括共情能力就会大大提高。

当然，让孩子参与家务劳动也不是要把大量的事务分摊到孩子身上，孩子能力有限，会因为无法完成分配的任务而产生挫败感。我们要根据孩子的年龄，分配给孩子相应的事情做。比如：1~2岁的孩子可以做一些把玩具放回原处、帮妈妈拿东西、将垃圾扔进垃圾桶等家务；3~5岁的孩子可以学着自己穿衣穿鞋、洗脸刷牙，做一些如给花浇水、叠衣服的家务；5~7岁的孩子可以做的家务就很多了，在保证安全的情况下，可以让孩子多一些尝试；7~8岁的孩子就完全可以做一个"小大人"了，类似于收拾自己房间的事情，已经完全能够胜任了。

当你看到孩子在投入地做完一些家务工作后，所表现出的那份愉悦感，做父母的也一定会发自内心地高兴。所谓"一屋不扫何以扫天下"，自己都不能整理好内务，没有分担家务意识的人，你觉得他未来会成为一个具有高度责任心的人吗？

因此，为了孩子更好地成长，那就从现在开始，带动你的孩子参与到你的家庭劳动中去吧。

第七章

培养孩子好的言行举止：让孩子更受欢迎

孩子插嘴、撒谎、人来疯、说狠话等看似极为不妥的现象，其背后都有我们没有看到的真正原因在发生作用。比如家长最难接受的那些狠话，不论孩子愤怒中说出来的话是多么令你伤心，你都要坚持自己的立场，其实，孩子并不是真正地讨厌你，痛恨你，而是恨你给他设定的界限而已，因此，不必把孩子说的狠话放在心上。

第七章
培养孩子好的言行举止：让孩子更受欢迎

1. 遵守课堂纪律，尊重老师

三年级开学还不到一个月，班主任就打来电话，说女儿在课堂上不太遵守纪律，经常和同桌说悄悄话、做小动作，偶尔还会离开自己的座位。这还真是急坏了我，不知道问题到底出在哪里。

周五下午，和其他家长一起去听孩子班级的公开课，我看到大部分孩子都在认真听课、记笔记，自己的女儿却陶醉于橡皮擦上的某个图案，正用一支彩笔进行进一步的加工、修饰，偶尔还东张西望，完全不在意老师的讲课内容。

这的确让我感到焦虑，因为对孩子来说，学习知识的主要渠道就是课堂。如果孩子不能把注意力集中在课堂上，也无法遵守班级约定的规章制度，那他自然就无法学习到有用的知识。

有一本书叫《少年大学生的奥秘》，就提到了中国科技大少年班之所以能够取到好成绩的关键，就是将专注力投入到45分钟的一堂课上。

在与班主任做了细致的沟通后，结合这本书的内容，我做了深入的学习和一步步的实践，果然，女儿的情况有了好转。现在我将我的经验分享如下，如果你家孩子也是这样一个在课堂上不能专心

听讲的孩子，不妨一起学习一下吧。

第一，倾听孩子的真实声音并由此帮助孩子找到解决问题的办法。

如果你接到班主任或科任老师"投诉"孩子的电话，你是否会首先直接批评孩子："你快说，为什么上课不认真听讲？"甚至打骂孩子，以此让他牢牢记住犯错的可怕后果？

实际上，这样的做法只会让孩子在委屈地接受惩罚后，产生叛逆情绪并由此更加违反课堂纪律。我们真正要做的，应该是在孩子情绪状态良好的情况下与孩子进行如下交流：

"看你东张西望，是不是有什么紧急的事情要告诉某位同学呢？"

"你在橡皮上画图案，是想把脑海中的想法赶紧实施？或者你想画完向某位同学证明你的一些比较好的想法可以表达出来？"

……

当我们与孩子将他在课堂上出现的问题进行尝试性的延伸提问后，孩子就会由此敞开心扉与我们进行交流。我们可能会得到完全预料不到的答案：他上课画橡皮是想在美术课上让美术老师看一眼，但是又担心无法完成，所以要在其他课堂上提前着手进行；东张西望，那是他觉得老师讲的内容自己已经提前掌握，自己觉得有些无聊，想看看别人都在做什么。

在了解了孩子的具体违反课堂纪律、不尊重老师的原因，我们就可以根据这些具体情况帮助孩子具体化地解决问题了，但前提是

第七章
培养孩子好的言行举止：让孩子更受欢迎

强调遵守课堂纪律、尊重老师。

我对女儿所出现问题的解决方式是，让女儿把类似橡皮创意绘画这样的事情提前在课余、家中时间完成，让她换位思考一下，老师看到自己学生不尊重自己讲课时的感受。

而针对女儿已经掌握了的知识内容，可以让她以"检验"的方式，看看自己想的和老师讲的是否一致，如果一致就给自己一个额外的奖励，比如买个喜欢的文具之类。

第二，激发孩子的学习热情，以此提高上课时的专注力。

45分钟的一堂课并不算短，有些孩子可能控住不住自己的一些小动作。另外，缺乏对某一学科的兴趣，也会让学习热情降低，进而分散专注力。

爱因斯坦说过："只有把学生的热情激发起来，那么学校规定的功课就会被当作一种礼物来接受。"

对于学习热情的激发，很多家长可能觉得无从下手，我建议你不妨从孩子最感兴趣或最擅长的学科开始，以此作为突破口。比如孩子偏爱数学，那就让孩子尝试挑战可以连续考取几次满分，而一旦挑战成功，无须任何奖励，他可以体会到学习带给他的真正乐趣。

由此，再进行下一个学科的攻关，可以从一点点的诸如每次增长多少分数开始，慢慢提高成绩，孩子的兴趣自然就增加了。甚至可以将孩子的数学与超市购物结合，让他进行价格计算；可以让日常旅行线路与美术结合，通过图片化的方式多元化地展示旅行规划。

总之，通过各类灵活的方式激发孩子的学习热情，孩子自然就

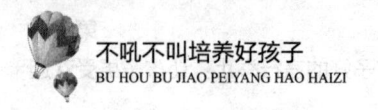

能专注于课堂学习了。

第三,培养孩子的自制力并及时给予关注。

孩子上课控制不住和同学讲话或者没等举手就插嘴老师的讲课,这些实际上并不是表面的调皮或不认真那么简单,而是孩子的自制力不足。针对这个问题,不妨延缓一下孩子平常所提出的一些需求,即"延迟满足",以此培养孩子的自制力。

可以用与孩子约定每天晨起时间、进行静坐游戏比赛、规定时间内不许讲话等方式,锻炼孩子的自制力。

另外,有些孩子在课堂上故意提高嗓门或搞些引人发笑的小动作,这些都是为了引起别人的关注,这实际上是孩子内心谋求被关注的表现。为此,家长要多些对孩子的关注,多发现孩子的优点并及时做出表扬,让孩子感受到被认可。

我把这些学来的经验进行实践后,果然女儿成了老师眼中的好学生,重要的是,她的各科成绩获得了很大提升。

2. 不给孩子播下"撒谎"的种子

记得小时候,妈妈给我讲了《木偶奇遇记》的故事后,对我说:"小孩子撒谎,鼻子就会变长。"这句话的威力足足震慑了我很久,有时候犯了错误,既不敢说谎话为自己开脱,又害怕被父母责骂,

第七章
培养孩子好的言行举止：让孩子更受欢迎

所以急得哇哇大哭，直到父母笑着说"没事"，我才"雨过天晴"。

所以在女儿很小的时候，我就给她讲了匹诺曹的故事，并将我母亲当年吓唬我的话再次重演了一遍。却没想到现在的小孩儿远比自己那个时候聪明，根本不会被这样的小把戏所蒙蔽，反而会自作聪明地设法把犯了错的事情蒙骗过去，尽管在这一过程中漏洞百出。

有一次，女儿在约小伙伴来家里玩耍的时候，不小心将我养的一棵滴水观音压折了。那棵滴水观音我养了很久，十分喜欢。平日里女儿在客厅玩儿，我都会提醒她注意我的花，不要碰坏了。

女儿也深知我对这盆花的喜爱程度，因此压折后不敢向我汇报，而是找了一根很细的针，插在已经断成两截的花茎中间，就这样断了的花茎又被"连"了起来，直到三天后我给花浇水的时候才发现端倪。

当天女儿放学回来后，我一边做饭一边假装不经意地问她："妈妈发现那盆滴水观音的花茎断了，你知道是怎么回事吗？"

女儿本以为自己可以瞒天过海，却没想到被我发现了。她愣了一下，然后转过身，低着头回答我说："是妞妞来咱家玩的时候，她不小心压断的，而且我当时还批评她不小心了呢。"

可是妞妞身材娇小，根本无法爬上栽花的大盆子，但是我并没有立刻戳穿女儿的谎言，而是继续说道："哦，原来是妞妞呀。她也太淘气了，把我心爱的花弄坏了，看来以后可不能轻易让她来咱家玩了，因为她不懂得注意保护植物和容易破碎的摆件。"然后又问道："那又是谁帮妈妈把花茎给连起来的呢？"

"是我，我怕妈妈看到花茎折断了会生气，所以就用针给穿了起来。"女儿终于抬起头，看着我说。

将坏事情推得一干二净，好事却毫不犹豫地揽在自己身上，我心里不禁为孩子这点小心思感到哭笑不得。但是受到表扬的女儿却没有想象中那般高兴，反而还有些排斥。

"妈妈，我去写作业了。"女儿转过身就朝自己的房间走去。一直到吃饭时间都没有出来过。以往的这个时候，她早就写完作业坐在电视前看动画片了。

我轻轻地推开她的房门，看见小家伙正低着头坐在书桌前，一动不动。我走过去后才发现，女儿正在悄悄地哭泣。见到我进来，她一下子哭出了声。

"妈妈，你别不让妞妞来咱们家玩，好吗？你的花是我不小心压断的，怕被你发现，所以才用针穿了起来。"女儿边哭边说。

我连忙抱住她的肩，对她说："妈妈很高兴你能够主动承认错误，你是个诚实的好孩子。"

听到我这样说，女儿有些不相信地看着我，仿佛我应该臭骂她一顿才对。其实，孩子根本不懂得撒谎意味着什么，因为他们对于意识的认知能力还有限，更不知道人格的概念和内涵。他们说谎，很大程度上，是为了逃避自己的错误。

但如果我们采取置之不理的态度，则会让孩子失去自我约束和自我管理的能力。所以，当遇到孩子撒谎，我们一定要管，只是不能采取责罚的方式，更不能在孩子面前强调"谎言"的概念，这样

第七章
培养孩子好的言行举止：让孩子更受欢迎

反而会让孩子产生心理负担。我们只需要引导孩子说出真相，然后为孩子树立一个榜样就可以了。

除了这种为了推卸责任自我保护而"撒谎"之外，孩子有时候还会因为自己的需要而说出欺骗性的语言。

晨晨妈说晨晨刚上一年级的时候，非常不爱去，虽然给他讲了很多小朋友幼儿园毕业了就应该上小学的道理，但是晨晨还是对上小学怀有抵触情绪。一次他说："××老师打我。"由于对学校很了解，晨晨妈坚决不相信这样的事情会发生。于是就更细致地问他，晨晨还是编造各种理由，一会儿说这个老师打他，一会儿又说那个老师打他，这让晨晨妈更确信了孩子在"撒谎"。

有时候，虚荣心理也是让孩子"撒谎"的一个原因。由于现在的家庭对孩子的要求都尽量满足，在"你有我也有""我有的你没有"的心理支配下，有的孩子为了满足虚荣心而说谎。如当一个男孩听说别人的爸爸给他买了一个坦克汽车，就马上说自己的爸爸也给自己买了一辆；当一个女孩看到别的小女孩炫耀一个漂亮的粉色发夹，也说自己家里也有一个更漂亮的。虽然孩子这种说谎只是暂时的，也不会造成什么严重后果，但是家长要注意这种苗头。

无论出于什么原因"撒谎"，家长都不要将其轻易与孩子的道德品质挂上钩。儿童心理学家研究发现：孩子直到七八岁，都不能完全陈述事实。他们并非想欺骗谁，而是有时候并不知道自己在做什么，他们只是根据自己的需要而扭曲现实。这是孩子心理发展的必经之路，和"品质"无关。

因此，当发现孩子"撒谎"时，不要用成人的眼光去指责孩子，给幼小的孩子贴上这么沉重的标签！

如果孩子是为了推脱责任而"撒谎"，要让孩子知道"错的"未必就是"坏的"。孩子在成长的过程中犯错误是难免的，只要家长平静地告诉他错了，并指导他应该采用正确的方法，孩子就不会对错误产生恐惧和内疚心理。

如果你对孩子犯的大错小错都大呼小叫，甚至惩罚孩子，那么孩子肯定会处处掩饰错误，并且不敢再积极探索新的事物。在评判孩子有道德问题之前，最好先反省一下自己：是不是自己对孩子过于严厉，让孩子感觉到撒谎的必要性？当孩子勇于承认自己的错误时，不论他的错误有多严重，都不应该惩罚他，这样孩子才能在你的鼓励下拥有诚实的品格。

有句话说，家长是孩子最好的老师，有的时候家长往往是孩子"撒谎"的榜样，甚至有的家长教唆孩子撒谎。如本来已经答应孩子周末去公园，可是到了周末不是因为睡懒觉耽误了，就是因为临时有了别的事情而取消了，自己说话本身就不算话。或者孩子打碎了别人家的东西，妈妈要求孩子不能承认以免赔偿人家的损失，这样的做法，都在有意或者无意中教会处于懵懂的孩子"撒谎"，并且觉得这行为没有什么不好。因此，要想孩子拥有良好的品质，家长最应该先做好这个榜样。

3. 做个受人喜欢的小客人

有个朋友曾经对我说:"我从来不带孩子去别人家做客。"原因就是他家的"熊孩子"太能闹了,带到别人家会让自己觉得没有面子。虽然我并不赞成这种将孩子的表现作为自己"面子"的做法,但是如果孩子不懂得"做客之道"确实是一件令人头疼的事情。

因为我的小侄子曾经就是这样的"熊孩子"。小侄子从小跟着他奶奶长大,直到上小学前才被我的姐姐接到身边。有一次姐姐带着小侄子来我家做客,初到我家的小侄子对哪里都感到很好奇,没等大人进门,他就一头钻进了屋子里,然后像个小"领导"一样,把每个屋子都视察了一遍。

他在书房发现了我爱人收藏多年的汽车模型,非要拿在手上玩儿。姐姐一看那些汽车模型都摆在玻璃窗里,知道是我爱人的心肝宝贝,于是连忙哄小侄子道:"宝贝乖,那个只能看不能玩儿。"

岂料小侄子却丝毫听不进去,见自己的愿望无法达成,便一屁股坐在地上,哇哇大哭起来。看着姐姐瞬间变得难看的脸,我从那些模型中挑出了一个最便宜,也比较好买到的小汽车放到了小侄子的手中,这才让小家伙停止了哭声。

然而拿着小汽车没多一会儿,小侄子的目光就被茶几上的茶

具吸引了,将茶具当作了过家家的玩具。在姐姐制止未果的情况下,一个紫砂壶被摔得粉碎。尽管我一再表示"没关系",但是小侄子依旧没能避免一顿打骂。最后的结果就是母子二人都抹着眼泪离开了。

姐姐在意识到了教育的缺失时,及时做出了弥补。现在,小侄子已经成长为一个青涩的少年,一副彬彬有礼的模样。有时候我们还会故意提及他小时候的顽劣"事迹",每每此时他总是羞红了脸,说那时自己"年少无知不懂事"。

年少无知是没错,但是懂不懂事就要看家长怎样引导教育了。佳楠是女儿的好朋友之一,在女儿所有的好朋友中,我最喜欢的小客人就是佳楠。至于为什么喜欢她,听我说说她的表现,就明白了。

每次佳楠来做客,见到我的第一句话都是:"阿姨,你好,我来你家玩儿了。"接着就在门外的地垫上,将鞋子上的泥土蹭干净。然后进门问我:"阿姨,我用换鞋吗?"在得到不需要"换鞋"的许可后,她才会走进客厅。如果我不说"请坐",小家伙就会一直站在沙发前。

每当我端出水果给大家吃时,佳楠总是第一个说:"谢谢阿姨。"吃完水果后,佳楠会自己到卫生间将沾满了果汁的手洗干净,从未到处涂抹过。有一次佳楠在吃西瓜时,不小心将西瓜汁掉在了地板上,还未等我拿纸巾去擦,她就已经用纸擦干净了。

不管什么时候来,一看快到吃饭或是睡觉的时间,佳楠就会自行告辞离开,并会对我家里的每一个人挥手再见。

第七章
培养孩子好的言行举止：让孩子更受欢迎

我对爱人感叹佳楠的父母将她教育得太好了，心里正寻思着什么时候交流下经验时，我接触到了佳楠的妈妈。那天佳楠和女儿一起看动画片看得入迷了，以至于到了睡觉的时间还没有回家。于是佳楠的妈妈便找来了，看到她进门的动作与说话的语气，我瞬间明白了佳楠妈妈的教育并没有什么诀窍可言，因为佳楠的行为与她妈妈如出一辙。

或许是因为我经常夸赞佳楠的原因，女儿也渐渐变成了一个受人欢迎的小客人。注意，是夸赞不是对比。夸赞其他小孩儿，会激起孩子向那个小孩儿学习的热情；但是如果是对比，例如："××比你懂事多了。"这样的语言则会伤害孩子的自尊心，并且起到相反的效果。

我经常说的是"佳楠真是个不错的小客人，妈妈特别欢迎她到咱们家做客。"好奇心的驱使下，孩子肯定会问很多个"为什么"。

"因为佳楠来咱们家做客后，妈妈不用打扫卫生啊！"

"因为佳楠总是向我问好，让我很开心呀。"

"因为佳楠从来不会乱翻咱们家的抽屉和柜子。"

……

每一个"因为"都会让孩子学习到自己到了别人家应该怎样做，而且怎样做才能受到主人的欢迎。

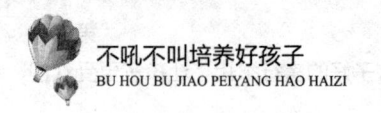

4. 管教小小"人来疯"

家里来客人,孩子又是唱歌又是跳舞,自然能够赢得满堂的喝彩,客人觉得愉快的同时,家长也觉得很有面子。可是如果孩子的"活泼"过了头,打扰到客人,影响到了大人之间的交流,那就是我们所说的"人来疯"了。

我的一个女朋友说,每次家里来了客人,女儿嘟嘟都很"文静",但有一次女儿要参加学校里的"六一"节目,便在家里排练起来。这一幕正巧被来做客的朋友看到,朋友的夸赞让嘟嘟很是骄傲,她又接连表演了很多个节目,赢得了满堂喝彩。

这一下让嘟嘟有些得意地忘了形,就在朋友打个电话的功夫,她便化身为"人猿泰山",在沙发上跳来跳去,导致大家都无法正常地坐在沙发上,而嘟嘟却丝毫没有意识到。

"嘟嘟,你给我下来!"这句话几乎马上就要脱口而出,但是当着大家的面批评孩子,朋友担心这不但会伤害孩子的自尊心,同时也会令在座客人感到尴尬和不愉快,并且这也不是教育孩子行之有效的方式。

实际上,这样的情况已经有好多次了,朋友一直不知道如何处理。

第七章
培养孩子好的言行举止：让孩子更受欢迎

很多小孩子之所以会在客人来家里时表现得比平时更为活跃、更兴奋，这是因为孩子的"表演欲"在作祟，他渴望得到大家的关注和表扬，如果家长大声地呵斥他，反而会让他感觉自己的做法得到了回应，那么他不但不收敛，还会更加卖力地"表演"。

儿童心理学家研究表明，"人来疯"是孩子 2~7 岁时经常会出现的一种行为，是一种心理活动体现于行为的表现，就好像嘟嘟在得到了大人的称赞之后，她的内心希望继续得到这种肯定，这种心理表现在行为上，便是想方设法地引起大人的注意。

同时，这也是一种情绪的宣泄，当家里来了客人，家人将大部分注意力都放在客人身上时，孩子会产生失落感，只能用"疯闹"来引起大家的注意。

"人来疯"的这种现象其实跟孩子的性格并无太大的关系，而是一种普遍存在的现象，与孩子的心理有着密切关系，同时也跟家庭的教育和父母对孩子的重视程度有关系，当我们对孩子过于严格或是过于溺爱时，都会让孩子出现"人来疯"的行为。

比如，当家里没有客人时，大人都围绕着孩子，将所有的关注都倾注在孩子身上，孩子便以为自己是这个家的"中心"，这样的心理自然让孩子无法承受别人将属于自己的"宠爱"拿走。或者，平时孩子在家里很受压制，没有多少表现自己的机会，所以一旦有了"观众"，就会生产生强烈的表演欲望。

我们要想孩子成为热情有礼，又不是"人来疯"的小主人，首先就要在孩子出现"疯闹"行为时，及时进行制止。很多时候，孩

子之所以敢这样"疯",是因为他们认为家长不会当着客人的面教训自己,这确实也是很多家长的做法,毕竟自己要"面子",也要给孩子留"面子"。这样的做法很正确,但是也不能任由孩子胡闹,这样只会助长孩子"以自我为中心""我说了算"的心理。

比较合适的方法是采取"消退法"和"正强化法"。要让孩子的"人来疯"现象消退,家长最好事先和客人商量达成一致,不论孩子怎么疯,都要对他的行为不予理睬,等孩子的情绪稳定后,再去安慰,这样的方法被心理学家称为消退法。

当孩子的行为没有得到肯定或者关注,孩子的行为就会减少。而当孩子开始能够安静地独自游戏时,爸妈要立即给予一定的赞扬和鼓励,这种就称为正强化法,这种方式会使孩子良好的行为得到巩固,从而做得更好。

5. 轻松解决孩子"插嘴"行为

现实生活中,喜欢插嘴的孩子非常常见。孩子在家长和客人谈话时候插嘴,这样不仅打断了成人之间的正常交流,而且也会显得没有礼貌,难免会让家长感到很尴尬。但是,如果家长当着客人的面训斥孩子的"插嘴",又会伤害孩子的自尊心,可能会使孩子产生逆反心理。如果对这种行为听之任之,将来可能成为一个坏习惯。

第七章
培养孩子好的言行举止：让孩子更受欢迎

7岁的俊杰特别喜欢在家里来客人的时候插嘴说话，往往是妈妈还没和人说上两句话，他就跑过来说："妈妈，我想到楼下玩。"妈妈说："我和阿姨在聊天，你先到自己房间玩一会儿好吗？"结果还不到两分钟，俊杰又跑过来拉着妈妈的胳膊说："妈妈，你给我讲故事听吧！"妈妈有点生气了："你没看到我和阿姨在说话吗？你这孩子怎么老是捣乱呢？""妈妈，我……""别说了，上一边玩去！"结果，俊杰满脸通红，眼泪慢慢流了下来，这样一来，妈妈和客人也彻底没法谈话了。

如果你的孩子也喜欢插嘴，那你就真的会体验到这其中所带来的尴尬，但要想矫正孩子的插嘴行为，我们首先要了解孩子为什么爱插嘴。

第一，想积极参与到讨论当中。

成长中的孩子往往以自我为中心，已经有了自己的一些想法，当他看到大人们说话时，很想发表自己的意见。但是由于年龄小，还不懂得约束自己，在"熬不住"的情况下就过来插嘴了。

第二，想引起别人关注。

当家里来了客人，孩子就会处于神经兴奋状态，很想在大家面前表现自己，因为想引起别人的注意，让大家关注到自己。于是，他就会在大人说话的时候故意插嘴说话。这一点，和"人来疯"的孩子有共同之处。

第三，家长的榜样作用。

有的家长在平日交谈的时候，就喜欢插嘴说话，孩子在旁边观

察，也学习到了这样的行为。只不过大人在插嘴的时候，其他人不好去批评，可是孩子插嘴就很容易遭到大人的训斥。

从积极的角度看，孩子喜欢插嘴说话表达了孩子积极的人生态度，也是孩子乐于表达自我的一种表现。喜欢插嘴的孩子总比闷在一边自始至终不吭一声的孩子看上去更积极、更乐观。但很显然，插嘴是很不礼貌的行为，家长发现后应该给予及时的教育。

不过也有的家长认为孩子现在还小，长大了自然就能改掉这些坏习惯了。其实不是这样的，孩子的好习惯需要从小培养，小孩子很容易接受外界各种刺激和教育的影响，如果在这个年龄阶段不加强对孩子良好习惯的培养，那么将来会很难改变。

由于孩子插嘴有各种原因，因此家长要区别对待。

1. 以身作则为孩子做好榜样。

家长要求孩子做到，首先自己要做到。如果家庭成员在谈话时都爱互相打断对方，那就要努力改变这种习惯。你还应该在孩子和你说话时，尽量不打断他。如果你想插话，就要说"对不起，我想插一句……"，之后应该马上说："对不起，我打断你了，请你接着说。"这样，孩子不仅学会了你插话时候的语言技巧，还学会了你承认错误时候的轻松自然的态度。

2. 给孩子适当的表现机会。

当孩子想发言时，家长可以请他先等一下，当其他人的交谈告一段落的时候再请孩子发表自己的想法。但事后应该教育孩子，不等别人说完话就插嘴，是没有礼貌的行为。为了锻炼孩子的语言表

第七章
培养孩子好的言行举止：让孩子更受欢迎

达能力，也可以挑选一些孩子感兴趣的话题邀请他坐下来一起交流，这不仅显示了对孩子的尊重，也可以在此过程中教会孩子一些社交礼仪。

3. 对兴奋型的孩子要有更多的耐心。

对于那些天生就很容易兴奋的孩子，可以在他插嘴时走到他身边，摸摸他的头，用眼神示意他不要表达个没完，或者用手指轻轻敲敲他的肩膀，示意他该停止了，客人走之后要及时进行谈话，告诉他在想插嘴的时候应该注意的礼貌问题。千万不能用粗暴的态度去制止，即使是批评，也要以不伤害孩子的自尊为前提。

4. 通过"轮流玩"的游戏规则进行训练。

很多孩子基本上都懂得"轮流玩"的游戏规则，家长可以利用这个规则教他等别人把话说完了，再开口。你可以问他一个问题，注意在他回答的时候，仔细听，如有必要，温和地催催他："你说完了吗？好了，现在该你问我问题了。"如果他在你回答的时候插嘴，用手指碰碰他的嘴唇，把你的话说完。然后再说："现在该你了。"让他把对话继续下去。孩子一时可能不会那么快掌握礼貌对话的技巧，但通过这种训练至少能掌握"一问一答"的对话的基本要素。

另外，还有一些年龄更小一点的孩子，家长在打电话时，他会跑过来插话，这是因为他对电话有一种敌对情绪：你对电话的关注大于他对你的吸引。

为了避免听电话时候经常受到他的干扰，你可以在平时问问他："我打电话的时候，你想干什么？"如果他依然在你接听电话的时

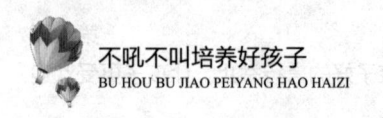

候来纠缠,你可以问问他:"你愿不愿意拿本书,坐在我旁边?或者坐在沙发上吃零食?"给他选择的权利,他会觉得自己有某种控制力,并且也表明你没有忘记他。不过,给他的选择一定要简单易行。

6. 巧管说"狠话"的孩子

孩子说"狠话"一般最容易出现在3~6岁的幼儿园阶段,但是也有一些孩子习惯了使用这样的"狠话"达到自己的目的,到了小学一二年级也会持续使用。实话讲,这是一件很让家长头疼的事,因为这样的"狠话"听着粗鲁、心寒甚至感觉无法无天。

松培已经小学一年级了,他和妈妈、弟弟一起,在小区的健身器材附近玩耍。由于这里的人很多,松培跑来跑去,发现只有秋千那里还有一个空闲的位置,就连忙跑过去,结果刚到附近,就被另一个更大一点的孩子提前一屁股坐了上去。

松培很不服气,争着也要玩那个秋千,结果那个大一点的哥哥皱起眉头,扬起小拳头表示出要打他的样子。松培和对方对峙并开始互相争吵起来。妈妈见状,忙走过去,将他拉了过来。

松培嘴巴一撇,说:"妈妈,我要回家!"

妈妈带着弟弟和松培一起回到家里。爸爸正和朋友在客厅聊天,见松培闷闷不乐的样子,问:"松培,怎么不高兴啦?"

第七章
培养孩子好的言行举止：让孩子更受欢迎

松培不说话，低着头回到自己的房间去了。妈妈就把刚刚发生的事情讲了一遍。

不一会儿，房间里传来两个孩子的争吵声，而且越来越大。

"你再和我抢，我打死你！"松培手里抓着汽车模型，正恶狠狠地对弟弟发出警告。

"松培，不许这么说话！"妈妈训斥道。

"你再说我，我也打死你！"松培又恶狠狠地向妈妈瞪了一眼。

当时家里还有客人，这让松培妈感到很尴尬，不知道孩子怎么变得这么没有礼貌。

松培为什么冒出对弟弟和妈妈如此狠毒的话呢？追其原因，是他在和小朋友争夺秋千时积压了怨气和委屈，没有及时地发泄掉。回家后，妈妈当客人的面把自己受委屈的事情又说了一遍，并且刚刚又训斥了自己，这让松培将对那个小朋友的愤怒又二次转向了妈妈，把妈妈当成了出气筒。

其实，松培这样说"狠话"是孩子语言发展的必经之路。孩子正处于积极的探索期，有时候会感到父母对自己的约束过多，或者在幼儿园、学校遇到令他们失望、愤怒和焦虑的事情，而说"狠话"则是一种直接而痛快的发泄，一般情况下，说"狠话"的结果都能让孩子看到对方强烈的情绪反应，这让孩子感觉到了自己的力量。

实际上，孩子是不会无缘无故说这样的话的，一定是在身边的环境中学习来的。家长之间闹着玩时不经意的几句玩笑，家长教训孩子时候不小心冒出的狠话，或者哪个小朋友生气时候发泄的语言，

幼儿园或学校的老师在孩子不听话时候也有可能用狠话来吓唬他们，这些都会印在孩子的头脑里。

有的家长不懂得尊重孩子，不高兴的时候就随意说："滚一边去！"有时候面对哭闹的孩子会大声吼道："再哭就把你扔到垃圾桶里！"在这样家庭环境的耳濡目染下，孩子难免会效仿，在特定的环境中就会拿出这样的"语言武器"来反击别人。

对于孩子已经冒出的不善之言，智慧的家长该如何对待呢？

1. 以其他吸引人的方式转移孩子的注意力。

阿美正和邻居家的朋友阿珍玩捉迷藏游戏，妈妈过来打断女儿要带她去看牙医，阿美大声说："我不去，我正和阿珍玩呢！"妈妈反复解释必须停下游戏去医院时，阿美哭着嚷道："你真讨厌！"妈妈没理睬她，一边拉着她的手向外走去，一边对她说："新来的文具到货了，看完牙医还需要你尽快去挑一款呢，你要不要抓紧时间呢？"阿美笑着说："好啊好啊！"妈妈接着说："咱们看完牙齿回来就让爸爸开车带你去吧！"阿美很自然地说："好吧！"

2. 使用"我"而不是"你"来跟孩子说话。

当6岁的德林对妈妈进行了"人身攻击"后，德林妈妈忍住没有立刻爆发："你这个坏孩子，从哪里学来的这些恶心的话？你要气死我了！绝不要和妈妈说这样的话！"而是按照育儿交流专家的指导学着说："听到你这样说，我感到很生气。也许你以后就不会这样说了。"用第一人称"我"开头的话来表达自己的感情，不会伤害到对方，但是，以第二人称"你"开头的话语，容易包含对对

第七章
培养孩子好的言行举止：让孩子更受欢迎

方人格的攻击，而且这种话语几乎总是使对方产生敌对情绪，更会让孩子产生逆反心理。

3. 在幻想中给孩子在眼下得不到的东西。

一天，莫林妈在安排莫林睡觉时竟然听到儿子对她说："我讨厌睡觉，我讨厌你！"莫林妈没有责备儿子，首先接纳了儿子的情感："看得出来，你不喜欢妈妈在这个时间让你上床睡觉，是吗？"莫林点了点头，莫林妈一边帮他脱衣服一边说："那如果让你来定，你想几点睡觉呢？"莫林的眼睛一下子亮了，笑着说："要到半夜才睡觉！""哦，妈妈知道了，可是，半夜之前，你想干什么呢？"快乐的莫林兴奋地说："我要玩赛车游戏，再吃点好吃的！""嗯，不错，妈妈同意，那这个周五晚上就这样，周六早上可以睡个懒觉，好吗？""好啊！妈妈要说话算话！""好，一言为定，那现在快躺下，妈妈给你讲个睡前故事……"

一般情况下，孩子冒出"狠话"，都是在产生对抗性的谈话之后，如孩子要在吃晚饭的时间出去玩，而你说："不行，你没看到马上吃饭了吗？"在这种情况下，孩子的"狠话"很容易脱口而出，为了预防和阻止孩子说出你不爱听的话，你可以用"是的""一……就……"或者"等一等"这样的话来缓解他的情绪。你可以说："是的，宝贝，咱们一吃完饭，你就可以出去玩了。"

不论孩子愤怒中说出来的话是多么令你伤心，你都要坚持自己的立场，其实，孩子并不是真正地讨厌你，痛恨你，而是恨你给他设定的界限而已，因此，不必把孩子说的狠话放在心上。

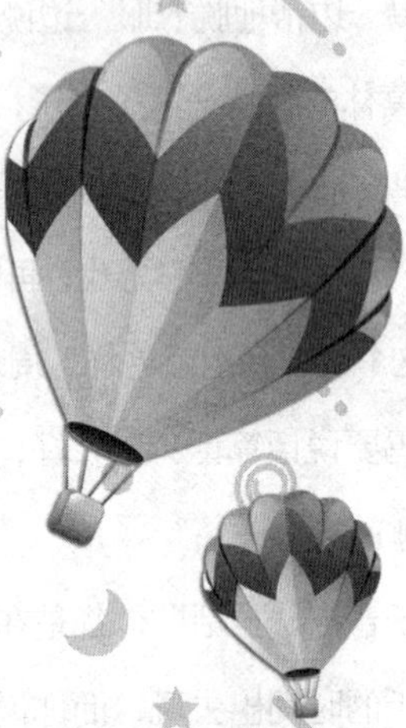

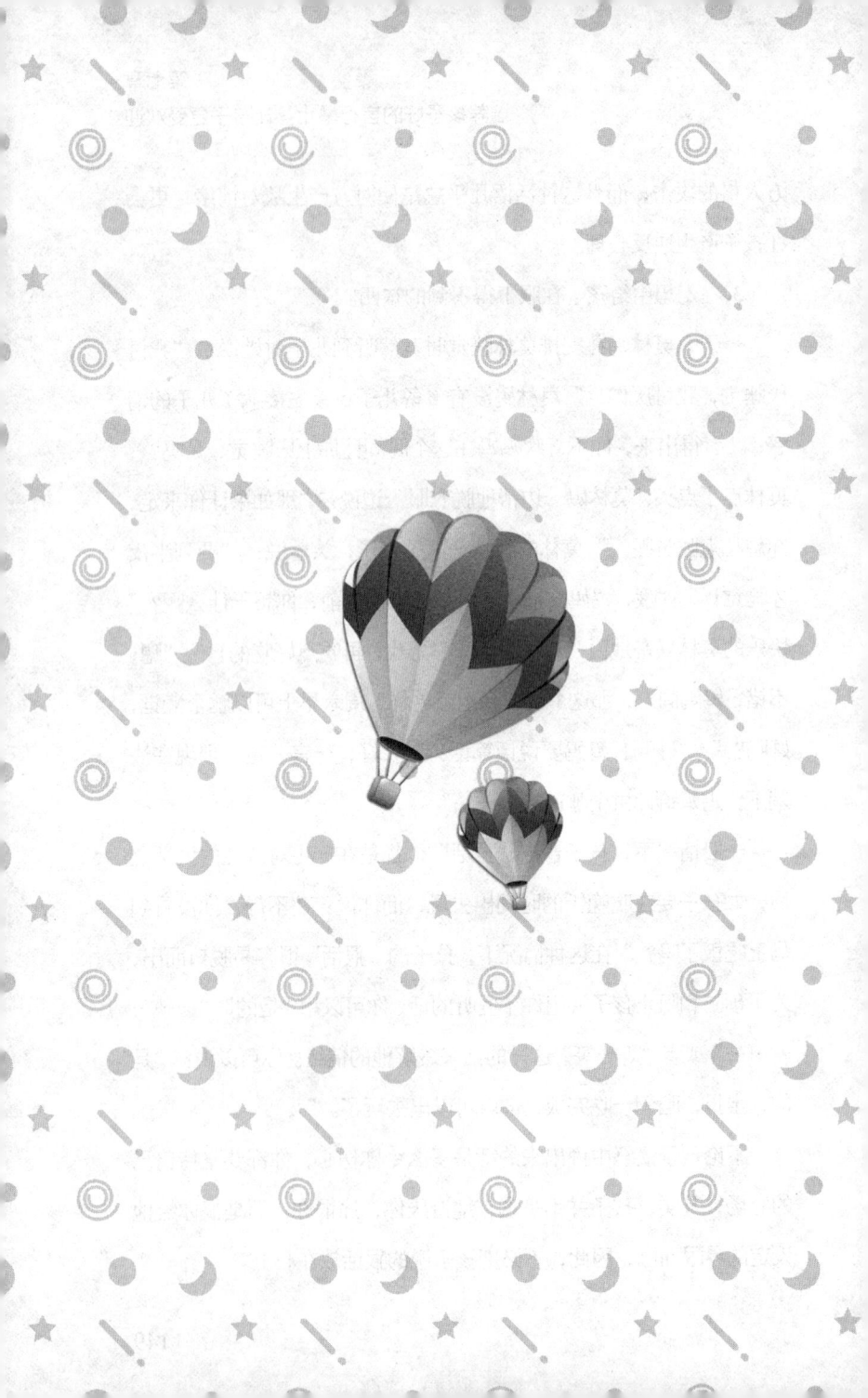

亲子沟通

如何说
孩子才会听
怎么听
孩子才会说

刘慧滢 / 编

吉林美术出版社 | 全国百佳图书出版单位

图书在版编目（CIP）数据

亲子沟通．如何说孩子才会听　怎么听孩子才会说／刘慧滢编．－－长春：吉林美术出版社，2022.7
ISBN 978-7-5575-7278-5

Ⅰ．①亲… Ⅱ．①刘… Ⅲ．①家庭教育 Ⅳ．① G78

中国版本图书馆 CIP 数据核字（2022）第 118590 号

RUHE SHUO HAIZI CAI HUI TING　ZENME TING HAIZI CAI HUI SHUO

如何说孩子才会听　怎么听孩子才会说

出 版 人	赵国强
编　　者	刘慧滢
责任编辑	栾　云
装帧设计	于鹏波
开　　本	880mm×1230mm　32 开
印　　张	5
印　　数	1—5000
字　　数	128 千字
版　　次	2022 年 7 月第 1 版
印　　次	2022 年 7 月第 1 次印刷
出版发行	吉林美术出版社
地　　址	长春市净月开发区福祉大路 5788 号 邮编：130118
网　　址	www.jlmspress.com
印　　刷	天津海德伟业印务有限公司
书　　号	ISBN 978-7-5575-7278-5
定　　价	198.00 元（全 5 册）

前言 Preface

每一位父母,都想给孩子最好的教育,都期望孩子成龙成凤。但家庭教育不仅需要爱,更需要方法。为人父母的你,是否常常觉得和孩子有距离感,是否常为孩子的不听话、不懂事、太费心而苦恼,甚至为孩子的教育问题而吵得四邻不安、鸡飞狗跳……

其实,类似的问题在所有的家庭或多或少都会存在,很多问题的出现都是正常的,甚至是无法避免的。问题在于,当家庭教育出现类似问题时,不少父母大都把批评的矛头指向孩子,很少会换位思考,更谈不上有效的交流与沟通了。

没有教育不好的孩子,只有不会教育的父母。成功的家庭教育,首先源于良好的亲子沟通,而失败的家庭教育,一定是沟通出了问题。所以,为人父母者需要学习必要的沟通技巧。

再说具体点,就是既要善于说,又要善于听。父母善于说,才能够用恰当的语言搭建起与孩子沟通的桥梁,才能够把话说到孩子的心坎上。父母善于听,才能够捕捉到亲子教育中的有效信息,听出孩子的心声,找准教育的切入点。二者相辅相成,共同作用,才能及时消除孩子与家长的隔阂，帮孩子营造一片晴朗的天空。

那么，如何说才称得上善于说？如何听才称得上善于听？本书便围绕"如何说""怎么听"这两个主题，综合古今中外教育专家的建议，阐述完美亲子关系的本质、规律和关键点，并列举生活中大量的实例，进行客观的探讨，提供可行的思路和操作性建议，有助于家长朋友们切实掌握这些技巧并灵活运用，随时应付各种情况。

本书也列举了不少反面案例，以希望家长们能以此为鉴。如果您也是一位正在为孩子的教育不得法而焦虑的家长，那就换种方式教育你的孩子吧！只要你能俯下身子进入孩子的世界，愿意把孩子当知心朋友，能站在他们的角度思考问题，再加上必要的技巧，你的一句话就会照亮孩子的一生，你的一个拥抱就会化解孩子心中郁积的风暴雷鸣。

说得再多，也难免挂一漏万；方法再好，也需要实践去检验。更多的东西，还需要读者朋友们在育儿实践中去体悟，去总结，相信每一位读者都会有所得，有所收获。

目 Contents 录

第一章 你是独裁型家长吗?
1. 家长越独裁,孩子越任性 / 002
2. 孩子为什么对父母不耐烦? / 004
3. 怎样才能抓住孩子的心? / 006
4. "乖孩子"不等于好孩子 / 008

第二章 倾听孩子的内心世界
1. 倾听比表达更重要 / 011
2. 尊重孩子的话语权 / 013
3. 耐心听孩子把话说完 / 015
4. 允许孩子有自己的想法 / 018
5. 别随意打断孩子说话 / 021

第三章 赞赏让孩子更加出色
1. 罗森塔尔效应的教育启示 / 024

2. 可以批评，不要否定 / 027

3. 不要吝惜对孩子的欣赏 / 029

4. 挖掘孩子身上的闪光点 / 031

5. 再小的进步也应该被奖赏 / 033

第四章　多一些宽容，少一些斥责

1. 条件反射式的责备不可取 / 037

2. 理解孩子的小脾气 / 039

3. 别太介意孩子顶嘴 / 041

4. 错的不一定就是孩子 / 043

5. 正确看待孩子撒谎 / 046

第五章　营造良好的沟通氛围

1. 物质弥补不了情感饥饿 / 050

2. 试着做孩子的知心朋友 / 052

3. 温和的态度更容易让孩子接受 / 055

4. 倾听孩子的喜怒哀乐 / 057

5. 正确面对孩子的负面情绪 / 059

第六章　让孩子信任并接纳我们

1. 教育的过程少不了陪伴 / 064

2. 理解是建立默契的开始 / 067

3. 不和对着干的孩子对着干 / 070

4. 努力和孩子寻找共同话题 / 072

5. 孩子发生社交障碍怎么办？/ 075

第七章　吸引孩子与我们合拍

1. 再忙也要多陪陪孩子 / 080

2. 孩子的问题是改善亲子关系的契机 / 082

3. 给孩子游戏和成长的空间 / 085

4. 和孩子一起开家庭会议 / 087

5. 最好的小班在家里 / 090

第八章　培养孩子的合作意识

1. 注意培养孩子的交往能力 / 094

2. 鼓励孩子多与人接触 / 097

3. 和孩子一起参加活动 / 099

4. 培养孩子与人相处的技巧 / 102

第九章　培养孩子的自律能力

1. 过度管控的孩子学不会自控 / 106

2. 命令不如商量，强迫不如诱导 / 109

3. 帮孩子纠正拖拉的毛病 / 111

4. 合理引导讲脏话的孩子 / 113

5. 孩子乱扔东西怎么办？/ 115

第十章　放下棍棒，走出误区

1. 打骂不能从根本上解决问题 / 119

2. 建议比批评更管用 / 121

3. 适当的责罚必不可少 / 123

4. 惩罚教育是一把双刃剑 / 125

5. 如何给孩子好的教育和影响 / 128

第十一章　好言好语好方法

1. "等我冷静一下再说……" / 132

2. "我想和你说句悄悄话……" / 134

3. "这也不完全是坏事……" / 137

4. "要是不这么做的话……" / 139

5. "如果别人像你一样怎么办……" / 141

第十二章　聪明的家长会说会管

1. 矛盾的父母让孩子无所适从 / 144

2. 利用非正式机会教育孩子 / 146

3. 让我们的孩子不断进步 / 148

4. 别给孩子浇冷水 / 150

第一章

你是独裁型家长吗?

不可否认,父母都盼着自己的孩子有美好的未来。但问题是,我们不能因此忽视孩子的感受。要知道,逼着孩子去做不愿意做的事情,孩子也许会在高压之下选择顺从,但却不能发自内心地认同,其结果就是亲子关系紧张与疏远。

1. 家长越独裁，孩子越任性

著名钢琴家郎朗写过一本自传——《千里之行：我的故事》，他在书中回忆自己的童年时这样写道："爸爸以为我贪玩，没有准时学钢琴，歇斯底里地吼叫：'我为了你放弃我的工作，放弃我的生活！你还不练琴，你真是没理由再活下去了，只有死才能解决问题……'"说完这些话，爸爸真的拿出一个药瓶，让他把里面的药片全部吞下去！虽说药片是假的，是维生素，但回想起过往种种，郎朗仍心有余悸。

面对来访者，郎朗当着父亲的面说道："每年的年三十，我也必须练完八小时琴再吃年夜饭，菜都凉了……小时候，父亲对我太激进了，其实那是对小孩的一种摧残。"

后来，郎爸爸看到了郎朗书中所写，却似乎"想不起"那些事了。用他的话说："我也是该严的时候严，该松的时候松。我也曾经骑着摩托车带他去抓过蜻蜓啊！"

"就两次！"郎朗马上说明。

一脸窘迫的郎爸爸承认："当然，我也有把变形金刚踹了的时候！"

最后，郎朗对爸爸总结道："独裁！"

说起来，"独裁型家长"并不是一个新词。有人想，这有什么不好？郎朗，不是已经名满天下了吗？在此告诫父母们，千万不要把个案当

第一章
你是独裁型家长吗?

成普遍规律,父母"独裁",孩子未必成功,但肯定会给亲子关系造成伤害。

如今,大多数家长在教育孩子的时候总是以成人的眼光去要求孩子——什么事情该做、什么事情不该做,都是家长说了算,完全忽略了孩子的感受,而且抗议无效。因为大多数家长都存有一个念头,那就是——我这样做是为了你好!不可否认,父母都盼着自己的孩子有美好的未来。但问题是,我们不能因此忽视孩子的感受。要知道,逼着孩子去做不愿意做的事情,孩子也许会在高压之下选择顺从,但却不能发自内心地认同,其结果就是亲子关系紧张与疏远。

曾经有一个女孩子,学习成绩优异,其他方面的表现也不错,就是不愿意和父母说话。是什么原因阻碍了亲子交流呢?在心理医生的逐步引导下,女孩子大哭着说出了自己的内心想法:

> 小学时,我成绩优异,一直担任班干部;初中时,征文屡屡得奖,然后我考上了最好的高中;接着考上了不错的大学,年年拿奖学金……我妈说,我让爸爸很有面子,但我知道,这些不过是他的面子而已。
>
> 我从小被要求出类拔萃,做这做那,一直到现在。我不忍心让父母失望,也从没让他们失望过。但是在这个过程中是他不断地要求我,而不是一个爸爸对女儿的爱……

女孩的爸爸一定不爱她吗?未必。只是他的教育方式太生硬,让孩子从感情上难以接受。生活中有很多家长,都习惯于这种独裁式教养,或要求孩子做这做那,却从来没有问过孩子的感受;或为孩子做这做那,却没有问过孩子是否喜欢这样的安排。的确,爱之深、责之切,但在孩子看来,这不过是独裁和霸道,甚至会被看作投入与产出的关

003

系。而这样做的最终结果,很可能是你对孩子再好,为他们付出再多,他们也不会从内心深处感激你,相反,还会对你怨声载道。

2. 孩子为什么对父母不耐烦?

著名教育家魏书生说过:"走入孩子的心灵世界中去,你会发现那是一个广阔而又迷人的新天地,许多百思不得其解的教育难题都会在那里找到答案。"可是,在现实中,很多家长都遇到过这样的难堪:别说是走进孩子的内心,就是走近孩子的身边,他都会表现出十二分的不耐烦。

很多家长都会有这样的困惑:孩子和同学、朋友甚至网友都能侃侃而谈,聊得津津有味,唯独对自己惜字如金,一天不超过三句话,三句话还是"嗯""好""知道啦"。一旦问得稍微多一些,孩子的话就会横着出来,把父母顶撞得哑口无言。

很多家长都有这样的感慨:不知道孩子在想些什么,也无法知道。孩子明明近在眼前,却仿佛远在天边,不可捉摸。家长迫切地想要把自己的担心和忧虑告诉孩子,也希望孩子把自己的内心所想及时反馈。可是,家长越是耳提面命、谆谆教导,孩子表现得越叛逆,甚至在内心垒起一堵高高的墙,根本不想让你走进他的世界。

> 有一次,一位女老师问班上一个女学生:"你和父母的关系融洽吗?"女学生刚开始含糊地应付说"还行",后来很无奈地说:"老师,我现在和父母沟通越来越少,每天回到家之后,我会把自己关在房间里,除了吃饭,都不怎么和

第一章 你是独裁型家长吗？

父母说话。"

"这是为什么呢？"在女老师的追问下，女同学道出了实情："和他们说话，总像是在接受命令。他们不想了解我的心思，我也就不想和他们说了。"

看到这里，很多父母会深感诧异。因为他们都认为自己做得很到位——衣食住行就不说了，我们天天跟孩子说，你要好好学习，将来一定要有出息，千万别走某某的老路……这不就是你们所说的"沟通"吗？难道这不是"沟通"吗？

还有家长认为：我整天跟孩子在一起，我陪着他写作业，我为他整理书包，被子都给他叠，难道这不是交流吗？

这恰恰是问题的关键所在，那些对科学育儿知之甚少的父母，会习惯性地将自己的"教训""命令""责骂"等归于沟通。事实上，这根本算不上沟通。沟通是双向、互动的，而父母们习惯用单向的、带有指令的方式，给孩子下命令。

这导致了一个无法调解的对立：孩子总认为爸爸妈妈不了解自己，而家长却总是抱怨孩子不对自己说心里话。纵然家长苦口婆心，一片热忱，孩子依然会感到困惑与无力，痛苦且焦灼。

沟通出现了断裂，教育自然难以为继。那么，孩子为什么不愿意和父母交流呢？很显然，一切都需要追溯到父母的教育理念和沟通方式上。

第一，这源自父母不能放手让孩子自己成长。很多家长喜欢事无巨细都替孩子考虑，很少在乎孩子的情绪，反而会用强势来压制孩子。如此一来，孩子就会觉得父母不理解他，只为自己考虑，从而不愿对父母敞开心扉。

第二，缺乏教育针对性。很多父母都喜欢用大众化的教育方式来教育孩子，喜欢盲目跟风，从来没有深入了解过自己的孩子，使孩子沦为各种花式育儿的试验品，无所适从。事实上，适宜的才是最好的，那些不相匹配的教育方式，只会让孩子不堪重负，感到疲惫和压抑。

第三，父母喜欢想当然，自以为是。很多父母在与孩子交流的时候，总是想当然，表面看上去是与孩子平等交流，实际上却习惯于将自己的想法灌输给孩子，期望孩子听话。孩子不听话，那就是"不争气"。如此一来，孩子自然不愿意再和父母沟通。

第四，沟通方式有问题。妈妈的唠叨、爸爸的训斥，都是孩子极为反感的，可是大多数父母除了这两种方式就没有其他的沟通方式，很难让孩子打开心扉。

3. 怎样才能抓住孩子的心？

乐乐是一个农村男孩，他的爸爸妈妈长年在外地打工，由于工作忙碌，又居无定所，把乐乐留在了老家，由乐乐的爷爷奶奶来照看。当时想的是，这一方面省得孩子跟着大人漂泊，另一方面也能给孩子提供一个好的成长环境。再说，平时爷爷奶奶在家照料好乐乐的饮食起居，爸爸妈妈再隔三岔五地打个电话，乐乐也差不到哪里去。

这样的安排看上去不错，事实却并非如此。比如父母每次都希望能跟乐乐在视频里多聊聊，但每次都事与愿违：

"乐乐呀，最近在家乖不乖？有没有听爷爷奶奶的话？没让他们生气吧？"

"嗯。"

"最近学习怎么样呢？有没有考试啊？分数上去了吗？"

第一章
你是独裁型家长吗?

"还那样。"

"你们班主任老师有没有批评你啊?"

"……爸爸,奶奶想跟你说话。"

乐乐跟爸爸说不了几句话,就不耐烦了,索性喊奶奶来,自己则跑到一边看电视去了。

可想而知,乐乐的爸爸当时一定很沮丧,他很想跟孩子多说些话,但孩子根本不想理他。为什么?很重要的一点,在于他虽渴望与孩子进行良好的沟通和交流,但着重点是想了解孩子的近况,忽视了孩子的内心。这样的话,当然也就抓不到孩子的"心"。

相较成人,孩子在和父母交流过程中,更加在意父母是否重视自己的内心感受。如果在交流的过程中感觉不合拍,觉得父母关注的问题都是浅层次的问题,当然就不愿意同父母说话了。

家长们应该了解,孩子在学习或者其他方面受到挫折后,会非常渴望从家人那里找寻安慰,缓解苦闷,加上孩子的好奇心很强,喜欢尝试新鲜事物,如果家长肯和子女多聊天,不但能帮他们疏解情绪,而且也能让他们从家人那里获得好奇心的满足,十分有利于孩子的成长。

事实上,大多数父母都应该深刻地反省自己,虽然他们爱子女的心从来都没有改变,但是处理问题的方式确实都有待完善。比如当孩子在学校里受了委屈或者是学习上遇到困难向父母诉苦时,换来的往往是唠叨和批评。久而久之,孩子就不愿意同父母讲心里话了,他们宁愿跟朋友讲,甚至跟小猫小狗讲,也不跟父母说。

遇到这种情况也不必过分焦虑,因为你的焦虑很可能会投射到孩子身上。当孩子出现沟通问题时,我们只需了解真相,并在此基础上,适当调整自己的教育方式即可。

4. "乖孩子"不等于好孩子

曾几何时，年轻的父母们，都希望自己有一个"乖孩子"，也总是夸孩子"乖"，或者责怪孩子"不乖"。其实，"乖"与"不乖"，都只是一个笼统的概念。乖孩子听大人的话，人人喜欢，在众人眼中就是"好孩子"，但这样的"好孩子"性格上有不足之处，即缺乏自主、独立的精神。

孩子毕竟还小，他们的价值观、是非观还未形成，而父母的话恰恰又能够在孩子的潜意识中造成一定影响，甚至影响他们的一生。因此，父母在培养孩子时要特别注意，不要只顾纠正孩子的行为，而忽略了对孩子价值观、是非观的引导。

有些场景，在生活中并不陌生。比如一个男孩子淘气、不听话，惹家长生气了，家长马上会说："你这么不听话，以后没有人会喜欢你。"家长希望孩子就此做个乖小孩，并自以为孩子会就此听话，却不知道这句话的危害所在。

确实，有些小孩子在听了父母所说的"大家都喜欢干净整洁的小孩""听话的孩子人见人爱""见到长辈主动问好，人家才会喜欢你"这类话后，态度会来一个180°大转弯，真的变得比从前听话了，不和家长顶嘴了，见到客人知道主动问好了，也爱干净整洁了。家长也打心眼里高兴了，觉得孩子变乖了，真是一件可喜的事情。但是，仔细想想，孩子这样的改变，真的值得高兴吗？

认真一推敲，就会发现这样的教育其实是有漏洞的。张口闭口就对孩子说"你要怎样怎样，大家才会都喜欢你"，很容易培养出一个

第一章
你是独裁型家长吗?

迎合他人、没有自我,甚至见风使舵的家伙。

孩子在很小的时候,没有什么主见,他的人生观容易受到大人的影响。如果家长总是和孩子强调"你怎样做才能人见人爱",那么孩子在潜意识中就会为了得到别人的夸奖而改变自己,他们会像个"小大人"一样世故老练,懂得讨好别人,懂得按照世俗的价值观来行事,但并不明白好行为的真正意义。

如果任由孩子这样发展下去,孩子会变成什么样的人呢?他们会变得不再天真,不再无忧无虑,而是像个成人一样,脑袋里想的是怎样迎合世俗、迎合他人,过于世俗和功利。虽然,家长起初的愿望只是为了让他变得听话。

等孩子再长大些,这种曲意迎合可能会导致他的从众心理更加明显,以至于将市侩的观点当作正确的观点。那个时候,他可能会这样说话:"当老师有什么了不起,还不一样骑自行车上班?用功读书没用,钱才是硬道理。"或者:"爸爸,你要是当大官就好了,我的工作就有着落了。"

所以,孩子"乖"也好,"不乖"也罢,都需要以一种健康的心态来引导。比如送给别人礼物,要告诉孩子说,这样做的目的是为了表示谢意和尊重,是基于彼此的认可与基本的交流,而并不是为了得到某些特别的照顾。再比如,对孩子和同学的交往也要正确看待,不要用世俗的眼光和金钱去衡量,不能说出类似"朱××的爸爸可是局长,你要多跟他玩,不要惹他"之类的话。

孩子乖一点没什么不好,但不要把"乖"等同于"事事顺从"。

大家不妨去看看,那些从小就接受"听话教育"的孩子,是不是经常带着一脸委屈怯生生地站在人生舞台的边缘?是不是怎么鼓励也难以站在人生舞台中央闪耀发光?是不是缺少创造力,同时执行力也不够?这不怪他们,自从他们被塑造成绝对的"乖"孩子时,一个毫无主见,只按陈旧的世俗观念行事的人就已经诞生了。

第二章

倾听孩子的内心世界

在现实生活中,遇到孩子不听话,大多数父母只会大摇其头,大吐苦水:孩子内心究竟是怎么想的?他怎么什么都不肯告诉我?然后抱怨孩子不懂事。孩子或许真的不懂事,而父母呢,显然也不懂得科学育儿。想打开孩子的心门,探究他的内心世界,父母必须放下姿态,温和地倾听孩子的内心。

第二章
倾听孩子的内心世界

1. 倾听比表达更重要

"知心姐姐"卢勤在她的《好父母,好孩子》一书中,讲过这样一个亲身经历的故事:

> 每次孩子回家,总是兴致勃勃地给我讲幼儿园里的事,不管我爱听不爱听。儿子需要一个忠实的听众,而妈妈是最合适的人选。
>
> 遗憾的是,开始我没有意识到孩子的这个需求,总觉得听孩子说话,浪费了我写稿子或思考的时间。所以,每次孩子和我讲话,我总是做出很忙的样子,眼睛左顾右盼,手里还不停地翻动着书报。
>
> 没想到,我的忙碌给孩子的语言带来了障碍。由于他是个思维很快的孩子,为了在有限的时间里把话说完,就讲得很快,慢慢地,讲话就变得结结巴巴。
>
> 这引起了我的注意,我也开始改变自己,尽量抽出空来,倾听孩子讲话。

也就是说,父母是否能耐心倾听孩子讲话,对孩子语言能力的发展有重要影响。相关科学研究也证明了,倾听比表达更重要。除此之外,对于那些不听话的孩子,父母也只有耐下心来,倾听他们说话,才有可能真正地了解其不听话背后真实的想法,进而引导他们,解决问题。

在现实生活中,遇到孩子不听话,大多数父母只会大摇其头,大吐苦水：孩子内心究竟是怎么想的？他怎么什么都不肯告诉我？然后抱怨孩子不懂事。孩子或许真的不懂事，而父母呢，显然也不懂得科学育儿。

想打开孩子的心门，探究他的内心世界，父母必须放下姿态，温和地倾听孩子的心声。且看下面的例子：

> 辰辰今年9岁，是一名小学三年级学生，上课喜欢调皮捣蛋，老师很头疼，父母更头疼，而且怎么教导都没有明显成效，辰辰依旧我行我素。
>
> 有一天，辰辰妈在收拾辰辰的书桌时，无意中发现了一张夹在书里的纸条，字迹明显是辰辰的。纸条上写着：爸爸妈妈从来都不听我说话，不了解我心里想什么，不关心我。那一刻，学过点儿心理学的辰辰妈意识到，孩子调皮捣蛋，可能只是想引起老师的注意和父母的关心。
>
> 于是，等辰辰放学后，辰辰妈找他谈了一次话。
>
> "辰辰，来跟妈妈聊会儿天，好吗？"
>
> "你又要训斥我了吗？"
>
> "不是，这次，你说，我听。"
>
> "真的？"
>
> "真的。"
>
> "可是，说什么呢？"
>
> "那就说说你为什么在学校调皮捣蛋的事儿吧，还有——为什么会这么做。"
>
> 辰辰见妈妈很认真，也很认真地对妈妈说起了自己在学校里如何调皮捣蛋，还有为什么要如此的原因。跟妈妈猜想的一样，辰辰是不甘寂寞，急于引起老师的注意。
>
> 最后，妈妈笑着问辰辰："如果我们以后都能认真地听

第二章
倾听孩子的内心世界

你说话、关心你,你是不是就不再调皮捣蛋了?"

辰辰点了点头。

这个例子再次告诉我们,每个不听话的孩子心里都有一个声音,只有愿意倾听的父母,才能够听见。没有人喜欢跟一个高高在上的人讲自己的心事,孩子更是如此。

2. 尊重孩子的话语权

晓梅是个小学生,今年已经上四年级了。她原本是个活泼开朗的孩子,不过现在总爱一个人发呆。为什么会这样呢?晓梅的老师经过几次家访,才了解到晓梅性格转变的原因。

原来,以前晓梅有个习惯,那就是每天放学回家之后,都会兴高采烈地把学校里发生的趣事说给爸爸妈妈听。一开始,父母还有些兴趣,听她诉说。后来听得多了,就觉得无趣了。另外,晓梅一天天长大了,学习变得愈发重要,所以爸爸妈妈逐渐只关心她的学习,对她说的那些话毫无兴趣,甚至觉得那些话一点用都没有,简直就是在浪费时间,会不由自主地阻止晓梅继续说下去。刚开始的时候,爸爸妈妈还比较温柔,说:"好了,不要说了,去看书吧,乖!"晓梅虽说不理解,但也只好悻悻地回到自己房中。

有一次,晓梅又忍不住说起了班级里发生的事情,正说得兴高采烈时,性格本来就有些粗暴的爸爸突然打断她,说:"跟你说过多少次了,让你别那么多废话,你还说,有完没完啊！写作业去！"晓梅被吓到了，没说完的话也不敢说了，一个人心惊胆战地回到自己的屋子，作业也没心思写。

后来，晓梅在家里的话越来越少，性格越来越沉闷，成绩也受到影响。

晓梅这样的情况并不少见，很多家长都不太尊重孩子的话语权和表达权，通常都是应付几句，敷衍了事。赶上心情不好，还不免像晓梅的爸爸那样，发一番无名火。这种做法是非常不妥当的，不加以改善，势必会影响亲子关系，以及孩子的性格等。

更为重要的是，话语权得不到尊重的孩子，慢慢地就会知难而退，不再跟父母分享自己日常生活和学习，作为父母也就很难了解孩子心底真实的想法，这对孩子的教育也是非常不利的。下面的例子，揭示的就是这个问题：

玫玫9岁了，上小学三年级。她天生安静内向，很少主动找父母说自己的心事。有一次，数学考试成绩不及格的玫玫被老师当着全班同学的面批评。玫玫很伤心，回到家，很想跟妈妈说说这件事。

"妈妈，我有事想跟你说。"玫玫怯怯地说。

玫玫的妈妈也没想想平日很少跟她说自己的事的玫玫今天为什么这么急着要同她说自己的事，就急忙说："学校里的事情吧？不是说了吗，不要每天回来就讲你们学校的事情。"

"可是，妈妈……"

"好了，玫玫，妈妈很忙，给你赚钱呢，去写作业吧！"

玫玫默默地回到自己的房间。想想白天发生的事情，她忽然很害怕再上数学课。

此后，玫玫一上数学课就担惊受怕，数学成绩也一落千丈。

第二章
倾听孩子的内心世界

试想一下,在那天放学后,如果玫玫的妈妈没有以忙为借口不听玫玫的倾诉,而是耐心倾听,积极引导,那么事情又会是怎样的呢?也许玫玫的数学成绩还是那样平平无奇,不上不下,但是至少,玫玫不会那么无助,那么恐惧数学。

事实证明,家长不尊重孩子的话语权,想打断就打断,一方面不利于孩子语言能力的提高,另一方面也容易让孩子产生自卑心理。下面总结了一些家长习惯性的不当行为,可以对照一下,你是否也有类似问题:

1. 从来都不注意响应孩子倾诉的需求,当孩子主动找其说话的时候,总是以忙为理由不愿意去倾听。

2. 当孩子兴致勃勃、滔滔不绝地讲话时,家长总是习惯性地将其打断。

3. 能够在生活方面将孩子照料得很好,但在真正平等地对待孩子、维护孩子自尊方面做得很不够。

4. 当孩子在学习和生活上有什么问题时,不愿意听他们的倾诉,更不愿意帮他们分析原因。有时根本不等孩子把话说完,轻则呵斥,重则打骂,孩子只好将心里的话咽回去。

人和人之间的沟通,无非就是倾听和诉说。想要孩子敞开心扉和自己对话,先从尊重孩子的话语权开始吧!

3. 耐心听孩子把话说完

每个孩子都有自己的心声,但他们年纪小,表达能力有限,存在着诸多障碍,作为家长一定要耐心倾听,这样才能真正了解孩子的想法和感受。

通常情况下,父母都不会忙到连听完几句话的时间都没有,他们只是没耐心,至少是觉得他们正在做或者要去做的事情远比孩子的"小事情"更重要。但是,就算真的很忙,父母也要和孩子说明,并约定可以交流的时间,比如晚上,或者周末。

交流过程中,如果家长在某一重要原则上表示不同意孩子的看法,不能粗暴打断,或者强令孩子放弃。要告诉孩子,自己并不是对他的所有观点都反对,而是只对其中的一些或某一个观点反对,并且有足够的理由。孩子如果反驳,不要马上叫停,应该等孩子说完他要说的话,再作评断。即使孩子说得不对,也要控制住火气,不妄下定论。

网上有这样一个颇具启发意义的小故事:

> 一位母亲问她5岁的儿子:"假如妈妈在和你一起出去玩时渴了,一时又找不到水,而你的小书包里恰好有两个苹果,你会怎么做呢?"
>
> 儿子小嘴一张,奶声奶气地说:"我会把每个苹果都咬一口。"
>
> 虽然儿子年纪尚小,不谙世事,但母亲对这样的回答,心里多少有点儿失落。她本想像别的父母一样,对孩子训斥一番,然后再教孩子该怎样做,可就在话即将出口的那一刻,她突然改变了主意。
>
> 母亲握住孩子的手,满脸笑容地问:"宝贝,能告诉妈妈你为什么要这样做吗?"
>
> 儿子眨眨眼睛,满脸童真地说:"因为……因为我想把最甜的一个留给妈妈!"
>
> 那一刻,母亲的心里欣慰极了,她在为儿子的懂事而自

第二章
倾听孩子的内心世界

豪,也在为自己给了儿子把话说完的机会而庆幸。

再来看一个反面案例:

> 欣欣5岁了,是一个活泼可爱、讨人喜欢的小姑娘,她的父亲是财政局的一名工作人员,妈妈是幼儿园的老师。欣欣每天从幼儿园回来总是叽叽喳喳地说个不停,妈妈也总是很愿意听欣欣说。母女俩有问有答,有说有听,不亦乐乎。
>
> 这个暑假,欣欣跟着妈妈去了乡下的姥姥家,在那里,她看到了很多令她兴奋的事情。刚回到家里,她就跑到爸爸的书房,她很想把这些事情都告诉爸爸。
>
> "爸爸,我跟你说,我看见萤火虫了,一闪一闪的,很漂亮的。"欣欣一边说一边还挥动着手臂,做了一个飞翔的姿势。
>
> "哦。"爸爸继续把头埋在自己的文件中。
>
> "爸爸,我还看到了核桃树、苹果树、桃树,很多树,至少有100棵。"欣欣看爸爸连头也没有抬一下,兴致全无。
>
> "哦。"爸爸还是继续看他的文件。
>
> 欣欣站在桌子旁边,看了爸爸好久,觉得自己好多余,最后泪眼汪汪地走了出来。

在孩子有问题要问时,家长要更有耐心。因为我们都知道,孩子对世界充满好奇,他们的脑子里也经常充满各种稀奇古怪的问题。我们不仅不应该忽略这一点,还应该有意识地鼓励孩子多问几个"为什么"。而大多数父母,在孩子问第一个问题的时候通常是蛮有耐心的,可如果孩子接二连三地提出问题,就会不耐烦了,继而粗暴地打断孩子,不让孩子再问下去。这种做法不仅极大地伤害孩子的好奇心,也切切实实地伤害了他们幼小的心灵。

4. 允许孩子有自己的想法

很多父母认为,培养孩子的独立性极其重要。没错。那么独立的第一步从哪里开始呢?那就是父母应该允许孩子有自己的观点和看法,并且鼓励孩子说出来。当孩子的观点和自己的想法有冲突时,还要尽量包容,鼓励孩子与自己争辩,讲清他的道理。

孩子与父母争辩,往往被家长视为"不乖",或者"翅膀硬了",其实不然。当一个人对很多事情开始有了自己的想法时,说明他开始了独立思考。一个孩子说出自己的想法的时候,往往也是他调动自己的思维能力和加深对周围事物理解的过程。一个孩子能与父母争辩,往往也意味着他自我意识的不断增强和心智日益成熟。

因此,千万不要阻止孩子说话,因为阻止他们说话相当于阻止他们思考,阻止他们成熟。

没有一个孩子的思想是在一夜之间成熟的,他们需要一个成长和提高的过程,在这个过程中,他们很渴望说出自己的想法,有时候也难免会和父母发生争论,这就要求父母调整好自己的心态,不要为了维护自己所谓的"权威"而冲昏头脑。下面故事中的爸爸,处理这类状况时的表现就不太妥当:

军军今年刚上初一,他是一个活泼好动的男孩,特别喜欢体育运动,尤其是踢足球。但是军军的爸爸不怎么支持孩

第二章
倾听孩子的内心世界

子,认为孩子踢球会耽误学习,所以时不时地敦促他好好学习。潜台词则是:别老想着踢球!

这天,军军和几个小伙伴去球场踢球,回家稍微有些晚了,他害怕挨骂,但刚走到路口,又恰巧看到爸爸在楼下等他。爸爸见到他的第一句话就是:"成绩不怎么行,玩起来倒是很有劲,我看你将来怎么考大学。"

爸爸的话让军军很没面子,他争辩道:"我今天的作业都完成了。我很久没有痛快踢球了,今天破例晚一点儿,你也不用这么生气吧。"

"今天破例,明天破例,以后就不用学习了。我生气还不是为你好。你还敢在外人面前跟我顶嘴,翅膀硬了是不是?都不知道你以后想怎样。"

"爸爸,你根本就不知道我在想什么!"

军军闷闷不乐地回到家,完全没有了先前的愉悦。

孩子有自己喜欢的娱乐活动,这本来是再正常不过的事情,但是很多家长却认为这是不务正业,每每不由分说地对孩子大加责备。就像故事中所展现的,明明军军已经向爸爸表示了自己也是以学业为重,在做好作业之后才去踢球的,而且已经很久没踢球了;但是父亲因为反感孩子"顶嘴"的行为,完全不顾及孩子内心的想法,就断定他是在动摇自己的家长权威,马上拼凑出几大"罪状",又是当下,又是未来,总之孩子就是不对,因此引发了父子之间的矛盾。

想想看,即使军军做出了重大改变,从此不再踢球,但爸爸不知反省,亲子关系会有本质上的改善吗?

在亲子沟通中,最忌讳的事情就是拿家长的权威去压迫孩子。在这种情况下,孩子顺从与不顺从都不好。很多时候,孩子可能会迫于家长的权威，说一些违心话，甚至不惜撒谎，赶紧度过面前的难关。

  18岁的杨志刚马上要考大学了，对于自己未来学什么专业，小伙子早有打算：他准备报考社会学，将来更好地服务社会。因此，当爸爸问他要考什么专业时，他不假思索，脱口而出。

  爸爸听了，半天才轻轻说了一句："那个专业就业很不好，希望你慎重考虑一下金融学。"说完转身回到自己的房间。然后，房间里就传来爸爸和妈妈争吵的声音。

  原来，妈妈支持孩子的决定，爸爸却强烈反对，希望儿子能去学就业前景比较好的金融学专业。刚开始，父母还只是偶尔争吵一下，后来争吵的次数越来越多。

  有一次，杨志刚实在受不了了，他对爸爸妈妈说："好了，你们不要吵了，我想了一下，觉得金融也不错，就报金融学吧！"

  爸爸听了欣慰不已。

  殊不知，这只是他的一个谎言，他还是坚持自己的喜好，在填报志愿时填写了社会学。当爸爸得知时，已经无济于事了。这件事让爸爸生气好久，他想不到儿子竟然敢欺骗他。但是，志愿已经报了，他也无可奈何。

  这样的故事大家想必都不陌生。每年的高考季，我们都能看到、听到一些相关事例。父母对孩子有所期待并不为过，孩子有自己的想法与追求也合情合理，重要的是要有耐心，确保沟通通畅。只要沟通还通畅，父母与孩子之间就没有解决不了的矛盾。

第二章
倾听孩子的内心世界

5.别随意打断孩子说话

　　李闯的妈妈是一个爱唠叨的人，一看到孩子有什么表现不合她的意，就会说个不停。可是，她却很少停下来听听孩子的意见和想法，在孩子向她倾诉的时候，总喜欢打断孩子的话。

　　有一次，学校举办校运会，李闯参加了长跑项目，并且在这项比赛中跑出了全校第一的好成绩。晚上，李闯拿着奖状和奖品兴高采烈地回到家，看到妈妈在家，便忍不住想跟妈妈分享一下自己的喜悦。

　　"妈妈，我们学校今天举行了校运会，我参加了长跑项目。参加长跑项目的很多人都是高年级的，水平很高啊。"李闯说得津津有味。

　　此时妈妈正忙着打扫屋子，似乎没听清楚，就说了句："嗯，快去写作业吧。"

　　"可是，我今天还是跑了第一名，在前两圈的时候，我前面还有好几个人呢，我以为自己要跑倒数了，谁知却后来居上……"李闯意犹未尽。

　　没等李闯说完，妈妈就打断他说："你这孩子，叫你去写作业，你没听到啊！整天就知道不务正业。跑步好有什么用？重点大学会收一个跑步的？"

　　听完妈妈的话，李闯觉得好没意思，悻悻地走开了。

我们都知道，随意打断别人的话是很不礼貌的行为。在与成年人交往时，很多人都能知行合一。甚至在与别人家的孩子交流时，也能做到，唯独与自己的孩子沟通时，却容易忽略这一准则。结果，有不少家长就像李闯的妈妈一样，根本就没耐心听完孩子的诉说，随意打断孩子的话，令孩子失去了倾诉的欲望，不愿意再跟父母交流。

父母随意打断孩子的话，会造成诸多危害：一是会让孩子觉得自己得不到父母的尊重，长此以往，他们就会习惯于把话藏在心里，不肯对父母说；二是会让孩子觉得自己和父母的地位是不平等的，自己的说话权得不到重视，时间长了，孩子就会与父母产生对抗情绪，以致双方互不信任，沟通困难；三是可能会影响孩子语言表达能力的提高和性格的发展，一些孩子可能会因此而变得自卑、内向、沉默寡言。更严重者，甚至会产生心理障碍。有调查显示，70%～80%的儿童心理问题，都和家庭环境有关，特别是与父母对孩子的教养和交流沟通方式不当有关。家长们，一定要引起注意。

第三章

赞赏让孩子更加出色

　　哲学家说，鼓励是自信的酵母，夸奖是自信的前提。要让孩子变得更加优秀，最有效的方法就是及时地夸奖和鼓励。正确的夸奖能使孩子坚定自己的信心，让孩子相信自己拥有变得更好的能力。当一个孩子具备了这种乐观的精神与思维方式的时候，学业或事业，都不再是难事。

1. 罗森塔尔效应的教育启示

罗森塔尔是美国著名心理学家，他和他的团队做过这样一个实验：

他先将一群小白鼠随机地分为A组和B组，然后告诉A组的饲养员说，这一组小白鼠非常聪明；同时，他告诉B组的饲养员说，B组的小白鼠智力中等偏下。几个月后，罗森塔尔对两组小白鼠进行穿越迷宫测试，发现A组的小白鼠居然真的比B组的小白鼠要聪明很多，它们总是能够先走出迷宫并找到食物。

通过这个实验，罗森塔尔得到了启发：这种效应会不会发生在人的身上呢？于是他来到一所普通中学，在一个班里随便走了一趟，然后就在学生名单上圈了几个名字，告诉他们的老师说，这几个学生智商很高，很聪明。过了一段时间，教授又来到这所学校，惊奇地发现那几个被他随意选中的学生，现在真的成为了班上的佼佼者！

为什么会出现这样的现象呢？

这是因为罗森塔尔是著名的心理学家，在美国有相当高的知名度，是人们心中的权威，老师们对他的话都深信不疑，因此就对他指出的那几个学生充满了信心，经常称赞他们。而学生也感受到了这种期望，认为自己确实聪明，从而提高了自信心，在两方面因素形成的合力作

第三章
赞赏让孩子更加出色

用下，真的成为了优秀的学生。

称赞会给人极大的鼓舞，体现在小孩子身上尤其明显，而父母的表扬与其他人相比，产生的作用会更大。心理学家们经过实验发现，孩子会在无意中按父母的评价强调自己的行为，以期得到父母的表扬和认可。生活中，有很多细节都能展现这一点。

> 有一次，我去一位朋友家，女主人正在擦桌子，她两岁多的小孩子马上蹭过来，也学着妈妈的样子，手拿一块布，在桌子上抹来抹去。其实，这么小的孩子完全没有做家务事的概念，她只是单纯地模仿而已。但这位聪明的母亲知道其中的重要性，她马上抓住了这样一个夸奖孩子的机会，说："小威真懂事，这么小就想帮妈妈擦桌子，谢谢你。"小威听到妈妈这样讲，马上来了精神，在桌子上抹得更带劲了。不仅如此，妈妈在擦完桌子之后，还指点孩子："以后擦桌子的时候要注意，这些边边角角也要擦干净，那就更好了。"孩子高兴地点点头。

可以想见，小威在妈妈的引导下，一定会越来越优秀。在日常的教育中，家长们也应该对自己的孩子多一些表扬，少一些批评。而不是动不动就拿别人家的孩子说事儿，须知别人家的孩子可能真的很优秀，但把自己家的孩子引导成优秀孩子才更重要。

对孩子的一些想法和行为，我们不能按成人标准来判定，应该站在孩子的视角，发自内心地赞美孩子，比如"你真棒，我小的时候可没有你这样有创意"等。这样，孩子的进步速度就会越来越快，孩子也会把父母当作自己生活中的良师益友。反过来说，一味地指责，甚至是狠狠地训斥，孩子的无限潜能就会被父母的训斥声所淹没。

哲学家说，鼓励是自信的酵母，夸奖是自信的前提。要让孩子变得更加优秀，最有效的方法就是及时夸奖和鼓励。正确的夸奖能使孩子坚定自己的信心，让孩子相信自己拥有变得更好的能力。当一个孩子具备了这种乐观的精神与思维方式的时候，学业或事业，都不再是难事。

可是有的家长会有这样的顾虑：一味地夸奖孩子，孩子骄傲了怎么办？如果今后听不了批评的话怎么办？孩子将来不听话很难教怎么办？

这种顾虑很正常，而且这种现象也的确会有。夸奖孩子其实是有要领可循的，有的方面一定要夸，而有的方面一定不能夸。夸奖是技术，更是艺术。

> 在我们小区，有两个小女孩。
>
> 第一个小女孩长得很漂亮，所有的人看到她都会赞不绝口："真是太漂亮了！"这种话听得多了，小女孩便以此为傲，慢慢地添了很多坏习惯，整天不停地照镜子，头发每天一洗三梳。父母意识到这不太对劲，就提醒孩子把心思放在学习上，但孩子的观念已经形成了，很难改变。
>
> 第二个小女孩非常聪明，可以背很多英语单词。有一天，家里来了客人，奶奶对小女孩说："我们念英文给叔叔阿姨听好不好？"小女孩点点头。奶奶就问小女孩苹果怎么说，小女孩马上说"apple"；又问雨伞怎么说，房子怎么说，山怎么说，等等，小女孩都是对答如流。大家不住地称赞她，小女孩却突然对奶奶说："奶奶，你知道大象怎么说吗？"奶奶愣了一下，说："我怎么可能知道。"没想到，小女孩当着众人的面对奶奶说了一句："奶奶，你怎么这么白痴啊！"

上面例子中的两个小女孩，都是因为听众人的夸奖太多了，以至于忘乎所以，不仅自视甚高，甚至看不起长辈，这就有悖我们夸奖的初衷了。

我们夸奖孩子，为的是让他们更加健康地成长，所以夸奖应该侧重于孩子的好习惯、好态度、好品格。比如一个孩子天天坚持写日记，得到夸奖之后，会坚持得更好；一个孩子很懂得让着自己的小弟弟，得到夸奖之后就会变得更加懂事。而对于孩子的天分、长相这些方面的优点，就不需要一次次地夸奖，要适可而止。

2. 可以批评，不要否定

夸奖需要适可而止，批评当然要更加慎重。尤其是不讲方法的批评，对孩子的打击往往难以估量。所以，教育学家们反复告诫家长们，即使是在盛怒之下，也不要没头没脑地指责孩子。至于那些看上去很"坏"的孩子，实则更需要父母的关爱。

> 一位记者朋友曾经讲过一个男孩子的故事，他是一个少年犯，15岁时被关进了少管所。朋友通过采访，了解到男孩子的成长经历，觉得他非常可怜，也非常遗憾。
>
> 这孩子小时候确实顽皮，但也不是没有优点，起码他的运动天赋很高，智商也很高，不然想不出那么多歪点子，搞不出那么多恶作剧。但因为常常在闯祸后受到父亲的打骂，在班里也常被老师当着全班同学批评、讽刺与嘲笑。慢慢地，他开始处处与老师对着干，不久就被校长在全校点名批评，回家后再次被父母打骂，再加上自暴自弃，最后沦为了罪犯。
>
> "一个孩子在成长中没有遇到一点爱的温暖，却总是遭

遇到充满恶意的批评，试问他怎么能改掉自己的坏毛病呢？"这位记者朋友在报道中写道。

是呀，成人犯错都是难免的，更何况孩子！如果家长只会打孩子，学校老师也总是批评孩子，孩子得不到鼓励和支持，没有一点儿理解，他只会消极到极点，只会觉得自己永远不可能再重新来过，那为什么不彻底地放弃自己，铤而走险，图一时欢乐？因此，作为父母，在教育孩子的过程中，别总是着急否定孩子。每一次的否定都是在把孩子往歧路上推。

家长们用心良苦，苦口婆心，目的都是把孩子教育成材，但简单、粗暴的责骂不等于教育，更不能使孩子从心底认识到自己的错误，体会到父母对他们的关怀，而且最容易引起孩子的反抗。这种叛逆心理一旦形成，就会造成父母和孩子间的隔阂和冲突——孩子会在情绪的带领下，越来越不听话，越来越叛逆，越是批评他，他就越是要和你对着干……家长们，又何尝不是被情绪绑架了呢？

对于孩子来说，他们由于心理不成熟，自我约束力差、自我纠错能力差，所以在成长过程中不但错误百出，而且经常犯同样的错误。有些家长对孩子过于苛刻，孩子一出错，就频繁地批评，意图把孩子"骂"醒。但不管怎么骂，首先都是一种伤害，结果也不可能是你想要的。

没有人喜欢一直被否定，孩子尤其如此。因此在批评孩子的时候，不妨换一种方式，试试"三明治"，这样孩子就比较容易接受。所谓"三明治"，是指把批评的内容夹在表扬之中，从而使受批评者愉快地接受批评。这种方式就如三明治，第一层是认同、赏识、肯定对方的优点或积极面；中间这一层夹着建议、批评或不同观点；第三层是鼓励、希望、信任、支持和帮助。这种批评法不仅不会挫伤受批评者的自尊心和积极性，而且还会使其积极地接受批评，并改正自己不足的方面。

此外，父母在批评孩子的时候，一定不要攻击孩子的人品和性格，不然就会把原本简单的事情搞得复杂化。说白了，就是在任何情况下，都要做到对事不对人。

3. 不要吝惜对孩子的欣赏

很多家长可能想不明白：孩子为什么一定要得到赞赏呢？这是教育中一个很必要的手段吗？作为家长如果想弄清楚这个问题，可以先换个角度想想。

试想一下，假如你今天在公司认认真真地做了一份策划书，被同事们大加赞扬，你会怎么想呢？会不会感到很欣慰：我的努力没白费。

再想一下，假如你今天烧了可口的饭菜，家人很喜欢吃，并且在吃完之后，满足地说："嗯，今天的菜做得真好！"你会不会特别高兴，下次会更加兴致勃勃地为大家做一顿丰盛的美味？

大人们有这样的心理，孩子也一样，他们很需要得到家长的欣赏和认可。也可以这样说，鼓励是每一个人的自然需求，很少有人受到批评之后还会很开心的。而孩子幼小的心灵更需要受到鼓励，他们期待着鼓励，就好比花草树木期待雨露一样。鼓励能够使孩子的信心高涨，让他们变得更加努力、上进。

著名教育家陶行知曾经指出："教育孩子的全部秘密就在于相信孩子和解放孩子。"

著名的成功学大师拿破仑·希尔也在书中讲过自己的亲身经历：

> 他说，自己从小就被认为是一个坏孩子。无论家里出了什么样的倒霉事，大家总是认定是他干的，甚至连他的父亲

和哥哥都认为他很坏。父亲认为，母亲很早过世、没有人管教是希尔变坏的主要原因。对希尔来说这些其实无所谓，反正大家都这样认为，那就当个坏孩子吧。

直到有一天，父亲再婚，继母站在希尔面前，希尔却像个枪杆一样站得笔直，双手交叉叠在胸前，目光冷漠，没有一丝欢迎的意思。

"这是拿破仑，他是全家最坏的孩子。"父亲这样将他介绍给继母。

继母看到他后，眼睛里却闪烁出光芒，她把手放在希尔的肩膀上，微笑着说："最坏的孩子？一点也不，我看他是全家最聪明的孩子，我想我们一定可以把他至诚的本性诱导出来。"

一番话把希尔心里说得热乎乎的，眼泪都要掉下来了。因为在此之前，从来没有一个人称赞过他。他的父亲、家人和邻居都认定他就是个坏男孩，但继母的赞赏改变了希尔，他一辈子都不会忘记继母将手搭在他肩上那一刻。

每个孩子内心深处都渴望被肯定，被欣赏，就好比植物需要浇水一样。这是人性，中国人和外国人都一样，成年人和未成年人也都一样。所以家长们不要吝惜你对孩子的欣赏。你的每一次肯定和赞赏，都是在给孩子创造改变人生的契机。

具体该怎么赞赏呢？我们看一个具体的例子：

小胖说："爸爸，等我长大了，我要在海边给你买一栋别墅，让你住在里面，每天都能看到大海。"

爸爸说："你现在不要想那么多，好好学习就行了。只要你学习好，爸爸就很高兴了。"

看了上面这个例子，不知你作何感想。例子中的爸爸或许并没有想自己的这句话是否会打击孩子的积极性、进取心，但是换位思考，不难发现，孩子听到之后心里会是多么失望！

如今的家长们，对孩子都寄予了太多的期望，总是想象着孩子能朝着自己期望的方向发展，总是绷着一根望子成龙的弦，丝毫不放松。孩子进步了，赶紧提醒他不要骄傲，总是担心一点小小的成绩会让他忘乎所以。岂不知孩子如此努力，内心里想要的只是一句欣赏和肯定。没有这句话，他们就没有动力。有了你的肯定，他才有可能带来更多的惊喜。

假如爸爸在听到小胖那个美好的心愿之后，这样说："小胖，你真是爸爸的好儿子，爸爸等着你给我买别墅，爸爸相信你一定能够做到。"简单的一句话，没有任何大道理，但对于年幼的孩子来说，完全是两个天地。

所以，从现在开始，把对孩子的赞美淋漓尽致地表现出来吧，别再吝惜对孩子的欣赏。

4. 挖掘孩子身上的闪光点

教育学家们在研究过程中发现了这样一个现象——大人们总是对孩子的缺点非常敏感，对孩子的教育也往往以"纠错"为主。

然而，这种教育在很大程度上压抑了孩子的个性。新时代需要有个性、有自信的孩子，而这样的孩子大多是在激励和赏识的教育中培养出来的。这就需要家长们有整体意识，多看孩子的优点，找到并赏识孩子的闪光点，孩子才有可能在将来真的闪闪发光。

斌斌是一个让老师和家长都非常头疼的孩子，从上初一起就调皮捣蛋，不遵守课堂纪律。在家里，他似乎也很叛逆，喜欢跟爸爸唱对台戏。

"你这孩子，在学校不好好表现，我的脸都让你给丢尽了！"在又一次被老师请到办公室谈话之后，爸爸一回到家，就对斌斌大声嚷嚷。

"总是这么不争气，看我今天怎么教训你！"爸爸十分恼火，想要惩罚一下斌斌。这时妈妈走了过来，劝住了爸爸，将斌斌拉到一旁进行教育。

"跟妈说说，你为什么要在学校打人呢？我知道你在学校虽然有些调皮，但却不是一个爱打架的孩子。"

"今天课间的时候，小月因为不给大个子莫凤抄作业就被他打了，当时小月的脸都青了。我是小月的朋友，看到好朋友受欺负气不过，就出手替她打抱不平。"斌斌说道。

"原来是这样。你这样做，也算不上错，看到同学被不讲理的人欺负，是应该帮助。但是你的做法太鲁莽了，只要你打人了，就算你有理，在别人眼中也是错的。以后再有这种事，可以想想其他更温和的方式。"

听完妈妈的话后，斌斌觉得很受用，也认识到了自己的错误。

育儿的关键一课，就是学会欣赏孩子，善于发掘孩子的闪光点，而不是一味地埋怨和批评。找到孩子的闪光点，就能恰当地进行评价和表扬，让孩子在温暖和关爱的氛围中受到鼓舞和启发，尽快改正缺点，发扬长处，成就其更加精彩的人生。

每个孩子身上都有闪光点，只是有的孩子的闪光点是天生就有的，有的孩子的闪光点是后天培养起来的。而且，父母们要明白，比起孩子能力上的闪光点，孩子身上表现出的道德性的闪光点，不仅更值得欣喜，而且对于孩子的人生发展同样有着十分重要的作用。

5. 再小的进步也应该被奖赏

每个孩子都像是一块尚未雕琢的璞玉，都有成为人才的可能性。将来这块玉是大放光彩，还是失去光芒，父母们如何教育孩子也是很关键的一环。

聪聪今年已经读小学六年级了，可他的字一直写得很潦草。为了帮助聪聪写好字，妈妈在征得聪聪同意之后，给他报了一个书法兴趣班。刚开始的时候，聪聪还很有耐心，刻苦地学习和练习，可过了不久，他学习的兴趣慢慢减弱，在练习方面也远不如原来了。

一天，妈妈见聪聪正漫不经心地练习着，不失时机地问道："儿子，最近感觉怎么样？学书法有用吧！"

"有什么用啊？用毛笔练字真累，我是越来越没有耐心了，而且，用毛笔写好了未必能用钢笔写好，我不想学了。"聪聪抱怨道。

妈妈听完，没有马上反对，而是拿过聪聪的练习本，仔细一看，说："很不错嘛，你的字明显比以前进步了。你最近的作业我也看了，字迹清晰，结构合理，比以前好很多了啊，你怎么说没用呢？"

聪聪听后，虽然有些怀疑，但心里十分高兴，一下子又找到了学习的热情，接着练了起来。

古人说，十年树木，百年树人。事实上，孩子的进步是阶段性的，是需要时间的，家长应该充分明白这一点，给孩子的成长以充足的时间，赏识孩子的每一个进步。只要孩子比原来有所进步，就要及时给予肯定和赞扬，这对孩子来说是一种很大的鼓舞，会让他们在进步的道路上不断前行。

很多父母却受一些浮躁的教育理念影响，常常对孩子要求过高，且急于求成，因此很难看到孩子的细小进步，看到了也不屑一顾，甚至当孩子没有达到自己理想的标准时，就全盘抹杀孩子的进步，这其实是非常错误的做法。

家长们要记住一句秘诀，并且经常对孩子说："你每天都在进步。"这句话看似平淡无奇，但对成长中的孩子来说，尤其对看起来没什么进步的顽童来说，是一种巧妙且积极的鞭策。要知道，人心是非常微妙的，别说是孩子，就是大人，也往往是受到什么样的对待，就会变成什么样的人。

每个孩子都是不断成长的，从不成熟到成熟，需要经历一个漫长的过程。在孩子们看来，自己前进路上的每一步都是不容易的，只要做好了，父母就应该高兴，就应该表扬自己。在家庭教育中，父母应该读懂孩子的这种心理，珍视孩子的进步，学会欣赏孩子，因为这不仅影响到孩子学习和做事的效果，还会影响到孩子对人对事的态度。

春星的成绩在班级里总是垫底，同学都瞧不起他，他自己也放弃了。可是，春星的妈妈却一直不放弃，坚持鼓励孩子努力学习，打好翻身仗。

第三章
赞赏让孩子更加出色

"春星,你能做到每一次考试进步一个名次吗?这次是倒数第一不要紧,我只要求你下次考到倒数第二就可以了。"

就这样,在母亲的鼓励中,春星一点一点地进步着。五年级下学期期末时,他不再位列班级倒数十名了。可是,刚上小学六年级,春星又考了一次班级倒数第一,他很沮丧。

"不要这么沮丧,你看你这次的数学成绩可是考了一个前所未有的高分哦!"春星的妈妈对孩子说道,"不要放弃,下一次可以考得更好的。"

就这样,春星在妈妈的鼓励中重拾信心。到六年级上学期期末时,他的成绩已经排在班级中等位置了。

古人说,不积跬步,无以致千里。没有细小的量的累积,也就没有质的变化。我们要相信,没有一个孩子注定是一块顽石。只要父母留心孩子每一次细小的进步,并用一种赏识的眼光去看待孩子,及时鼓励孩子,他们就总会有大放异彩的一天。

第四章

多一些宽容，少一些斥责

处于青春期的孩子比较容易和父母起冲突，这是可以理解的正常现象。孩子在慢慢地成长，他们的自我意识也在进一步发展，并逐渐形成了自己的价值观，这种价值观如果与父母的价值观不同，就会遭到父母的反对。但是他们又不会按着父母的价值观来行事，又没有足够的技巧和智慧化解、调和，于是就会和父母起冲突。其实，这种冲突完全可以少一些，只需父母多宽容，多理解孩子，放下家长的权威，不要总觉得孩子不懂事即可。如果能够在反思自己的基础上，与孩子建立朋友似的亲密关系，真正走进孩子的心里，当然更好。

第四章
多一些宽容，少一些斥责

1. 条件反射式的责备不可取

几乎每个孩子的成长都伴随着父母的责备，只是或多或少而已。可是很多时候，父母们发现，不管自己如何责备，甚至辅以体罚，孩子有些错误还是照旧。对此，父母们往往表示：我已经束手无策了！

那么，孩子们又是怎么想的呢？

> 在一节家庭互动课上，老师让家长坐在教室的后排，耐心听听学生的心声。
>
> 老师问："如果你们做错了事情，希望父母怎么办？"
>
> "我希望我爸爸不要打我。"一个瘦瘦的男孩站起来说道。
>
> "我希望我的妈妈不要老是责备我。"一个短头发的女孩大声说。
>
> "我希望我的爸妈告诉我，我错在哪里。"一个眼睛大大的女孩说道。
>
> "我希望我的爸妈能给我一个反省的机会。"一个个子高高的男生大声说道。
>
> ……
>
> "如果父母都做到了这些，你们会怎么做呢？"老师笑了笑，继续问道。
>
> "我会很爱他们，试着去改正错误。"孩子们高声答道。

就像条件反射一样，大多数的父母在孩子犯错以后，第一反应就是责备孩子。可是，这种做法真的十分有效吗？不见得。其实，做了错事的孩子是非常担心父母责备的。如果父母严厉地批评孩子，孩子反而有一种"如释重负"的感觉。相反，如果父母能适度冷处理，孩子的心里反而会变得紧张起来，更容易产生一种愧疚感，进而会去反省自己的错误。

小楠和小北是非常要好的朋友，俩人都是13岁，在同一个学校的同一个班级学习，而且住在同一个小区，从小玩到大，关系非常亲密，无话不说。

有一次，在和其他小朋友踢足球的时候，小楠不小心把足球踢到了臭水沟里，其他小朋友都不想和他玩了。小楠生气地走了，小北也跟着小楠走了。走在路上，小楠说，要是有个自己的足球多好呀！于是就跟小北商量买个足球。可是两个孩子都没有多少零用钱，小楠就建议拿家里的钱。俩人回家后，趁父母不备，偷偷拿钱买了一个足球，可心里总觉得不踏实。

不久，小楠的妈妈和小北的妈妈都发现家里的钱少了，但是两个人的处理方式却截然不同。

小楠的妈妈在发现钱少了的同时，发现小楠最近总是怪怪的，回到家就开始写作业，吃饭的时候也不敢看她，于是就怀疑儿子可能拿钱去买了什么东西了。但她装作什么事情也没有发生，只是每天晚上去小楠的房间，问问小楠有没有什么话要对妈妈说。前三天，小楠一直都说没有，到第四天，他再也顶不住这无形的压力，终于对妈妈坦白了，并承认了错误，希望妈妈给他改正的机会。

小北就没这么幸运了。他的妈妈发现钱少了之后，也发现儿子最近怪怪的。有一次打扫的时候，她发现了藏在床底

第四章
多一些宽容，少一些斥责

下的足球，就去质问孩子是不是拿钱去买了足球，小北无法抵赖，就老实说"是的"。然后，小北的妈妈大声地呵斥了他一顿。按说这应该更有效，趁热打铁嘛！可事实恰恰相反，因为小北这几天也始终在为自己偷偷拿钱去买足球而愧疚，妈妈把他训斥了一番之后，他的愧疚感反倒消失了，并且产生了一种"妈妈发现了也不过是训斥一顿"的错觉。妈妈也产生了错觉，以为小北记住了这次教训，结果没过多久，又发现儿子偷偷从家里拿了钱。

例子中的两个妈妈无疑都是爱孩子的，都希望孩子能够改正错误，健康成长。可是，面对同一件事，同样的错误，两个妈妈采用了不同的处理方式，出现了完全不同的结果。我们不得不说，小楠妈妈的处理方式比小北妈妈高明得多。你从中学到了什么呢？

2. 理解孩子的小脾气

当孩子还是襁褓中的婴儿时，只会用哭的方式来表达他的痛苦与需求。这时候的父母也知道，孩子还不会表达，要耐心寻找原因，直到他们不哭不闹为止。俗话说"六月的天，娃娃的脸"，父母们觉得，这阶段的孩子不可捉摸是理所当然的。其实，就算孩子再大一些，很多时候，脾气也不可捉摸。而且一旦小脾气得不到理解，孩子就开始和父母唱反调，这个时候家长就会疑惑：孩子为什么越大越不听话呢？

其实，孩子并不是越大越不听话，而是他们长大了，有了自我意识。当他们的想法或情绪被父母一口否决之后，自然会表现出不高兴，觉得父母不理解他，进而表现得很叛逆，想通过各种孩子式的抗议，达到自己的诉求。因此，聪明的家长面对这一阶段的孩子，从不简单地要求孩子听话，而是在尊重孩子的自我意识，尊重他们的情绪，理解他们的小脾气的基础上，更好地引导他们成长。举一个小例子：

> 一个小女孩对妈妈说："我不要去看医生，打针会痛。"
> "我知道，你很怕打针吗？"
> "嗯，我不想打针。"小女孩认真地说。
> "妈妈知道打针会很痛，妈妈小的时候也这样认为，你不用怕，一下儿就不痛了。而且妈妈在旁边陪着你，好吗？"
> 在妈妈的耐心开导下，小女孩乖乖去看医生了。

和成人不同，孩子往往会很敏感，容易情绪失控，动辄哭闹。但是，反过来说，把一个哭闹的小孩子引逗得破啼为笑也不是什么难事。因此，认识孩子的情绪特点，并加以利用，是促进亲子沟通的利好因素。

当然，这话说起来容易，实践起来却很复杂。比如很多父母在孩子告诉自己遇到了问题或困难的时候，往往迫不及待地扮演"救世英雄"的角色，指点孩子应该怎么解决。在父母们看来，这是理所应当的，要不然要爸爸妈妈何用？但是，让父母们不理解的是，有些时候，面对父母的好意指点，很多孩子不但不领情，反而会变得莫名其妙，甚至大发雷霆。

> 一天放学后，苗苗跑回家哭着说："妈妈，体育老师不让我进学校的体操队。"
> "老师为什么不让你去呢？"
> "她说我的协调性不好。呜呜……"苗苗看上去难过极了。

第四章
多一些宽容，少一些斥责

"老师怎么可以这样说？我现在就打电话问问她。"妈妈要为女儿摆平这件事。

令妈妈吃惊的是，苗苗见妈妈掏出手机，非但不领情，还哭着对妈妈说："臭妈妈，我不理你了。"说完就跑进自己的房间。

苗苗的反应把妈妈吓了一跳。后来，在妈妈的引导下，苗苗说："我当时没想让你找老师，就是想跟你说说，哭一场。"

看吧，这就是孩子的怪脾气，他们又哭又闹，看上去无比委屈，但是从内心里并没有想真正解决什么问题。相对于解决实质问题，他们更在意自己的感受与情绪，只是想博得爸爸妈妈的理解和同情，只是想得到安慰。所以，你会看到很多小孩子，不管受了多大的委屈，只要扑进妈妈的怀里，一会儿就安静下来了。年龄稍大些的孩子，还是需要情绪上的抚慰与心理上的安慰的。因此，在不了解孩子情绪的状况下，父母做出的任何帮助可能都不是孩子想要的。他们需要的，可能就是父母一个认可的眼神、一个关爱的动作，只要做到这些，孩子可能会马上从坏的情绪中摆脱出来。

了解了这一点，父母在与孩子沟通的时候就应该多聆听，多抚慰，少提建议。面对发脾气的孩子，先明确他们是希望父母帮忙解决问题，还是只想发泄一番，就能够有的放矢，减少不必要的冲突了。

3.别太介意孩子顶嘴

曾经有一次，一位年轻的妈妈在闲聊时对我抱怨说："最近我女儿特别爱顶嘴。比如，在从学校回家的路上，我们到一个公园去玩了一会儿。之后我说'咱们回家吧'，她不干，还反问我：'为什么我非要听你的，而你就不能听我的？'再比如，她特别喜欢小动物，总想养一只小狗，我不让，说小狗身上有细菌。但是她却说：'你说得不对！电视里说过，小朋友和小动物多接触可以提高抵抗力。'每次遇到这种情况我都会很着急，但又不知道怎么对待孩子。"

其实这是家长们的普遍感受，有不少家长都有过这样的抱怨。所谓"七岁八岁狗也嫌"，随着孩子一天天长大，父母们渐渐觉得孩子不如从前听话了，并且变得难管了，动不动就与家长顶嘴，家长说东，他偏说西，这令家长十分为难和恼火，同时也确实不知道该拿这样的孩子怎么办。

对此，家长们也没必要过于烦恼，只要找到孩子顶嘴的原因，一切都是很容易解决的。一般而言，孩子顶嘴都是有原因的。归结起来，主要是因为随着年龄的增长，孩子进入了青少年时期，他们具备了一定的独立思考能力，不再愿意别人把他们当作小孩子来看待，也不愿意处于被照顾的从属地位，更不愿意一直处在被命令指派的位置。所以，家长们没有必要为孩子的顶嘴而生气恼火，不妨为此感到高兴，因为孩子开始顶嘴意味着他们有自己的想法了，有独立思考的能力了，越来越成熟了，这不正是家长们企盼的吗？

父母不愿意接受孩子顶嘴这个现实，大多是由于受千百年来传统观念的影响，觉得小孩子见识少、阅历浅、不成熟，"子不教，父之过"，于是就形成了"父母说话小孩子听"的思维定势。也有不少父母要孩子对他们"言听计从"，否则就有失他们作为父母的威信和尊严。其实，这种想法也不对，因为父母不可能总是按照管教三四岁小孩的方法来对待已经长大的孩子。要求和命令的时代已经过去，换成说服与引导的方式就可以了。

第四章
多一些宽容，少一些斥责

开明的家长懂得尊重孩子的独立性，允许他们的孩子有不同的观点或看法。面对顶嘴的孩子，能保持风度、保持冷静，不轻易发火动怒，以免加剧双方的抵触情绪。我们也要善于倾听孩子的意见，耐心让孩子把心中的观点讲出来，然后分析一下孩子说的是否有道理，变顶嘴为讨论、探讨。如果孩子是正确的，就应该给予肯定和鼓励；如果孩子是无理取闹，家长可以坚持自己的观点，但要将心比心，考虑到孩子的心智与接受程度，耐心讲明道理，从心底说服他。

德国心理学家安得利卡·法斯通过多年的实验证实，隔代人之间争辩，对于下一代来说，是走向成人之路的重要一步。能够同父母进行真正意义上争辩的孩子，在以后会比较自信，有创造力，也比较合群。而不是父母们所认定的："你这样，将来到社会上怎么处？"

仔细留意一下，你还会发现，孩子在争辩的时候，往往是他们最得意的时候。这至少有两个好处：一是当孩子最来劲、最高兴、最认真时，对他们的大脑发育有好处；二是这样可以营造家庭的民主气氛，增强孩子各方面的能力，对孩子将来的发展大有裨益。

反过来说，如果一个孩子从不与人争辩，总是与世无争，那么他的勇气、智商、口才、进取心、自信心等就值得怀疑了。从某种意义上说，争辩还是孩子的一门必修课，而这门课最好在家里进行。在争辩的过程中，父母要有热心和耐心，让孩子在争辩中不断成长，而不是让一句简单的"顶嘴"毁掉对孩子的综合素质的培育。

4. 错的不一定就是孩子

嘉宜和妈妈是一对"欢喜冤家"，好起来不得了，坏起来了不得。从初二那年开始，两人开始隔三岔五争吵，到现在愈演愈烈。正赶上妈妈刚刚内退，听说高中女生容易早恋，就格外关注嘉宜和男同学的来往。可嘉宜是学校的文艺骨干，总有不少男生打电话或发信息找嘉宜，嘉宜怕妈妈知道后又跟她吵架，便什么都不跟妈妈说。妈妈便更加焦虑，只好以偷听女儿电话的方式监督她。

一天放学后，家人吃着饭，嘉宜无意中讲起了学校里的事。她说某个男生球打得好，人长得帅，唱歌比明星还好听，还说女生都被他迷住了。妈妈不听则已，一听火冒三丈，当下放下碗筷，指责女儿"不好好学习，受男生干扰，想入非非"。

针对妈妈的批评，嘉宜也不示弱，马上怼了回去："我们班确实有女生对那个男孩有好感，有的甚至给他写情书，可我对他没感觉，你用得着翻脸吗？"

妈妈紧跟着就是一句："那你对谁有感觉？你对谁有感觉都不对！"

嘉宜说："我对你有感觉，也不对吗？"

"啪！"吵着吵着，妈妈怒不可遏，打了嘉宜一巴掌。嘉宜稍微愣了一下，哭着跑了出去。从这以后，俩人几天没说一句话。后来外婆把嘉宜接过去住了一个月，母女关系才得到了缓和。

我们发现，在上面的故事中，女儿和妈妈闹别扭，并不是女儿的错。女儿只是在陈述情况，但是妈妈想多了，并且不懂得点到为止，结果使误会加深，矛盾激化，无法收场。

其实，造成母女矛盾的罪魁祸首是妈妈的担心和疑虑。更深层次的原因，则是基于担心和疑虑产生的成见。在现实生活中，但凡是孩

第四章
多一些宽容，少一些斥责

子和父母争吵，父母就会下意识地认为一定是孩子的错。这一方面是因为父母总是不自觉地把自己摆在了比较权威、不能触犯的位置上；另一方面，则是由于父母总觉得自己是为孩子好。在这种双重"有理"的心理作用下，大多数父母都会觉得一定是孩子错了，而自己根本不会错，孩子只需执行即可。

理性地说，处于青春期的孩子比较容易和父母起冲突，这是可以理解的正常现象。孩子在慢慢地成长，他们的自我意识也在进一步发展，并逐渐形成了自己的价值观，这种价值观如果与父母的价值观不同，就会遭到父母的反对。但是他们又不会按着父母的价值观来行事，又没有足够的技巧和智慧化解、调和，于是就会和父母起冲突。其实，这种冲突完全可以少一些，只需父母多宽容、多理解孩子，放下家长的权威，不要总觉得孩子不懂事即可。如果能够在反思自己的基础上，与孩子建立一种朋友似的亲密关系，真正走进孩子的心里，当然更好。

> 有一天，小潮的妈妈在给小潮整理房间时，发现了小潮藏在床头的一封信。原来，这是他写给班上一位女同学的情书。小潮的妈妈看了以后很生气，准备等孩子回来，好好教训他一番。
>
> 下午放学后，小潮一回到家，就发现妈妈阴着个脸。等他回到房间后，马上发现了原因：他写的那封情书不见了。
>
> "妈，你是不是乱翻我的东西了？"小潮大声地问道。
>
> "是的。"
>
> "你怎么能这样呢？"
>
> "我要是不翻你的东西我能知道这些事情吗？我还不是为了你好？！再说，我也不是故意的。"小潮的妈妈辩解道。没等她教训小潮，小潮反倒生气地转身回了自己的房间，"砰"

地关上了门。

短暂的沉默后，小潮的妈妈开始反思自己，她想自己翻看孩子的东西毕竟不对，于是决定先向他道歉，再说其他问题。

妈妈敲开了小潮的屋门。"我觉得我翻看你的东西是我的不对。"妈妈说出这句话后，小潮很吃惊，他想了想，说："我觉得现在的我写情书也不对。"妈妈听后笑了。"其实我也没想着要早恋，不然我干吗写了不给她呢？"小潮自顾自地解释道。

这件事以后，妈妈每次在跟小潮有不同意见时，都会去反思自己是不是也有错。小潮也很愿意将自己在学校的一些事情跟妈妈说，觉得这个"朋友"其实还不错。

其实，父母反思的过程，就是站在孩子的角度上看问题的过程。会反思的父母之所以会受到孩子的喜欢，就是因为他们可以用一种平等的态度，站在孩子的角度上思考问题。人都会犯错，父母教育孩子的过程，其实也是一个自我完善的过程。

5. 正确看待孩子撒谎

诚实就像一件漂亮的外衣，对于孩子的成长而言，它不是一件装饰品，而是一件必需品。诚实的孩子会交到更多的朋友，会得到更多的肯定和爱。可是，总有一些孩子在懵懂之中，情急之下，拿谎言挡驾，这时候，作为父母应该怎么办呢？

是大声地呵斥，以此警示要是再犯就挨揍；还是耐心教导，仔细

第四章
多一些宽容,少一些斥责

分析孩子说谎的原因,告诉他说谎的坏处,让他不要再犯?

显然是后者更妥当,但有不少父母都不自觉地选择了前者,他们看到孩子撒谎后的第一反应就是生气,甚至气不打一处来,从而"丧失"理智与理性,不能平心静气地纠正孩子的错误。

一个母亲讲过这样一个故事:

> 一个月前,女儿小丽去同学家玩,回来时把同学小刚的小卡片拿来了。我发现后鼓励女儿还给同学,并要求她向人家承认错误,还告诉她别人的东西再好也不可以拿。如果喜欢,可以和爸爸妈妈商量,自己买,等等。女儿都答应了。
>
> 我以为事情就这样结束了,没想到后来和女儿的另一个同学小兰的妈妈通电话时,她告诉我说小丽还卡片时又撒谎了,她说卡片并不是自己拿的,而是小兰拿的,她只是帮小兰还回来而已。
>
> 我听了以后很惊讶,真不敢相信小小的女儿变得这么复杂,竟然可以用一个谎言掩盖自己的错误,难过、生气、慌乱,许多感觉交织在一起。
>
> 晚上回家后,我问女儿那天是怎么和同学说的,她似乎意识到了自己的谎言露了馅,有点儿不安,但并没有当场说出真话,只说自己忘了。
>
> 我也实在没有耐心再听她继续撒谎了,就开始大声地训斥她,并且要求她明天分别向两个好朋友道歉。可是女儿却哭着跑开了。
>
> 第二天早上,火气消了以后,我问女儿为什么要说谎,她说,因为怕同学笑话她,所以才那么说。
>
> 刹那间,我理解了她,因为女儿自尊心比较强、爱面子,

于是我进一步告诉她，做错事就要勇敢地承担责任，否则这是一个比前一个错误还要严重的错误。女儿点了点头，说自己知道错了，以后再也不撒谎了。

仔细想想，父母生气并非没有理由：辛辛苦苦养大的孩子怎么转眼间就变成了一个说谎精，平日里品德教育的作用都去哪里了？可是，生气归生气，生气之后就应该立马冷静下来，找找孩子说谎的原因。要知道，只有对症下药，才可能让孩子真正改掉说谎的习惯。

需要注意的是，不少父母总觉得撒谎是一个不可饶恕的错误，撒谎的孩子一定是品行出了问题。其实，仔细分析孩子说谎的原因，就知道这种说法有些小题大做了。孩子撒谎固然不好，但是并非孩子的所有错误都与"品德不端"有关。许多时候，孩子犯错的最初原因可能在家长身上，也可能是无意中模仿大人的不实之词，或出于自我保护的本能，或为了迎合家长的过高期望，满足某种虚荣心。孩子犯错，作为家长要正确理解并加以引导，根据不同情况客观分析，对他进行正确的教育引导。即使孩子犯了错，只要说了真话，就应肯定他的表现，并引导他不断完善自己。

另外，据成长心理学统计，孩子从3岁开始就有撒谎的倾向，到小学二三年级这种现象会更加严重，因此不少父母经常会忧虑孩子的这种谎言，害怕这会成为一种习惯。其实，大可不必担心，因为心理学研究已证明，会撒谎的孩子比不会说谎的更具创造力。为什么？所谓说谎，即是一种说出假想经历的能力，是一种能把语言和行为分开的能力，与"无中生有"的创造力有密不可分的关系。孩子只要不是谎话连篇，或有意说谎，父母还应该适当保护并正确转化这种创造力。

第五章

营造良好的沟通氛围

无论是什么人,受到激励而改过,是很容易的事情。受到责骂而改过,则是比较不容易的。小孩子更喜欢听好话,不喜欢听恶言。但在生活当中,不经意间就会发现父母和孩子的对话充满了命令与强制。很多父母一不小心,就忽略了孩子也是个独立个体,也有独立的人格和鲜明的个性心理特征,也愿意做自己生活的主人。其实,牛不喝水,不能强按头。牛若喝水,又何须强按头?最好的父母一定是擅长沟通的父母,而良好的沟通氛围能让亲子沟通事半功倍。

1. 物质弥补不了情感饥饿

一项"家庭教育大调查"显示,亲子共处时,妈妈与孩子最常从事的活动是一起看电视,这大约占到调查人数总数的 35%;其次就是妈妈辅导孩子学习,这大约占到 25%;剩下的则是其他事情,如游戏等。而妈妈每天和孩子说话的时间,仅有半小时左右,而且内容多是"教导性"的。

在这种情况下,家庭教育出现了"想要"和"需要"之间的落差,家长希望的是:孩子功课棒、才艺佳、听话又乖巧。所以,家长花时间与精力最多的,还是处理"课业与升学的压力""孩子学习的状况"等问题。然而,孩子最希望与家长分享的是"心情和情绪",他们的心愿是家长能多和自己说说话,而不是总问"你今天的功课完成得怎么样""今天你学会什么了"等等。

当今社会,人人都顶着压力前进,作为上班族的家长们常常在跟时间赛跑,但无论如何,都要挤出时间陪陪孩子,和孩子聊聊天,分享他的心事。即使陪伴孩子的时间很短,但只要注重质量,仍然能让孩子感受到父母对他的关心,从而建立良好的亲子关系。

下面这个有心的妈妈就想出了一个聪明的方法:

从去年六一开始,我把抽出时间与儿子交流这件事列为了每天的工作内容。

每天中午,我都会用电话与儿子联络,问儿子学习有什

第五章
营造良好的沟通氛围

么困难、老师对他有什么要求、需要妈妈给什么帮助等。开始，儿子吞吞吐吐，不太爱讲，但经不住我的启发和开导，他便把学校的困难、与同学的交往，甚至有哪个同学欺负他等，都讲给我听。我帮他分析原因，指点做法，引导他正确处理，使他感到每次与妈妈"煲电话粥"都很愉快，都充满喜悦和信心。

慢慢地，每天中午，我不打电话去找他，他就会给我打电话，向我汇报学习上的困难，讲述生活中的趣事、思想上的困惑。他还调皮地称中午时间是"妈妈时间"，是"热线时间"。

还有一位母亲，她从孩子很小时就注意和孩子的情感交流。每天在孩子上床时都要问问他："今天过得开心吗？"孩子长大后，就形成了在睡前和妈妈沟通的习惯，有什么不顺心的事就像朋友一样告诉妈妈。有了这样的感情基础，孩子就容易接受妈妈的建议和忠告，容易跟妈妈建立起朋友般的关系。

如果缺少家长的陪伴与沟通，孩子就容易出现"情感饥饿"。"情感饥饿"的孩子特别喜欢撒娇、任性，偶尔还会做出一些古怪的行为，以引起家长对他的注意，或者极端地自闭内向、郁郁寡欢。

家长们往往是在孩子出现这些情况以后，才发现自己的失职，后悔不已，也许已经来不及了，因为弥补受到伤害的亲子关系，赶走孩子的"情感饥饿"，也许要花很长的时间，也许永远也不能恢复如初。因此，我们要从孩子小的时候就注重与孩子的交流，这是一个温暖的家庭必不可少的活动。

2. 试着做孩子的知心朋友

美国总统西奥多·罗斯福有句名言："在儿子面前，我不是总统，只是父亲。"他也将这句名言彻底贯彻在自己的日常生活中。他很少用命令的口吻跟孩子说话，而是一直以一种平等的姿态与孩子进行平等的交流。在他的传记中，记述了很多此类事件。更有意思的是，他年纪大了之后，虽说贵为总统，但也会像普通人家的老父亲一样，主动在饭后洗碗，这是何等的难能可贵。

中国也有句俗话，"孩子再大也是孩子"，它不是一句简单的空话，如果想改善亲子关系，做父母的就应该主动理解孩子，相信孩子，做孩子的知心朋友。如果将自己放在了高高在上的位置，那么在和孩子的交流中很容易让孩子产生距离感，甚至是逆反心理，这都不利于家庭教育。那怎么样做到与孩子进行平等的对话呢？

首先，要意识到孩子是一个独立的个体，不是父母的附属品，这是与孩子进行平等对话的前提。可是，许多父母习惯于把孩子看作自己的一部分，甚至是自己的私有物。在他们的潜意识里，都有这种想法，即孩子是自己的骨肉，自己辛苦把孩子养育大，就可以把孩子当成自己的私有财产，自己也当然有权利安排他们的人生。

其次，在与孩子的交流过程中，要认真地去考虑孩子的想法，不要总觉得他只是个孩子，什么都不懂。这也是中国式家长最容易犯的一个错误。

凡凡是一名小学三年级的学生，她很喜欢跳舞，可是她的妈妈总觉得跳舞太耽误学习，不让她去学习。

第五章
营造良好的沟通氛围

有一天,凡凡想了很久,决定跟妈妈订一个约定,那就是,如果她努力学习,成绩一直能保持在班级前五名,妈妈就得答应她去学跳舞。晚上,等妈妈下班后,凡凡很高兴地走进了妈妈的房间。

"妈妈,我想跟你签个合同。"

"小孩子家的,知道什么是合同吗?好了,别闹了,去看书去。"

"可是,妈妈……"

"好了,哪里来的这莫名其妙的想法。学习去吧。"

凡凡沮丧地离开了妈妈的房间。

就这样,凡凡的妈妈不仅失去了一次与孩子交流的机会,也失去了一个愿意主动交流的女儿。此后,当她意识到问题的严重性时,再去补救,也没能收到预期的效果。

最后,也是最重要的一点,那就是要放下家长的权威,允许孩子自由地表达自己的想法,尤其是在关于孩子的未来发展这种事情上。父母爱孩子,总是替孩子考虑和安排,却很少去考虑孩子的想法和感受,只要父母觉得好,孩子就必须接受。其实,这对孩子非常不公平,也影响亲子关系,很多青春期的孩子和父母的矛盾冲突激化也正源于此。

其实,这种矛盾并不难化解,那就是和孩子展开平等的对话,先听听孩子的想法,考虑一下孩子的感受,再往下进行。且看下面的例子:

依依又和妈妈吵架了,妈妈和依依都搞不清楚,这是从她上初中以后,母女之间第几次的"战火"了。

好在这一次,依依和妈妈吵完架后,虽说也很生气,但没有像前几次一样持续冷战,而是回到自己的房间中,迅速写了一封信，然后递给了还在沙发上生气的妈妈。

信是这么写的——

妈妈：

　　请原谅我不想再称呼你为亲爱的妈妈，这是因为我也很生气。我们总是吵架，没完没了。用爸爸的话说是"三天一小吵，五天一大吵"。我对于我们之间的吵架也很厌烦。

　　我知道你是爱我的，做很多决定也是为我好。可是，我还是受不了你总是自作主张地替我决定未来。

　　我觉得自己已经不是一个小孩子了，我有权决定我自己的一些事情。就比如今天这件事情，我不想整个暑假都学习，我想出去旅游，而且爸爸都已经同意了，那为什么你又给我报了一个补习班呢？

　　妈妈，我希望你不要生气，不过我还是要说一下我的这个要求：请你考虑一下我的感受，尊重一下我的决定。

　　最后，谢谢妈妈。

你的女儿：依依

依依妈看完信，陷入了思考：孩子真的大了，也许真的应该用一颗平等的心来和她谈事情了。

只有在平等的时候，爱才会给人最温暖的感动。不平等的爱，带给人更多的是压抑。恋爱的人之间是这样，父母对孩子的爱也是这样，只有平等地对待孩子，和孩子交流，做孩子的知心朋友，孩子才会更多地感受到父母温暖的爱。

3. 温和的态度更容易让孩子接受

著名教育家陈鹤琴在《家庭教育》一书中举过这样的例子：一次，他看到自己的儿子拿着一块破旧的棉絮裹着身体，当成毡毯玩。陈鹤琴思考了一下，对孩子说："这旧棉絮是很脏的，是有气味的，我想你一定不会喜欢的，你可以去向妈妈要一块干净的布，好吗？"孩子听了之后，高高兴兴地就去找干净的布了。如果是你，你会怎么做呢？

无论是什么人，受到激励而改过，是很容易的事情；受到责骂而改过，则是比较不容易的。小孩子更喜欢听好话，不喜欢听恶言。但在生活当中，不经意间就会发现父母和孩子的对话充满了命令与强制，比如：

"去，给我回家写作业去！"

"不准说话，赶紧吃饭！"

"今天必须去辅导班听课！"

……

很多父母一不小心，就忽略了孩子也是个独立个体，也有独立的人格和鲜明的个性心理特征，也愿意做自己生活的主人，而不是一直被父母命令，被动地接受。牛不喝水，不能强按头。牛若喝水，无须强按头。命令的方式应慎用，尤其不能滥用。

举个现实生活中的小例子：

小宇今年5岁了，这天，他正在跟隔壁的小同在小区的花园里抓蝴蝶，突然他的妈妈急急忙忙拉着他往小区外面走。原来，妈妈有急事要出差，准备把小宇送到姥姥那里，爸爸已经在小区外面等着他们了。

然而，小宇的妈妈并没有对孩子说明原因，她想，小孩子家家的，跟着父母走就行。但小宇却说："我要抓蝴蝶。"

"抓什么蝴蝶，妈妈有急事，快！"妈妈边说边拉着小宇往外走。

结果小宇就是不走，妈妈使劲拽了他两下，小宇不知所措，大哭了起来。妈妈着急了，就打了小宇一巴掌。小宇更委屈了，在地上打起了滚儿，伴着大声的哭嚷，吸引了很多人的目光。

这时候，小宇的爸爸走了过来，一边走还一边问："怎么这么慢？"

"这孩子太不懂事了，死活要抓蝴蝶。"小宇的妈妈说道。

"小宇，爸爸跟妈妈今天有急事，要把你送到姥姥家，等从姥姥家回来，我们再和小同抓蝴蝶，好不好？"爸爸蹲下来，对坐在地上哭泣的小宇说。

小宇抹了抹眼泪，点点头。爸爸抱起他往外走，妈妈向爸爸伸出了大拇指。

除了上面的情形，生活中还有一些情况需要父母们注意，比如当孩子用手抓饭吃，妈妈打了孩子的手，孩子哭了，正哭得喘不过气来时，爸爸如果命令孩子"不要哭，闭上嘴"，孩子又不是能受胯下之辱的韩信，怎么能憋得住这口气？先理解，才能化解，家长中只要有一个稍微懂点儿童心理学，就不会出现一地鸡毛的场面。

成人喜欢命令，也习惯于接受命令，但对孩子来说，那些不无摧残心灵、摧残健康等副作用的命令，是孩子不能执行，听从不了，也不应该接受的。

其实，有一种比命令更好的方式，那就是沟通。

第五章
营造良好的沟通氛围

父母们可以用心体验一下,自己在命令孩子的时候,说话的态度是不是简单而生硬的?而在和孩子沟通时,虽然事情还是那件事情,但说话的口气已不由自主地平和了下来。同样,温和的态度也更容易让孩子接受,而粗暴的态度往往会遭到孩子的反抗。这是因为,孩子在接受命令时是被动的,而在沟通时孩子是主动的。比起被动的指派,主动的接受就多了一种愉悦的心情,这也是孩子为什么讨厌父母直接命令的原因。

4. 倾听孩子的喜怒哀乐

我们都喜欢跟自己的朋友交谈,因为在我们悲伤时,朋友会给我们鼓励;在我们生气时,朋友会给我们安抚;在我们愤怒时,朋友会让我们平息;在我们快活时,朋友也可以和我们一起分享。总之,我们的一切情绪都会得到朋友的积极回应。

"回应",这是人际交往的关键词。孩子对父母也有这样的渴望,他们也很希望自己的言行得到父母的积极回应,希望父母可以饶有兴趣地倾听自己的喜怒哀乐。

> 受一位叔叔的影响,有个男孩刚上初中,就成了一位超级球迷。虽然他学业比较繁重,可是每次有足球比赛,都要"力排众议",彻夜不眠地看。
>
> 他也很愿意给母亲讲关于足球的事情,可是每次对母亲说起足球轶事,母亲都没有一点儿兴趣,偶尔还会在儿子半夜看球时呵斥他。慢慢地,儿子就再也不跟母亲聊足球的事情了,这让母亲心里有些不好受。

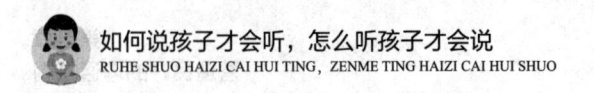

于是母亲给儿子写了一封信，内容如下：

儿子，你是一个铁杆球迷，为了看球，甚至可以不吃饭、不睡觉。说实话，我原本无法理解，对我来说，足球只是一堆人争夺一个球的无聊游戏。你常常深更半夜悄悄起来看英超、意甲转播，虽然为了不吵醒我们，你总是把音量调到最低，但是，你那压抑的激动声响，和偶尔克制不住而发出的大声喝彩，还是会惊醒我，那时，总免不了给你一顿教训。

可有一天，一个念头突然冒出来：能够让你如此如痴如醉的足球，到底为何能吸引你呢？我怎样才能够体会你在看足球时的快乐呢？有机会一定要尝试一下。

对此，儿子在几天以后的日记中回应道：

奇迹果然出现了！不但是塞内加尔的奇迹，也是我妈妈的奇迹——她竟然开始想了解足球了，还看报纸的介绍、评论，又抽时间来看球赛，甚至还想了解贝克汉姆、罗纳尔多。当我们同时情不自禁地站起来给中国队加油的时候，我感到我们的心灵第一次如此相通。我心里只想说：能跟妈妈分享我的快乐，我真高兴！

我们都希望有人分享自己的欢乐与悲伤，孩子更是如此。我们都希望在讲述自己的喜怒哀乐时，能得到他人积极而正面的回应，孩子也是如此。可是，有多少父母在孩子向他们诉说自己的喜怒哀乐时，能做到饶有趣味地倾听呢？很多父母，在孩子滔滔不绝地讲述着令自己高兴的事情时，嗯都不嗯一声。这还算好的，不好的就是直接打断孩子的话，让孩子不知所措，兴味索然。

久而久之，孩子肯定不愿意再和父母分享自己的生活。因为这种打断和敷衍会给孩子一种感觉，那就是：父母是不关心自己的，要不然他为什么不感兴趣？所以，在听孩子讲话时，父母一定要认真积极地回应。

父母的回应，一方面可以让孩子感受到父母对自己的关心和爱护，从而愿意与父母分享更多的自己成长中的故事，有助于父母了解自己的孩子；另一方面，也是对孩子的一种鼓励，使孩子更加从容地把自己内心的想法表述出来，这对于孩子日后的表达能力和交流能力的提高都是有益处的。

有些家长为了维护其尊严和权威，往往对孩子实行命令主义，总要摆架子，对孩子过多地批评、指责，极少鼓励、赞扬。这种家庭教育方式让孩子怎么开口讲心里话呢？有些父母因孩子动作慢，索性代劳，当孩子想表达自己的意见时，父母却抢着说。这种不耐心倾听的结果，会干扰孩子创造性的思考过程，使他变得沉默、依赖，凡事站在一边，遇事站在父母背后。

5. 正确面对孩子的负面情绪

孩子和我们成人一样，有他们自己的烦恼。他们也会郁郁寡欢、怒不可遏、无理取闹……这些情况都很正常。作为家长，我们首先应该接受孩子的负面情绪，随时关注孩子的情绪变化，并在此基础上积极引导。

在面对孩子的负面情绪时，家长保持良好的情绪是关键。在很多时候，虽然我们深爱着自己的孩子，但是在生气的时候也会表现出否定、责备，这会让孩子忽略我们的目的，而更加关注我们的情绪。双方都变得情绪化，孩子大声嚎哭，父母怒不可遏，这是谁都不想看到的场景。

曾经有一位教育家说过:"最好的父母一定是懂得孩子心事的父母,是在孩子最需要的时候给孩子关怀的父母。"其实每个父母都想做优秀的父母,希望自己可以懂孩子内心的想法,能在关键时刻给孩子帮助。然而,有时这确实是一件很难的事情。

一天,张江闷闷不乐地回到家,丢下书包,半天什么话也没说。妈妈一看就知道,这小子有心事了。

"儿子,怎么了?有什么事情跟妈说说?"张江妈温和地问道。

"有点儿烦!"张江的语气中充满了怒火。

"说说吧,看妈能不能帮你。"张江妈继续温和地说。

"你不知道,今天去上学的时候,正好遇到我们班一个女同学,当时她拎的包很沉,所以我就帮她拿了,我们俩一起走到了教室门口。没想到同学们见了都起哄,连老师也误会了。唉!"

"原来是这样啊!被人误会了,心里肯定不好受,但你帮同学拿东西是好事,大家取笑一下也没什么恶意,老师以后也会明白。"

"嗯。"听了妈妈的话,张江的心情马上变好了,高兴地做作业去了。

孩子在成长的过程中,会遭遇到各种各样的问题,有时候他们会选择主动求助,有时候也会把不快藏在心里。这时候,就需要父母及时关注孩子情绪的变化,从细微的地方去感知孩子是不是遭遇到困难,从而帮助孩子解决困难。

第五章
营造良好的沟通氛围

最近,在回家的路上,小虎总是被高年级的同学欺负,他们还恐吓小虎,如果敢告诉家长、老师,就让小虎好看。这让小虎心里很害怕,即使回到家里,也是一副担惊受怕的样子。

他很想跟爸爸说说这件事,可是想到同学的恐吓,不敢张嘴。爸爸隐隐地感觉到儿子似乎有什么话要跟自己说,于是问了一句:"虎子,你有话要跟爸爸说吗?"

"没、没有。"小虎欲言又止,结结巴巴地回答道。

"哦,没有就去写作业吧。"

就这样,小虎的爸爸虽然感觉儿子有些异样,但没能进一步"侦察",结果失去了一次帮助小虎的机会。最后,悲剧发生了。有一天,小虎实在忍受不了那些同学的欺负,开始反抗,用一把小刀划伤了其中一个同学的胳膊,那位同学住了一星期的院才恢复健康。

试想一下,如果小虎的爸爸能够进一步了解孩子情绪变化的原因,并细心地引导孩子,悲剧恐怕就不会发生了。这样做,不仅能及时帮助孩子解决问题,更能给孩子力量和支持,让孩子更有勇气战胜困难,并同父母更亲近。

强子已经上初三了,再也不像小学时那样,什么事情都愿意跟妈妈说,这让妈妈很沮丧。妈妈没有一叹了之,开始关注儿子的情绪变化,希望能找到一个机会,让孩子主动跟自己说说心里的事情,及时给孩子出出主意,帮帮忙。

有一天放学后,强子生气地回到家中,用力地把一本物理书摔在沙发上,然后就躲进了自己的房间。妈妈感觉到儿子很生气,马上敲开了他的房门。

"儿子,你怎么了?我感到你很生气,而且跟那本物理书有关系。"

"是,今天下午,我们的物理老师给我们讲题,我突然想到了这道题其实还可以用另一种方法去解,于是就站起来对老师说了,结果被批评了一顿,说我没有礼貌,随便打断他讲话,自以为是,引用了好几个成语,乱七八糟一大串!"

"怎么也得等你讲完自己的想法再批评你嘛!"

"对,我也觉得,但他没有给我任何机会,上来就是一顿批,让我很生气!"

……

就这样,母子俩谈了好久,到最后,强子不生气了,妈妈也很开心,因为她好久都没跟儿子说这么久的知心话了。

孩子的成长需要家长的关怀,家长要学会做一个有心人、细心人,多抽些时间陪陪孩子,多注意孩子情绪的变化,才能成为孩子的知心人,孩子才愿意把心里话告诉你。

第六章

让孩子信任并接纳我们

实际上，只要不是非常过分，孩子对父母有所疏离是一种正常现象。这种疏离也并非无药可医，无法可治。我们要知道，让父母与孩子交流受阻的关键原因并不是青春期造成的心理变化，而是父母和孩子之间缺乏共同语言。再加上有些爸爸妈妈常年忙于工作，不重视与孩子的交流，好不容易有了和孩子沟通的机会，又往往将侧重点放在孩子的学习成绩上，对孩子真正感兴趣的事情置之不理。这种价值观的不同，才是直接导致父母与孩子隔阂的罪魁祸首。

1. 教育的过程少不了陪伴

世界卫生组织公布的一项研究数据表明,平均每天能与父母共处两个小时以上的孩子,其智商要比那些没有和父母相处的孩子高。那些长时间没有父母陪伴的孩子,在成长过程中则容易表现出"情感饥饿",从而刁蛮任性,或者多疑胆怯。因此,不少教育专家都建议,父母不管多忙都要抽空陪陪孩子,以满足孩子的情感要求,让孩子健康快乐地成长。

生活中经常会有如下的场景:

> 鹏鹏的爸爸是一家建筑公司的经理,经常要去工地,早出晚归,有时候周末还要去外地。鹏鹏几乎很少和爸爸交流,鹏鹏很希望像别的小朋友那样和爸爸玩游戏。
>
> 这天,爸爸终于有时间休息了,鹏鹏特别高兴。
>
> "好,爸爸就满足一下你小小的心愿。那我给你读一下新买的那本故事书吧。"
>
> "哦,爸爸真棒。走,我们去客厅吧。"说完,鹏鹏就拉着爸爸往客厅走。
>
> 父子俩来到客厅,爸爸刚把书翻开,准备给鹏鹏讲故事,手机就响起来。
>
> "儿子,坐在这里等等爸爸啊,我接个电话,马上就回来。"爸爸说完就去和客户聊开了,把鹏鹏晾在一边。

第六章
让孩子信任并接纳我们

打了一通电话之后,爸爸回来找鹏鹏,刚要开始读书,没想到微信语音又响了。

"鹏鹏乖啊,爸爸再耽误一下。"爸爸说着又走开了。

鹏鹏心里很难过,觉得原来爸爸这样不重视自己,"算了,还是一个人玩吧"。他拿着故事书,闷闷不乐地回到了自己的房间。

这样的片段,在很多家庭中都出现过,父母们往往觉得这没什么,小孩子嘛,事后哄哄就好了。哄哄,不就是专家所谓的情感需要吗?可是站在孩子的立场来看,事后补救的效果如何姑且不说,这起码是对孩子的不尊重,会让孩子产生失望心理。

此外,还有一种情况,很多家长由于工作确实很忙,实在抽不出时间来和孩子交流,自己内心也是充满愧疚,于是就用物质来弥补孩子,希望以此减少自己对孩子的愧疚感。

但是,这样的效果真的好吗?答案显然是否定的。相对来说,成人世界或许更需要物质多一些,而在孩子的世界里情感才是第一位的。如果没有父母的陪伴,再多的物质也是难以弥补的。

再看下面的例子:

华清的爸爸工作很忙,可以说是以岗为家,早出晚归,华清很少能看到爸爸。因为每天早上他还没有起床,爸爸就上班去了;晚上他要上床睡觉了,爸爸可能加班还没有回来。

其实爸爸心里觉得很愧疚,也不知道用什么样的方法来补偿孩子,他所能想到的,就是用物质来回报孩子。

于是,每当爸爸出差回家,就会召唤华清:"华清,快来看爸爸给你带什么好东西了。"

华清立马从自己的房间跑出来，接过爸爸手中的礼物，说"谢谢爸爸"，然后又跑回自己的房间玩去了。

几乎每次出差，爸爸都不忘给华清带礼物，华清好像也摸清了爸爸的行动规律，每当爸爸出差回家的时候，他就会主动地跑出来，但眼睛不是看向爸爸，而是盯着爸爸手中的礼物，接过礼物就自己玩耍去了。

有那么几次以后，爸爸有点郁闷，但转念一想，孩子嘛，就是贪玩，也就不以为意了。

但有一次，爸爸出差回家时很匆忙，忘了带礼物给华清，而华清也像往常一样高兴地从自己的房间跑出来迎接爸爸，然后失望地说："咦，你怎么这样就回来了？没有给我带礼物吗？"听到孩子这样的问话，爸爸哑然。

不难看到，就连华清的爸爸这样的成年人，也是有各种情感需求的，稍有变化，他们就会敏锐地感觉到。然而，孩子最需要的，并不是好的玩具和礼品，而是父母的关怀、陪伴和交流。很多家长在年轻的时候没有时间陪孩子，等到孩子长大之后，他们痛苦地发现，孩子已经不愿意和他们沟通了。

另外，正如我们在例子中看到的，如果总是单纯地靠物质和孩子进行沟通，那会让孩子把沟通看得很功利。

父母们应该静下心来想想，你们努力地在外打拼，为的就是让孩子生活得更好，可是在教育孩子的问题上，总是出现重大的失误，是不是有点儿得不偿失呢？因此，不管你有多忙，只要你有孩子，就想办法多陪陪他们吧。

2. 理解是建立默契的开始

很多人都听说过"代沟"一词，很多家长也习惯性地用它来解释育儿过程中的亲子隔阂。其实，关于代沟是否存在这个问题，学术界一直有着激烈的争论。退一步讲，就算有，它也不是什么难以逾越的鸿沟。

在有耐心、有办法的家长面前，父母和孩子之间没有什么是无法沟通的，每一个父母都是从孩子一点点长成大人的，孩子又不是外星人，怎么会无法沟通呢？

一个心理学家曾经在书中讲过这样一个真实的故事：

> 一个孩子灰溜溜地出现在我面前，不用猜，肯定是闯祸了。果然，他因为喜欢打邻居家的猫，被警告了好几次，但他还是不听。
>
> "是因为有什么心事吗？其实，我能理解你。我年轻的时候也做过一些不好的事情呢。"时光回到了我的少年时代。
>
> "在我读初中的时候，父亲做生意，亏了很多钱。在长达三四年的时间里，总有来路不明的自行车停在我家院子里，等着要账。有一年快过年的时候，还有两三个收账的就是不走，我当时心里特别难受，也很埋怨父亲。后来，我形成了一个习惯，就是但凡看到陌生的自行车停在我家，就会想办法拔了人家的气门芯，让它鼓着进来，瘪着出去。这件事渐

渐被爸爸发现了，我挨了一顿打。其实，我当时也明白自己这样做是不会让家里少还一分钱的，要账的走着也能来，我总不能在地上铺钉子扎人家的脚吧！但我心中的委屈和痛苦需要发泄，所以我一如既往地拔气门芯，直到家里要账的人越来越少。一度，我甚至以为真的是自己的办法奏了效。"

"这是我小时候的功绩之一，还有很多呢。唉，小时候自己做了错事还不觉得错呢。"

……

"我打那只猫，是因为它什么都不干就可以吃东西，我却要好好念书写作业才能吃饭，这不公平！"他终于开口了。

"嗯，是不公平，不过你打猫也不起作用啊。"一个拧在孩子心中的结，慢慢打开了。

人在年幼的时候，对周围的事情都非常敏感，并且感受很细致。但是成年之后，大部分人会忽略那些细微而丰富的东西，并且忘记了自己曾经年轻过，觉得读不懂现在的孩子，无法理解孩子。其实，这些父母在小的时候也有孩子一样的心路历程，只是他们忘记了而已。

20世纪70年代，流行中山装、红星帽，左胸口插一支钢笔更时髦；80年代，流行喇叭裤、波浪发，扛着录音机上街更拉风；90年代，流行染发，挑几缕金黄色的最有回头率；现在，流行直播、自拍，在社交平台上说什么都能找到共同语言……时代一直在变化，而人的成长轨迹还是一样的，渴望表达、渴望被重视、渴望成功，改变的不过是抒发这些情绪的方式罢了。

什么时代都有不顺应时代潮流的人。如果说以前相差十几二十几岁才会有代沟的话，那么，在快节奏的今天，相差几岁就会有"沟"，甚至"三岁一代沟"。孩子们肯定会受影响，家长们必然需要时不时

第六章
让孩子信任并接纳我们

地反思一下，想想自己年轻的时候是什么样子，是否也经历过类似的问题，那时候的自己最希望父母怎样做……这样就知道现在身为父母的自己该怎么做了。

家长可以多回顾自己的年轻时代，这样就可以明白孩子与自己有些矛盾、有些过错实在不是什么新鲜事，多多理解孩子，孩子的成长是需要爱和包容的。只有真正地理解孩子了，孩子与父母才可能建立一种默契。

我们来看一个具体的例子：

> 每天下午放学后，小克只要吹一下哨子，小克的爸爸就会抱着足球跑向儿子。而等到晚上七点吃完饭，小克的爸爸只要眼睛瞅一下钟表，小克也会自觉地关掉电视，回到自己的房间写作业。邻居们都说这是一对天生就非常有默契的父子。
>
> 可是，只有小克和爸爸知道，这种默契的建立实在是来之不易。以前小克十分爱玩，喜欢踢足球，讨厌写作业。小克的爸爸试了各种各样的办法，包括把小克锁在屋子里强迫他写、没收小克的足球让他没办法玩等，可是都不见效。直到有一天，小克对爸爸大喊："难道你小时候就只爱写作业，不爱玩吗？"小克的爸爸才想起了自己当年也很爱玩。于是他也开始理解小克了。最后，他和小克商量，能不能每天他先陪小克玩一会儿，然后小克就乖乖地自己写作业？没想到小克很爽快地就答应了。刚开始，小克玩了一会儿后，写作业还得他去催促，后来，只要爸爸一看钟表，小克就知道自己该写作业了，父子之间默契了不少。

看得出来，小克的爸爸使用了必要的技巧，而不是一味地迎合。但前提是，他在小克的提醒下，理解了自己的孩子。我们都希望和孩子建立一种默契的关系，那就不妨学学小克的爸爸，在多多理解孩子的基础上，正确地引导孩子。

3. 不和对着干的孩子对着干

孩子小的时候，父母总盼着他长大，可是年龄稍大一点儿，孩子就会和父母顶嘴，或者干脆跟父母对着干。比如，你要让他换衣服，他偏不换；叫他早点儿睡觉，他故意翻过来调过去地不睡；让他写作业，他偏要先玩一会儿……而且你越是说他，他越是有理由。你越是要求严格，他越是对着干，蹬鼻子上脸。气得父母一声长叹：前世的冤家！

孩子究竟是怎么了呢？怎么突然间就这样不听话了？

还是先看一个案例吧：

> 小君的爸爸妈妈是一对很开明的父母，一直以来跟小君都很有默契。可是小君的妈妈最近发现，儿子自从读小学六年级以来，性格发生了显著变化。他似乎不像以前那样喜欢跟父母交流了，对于父母的一些做法和看法，他也时不时地提出反对意见。有一段时间，他甚至特别喜欢跟自己的父母"对着干"：父母要求他做的事情，他总是找各种理由拒绝；父母给他的意见和建议，他也经常当作耳旁风；当父母想要跟他好好谈谈的时候，他没听几句就转身出门。
>
> "小君，你上次不是说想去看话剧吗？这周末妈妈陪你

第六章
让孩子信任并接纳我们

一起去看吧。"

"不了,我现在不想了,我周末想要跟同学一起去唱歌。"

"小君,过两天就是你的生日了,以前你总想请同学到家里来玩玩,明天爸爸妈妈就给你们足够的时间玩,我已经帮你们准备了很多零食,到时候你们可以好好聚聚。"

"不用了,我现在觉得还是去外面过比较好,我已经跟同学们说了,把地点定在必胜客。"

"那爸爸妈妈也去,顺便帮你买单?"

"不行,我请的都是同学,你们去不合适。"

"你这孩子,怎么总喜欢跟父母对着干?也不想想如果你是父母,我们老是跟你这么对着干,你心里会好受吗?"妈妈很委屈地对小君说,惹得小君的爸爸哈哈大笑。

"你笑什么?孩子都这样了,你也不管管。"妈妈把矛头对准了爸爸,小君趁机回了自己的房间。

就事论事,例子中的小君之所以会经常做出与父母"对着干"的举动,与青春期的叛逆心理密不可分。在生活中,面对孩子成长发育过程中的这些心理特征,父母应该多多了解和关心,并在此基础上通过实际行动帮助孩子走出成长过程中的困惑,帮助孩子健康成长。当孩子出于叛逆而做出一些不合时宜或错误的事情时,父母更应该好好引导和教育,而不是一味地对孩子进行指责,这会让孩子更加反感父母,也更加叛逆。

苹苹下学期就读初中了,妈妈发现,她最近变得有些奇怪,总喜欢跟同龄人聊天,却什么话也不跟家人说。有时候妈妈问上好几句，她才勉强回应一两句。更让妈妈担忧的是，原本乖巧的女儿似乎一下子变得叛逆起来了，在很多事情上都喜欢跟父母对着干。

比如有一天，妈妈高兴地告诉她："苹苹，你不是一直想学舞蹈吗？我们昨天已经帮你联系好了，明天就带你去报名。"

"舞蹈？我现在已经不想学了。"苹苹没好气地答道。

"你这孩子，上次不是哭着嚷着要去吗？妈妈费了很大的劲才帮你联系上，现在怎么不想学了？"

"就是不想学了，我就不喜欢按照你的意思去做，总是顺从你！"

妈妈既生气又诧异。

这个时候，苹苹妈应该怎么跟孩子说呢？硬碰硬行吗？当然不行。这样做的话，只会让孩子的逆反心理更加强烈。其实，苹苹的妈妈不妨和孩子好好商量，在商量的过程中也不要急于说服孩子，而是先听孩子倾诉，把好她的脉，再来对症下药，就可以药到病除。

4. 努力和孩子寻找共同话题

有不少父母发现，孩子越是长大，和自己的关系越是疏离，特别是正处在青春期的孩子。还有一些父母发现，自己的孩子非常善变，在学校中和在家中判若两人，在学校活泼开朗，在家中却一言不发。

实际上，只要不是非常过分，孩子对父母有所疏离是一种正常现象。

第六章
让孩子信任并接纳我们

孩子长大了，他们渴望挣脱父母的束缚，渴望有自己的空间，按照自己的意志安排生活，同时也希望父母给予理解和支持。如果不被理解，就会表现得叛逆。

这种疏离，也并非无药可医，无法可治。我们要知道，让父母与孩子交流受阻的关键原因并不是青春期造成的心理变化，而是父母和孩子之间缺乏共同语言。再加上有些爸爸妈妈常年忙于工作，不重视与孩子的交流，好不容易有了和孩子沟通的机会，又往往将侧重点放在孩子的学习成绩上，对孩子真正感兴趣的事情置之不理。这种价值观的不同，才是直接导致父母与孩子隔阂的罪魁祸首。

想摆脱这种僵化的亲子关系，最好的方式就是试着和孩子做朋友，努力寻找和孩子的共同语言。我们来看一个现实生活中的例子：

> 超超是个农村儿童，由于父母平时在外地打工，而且工作很忙，超超从小就跟着爷爷奶奶生活，直到上初中，才被父母接到城里借读。
>
> 由于长期没跟父母生活在一起，起初，超超跟父母的关系并不是很好，动不动表现出对父母的不信任与不耐烦，并且凡事都喜欢跟父母对着干。
>
> 超超的妈妈与儿子沟通了好几次，都以失败告终。她百思不得其解，也非常苦闷。但她在潜意识里觉得，应该试着走进孩子的世界，努力寻找与超超的共同话题，缩小母子之间的距离。在得知超超喜欢打篮球后，妈妈找到了突破口。
>
> "儿子，今天是周末，你想要打球吗？带妈妈一起去吧，我也想活动活动筋骨。"妈妈问。
>
> 起初，超超还不太愿意和妈妈一起去球场，总找各种理由推脱，可几次之后，他发现，妈妈不仅在球场上配合得非

常默契，一定程度上还是个高手，只是多年为生活打拼，让她忽略了这些。

打完球，妈妈还总是不无骄傲地说："儿子，你在球场上表现真棒，以后有时间再一起切磋。"听完这些话，超超会心一笑，与妈妈的距离感不复存在了。

这是个日新月异的时代，有时候，仅仅是为了与孩子交流，父母也要有意识地不断提高自己，多关注一些新鲜事物，多关注孩子喜欢的东西，努力让自己的思想跟上时代，不要让孩子觉得自己很老土。

比如，孩子很喜欢流行歌曲，父母也不妨试着学唱几首，体会一下孩子的感受。再比如，跟孩子聊聊他们喜欢什么类型的电视与电影，谈谈他们瞩目的偶像与主角，而不是一边跟他们抢遥控器，一边打压他们不成熟的审美。

我的同事李姐讲过一段亲身经历：

有一天，我跟孩子一起坐在沙发上，电视里正在播放韩剧《秘密花园》，女儿看得兴高采烈，这让我很奇怪。

"你很喜欢里面的男主角吗？"

"当然喜欢啦，那是玄彬哦！"

"可是，我更喜欢女主角。"

"为什么呀？"

"因为她很努力呀，作为一个武打替身，她喜欢自己的职业，努力去做到最好。而且心地又善良，面对自己喜欢的人，虽然有时候表现出很骄傲的样子，可是私底下却努力跟他学习。"

"嗯，男主角也很好呀。那么爱她，照顾她。"

"是不错,可那也是因为这样的姑娘值得他爱。"

"好吧,妈妈,我想我知道你什么意思了,我也会努力做一个值得爱的女生。"

"哎哟,15岁的孩子说出这样的话,可真是不害臊哦。"

"这都21世纪了,有什么害臊的?"

我笑了笑。女儿放下遥控器,回房间去睡觉了。

李姐说,在教育女儿的过程中,她尽量不讲大道理,很多时候都是以孩子喜欢的东西为切入点,从侧面给她讲述自己的体验。就这样,即使是在孩子的青春期里,她们母女俩还是很亲密,女儿也很少叛逆。

李姐的经验其实也适用于绝大多数家庭,正在为此焦虑的父母们不妨一试。

5. 孩子发生社交障碍怎么办?

有些孩子生性大大咧咧,遇到不开心,顶多哭一场。有些孩子则比较内向,在成长的过程中遇到伤心事,会更加地闷闷不乐。如果他能够自我调解还好,但是如果他长期沉默寡言,不想与人交流,家长们就应该特别注意,并且及时介入了。

下面例子中的小玉就是这样一个孩子:

> 小玉的妈妈最近很为女儿担心,因为在前不久的家长会后,老师特意叫住小玉妈说:小玉这孩子哪儿都好,就是平时性格内向、沉默寡言,上课不积极回答问题,下课后也不

怎么跟同学交流，这对孩子的成长很不利，妈妈要多跟小玉交流，让她打开心扉，更活泼一些。

小玉妈回想了一下，觉得孩子确实是这样，从小倒是很听话，但过于内向，在公共场合胆子很小，得刻意引导一下。

"小玉，今天是周末，你怎么不出去找同学玩啊？"

"不去了，也没什么好朋友，我还是在家好好学习吧。"

"学习也要注意劳逸结合啊，你出去玩吧，去找隔壁的云云吧，她妈妈说，她今天在家。"

"不，我不找她玩，她那么好动，话也多，还总喜欢到人多的地方凑热闹，我可不想。"

"热闹很好啊，大家一起玩才开心嘛！"

"我就喜欢一个人待着，人多的地方我感到无聊，我也不喜欢跟别人交流！"

"你……"

在现实生活中，像小玉一样的孩子不在少数，他们喜欢独处，害怕与人交往，不喜欢也不擅长在众人面前发言，勉强与人交谈的时候，也显得焦躁不安，担心自己在别人面前出丑；对人很排斥，不能信任周围的人，也不能接纳周围的人。

孩子之所以会这样，主要是源于内心的恐惧。这种不正常的心理状态与一个人的性格、心态、成长环境等因素密切相关。假如一个孩子的性格很内向，那么他很可能是在童年时期的社交场合遭受过打击，或者是在成长过程中经历过什么让他感到不愉快的事情。这些不舒服的经历会让孩子在潜意识中厌恶与人交往。

当然，绝大多数的小朋友还上升不到心理障碍的程度。孩子不爱讲话，这事说大就大，说小就小，有的孩子在他熟悉的环境中会表现

第六章
让孩子信任并接纳我们

得特别活跃,但是换一个地方换一群人,就会表现出非常内向的一面。只要不是发自内心的恐惧社交,家长只需多关注孩子的感受,多多地鼓励孩子即可。比如鼓励他主动跟其他小朋友玩,多带孩子参加亲戚朋友的聚会,等。

小颜刚上幼儿园时,总是一个人躲在角落里,不跟其他小朋友玩。幼儿园老师看到这种情况后,就把她拉到小朋友中间,让他们一块儿玩。但是没过一会儿,小颜又跑到角落里,自己一个人去玩了。

后来,老师把这种情况告诉了小颜的妈妈。于是,在一个早上,妈妈特意请了假,送小颜来到幼儿园。到小朋友们活动的时间了,小颜还是一如往常自己一个人躲在角落里。妈妈见了,赶紧叫来也在这里上幼儿园的邻居的女孩彤彤,对彤彤说:"彤彤,你去叫上小颜,跟你一块儿玩,好不好?"

"她不喜欢跟我们玩,她总是一个人。"彤彤嘟着嘴说。

"这次她会跟你一块儿玩的。"

"好吧。"

彤彤和小颜的妈妈一起找到小颜,彤彤对小颜说:"小颜,我们一块儿去玩吧。"小颜看看彤彤,又看看妈妈,摇了摇头。

"去吧,小颜,和彤彤一块儿去玩,她很想跟你玩。"妈妈鼓励她说。

小颜还是摇摇头。

"小颜,如果你不去,彤彤会很难过的,你哪怕去跟她玩一会儿,然后回来再自己玩都可以,好吗?"

小颜点了点头,彤彤也很高兴地拉着小颜去跟大家玩。

这一次，小颜没有回到角落里，老师看到后，对小颜的妈妈竖起了大拇指："你真有办法！"

"她只是有些胆小，多鼓励一下她就好了。"妈妈对老师说。

人是群居的动物，不能没有社交。良好的社交，能够磨炼和增强一个人的能力。只有当一个人的接触面越来越广，他的知识面才会得到更大程度的提升，情商也随之提高。反之，如果孩子从小害怕与人交往，又没有及时引导，那么将来的发展就会受到一定的局限。所以家长们不能轻视孩子的交流问题，如果孩子变得不爱说话，或者是看到人就躲，就要及时关心孩子的情况和感受，并给予帮助。

第七章

吸引孩子与我们合拍

要始终牢记,你想要的是孩子与你合拍,而不是各执己见,互相对立。所以,不要一上来就把自己的旋律或节奏强加给他,可以先找到他的兴趣点与兴奋点。尝试着与孩子合拍,你才有可能在不知不觉中,把他引入自己的节拍。

1. 再忙也要多陪陪孩子

2011年的央视春晚上，林妙可和许多小朋友合唱了一首儿歌，唱出了不少孩子的心声："爱我你就抱抱我，爱我你就陪陪我。"这是孩子们再正常不过的情感需要，但很多时候却得不到满足。很多父母都是孩子没起床时就上班了，孩子都睡着了才刚刚回到家，生活不易，这是事实，但无论多忙，也要抽时间来陪陪孩子。

陪孩子，也不是简单地跟孩子待在一起那么简单。你在玩手机，孩子在看动画片，你俩到底是谁在陪谁？无疑，父母应该占主导，应该抓紧一切时间与机会引导孩子，这才是有效的陪伴。

作为家长，我们应该想想自己有没有做过这些事，然后把该补的"课"及时补上：

每天下班后问问孩子的情况，同时也向孩子讲述一些自己的事情。

每周抽出一天或半天时间专门陪伴孩子。

每晚睡前，去孩子房间与他交谈一会儿。

我认识一位非常成功的职业女性，世人对她都是"光鲜亮丽"等誉美之词，但在总结自己的育儿过程时，这位妈妈向我发出过这样的感慨：

> 父母一定要多挤点儿时间陪陪小孩。你可以把孩子交给保姆、老人，但是谁也取代不了父母在孩子心目中的地位。
>
> 千万不要以忙为借口把孩子推给别人，不管多忙，一定要记

第七章
吸引孩子与我们合拍

住和孩子多聊天、多沟通。

在我的孩子很小的时候,我和孩子爸爸都忙于自己的事业,想着我们得有所成就,才能给孩子一个更好的未来,才是对孩子最大的爱。因此,我们决定把孩子送回老家,交给孩子的爷爷奶奶抚养。我们觉得,每个月只要给孩子多寄一些衣服和玩具,让他在物质上得到很好的满足就可以了。

我们努力工作,尽自己最大的力量,给孩子创造了很好的物质条件。可是,等事业有成的时候,我们却痛苦地发现孩子根本不愿意和我们沟通。更可怕的是,孩子内向多疑、胆小怕事,偶尔还会做出一些很古怪的行为。

看着这样的孩子,我想即使我们赚再多的钱,可以让他有一个幸福快乐的未来吗?一个缺乏爱的孩子怎么会快乐呢?现在真是后悔以前为了事业没有多陪陪孩子,没有给孩子足够的关爱。

仅仅是内向多疑、胆小怕事,还不是最坏的结果,媒体上每每报导一些孩子,因为缺乏父母的陪伴与管教,胆大妄为,走上了歧途,造成了自己与他人的悲剧。所以,家长们要不断反思,看看自己是否忽视了孩子的情感需求,并在此基础上合理安排,尽量取得孩子教育与家庭、事业的真正平衡。

无独有偶,我还认识这样一位父亲,有一次碰面,他和我讲起了自己儿子的事:

"自从有了儿子之后,我更加努力,不断地开创着事业,再加上几位贵人的帮忙,我逐渐由替人打工到创立起自己的小公司。公司生意也蒸蒸日上,发展态势很好,我因此整天忙得团团转，结果忽略了在成长中的儿子，我和儿子在一起的时间也越来越少了。"

一个周末，这位父亲出差一周后，拖着疲惫的身子回到了家中，当时已是午夜时分，儿子早已经睡着了。当他将随身的文件放进书房时，看到书桌上有一张纸条，内容是这样的：我的好爸爸，我好久没有看到你了，你是个做生意的能手，可惜你是个"冰箱"爸爸，别的小朋友爸爸的爱是热的，你的爱却是冰冻的。

儿子的话给了这位年轻的爸爸巨大的震撼。从此，无论多忙，他都会抽出时间陪儿子说说话，先谈谈自己工作上的趣事，再聊聊儿子学校里发生的事情。这样相处的时间多了，他们的父子关系变得非常融洽，公司也并没有受影响。

这个故事具有一定的代表性，尽管现在的家长们面临着各种生存压力，早出晚归，很少与孩子交流，但在一个完整的家庭里，对孩子而言，无论是爸爸，还是妈妈，都是他们每天生活中不可或缺的一部分。家长们多抽出些时间陪陪孩子，不仅非常重要，而且并不会像某些人所担心的那样，因此会影响事业发展。如果真有人会因为陪孩子而影响了事业，那样的事业该有多疯狂？不要也罢。

2. 孩子的问题是改善亲子关系的契机

喜怒哀乐，人之常情，就算是成年人，也需要与人分享自己的喜乐悲愁，对孩子来说更是如此，他们在这方面的需求，远比成年人更

第七章
吸引孩子与我们合拍

为迫切。相关研究也表明，90%的孩子都渴望与父母分享成长中的喜怒哀乐，前提是，父母对他关心，值得信任。

有的时候，孩子需要的是家长的建议或解决问题的方法。有的时候，孩子需要的是家长的支持和理解。有的时候，孩子只是想发泄一下情绪，说完就好。家长要仔细甄别，区别对待，不能想当然。

先来看一个反面教材：

> 小爽放学回到家后，迫不及待地和妈妈分享一天的感受。
> 小爽：当班长太累了，既要自己学习，还要维持纪律。
> 妈妈：既然不喜欢，就和老师说说不当了。
> 小爽：可是我也很喜欢当班长，它让我觉得很光荣。
> 妈妈：既然你喜欢，那就不要再嚷嚷着说累了。
> 小爽（沮丧）：可是喜欢不代表不累啊！
> 妈妈（无奈）：真不知道你到底要说什么。
> ……

其实，小爽只是想吐吐槽，发泄一下情绪，妈妈不仅没有察觉到她的需求，回应起来还一再地"噎"她，她想继续分享自己的心情才怪。如果妈妈换一种谈话方式，先倾听，再共情，然后再适当引导，效果就会有明显的不同。比如：

> 小爽：当班长太累了，既要自己学习，还要维持纪律。
> 妈妈：你今天好像很累。
> 小爽：是啊，当班长让我觉得很光荣，可也让我总觉得有压力。
> 妈妈：嗯，我明白你的感受，我也曾经有过这样的情况。

小爽：我该怎么做才好呢，真头疼。

妈妈：妈妈相信你一定能处理好的，来，我们一起去散散步。

小爽：谢谢你，妈妈。

散步的过程中，小爽不停地讲着，妈妈耐心地听着，时不时回应一句。小爽很兴奋，心中暗说："妈妈是个好听众！"

正像这个例子所展示的，有时和孩子在一起，只是倾听、感受和理解就行，并不需要过多地提出解决方法。不过，这并不是说家长们只需听听孩子的抱怨就万事大吉。孩子遇到的具体事情不同，感情需要也不同，家长们介入与引导的方法也相应不同。

记得我儿子小时候，有一天，他很沮丧地回到家中，放下书包，一句话不说就进了自己的卧室。我觉得他肯定是在学校里发生了什么不愉快的事，才会这样，于是马上敲开了孩子的房门。

"儿子，发生什么事了，跟妈说说？"我坐在孩子身边，问他。

"我们班上的一个女生太讨厌了。我代表班级去参加学校举办的作文比赛，没有拿到奖项，心里本来就够难受了，谁知道她还在那儿说风凉话，说什么作文写得好，不过是在我们这个班里还算行罢了，但跟其他班的一比较就差多了。"孩子说着说着，竟然哭了起来。

"好了，你难道不明白，她是在嫉妒你吗？"说着，我轻抚着孩子的头顶，安慰孩子。

"我也觉得自己很糟糕，跟其他人一比。"孩子明显是在试探我。

"不,我早就说过,不管你成绩怎样,在妈妈这儿你都是个好孩子。"

听了我的话,孩子又哭了两声,便止住了哭泣,并对我说:"下次我一定拿个奖让她看看!"

古人说,"烦恼即菩提",这话应用在亲子关系上也是如此。孩子遇到问题的时候,亲子关系遭受考验的时候,正是给改善亲子关系提供的大好契机。所以,父母要在孩子遇到危机时,第一时间给予他们爱和理解,孩子才能尽早走出不快,尽快成长起来。

3. 给孩子游戏和成长的空间

动物学家指出,在自然界中,几乎所有动物都喜欢玩游戏,但它们绝不是简单地玩玩而已。在游戏过程中,小动物们会得到快乐,能力也会相应巩固与提高。比如,小猫可以通过逗弄老猫的尾巴,锻炼自己的捕鼠能力。

儿童也一样,为了更好地学习与成长,做一些相应的游戏必不可少。因此,父母应该给孩子游戏的空间,这对他们的成长以及亲子关系的发展是必不可少的。

但需要注意的是,这种游戏并不是给孩子买玩具或者玩电子游戏,而是一种特别设置的亲子游戏。在这方面,父母可以参考美国著名教育家卡尔·威特的一些教子方法。

卡尔·威特在专著中提及,自己没有给小威特买过任何玩具,因为他认为孩子从玩具中学不到什么知识。同时他坚信,玩具是一把双刃剑，利用不好的话，可能会起到反效果。而且他非常反对那些给了孩子玩具就不再过问的父母，对此提出了非常严厉的批评。

当然，卡尔·威特知道，不给小威特买玩具，但绝不能让他因此失去孩子应享有的童趣。为了让小威特在玩耍中增长知识，他在院子里专门修了一个大游戏场，在上面铺上厚厚的沙子，周围还栽有各种花草树木。由于沙子铺得很厚，下了雨马上就干，坐在上面也不脏衣服。小威特经常在这里观花捉虫，沉浸在自然之中。

此外，应小威特的要求，卡尔·威特夫妇专门为儿子配了一套炊事玩具。尽管他还是个孩子，但凡是大人要做的事，他什么都想做，尤其对厨房里的活，总是想插手。现在有些父母觉得孩子的这种癖好太琐碎，有些父母甚至对此十分厌烦，觉得孩子将来不会有出息，这实际上是在埋没孩子的天性。卡尔·威特则认为，对于孩子的这种喜好，如果能引导得好，就能使儿童的知识极大地丰富。正是基于此，小威特的父母给他配备了一套炊事玩具。

小威特的母亲虽说不如丈夫那么出名，但她与其他母亲也不一样，她不是把炊事玩具拿给孩子就撒手不管了，而是乐意借此进一步开发孩子相关方面的潜能。她习惯于一边做饭，一边耐心地解答儿子提出的各种问题，并且还监督小威特，让他用炊事玩具学做各种饭菜。有时候，她还让小威特当"主妇"，自己当厨师，向小威特请示各种事情。如果小威特对下达命令不得要领，那就会失去当"主妇"的资格而被降为厨师。这时，重新成为主妇的妈妈就发出各种命令。如果小威特还是没做好，比如拿错了佐料，那么接下来他就连厨师也当不成了，只好被"解雇"了。

此外，夫妇俩还为小威特做了许多形状各异的木块，让他用这些木块盖房子、建教堂、修塔、架桥，甚至筑城。由于建筑游戏需要游戏者仔细动脑筋，因此它非常有利于孩子的智力开发。

除此之外，有意义的阅读，尤其是带有游戏元素的阅读，也不失为一种好办法。比如，父母可以给孩子选择一些有创意的绘本或漫画，并且抽时间和孩子一起阅读，适时提问，及时引导，孩子的想法势必会更加灵活，同时也必然会与父母越来越合拍。

4. 和孩子一起开家庭会议

为什么有的孩子很难交到朋友？为什么有的孩子走到哪里都被孤立？为什么有的孩子跟父母也不合拍？通常来说，这与父母从来不考虑孩子的感受，孩子从小在家中没有话语权有一定关系。

教育专家指出，父母凡事做主，说一不二，没有话语权的孩子会不可避免地感到失望与愤怒。长此以往，孩子的情绪无处发泄，就会成为窝窝囊囊、沉默寡言的"闷葫芦"，或者凡事一副事不关己高高挂起的态度。因此，家长们可以试着召开一些家庭会议，利用会议的氛围与仪式感，从小培养孩子的主人翁意识和合作精神。

首先，家庭会议是孩子说话和发声的小窗口，在这里，孩子可以被倾听，可以参与到交流甚至是解决问题的环节中，在这种平等民主的氛围下进行的教育，无形中对孩子是一个良好的熏陶。孩子思考问题、组织语言、积极参与的能力都会得到锻炼。而且，在这种情况下，孩子也很容易感受到来自父母的重视。

其次，家庭会议是孩子成长的小通道，通过家庭会议上讨论的各项问题，孩子可以逐渐熟悉家庭结构，了解家庭成员各自应尽的责任与义务。在一个正常且完整的家庭里，需要考虑家务、财务预算、日程安排和生活方式等。熟知这些事务，可以为孩子以后离开父母、自

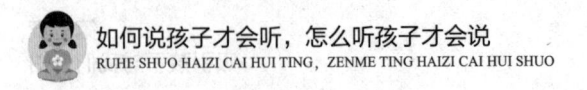

立门户、更好地适应社会打下坚实的基础。

最后,当孩子的想法得以表达,情绪也得到了疏导,孩子的心理会更加健康,家庭也会更加和谐稳定。

我们来看一个案例:

当,当,当……

八点钟刚到,小明就赶紧召集父母和奶奶,一起召开每月一次的家庭会议。

作为本次家庭会议的主持人,小明首先学着电视里主持人的样子,说了一段开场白,然后真诚地询问:"爸爸,你对我这个月的表现满意吗?"

"嗯,非常满意,只是你今后放学回家时,尽快洗个澡,好吗?可能是由于天气太热,你总是抱怨自己浑身痒,影响你的睡眠。"

"嗯,好的,谢谢你的提醒!"小明一边点头,一边在会议本上写下了"勤洗澡"三个字。

"我说说吧,"第二个发言的是妈妈,"我也不知道为什么,这段时间总有一股莫名的烦躁。"

"可能是因为你长时间待在家里,照顾咱妈,忙里忙外,很少外出散心的缘故。这段时间我的工作很紧张,也没时间陪你。这样吧,下个星期天,我们一家人去郊游好吗?"爸爸说。

"你的建议太好了!"妈妈开心地说。

于是,一家人又开始讨论起下周末的郊游计划。

这样的家庭会议,这样的民主交流,会有哪个孩子不喜欢呢?反

第七章
吸引孩子与我们合拍

过来说,那些专制的家长与粗暴的命令,不会有一个孩子会发自内心地喜欢,一不小心还会激起孩子的逆反心理,下面案例中的主人公就是个中代表:

> 一个周末,小华在家里一边吃零食一边看电视,等爸爸回来时,桌子和地板上已遍布垃圾。
> "你看看你把这地板造的!这么大了,也不知道收拾收拾,整天就知道吃、吃、吃!"爸爸没好气地对小华说。
> "不就是几个包装袋吗?不是很脏啊!上次你在家的时候,地板比这还脏,你都说可以等明天再打扫的。"
> "你这孩子,怎么这么跟爸爸说话,爸爸忙着工作,这有可比性吗?赶紧把电视关了,打扫卫生!"爸爸的口气非常强硬。
> 小华听后很不高兴,出于少女的任性,她电视也不关,更没有打扫垃圾,而是自顾自地回了房间。
> "你!"爸爸站在原地,发作也不是,不发作也不是。

其实,小华并不是邋遢大王似的孩子,她本想吃完手中的零食就打扫卫生的,可爸爸却提前回来了,并且以不容商量的语气命令她,令她十分反感,所以她才选择了和爸爸对着干。如果爸爸能像妈妈那样,能以温柔且商量的口气平和地跟她说话,她一定会愉快接受的。

生活中不乏小华爸爸这种强势父母,他们习惯性地认为孩子就应该听命于家长,就应该听从自己的吩咐和要求,不仅不习惯征求孩子的意见,而且对孩子明确表达的不满也置若罔闻,强行压制。结果也往往像小华爸爸一样,引发孩子的反感。同时我们也不难想象,如果小华的家庭有像模像样的家庭会议,并且爸爸妈妈民主温情,当小华

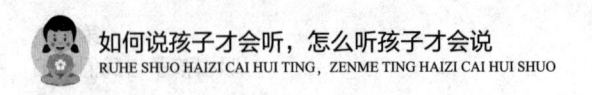

的爸爸在家庭会议上委婉地对小华提出诸如"注意家庭卫生"等建议,小华是一定不会强力抵触的。

现实生活中,有些父母虽然征求了孩子的意见,但也只是象征性地问问孩子。很多时候,父母会觉得孩子的意见不成熟,最终还是主观地按照自己的意见去行事,而将孩子的意见弃之不顾。结果,让孩子觉得自己的意见得不到重视,最后也懒得参加这种形式性的"家庭会议"。

孩子是家庭中的一分子,有权利参与家庭大事的讨论,而参与讨论又可以带给孩子不少益处,父母何乐而不为呢?

5. 最好的小班在家里

说到小班授课,最著名的莫过于芝加哥大学,它的核心课程基本上都是小班授课。芝加哥大学也有上千人的大课,但是大课在讨论时间也会分成很多小班,有很多博士生作为助教。比如有一门"财富、权利、美德"课,是由芝加哥大学的院长亲自授课,选修的学生多达千人,需要将近30个博士生作为助教,每个助教带两个小班,每个小班20人左右。助教要每周带领两个班的学生,分别讨论一次,而且所有的助教每周要和主讲教授开一次碰头会,汇总各个小班的问题情况,并讨论下周的课程安排。这种小班培养,可以保证每个学生都受到关注,他们怎么可能不成为精英呢?

但我们在这里讲述这些事实,是为了提醒家长们,最好的小班授课,同时也是最重要的小班授课的课堂,不在某某网校,也不在芝加哥大学,而是在自己家中。

第七章
吸引孩子与我们合拍

正所谓"父母是孩子最好的老师",最好的亲子教育,势必不能由父母之外的人主导与替代。当然,事情也不是说说那么简单。在进行"家庭小班授课"的过程中,父母一定要了解以下五个关键词。为了方便记忆,我把它们归纳为家庭教导的五大导师,即"辅导""指导""引导""教导"与"主导"。

先说"辅导",这个词的意思,就好比是过河时主要倚靠的是孩子的脚和腿,而家长需要做的只是在关键或是危险的时刻"牵"他一下、"拉"他一把而已。但是,大多数的家长并不知道这一点,好像家长的给予是在满足家长想给的这个需要,而不是针对孩子的真正需要。很多家长都在无意识中,自以为是地给予了孩子很多,也都在一厢情愿的爱护中,伤到了孩子的自立能力与自我成就之心。

再说"指导",在孩子成长的过程中,需要必不可少的指导,但如果指手画脚得太多,就会导致孩子依赖性的强化和自我能力的弱化。所以,家长在给予孩子指导的时候要掌握好分寸。如何才能做到恰到好处呢?除了用心,并没有一个相应的公式,家长们只能自己摸索。

接着说"引导",这个词好比领着孩子走路,也就是说,孩子在成长的过程中会形成自己的"主见"和"能力",这些已经形成的能力会指导他自己好好走路。只要家长给他提供好的滋养,人是有向上和向善本能的动物,就像植物会向着阳光生长一样。作为家长,又何必事事躬亲呢?

然后说"教导",这个词实际上已经有一点点居高临下和强迫的苗头了。牛不喝水不能强按头,所以,孩子不是不可以教导,也不是不应该教导,只是在教导的过程中,一定要考虑孩子内心的感受。

最后说"主导",这个词多少有点儿"主宰"的意味,有点儿强迫孩子学习,甚至让孩子为自己学习的意思。显然,这不够理性,过于天真。家长们要知道,孩子绝对不是大人想怎么掌控就怎么掌控的,如果大人想主导孩子的思想或者是生活，那么孩子将不再是独立的个体。他们或许暂时会很听话，但未来一定会比那不听话的孩子更令家长头痛。

了解了这"五大导师"以后，还需要掌握一些交流的艺术。

比如，家长可以每天找机会和孩子聊聊学校里的状况，每周可以定期和孩子一起做些有意思或有意义的事情，比如做饭、逛街、打球、看电影等，一边做事情，一边交流。当孩子发表异议的时候，不要急于反驳，要先听他把想法表达清楚，然后再针对他的观点和他进行交流。

要始终牢记，你想要的是孩子与你合拍，而不是各执己见，互相对立。所以不要一上来就把自己的旋律或节奏强加给他，可以先找到他的兴趣点与兴奋点，尝试着与孩子合拍，你才有可能在不知不觉中，把他引入自己的节拍。

第八章

培养孩子的合作意识

在现实生活中,我们看到有些孩子性格畏缩、躲避、爱哭泣、不敢与人接触,从根本上说,这与他们的家庭影响有很大的关系。这些孩子的爸爸妈妈或者爷爷奶奶等监护人怕自己的孩子吃亏,对其过分保护,从而使孩子养成了胆小怕事、遇事退缩的性格。还有些家长不明事理,不管发生什么,第一时间想到的就是"护犊子",蛮不讲理,这类家长首先要面对的不是如何培养孩子的问题,而是先完善自身的问题。

1. 注意培养孩子的交往能力

有一次，我和朋友带着她的孩子小丽一起去商场。路上，小丽妈遇到了老朋友，寒暄之后，发现孩子并没有跟老朋友打招呼，马上引导孩子说："小丽，你好像忘记什么了吧？"小丽显然意识不到自己该说什么。小丽妈只好指着朋友说："这不是李阿姨嘛，去过咱家好几次的。"小丽听了妈妈的话，害羞地低下了头，但还是没有说什么。小丽妈无奈地对朋友说："也不知道这孩子怎么了，看到人也不知道打招呼，性格还这么内向，在学校也不愿意与人交往。"

后来，我们经过交流才知道，始作俑者不是别人，正是小丽妈。小的时候，小丽妈只希望小丽学习成绩好，除了学习，其他什么活动都不让小丽参加。家里来了客人，小丽刚跑到客厅，小丽妈就让她回自己房间做功课。小丽想找小区的小伙伴去玩，小丽妈也喜欢干涉："有什么好玩的？在家看书吧！刚给你买的书还没看呢！"时间久了，小丽一见人就畏畏缩缩，甚至连一句话都说不出来。

像小丽这样的孩子并不是个案。在现实生活中，有不少青少年性格孤僻，害怕与人交往，躲在自己的小世界中顾影自怜。另外，数据显示，有至少三分之一的青少年觉得自己孤独。如果不及时引导，或多或少都会导致他们人际交往方面的障碍。

第八章
培养孩子的合作意识

与人相处的能力是一种综合能力，它包括很多因素，家长们要从小有意识地引导和培养孩子。比如从小多让孩子和其他小朋友一起玩，不但能够在游戏中锻炼他的团体合作意识，还能够训练孩子对人际关系的协调处理能力，孩子的性格也会变得开朗活泼，容易与人相处。

一个交往能力不好的孩子，其他能力的发展也必然受到影响。对此，教育专家给出了以下建议：

1. 尽量为孩子扩大交往的圈子，使孩子除了家庭以外，能够和更多的人交流、交往，如伙伴、朋友、同学、老师、亲戚等。

2. 尽量将孩子视为一个个体，平等地看待孩子，努力培养孩子独立的人格。需要注意的是，这个过程要顺其自然，不可强制规范，不然只会适得其反，对孩子极为不利。

3. 从小培养孩子自律的能力，这样有助于孩子和别人相处。

4. 除了和孩子进行语言上的沟通以外，也可以尝试和孩子进行一些其他方式的对话，比如一起做亲子游戏等。

举例来说，著名的美国前总统克林顿能成功竞选，正是由于他拥有过人的人际交往能力，因此赢得了众多高知名度的朋友，而这些朋友在他的竞选过程中扮演了举足轻重的角色，起到了不可估量的作用。这些朋友包括他小时候的玩伴，他在乔治城大学与耶鲁法学院上学时的同学，以及他当学者时的旧友等。美国石油大亨洛克菲勒在总结自己的成功经验时也曾说："与太阳下所有的能力相比，我更关注与人交往的能力。"

我们再来看一个生活中的小例子：

希希很小的时候，爸爸妈妈因为工作很忙，便把他带回乡下由爷爷奶奶抚养。一连过了几年，等到希希要上幼儿园时，妈妈才痛下决心，把她接回到父母身边。刚到父母身边的希希总是哭着要爷爷奶奶，不哭的时候则表现出胆怯内向的一面，这让希希的妈妈很担心。

第一次带希希去幼儿园时，希希一直躲在妈妈身后，不敢和老师同学打招呼。即使过了一个月，希希在幼儿园里还经常一个人趴在桌子上发呆，很少跟其他小朋友玩。

为了能让希希融入到这个幼儿园生活，希希妈开始想办法。最后，她采取了老师的建议，那就是带希希去小朋友家玩，或者邀请希希的小朋友来家里玩。希希妈想，邀请希希的小朋友来家里玩，人家可能会不愿意，会婉拒，所以不如直接去希希的小朋友家。希希最初很不愿意，妈妈就鼓励她说："希希不要怕，去小朋友家玩是很有趣的，而且妈妈跟小朋友的妈妈是好朋友，当年也是同学呢！很欢迎我们呢！"希希还是很不情愿，但最终跟着妈妈去了小朋友家。一回生，二回熟，就这样，慢慢地，希希跟班里大多数孩子开始了真正意义上的认识。小朋友们在幼儿园玩的时候，也总是叫上希希一起玩。有时间的时候，希希妈还不断地邀请希希的小朋友到家里玩，希希与人相处的能力越来越棒。

总之，没有人天生孤独，也没有人喜欢孤独。每个孩子都希望自己有很多朋友，但孩子们的心理还不太成熟，还不足以解决和朋友交往中出现的所有问题，这需要父母进行引导与帮助。这不仅仅是孩子成长的需要，也是为孩子的未来播下一颗有益的种子。

第八章
培养孩子的合作意识

2. 鼓励孩子多与人接触

社会学家说,"人是群居的动物"。不错,一生中,我们不可避免地要与他人打交道,也不可避免地要遇到各种各样的人。有的人也许只有一面之缘,有的人却会成为我们终生的朋友。如果一个人从小就害怕与人交流,那么很显然,其性格、学习、事业与生活都会遇到很多阻碍。因此,让孩子学会与他人交往,对孩子的成长及个性完善具有重大的意义,做父母的要从小鼓励孩子多与人接触。

不过,孩子在整个幼儿时期都很难摆脱自我为中心的个性,他们也很难站在别人的角度看待问题,并且会认为自己的想法就是别人的想法。正因为如此,才更需要家长们及早介入,培养孩子与人交往的习惯。

那么,怎样着手培养呢?一般而言,孩子眼中的朋友就是和他们一起玩的人。如果我们问孩子"为什么某某是你的好朋友",他们的回答也多半是"因为他经常和我玩"。我们可以有意带孩子找邻居家的同龄小朋友们一起玩,让孩子们在一起,慢慢体悟一些交往技巧,然后再想办法扩大孩子的交友范围。

在这个过程中,家长们要明确一点,孩子与人交往的过程,不仅是孩子自身性格变得更加完善的过程,同时也是家长们不断自我完善的过程。为什么这么说呢?且看下面的案例:

> 5岁的小豪人如其名,性格开朗,喜欢交朋友。有一次,他和妈妈去野餐时,在他们的营地旁边有另一个家庭。小豪看到他们家也有一个小朋友,社交能力马上开始展露。他冲

着小朋友挥手示意，那个小朋友看到有人挥手，也兴高采烈地回应着。两个孩子就这样挥来挥去，乐此不疲。但是不一会儿，对面小朋友的家长制止了自己的孩子，然后冲小豪叫道："你敢打我儿子，我就打你！"小豪的父母听了，哭笑不得，赶紧走过去解释一番，才解开了误会。

就像上面案例中展现的，很多家长在理智上都是支持孩子认识新朋友的，但是当自己的孩子和陌生人交流的时候，保护孩子的强烈意识往往会遮蔽家长的理智，做出一些不恰当的行为。这会在无形当中给孩子灌输强烈的防备意识，对于孩子日后与人接触和交往会产生非常不利的影响。父母应该鼓励孩子多与人接触，自己也要有足够宽广的胸怀，像爱自己的孩子一样爱别人的孩子，像理解自己的孩子一样理解别人的孩子。

在现实生活中，我们看到有些孩子性格畏缩、躲避、爱哭泣、不敢与人接触，从根本上说，这与他们的家庭影响有很大的关系。这些孩子的爸爸妈妈或者爷爷奶奶等监护人怕自己的孩子吃亏，对其过分保护，从而使孩子养成了胆小怕事、遇事退缩的性格。还有些家长不明事理，不管发生什么，第一时间想到的就是"护犊子"，蛮不讲理，这类家长首先要面对的不是如何培养孩子的问题，而是先完善自身的问题。

言归正传，对孩子来说，适合他们成长的小社会中，并不特别强调成年人的出现，因为孩子们对新事物的接受和感知能力是有限的，更适合他们的是不同年龄幼儿间的互动，这对幼儿的智力，特别是思维能力的发展非常有好处。这可以训练他们的思维和表达能力，以及因此感受到的"人气"和"威望"，从而极大地鼓舞他们的信心。

这也是蒙台梭利的一个教育主张——混龄教育。所谓混龄教育，就是想办法让不同年龄段的孩子们一起玩耍，这样能够体现出群体互动的复杂性和层次性。不同的孩子在不同的群体当中扮演着不同的角色，比如说在这里是弟弟或者妹妹，到了另一个群体就是哥哥或者姐姐，这样的身份变化会使他们不断适应和接受新的角色。这些角色变化可以让孩子体验到年幼儿童对年长儿童的尊重、敬畏、钦佩或嫉妒，同时还能体验到年长儿童对年幼儿童的关心、爱护或轻视等，这些复杂的情感体验能给孩子带来巨大的冲击，能锻炼孩子各方面的能力，这对他们的成长来说是一笔不可多得的财富。

3. 和孩子一起参加活动

和中国传统的教育理念不同，西方的教育学家们普遍认为，陪伴孩子及与孩子互动的过程，就是教育孩子的过程。家长应该抓住每一次和孩子共同参加活动的机会，教会孩子更多的技能和本领。可是，一向以注重家庭著称的中国父母，在陪伴孩子方面，无论是时长，还是质量，都比不上西方的父母。

举个实例来说，如果有一天，你的孩子在学校要参加球赛，邀请你观看，身为父母的你会请假或抽出时间去参加吗？一些家长可能会认为，这只是孩子的一次比赛，去不去没有多大的关系，更不必为此请假，毕竟公司要扣钱的。其实，这种想法就算不完全错误，也基本上是错误的。不少教育专家之所以不厌其烦地建议父母积极参加孩子的活动，是因为参加这类活动本身是对孩子的肯定，这种肯定是对孩子最好的激励。如果家长们希望自己的孩子能够养成持之以恒的品质，掌握其他与学习、生活、工作相关的技能，就要积极参与孩子的活动，并且在这个过程中带着饱满的热情，加以指导和鼓励，为孩子树立榜样。

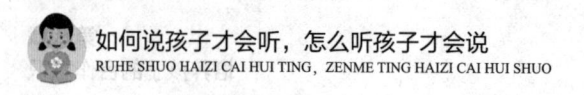

来看一个国外的例子：

> 自从孩子上学以来，比尔先生从不曾缺席自己的孩子约翰参与过的每一项活动：小镇篮球联赛、校运动会、学生音乐会、话剧表演——即使儿子只是演一棵树。比尔先生是一名牙医，他对运动一窍不通，对音乐也不感兴趣，但约翰偏偏感兴趣。比尔先生也远比普通人更忙，但不管多忙，他都会努力抽出时间去为儿子加油。
>
> 最近一段时间，约翰迷上了制作遥控飞行器。为此，他甚至办了寄宿，专心地在学校里研究、试验。每天，他都会给爸爸打电话，报告自己的新进展：他的飞行器反应更灵活了、飞得更远了……一天，儿子打来电话："爸爸，明天下午就开始比赛了，来替我加油吧！"比尔兴高采烈地回答："太棒了！我明天一定准时去。"
>
> 第二天，比尔像以往那样，安排好顾客，把诊所停业一天，一心一意地为儿子加油。上午，他跑到书店里，给儿子买了几本遥控飞行器方面的书，又给儿子买了一组昂贵的飞机模型。下午，比赛开始前，他提前赶到学校，给儿子临赛前的鼓励。
>
> 遗憾的是，约翰那天并没有取得好名次，面对专程赶来的爸爸，他有点儿惭愧。这时，比尔先生拿出自己准备好的礼物——书和模型，递给儿子，然后用玩笑式的威胁口吻说："小子，看到了吗？这么贵的书和礼物都买了，你要是敢因为一次小小的失败就放弃，我绝对饶不了你！"约翰大笑着接过礼物："什么放弃呀！等着吧，下次第一名就是我！"短短的几秒钟，他已经完全振作起来了。

第八章
培养孩子的合作意识

当然，即使在西方，也有些家长总认为让孩子一个人玩就可以了，自己已经累了一天，哪有心情和时间陪孩子玩呢？其实，爱玩是每个孩子的天性，很多父母能够不过分限制孩子去玩就不错了，能和孩子一起玩的父母却不多。许多父母总觉得玩是孩子的事情，和自己没有多大关系，自己还有更重要的事情。其实，孩子从内心里需要父母做他们的游戏伙伴，和他们一起玩游戏。这不仅能满足孩子们的情感需要，还能促进孩子的心理发展。

有不少家长，一旦忙起来，就会用"我很忙""我还有很多事情做"这样的话来敷衍孩子，其实，家长们忙是正常现象，假如能忙里抽闲，陪孩子玩耍一会儿，和孩子多多相处，不仅对于亲子感情大有好处，更重要的是，这也是孩子接受新事物、学习新知识的最好方式，家长自己也不难从中得到慰藉与调剂。

我们讲一个名人的例子——笛卡尔。

笛卡尔是实验科学方法论的创始人，他的思想对整个世界的影响都很大。笛卡尔能取得这样大的成绩，与童年时候的家教是分不开的。

笛卡尔小时候很喜欢玩搭房子的游戏。他的父亲认为，孩子玩这种游戏，能同时锻炼他的形象思维能力，而且在玩这种游戏的时候，孩子的手脑并用，动手能力会大大提高。因此，每当笛卡尔玩搭房子游戏的时候，父亲会给予他很多帮助。他经常会引导笛卡尔利用现有的模型、图画去想象，同时还为他讲一些有关结构建筑的基本知识和基本方法，告诉他如何将木块铺平，怎样去延伸，怎样达到合理的受力效果等。这样的游戏训练了笛卡尔的空间认识，同时也使他学会了有计划、有步骤地进行设计，在玩的过程中很有成就感。

总之，真正科学的家庭教育，就是将知识融入到孩子的游戏之中。因为对孩子而言，玩就是学习，学习就是玩。对孩子来说，玩是最快乐的事情，他们每天都是一边玩耍一边学习。如果把游戏当成孩子学

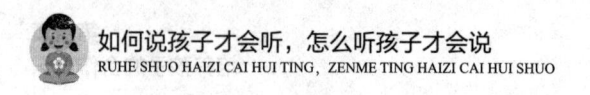

习的一种方式，孩子在玩的过程中就能锻炼肢体、发展动作、促进记忆、开发智力、培养情感、认识世界。家长应以专注的精神很投入地和孩子一起玩，家长真正投入的时候，孩子才会真正感受到开心。应付的态度只会让孩子扫兴，甚至会引起一些不愉快。

4. 培养孩子与人相处的技巧

早在上幼儿园阶段，细心的家长就会发现，有的孩子能够很开心地和别的小朋友一起玩，有的孩子却不能。有的家长对此很重视，有的家长认为孩子大些自然会改善，还有的家长则认为孩子只要学习好，人际关系并不太重要。其实，后两种想法都不对。发现问题就应该及时改善，拖延不决或不以为意，只会让问题越来越严重。

我认识的孩子当中，有一个叫婷婷的女孩子，今年上初中二年级，学习成绩很优秀，门门功课90分以上。长得也很漂亮，大眼睛，瓜子脸，身材匀称，亭亭玉立。这样的女孩子，按理说应该在班级里很受欢迎，可是在学校里，却很少有同学跟她一起玩，吃饭、回家也都是独自一个人。家长很纳闷，老师也很纳闷，通过询问班级里的学生，才知道大家为什么不愿意和婷婷一块儿玩。

"她说话很不礼貌。"

"她太霸道了。"

"她老是自作主张。"

"我问她问题，她很看不起我的样子。"

第八章
培养孩子的合作意识

老师觉得应该帮助一下婷婷,但婷婷的母亲听了上面这些原因,表现得很生气:"现在这些小孩,人际关系还挺复杂的,我们婷婷还不愿意和他们玩呢,我们学习那么好,将来会比他们差吗?"

这其实不是婷婷母亲一个人的想法,很多父母都有这样的想法,只是不轻易流露出来而已。孩子学习好,固然是好,但学习再好的孩子,如果不懂得如何与人交往,即便他是个神童,也不会有太大的成就。不仅如此,他们还往往因为处理不好人际关系,失去原本属于他们的机会,从而痛苦不堪,愤愤不平。

我们接着讲婷婷的故事:

和婷婷同班的圆圆,学习成绩一般,长得也很普通,平时却是班里最受欢迎的女孩。这让婷婷很不服,但也不以为意。不久,换了新班主任,这位老师是从国外留学回来的,他仿效西方人搞了一个小活动,叫大家评选"班级最美女孩"。婷婷本以为非自己莫属,但很多人把票投给了圆圆,落选的她更加不服了。

"她有什么好呢?学习成绩不如我,长得也没有我漂亮。"婷婷悄悄对自己的同桌说,埋怨大家没眼光,还想找班主任评理。

没想到同桌说:"你还是别找班主任了。我也把票投给圆圆了。"

"为什么?"

"因为她很讲礼貌,经常帮助大家,就算她自己学习成绩不太好,可只要是她会的题目,你去问她,她一定会很谦虚地给你讲。最重要的是,她从来都不说任何人的坏话,要

是有谁取得了好成绩，她一定会真心地夸奖。"

婷婷越听越不耐烦，把头转了过去。

"你看，圆圆就不会像你这样，有这种表情。你成绩是好，可是当别人请教你问题时，你总会不由自主地流露出一种别人都很笨的表情。你虽然比圆圆漂亮，可是，你从来都不会欣赏别人，只会欣赏自己。最糟糕的是，你从来不懂得尊重别人，霸道无理又任性。我是你的朋友，才说这些话，听不听由你。"

听了同桌的肺腑之言，婷婷不好意思地低下了头。

如前所述，孩子的很多问题，根子大都在父母身上。所以，父母一方面要改正自己不正确的观念，拓宽自己的心胸与思维层级，同时也应该告诉孩子一些与人相处的原则和技巧，教他做一个受欢迎的孩子。

首先，父母应该告诉孩子的就是尊重别人。尊重别人，是与人交往的基本常识。在孩子的世界里，尊重别人往往都体现在一些小事上，比如不嘲笑别人的缺点，不歧视别人的残疾等。教会孩子尊重别人，别人才会尊重你。父母在这一点上也必须要以身作则，别的不说，平时在家中，与孩子之间就应该互相尊重。

其次，父母应该教孩子懂礼貌。所有的人都喜欢有礼貌的孩子，不喜欢粗鲁的孩子。父母应该让孩子懂得如何有礼貌地与人接近，比如引导孩子这样与玩伴说："我跟你玩好不好？""我们一起做游戏好不好？"

最后，教孩子经常赞美别人，并努力学习别人的优点，这能为孩子赢得友谊，也能让孩子更好地成长。

第九章

培养孩子的自律能力

调查显示,那些不能自控的孩子,要么是完全没人管,要么是从小被管得太严的孩子。相比较而言,后者的比例更大。究其原因,就在于他们从小没有自己的空间,因此一旦有机会,就会尽情地放飞自我。对他们来说,自由实在是太难得了。所以一旦自由了,就会想着去尽情做自己平时想做又不敢做的事。反过来说,如果你一直让他自己选择,他就不会觉得偶尔一次的自由多么宝贵,就能理性地对待自己的行为,慢慢学会自我控制。

1. 过度管控的孩子学不会自控

哲学家卢梭说:"人是生而自由的,却无往不在枷锁之中。"所以,每个人都对自由有着热切的渴望,没有人喜欢自己的行为被人限制。限制太多的话,就会激起反抗。孩子也是如此,如果父母很严厉地控制孩子的行动自由,孩子也会想方设法地逃脱控制,或者"上有政策,下有对策",和父母斗智斗勇。时间长了,必然是两败俱伤。

我们来看一个小例子:

> 斯羽的母亲一直想把女儿培养成钢琴家,在斯羽很小的时候,每天放学回家后,就要杜绝一切娱乐时间,把所有精力都用在练琴上。看到别的小朋友在小区里开心地玩耍,斯羽羡慕得不得了。
>
> 有一个周末,斯羽实在是太想下楼玩了,就猛练了一阵,然后对妈妈说:"妈妈,我就下楼玩10分钟。"妈妈一想也就10分钟,于是允许了。
>
> 可是,等了半个小时,斯羽还没有回来练琴。妈妈怒不可遏,下楼把斯羽找了回来,边走边抱怨:"你这孩子怎么没一点儿自控能力呢?说好的10分钟,现在都半个小时了——以后下楼去玩想都别想!"

就像斯羽的母亲一样,我们经常可以听到很多父母发出类似的抱

第九章
培养孩子的自律能力

怨：让他出去玩一会儿，结果玩了半天都不知道回来；遇到喜欢吃的东西，就吃个没够，不吃完绝不放下筷子……这样的现象确实不少，不过父母们也该反思一下自己的教育：是不是因为自己管得太严了，孩子才会这样？

调查显示，那些不能自控的孩子，要么是完全没人管，要么是从小被管得太严的孩子。相比较而言，后者的比例更大。究其原因，就在于他们从小没有自己的空间，因此一旦有机会，就会尽情地放飞自我。对他们来说，自由实在是太难得了。所以，一旦自由了，就会想着去尽情做自己平时想做又不敢做的事。

反过来说，如果你一直让他自己选择，他就不会觉得偶尔一次的自由多么宝贵，就能理性地对待自己的行为，慢慢学会自我控制。

> 中国台湾的著名漫画家朱德庸，他非但从来不限制孩子玩耍的时间，而且总是担心孩子在学校学习的时间太多，没机会出来玩，于是常常请假带着孩子周游世界。可是很奇怪，他的儿子似乎并不喜欢这样放纵自己。有一次去欧洲，爸爸玩得很开心，孩子却哭了起来。问他为什么，他说："爸爸，我想回学校上学。"

很多教育学家也提倡孩子要在宽松的环境中成长，并从专业角度深入地探讨了孩子的天性发展与成长环境之间的关系。简单来说，当你放开手让孩子成长的时候，他是不会像你想的那样漫无目的、毫无纪律的，在他的内心乃至基因中有一套自我发展的规律，他会听凭这个规律去学习、说话、排队等。如果我们压制或者想人为地调整这个规律，就会破坏孩子的成长。

每个父母都希望自己的孩子健康快乐地成长，那么，不妨给孩子

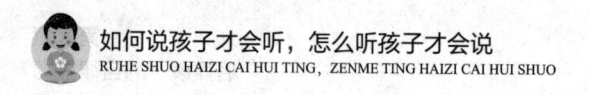

留些自由选择的空间。有很多事情,家长的监督与引导是必要的。而很多事情的决定权,则完全可以交给孩子自己。比如,自己选自己喜欢的衣服,自己决定零花钱的支配,自己决定吃饭的多少,自己决定几点做作业,什么时候玩,等等。

网上有这样一个小案例:

> 小卿是家里的小公主,爸爸妈妈从小对她很宠爱,几乎替她安排好了所有的事情,小卿似乎也习惯了这种模式。
>
> 可是,刚刚升上初一后,小卿就向妈妈宣布:"从此以后我要自己挑衣服,不要穿妈妈买的衣服了。"这让妈妈很不高兴,也很担心,害怕女儿选一些非主流的衣服。
>
> "还是妈妈替你选吧,妈妈还是很有眼光的。"妈妈想说服女儿。
>
> "不,你要选,你就自己穿。"小卿一口回绝了。
>
> "你一个小孩儿,知道穿什么样的衣服好吗?"妈妈不甘心。
>
> "我自己喜欢的就是好的。"小卿不甘示弱地说道。
>
> "你要是选那些奇形怪状的衣服,我是不会给你买的。"妈妈下了最后通牒。
>
> "放心,我会对自己负责的,难道我会把自己打扮得像个外星人?"小卿没好气地对妈妈说道。
>
> 妈妈吃惊地望着女儿,忽然意识到自己的小公主已经长大了,对事情也有自己的看法了,也是时候给她一些自由了。

其实,每个人都是一个独立的个体,孩子到了一定年龄,会迫切地希望自己的事情自己做主。一般来说,当孩子有了这样的意识时,

第九章
培养孩子的自律能力

孩子的责任感也开始发展了。二者是相辅相成的。给他一定的自由,孩子才会学着自我控制。对孩子过度控制,只会让孩子不自在,也学不会自控。

2. 命令不如商量,强迫不如诱导

"小兵,都几点了,你怎么还磨磨蹭蹭的?快点儿,你必须马上起床了,否则我们俩都得迟到,我可没时间等你。快点儿!"

"快点儿,马上把牛奶喝了,然后背上书包,咱们马上出发。"

"小兵,快点儿帮爸爸倒杯水,然后帮爸爸拿把椅子过来。听见了没?你还在干什么?我说话你没听到啊?快点儿!"

"都放学这么久了还不写作业,非得点灯熬油地写吗?快点儿,迅速,马上,不然这个周末妈妈不带你去度假村了!"

小兵的爸爸妈妈家长制意识都比较顽固,所以夫妻俩经常以命令的口吻对小兵讲话,最常说的就是各种"你必须""马上去做""你绝不能这样"等等。他们认为这没有什么不妥,殊不知,对于这种说话方式,小兵早就非常反感了,时不时还表现出反感和叛逆情绪,总喜欢跟家长对着干。

现实生活中,像小兵父母一样的父母并不少见,这些父母喜欢根据自己的意愿安排孩子的行动,动辄发号施令,或是斥责孩子,这非常不妥。孩子虽然还小,但也有自己的独立思想和感情,他们也希望

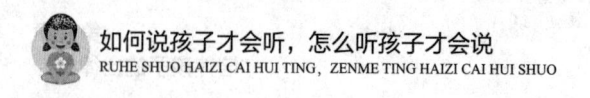

按照自己的意愿安排自己的生活。他们的感受是：父母命令式的说话方式不仅是家长权威的流露，也是双方地位不平等的表现。

所以在家庭中，父母应尽量沟通，少用发号施令的说话方式，否则不仅无法令孩子信服，还很容易激起孩子的叛逆情绪。

可能父母会觉得，对孩子发号施令是父母的权利，命令孩子做事情也是理所当然。但是，孩子终有一天会长大，当他们有了独立自主的意识，积压已久的反感就会爆发，会更加不愿意听父母的话。有的父母为了维护自己的面子，会进一步强迫孩子做某些事情，这样的话，孩子与父母之间的对抗就在所难免了，亲子关系势必大受影响。

教育孩子不仅要讲究技巧，还需要相应的智慧。具体来说，要把握好以下两点：

首先，在生活中，家长如果要求孩子做某事或者快点行动时，可以试着改变命令式的口吻，而采用商量的口气。因为不管在什么条件下，命令都是不平等的，而商量的口气则会让孩子感受到平等和尊重，才更有利于拉近父母与孩子间的距离。只有这样，孩子才更容易接受父母的教导，按照父母的要求办事。

其次，父母在避免发号施令的同时，还可以采取一些灵活的说话方式来增强教育和说话的效果。比如，父母在要求孩子办事情的时候可以通过讲道理、表扬、鼓励等方式，让孩子体会到行动的价值；再如，父母在希望孩子立即行动时，可以采用激将法、游戏比赛等方式，激励孩子的行为；等等。

我们可以改变与孩子沟通的方式，不用命令的口气和孩子说话，多从孩子的角度去思考问题，多听取孩子的意见，并且让孩子平等地参与到事情的决策之中，这样，孩子就会乐意接受父母的观点，愿意按照父母的意愿做事情。

3. 帮孩子纠正拖拉的毛病

明代著名学者钱鹤滩的《明日歌》可谓世人皆知:"明日复明日,明日何其多?我生待明日,万事成蹉跎。世人苦被明日累,春去秋来老将至。朝看水东流,暮看日西坠。百年明日能几何?请君听我明日歌!"这首诗七次提到了"明日"这个关键词,通过反复强调,告诉人们:世界上的许多东西都能尽力争取,失而复得,只有时间难以挽留。

为人父母,我们首先要让孩子知道,生命是由时间积累而成的,谁将该做的事无端地向后拖延,谁就是在浪费生命。谁重视时间,时间就对谁慷慨。谁会利用时间,时间就会服服帖帖地为谁服务。

大多数孩子的天性都是散漫的,如果父母引导不当,孩子很容易养成办事拖拖拉拉的毛病,这不仅会让孩子浪费很多大好光阴,还会因此失去很多机遇。

章江今年15岁了,在市中学上初三,他长得虎头虎脑,性格开朗大方,成绩也比上不足,比下有余,表面看没有任何烦恼。实际上,他的内心相当孤独,非常苦闷。因为他有一个过于明显的缺点,就是做事拖拖拉拉。他的作业经常只做一半,老师为此没少当众批评他。在生活中,同学们也不愿意跟他合作,因为他干什么事情都是蜗牛的速度,又慢又笨又拖拉,根本就不像一个中学生。

在一次晚会中,大家一起做游戏。他和几个同学分在A组,结果因为他拖拖拉拉,使得他所在的那一组输得很惨,失去了赢得大奖的机会。同组的几个同学都埋怨他，不愿和他交往。后来又经历了几次类似的情况，慢慢地，其他同学也不愿理他了，觉得跟他合作既倒霉又没意思……久而久之，他在学校连个好朋友都没有，感到很压抑。

办事拖拉、磨磨蹭蹭是很多孩子的毛病，只不过因人而异，各有差别。

有的孩子因为怕困难，会把艰巨的任务、麻烦的事情拖到最后办，或者寻找借口，一拖再拖；

有的孩子不善于整理环境，卧室、写字桌或个人空间乱七八糟；

有的孩子缺乏进取精神，不愿改变环境，不愿接受新任务；

有的孩子放学后就想尽一切办法拖着不做作业，一直拖到每天的最后一刻，甚至点灯熬油开夜车；

有的孩子遇到棘手的事或考试，就装生病、找借口，企图回避；

有的孩子遇到任何事情都怨天尤人，从不从自身寻找原因；

有的孩子爱吹牛，说起来一套一套的，想法很多，但从不付诸实施；

有的孩子样样拖拉，父母三催四请还是慢吞吞的，让人忍不住扯开嗓门责备他。结果大人发火了，孩子却泪眼汪汪地站在那儿发愣，坐在那儿发呆……

客观地说，孩子有问题是正常的，但如果孩子在中学时期还没有克服掉这种毛病，就有可能形成懒惰的性格，从而碌碌无为，平庸一生。所以，父母一定要引起重视，帮孩子改掉这一陋习。

孩子做事慢，或者磨蹭，有的与孩子的性格有关，有的和孩子的生活习惯有关，父母应具体问题具体分析，对症下药，力争药到病除。

父母要想纠正孩子拖拉的毛病，最重要的是让他们学会珍惜时间，懂得"一寸光阴一寸金，寸金难买寸光阴"的道理。在生活或者学习上，要从小引导他们尽量做到今日事今日毕。至于具体的操作办法,父母可以帮助孩子把明天要做的事情列一个清单,让他们做完一件事情就划掉一件事情。尽可能从他们必须做却不太喜欢的事情做起,并且在每件事情后面写上限定的时间,不给孩子的惰性心理留下任何滋生机会,从而杜绝其散漫拖延的不良习惯。

4. 合理引导讲脏话的孩子

在公共场合,常常会遇到一些脏话连篇的人,这时候周围的人都会很不舒服,会自然而然地流露出鄙夷的神情。如果说脏话的人还是个孩子,就更让人听着难受了。

说脏话是没教养的表现。即便是爱说脏话的父母,也不愿意听到自己的孩子说脏话。有些父母甚至不让自己的孩子和说脏话的小朋友一起玩,爱说脏话的孩子从小就容易被贴上"坏孩子"的标签。

孩子怎么会从最初的一张白纸变得"出口成脏"呢?

也许孩子并不明白自己的脏话到底是什么意思,最初只是觉得好玩,继而有样学样罢了。也许孩子是受了不良环境的影响,在被人责骂时,不加思考便以牙还牙,这样最容易让孩子养成不良的习惯。不管怎样,只要孩子露出不好的苗头,父母要马上引起重视,正向引导,立即解决。

> 玲玲和莹莹是同桌,两个小女生平时就喜欢斗嘴。玲玲口无遮拦,嘴巴特别凶,常常会把莹莹气哭。
>
> 有一次,两个人一起做值日时,莹莹负责提水,一不小

心，人和桶都摔倒了。玲玲看到之后，不但没赶紧帮忙，反而站在一边嘲笑："你笨蛋啊！连走路都走不好，是不是小时候爹妈没教过你走路啊？"莹莹听到之后，很难过地哭了，也气急败坏地回骂了玲玲一句，可是心里还是不好受。

晚上回到家，莹莹还是闷闷不乐。妈妈回来后，她忍不住把学校发生的事告诉了妈妈，并且问妈妈："如果有人骂你，你会怎么办呢？是不是应该回骂别人一句？"妈妈这才明白了莹莹闷闷不乐的原因。

幸好妈妈读过相应的书，她反问莹莹："如果你要送礼物给别人，别人却不接受，那你该怎么办呢？"

莹莹想了想，很认真地回答："那只好收回来。"

妈妈说："那好，同样的道理，当有人骂你的时候，你也可以不接受他的责骂，那样不就相当于他自己收回去了吗？他在自己骂自己呀！"

莹莹听懂了妈妈的意思："我不接受别人骂我，说明别人骂我，只能彰显他自己没有素质。"

"是的，"妈妈又补充了一句，"所以当别人骂你的时候，千万不能回骂别人，因为骂人就是骂自己，说脏话还会形成惯性。也不要因为别人没有素质生气，那是用别人的错误惩罚自己。当然，玲玲是你的同学，虽然她骂人不对，也要包容她，帮助她改正，知道了吗？"

莹莹的心结终于解开了。

恰如莹莹妈所说的，不加注意的话，说脏话确实会形成惯性。而要想从根本上杜绝孩子说脏话，父母一定要注意以下几点：

第一，父母自己千万不能说脏话，要给孩子树立一个好榜样。很多父母在家时都不注意这一点，动不动就说脏话，并以不为意，有些年轻父母甚至认为"适度"的脏话还是亲昵的表现。孩子耳濡目染，自然也会受到影响，开始说一些脏话。最为可怕的是，孩子有时候还没有意识到这是脏话。所以父母一定要做好榜样。如果父母千叮咛万嘱咐告诫孩子不要说脏话，自己却脏话连篇，让孩子怎么信服呢？

第二，听到孩子说脏话时，一定要马上制止，并告诉他这是非常不好的行为。孩子有时候意识不到自己是在说脏话，他可能只是从别人那里听来的，觉得好玩，就随口说了出来。这个时候，父母一定要温和地告诉孩子，这种行为非常不文明，必须及早改正。但是切记不能因为孩子说了脏话对孩子进行体罚，这可能会导致孩子从心理上反抗，从而不听从父母的话。

第三，要对孩子的情绪进行合理引导。有些孩子可能是跟同学、朋友等吵架，或者被老师父母说了几句，心里愤愤不平，脏话就随口而出了。这时候父母就需要注意了，对孩子的这种负面情绪要理解，并加以合理的引导，为他们创造条件，适当发泄负面的情绪。比如可以创设悄悄话角，让孩子用语言发泄情感。当孩子感到愤怒的时候，可以让他们来到这个角落，大喊大叫，并舞动自己的手臂，尽情地宣泄一番；或者教孩子通过运动的方式来宣泄感情，既锻炼了身体，又平复了不满情绪，一举两得。

5. 孩子乱扔东西怎么办？

走进不少家庭，都能看到这样一幅景象：沙发上放着玩具，桌子上有很多零食，文具、书本随处可见……这时候，我们很容易就能做出判断：这家有孩子，而且孩子没有养成好习惯。

民间还有句反讽的大俗话："没有公婆夸孝顺，没有孩子夸干净。"好像有了孩子，家里就不可能干净整齐。其实，只要方法得当，教出一个整洁干净的孩子并没有多难。

下面的例子颇有启发意义：

> 小启今年5岁了，上幼儿园大班。在家里的时候，他总是丢三落四，不停找妈妈要东西，一会儿书本不见了，一会儿铅笔又不见了，这让妈妈很头疼。不过最让妈妈受不了的是，她整天跟在小启后面收拾东西，却依然收拾不过来。
>
> 不过妈妈发现，小启在学校里从来不丢东西。每天从家里带去的文具和饭盒，晚上总能完完整整地带回来，也从不会毁坏。孩子虽然还在上幼儿园，但资料也不少，教科书、参考资料、试卷、作业本、强化练习册等，也从来没少过。
>
> 这让妈妈很奇怪："小启，你们在学校怎么放自己的东西？"
>
> "学校啊，学校里每个小朋友都有一个柜子，上面贴着自己的名字，大家都把东西放在自己的柜子里，其他的东西老师让装在自己的书包里。"
>
> "哦，原来是这样。那妈妈在家里给你设计几个柜子好不好？"
>
> 妈妈淘来一个大木箱，里面可以放很多东西。她告诉小启："这是你的魔法宝盒，我们把所有的玩具都放进去吧。"然后妈妈和小启一起，给箱子贴上了好看的包装纸，上面又写着"文房四宝"四个大字。然后，妈妈又说："往后，所

第九章
培养孩子的自律能力

有的文具就放在这个魔盒里面好了。"最后,妈妈又从网上买来几个大大的粘钩,粘在孩子房间的门背后,让孩子可以把书包等物品随时挂上去,随手可以取走。

这个方法非常有效,大大缓解了母子俩收拾东西的痛苦,而且它让小启觉得很有意思,于是他又从家里找出几个纸箱,动手做了几个"多宝格",把自己大大小小的零碎东西都放了进去。他的小世界越来越整齐了。

当然,好习惯不是一天养成的。直到小学三年级的时候,小启丢三落四的毛病才得到彻底的纠正。不管是自己的东西,还是爸爸妈妈的东西,他都一清二楚,马上就可以找出来。

不过,对于低龄的孩子来说,能力和意识发展还是有限的,因此他们需要家长帮助培养物归原处的习惯。对此,父母首先要做好示范。比如,当孩子要灰太狼玩偶的时候,家长最好能每次都从同一个地方拿出来,这样孩子就能形成固定概念,在需要的时候就会自己动手拿。如果孩子忘了放回去,家长就要及时提醒他:"灰太狼可能想要回家啦。"孩子就能明白话里的意思是要把灰太狼放回到原处,也很愿意把灰太狼送回家。如果家长常常在孩子面前说:"看到我的水果刀了吗?""爸爸的公文包去哪里了?""怎么没看到那本小说了?"……这无疑说明家长本身不懂得收拾。想培养孩子的好习惯,就先从自己做起吧。

其次,父母在培养孩子好习惯的时候一定要有耐心,多鼓励孩子,不要动不动就发脾气。心理学家说,一个习惯的培养需要 21 天的重复。家长要给孩子一点儿时间,不能提醒了几次,孩子还没做到就说伤人的话,那只会打击孩子的积极性,对培养好习惯一点儿用也没有。

第十章

放下棍棒，走出误区

古人云，"良药苦口利于病，忠言逆耳利于行"，这话没错，但很多父母错误地理解为，只要奉上良药孩子就会吃掉，只要抛出忠言孩子就会执行。这未免太一厢情愿了。从古至今，多少成熟的、智慧的、出将入相的人，也未必能做到，更何况我们的孩子？另一方面，良药其实可以不必苦口，也可以裹着糖衣，而忠言也可以说得智慧而婉转。

第十章
放下棍棒，走出误区

1. 打骂不能从根本上解决问题

李林的爸爸脾气有些暴躁，在教育孩子的时候没什么耐心，动不动就对孩子大吼大叫。但李林既没有因此有所改善，也没有因此而服从爸爸的管教，反而变得很叛逆。

有一次，李林因为考试成绩很不理想，再次遭到了爸爸毫不客气的训斥。

"爸爸，老师说家长也不能随便骂人！"等爸爸发作完，李林不满地抗议。

"谁让你不好好学习呢？考不好就得挨骂，下次我还揍你呢！"爸爸大声地吼道。

"你这样做是不对的！"李林有些气愤地说。

"你是我儿子，我就得管你！'打是亲，骂是爱'，我们都是这么过来的！我打你骂你是为你好，别人我还懒得管呢！"

"我不用你管！你越这样，我越不听！"李林一边说，一边带着哭腔跑出了家门。

生活中，我们经常听到类似的对话。因为时至今日，"打是亲，骂是爱"还是中国不少家长信奉的教育理念。不少父母坚信孩子不打不成器，小树不修不成材，希望孩子一次就会长足教训，记住"前车之鉴"。可事实上，这种教育方式收效甚微，多数孩子并不会因为父母的打骂而意识到自己的错误，改正不良行为，反而会对父母心生不满。

如何说孩子才会听，怎么听孩子才会说

很多父母认为，打骂不起作用，那肯定是给孩子的教训太轻，所以孩子才没记住。殊不知，这是因为孩子受到了"情绪判断优先定律"的影响。所谓"情绪判断优先定律"，是指当人们遇到问题时，通常会情绪先于理性，先处理情绪之后，才去处理事情。孩子的理智发展还不健全，几乎完全受"情绪判断优先定律"的控制，当孩子对父母有不满情绪之后，通常会先记住当时的"恐惧"，而忘了对错误的判断与反省，同时还会因为父母的不理解和不尊重而厌恶父母。这就是很多孩子屡教不改，很多家庭鸡飞狗跳的真实原因。

表面上看，打骂确实可以使孩子暂时克制自己不正确的欲望，控制住不正确的行为，但是却不能从根本上解决问题。弄不好还可能使孩子养成说谎的毛病，变得阳奉阴违。同时，打骂会侵犯孩子人格，并扼杀孩子个性，还容易使孩子丧失自尊心，变得逆来顺受、畏首畏尾，或者冲动鲁莽，对孩子的个性发展和人生都会产生消极影响。

《白鹿原》是陕西作家陈忠实的名作，凭借这部小说，陈忠实获得了第四届茅盾文学奖。在《白鹿原》里，他塑造了许多具有时代意义的鲜明的人物形象。其中，黑娃作为一个反面人物，让人印象非常深刻。

黑娃是地主白嘉轩的管家鹿三的儿子，白嘉轩对他十分爱护，要求也严格，当他犯了错误时，就像教育自己家的孩子一样，总是严厉地斥责并打骂，希望他从此改过。可是，多年以后，这个在白嘉轩的打骂下成长起来的孩子当了土匪不说，回到村子以后，他做的第一件事就是打断了白嘉轩的腰。

"我恨你从小就挺着腰板教训我。"黑娃对白嘉轩说。

"那是你嘉轩叔爱你，恨铁不成钢！"鹿三哭着对儿子说。

可是，黑娃还是一枪杆子打断了白嘉轩的腰。

现实生活中也有无数事实证明,"打是亲,骂是爱"其实是最大的谎言,这种暴力教育从来就不会让孩子变得顺从、聪明和懂事,只会招致孩子对父母的怨恨。而聪明的父母,在教育孩子的时候也大多懂得"先处理情绪,后处理事情"的道理,他们会试着先处理好自己和孩子的情绪,然后再想办法教育和引导,也只有这样,孩子才会信服和接受。

2. 建议比批评更管用

春荣上小学时,聪明漂亮,活泼乖巧,街坊邻居人见人夸,父母也很欣慰。

但最近一段时间,春荣突然发现,自己竟然有些讨厌妈妈了。因为妈妈总是动不动批评自己,即使当着同学和朋友的面,也丝毫不考虑自己的感受,有时说话还特别难听。为此,她已经和妈妈吵了几次架,母女关系有些紧张。

上个周末,妈妈要求春荣帮自己把一些特产送到姑姑家去,并讲了一堆大道理,诸如"姑姑对你那么好,你可不能没良心"等,可春荣因为提前和同学约好了一起逛街,拒绝了妈妈。

妈妈也不依不饶,当着同学的面批评女儿:"你怎么这么不懂事?妈妈今天要忙着加班,才让你替我去一趟,你太不懂事了!"

"我就不去!我们早就约好了,而且昨天也跟你说了,东西你可以明天再送嘛!"春荣说。

"妈妈明天还有其他事情啊,这么大的孩子了,一点儿也不体谅父母。"妈妈再次批评春荣说。

"我也想体谅你啊,可你每次跟我说话都是这样的语气,还动不动就训人,爸爸就不会这样!"说完,春荣拉着同学走出家门,把妈妈晾在了那里。

古人云,"良药苦口利于病,忠言逆耳利于行",这话没错,但很多父母错误地理解为,只要奉上良药孩子就会吃掉,只要抛出忠言孩子就会执行。这未免太一厢情愿了。从古至今,多少成熟的、智慧的、出将入相的人,也未必能做到,更何况我们的孩子?另一方面,良药其实可以不必苦口,也可以裹着糖衣,而忠言也可以说得智慧而婉转。

对于孩子来说,父母们也完全可以将自己对孩子的批评转换成建议。具体说来,以下的方法可以参考:

第一,在教育孩子之前,父母最好能仔细回想一下孩子的行为,并用描述性的语言记录下来,如孩子当时做出了怎样的举动、表现糟糕的地方在哪里、其中有哪些可取之处和需要改进的地方,要保持客观的态度,不能主观情绪化。

第二,父母在教育孩子时,最好能用商量和建议代替严厉苛责。同时,父母还可以多用正面积极的语言来描述孩子的行为等,并且在认同孩子的基础上,给孩子提出建议。在提建议时,可以讲自己的经历,也可以激发孩子自我思考。

我们再来看一个具体的案例:

小芳平时学习很努力,个性也积极上进,在班里颇有人缘,新学期开学的时候还被推选为班长,她非常高兴,学习更有热情了。可最近一段时间,她总是没精打采的。

爸爸看到女儿这样,关切地问:"最近怎么了?好像没以前精神了。"

第十章
放下棍棒，走出误区

"嗯，最近出了点儿状况。因为一些小事，还是误会，我跟学习委员闹矛盾了，心情不好，有时心不在焉，影响了学习，期中考试也没考好。老师找我谈话了。"说完，小芳低着头，准备接受爸爸的批评。

爸爸却没有批评她，反而表扬道："你能认识到自己的问题和错误，这是好事啊！现在最重要的是要想办法补救，既然你知道跟学习委员闹矛盾是误会，那为什么不及时向她道歉，然后端正自己的学习态度，努力改善呢？爸爸相信你一定能做好！"

"嗯！"听了爸爸的话，小芳觉得自己动力满满的。

总之，随着孩子一天天长大，他们越来越需要理解周围世界的规则，越来越需要来自家长的引导。作为家长应该理解孩子，在他们出现错误和困难时，要多给一些建议，少给一些批评，让他们明白更多的道理，同时不会对自己失去信心。

3. 适当的责罚必不可少

珊珊今年5岁了，她是家里的独生女，又非常可爱，所以爸爸妈妈很宠爱她。珊珊也会犯一些小错误，但爸爸妈妈从来都不说她，一般都是告诉她这样做不对、不好就完事了。

有一次，外公外婆来珊珊家，并带着珊珊去博物馆玩。珊珊看见馆里有一个小朋友的玩具很好玩，就跑上去抢了过来。那个小朋友哇哇大哭，小朋友的妈妈赶过来，又从珊珊手里把玩具抢了回去，还大声地呵斥珊珊。珊珊的外公外婆

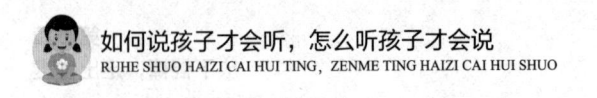

很不好意思，赶紧替珊珊向人家道歉。

回到家，外婆把事情告诉了珊珊的妈妈。妈妈很温柔地对珊珊说："你上次在幼儿园里抢小朋友的东西，妈妈不是告诉过你，好孩子不会抢别人的东西吗？抢东西是强盗行为，非常不好哦！"

"你是那样说了，可是也没有什么不好的后果啊！而且，我太喜欢那个玩具了。"珊珊说。

"怎么没有不好的后果呢？"

"有吗？我没觉得有。"

这时候，珊珊的妈妈才意识到，自己平时是太溺爱孩子了。

父母都爱自己的孩子，谁也不希望责罚孩子。可是，适当的责罚在育儿过程中很有必要。

首先，适当的责罚会让孩子及时意识到做错事情的后果。每个孩子都会有犯错的时候，犯了错误之后，有一些家长出于疼爱，觉得只要让孩子知道这样做是不正确的就可以了。其实，孩子需要为其错误的行为付出一些"代价"，才会意识到这种错误行为的真正后果。看看故事中的珊珊，她并没有意识到问题的严重性，觉得犯了错误也没有什么大不了的。所以，遇到类似的情况，她为什么不再犯一次呢？

其次，只有适当地责罚孩子，才能让孩子真正学会一些规矩，这对于孩子学会守规则十分重要。有不少家长给孩子定了规矩，却没有相应的责罚，结果规矩形同虚设，孩子没有对规矩的敬畏心，又谈何守规矩呢？

举例来说，有些家长告诉孩子吃饭要按时吃，可是当孩子没有按时吃饭，说自己肚子有些饿的时候，立马又跑到厨房给孩子做饭，边做饭还边说："不是告诉你了吗，要按时吃饭。"如果一个孩子即使不按时吃饭，在想吃的时候马上就能吃到，他怎么可能树立起按时吃饭的观念呢？

第十章
放下棍棒，走出误区

我们再来看一个具体的案例：

> 小立已经3岁半了，却总是不按时吃饭，每次都需要妈妈催促，结果还是需要妈妈追着喂饭。这让妈妈很头疼。有一次，妈妈把这件事告诉了邻居张姐，张姐家也有一个小孩。
> "那他要是饿了怎么办？"张姐反问。
> "再给他做呗。"小立妈无奈地说道。
> "你可以这样试试：下次他再不按时吃，你就不要再给他做了，饿他一次试试看。"张姐建议道。
> 当天晚上，小立妈做好饭，让小立吃饭的时候，没有再三催促，只是郑重地告诉他要吃饭了，如果不吃就没得吃。小立像以往一样，不以为然，没有理会。当他饿了时，妈妈坚决没有给他做饭，也没有给他热饭，只告诉他以后过了吃饭时间，就绝不会有饭吃，真真切切地饿了他一晚上。结果第二天，小立不用妈妈叫，看到饭菜，就自己赶过来吃饭了。

最后，适当的责罚会让孩子更加坚强。父母总是害怕孩子受到各种挫折、各种困难，可是，挫折与困难却是不可避免的。作为父母，与其白费力气担心孩子受挫折受打击，还不如帮助孩子培养在挫折和困难中坚强面对的心理素质。

4. 惩罚教育是一把双刃剑

有一个成语叫"物极必反"，意思是说事物发展到极点后，会向相反方向转化。在教育孩子的过程中，尤其是惩罚孩子时，父母也应该顺应这个简单朴素的真理，不能由着孩子的性子来，也不能一味地加大惩罚力度。

> 我在一家教育咨询机构任职时，曾经有一位母亲一脸焦虑地问："老师，你是不知道，我们家孩子多让人头疼。这孩子也不知道随谁，总在学校打架。每一次他打完架，他爸就把他暴打一顿，总以为他会改，可是，他爸已经打过他好多次了，孩子也没改。老师，你说怎么会这样？"
>
> "那是因为他爸惩罚他的次数太多了，他都习以为常了。不过是挨顿打而已，反正又打不死，也没有别的惩罚，一点儿皮肉之苦，对喜欢打架的孩子来说根本就无所谓，他们也不会因为挨打真正意识到打架不好，相反还会更喜欢打架。你打他，他不得打谁发泄啊？"我说。

很多家长都会有这样的疑惑：不是说教育孩子应该赏罚结合吗？怎么罚来罚去，孩子就是屡教不改呢？其实，这样的家长多半又是把"赏罚结合"错误地理解成"非罚不可"了。家长应该静下心来反思一下自己，是不是将惩罚当作家常便饭了？如果是的话，那可就太糟糕了。

这是因为孩子在犯错的时候，他们的潜意识里会做好接受惩戒的准备，由于猜不到家长会如何处置自己，所以他们会担心，会焦虑。这种担心和焦虑有助于他们改正错误，他们的潜意识会告诉他们，以后可不要再犯了，因为没有人喜欢不安的感觉。可是，如果家长经常性地惩罚孩子，孩子就会预料到家长的惩罚机制，他们心中的不安会逐渐消失。一旦这种不安消失了，孩子就开始无所顾忌了。

第十章
放下棍棒，走出误区

我的咨询生涯中，遇到过一个十五六岁的孩子，他学习不好，还染上了偷盗的恶习。当时他站在我面前，一副桀骜不驯的表情："改了能怎样？不改又能怎样？大不了就是来一顿打呗，没什么大不了的。"

"但你偷东西，本质是不好的。这你得承认吧？难道你没有意识到吗？"我问。

"一开始我确实不知道，我爸也没告诉我这些，他就是会打人。刚开始我还怕他打我，后来次数多了，也就无所谓了。"孩子一脸无辜，孩子的父母一脸尴尬。

显而易见，如果家长经常性地惩罚孩子，不仅起不到教育的作用，还会对孩子的身心发展造成伤害，影响孩子的未来与人生。

科学研究表明，那些在经常性惩罚中成长起来的孩子，要么性格内向，害怕与人交往，总是表现出极其不自信的样子；要么就性格暴躁，具有暴力倾向。

此外，经常惩罚会让孩子对父母产生敌对情绪，从而影响亲子关系的和谐，进而带来一系列不良影响。

有一次，我去朋友家聊天，朋友说自己的儿子学习粗心，生活懒散，还经常闯祸。由于朋友性格比较急，父子俩吵了几次架，导致孩子现在遇事只跟妈妈说，不跟爸爸多说一句话。只要爸爸走到他跟前，他就戴上耳机，让爸爸又伤心又愤恨。

也许是说到了痛点，我亲眼看到，孩子又把耳机戴上了。

"你把耳机摘下来。"朋友走过去，生气地命令道，"这位叔叔是这方面的专家，我今天专门让他来帮我管你的，你好好听听！"

孩子装作没有听到。朋友更生气了,从孩子的耳朵上拽下耳机。孩子一激灵,又在第一时间把耳机戴上了。看得出来,他还是有些怕爸爸的。

但是朋友已经忍无可忍了,伸手就给了他一巴掌。

"你干什么?!你打死我吧!"孩子大声喊叫起来,妈妈赶紧从厨房里跑出来解围。

"你这孩子,怎么就不能跟爸爸好好说话呢?"妈妈一边安慰孩子,一边问他。

"我就是讨厌跟他说话,他总是不分青红皂白地打我。不管我犯错后想改还是不想改,他就是先打为快!"孩子带着哭腔,在客厅里咆哮着。

朋友听了孩子的抱怨,不好意思地看看我,把头转向了一边。

其实,这样的例子并不鲜见,有些生活经历的人大都遭遇过。为了孩子的成长与未来,家长们不可能不管孩子,有时还会责罚孩子,但千万别忘了,惩罚教育是一把双刃剑,在运用的时候要尽量谨慎,否则,不但实现不了教育孩子的初衷,还会伤害孩子。

5. 如何给孩子好的教育和影响

没有一个家长不想给孩子好的教育和影响,但家长要怎么做,才算给孩子好的教育和影响呢?

其实,没有一个孩子可以一夜成材,也没有任何家长能一下子把

第十章
放下棍棒，走出误区

孩子教育好。教育的关键词是"耐心""开明""引导"与"爱"，马迪·金有首著名的诗歌叫《如果你能记住》，从孩子的视角说出了这些真理。

如果你能记住

如果你能记住
你走一步，我要走三步才能赶上
如果你能理解
我观察世界的眼睛比你的眼睛矮三英尺
如果你在我乐意的时候让我自己试试
而不是把我推到一边或挡在后面
如果你能满怀爱心地感受我的人生
不剥夺我自我决定的需要
那么我将长大、学习和改变

如果你能记住
我需要时间获得你已有的生活经验
如果你能理解
只讲述那些相对我的成熟程度来说有意义的事情
如果你能在我可以时
让我独自迈出一步
而不是把我猛推出去或拉回来
如果你能用你的希望感受我的生活
而不破坏我对现实的感受
那么我将长大、学习和改变

如果你能记住
我像你一样,失败后再试需要勇气
如果你能理解
我必须自己弄清我是谁
如果你在我想要时让我自己寻找自己的路
而不是为我选择你认为我该走的路
如果你用你的爱感受我的人生
而不破坏我自由呼吸的空间
那么我将长大、学习和改变

  回到现实,很多家长之所以在教育孩子的过程中出现这样那样的问题,最为核心的原因,就是对"教育"二字的理解还不够透彻。教育不是说教而是一种影响。家长一板一眼地跟孩子说教,到最后大都是无用功。要想孩子有好的习惯与品质,家长就得先具备,否则,家长自己都做不到,还要求孩子,有什么说服力度呢?

  再有,很多家长不懂得如何正确关怀孩子,这也是造成教育矛盾的根源之一。关怀孩子不单指让孩子吃饱穿暖,真正的关怀是有效的管理加上温馨的爱护。真正关心孩子,既要从生活上、内心里给孩子充分的爱护,还要帮孩子形成自我管理、自我约束的能力。

  还有一点原因,就是所谓的"家长威严"。家长动不动摆出一副"我是你老子"的高姿态,也是造成现在很多家庭亲子关系紧张的根源所在。孩子都有反抗心理,大人越强迫,孩子就越忤逆。如果大人能放下身段,与孩子交朋友,有些问题也就不会出现了。

第十一章

好言好语好方法

父母批评孩子，无非是想让孩子改正错误。可是，如果不考虑孩子的感受，当众批评孩子，不但不会让孩子意识到自己的错误，可能还会带来一系列的负面效应。对于那些天生比较胆小的孩子，父母当众的批评可能会导致孩子在与人交往中唯唯诺诺、不自信；对于那些自尊心很强的孩子，父母的当众批评，只会激起孩子强烈的反抗。

1. "等我冷静一下再说……"

心理学家们通过实验发现,人和人沟通的效果,70%取决于谈话时的情绪,30%取决于谈话的内容。说白了,很多时候你说什么不重要,重要的是你怎么说。因此,在谈话之前,我们首先要调整好自己的情绪。如果我们面对的是一个孩子,就更应该注意调整好自己的情绪,这样,孩子就不必分心与情绪对抗,而是与我们一起,直接面对问题。

相反,家长带着愤怒的情绪跟孩子沟通,只会让孩子很反感,从而与父母对着干。

家庭教育学者成墨初在自己的书中讲过一个案例:

> 有一位母亲打电话给成墨初,抱怨说:"我为了孩子,付出了一切,每天起早贪黑,任劳任怨,除了上班,还要辛苦地照顾孩子的吃喝拉撒,还有学习。可是这孩子满身的缺点,我每次都大声地给他指出来让他改正,他根本不听,还跟我对着干。成老师,你帮帮我,怎么才能让孩子听得进去?"
>
> 成墨初给这位母亲提了一个很简单的建议,那就是当她看到孩子的缺点,并且愤怒地想马上指出来时,一定要忍住,不要跟孩子说话。
>
> 这位母亲起初并不理解,但她执行力很好,结果一个星期之后,她打电话告诉成墨初说:"孩子慢慢变得听话了,有一次他还问我:'妈妈,你怎么不说话了?是不是我哪里

第十一章
好言好语好方法

做错了，惹你生气了？我以后改就是了。'真让我高兴！"

很多父母在管教孩子，尤其是孩子犯了错误以后，总是怒气冲冲的。其实，这时候大多数父母都只是在发泄自己的愤怒情绪而已，不仅于事无补，还很容易说出一些伤害孩子的话，把事情复杂化。

要想让事情到此为止，父母就一定要学会在愤怒时闭嘴。具体说来，有以下几点建议可供参考：

一、要学会控制自己的情绪，不要带着消极的情绪去教导孩子。带着消极的情绪去教育孩子，会给孩子一种好像自己是父母的出气筒的感觉。一旦孩子有了这种感觉，孩子的逆反心理马上开始发挥作用，亲子大战也就拉开了帷幕。

二、父母教育孩子时，出现了负面情绪，可以先离孩子远一点儿，借机让自己冷静一下，等情绪平静了以后再教导孩子。一般而言，这时候你说出的话会比较客观，而且有效得多，孩子也容易接受。

三、学会转移自己的注意力。每个人在愤怒的时候都会表现得很固执，会将注意力集中在一点上，紧抓住不放。也正是因为如此，人很容易陷入一种错误的观念中，不能自解。

我的一位朋友既不是育儿专家，也没学过育儿心理学之类的专业，但她从实际生活中悟到了很多育儿技巧。

比如，先前孩子只要一犯错误，尤其是那些屡教不改的错误，她就会很生气，然后就抓住这一点不放，越说越生气，越生气越说。孩子对此很是反感，也听不进去。

有一次，她又训斥起孩子来，孩子实在是受不了了，夺门而出，把她自己留在了屋子里。她看着空空的房间，始终很生气，走不出来，直到她的注意力被放在阳台上的花盆吸

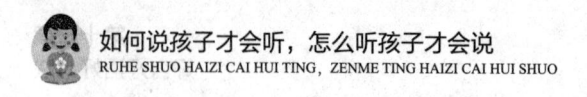

引,才突然省悟,自己这样做,只是把孩子一个人的错误变成了母子两个人的错误,对孩子改正错误毫无益处。

从那以后,孩子犯了错误当然还是要批评,但在批评孩子之前,她总要先遏制自己的愤怒,去阳台上看一看花,直到心情平复,才回去给孩子讲道理。孩子变得越来越容易接受她的批评,而且也越变越好了。

总之,愤怒是魔鬼,情绪化的人首先要说服与改变的是他自己。如果父母们想卓有成效地教导孩子,那就先学会控制情绪,等情绪平静了再去跟孩子沟通。

2."我想和你说句悄悄话……"

一次聚会上,一位同行给大家讲了一段亲身经历:

那天,我的一个朋友过生日,他邀请我去他家做客。在朋友的家里,我看见了他9岁的儿子,这是一个看起来很胆小的孩子,说话总是唯唯诺诺。

"去,给叔叔倒杯茶。"我的这位朋友用一种很生硬的口气对儿子命令道,于是,朋友的儿子乖乖走到茶桌前去倒茶。

"和孩子说话,可以温和点嘛!"我觉得用生硬的口气跟孩子说话,会让孩子觉得害怕,于是就劝告了朋友一句。

"你也知道啦,我在公司就这样说话的,一时半会儿改不过来。"我的这位朋友是一家大型建材公司的老总,雷厉

第十一章
好言好语好方法

风行,说一不二。

不一会儿,孩子端着茶杯,小心翼翼地走了过来。可是,快到近前时,还是撞了一下与我同来的一个人,茶水洒了出来,被撞的那人也喊了一声。

"你怎么连端茶倒水这么简单的事情都做不好?还洒了这位叔叔一身,你知道这茶水有多烫吗?"我的这位朋友当众教训起孩子来。

"算了,小孩子,不小心,也不是故意的。"被烫的那人劝解道。

等大家都坐下来吃饭时,大家发现孩子不知道何时离去了,我找了半天,才在楼道的角落里找到了他,他正蹲在那儿小声地哭泣。

"没事吧,孩子?"我轻轻地问他。

孩子摇了摇头,不敢说话。

"孩子,是不是你爸爸刚才说了你几句,你心里难过了?有什么事情,你就跟叔叔说,我和你爸爸是大学同学,关系很好,叔叔替你说几句话,你爸爸就不会怪你了。"我试图打开孩子的心结。

"那、你给爸爸提点儿建议,他能听吗?"孩子试探着问。

"能,肯定听,他上学时最听我的话。"

"爸爸每次说我,都当着别人的面,在学校里这样,在家里也是。这让我很怕出错,可还是总出错。叔叔,你能让我爸爸别当着这么多人的面说我吗?"

……

很多父母都会犯故事中的父亲犯下的错误,动辄小题大作,当众批评孩子。要知道孩子也是有自尊心的，这样做会给他们造成很大的伤害。

其实，父母批评孩子，无非是想让孩子改正错误。可是，如果不考虑孩子的感受，当众批评孩子，不但不会让孩子意识到自己的错误，可能还会带来一系列的负面效应。对于那些天生比较胆小的孩子，父母当众的批评可能会导致孩子在与人交往中唯唯诺诺、不自信，就像故事中的那个孩子一样；对于那些自尊心很强的孩子，父母的当众批评，只会激起孩子强烈的反抗。

一位母亲曾跟我分享过自己与儿子的一段经历：

> 有一天，我去儿子的学校接他，结果看见儿子在欺负一个女同学。这让我很生气，我就冲了上去，在众目睽睽之下，教训了儿子一顿。谁知儿子不但不认错，还狠狠地瞪着我，回到家以后，也不跟我说话。
>
> 很长一段时间，儿子都不理我，这让我觉得莫名其妙。有一天，我实在忍不住了，就去问他："你觉得妈妈那天教育你错了吗？"
>
> "是的！"儿子没有一点儿羞愧的样子，理直气壮。
>
> "这么说，你觉得男生欺负女生不是什么丢人的事情，是吗？"我接着问。
>
> "不是，如果你那天回家后，悄悄对我说我做错了，我一定改。可是你呢，却当着众人的面教训我，现在大家都认为我错了，我想改都难！再说了，是她先招惹我的！"儿子大声地吼了起来。
>
> 我这才意识到，我可能冤枉了孩子，并且完全没给他分辨的机会。

第十一章
好言好语好方法

抛开孩子是不是被冤枉了不说,就算错在孩子,也没有人喜欢让大家都看到自己犯的错误,那只会让人恼羞成怒。因此,当孩子犯错误时,父母应该尽量避免当众批评孩子,可以试着悄悄告诉孩子他所犯的错误,既解决了问题,又降低了影响,孩子肯定会乐意接受这样的批评,进而改正错误。

3."这也不完全是坏事……"

很多父母都会遇到这样的情况:孩子很努力地去学习一样东西,可是成绩却不如人意,孩子就会觉得很沮丧。这时候,很多父母都是一味地鼓励孩子继续努力,效果却往往差强人意。

丫丫是我表哥家的小女孩,她的妈妈望女成凤,在丫丫很小的时候就给她报了个小提琴班。丫丫很认真地去学习了,可是,每次老师让她演奏的时候,丫丫都很紧张,本来水平就不高,一紧张表现得更糟糕。

"妈妈,我觉得我天生就不是拉小提琴的料。"丫丫说。

"没有人天生就适合干什么,你要继续坚持,才会有所收获。"妈妈鼓励道。

"可是,妈妈,我实在坚持不下去了。我好烦。"

没过多久,丫丫就开始逃避上小提琴课了。有时妈妈把她送到班上,她会趁老师不注意,偷偷溜出来。她妈妈跟我讲这件事情时,既想不明白,又无可奈何。

其实，每个孩子在学习新事物的过程中，都会伴随一系列的失败。这些失败会不可避免地影响孩子的自信心，放弃的念头也随之而来。这时候，父母当然要鼓励孩子，但如果只是一味地鼓励，对孩子来说作用并不是很大。不然的话，世界上就没有平庸的孩子可言了。这时候，父母们可以换个角度，告诉孩子直面这些挫折，而且这些挫折并不全是坏事情，然后帮助孩子理性分析，这比只是一味鼓励要好得多。下面故事中的王女士做得就很好：

> 王女士本身就是教师，她的女儿在上小学时都是由她在家里辅导学习。但是上中学后，王女士认为培养女儿的自立能力更重要，于是让女儿住校。结果住校后，女儿在学习和生活中有很多不适应的地方，学习成绩也不如以前，尤其是数学成绩，尽管她上课很认真，可成绩还是不如人意。
>
> "妈妈，我实在不想学数学了，我觉得不管我怎么努力都学不好。可能我天生比较适合语文。"周末回家后，女儿向妈妈抱怨道。
>
> "怎么会呢？如果你努力了还学不好，多半是你的方法不对。"
>
> "方法不对？"
>
> "是啊。学习方法很重要。其实，你可以慢慢地来，不要着急。做题总是错，也不是件坏事情，至少它会告诉你哪里没有学好，这样你就可以去问老师和同学。"
>
> "我有点儿怕老师，不敢问她。"
>
> "你看，这就是你的方法不对了吧。遇到不懂的，就应该去请教老师。"
>
> "可是，我害怕。"

第十一章
好言好语好方法

"不用害怕,老师们都很喜欢学生问自己问题的。"

"真的?"

"真的,妈妈就是老师,妈妈就很喜欢学生问自己问题。而且我告诉你一个小诀窍,妈妈就是老师,老师就是妈妈,下次你把老师当成我,你还会怕她吗?"

就这样,在妈妈的引导和老师的帮助下,女儿的数学成绩慢慢回升,再也不说想放弃数学了。

我们常说,任何事情都有两面性,有好的一方面,也有坏的一方面。挫折也是如此,如果能从挫折中找到解决问题的方法,那它就是一件好事情。在孩子遇到失败或者挫折的时候,一味地鼓励孩子,不如把这个道理告诉孩子。希望像王女士这样的父母更多一些。

4. "要是不这么做的话……"

听说过这样一个小案例:

公交车上,一个小男孩拿着一瓶饮料,一小口一小口地喝着。妈妈坐在旁边,反复对他说:"不要在公交车上喝饮料。"可是,男孩却好像没听见似的,喝了一口又一口,玩的性质更多。最后,他还咬着瓶口,看着妈妈笑了起来。结果就在此时,公交车急刹车,瓶子戳到了孩子的嘴,孩子疼得大哭起来。

"跟你都说了不要喝,不要喝,你偏不听!这下知道疼了吧!"妈妈一边安抚,一边责备。

"你要早告诉我这会弄疼我的嘴,我就不喝了。"男孩一边哭,一边埋怨。

相信很多父母都遇到过这类情况,都反复告诉了孩子不要那样做,不要那样做,可孩子就是不听,非得等事情发生,孩子受了伤害,才想起了父母的警告,这时候又往往都为时已晚。如果只是一些小伤害,倒还无所谓,就当是长个教训,可有些伤害却会对孩子造成不可逆的影响,所以,父母们绝不能掉以轻心。

有些父母会说,道理都讲了一箩筐了,孩子就是听不进去,我们还能怎么办呀?其实,讲道理也需要技巧。一般来说,在对比中让孩子领悟道理,是一种很有效的方式。我的一位同事给我讲过这样一个例子:

> 我儿子小的时候就喜欢看书,每天晚上都要看一会儿书才睡觉。这本来是一件很好的事情,可是孩子的妈妈却很担心。
>
> 因为孩子每天晚上都是趴在床上或者躺在床上看书,这对眼睛的伤害很大。他妈妈每次看到,总要说他几句,可是孩子依旧我行我素。
>
> 有一天,孩子又趴在床上看书了。
>
> "儿子,不能在床上看书,坐到书桌前去看。"
>
> "我要是不去呢?"
>
> "不去,你的眼睛就会慢慢变成近视眼,看东西很模糊。"
>
> "你骗人呢吧?"
>
> "你问问你爸爸吧,他要是不戴眼镜,在远处都看不到你。"

第十一章
好言好语好方法

"对!"我指指自己的眼镜,然后做出一个在黑暗中摸索的动作。

"好,马上!"儿子把阵地从床上移到了书桌上。

现在的孩子受教育早,获取知识的渠道也很丰富,所以远比我们那时候早熟。孩子虽然有时候不听话,但是很多道理他们是懂的,尤其是一些他们可以从生活中看得见的道理。很多父母总有一个错觉,认为孩子听不进自己所说的话,就是听不进道理,因此有时候采取了一些强硬的态度来对孩子,却发现还是收效甚微。其实,孩子是听得进道理的,但需要父母在给孩子讲道理时,展示一些可以看得见的效果。

人都有趋利避害的本能。如果父母在给孩子讲道理的时候,能在对比中将利与害清晰地呈现在孩子面前,孩子是一定会去选择对自己有利的一方面的。因此,当孩子不听话的时候,父母可以试着在对比中让孩子去领悟其中的道理。

5. "如果别人像你一样怎么办……"

没有人不希望自己的孩子一生一帆风顺,现实却总是让父母们的愿望落空。每个人的一生也总是不免被各种各样的问题困扰,而且早在一个人的童年阶段这些问题就开始出现了,只是那时候大多数的问题父母们都替孩子解决了。真正的问题在于,很多孩子都已经很大了,父母们还总是事事代劳,并且认为这是爱孩子。其实,真正爱孩子的父母会从小培养孩子独立思考和独立解决事情的能力,一有机会就锻炼和引导孩子。

有一年暑假,我带 6 岁的儿子去湖北姥姥家。姥姥家在乡下,又是异域风光,儿子对那里的一切都充满了好奇。

有一天,儿子在表妹的房间里看到了一盆很漂亮的花,就想把它带回自己家,可是表妹却不愿意给他,结果两个孩子就争抢了起来。儿子大一些,一会儿就把表妹欺负哭了。听到哭声,妈妈、舅舅和姥姥迅速冲到了房间里。

"哥哥是坏人,抢我的花。"表妹哭着说。

"是你太小气了,一盆花都舍不得给我。"儿子也哭了起来。

晚上睡觉的时候,儿子还在生气。我对儿子说:"如果表妹像你一样,去抢你最爱的那个奥特曼,你会给她吗?"

"当然不给!"儿子脱口而出。

"那你抢表妹最爱的那盆花,她为什么要给你呢?"

儿子被问得哑口无言。

第二天早上,儿子就去找表妹道歉:"昨天要你的花,是我不对。不过,我们可以交换,我要你的花,你给我。你要我的东西,我也给你!但我的奥特曼不能给你!"

"那你把你那本书给我吧!"

"好!拉钩,不许反悔!"

就这样,两个孩子和解了。

将问题抛给孩子,让孩子独立解决,不仅可以锻炼孩子独立思考和解决问题的能力,也可以逐渐让孩子学会站在别人的角度思考问题。此外,在孩子犯错误时,将问题抛给孩子,可以帮助孩子认识到自己的错误,从而去改正,这对孩子的成长非常有好处。

第十二章

聪明的家长会说会管

美国心理学家华生说过一句名言：给我一个儿童，我可以把他变成律师、医生，也可以把他变成小偷、强盗。很多父母对此不以为然，认为这只是一个心理学家的谎言。可是，稍微有点儿心理学知识的父母就会相信，这不是一个谎言，而是一个真理。其实很多家长在教育孩子的时候，都会不知不觉地使用暗示。遗憾的是，很多父母都在不同程度地使用消极暗示，而不是积极暗示。

1. 矛盾的父母让孩子无所适从

栋栋的爸爸是一家上市公司的部门经理,妈妈则是市医院的主任医师,家境富裕,条件优越。但是,几乎每一天,父母都要因为栋栋的教育而发生争执。

妈妈总是认为,栋栋只要好好学习就可以了,不用做家务,将来可以请保姆。但是爸爸觉得,好好学习是应该的,也该做些力所能及的家务。

有的时候,妈妈还不自觉地向儿子灌输做人要有心计的思想。而爸爸一有时间就教育栋栋要善良、诚实,"做事先做人,上学也先学做人"。

于是,栋栋家经常发生下面的场景:

六点半左右,栋栋吃过晚饭,问爸爸能不能看一会儿童话书再写作业。爸爸觉得很正常,同意了。可栋栋刚打开书,妈妈就一把抢过去说:"还不快写作业!这玩意儿都是骗人的!"

就这样,爸爸和妈妈对于儿子的教育始终不同,时间长了,家里没个安宁不说,孩子也无所适从,不知道听谁的好。

有一天,爸爸妈妈又因为孩子的教育问题吵了起来。爸爸为了说服妈妈,话多了一些,刚好妈妈手里拿着一卷手纸,脾气火暴的她也没多想,当即把手纸朝爸爸砸了过去。虽然爸爸很大度,一卷手纸也砸不坏人,但孩子着实被吓了一跳。

第十二章
聪明的家长会说会管

从那之后,栋栋越来越沉默,有时半天也不说一句话,还经常把自己关在房间里。他的脸上很少见到笑容,上课注意力难以集中,成绩也不断下降。但爸爸妈妈直到很久以后,才愿意承认在这件事上,他们两个都错了。

就像上面的例子所展现的,孩子在接受来自父母或其他家人的截然相反的两种教育方式时,最终会无所适从。心里的疑惑总得不到解决,久而久之,孩子心理上便会陷入混乱状态。这种现象正好印证了心理学上的"手表定律",即当一个人只戴一块手表时,他可以知道现在是几点,但当他带着两块或更多的表在身上时,却难以确定准确的时间,同时也失去了对准确时间把握的信心。"手表定律"启示人们:在做一件事情的时候,只能有一个指导原则和价值取向。正如尼采所说:"兄弟,如果你是幸运的,你只需要有一种道德而不要贪多,这样,你过桥会更容易些。"

同样,在教育孩子的时候,父母之间的教育方针不能经常出现矛盾,比如,总是给孩子设定两个截然相反的目标,提出两种完全不同的要求等。这样矛盾的教育会使孩子无所适从,无法形成自己独特的价值体系,从而在行为上陷入混乱。

正如"有一千个读者就有一千个哈姆雷特"一样,一千个父母也会有一千种教育子女的方式,这种父母双方教育方针不统一的情况也很常见。那么,当出现矛盾时,应该怎么去处理呢?专业的建议是:最好"模糊处理"。即父母双方应互相妥协,冷静克制自己,而且要尽量避免在孩子面前暴露出教育的不一致。如果已经在孩子面前暴露出了不统一,要尽量做到不在孩子面前争吵,而采取一定的补救措施,尽量使思想趋于统一。总之,绝对不给孩子拥有两个价值观的机会。

父母的教育观相悖,除了会混淆孩子的价值观,有时还会使孩子产生错觉和偏见。比如对一个孩子来说，当妈妈的要求比较简单或者语言比较委婉时，他会不自觉地将妈妈的要求与说话方式与爸爸较不严格的要求和直接的话语作对比，形成妈妈更爱自己一些的成见。这样的话，他就会倾向于按照妈妈的要求做，同时对爸爸形成抵触心理。这样的话，孩子和爸爸之间的隔阂会加深，既不利于孩子的健康成长，也不利于亲子关系的发展。

总之，在教育孩子的问题上，父母双方要尽量站在统一战线上，以共同将孩子教育好为目标，如果互争高低，结果只能是爸爸妈妈以及孩子"三败俱伤"。

2. 利用非正式机会教育孩子

在一所幼儿园里，有一位老师在阅读活动中教小朋友们认识红、黄、蓝三种颜色。一开始，孩子们看图的兴趣比较高，能跟着老师一起阅读。不过毕竟是小孩子，能坚持到最后的很少。活动结束时，只有小部分孩子能够准确地说出三种颜色。

于是，在接下来的时间里，老师刻意改变了教学进程，和孩子们一起去院子里玩滑梯。然后，看到红色的滑梯，便指着说："看，红色。"接着，有个小朋友就跟着喊："旁边的木马也是红色的。"……通过这样的方法，那些原本分不清颜色的小朋友很快就掌握了三种颜色。

这个故事可以说明一个至关重要的道理：教育不仅仅在教室里进行，

第十二章
聪明的家长会说会管

也可以发生在任何地点。发生在非正式教育场合的教育，就是非正式教育。非正式教育和正式教育相比，不仅不存在谁优谁劣的问题，而且非正式教育是必不可缺的教育。另外，非正式教育其实能更好地被孩子接受，让孩子体验到、感受到，这远比在课堂里听讲要深刻得多。所以，家长可以在孩子的日常生活中，利用一切非正式的机会让孩子学习与锻炼。

具体说来，可以从以下几方面着手：

1. 利用非正式机会对孩子进行技能教育。

比如，孩子的地理成绩较差，学习兴趣也不高，妈妈想引导孩子对地理课产生兴趣，便可以通过全家旅行的方式，引导孩子对地理课产生兴趣。但不是简单地到某地一游，而是从一开始就让孩子参与其中，甚至让孩子"主导"此次行程。举例来说，为完成出游计划，需要查资料，翻地图，找参考书，对比各旅行社等，父母完全可以先将这些事情交给孩子做一遍，让孩子在不知不觉中学习地理知识，并且随机指点，让孩子知道自己哪里还有不足，从而变得更细心，更谦虚。

2. 利用非正式机会对孩子进行观察与思考教育。

比如，找一个休息日，把孩子带到一个大型停车场，让孩子数数在这么多的汽车中，有多少辆是本国制造的？占汽车总数的百分之几？豪车有多少辆？哪个国家的车最多？为什么？……假以时日，孩子就会养成遇事仔细观察、自主分析、独立思考等习惯，而不是人云亦云，稀里糊涂。

3. 利用非正式机会对孩子进行社会教育。

比如，一位妈妈为了让孩子有环保意识，让他认识到垃圾对环境的危害，就专门带孩子去垃圾填埋场。在距离垃圾场很远的地方，孩子就闻到了臭气，捂住了鼻子。这样的教育多么直接和生动，不需要妈妈再多说什么，孩子就明白了保护环境的重要性。

4. 利用非正式机会对孩子进行爱心教育。

比如，一位妈妈为了让孩子有爱心，就和孩子一起做游戏，让孩

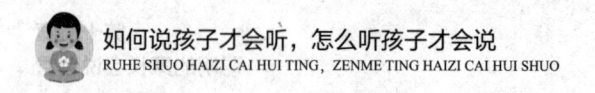

子从中体会残疾人的痛苦：只能用脚写字，只能推着轮椅前进，只能摸索着走路，等等。这些真实的体验，能让孩子亲身体会到残疾人生活的不易，也就很容易对残疾人产生同情和理解了。

总之，生活是最好的老师，无所不包，家长们一定要好好利用各种非正式机会教育孩子，让孩子随处都可以学到知识，同时也让他们养成随处随时不断学习的习惯。

3. 让我们的孩子不断进步

在现实生活中，有很多家长因为不懂孩子的心理，也不懂得教育方法，结果力气费了不少，效果却很差，有的甚至费力不讨好，适得其反。

其实，我们不止一次地说过，教育孩子是有规律可循的，父母应该也必须掌握一定的技巧，才能引导孩子不断进步。

首先，我们要以发现的眼光看待孩子。

每个孩子都是独一无二的，也正因为他们是独一无二的，所以他们是最好的。这是每个家长首先应该树立的意识。千万不要天天拿自己孩子的缺点与其他孩子的优点比，比来比去，就会让孩子失去信心，严重的甚至会自暴自弃，这是非常不应该的。父母比较的目的可能是出于好意，想借此激励孩子不断进步，殊不知，孩子各有各的长处，各有各的特色，各有各的潜力。我们做父母的，应该用发现的眼光看待自己的孩子，找到他的闪光点，促进他的成长。

其次，我们要以欣赏的眼光看待孩子的每一点进步。

不可否认，人与人之间的差异是天生存在的。有的孩子语文好，有的孩子数学好，有的孩子英语好，如果父母能够以欣赏的眼光看待

第十二章
聪明的家长会说会管

孩子,及时发现并鼓励孩子的每一点进步,相信孩子会很快树立信心,并获得更大的进步。

再次,父母要以一些鲜活的案例来引导孩子,多与孩子进行有针对性的谈话。

父母是孩子的第一任老师,也是最了解孩子的人。因此,要经常与孩子进行对话,给孩子指出学习或做事的方法。同时,还要针对孩子的缺点去引导他。只有这样,孩子才能认识到问题所在,找到改正的方法,不断进步。

> 我儿子上小学三年级时,有一个最大的缺点,那就是粗心,经常在最简单的计算题上出错。为了改掉他粗心的毛病,我在一段时间里,有意无意地反复念叨一句哲学名言:人不可能两次踏入同一条河流。刚开始,儿子不太在意,但后来他开始问我:"这话什么意思呢?你老说这个干什么?"我就不失时机地告诉他:"这句话说简单就简单,说复杂就复杂。今天先说个简单的吧:如果我们总是踏进同一条河里,说明我们记性太不好了,是不是?就像你做数学题,如果多用点心,是不是就会错误少一些?"儿子点点头,表示赞同。然后,我让他拿出当天的作业,检查了一下,指导了一番。此后,小家伙做数学题时仔细多了,错也渐渐少了。

最后,父母要以身作则,用行动来感染孩子。

孩子们通过模仿而学习,他们第一个模仿的对象就是父母。孩子是父母的一面镜子,每位父母都可以从孩子身上看到自己的影子。因而,做父母的一定要给孩子做一个好榜样。要想让孩子热爱学习,父母首先就要以身作则,其他方面也概莫能外。

4. 别给孩子浇冷水

美国心理学家华生说过一句名言:"给我一个儿童,我可以把他变成律师、医生,也可以把他变成小偷、强盗。"很多父母对此不以为然,认为这只是一个心理学家的谎言。可是,稍微有点儿心理学知识的父母就会相信,这不是一个谎言,而是一个真理。

其实,华生的理论是有着科学的心理学依据的,这个依据就是心理学上经常说的"心理暗示的作用"。根据暗示的不同效果,心理学家们将暗示分为积极暗示和消极暗示。前者多数是一种鼓励性的暗示,可以给人带来正面的情绪,而后者多是一种批评性的暗示,带给人们的也多是负面的影响。

其实,很多家长在教育孩子的时候,都会不知不觉地使用暗示。遗憾的是,很多父母都在不同程度地使用"消极暗示",甚至直接说出"你比别人差"这类话语。这种消极暗示会给孩子的成长带来很大的负面影响,会造成孩子情绪低落,产生自卑心理等。

我们常说,孩子就像一张白纸,他的人生会画出一张什么样的画卷,全在于父母的教育。如果父母经常告诉自己的孩子"你比别人差",孩子自己也会慢慢觉得比别人差;相反,如果父母鼓励孩子,说"你可以成为一个优秀的人",孩子自己就会朝着优秀的方向去努力。所以,如果你希望自己的孩子越来越有出息的话,那就不要告诉你的孩子"你比别人差",而是要多一些积极暗示。

人要努力避开那些时常泼你冷水的人。这是因为,如果一个人经常被泼冷水,他的心灵就会遭受到极大的伤害,而这种伤害对一个人

第十二章
聪明的家长会说会管

的影响几乎是致命的,尤其是在一个人的孩童时期,这种伤害会深深地影响孩子性格的形成,从而影响孩子的一生。其实,这句话也从侧面给了父母一个提示,那就是"不要经常对你的孩子泼冷水"。

首先,泼冷水会打击孩子的好奇心。孩子对这个世界充满了好奇,一般情况下,他们都很乐意去探究这个世界的秘密。当然,他们大多数的努力是稚气的,有的甚至是徒劳的。可是作为父母,我们要理解孩子,允许孩子去做一些徒劳的事情,甚至陪着孩子一起去做这些事情,而不能在孩子稍有尝试时就打击孩子,认为他的所作所为是可笑的,是没有价值的,进而嘲笑孩子,这会让孩子逐渐丧失对这个世界的好奇心,变得没有活力。

其次,泼冷水会打击孩子的自信心。很少人会在别人的一再否定之下培养起自信和乐观的品质,大多数人在此情况下会变得自卑消极,孩子更是一样。孩子需要父母的肯定,如果父母经常给孩子泼冷水,否定孩子,会让他更加不自信,甚至自卑。

再次,泼冷水会打击孩子的进取心。孩子在出现困难的时候,需要父母的鼓励,这会让他们感受到父母的爱,并从中获得前进的力量。如果父母这时候没有给孩子鼓励,相反还给孩子泼冷水,讽刺孩子不如别人,会让孩子感到很无助,心里极度沮丧,从而丧失了克服困难的勇气。

我们先来看一个案例:

> 一天,家里来了客人,喜欢热闹的小阳特别兴奋,又蹦又跳,时而还唱几句儿歌。或许是怕吵到客人,小阳的爸爸当着客人的面,大声训斥小阳:"你唱得难听死了,还不赶紧回自己屋里去!"听到这话,原本开心的小阳脸唰地红了,赶紧住嘴,然后一溜烟躲进自己的卧室。此后,小阳再也不敢当众唱歌了。

像小阳这样的孩子很多，他们就是人们常说的"人来疯"，家里一来客人就会兴奋不已。这样的孩子有着很强的表现欲，希望在更多人面前表演，得到更多人的表扬。父母要学会理解他们的行为，并给予一定的鼓励。如果他的做法确实影响到了客人，也不要训斥，而应该采用讲道理的方式让孩子安静下来。这样，就不至于伤害孩子的自尊心。

我们再来看一个正面的案例：

> 一天晚上，妈妈在厨房里洗碗时，忽然听到儿子在地上不断蹦跳的声音。妈妈赶紧放下碗，去问儿子："宝贝，你在干吗？"
>
> 小男孩回答："妈妈，我要跳到月亮上！"
>
> 妈妈摸了摸他的头，笑着说："好，不要忘记回来哦！也不要摔到自己哦！"
>
> 小男孩高兴地抱着妈妈说："不会的！都不会的！"然后继续在屋子里跳来跳去。

面对孩子的奇思妙想，这位妈妈没有给孩子泼冷水，更没有骂他。她没有像大多数母亲那样对孩子说："净瞎想！把衣服弄脏了我可打你！"而是温柔地对孩子说："好，不要忘记回来哦！"这无疑给了孩子极大的信心。

最后，父母应该了解，父母是孩子在这个世界上最亲的人，来自父母的鼓励更能让孩子进取。反过来说，来自父母的讽刺打击也更具毁灭性。所以，父母一定要多多鼓励孩子，不要老是给孩子泼冷水。

亲子沟通

非暴力亲子沟通

刘慧滢 / 编

吉林美术出版社 | 全国百佳图书出版单位

图书在版编目（CIP）数据

亲子沟通.非暴力亲子沟通/刘慧滢编.——长春：吉林美术出版社，2022.7
ISBN 978-7-5575-7278-5

Ⅰ.①亲… Ⅱ.①刘… Ⅲ.①家庭教育 Ⅳ.①G78

中国版本图书馆CIP数据核字（2022）第118593号

FEI BAOLI QINZI GOUTONG
非暴力亲子沟通

出 版 人	赵国强
编　　者	刘慧滢
责任编辑	栾　云
装帧设计	于鹏波
开　　本	880mm×1230mm　32开
印　　张	5
印　　数	1—5000
字　　数	128千字
版　　次	2022年7月第1版
印　　次	2022年7月第1次印刷
出版发行	吉林美术出版社
地　　址	长春市净月开发区福祉大路5788号
	邮编：130118
网　　址	www.jlmspress.com
印　　刷	天津海德伟业印务有限公司
书　　号	ISBN 978-7-5575-7278-5
定　　价	198.00元（全5册）

前言 Preface

每一位父母，在孩子成长过程中几乎都会面临这样一个问题：如何与孩子沟通，才能让孩子更乐意接受自己的观点或建议？

这个问题看似平常，实际上却是困扰许多父母的棘手难题，也是导致一系列亲子矛盾冲突的症结所在。

在很多家庭当中，父母与孩子的沟通方式往往都是这样的：

"你怎么这么不听话？"

"你就知道玩，一点也不知道好好学习，真让我操心！"

"你再这么不懂事，我就要把你的玩具没收！"

"你怎么这么没用，这点儿小事都做不好！"

"你看看人家××，学习成绩那么好，再看看你！"

……

这些话语听起来是不是非常耳熟？相信这些充满了指责、威胁、批评、命令、否定、比较等沟通方式，在绝大多数家庭当中都曾经存在过，或者现在仍然存在。但是，在这些暴力沟通的方式之下，孩子不仅没有因此而变得优秀，反而变得自卑、懦弱、暴躁、缺乏安全感……

与父母的关系也越来越糟糕，有些孩子甚至会做出一些极端行为来。

相信每一位父母在与孩子进行对话时，都希望孩子变得越来越好，但很显然，以上这些暴力的沟通方式是不可能实现这个美好的期望的。

那么，我们该怎么办呢？

我们还有更好的选择，那就是：与孩子之间实现非暴力沟通。有一位教育专家曾经说过：世界上最好的家庭教育，就在父母与孩子的对话中。再科学的教育理念，再有效的管理方法，都必须通过亲子之间的对话、交流、沟通来实施和实现。因此，父母一定要远离那些充满暴力的无效沟通，停止对孩子的言语伤害，学着去改变自己面对孩子的态度，能够站在孩子的角度，去理解孩子的想法和感受，用孩子能够接受的话语与其沟通。哪怕孩子真的犯了错，也先耐心地去寻找问题背后的原因，继而给予孩子正确的引导。在必要的时候，我们还可以为孩子制定相应的规矩，帮助孩子更好地约束自己的言行，从而重构与孩子之间的亲子关系，让孩子感受到父母的爱、理解、坦诚、尊重与接纳，真正赋予孩子成长的力量。

本书结合当下诸多先进的教育理论与理念，以大量的事实、案例再现情景，分析探讨了父母与孩子沟通时的诸多问题，让每一位父母都能从中看到自己与孩子的影子，进而了解哪些沟通方式伤害到了孩子，以及如何与孩子之间建立有效的联结，才能实现真正的非暴力沟通。

希望广大父母们通过阅读这本书，可以拥有一把打开心灵的钥匙，摒弃曾经伤害孩子的语言类型和沟通方式，学会带着爱、理解和尊重面对孩子，成为孩子心中最好的父母。

目 Contents 录

第一章 言语伤害：那些充满暴力的无效沟通

1.1 打骂，让孩子丧失安全感 / 002

1.2 指责，终会让孩子自暴自弃 / 005

1.3 揭短，孩子不要面子吗 / 007

1.4 比较，孩子心底最不愿接受的事 / 011

1.5 贴标签，孩子一定会"如你所愿" / 014

1.6 唠叨，只会让孩子越来越烦 / 018

1.7 否定，孩子会形成自卑人格 / 021

第二章 改变态度：因为彼此有爱，所以更要好好沟通

2.1 倾听：沟通之前，先耐心听听孩子怎么说 / 026

2.2 信任：好好说话源于对彼此的信任 / 029

2.3 欣赏：看到孩子的优点和长处 / 034

2.4 尊重：放下你的高姿态，孩子更容易接受 / 038

2.5 坦诚：开放的沟通才更有效 / 042

2.6 接纳：真正能与孩子感同身受 / 045

2.7 合作：修复关系，让彼此都能好好说话 / 049

第三章 善于共情：比讲道理更有效的沟通方法

3.1 共情不是同意、附和，而是懂得孩子 / 054

3.2 孩子最期待来自父母的心灵感应 / 057

3.3 理解孩子的感受，同时分享自己的感受 / 061

3.4 减少说教，允许孩子为自己辩解 / 064

3.5 给予闹情绪的孩子以理解和帮助 / 068

3.6 感同身受地向孩子道歉 / 072

第四章 有效批评：了解孩子的心理特征，破解孩子的怪异言行

4.1 孩子出现不良言行，粗暴制止没效果 / 077

4.2 没有操控的沟通，就没有叛逆的孩子 / 080

4.3 孩子拒不认错，父母怎么说更有效 / 084

4.4 温和的讨论代替严厉的斥责 / 089

4.5 有效批评和适当鼓励，帮助孩子提升能力 / 093

4.6 用建设性的批评代替破坏性的批评 / 096

4.7 巧妙地拒绝孩子的无理要求 / 100

第五章 订立规矩：父母会说话，孩子才更愿意遵守规矩

5.1 规矩不是为了控制孩子，而是为了赢得合作 / 105

5.2 先沟通情绪，再沟通规矩 / 109

5.3 规矩不能只针对一时一事 / 113

5.4 给孩子立规矩从来不是"单选题" / 117

5.5 减少无效命令，多给实际建议 / 120

5.6 有规矩，就要有惩罚 / 124

5.7 别忘了表扬和奖励守规矩的孩子 / 127

第六章 重构关系：远离暴力式沟通，让沟通更有效

6.1 没有孩子能被说服，除非他自己愿意 / 132

6.2 向孩子敞开心扉，让孩子了解父母 / 135

6.3 适当距离适量爱，才能与孩子相处融洽 / 138

6.4 凡事多与孩子商量，让孩子自己做选择 / 141

6.5 学会交换立场，用"利他思维"与孩子沟通 / 145

6.6 做好自我管理，为彼此沟通注入"强心剂" / 148

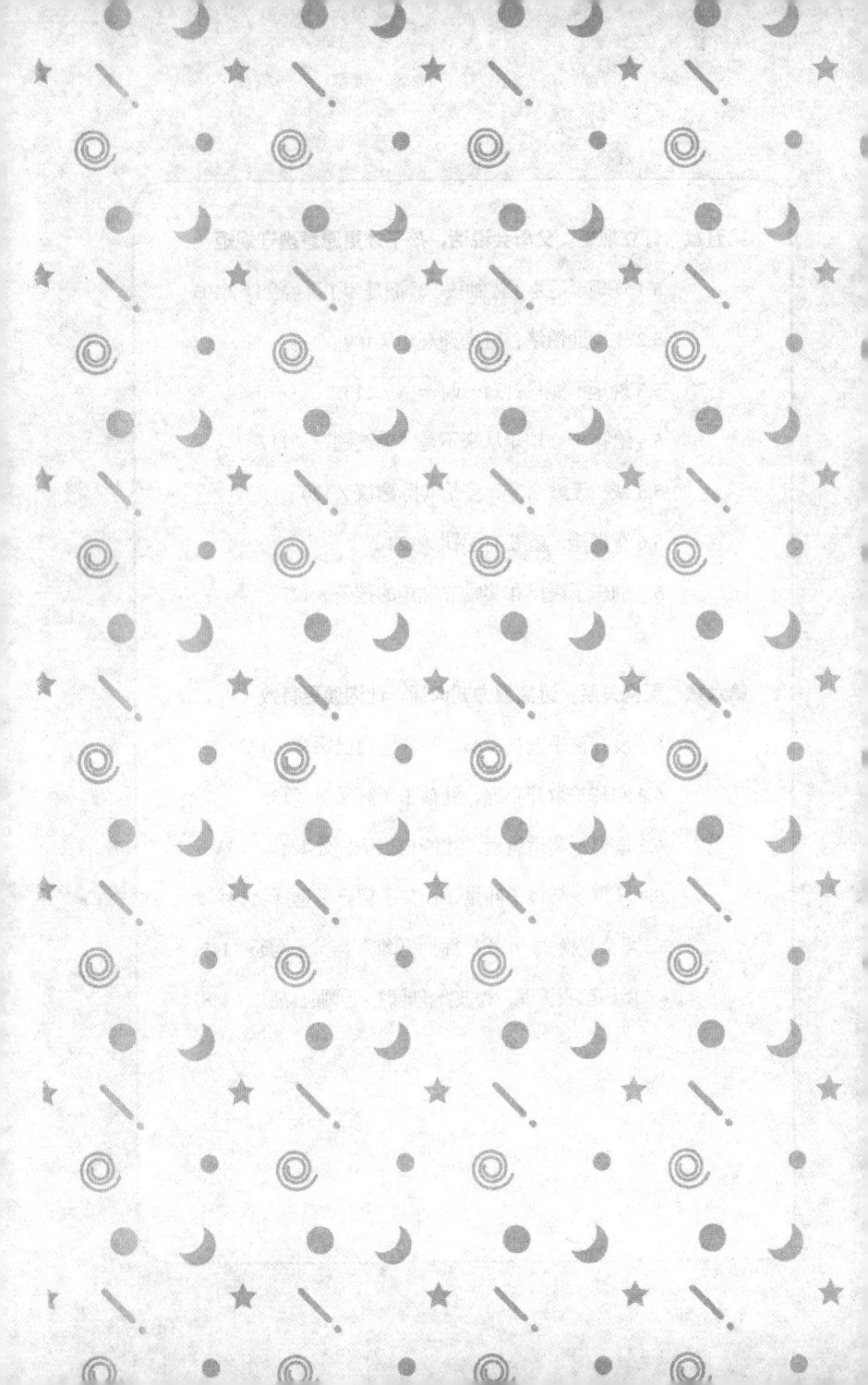

第一章

言语伤害：

那些充满暴力的无效沟通

有人说，如果把父母看成是一种职业的话，那这将是世界上最难从事的职业。在为人父母之前，没有人会教他们如何做个好父母，也没有人教他们怎样与孩子沟通。于是我们看到，很多父母与孩子沟通时都充满了言语伤害，缺乏对孩子起码的尊重。经常以这种方式对待孩子，其结果要么让孩子变得胆小、畏缩，要么影响亲子关系，使孩子对父母产生反感、敌意，既达不到教育的效果，又会造成亲子间的疏离。

1.1 打骂，让孩子丧失安全感

父母的一句话，可能就会对孩子的一生产生巨大影响。不可否认，父母都是爱自己的孩子的，也都在自己孩子身上寄予了厚望，希望孩子聪明、懂事、成绩好、有出息，但孩子因为年纪小、缺乏自控力，往往会表现出很多与父母期望相悖的状态，如淘气、撒谎、说脏话、不讲卫生、学习成绩不好……

每当遇到这些情况，一些父母就会觉得很气愤，于是开始责备甚至打骂孩子，希望能通过这种方式让孩子记住教训，改正缺点。殊不知，这样教育的结果不仅不能让孩子改掉坏毛病，反而还可能会严重伤害孩子的心灵。

在"知乎"上有这样一个问题：父母的打骂对你的人生产生了怎样的影响？

有个从小被父母打骂过的网友回忆道："我现在25岁了，但一想到小时候被妈妈打的情景，心里就感觉被塞得满满的。整个小学阶段，我被妈妈打骂过无数次，我现在仍然记得她当着我们全班同学的面打骂我。……她经常用恶毒的话语把我贬得一文不值。我现在不自信、缺乏安全感，可能与这些经历有关吧！"

我们能说这样的父母不负责吗？不能，因为他们都希望孩子学习好、有上进心，但很显然，他们用错了教育方式，经常用打骂的方式与孩子沟通，比如用下面的语言：

> "看看你的衣服脏的，真是让人讨厌！"
> "一天天游手好闲，不爱学习，我怎么会有你怎么没出息的孩子！"

第一章　言语伤害：那些充满暴力的无效沟通

> "你怎么这么不争气，我从没见过你这么坏的孩子！"
> "你除了说脏话，就不会说别的话吗？"
> "这么小的年纪，竟然学会撒谎了，你真是没救了！"
> ……

相信很多打骂孩子的父母，都会或多或少地说过类似的话吧？但是，你的孩子因此就变得懂事、优秀了吗？

恰恰相反，孩子并不会因此而觉得父母说这些话的初衷是为自己好，他们会认为父母这是不够爱自己，是嫌弃自己，所以才会用这种不好的方式对待自己。这种模式一再强化，孩子就会一直觉得自己不够好、不值得被爱，内心逐渐丧失安全感。而随着年龄的增大，他们也会变得越来越懦弱、胆怯、不自信，想依赖别人，渴望被人关爱，却又不信任别人，怕遭到别人嫌弃。

心理学家通过研究指出，童年时期过度消沉，生活缺乏光彩的孩子，长大后患抑郁症的概率更大。可见，这种暴力式的沟通给孩子带来的伤害多么大，甚至让他们的一生都陷入痛苦、无助的状态之中。

事实上，即使是缺点再多、表现再糟糕的孩子，也会有自己的优点和长处。而儿童心理学家经过无数次的实验与观察发现：孩子总会在无意识中按照大人的评价来调整自己的行为，如果父母经常夸赞和奖赏他们的优点和表现好的地方，他们就会想要表现更好，以此博得父母更多的夸赞和奖赏。相反，如果你只看到他们的缺点，并且经常打骂孩子，希望用这样的方式让孩子改掉缺点，结果只会适得其反，孩子可能因为你的打骂而"被迫"弱化了某个缺点，也可能会在其他方面表现出问题。

每个孩子身上都有自己了不起的地方，关键就在于父母用什么样的态度与孩子沟通。比如，有的孩子喜欢破坏东西，父母可能就会责骂孩子：

> "你看你,又把东西弄坏了,从来不知道爱护东西!"
> "你怎么又把东西弄坏?你不知道这都是花钱买来的吗?真是个败家子!"

如果换个方式沟通,如:

> "你的动手能力很强,这件东西现在虽然坏掉了,但我相信你可以自己把它修好,试一试怎么样?"

有的孩子爱打人,父母看到了,可能会这样责骂孩子:

> "你怎么又打人?昨天为什么挨打不记得了吗?今天还打人!"
> "你怎么这么不长记性?跟你说过多少次了,让你不要打人!"

换个方式沟通的话,不妨这样说:

> "你这样做,是因为你想跟他做朋友吗?如果是,你应该轻轻地拉拉他的手。"
> "被你打了的小朋友一定很伤心,如果是你被打了,你会不会伤心呢?"

可见,看问题的着眼点不同,得出的结论就会完全相反,与孩子沟通的方式也会有所不同。当我们透过孩子的缺点寻找孩子的优点后，再用肯定优点的沟通方式去与孩子沟通，就能间接地纠正孩子的缺点，逐渐将他们引导到积极上进的道路上来。也只有通过这样的沟通，孩子才能更好地调整自己的行为，向着父母期望的方向发展，并且内心也能更有安全感和归属感。

1.2 指责，终会让孩子自暴自弃

父母是孩子的第一位老师，父母的言行对孩子的影响要比老师和其他人更多，然而有些父母在与孩子沟通时，可能会有意无意地说一些指责孩子的话语，给孩子的心灵造成伤害。

> 2020年5月，江西省赣州市某小区一个11岁的男孩，因为无法继续忍受妈妈的指责和暴躁，竟然站在高楼的护栏外面，想要跳楼自杀。幸亏民警及时发现，才将男孩救了下来。
> 原来，男孩的爸爸不幸患上了癌症，家里的重担全都落在妈妈一个人身上。妈妈虽然坚强，但长期的辛苦也令她不堪重负，因此经常被焦虑、暴躁的情绪所充斥。无处发泄的妈妈，只有将情绪发泄到孩子身上，对孩子进行各种指责。男孩由此便认为自己就是妈妈的负担，觉得只要自己死了，妈妈就能减轻些负担，不用那么辛苦了。

我们不知道，当男孩的妈妈看到这一幕，她会有何感想，会不会后悔自己曾经对孩子的言语伤害？

心理学家指出，帮助孩子树立正面的自我意向，是让孩子形成健康人格、良好行为的前提；而毁坏孩子在自己心目中的形象，是导致孩子自暴自弃、走向歧路的重要原因。这就像我们经常说的那句俗语"说

你行，你就行，不行也行；说你不行，就不行，行也不行"，其原因就是孩子长时间受到这些言语的影响，心理上形成了正面或负面的自我意向。久而久之，这些就会固化成为他们的行为特点。

所以，父母无意中的一句话，可能就会对孩子产生巨大的负面影响。我们经常听到一些父母指责孩子：

> "你怎么这么笨！"
> "你这脑子真是不灵活！"
> "你真是没用，这都做不好！"
> "你就是故意跟我作对吧？"
> "你怎么学习这么差，你就不是学习的料！"
> "你太粗心了，这样的题目都会算错！"
> ……

这些话，父母脱口而出时，可能觉得自己心里痛快了，殊不知，你这样恰恰是把不痛快转移给了孩子，让孩子的心里变得不痛快了。

实际上，父母都很清楚，孩子并非完美无缺，他在成长过程中也需要不断学习和领悟。在这个过程中，孩子难免会犯错。然而，一些父母却总喜欢将问题放大，一旦发现孩子有不尽如人意的地方，就会指责孩子。殊不知，你的指责会令孩子陷入大量的负面暗示里。久而久之，他们真的认为自己天生就笨、没用、不是学习的料……甚至由此认定自己就是个一事无成的失败者。如果孩子在内心给自己贴上一个失败者的标签，自己先否定了自己，那么他未来也一定会成为一个失败者。在面对问题时，他也会放任自流，不想通过自己的努力去纠正、解决问题，反而让问题像滚雪球一样，越滚越大，最终完全压垮自己。

儿童心理学家表示，一个充满自信的孩子，他的思维永远是活跃的，而那些缺乏自信的孩子，却总会在无意识中让自己的头脑变得闭塞、僵化。因此，父母千万不要动不动就指责孩子，说孩子"你真笨""真没用"等话语，不仅会伤害孩子的心灵，还会束缚孩子的大脑。

著名青少年心理学教授李玫瑾曾经说过，父母在养育孩子过程中，一定要多点耐心，少发脾气，少一些指责。其实，孩子与大人一样，既有属于自己的优缺点，也有属于自己的个性，同时他们也会思考自己的个性，思考自己存在的价值，如果父母经常对孩子的言行进行指责，就可能影响他们的自我评价与自我发展。孩子的可塑性很强，每个孩子都可能在某一方面表现出积极行为，而在另一方面表现出消极行为，而我们教育的目的，就是引导孩子朝着积极的方向发展。

因此，在日常的言谈中，我们应尽量给予孩子理解、宽容，多说一些能促进孩子健康成长的话语。

比如，孩子考试没考好，看起来很沮丧，这时你的指责只会加重他的负面情绪，让他更加沮丧、难过。但是，如果你这样说：

> "一次考试没考好，不代表永远考不好，与其难过，不如找找没考好的原因，你觉得呢？"
>
> "成绩不理想，让你感到有些难过是吧？我以前考试考不好时，也会比较难过。"
>
> ……

用类似的语言代替对孩子的指责，孩子就会从父母这里重新获得振作的力量，将负面情绪转化为寻找问题原因的动力。这样才是帮助孩子学会缓解情绪、解决问题的正确方法。

1.3 揭短，孩子不要面子吗

俗话说："打人不打脸，骂人不揭短。"可是很多父母却经常当

众揭孩子的短。回想一下,你有没有当着朋友、家人或客人等说过关于孩子的这样的话:

> "这孩子太胆小,不敢说话,有什么事就自己闷在心里。"
> "我家孩子太爱撒谎,都揍他好几次了,改不了,真是气死人了!"
> "我儿子特别任性,不听话,我都不知道该怎么管教他了!"
> "我女儿学习太差劲,功课经常不及格。"
> "这孩子都读五年级了,连自己的衣服还不会洗,真是愁人!"
> ……

类似的话语,父母在说的时候可能出于无心,也可能出于一时气愤或心血来潮,或者是为了表示谦虚,但不管出于什么心理,这样在外人面前张扬孩子的缺点,丝毫不在乎孩子的面子,对于教育孩子不但毫无帮助,还会伤害孩子的自尊心,让他感到无地自容,在众人面前抬不起头。

还有些父母,喜欢直接当着孩子的面揭孩子的短,比如:

> "考这么几分,也值得你高兴成这样?"
> "你这算什么,当年你爸爸我比你厉害多了!"
> "你看看你,都上小学了,自己连鞋带都不会系呢!"
> "你就是胆子太小、太懦弱,同学才会欺负你!"
> ……

第一章 言语伤害：那些充满暴力的无效沟通

以上这些沟通方式，都会伤害到孩子的自尊心和自信心。实际上，当孩子到了一定年龄之后，他们通常都会知道自己的优点和缺点，也会有羞耻之心。这时如果你经常揭孩子的"短"，让孩子的缺点不断暴露出来，就相当于给了孩子一种不良的暗示，让孩子认为自己就是这样的：爱撒谎、任性、胆小、懦弱……继而给自己的性格定性。由此可见，这种揭短其实是将原本不太严重的问题严重化了，让孩子原本不太在意的缺点，在父母的不断提醒下更加在意了。

著名心理学家李子勋曾经说过："父母关注内向，孩子的内向就会被稳定地发展下来。父母内向，感觉内向不好，所以对孩子的内心更加敏感，结果反而会把问题搞复杂……所以，父母在对孩子的个性作评价时一定要非常小心，亲子关系中存在一种双重束缚。比如，父母说孩子不开朗，就会导致孩子更不开朗，而由于孩子不开朗，父母就更会加重说孩子。"

因此，父母在外人面前也好，在与孩子进行直接沟通也好，绝对不要揭孩子的短处，这无异于变相地说"你不是个好孩子"。从心理学角度来说，这会让一个人产生恐惧社会的心理，甚至产生羞耻感、自卑感，出现自惭形秽的念头。

> 著名喜剧演员宋丹丹曾经带自己20多岁的儿子巴图上过一档综艺节目。在一个多小时的节目当中，宋丹丹有一半的时间都在数落巴图。
>
> 一天早晨，参加节目的一位年轻人早早起来做早饭，得到了大家的表扬，而宋丹丹立刻开始吐槽巴图："我就生了个废物，什么都不会干……我都想换儿子了！"
>
> 因为节目需要，巴图需要搭建鸡窝，宋丹丹又说："天啊，你要是能把鸡窝做好，妈妈就觉得这孩子没白养！"
>
> 每次被宋丹丹揭短挖苦后，巴图都面露尴尬，甚至一脸挫败，似乎自己就是一个错误的存在。

其实，懂得要面子的孩子，才是更有自尊的孩子，也才更明事理、知对错，有上进心。试想一下，如果一个孩子对于别人的任何指责、揭短行为都无动于衷，那么你又能通过什么方式去教育他、引导他呢？就像英国教育家洛克说的那样："父母不宣扬孩子的过错，孩子对自己的名誉就越看重，他们觉得自己是有名誉的人，因而会更加小心地去维护别人对自己的好评；如果你经常当众宣布他们的过失，使其无地自容，他们便会失望。由此，制裁他们的工具也没有了，他们愈发觉得自己的名誉已经受了打击，他们想得到别人赞赏的心思也就愈加淡薄。"

所以，无论在什么情况下，父母都不要揭孩子的短，多给孩子留些面子，哪怕你认为这就是孩子的"短"，也不要总去"提醒"、强化孩子的短处。尤其在别人面前，更要学会给孩子"留面子"，比如当有外人赞扬自己孩子时，我们可以这样说：

> "是的，他最近进步很大！"
> "没错，我也发现他越来越勇敢了！"
> "他现在在家会帮我做很多家务，很能干的！"
> "最近我女儿学会自己做饭了呢！"
> ……

多说孩子的优点，孩子就会觉得很愉悦，同时也会更加奋发向上。

同样，当我们直接与孩子沟通时，如果发现孩子有点滴进步，我们也要多加以肯定，比如这样对孩子说：

> "我看到你的成绩比上个月有进步啦，不错不错，继续加油哦！"
> "虽然你的想法跟我的不同，但你的想法也有道理。"

> "你今天的表现很勇敢,我看到了你的进步哟!"
> "功课不及格,我们就一起找找原因,好不好?"
> ……

每一个孩子的面子和自尊的起点,都源于父母的理解、接纳,以及非暴力的沟通方式。身为父母,我们在与孩子相处时,要学会多给予孩子认同与肯定,并且让他们逐步学会将"希望得到别人尊重"的面子,转化为"自尊、自爱、自重"的里子。具有这种情感的孩子,不仅自己会更自信、更乐观,未来在人际关系方面也更懂得尊重与自我尊重的道理。

1.4 比较,孩子心底最不愿接受的事

一个女孩在自己的日记中写道:"我也不知道为什么,好像什么事都做不好,爸爸妈妈总是拿我跟别人比。特别是开完家长会回到家后,那简直就是我的'批斗大会'!既然他们觉得别的孩子好,那就让别人做他们的孩子呗。再说了,我不是不想学好,而是我不管怎么努力,他们都看不到!"

女孩描述的这个问题,在很多父母身上都发生过吧?

"望子成龙,望女成凤",这是我们耳熟能详的俗语,谁不喜欢自己的孩子有出息呢?于是,拿自己的孩子与"别人家孩子"比较,也成了很多家长的常规操作。可能我们自己就是这类家长中的一员,当看到别人家孩子取得好成绩时,往往就用一种恨铁不成钢的口吻对自己的孩子说:

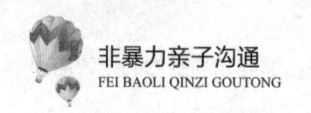

> "你看人家XX成绩多好,这次又考了个第一。再看看你,你怎么就不能考几个第一回来!"
>
> "你们班级光荣榜上,别的同学的小红旗多得数不清,你的却少得可怜!"
>
> "XX都考上重点高中了,你要是以后像他那样有出息就好了!"
>
> "人家XX在钢琴比赛中拿了第一名,你是怎么学的?"
>
> "你看你,体育也太差劲了,连比你低一头的孩子都跑不过!"
>
> ……

这些都是父母常用的比较语言,他们总是习惯于拿其他孩子的优点来比较自己孩子的缺点,想以此为孩子树立一个榜样,激励孩子上进。但是,你在说出这些话时,有没有考虑过孩子的内心感受?这些话会让孩子更自信、更有自尊吗?

并不见得。我们可以换位思考一下,在职场中,如果经常有人拿我们与更强的人比较,比如:"你看人家小李,同样的工作,人家总是效率比你高。""你学学老赵,每个月的业绩都比你好,你怎么就不行呢?"每当这些时候,你的内心会有什么感受?

此时你内心的感受,就是你将孩子与别人家孩子比较时,孩子内心的感受:难过、自卑,感觉不被尊重,感觉自己很没用。如果经常这样被拿来与别人比较,你甚至可能会对那些优秀的人产生嫉妒心理。

当然,作为成年人,我们会克制自己的情绪,调整自己的心态,但心智发育尚不成熟的孩子是很难做到这一点的。他们很可能会因此而变得焦虑、自卑、自暴自弃,甚至厌烦父母、回避父母,不愿再与父母交流,担心再被父母拿来跟别人比较,最终不仅伤害了孩子的自尊心,还伤害了彼此间的亲子关系。

第一章　言语伤害：那些充满暴力的无效沟通

网上有这样一则新闻：南京市一个13岁的小男孩，在留下一封信后离家出走。幸亏家人发现后及时报警，不久，民警就在一个公园的角落里找到了小男孩。

当民警询问男孩为什么要离家出走时，男孩哭了起来，边哭边向民警诉苦。原来，小男孩的学习成绩不太理想，经常被爸爸责备，不仅如此，爸爸还经常拿他与别人家的孩子比较，觉得他做什么都不行，做什么都不如别人。这让男孩产生了很大的心理压力，最后忍无可忍，才决定离家出走，不再给父母丢脸。

教育家苏霍姆林斯基说过："孩子的尊严是人类心灵里最敏感的角落，保护孩子的自尊心，就是保护孩子的潜在力量。"父母可以通过一定的话语激发孩子的好胜心和竞争意识，但前提是要维护好孩子的自尊心。每个孩子都是独一无二的，都有自己的长处和缺点，我们完全没必要与其他孩子比较。只要尊重孩子的成长规律，根据孩子自身的特质去引导和帮助孩子，激发孩子内在的驱动力，满足孩子内心深处的要求，才能让孩子在成长过程中树立起自己的价值观和自己所追求的目标。

美玉也有瑕疵，孩子有缺点很正常，况且每个孩子的能力本来就各不相同。对于孩子来说，最好的榜样是自己的父母，而不是"别人家孩子"，父母只有先做好榜样，再掌握恰当的沟通方式，才能激发起孩子的进取心。比如，我们可以这样与孩子沟通：

> "这次你的数学成绩虽然不好，但语文成绩不错。如果数学也能像语文这样，那就更好了。"
>
> "我发现你在班级光荣榜上的小红旗又增加了，表现越来越好了呀！"
>
> "你最近弹钢琴比上个月更认真了，继续加油哦！"
>
> "我相信，你再努力一些，是有希望考上重点高中的！"
>
> ……

让孩子与自己比较，这样的"比较"方式，往往更容易让孩子接受，不仅维护了孩子的自尊心，还让孩子明白，只要自己努力，就会有好的结果。而有自尊的孩子往往也更自律，由此，孩子才更有信心和动力继续努力。

1.5 贴标签，孩子一定会"如你所愿"

孩子在成长过程中，总会不可避免地犯错，出现各种问题，这时父母可能就会批评孩子。批评的目的，是为了让孩子认识到自己的错误，并且及时改正错误。儿童教育家卡尔·威特曾说："对孩子的批评，最重要的是要让孩子心服口服。"那么，怎样才能让孩子心服口服呢？

最有效的方法，就是在与孩子沟通时对事不对人。但在实际生活中，很多家长都忽略了这一点，习惯在批评孩子时由点及面，扩大问题，甚至对孩子的错误行为"贴标签"，比如这样说孩子：

> "你真是个不听话的孩子！"
> "我早就知道，你做不出什么好事来。"
> "你怎么那么笨，连这么简单的事都做不好！"
> "你考这么点儿分数，真枉费我的苦心，你对得起我吗？"
> "你真是个倔脾气！明明就是你的错，为什么不承认呢？"
> "别装出楚楚可怜的样子，你就是个爱哭鬼，根本不值得同情。"
> "你就是个撒谎精，每次都跟我撒谎！"
> "你就是太懒了，每次都收拾不好。"
> ……

第一章　言语伤害：那些充满暴力的无效沟通

以上这些话，相信很多父母都不陌生吧？说孩子不听话、倔强、爱哭鬼、撒谎精、懒……这些根本不是在批评孩子，而是在不断地给孩子"贴标签"。也许你觉得这些话没什么，你只是顺口说出来而已，殊不知，这些"标签"就像一个个预定的模子，贴在谁身上，谁就会像被施加了魔咒一样，成长为标签中所描述的样子，哪怕他原本不是这样的。

> 在电影《疯狂动物城》中，小狐狸狐尼克原本想当一名小骑警，保护弱小，维护和平。他的妈妈知道他的梦想后，很支持他，骑警队队员也答应他加入他们的队伍。
>
> 然而，当他加入骑警队，参加入队仪式时，那些曾经欢迎他的草食动物们却一下子将他扑倒在地，还给他戴上嘴套。因为他们认为，狐狸一直都是狡猾的，永远不会改变，也不值得信赖。
>
> 于是，原本善良的小狐狸就被贴上了"狡猾"这个标签，这让狐尼克非常难过。他哭着做出了决定：既然他们认为我是狡猾的，那我根本没必要再做出什么改变了。
>
> 长大后，狐尼克成了名副其实的"小混混"，四处坑蒙拐骗。如果不是最后遇到了兔子朱迪，他可能一直都是一只狡猾的狐狸了。

在现实生活中，又有多少孩子有小狐狸一样的经历呢？

教育心理学上有个"翁格玛丽效应"。据说，有个女孩名叫翁格玛丽，长得很普通，但她的家人和朋友为了让她增强信心，就不断在她面前说："你真美丽！""你真是个漂亮的女孩！"由此，翁格玛丽逐渐有了自信心，每天照镜子时都觉得自己很美，并且她也会在心里对自己说："你真的很美。"后来，翁格玛丽也确实越来越自信，并且从内而外地散发出迷人的气质。

这种效应的原理，其实就是给了孩子某种心理暗示，推着孩子不断向这个目标靠拢。久而久之，孩子就会成为大家期待中的样子。

相反，如果你经常给孩子贴一些负面标签，那么孩子就会不断接

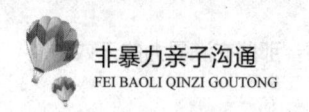

收负面评价,他们的潜意识也会不自觉地认同这种评价,甚至不惜以进一步的行为来捍卫它,以证明"我确实就是这样"。所以你会发现,你越说孩子"不听话",孩子就越不听话;你越说孩子没主见,孩子就会越来越懦弱……总之,孩子一定会越来越"如你所愿"。

有些父母可能会说:"既然负面标签不好,我给孩子贴正面标签行不行?"

正面标签使用不当,同样会影响孩子的自我评价。比如,有些父母经常这样夸孩子:

> "你真聪明!"
> "你真是个好孩子。"
> "宝贝最听话了,真懂事!"
> "你是最棒的!"
> ……

这些话看起来是在给予孩子正面评价,其实就是一些大而空的话,长期下去,也会限制孩子发展成长性思维。因为社会的评价体系是多元的,"懂事""听话""好孩子""最棒"等,都无法符合所有评价体系,只能说它符合当下场景中孩子的表现。这个场景"懂事""听话"的孩子,其他场景中就不一定是"懂事""听话"的了。

所以,不论是批评孩子还是表扬孩子,在与孩子沟通时,就要尽量减少"贴标签"式的语言,哪怕很生气、很愤怒,也要控制好自己的情绪,然后透过孩子的行为看到其背后的本质,再就事论事地与孩子沟通。

比如,当孩子吵闹时,你可以这样说:

> "你现在似乎有点太兴奋了,我觉得你需要冷静下来。"
> "如果你能安静下来,让自己休息五分钟,可能更好。"

第一章 言语伤害：那些充满暴力的无效沟通

如果孩子考试没考好，你可以这样说：

> "你是个知道努力的孩子，这次没考好，就再努力一点，争取下次考出好成绩。"
>
> "我们一起找一找原因吧，看看哪部分内容扣分最多？"

孩子犯了错，你可以这样说：

> "你不应该把土撒在小朋友身上，那样他会伤心的，你应该向他道歉。"
>
> "你在小朋友不知情的情况下，拿走了他的笔，他会难过的，明天一定要还给他！"

如果要表扬孩子，强化孩子的正向行为，你可以用下面的话代替"你真懂事""你真棒"等标签：

> "你今天帮妈妈做家务，还帮爸爸擦了鞋，越来越懂得为别人着想了。"
>
> "哇，你今天自己洗完了自己的衣服，真能干！"

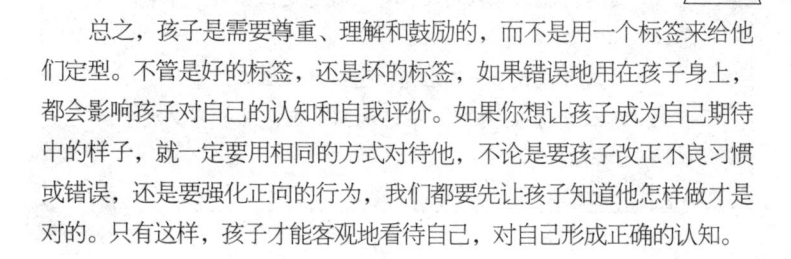

总之，孩子是需要尊重、理解和鼓励的，而不是用一个标签来给他们定型。不管是好的标签，还是坏的标签，如果错误地用在孩子身上，都会影响孩子对自己的认知和自我评价。如果你想让孩子成为自己期待中的样子，就一定要用相同的方式对待他，不论是要孩子改正不良习惯或错误，还是要强化正向的行为，我们都要先让孩子知道他怎样做才是对的。只有这样，孩子才能客观地看待自己，对自己形成正确的认知。

1.6 唠叨，只会让孩子越来越烦

"妈妈，求求您别再说了！您都说了多少遍啦！"孩子跺着脚，对妈妈哀求道。

"知道了，知道了！还有完没完呀，我的耳朵都要起茧子了！"儿子捂住耳朵，对着父母大喊。

这样的场景，相信在不少家庭里都出现过，不少父母特别喜欢对着孩子唠叨。一开始，孩子可能还会听几句，可听得多了，孩子就会产生厌烦心理，与父母产生对抗。而且心理学家指出，在孩子身心发育阶段，有些事情会非常容易激发孩子的不良心理反应，唠叨就是其中最为常见的一个起因。在唠叨中，孩子会产生很多心理问题：要么在父母的唠叨中选择沉默，变得越来越孤僻、自闭，不再与父母交流；要么就与父母对抗，变得叛逆；要么就与父母一样，慢慢也变得唠叨起来。

父母对孩子的爱都是无私的，一心一意为孩子着想，大事小事都为孩子安排得妥妥帖帖。当孩子犯了错，他们就反复劝说，生怕说不到孩子心里去，于是，很多家庭中就经常会听到这样的话语：

> "出门多穿件衣服，外面冷！"
> "赶紧吃饭，不然要迟到了，每次吃饭都这么慢！"
> "放学了不要在外面玩，早点回来写作业！"
> "到睡觉的时间了，怎么还不上床？每天都拖到这么晚。"
> "这道题怎么又做错了？昨天我不是让你问老师吗，你怎么不问？"
> "这次考试成绩又不理想，怎么这么粗心！"
> "怎么才考80分呀，平时就知道玩，说了多少次了，要专心听课！"

第一章 言语伤害：那些充满暴力的无效沟通

> "赶紧把你的房间收拾一下，每天都让我说你，不说就不知道收拾，真让人操心！"
> ……

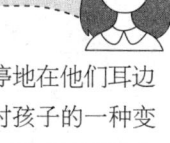

父母总觉得孩子身上有各种各样的问题，需要不停地在他们耳边提醒，他们才会去做、才会做好，殊不知，这其实是对孩子的一种变相施压，它背后所隐藏的意思是"你做得还不够好"，以求达到让孩子按照自己的意愿行事的目的。

青春期的孩子，自我意识越来越强，总认为自己能够管理好自己的事情，而父母的唠叨、干预往往会破坏他们的自我意识，这就很容易激起他们强烈的反感情绪。这也是为什么父母的唠叨很难达到沟通效果，反而适得其反的原因。

成长中的孩子最需要的是认同和接纳，无论是自我认同还是他人的认同、接纳。只有获得了认同与接纳，他们才会喜欢自己，继而产生前进的动力。而更多的时候，孩子的自我认同也需要通过他人的认同来实现。如果父母不懂得用认同、接纳的态度与孩子沟通，每天只是对着孩子唠叨、批评，不仅会削弱你的语言效力，孩子还不会向着父母期望的方向发展，反而觉得父母很烦、很不可理喻，与父母产生对立情绪。

所以，要想让你的沟通产生效果，就要学会停止唠叨，用更恰当的方式与孩子进行沟通。对于生活中一些可以由孩子自己做主的事情，如吃饭、穿衣、睡觉等，不妨把主动权还给孩子，让孩子自己决定吃什么饭、穿什么衣服、几点睡觉，尊重孩子的选择。孩子没必要时时处处都随父母心意，如果他们用自己的方式对待生活，而不违反社会和家庭规则，我们就应该感到欣慰而不是失落。

如果是一些关于孩子成长中遇到的问题，比如学习问题、交友问题，或者希望孩子在某方面做出改变等，在与孩子沟通时也尽量做到就事

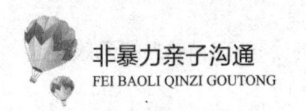

论事，用尽可能简洁、明了的语言来表达你的看法，比如：

> "我觉得，你可以把写作业的时间提前半小时，写完后再看电视比较好。"
>
> "这道题又错了，上次已经错过一次了，我觉得你应该想想办法，看怎么攻克它，比如请老师再给你讲一遍？"
>
> "你看，时间到了，你该停下游戏了。我只提醒一遍，如果你继续玩，对不起，妈妈就要替你关机了。"
>
> "如果晚饭后你有空，最好把你的房间收拾一下。"
>
> "与朋友闹翻了，这件事让你很难过是吗？如果你需要我帮忙的话，我会帮你想想办法。"
>
> "要是你愿意每周跟我分享一下你的学习情况，我就不会太担心你了。"
>
> ……

父母要记住，应该孩子自己承担的，我们尽量不要参与，孩子做不好，他会受到相应的"惩罚"（比如赖床导致迟到、作业写不完被老师批评），孩子也会因此而纠正自己的行为。如果不是孩子自己经历过的事情，即使你每天不停提醒，也不会有什么好效果。与其如此，不妨停止唠叨，学会放手。只有面对孩子确实解决不了的问题，或者孩子向我们寻求帮助时，我们再提出有效的建议或意见，这时孩子才更容易听进去我们说的话。

1.7 否定，孩子会形成自卑人格

中国的父母在教育孩子时，大致会采用两类方法，一类是喜欢捧孩子，不管孩子做什么、做得怎么样，都会赞美孩子"聪明""棒""厉害""了不起"；另一类则喜欢打击孩子，经常把孩子贬损得一无是处，不管孩子说什么或做什么，总是要找出点毛病来驳斥孩子。第一类我们暂且不论，这里说说打击、否定孩子的做法。

在生活中，我们经常会发现这样的父母，可能我们自己就是这样的父母，认为小孩子就得多打击，养成谦逊的人格，否则容易骄傲、容易"飘"。所以在跟孩子说话时，往往也是这样的"话风"：

> "你小孩子懂什么啊！听我的就行了，你的办法行不通！"
>
> "你大错特错了，你的老师绝对不会那么刻薄！"
>
> "不要再这样说了，你说得不对。"
>
> "你不行，做不了这件事，不要逞能了，赶紧停手吧！"
>
> "别买这件衣服了，这件衣服多难看！你的眼光太差了！"
>
> "你的身体不行，爬什么山，根本爬不上去！"
>
> ……

心理学上有个概念，叫作"原生自卑"，主要产生于一个人的儿童时期。而导致儿童自卑的原因，主要就是父母与孩子的沟通方式不当所造成的。其最典型的特征，就是孩子胆小、懦弱、自卑，认为自己不如同龄人。而经常否定、打击孩子的结果，就会让孩子变成这样，甚至最终形成自卑人格。哪怕是自己成年后，也仍然背负着父母对自己的那些否定。那种自卑感，与一个人的年龄、成就没有太大关系。

去年有一部电视剧很火,叫作《以家人之名》。但这部剧中的配角齐明月的妈妈对她的教育方式,却让人不敢恭维。

齐明月一直活在妈妈的否定中,不管她多努力,在别人看来多优秀,在妈妈眼中都永远比不上"别人家的孩子"。她在高中时担任班长,经过努力,考试考了第二名,却被妈妈嫌弃考不了第一名。工作之后,她当上了记者,妈妈又责怪她的工作没编制、不稳定,没有成为像同学李尖尖那样的艺术家。她攒钱买了车,想带妈妈去兜风,可妈妈却说车太便宜,给她丢面子……

总之,在齐明月妈妈眼中,她永远都不如别人,妈妈对她永远都是打击、否定,这就导致她什么事都不敢自己做决定,不敢拿主意,认为自己一无是处,做事也漏洞百出,胆小懦弱。哪怕是工作后被评为优秀员工,也依然有深深的自卑。

每个孩子在成长过程中,都渴望得到父母的认可,即使成年后也是如此。只有从父母这里获得了充分的认同和接纳,孩子才会更有信心、更有勇气去面对外界的风雨和挫折。

相反,那些经常被父母否定、打击的孩子,不管是在面对困难时,还是在与外界他人比对时,总是会产生一种"我不行""我比不上别人""我很弱"的念头,也会在某些重要阶段或重要时刻,如面对考试、面对重要任务时,突然产生"能力不足""难以实现"的消极念头,甚至干脆直接放弃,不敢去尝试。

BBC 有一部纪录片,叫作《UP》,其中有一位名叫尼尔的男孩。童年时的尼尔活泼可爱、健康阳光,他的梦想是长大后去当宇航员。

然而到 14 岁后,尼尔就不再那么乐观开朗了,因为父母对他十分严格,并且经常否定他,认为他很多方面都做得不够好,根本达不到当飞行员的标准。但有梦想的支撑,尼

第一章　言语伤害：那些充满暴力的无效沟通

尔仍然刻苦地学习，并且想考上牛津大学。可惜，后来他考试失败，没有上牛津，只去了一所不知名的大学。从这以后，他就彻底变了，变得颓废不堪、自暴自弃，甚至最后不得不从学校退学，去做搬运工维持生活，历经坎坷，生活落魄。

后来，人们这样评价尼尔的一生：他的想法很多，但缺乏积极的行动，这可能与他童年时被父母否定太多有很大关系。

如果一个孩子经常被父母否定，不能从父母那里获得自我肯定的力量支撑，他就会渐渐丧失自信，并且缺乏行动力，因为害怕自己的行动再次遭到父母的否定。孩子会觉得，反正自己"多做多错，少做少错，不做可能就不会错"，于是干脆什么也不干了。这样的孩子就会事事坐等父母安排，做任何事都缺乏主动性，更缺乏主见。

此外，他们在与人交往时也会显得唯唯诺诺，害怕自己的看法不能得到别人认可，害怕被别人否定、嘲笑，因此也很难经营好自己的人际关系。

这也提醒父母们，不管在任何时候，都不要轻易否定孩子，哪怕他真做得不够好，也要通过恰当的方式与孩子沟通，比如用类似下面的方式说话：

"你的想法也不错，可以试试看。"

"我认识你的老师，我感觉他人不错，你感觉自己不能接受他哪些方面呢？"

"我说得也可能不准确，不如我们一起查一下书吧。"

"如果你想尝试一下的话也可以，我支持你。"

"我不喜欢这件衣服，不过每个人都有自己的喜好。"

"你想去爬山吗？如果你做好准备的话，可以去挑战一下，加油哦！"

……

孩子在成长中，犯错是难免的，也有想要自己做主、想去尝试的事，这时你可以批评孩子、引导孩子，但不要否定、打击孩子，更不要上升到对孩子人格的攻击。只有这样，孩子才能从父母那里获得力量，获得强大的自信与安全感，明白"父母会一直支持我去勇敢尝试"，懂得"只有去做了，才能知道成败"的道理，从而逐渐变得自信、勇敢，越来越优秀。

第二章

改变态度：
因为彼此有爱，所以更要好好沟通

关于父母与孩子之间的关系，著名心理学家科赛说："关系越密切，冲突越频繁。"也有人说："当你有了孩子，你就有了问题。"这并不是说孩子让我们成了问题父母，而是意味着随着孩子的成长，父母必然会面临孩子各种各样的问题，彼此间的沟通也变得越来越难。但是，这并不表示沟通问题无法化解，只要父母改变态度，以尊重、信任、坦诚等态度面对孩子，掌握孩子真实的想法，就能于润物无声之中实现真正的非暴力沟通。

2.1 倾听：沟通之前，先耐心听听孩子怎么说

在大多数家长的观念中，都认为自己与孩子沟通的方式主要是"说"，而孩子只需要"听"就行了。其实，真正有效的沟通方式在于"听"，理由很简单，因为你根本无法通过"说"了解孩子内心的所思所想。只有先听懂孩子说什么，你才不会在了解实际情况之前做出错误的决定，或说出不恰当的话语，做出不合适的行为；也只有这样，你才能知道孩子在想什么，从而有针对性地给予孩子关心和帮助，也才会令亲子间的沟通变得更容易、更有效。

任何一个孩子，都渴望得到他人的爱护与肯定，尤其是他们生活中的重要人物，比如父母、老师、朋友等。同样，他们也有强烈的想要向成人表达内心情感的渴求，这时孩子需要的就是有人耐心地倾听他们的诉说，理解他们内心的感受。所以，父母所采取的最好的沟通方式就是倾听，并且在倾听过程中适当做出反应。在这个过程中，你会发现，孩子会说出许多自己的想法，或者就某些问题提出一些前所未有的建设性建议。而孩子也会因为你的耐心倾听感受到你对他的关注与尊重，也更愿意向你敞开心扉。

可惜的是，很多父母不明白这个道理，每次一发现孩子做了违背自己要求或期待的事，就会滔滔不绝地教训孩子：

> "你怎么能那样对小朋友呢？那样多没礼貌呀！"
> "我可不喜欢你这个样子，动不动就哭，哭，哭！"
> "老师怎么不批评别人，只批评你，肯定是你表现不好！"
> "你怎么又没考到90分，连续两次都在90分以下，你是怎么学习的？"
> ……

第二章 改变态度：因为彼此有爱，所以更要好好沟通

在这个过程中，有些父母根本不给孩子分辩的机会，更别说倾听了。殊不知，孩子可能刚刚被小朋友欺负，正感到委屈；可能被老师冤枉了，心里正难过；可能这次考试的题目很难，全班都没有考上90分……但是，父母没有倾听，就对孩子一通批评。试想一下，孩子的内心会高兴吗？久而久之，孩子又怎么能愿意与父母敞开心扉地沟通呢？

> 在日本著名作家黑柳彻子所著的《窗边的小豆豆》中，校长小林宗作先生每次都会非常认真、耐心地听小豆豆说话，有时甚至能专注地听三四个小时，而刚刚六七岁的小豆豆，所讲的无非是一些幼稚的小故事，但小林宗作先生却一点也不厌烦。
>
> 所以，小豆豆特别喜欢校长，也特别感激校长，甚至"感到自己有生以来第一次碰上了真正可亲的人"，因为"小豆豆长这么大，还从来没有人用这么长的时间来听自己讲话"。

可见，被温柔倾听的孩子，内心是多么满足。在孩子看来，即使是再平常不过的小事，都会令他们兴奋得像发现了宝藏一样，迫不及待地想要与自己最亲近的人分享，渴望倾诉自己的兴奋之情。这时，父母任何的一点不耐烦和敷衍，都像是泼向孩子的冷水，让他们不得不扫兴地闭上小嘴巴，内心的失落可想而知。

所以，父母要想与孩子之间实现良性沟通，就要先花一点时间，认真地听听孩子的话。但在倾听时，还要注意下面三个问题：

1. 与孩子要有眼神交流

在倾听孩子说话时，要看着孩子的眼睛，与孩子有眼神交流，这其实是让孩子知道，他与我们一样，是作为一个独立的个体存在的，我们重视他所说的话，并且愿意认真倾听。

当孩子在诉说时，不管他的观点在我们听起来多么可笑、幼稚，或者存在明显的错误，也不要急于打断，而是先耐心地听孩子把话说完。孩子从父母这里得到了尊重和关注，内心才会获得满足感，同时也能

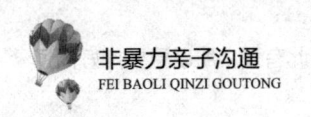

感受到父母的真诚与爱意,接下来也更容易接受父母的建议、观点等,进而形成良性的亲子沟通。

2. 给予孩子适当的积极回应

在倾听孩子的表达时,最令孩子扫兴的话莫过于父母的一句"我早就知道了"。简单的一句话,却浇灭了孩子所有的表达兴致。久而久之,孩子就再也不想跟父母说太多了。

聪明的父母一般会在孩子说话时,给予孩子积极的反馈和回应,甚至引导和鼓励孩子继续说。比如,我们可以用下面的话来回应孩子:

> "哇,你说的是真的吗?"
> "竟然有这样的事?我简直不敢相信!"
> "接着又发生了什么?然后呢?"
> "那你是怎么想的?你会支持你朋友的做法吗?"
> "你觉得老师这样说对吗?换作是你,你会怎么办呢?"
> "哈,那你简直发现了新大陆啊,你是不是很激动?"
> ……

通过类似以上这些语言回应,孩子才能真正感受到你在听他说,并且也更愿意继续分享他的想法。

3. 需要打断孩子时,要向孩子解释原因

在孩子叽叽喳喳地诉说时,我们可能会突然因为其他事情不得不打断孩子,或我们自己情绪不好,无法耐心听孩子说话,想要安静一会儿。这时,我们需要耐心地向孩子解释一下,而不是嫌弃孩子吵闹、不懂事,这样很容易打消孩子与我们沟通的积极性。

所以,我们可以这样对孩子说:

第二章 改变态度：因为彼此有爱，所以更要好好沟通

> "对不起，宝贝，爸爸现在必须接一个重要电话。等爸爸接完电话，我们再继续好吗？"
>
> "今天妈妈很累，没精力听你讲有趣的故事了，明天妈妈休息好了，我们再慢慢讲，好不好？"
>
> "妈妈今天心情不太好，想一个人静静，你能先一个人玩一会儿吗？等妈妈好些了，就来找你聊天，可以吗？"
>
> ……

当我们耐心地向孩子解释原因或者说出自己的感受时，孩子也会在倾听中了解到父母的需求。这种彼此尊重的沟通方式，也必然会让父母和孩子都受益良多。

此外，我们还可以在行动上表示自己在耐心地听孩子说话，比如给孩子一个鼓励的眼神或微笑、拍拍孩子的肩膀、伸出手指点个赞等，都是在向孩子传达你的态度。孩子在得到父母的鼓励后，也必然更乐于与父母沟通、交流。

2.2 信任：好好说话源于对彼此的信任

很多家长和孩子可能都看过一部名叫《龙猫》的动画片，其中的妹妹小梅在无意中遇到了一只大龙猫，小梅还趴在大龙猫的身上睡着了。而当姐姐小月把小梅叫醒后，小梅却发现大龙猫不见了。

小梅告诉姐姐和爸爸，说她今天遇到了大龙猫，可当她带着他们去大森林找大龙猫时，却怎么也没找到。小月不信小梅说的话，嘲笑她就是在瞎说，小梅一再强调："我真的

没有骗你们!"

这时,爸爸笑着对小梅说:"爸爸相信你,你今天一定遇到了这森林的主人。"

得到爸爸的信任后,小梅立刻笑逐颜开了!

在培养孩子的过程中,信任孩子是非常重要的,孩子也总是渴望得到成人的认可、赞赏和信任,并通过这些来肯定自我、发展自我。不仅如此,孩子还会感到自己与父母处于平等地位,从而更愿意亲近父母,有心里话也更愿意与父母倾诉。这就增进了父母对孩子内心世界的了解,在教育孩子时也更能有的放矢,获得更好的效果。

但是,能真正信任孩子的父母却少之又少,更多的时候我们会看到父母对孩子各种行为的不满、气愤甚至反感。

譬如,当你的孩子考试考砸了,你会愿意相信孩子的解释吗?会不会怀疑他没有认真学习?或者考试前贪玩,没有好好复习?因为在考试前后,经常有父母训斥孩子:

> "你就考这么点儿分数?你是怎么学的?"
> "你连这么简单的题都不会,你上学都学啥了?"
> "你们班很多同学都考了100分,你怎么才考这么点儿?"
> ……

除了学习问题外,父母还会有很多对孩子的不满,比如经常这样"控诉"自家孩子:

> "我就知道你不行,你就是不听,结果搞砸了吧!"

第二章 改变态度：因为彼此有爱，所以更要好好沟通

> "我早就说过，你不是学钢琴的料，结果怎么样？刚学两个月就不学了，浪费一大笔钱！"
>
> "说了不让你玩游戏，你就偷着玩，现在只好在你房间装个监控，随时看着你！"
>
> "不要再骗我了，这肯定就是你干的！"
>
> "你总说自己要努力学习，可结果总让人失望，我还怎么相信你？"
>
> ……

这些话语，都是对孩子不够信任，经常这样与孩子沟通，孩子的自尊心和自信心都会受到伤害，对父母的信赖也会大大减弱。曾经有一位老师，在全国的几十所学校里做了个调查，调查内容是：如果你遇到了危险，或者遇到了难以解决的问题，你首先会向谁求助？结果让人出乎意料，首先选择向父母求助的人竟然不到7%。相信这样的结果，很大一部分原因是父母不相信孩子，对孩子说的话、做的事都持怀疑态度。父母与孩子之间的信任是相互的，你不信任我，我又怎么会信任你呢？

所以，在孩子的成长过程中，父母要善于做孩子的啦啦队，经常为孩子加油喝彩、鼓掌欢呼，给予孩子充分的信任和鼓励。只有这样，彼此间的沟通才更顺畅。

1. 相信孩子能完成他责任范围内的事

不同年龄的孩子，所能完成的事也不一样，但日常的衣食住行和学习上的事却是他们必须完成的，这些又非常容易成为父母不信任孩子的事。

实际上，你越在这些方面表现出对孩子的不信任，孩子就越难做好，与其如此，不如在每学期开学前，与孩子进行一次比较正式的沟通，其中包括孩子在新学期可能面对的问题和挑战、孩子当前具备的优势

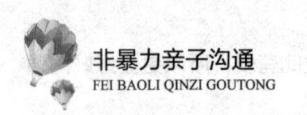

及需要进一步改进的地方，并尽量在这些方面与孩子达成共识。然后，你就可以告诉孩子：

> "妈妈相信你可以按照我们约定的去做，并且会做得更好。"
> "爸爸相信，只要你努力，肯定能达到目标。加油！"
> "我们相信你，如果需要我们的帮助，我们也一定会全力支持！"

每个孩子的潜力都是巨大的，而来自父母的信任往往更能有效激发他们内在的潜能，增强他们处事的信心和能力。在这种内驱力的作用下，孩子也会尽可能地把他责任范围内的事情完成得很好。

2. 相信孩子能认识到自己的错误和不足

很多时候，我们总觉得孩子什么都不懂、什么都做不好，所以当孩子出现某些不当言行或暴露出某些缺点时，总是会严厉地呵斥、责备孩子。

其实，只要我们有点耐心，再现一下孩子的言行所引发的结果，孩子往往马上就能意识到自己的错误。这时你再加以引导，孩子也能知道正确的做法。

比如，孩子在走路时不小心撞到了别人，却没有道歉，转身就走了。这时，有的父母可能就会训斥孩子：

> "你怎么这么没礼貌？走路从来没个正经样子！"

这时孩子可能会生气，觉得被父母责骂，很没面子，半天不高兴。

但如果你换个说法，并且相信孩子知道自己该怎么做，就可以这样跟孩子说：

第二章 改变态度：因为彼此有爱，所以更要好好沟通

> "你撞到别人了，我相信你知道自己该怎么做吧？"

这样既指出了孩子的不当行为，又提醒了孩子，孩子很自然地就知道向被撞者道歉了。

3. 相信孩子有想要变得更好的意愿

这是父母最容易忽略的一点，很多时候孩子在做错事时，本来很想改正，可父母立刻上纲上线，对孩子一顿训斥。比如，孩子拖地时不小心碰倒了家里的花瓶，父母没有帮孩子分析是怎样造成这个结果的，反而呵斥孩子：

> "看看你，干什么都是慌慌张张的，什么都做不好！"

孩子本来想马上整理好，下次再拖地时一定要注意，但听父母这么一说，可能连继续做家务的念头都打消了。为了怕做不好再挨骂，干脆以后不做了。

这时如果换个说法，如：

> "你虽然打破了一个花瓶，但地拖得还是很干净的，就是下次要小心一些。"

这样既简单地提醒了孩子所犯的错误，同时又肯定了孩子的付出，孩子为了获得父母更多的肯定，下次再做家务时也一定会想起上次自己所犯的错，从而更加小心，把事情完成得更好。

2.3 欣赏：看到孩子的优点和长处

虽然每个孩子的天资有别，学习新事物有快有慢，学习成绩也有好有坏，但我们不可否认的是，每个孩子都有自己的优点与长处。哪怕是平时表现再不好的孩子，我们也能从他身上找到几个优点。

但是，很多父母在与孩子相处过程中，总是盯着孩子的缺点不放，却很少能够看到孩子的优点。这就像一张白纸上有一个黑点一样，人的目光总是容易看到那个黑点，而忽略黑点周围大片的白色。这个黑点就像是孩子的缺点一样，而白色就是孩子的优点，明明有很多优点，一些父母还是会一下子把目光落在那个黑点上。

父母所关注的点不同，与孩子的沟通方式自然也会不同，所以我们经常会听到父母数落自家孩子的缺点：

> "你看你，做点什么都磨磨蹭蹭的，没完没了。"
> "你胆子太小了，就一只小虫子而已，有什么好怕的？"
> "你就是个闷葫芦，见人也不爱说话！"
> "你总是这么粗心了，写作业丢三落四的！"
> "你能不能有点耐心？做什么都是三分钟热度，坚持不了多久！"
> ……

当然，孩子的表现可能的确存在问题，但如果你换个角度看，也许这些问题中也暗含着孩子的优点，比如，孩子做事磨蹭，但他可能做得很仔细；孩子怕虫子，但可能因此而不会伤害小动物；孩子不爱说话，但孩子可能很有想法；孩子粗心，但可能很乐观、积极……

台湾著名作家林清玄以前在做记者时，曾经报道过一个

第二章 改变态度：因为彼此有爱，所以更要好好沟通

小偷儿作案的手法十分细腻，多次犯案都没有被发现。在报道的最后，他忍不住感叹道："这个人的心思如此缜密，手法如此灵巧，风格如此独特，如果做任何一行，应该都会有所成就的吧！"

让林清玄没想到的是，他无心中写下的这句评价竟然影响了一个青年的一生。后来，这个小偷果然放弃"老本行"，自己去创业，还成了几家饭店的大老板。后来，他专门去拜访林清玄，并对林清玄说："您的那篇报道完全打破了我生活的盲点，让我想到，除了做小偷儿，我怎么就没想到要做点正当行业呢！"

可见，有时哪怕只是几句无心的欣赏与赞美，都可能会改变一个人的一生，何况期待得到父母认可和欣赏的孩子呢！

但是，如果我们只看到孩子的缺点，并揪住这些缺点不放手，就会令孩子感觉父母是不爱自己的。而且经常被批评和指责的孩子为了自保，就会不自觉地减少与父母的沟通，害怕自己做的、说的不符合父母的期待，又被父母批评、指责一通，结果很多情绪和需要就容易压抑在内心深处，甚至因此对父母产生怨恨心理。

所以，如果你希望自己的孩子成长得阳光、乐观、自信，就要多将关注点放在孩子的优点上，用欣赏、肯定的态度与孩子沟通。人都希望被欣赏、被赞赏，当优点被看见时，人的心理能量就会上升，由此也会发展出更多的优点。

作为父母，我们应该理解孩子的这种心理，学会欣赏孩子的独特个性，并把你对孩子的欣赏表达出来，让孩子知道。这样才能不断强化孩子的优点，让孩子变得积极、乐观，让彼此间的沟通更顺畅。

具体来说，我们可以从下面几个方面来与孩子沟通：

1. 欣赏孩子好的行为，强化孩子的正向行为

有时候，孩子在做一些事情时，尽管可能做得不够好，但在做的时候已经很努力了，这时父母就要及时给予孩子欣赏和表扬，比如这样跟孩子说：

> "这么难读的句子,你都能读下来,一定下了不少功夫吧?真的很棒!"
>
> "虽然没有跑到终点,但你表现出了非凡的耐力,给你点赞!"
>
> "尽管这次没考好,但我发现你把试卷中最难的那道题解出来了,很厉害哦!"
>
> "今天虽然没有拿到好成绩,但只要努力了,就很了不起!"
>
> ……

运用这些欣赏的话语与孩子沟通,不但能安抚孩子因为没能成功而失落的心情,还能让孩子明白,凡事只要付出努力,即使结果不够完美,也同样值得肯定,继而激励孩子更加努力地去证明自己。

2. 欣赏孩子做事的结果,鼓励孩子再接再厉

有些父母总认为孩子没有可欣赏的地方,做事拖拖拉拉、丢三落四,有什么可欣赏的呢?

实际上,只要孩子做了某些事,就总能找到可欣赏的点。比如孩子做家务时,你可以跟他说:

> "你今天帮我做家务啦,真好!"
>
> "谢谢你今天当我的小帮手,我感觉你一下子就长大了。"

孩子的考试成绩提高了,你可以说:

> "今天考了90分,说明你的基础知识掌握得不错,继续加油哦!"

第二章 改变态度：因为彼此有爱，所以更要好好沟通

> "今天的成绩，就是你自己努力的结果，所以只要努力，就会有收获。"

通过这些日常小事欣赏孩子，孩子就会觉得自己在父母眼里是有价值的、是被认可的，以后做事也更有动力，并努力做到有始有终。

3. 无条件地欣赏孩子本身

这种欣赏主要分两种情况，一是欣赏孩子自身所具有的一些特质、能力等，如善良、诚实、细心、勇敢、稳重等，以此强化孩子的正向特质。比如，你可以这样跟孩子说：

> "妈妈非常欣赏你的勇气，你是个勇敢的男子汉！"
> "你的想法与众不同，很爱思考！"
> "你这么耐心地给陌生人指路，是个善良的好孩子。"
> "你这么诚实，爸爸感到很骄傲！"
> ……

还有一种情况，就是只基于你与孩子的关系，因为生命的存在而欣赏孩子，比如：

> "我觉得非常幸运，你成了我的女儿，让我感觉人生特别美好！"
> "有你这样可爱的孩子，我感觉很知足。"
> ……

以上的这些话语，都可以提高孩子的自我价值感，让你与孩子之

间的沟通更顺畅。而且这种欣赏本身对孩子来说就是一种正向的情感刺激,有利于孩子自我认同感的建立,即使孩子明明知道自己有很多缺点,但因为有父母的欣赏,他们也不会感到自卑、挫败,这对于孩子建立良好的心态、发挥自己的优势大有帮助。更重要的是,这种沟通方式可以奠定你与孩子间良好的亲子互动基础。

2.4 尊重:放下你的高姿态,孩子更容易接受

记得人本主义心理学大师罗杰斯这样说:"不要想控制孩子的一切,用自己的标准要求孩子,而是把他当成一个独立的人来尊重他,这样才会激发他的能量。相信他会成为他自己,不需要伪装,不需要压抑,他会成为一个负责任、自我主导的人,一个拥有个人目标和价值观的人。而且,他会从这种家庭关系中获得很大的满足,会爱家人、爱交流。"

这种观点简单来说,就是尊重孩子的想法和感受,不要用"家长"这个高高在上的身份和姿态去与孩子沟通,多给孩子一些自己做决定的机会。即使有时明知道孩子的行为可能会带来不好的结果,但如果孩子不能自己做决定,不能自己亲身去经历一遍,不去撞到那个"南墙",他就无法真正学习到经验,也难以更好地成长。

但是,现在大部分家长在与孩子沟通时,都会不断地向孩子说教,给孩子传授经验,却给孩子太少自己做决定或体验式的成长机会。尤其看到孩子想要尝试一些新鲜事物时,总是习惯这样对孩子说:

> "你不行,你做不了这个!"
> "养什么狗呀?你连自己都不会照顾,怎么能照顾狗?到时候还不是我来照顾!"

第二章 改变态度：因为彼此有爱，所以更要好好沟通

> "学音乐有什么用？也不能当饭吃！还是想想怎么把学习成绩提高吧！"
> "我像你这么大时，学习可比你努力多了！"
> "小孩子干不了这个，你非逞能！看看，搞砸了吧？"
> ……

结果呢？孩子要么用哭闹发泄情绪、要挟父母；要么对父母心怀不满，以后有什么事也不愿意跟父母商量了。

实际上，当我们不再试图改变孩子，给予孩子一定的自主权，并尽量满足孩子的兴趣爱好后，孩子内心的反抗情绪就会越来越少，与父母沟通起来也更顺畅。在这种情况下，你再跟孩子商量一些事情，他反而更容易答应。

但有些家长可能会说："我们也很愿意尊重孩子，也乐意支持孩子的兴趣爱好，但孩子的一些言行我们真接受不了！比如他要学唱歌、要当明星，可我们根本看不到他有唱歌、当明星的潜力，那也不能让他拿着钱去瞎折腾呀？跟他说不行，就跟我们顶嘴、闹情绪！"

新东方学校的创始人之一徐小平有两个儿子，虽然个性不同，但兴趣却很相似，他们在十四五岁之前，都梦想着要成为摇滚明星。虽然徐小平也没看出两个孩子有这方面的天赋，但却没有直接干涉或阻止，而是表现出对他们的鼓励和欣赏，让他们自由追求自己的爱好，还给他们报了一个短期的培训班，又买了吉他。两个孩子每天在家里弹吉他，玩得不亦乐乎。

后来，小儿子又喜欢上了烹饪，坚持要报烹饪班。徐小平虽然不解，但仍然尊重了孩子的想法，给他报了个烹饪班，让他专门去学习烹饪。当时家人都反对，但徐小平说，不管

孩子是不是真心喜欢，去尝试一下也没什么坏处。况且以后就算真当了厨师，在大家面前露一手厨艺，也是件挺拉风的事啊，想必还会很受女孩子欢迎呢！

由此可见，当孩子有一些自己的想法时，哪怕他的想法与我们期望的可能有偏差，只要不违背法律和道德，就要用尊重的眼光来看待。

我们常说要爱孩子，那么爱到底是什么？爱，就是你明知孩子可能会犯错，明知这条路可能走不通，明知孩子可能坚持不下去，但仍然愿意放下你的高姿态，停止你的说教与"经验"传授。要知道，你和孩子之间不是统治与被统治的关系，而应该像朋友一样平等，并能从心里尊重孩子的想法和意愿，鼓励孩子去尝试，而不是用自己的想法去干涉、限制。试想一下，就算孩子喜欢音乐而没有成为音乐家，喜欢烹饪而没有成为厨师，但把这些兴趣当成自己受益终身的技艺，不也是一件快乐的事吗？更重要的是，通过这个过程，他们体会到了父母对他们的尊重与支持，感觉自己与父母是平等的关系。

所以，如果你发现孩子不愿意与你沟通，不妨先改变一下自己的态度，从下面两个方面去尝试：

1. 放下父母的权威，以平等的姿态与孩子沟通。

很多父母经常抱怨很难与孩子沟通，其实不是孩子难沟通，是父母的要求不公平：他们要求了解孩子的内心世界，却又放不下自己的"面子"、权威，经常用一种高高在上的姿态与孩子说话。比如：

"你到底怎么想的？为什么要这样做？"

"早跟你说了，那样做不行，就是不听我的，看看现在的局面？"

"你小孩子懂什么，听我的就行了！"

……

第二章 改变态度：因为彼此有爱，所以更要好好沟通

实际上，当你这样与孩子说话时，哪怕你很想知道孩子的想法，想让孩子接受教训，孩子也很难接受，他们会想："你们高高在上，只知道对我说教，根本就不尊重我、不理解我！"

真正尊重孩子，是你有勇气放下自己作为父母的权威，把孩子当成一个独立的有思想、有感受的个体，允许并支持孩子的想法和选择。你不想要的、不想做的、不喜欢的，不要强加在孩子身上；即使是你自己想要的、想做的和喜欢的，如果并不是孩子想要的，也不要强加在孩子身上。

比如，孩子想要养一只小狗，虽然你知道孩子可能坚持不下来，但可以这样与孩子沟通：

> "我知道你喜欢小狗，但你确定自己能够照顾好它吗？"
> "养一只小狗的想法确实不错，你想清楚了吗？"
> "我曾经也养过一只小狗，照顾小狗是件比较麻烦的事，你感觉自己有时间吗？"
> ……

当你这样与孩子沟通时，孩子就会冷静下来，认真地思考自己是否真的能照顾好一只小狗。如果孩子仍然坚持，那么尝试一下也不错。

2. 站在孩子的角度思考问题，像朋友一样与孩子沟通。

学会尊重孩子，一个最有效的方式就是经常把自己换到孩子的角度上，推己及人地考虑问题。尤其当我们与孩子之间出现矛盾时，不妨先问问自己："如果别人这样对我，我会喜欢吗？""如果这不是我的孩子，而是我的朋友，我会这样对他吗？"这两个问题就能把我们拉到孩子的位置上，去体会孩子当时的感受。如果你不喜欢这种感受，又怎么能指望孩子会喜欢呢？

几乎所有的亲子沟通问题，归结起来其实都是"视角"问题，也就是"同理心"或"共情"问题。所以，爱孩子、尊重孩子，就要学

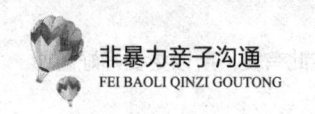

会从孩子的角度去看问题，体会孩子的内心感受。《小王子》中有句话说："每一个大人都曾经是个孩子，只是我们忘记了。"我们忘记了，自己也曾经那么想要自己做主，一张贴纸、一辆玩具车，这些在我们父母眼里不屑一顾的事，曾经也是我们的整个世界。

孩子也有同样的感受。所以尊重的前提，就是允许孩子有和我们不同的、独立的感受和想法。一旦我们的脑海中闪出"这么点小事儿"的念头时，请提醒自己，孩子在乎的事，对他们来说就是大事。

2.5 坦诚：开放的沟通才更有效

虽然我们并不想朝孩子发脾气，也不想指责、批评孩子，但孩子在成长过程中不可能永远如我们所愿，也不可能永远不犯错，在这些时候，就需要父母有高度的自制力控制自己的情绪，耐心地与孩子交流。

然而，不是每一个父母都有这样的自制力或耐心，或者正赶上父母情绪不好，孩子又犯了错，父母可能就会忍无可忍大声呵斥孩子。如果经常这样，就会影响彼此间的沟通。

实际上，当孩子表现出一些不当的言行时，父母与其刻意忍着怒气，不让自己对孩子发火，或者上纲上线地批评孩子一顿，不如坦诚、开放地与孩子沟通一下，把你此刻的想法、感受等告诉孩子，并且表示期望与孩子建立彼此信任、彼此理解的互动关系。

还有些时候，父母会由于某种原因，比如怕孩子知道真相后受到伤害，刻意对孩子隐瞒一些事情，与孩子说话也经常遮遮掩掩，结果不仅不能换来孩子的理解，还可能造成孩子的误解，让彼此的关系陷入僵局。

> 网上有这样一个故事：一个本来经济不太富裕的家庭，为了能让儿子"快乐"地度过少年时代，父母对儿子的各种

第二章 改变态度：因为彼此有爱，所以更要好好沟通

要求都尽量满足，有时甚至会借钱给孩子买各种名牌，而私下自己却十分节俭。有时跟孩子沟通时，也经常跟孩子说："没关系，只要你好好学习，想要什么爸爸妈妈都会买给你。"

有一次，儿子提出要买一台电脑，因为他的朋友都有电脑用，父亲实在拿不出钱了，只好跟儿子说："爸爸最近手头有点紧，要不过段时间再给你买好吗？"

没想到儿子大发雷霆，大声对父亲说："你故意的吧？你不是说我们家有钱吗？怎么可能连买一台电脑的几千块钱都没有？"

虽然这个家庭的经济条件很普通，但父母却不愿让儿子知道实情，担心孩子知道后自卑，一心想让孩子和其他孩子一样，过上"正常"的生活。殊不知，这种方式非但没让儿子知足，还严重影响了父子间的关系。

与孩子之间坦诚交流，对孩子才是最好的教育，孩子本来就是家庭中的一员，有权利知道家里的事情。相反，刻意隐瞒可能会造成一些误会，甚至激化彼此间的矛盾。在很多情况下，孩子没有接受我们的观点或说教，问题并不在于孩子，而是在于父母，是父母没有体会孩子的想法和需求，便将自己以为对的道理强加到孩子身上。甚至在彼此沟通不畅的情况下，仍然坚持自己的观点，结果令亲子关系越来越僵。

著名心理学家武志红曾说："关系中产生的动力，就在关系中展现，不要憋在孤独中；关系中想说的话，就在关系中表达，不要憋在一个人的想象中。不然，它们容易被焖烂，并散发着腐朽的味道，破坏你的内在。"

与孩子的沟通也一样，我们在生活中遇到什么难题，或对孩子有什么想法、感受、建议等，都明明白白地告诉孩子，这些话不但不会影响我们跟孩子的关系，还会让孩子感觉自己被尊重、被父母平等对待，继而也更有安全感，更乐意接受父母的建议和观点。

那么，父母在与孩子沟通时，怎样做到坦诚相待呢？

1. 懂得适当向孩子示弱

大多数父母在孩子面前都扮演着说一不二的权威角色,似乎自己就是个永不犯错的"神仙",殊不知,适当地向孩子示弱反而更利于亲子间的关系。尤其在与孩子沟通时,过于强势反而不如适当示弱更能换来孩子的理解,同时激发孩子的同理心和自信心。

比如,当孩子向你请教某些问题时,你解答不出来,这时有些父母就会敷衍孩子:

> "小孩子哪那么多问题,长大你就知道了!"
> "你天天琢磨这些有什么用?别瞎想了!"

这时孩子就很失望,以后再有问题可能也不愿意问你了。

但如果你学会向孩子示弱,坦诚地告诉孩子实情,如:

> "噢,这个问题妈妈也不知道怎么解答,要不我们一起查查资料?"
> "你这个问题太高深了,妈妈竟然不知道怎么回答。"
> "爸爸没有学过这个知识呀,看来你研究的知识比爸爸的知识都深奥了!"

通常情况下,当孩子发现连作为大人的爸爸妈妈都有不知道的事情时,就会感觉父母不再高高在上,并且也更愿意和爸爸妈妈一起学习、进步。

2. 家庭或工作中的事情不必刻意向孩子隐瞒

当我们在工作、生活中出现某些失误,或遭遇某些挫折时,与其刻意隐瞒自己的负面情绪,不如尝试用孩子能理解的方式,向孩子坦诚地陈述事情的原委。比如:

第二章 改变态度：因为彼此有爱，所以更要好好沟通

> "妈妈今天在工作中遇到了一些麻烦的问题，心情不太好，所以我想安静一会儿，想想解决问题的办法，你能自己玩一会儿吗？"
>
> "爸爸今天有点累，想休息一会儿，你可以把电视声音调小一点吗？"

在跟孩子说这些话时，我们要尽量保持相对稳定的情绪，既不要对孩子大吼大叫，也不要刻意掩饰自己的负面情绪，从而让孩子懂得你的情绪触发源是什么，避免孩子将错误归因到自己身上，产生自责心理。

总之，只要我们真心把孩子当成平等的家庭成员，坦诚相待，并期望与孩子建立彼此尊重、信任、开放的关系，我们与孩子的沟通就会越来越顺畅。

2.6 接纳：真正能与孩子感同身受

在很多父母看来，孩子跟老师、同学、朋友相处沟通都没问题，唯独跟自己相处时沟通困难。问题出在哪里呢？是全部出在孩子身上吗？

并不尽然。如果父母从自己身上找原因，反思一下，想想自己的一言一行，想想你每天对孩子说的最多的话是什么，可能你就能找到答案了。

> "作业做完了吗？"
>
> "这道题怎么又错了，老师之前不是都讲过了吗？"

> "期中考试考了多少分呐?"
> "就你现在这成绩,还想考上高中?"
> "学这些东西有什么用?能让你考上大学吗?"
> ……

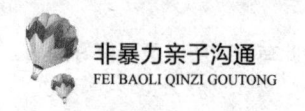

这些话你是不是很熟悉?这些当年我们父母说给我们的、被我们当成耳边风的话,今天我们又悉数还给了孩子。回想一下当年我们的感受,从父母的这些话语中,我们能感受到什么?我们真的愿意就这些问题进行融洽的沟通吗?

有的父母说:"我这是爱他,才对他有要求,才会苛责他。"但是,你这样做却忽略了孩子真正的需要是什么。不可否认,每一位父母对自己的孩子都是有要求、有期望的,或者认为孩子应该成长为什么样,如果孩子做得不够好或做不到,就会觉得难以接受,焦虑、气愤、恼怒的情绪也会随之而来,这时各种指责、挖苦的话语就出来了。

假如我们认为孩子"应该做到",那么孩子做不到,我们自然会生气。但是,孩子真的"应该"做到吗?是不是这只是父母的一厢情愿,孩子其实"应该"是根本做不到的?如果孩子真的做不到或做不好,作为父母,你能接受吗?

> 有一位妈妈,向朋友倾诉了一件烦恼事。原来,她的女儿7岁,上小学二年级,她的先生特别喜欢跆拳道,从女儿5岁起,他就带着女儿学习跆拳道。可女儿学了两年后就不想学了,说自己其实一点都不喜欢,只是以前爸爸非要自己学,才不得不学。但现在实在坚持不下去了,说什么都不学了,为此她先生还狠狠地批评了女儿,并坚决让女儿继续学。她感到很困惑,到底是和先生站在同一战线,继续让女儿学,还是尊重女儿的想法呢?

第二章 改变态度：因为彼此有爱，所以更要好好沟通

这样的事情应该不是个例，在很多家庭中都存在：孩子喜欢的、想做的，父母认为不好、没用、不同意；父母想让孩子学的、做的，孩子又不喜欢、不想学、不想做。结果，父母与孩子之间矛盾不断，沟通自然也不会顺畅。

事实上，真正希望孩子好的话，一定是希望孩子成为最好的自己，而不是成为父母心目中最好的孩子。所以，当我们与孩子沟通时，切忌就学习讲学习、就现象讲现象，而是弄清各种现象背后的本质是什么。比如，在上面的案例时，爸爸就可以跟女儿这样沟通一下：

> "你不想学习跆拳道，那能不能告诉我，你为什么想放弃？是因为学起来太累、太苦，还是真的没兴趣呢？"

如果孩子是因为学起来又累又苦才不想学，那么爸爸要先接纳孩子的情绪，再引导孩子面对问题，千万不要一听说孩子觉得苦、累就大发雷霆，批评孩子：

> "这点苦都吃不了，以后还能干什么？"
> "我学了这么多年，也没像你这么怕苦怕累的！"

这样的沟通方式只会让孩子更加抗拒，让事情难以挽回。

所以，先接纳情绪，再解决问题，才能使沟通更好地进行下去，例如这样跟孩子说：

> "是的，爸爸以前在学跆拳道时，也感觉很辛苦，也像你一样，有好多次几乎都要放弃了。但是，当爸爸坚持学下来后，发现跆拳道有很多好处……"

孩子听到这里，可能一下就与爸爸有了共鸣："原来爸爸以前也有这种感觉啊！"并且内心还会产生好奇："那爸爸是怎么坚持下来的呢？"

接下来，爸爸再讲讲自己的学习过程，重点讲自己当时要放弃却没有放弃的经历、想法等，让孩子感同身受。最后再说一些关于学习跆拳道的建议等，孩子也更容易听进去，并且开始思考自己的问题，最终做出自己的决定。

一定要记住，只有孩子自己得出的结论或做出的决定，她才能坚持，我们只需做个引导者和陪伴者即可。这并不是放任，而是让孩子在不断摸索和思考的过程中更加了解自己，更加清楚自己需要的是什么。

当然，孩子也可能是因为真的没兴趣学跆拳道，这时你再强迫她去学，只会让她更加抗拒，学起来也更加痛苦。试想一下：如果有人逼着我们去做一件我们不喜欢、不想做的事情时，我们会有什么感受？更重要的是，这件事可能会令孩子与父母的关系陷入僵局，难以调和。与其如此，不如坦然地接纳孩子的选择，告诉孩子：

> "虽然我非常希望你能学好跆拳道，但如果你真的不喜欢，我也会尊重你的选择。"

相信孩子听了爸爸的话，一定会如释重负，同时心里也会充满感激，与父母的心也会更加靠近。

总之，当孩子出现与我们的期望相违背的问题时，不要急着去否定孩子，而是先与孩子感同身受，站在孩子的角度去了解原委，再平等地去沟通。而当我们以平和的心态接纳孩子的一切时，才会发现，其实我们根本无须那么焦虑。当我们拥有了这样的温和与理性后，在与孩子沟通时，还有什么问题不能解决呢？

第二章 改变态度：因为彼此有爱，所以更要好好沟通

2.7 合作：修复关系，让彼此都能好好说话

孩子到了十来岁后，随着所接触人和事物的增多，逐渐形成了自己的独特个性与思想，于是父母们会发现，孩子似乎越来越不听话了，经常顶嘴、说反话或发脾气。总之，不管让他们干什么，他们好像都故意跟你对着干、唱反调。

面对这种情况，很多父母往往会不顾孩子的想法和感受，直接利用自己的权威，粗暴地制止他们的"不听话"行为，并强制他们按照自己的要求执行。这种方法可能简单有效，但久而久之，就会令孩子产生反感和抵触心理，不但不利于孩子性格的养成，还严重影响亲子间的沟通。

不止于此，在使用这种方法时，父母还要花费大量的时间和精力来监督、检查孩子的执行情况。在这期间，提醒、唠叨更是不可避免，有时还可能发生比较严重的冲突。

下面就是发生在一个父亲和他14岁的儿子之间的对话：

儿子：爸爸，我再玩一会儿电脑游戏，就去学习。

爸爸：你已经玩了快一个小时了，怎么还玩？

儿子：我这个游戏还没玩完呢，等我玩完了，马上就去学习！

爸爸：玩什么玩，你都快中考了，学习那么紧张，怎么还玩电脑游戏，多影响学习呀！

儿子：没事的爸爸，我是学习娱乐两不误，我马上就玩完了哈！

爸爸：不行！你不能在游戏上浪费这么多时间，你现在不抓紧时间学习，中考考不好，有你后悔的！

儿子：好，好，我马上去学行了吧？但我这局还没完，完了我马上就去！

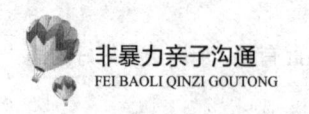

爸爸：现在，马上，关掉电脑，去学习！

儿子：就这么一会儿都不可以吗？天天就知道让我学习、学习，真是烦死了！

爸爸：不要抱怨，如果你不立即关掉电脑，我就把你的电脑没收！

儿子：（生气了）好吧，你赢了！我不玩了，去学习！

在这个案例中，父亲的目的达到了，儿子妥协了，关掉游戏，去学习了。可以说，父亲的解决方法获得了成功，尽管儿子很不情愿。

但是，大量的案例证明，这种方法表面看是有效的，实际效果并不好，孩子带着不甘心、不情愿的情绪去学习，学习的效果怎么能好呢？想必孩子此时心心念念的仍然是他没有玩完的游戏，而不是眼前的作业。与此同时，因为是被父亲强迫去学习的，孩子的内心可能还有对父亲的怨恨，这就势必会影响彼此间的关系。

要修复亲子之间的关系，当父母与孩子的需求出现冲突时，父母不妨抱着一种与孩子合作的态度，和孩子一起寻找一种能令双方都接受的解决方案。这样一来，当方案选定后，你也无须再要求孩子接受或遵守，因为在寻找方案的过程中双方就已经接受了该方案。在整个过程中，父母提供了信赖和支持，孩子也会对自己做出的选择产生一种责任心和承诺感，彼此的沟通也会更顺畅。

那么，父母该怎样与孩子合作，寻找双方都认同的解决方案呢？

1. 只描述你所看到的事实或问题

要想实现有效沟通，父母就要改变自己对孩子的要求、命令式的说话态度，用既不会伤害孩子自尊，又不会引起孩子逆反的方式与孩子沟通。而只描述你所看到的事实或问题，就会让孩子把注意力集中在事实或问题本身上，而不是大人的态度上。这其实也相当于用另一种更温柔的方式在告诉孩子该怎么做。

比如，在上面的案例中：

第二章 改变态度：因为彼此有爱，所以更要好好沟通

儿子：爸爸，我再玩一会儿电脑游戏，就去学习。
爸爸：我看到你已经玩了快一小时了。
儿子：呃……好像是吧。
爸爸：我担心这影响你的视力，还有你的学习……
儿子：等我玩完这个游戏，马上，马上……
爸爸：……

对于孩子来说，父母的提示要远比责备让他们好受得多，孩子也能接受并听进去。更重要的是，他们会因此而懂得下一步该怎么做。

所以，当你用最简单的语句描述你看到的事实或问题后，再坦诚地表达出你的感受，或担心，或生气，然后沉默下来，给予孩子充分的思考时间。你会发现，孩子是可以体会到父母的情绪和期待的。

2. 向孩子提出新的建议

如果孩子仍然没有做出改变，父母也可以向孩子提出新的建议，让孩子从不同角度思考或看待事物，给予孩子重新思考的机会，让孩子明白，父母的看法有时会与自己不同，那是因为他们从另一个角度思考问题，从而促使他们理解父母的想法，走出自我中心的限制。

仍然以上面的案例为例，如果孩子仍然不想停止游戏，爸爸可以这样说：

"儿子，我建议你每次自己限定一个玩游戏的时间，如果这次超时了，下次就要相应地减少时间，你觉得怎么样？"

"因为我觉得，如果你每次玩的时间太长的话，可能会影响学习。试想一下，如果我在该上班时看电视，是不是会影响工作？"

通过这种方式沟通，孩子也比较愿意接受，而且当孩子接受到这么多的交流和引导后，思维也会更全面。

3. 提供多个选择

如果父母与孩子之间一时不能达成共识，我们也可以给孩子多提供几个选项，但要注意，不要用二选一的方法，可以提供三个或三个以上选项，让孩子从中做出一个。比如，你可以这样跟孩子说：

> "现在有四个选择，你可以从中选一个，你最倾向哪一个？"
>
> "现在出现了一、二、三等几个选择，你打算选哪一个？"

这样一来，孩子不但能从中体会到父母的尊重，还能培养自主性和独立思考能力。

总之，亲子之间的沟通是一门技巧，父母有教育孩子的权力，但也有不断学习的义务。明智的父母会承认，自己要学习的内容与孩子一样多，尤其是要学习亲子之间沟通的技巧，来改善彼此的亲子关系。当然，无论是父母或孩子，只有心存对彼此的爱，凡事都保持一种弹性和可谅解的态度，那么彼此间的冲突也将消弭于无形，这既是促进家庭和谐的重要一步，也是促进孩子健康成长的关键性一步。

第三章

善于共情：
比讲道理更有效的沟通方法

父母教育孩子的方法有很多种，与孩子沟通的方法也有很多种，但大多数父母与孩子沟通的方式都是讲道理。讲道理真的有用吗？并不见得。很多时候，父母越喜欢给孩子讲道理，孩子往往越不听，甚至还跟父母反着来。实际上，这是因为父母的话根本没有说到孩子心里。聪明的父母一定要学会运用正向沟通走进孩子心里，而共情就是正向沟通的第一步。父母也只有善于共情，才能与孩子建立心灵上的共鸣。

3.1 共情不是同意、附和，而是懂得孩子

近几年，很多父母对接纳孩子、与孩子共情这些教育理念并不陌生，但在实际应用中却常常遇到问题。比如，有些父母就抱怨说：

> "我用了共情呀，可并不好用，明明我都跟孩子说我理解他了，他还是不满意！"
> "我也知道要与孩子共情，可我跟孩子说，我同意你说的，他还说我不懂他，我怎么才算懂他？"

什么是共情？

共情是由人本主义心理学的主要代表人物卡尔·兰塞姆·罗杰斯所提出的一个心理学名词。简单地说，它其实就是一种体验他人内心世界的能力。为什么现在一些父母面对孩子的问题总是无法解决？为什么一些父母与孩子沟通越来越"拧巴"？为什么亲子关系越来越不和谐？就因为父母只是将共情当成了一种"管"孩子的工具，而并没有真正地与孩子感同身受、实现共情。

共情，并不是说你同意孩子的要求，或者附和孩子的观点，就算是共情了。共情是你真正懂得并理解孩子的内心世界，并且能站在孩子的角度去思考他的问题，然后从孩子的角度去与孩子进行沟通，让孩子感受到他正被父母理解、尊重、信任，继而愿意敞开心扉与父母进行良好的互动。

只可惜，很多父母很难做到与孩子共情，所以我们经常听到父母这样跟孩子说话：

> "现在是春天，你穿这么薄会冷的，为什么不听话呢？"

第三章 善于共情：比讲道理更有效的沟通方法

> "我都跟你说了，不要把空调温度调这么低，你又调这么低，这多冷呀！"
> "不要用洗衣机洗内衣，不卫生，你怎么就不听呢？"
> "行行行，你对，行了吧？我以后再也不管你了！"
> "是的，是的，你觉得对就好，我没什么想法。"
> ……

有时候，父母对孩子的言行看不惯，尤其对处于青春期的孩子表现出的各种另类行为，于是忍不住就会提醒。可结果不但自己说的没起作用，彼此还闹得很不愉快，这时父母又会马上改变口径，表示对孩子的认同或附和，认为这样就是共情了，就能与孩子好好沟通了。殊不知，孩子是能够察觉到父母的情绪变化的，他们也不认为你的同意、附和是真的理解他们，真的认可他们的言行，所以自然也不会与你好好沟通。

那么，父母具体怎么做，才能真正实现与孩子的共情，并与孩子实现良性沟通呢？

1. 恰当地理解孩子的情绪或想法

我们在与孩子聊天或沟通时，最好能像与朋友、同事聊天一样，以一种真正想解决问题的态度去沟通，而不是一种始终要与孩子保持统一战线或者想息事宁人的态度。从某种意义上来说，我们与孩子其实属于一种"合伙人"关系，如果想帮孩子解决生活、学习中的问题，就一定要有合伙人的心态，从客观的角度去理解孩子的情绪和内心的情感。

比如，孩子非要用洗衣机洗内衣，如果你再强行给孩子讲道理或要求孩子按你的想法做，只会令孩子更反感。所以，此时你应该听听孩子的解释，弄清他的想法，比如孩子可能会说："手洗很麻烦，我没有那么多时间！"这时你就了解到，孩子也许最近学习时间比较紧，或者有其他活动占用了手洗的时间。

在了解孩子的想法或情绪后，你就可以这样对孩子说：

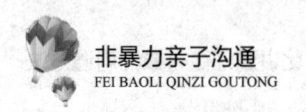

> "儿子,你最近学习是不是比较忙?老师又给你们加压了吧?"
>
> "你最近与球队一起踢球,占用了不少时间吧?"

这样一来,你就替孩子说出了他的情绪或想法的根源,找到了问题的本质,孩子才会认为你是懂他的。也只有孩子认为你是真正理解他、懂得他时,彼此间才能进行下一步的沟通。

2. 帮助孩子解释并表达出他的情感

通过上面的分析可以看出,共情并不是孩子说什么,父母就要附和什么,时时刻刻都对孩子说"你说得对""你做得对",这不但达不到共情的效果,反而还会令孩子丧失认识自我、反省自我的机会。

所以,要做到与孩子共情,既要能理解孩子的想法和情感,有时还需要接纳孩子的不良情绪,并帮助孩子把他的情感表达出来,让孩子认识到自己的情绪或情感。

下面是一个妈妈和刚刚从幼儿园回来的女儿之间的对话。

妈妈:你今天看上去不太开心哦!
女儿:嗯,今天老师表扬了李佳。
妈妈:噢,那是因为老师没有表扬你,你有些失落吗?
女儿:我不喜欢张老师了!
妈妈:对啊,怎么不表扬我们呢?我们也很乖啊!

在这段对话中,妈妈就是在附和女儿,可能孩子听完妈妈的话感到满意了,但妈妈却没能引导孩子对这件事进一步思考:"老师为什么没有表扬你呢?"导致孩子对老师更加不喜欢。

如果换一种方式沟通:

第三章 善于共情：比讲道理更有效的沟通方法

妈妈：你今天看上去不太开心哦！
女儿：嗯，今天老师表扬了李佳。
妈妈：噢，那是因为老师没有表扬你，你有些失落吗？
女儿：我不喜欢张老师了！
妈妈：你肯定很努力，也希望得到张老师的表扬，但却没有得到。
女儿：对呀，我就比李佳晚收拾好书桌一点点。下次，我一定要再快点收拾书桌！

通过以上两段对话的对比可以看出，孩子需要的并不完全是父母的认同，还有父母对孩子情绪的回应以及正确的解释和表达。很多时候，孩子可能弄不清事情的原委，也不能准确表达出自己的情感，这时就需要父母帮助孩子梳理自己的情绪，然后引导孩子自己找到解决问题的方法。这样，你与孩子的沟通才更有效，孩子的问题也才能真正获得解决。

3.2 孩子最期待来自父母的心灵感应

很多时候，我们觉得孩子的情绪喜怒无常，根本摸不清、摸不准，明明是为他们好，可他们经常不领情，还到处说父母不理解他们。所以越来越多的父母开始抱怨："现在的孩子太难管了！"

真是如此吗？

我们现在想象一下，如果你的孩子放学回到家后，情绪很低落，甚至气恼地摔东西，这时你的第一反应是什么？是觉得孩子在没事找事，太任性，还是觉得孩子一定遇到了不愉快的事，自己应该跟他沟通一下？

相信有一部分父母一定是这样跟孩子沟通的：

妈妈：这是怎么了？谁惹到你了？

儿子：还不是我们数学老师！

妈妈：数学老师怎么惹着你了？

儿子：今天上午第一节课是数学，我就迟到了2分钟而已，他就当着全班同学的面批评我，太不给我面子了！我觉得在同学面前的脸都丢光了！

妈妈：我还以为多大的事儿呢，至于生这么大气！老师批评你，也是为你好，让你以后长点记性，不要赖着床不起！

儿子：妈，你到底帮着谁说话呀？不但不安慰我，还帮着老师一起批评我，懒得跟你说，你们根本都不理解我！

孩子在学校里被老师批评了，心情很不好，回到家向妈妈倾诉，此时孩子想要的是妈妈的理解，可妈妈却否定了孩子的感受，认为这根本不是什么大事儿，况且老师批评他也是为了他好……于是，孩子觉得妈妈根本不理解自己的感受，沟通也被迫停止。

相反，如果妈妈换一种方式与孩子沟通，结果可能就完全不同了。比如，在听完孩子说完原因后：

妈妈：噢，这样确实让你挺没面子的。

儿子：就是啊！多大点事儿，当着全班同学面批评我，简直尴尬死了！

妈妈：是的，想想确实很尴尬，如果是我被人当着这么多人批评，我想我也会很尴尬的。那你以后就稍微早点起床吧。

儿子：好吧，我再把闹钟调早一点，以后再也不被他抓住！

妈妈：嗯，那妈妈也要早一点给你做早餐了。

儿子：谢谢妈妈。

第三章 善于共情：比讲道理更有效的沟通方法

面对孩子的委屈和不满，妈妈没有否定孩子的情绪和感受，而是全然地与孩子感同身受，虽然只是简单的几句话，但却让孩子感受到了妈妈的关心和理解，孩子原本的抱怨情绪也渐渐平息，甚至自己找到了解决问题的办法。

孩子与父母虽然是两个独立的个体，有着不同的感知体系，但是，孩子却非常期待来自父母的心灵感应，希望父母能站在他的角度来考虑他的问题。这时，聪明的父母会不随意评判行为的对错，而是先去感受他的情绪。

遗憾的是，现实中的很多父母在与孩子沟通时，都很难让孩子感受到他们之间的心灵感应，尤其在听到孩子的抱怨、诉说时，经常犯下面的两个错误：

1. 急于否定孩子的话语

上面的第一段对话中，妈妈的做法就是第一时间否认了孩子的话语，"多大的事儿""老师也是为你好啊"，这听起来很像是孩子在小题大做，根本不值得生气，因此也根本不给孩子诉说和解释的机会。孩子被老师批评一通，心里本来就很难过，回到家想跟妈妈倾诉一下，没想到又被妈妈说了一通，心里的感受可想而知。

> 湖南卫视曾做了一个名为《少年说》的栏目，其中一期里有这样一个片段。一个小女孩站到台上，边哭边大声对台下的父亲说："爸爸，您能不能试着相信我一次？"
>
> 原来，爸爸经常不相信女孩说的话，批评女孩不好好学习、不爱护妹妹。如果女孩写作业时拿起手机查单词，爸爸就会说她在玩手机，不论她怎样解释都没用。女孩在家里和妹妹发生了任何冲突，爸爸都认为是女孩的错，是她故意为难妹妹。
>
> 观众都以为，女孩能勇敢地站在台上这样向爸爸喊话，爸爸应该能安慰一下她吧，没想到台下的爸爸竟对女孩说："你上学时也学过孔融让梨的故事，古人都知道以大让小，这还用我再教你吗？"

对自己不理解孩子的行为闭口不谈，反而还否定了女孩的话，讲起了道理，结果令台上的女孩哭得更伤心了。

我们不敢揣测未来这样的亲子关系会走向何方，但不可否认的是，父亲的言行已经深深伤害了女孩的心，同时也让女孩的心离父亲越来越远，以后的沟通很难再正常进行。

2. 否定孩子的想法和感受

相较于语言形式上的否定，孩子的想法和感受得不到父母的认同和理解，会令他们更加难受。比如，一些父母看到孩子不高兴，就会这样说：

> "小孩子哪有那么多不开心呀！"
> "听我的，爸爸妈妈都是为你好！"
> "你这样想，马上就会知道你自己是错误的！"
> "被老师批评也是你有错，有什么可抱怨的！"
> "别天天想些没用的，现在你的学习最重要，其他不要跟我说了！"
> ……

以上这些沟通语言，只会让孩子离我们越来越远，以后沟通起来也会越来越困难。只有善于觉察孩子的情绪，努力去感应孩子的想法和感受，并理解孩子情感背后的需求，继而表达我们对孩子的深深理解和接纳，孩子才会真正感受到父母是与自己同频共振的。

丹尼尔·高曼在《EQ》一书中写道："亲子之间长时间缺乏同频，对孩子有巨大影响。"在孩子的世界里，对精神的需求要远大于对物质的需求。当父母学会体会孩子的感受、理解孩子的想法、认可孩子的决定时，就是在与孩子同理共情，孩子也会因此而更快乐、更乐于与父母交流。这样的沟通方式，才算是真正的非暴力沟通。

3.3 理解孩子的感受，同时分享自己的感受

孩子在成长过程中，难免会出现情绪不佳或犯错的情形，此时就需要父母进行适时、适当的引导和教育。而随着孩子的逐渐成长，他们又希望能拥有自己的尊严，希望能受到父母重视和尊重。但我们又发现，父母和孩子之间经常出现各种沟通问题，深究这种矛盾，其实主要源于父母与孩子的需求不同所致。

比如，你的孩子今天想静一静，而你特别想关心他；你的孩子想要获得安慰，而你却对他发了脾气；你的孩子特别想让你辅导他学习，而你觉得他应该自己完成作业；你的孩子希望你能理解他的感受，而你只想跟他讲道理……一旦这些现象出现了，孩子就可能对你关上心门，从此你就很难再听到他的真实想法了。

> 在电影《狗十三》中有这样一个情节：父亲送给女儿李玩一只小狗，李玩很喜欢这只小狗，还给它取了个名字叫"爱因斯坦"。但是，后来爷爷不小心把"爱因斯坦"弄丢了，李玩伤心不已。
>
> 爸爸觉得就是一只狗而已，没什么大不了的，为了安慰李玩，他又买回一只小狗送给李玩，还让这只小狗叫"爱因斯坦"。可是李玩仍然高兴不起来，还在家里大闹了一通，爸爸为此生气地动手打了李玩一顿，还骂她"怎么这么不懂事"！

这就是典型的缺乏同理心。在李玩看来，那个叫"爱因斯坦"的小狗虽然其貌不扬，但却是唯一的，其他的狗多好看、多可爱，都不是"爱因斯坦"，也代替不了曾经的那只小狗给她带来的温暖和快乐。而家人却没有站在李玩的角度，理解她的感受和情绪，反而觉得：我已经对你这么好了，你怎么还无理取闹？怎么还不满意？

当孩子的感受和情绪一次次被忽略，父母自以为是的说教和唠叨

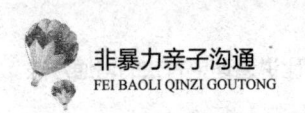

只会让孩子的心情跌入谷底。孩子感到父母完全不理解自己,也不支持自己后,渐渐地自然就不想再与父母沟通了。

这就是家庭中父母与孩子之间十分常见的分歧,而且这种分歧往往是因为父母总以自我为中心,不能理解孩子的感受,总认为自己才是对的。在这种情况下,父母最常跟孩子说的话就是:

> "早跟你说过了,这样不行,你就是不听!"
> "你总是不听我的话,现在弄成这个样子!"
> "你怎么老这样,就不能控制一下自己吗?"
> "你又犯什么错了?老师总是请家长,你就不能听话点吗?"
> "这件事都怪你,才变得这么糟糕!"
> ……

经常用这样的话语与孩子沟通,试想一下,孩子又怎么愿意与你交流呢?

智慧的父母在孩子出现问题时,首先想到的不是指责孩子,而是先与孩子共情,再用下面的方式来与孩子进行沟通:

1. 洞悉和理解孩子的感受

我们拿上面《狗十三》的案例来说,当爷爷把"爱因斯坦"弄丢后,李玩是很伤心的。如果这时爸爸能理解李玩的感受,那么他就不会批评、指责孩子,也不会忙着再给她买一只狗代替"爱因斯坦",而是先与孩子共情,比如对孩子说:

> "'爱因斯坦'走丢了,我知道你很伤心。"
> "你很担心它在外面出现意外,对吗?"
> "让我们一起想想办法,看看怎么才能把它找回来。"

第三章 善于共情：比讲道理更有效的沟通方法

这时，孩子才会觉得你是理解她的，而不是责怪她不听话、不懂事。本来丢了心爱的小狗，孩子已经很难过、很伤心了，爸爸再来责怪她，甚至动手打她，试想她当时有多伤心？

所以，在孩子遇到问题时，我们通常应先去洞悉和理解孩子的感受，比如对孩子说：

> "你尝试的这种方法再一次失败了，这让你很挫败吧？"
>
> "现在的局面很糟糕，我看到你很难过，你是怕我责怪你，对吗？"
>
> "你刚刚又发脾气了，其实你也不想这样，所以现在你很自责吗？"
>
> "妈妈看到你很难过，老师让你请家长，你担心爸爸妈妈会批评你，是吧？"
>
> ……

2. 向孩子分享自己的感受

当你向孩子表达了你的共情和同理心后，接下来就要向孩子表达你的感受，比如可以这样对孩子说：

> "其实我能理解你现在的心情，每个人都曾经失败过，我以前也有过类似的经历，确实感觉很糟糕……"
>
> "虽然现在事情不太好收场，但这也不能全怪你，我也不会责怪你，我们一起想想办法吧……"
>
> "看到你发脾气，我很惊讶，但如果是我的话让你这么生气，那爸爸可以向你道歉。"
>
> "爸爸妈妈不会怪你，我们能理解你害怕被嘲笑的心情。"
>
> ……

短短的几句话，就把你的经历、感受与孩子联系在了一起，并且真正抓住了孩子内心的需求点。孩子听完父母的这些话后，也会立刻感觉多了一份理解，甚至是多了一点同盟者的力量，内心也会暗暗松一口气。

当孩子的感受在被我们理解、接纳的过程中放松或平复之后，接下来我们就可以与孩子讨论解决问题的具体方法了，而孩子因为得到了父母的理解，在沟通和解决问题过程中也会更加积极、主动。

3.4 减少说教，允许孩子为自己辩解

大多数父母在教育孩子时，都习惯以"过来人"的身份自居，习惯以自己的经历、经验等对孩子进行说教，要不然就喋喋不休地反复唠叨孩子，并且还希望孩子能听话、能按照自己的要求和期望行事。然而实际上，说教和唠叨是最无效的教育方式之一。

教育，确实能让孩子在言行和态度上有所改变，但教育不等于说教。而且在很多时候，父母苦口婆心的说教不仅不会改变孩子，还让孩子更加厌烦，更加想要远离父母。所以我们会看到，很多孩子不愿意跟父母聊天，也不会主动与大人讲太多自己的想法、感受等。哪怕有些孩子会与父母交流，可能也是迫不得已，说是"交流"，其实就是默默地坐在一边听大人训话。

孩子为什么会有这些表现呢？因为在他们看来，父母的很多话根本说不到自己的心里，他们也根本无法从父母那里获得一些有效的帮助。与其如此，不如逃得远远的。

这都是孩子的错吗？并不见得。

我们可以想象一个场景：孩子放学回来后，跟你倾诉：

第三章　善于共情：比讲道理更有效的沟通方法

> "爸爸，我这次考试的成绩不太好，我自己也感觉不满意，觉得自己的努力都白费了，不知道接下来该怎么办了。"

这时你会怎样回应孩子呢？

常见的回应方式可能是：

> "那你要多努力呀！成绩不理想，说明你还是不够努力！"
>
> "那你可以跟老师交流交流呀，看看自己哪些地方学得还不够扎实。现在得好好学习，不然以后就没出息……"
>
> "什么叫努力白费了？这肯定就说明你根本没努力！平时不能少看点电视、少看点电脑、多看点书吗？现在知道后悔了吧！"
>
> "那还能怎么办？要想把学习搞上去，肯定就要再多花些时间！"
>
> ……

从类似这样的对话中我们可以看出，父母对孩子说的话确实没什么有效帮助，无非就是不够努力、没跟老师交流、少看电视、多看书、多花些时间……但这些就能帮助孩子提高成绩吗？对此父母并不关心。

其实，以上道理孩子可能都懂，只是没有掌握科学的方法，或者没有做好时间管理等原因，导致成绩上不去。但如果这时孩子为自己辩解一下，比如：

> "我已经很努力了！"
>
> "我几乎不看电视、不看电脑了呀！"

> "我觉得自己可能没有掌握好的学习方法,如果爸爸能帮我分析一下……"

父母立刻又开始了自己的说教:

> "不要给自己找借口,努力了,成绩怎么会上不去呢?"
> "上课要专心听讲,课堂知识很重要!"
> "你得想办法提高学习效率,不能死记硬背!"
> "要找到自己没考好的原因,不能天天稀里糊涂的。"
> ……

以上这样的对话,很多父母和孩子肯定都不陌生。除此之外,还有其他各种各样的说教却存在于父母与孩子之间。但是,这样的交流却丝毫无益于孩子的学习和成长,孩子的各种困惑完全无法从父母这里找到解答方法,而孩子的情绪和感受也没有被父母所接受和理解,孩子听到的只有父母的说教、唠叨。当孩子稍微为自己辩解一下时,又会被父母说成是在"找借口""想逃避"。试想一下,哪个孩子还会愿意继续跟父母沟通呢?

著名企业家李开复曾经说过,教育孩子一定要"多授渔,少授鱼;多做,少说"。"授渔",其实就是引导孩子掌握思考的能力、学习的能力和解决问题的能力。而要做到这一点,首先就要先想办法让孩子能够"听"进你的"传授"。孩子怎样才肯听?就是在你能够理解他、尊重他,与他感同身受之后。只有孩子愿意坐下听你说了,你才能把你的"渔"传授给孩子。

因此,父母应该这样来与孩子沟通:

1. 停止说教,先处理孩子的情绪

不管孩子是在学习上遇到了难题,还是犯了错,他的情绪肯定都

是比较波动的。这时，他需要的往往不是父母马上给他提供一个解决问题或纠正错误的方法，而是先理解和接纳他的情绪。

比如，孩子在考试中没考好，那么父母要先这样说：

> "考试没考好，你挺难过吧？"
> "成绩下滑，你感到很着急吧？"
> "是的，努力了这么久，成绩还是不太理想，我能理解你的心情。换作是我，我也会很郁闷！"

这样适当地表达对孩子心情的理解，可以让孩子的情绪慢慢平稳下来，接下来再考虑解决问题。

2. 允许孩子辩解，并从孩子的辩解中寻找有效信息

在试着与孩子一起解决问题时，我们可能会说到一些孩子不想听的话，如：

> "你感觉自己最近的学习状态怎么样？是不是学习不太专心？"
> "是不是知识点掌握得不够扎实？你有与老师和同学交流过吗？"

这时，孩子可能会因为担心被父母批评、惩罚而为自己辩解，比如会说自己学习状态很好、平时学习也很认真等等，这既是一种下意识的自我保护行为，也可能反映出孩子的确是这样做的。但无论如何，我们要给孩子为自己辩解的机会。只有这样，我们才能与孩子进行下一步的沟通。

3. 认可孩子的努力，引导孩子自己解决问题

当我们认同了孩子的辩解后，就可以趁机认同孩子的努力，表示我们是信任孩子的。这时，如果孩子之前并没有真的努力，那么此时

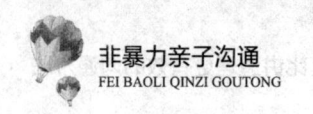

就会产生一种内疚、自责的心理，之后也会在这方面进行改变；而如果孩子之前确实努力了，但问题没有解决，那么接下来他也更愿意听从父母的建议和帮助。

但是，这并不表示父母就要为孩子提供所有解决问题的方法，父母要做的，是引导和启发孩子自己去寻找方法。只有这样，孩子才有自己掌控自己的感觉，而不会认为自己是被父母说服的。因为父母的说服，往往就意味着他们的失败；父母的道理越多、越充足，就显得他们越无能。

所以，聪明的父母此时会从判断对错、给予方法的高高在上的权威位置上退下来，减少强硬的说教和掌控的欲望，通过提问的方式，引导孩子自己说出答案。而孩子只有说出他自己内心的答案，他才有可能遵照自己的意愿而做出改变。

3.5 给予闹情绪的孩子以理解和帮助

网上有这样一则新闻：

江苏省一个12岁的男孩，深夜跑到一家酒店的大堂里，躺在大堂的沙发上不肯回家。酒店工作人员劝他回家，并表示要帮他联系家长，但男孩不肯回家。无奈之下，工作人员只好报警，寻求民警帮助。

民警赶到后，又耐心地询问男孩，男孩才回答说，自己因为不想写作业，跟父母吵架后才跑出来，并且表示不想回家。当民警联系到男孩父母时，男孩的父母已经焦急地在外面寻找好几个小时了。

男孩的行为虽然有些偏激，与父母闹情绪后就离家出走，但不可否认的是，孩子一定在与父母的沟通上出现了问题，才导致这种情况发生。闹情绪、发脾气，几乎在每个孩子身上都曾出现过。每当孩子出现这些状况时，我们的情绪也会受到影响，出现许多负面情绪，因此也容易对孩子说出类似下面的话：

> "多大点儿事，你就要哭着喊着离家出走！"
> "你怎么这么脆弱，动不动就哭！男子汉不许哭！"
> "这么点儿小事也值得你生气？真够小气的！"
> "我看你今天就是故意找碴儿！"
> ……

还有些父母在看到孩子闹情绪时，不会训斥、批评孩子，而是跟孩子讲大道理。比如，当孩子抱怨老师把自己排得太靠后时，有的父母会说：

> "一个班那么多孩子，老师不可能每个都顾得过来，你要学会适应环境！"

当孩子抱怨最近学习很累时，有的父母说：

> "等你以后进入社会就知道了，学习简直是最轻松的一件事！"

当孩子跟同学闹矛盾时，有的父母说：

> "要跟同学友好相处，别动不动就闹别扭，小孩子之间能有多大的矛盾？"

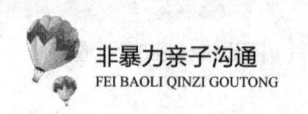

殊不知，跟孩子说这些几乎都是白费力气，不仅如此，还可能引起孩子的反感。因为此时孩子正处于比较激烈的负面情绪中，根本听不进任何道理。而且总喜欢给孩子讲道理，不去理解孩子的感受，对孩子的情感其实是一种忽视，久而久之还可能影响孩子的心理健康。

事实上，孩子闹情绪时，背后一定有他的原因和相应的需求，此时孩子最需要的是父母的理解和帮助，而不是不问青红皂白的指责和冰冷的道理。试想一下，当我们自己怒火冲天、悲伤难过时，别人批评指责我们，或给我们讲一堆大道理，我们能冷静、理性地接受吗？成人尚且如此，何况理性和自控能力远不如成人的孩子呢！

所以，智慧的父母此时会先接纳孩子的情绪，表达对他们的理解，让孩子把情绪发泄出来。

1. 给予孩子共情式理解

所谓共情式理解，其实就是换位思考，站在孩子的角度来理解孩子。

比如，当孩子跟同学吵架后，回到家里很不高兴，你就可以这样对孩子说：

> "我知道，跟同学吵架了，肯定很难过。"
> "如果我是你，我也会像你一样，很生气、很难过。"
> "这件事确实挺令人气愤，我很理解。"

孩子抱怨老师今天因为某件事冤枉自己了，你就这样对孩子说：

> "那你一定很生气吧？"
> "噢，那太糟糕了！你当时肯定很愤怒吧？"
> "是的，我很理解。如果我是你，我也会感到委屈的。"

当孩子感到自己的情绪被父母理解后,他们也会更快地平静下来。如果孩子此时委屈地哭出来,你也不要劝阻他,只需要静静地在旁边给他递纸巾,让孩子将情绪发泄出来。等孩子宣泄完情绪后,我们再和孩子商讨怎么做的话题。

2. 如果孩子需要,我们可以适当为孩子提供帮助

如果孩子仅仅就是想闹闹小情绪,那么等他宣泄完之后,事情也就过去了,孩子该干吗就干吗了。如果孩子确实是因为遇到了难题才闹情绪,在他宣泄完情绪后,我们也可以这样问问孩子:

> "你现在感觉好些了吗?需要我的帮助吗?"
> "这件事你可以自己处理吗?或者你需要我怎么帮助你?"
> "如果你需要我的帮助,你可以告诉我。"

这样一来,我们不仅表达了对孩子闹情绪的理解,还表示了对他的支持,事情就可能会朝着更好的方向发展。

除此之外,父母还要注意的是,最好不要试图去控制孩子的情绪,或者要求孩子控制情绪,否则,这些负面情绪反而可能对孩子产生更大的困扰。情绪淤积在孩子心里,总有一天会爆发出来。比如,有些父母看到孩子哭,就大声呵斥孩子:"别哭了,哭有什么用!"这时我们就是在试图控制孩子的情绪,而控制情绪的冲动来源于我们对情绪的负面评价,认为情绪是糟糕的、是软弱的,但其实情绪就是一个人在遇到不开心的事情时所表现出来的最为正常的一种生理反应。所以,此时我们更提倡用恰当的言行对孩子的情绪去理解、接纳,等情绪处理好了,再去沟通和处理问题,就容易多了。

3.6 感同身受地向孩子道歉

演员胡可曾经参与录制一档综艺节目,在节目中,胡可需要先送大儿子安吉去上学,然后带小儿子到医院做体检。在送安吉上学时,胡可答应安吉下午会准时来接他放学。但是,由于小儿子体检耽误了时间,虽然胡可紧赶慢赶,还是未能按时接到安吉。这让安吉很不开心。

胡可也知道,这件事是自己没有遵守承诺,于是就非常诚恳地向安吉道歉:"妈妈在带弟弟体检时耽误了时间,所以迟到了,对不起,希望你能原谅妈妈,好吗?"原本闷闷不乐的安吉,在听完妈妈的道歉后,很快就开心起来了。

说起向孩子道歉,很多父母感到不解:"小孩子懂什么,过一会儿就好了,道什么歉啊!""哪有向孩子道歉的道理,那不是惯着他们吗?"

殊不知,家庭就是一个小型的社会,父母与孩子之间也是平等的关系。当孩子做错事时,我们会要求孩子道歉;那么当父母犯了错,或者错怪了孩子后,为什么不能向孩子道歉呢?这不仅能教会孩子理解哪些是正确的,哪些是错误的,对彼此间的沟通和亲子关系的和谐也有很大的促进作用。就像美国教育家斯特娜夫人所说的那样:"一个勇于承认错误、探索新的谈话起点的父母,远比固执、专横的父母要可爱得多。"

但是在很多时候,父母可能为了面子、威严等,即使明知道自己做错了,也不愿意向孩子承认自己的错误;或者也想向孩子道歉,但道歉时态度并不认真。比如经常这样对孩子说:

第三章 善于共情：比讲道理更有效的沟通方法

> "我又不是故意的，你这么较真干吗？"
> "行了行了，我下次注意，有什么可生气的！"
> "好了好了，我错了还不行吗？多大点事儿，你还没完没了了！"
> "行了，我向你道歉，别哭了，这还值得哭这么久？没出息！"
> ……

以上这些说法，很容易导致孩子认为做错了事也没关系，不需要道歉；或者认为道歉不是一件严肃认真的事，而是一件可以敷衍的事或可耻的事。久而久之，孩子的是非观念就会受到影响，日后在与人交往时，即使自己犯了错，也不知道到底错在哪里，或者不想道歉，继而影响到以后的为人处世、人际关系等。

事实上，当父母犯了错后，学会并敢于向孩子道歉，才是与孩子之间实现良性沟通的明智之举。因为懂得认错的人，往往都具备一项很重要的能力——共情能力，也就是同理心。而且懂得认错的父母，也会把对孩子的尊重与爱体现得更为浓烈，并教会孩子懂得反省自己。英国教育家斯宾塞就曾说过："受委屈的孩子很少会去反省自己有什么过错，因为愤怒和不平占据了他们的心灵；而被感动的孩子则常常反省，因为感动增加了他们内心的勇气和智慧。"

可见，父母向孩子道歉并不是什么丢面子的事，相反，能够及时认错，不推卸责任，不迁怒他人，感同身受地向孩子道歉，既能让孩子感受到来自父母的尊重和信任，又能让孩子更有同理心和分辨对错的能力，在犯错后也能懂得及时反省自己的过失和不足，具备担当和责任感。

所以，当我们意识到自己犯错后，就要通过下面的方法向孩子道歉。

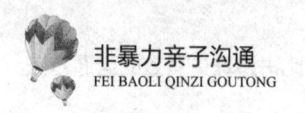

1. 及时向孩子承认自己的错误

在教育孩子过程中,学会认错是一件非常重要的事。父母学会向孩子承认自己的错误,其实是在向孩子传递一种明辨是非和责任担当的观念。如果我们明明犯了错,比如在过马路时闯了红灯,孩子也看出我们的行为是不对的,可我们仍然不愿意承认错误,反而跟孩子说:

> "怕什么,马路上车又不多,没事的!"
> "这不是赶时间嘛,闯红灯也没关系!"
> "偶尔闯一下红灯没关系的,不天天闯就行。"

这就很难帮助孩子建立起正确的是非观,孩子会很困惑:闯红灯到底对不对?既然不对,为什么爸爸妈妈会闯?难道赶时间时闯红灯就是对的吗?如果闯红灯是对的,为什么爸爸妈妈以前又告诉我闯红灯是不对的呢?

如果经常有这样的事情发生,孩子的是非观就很容易出现混乱。

相反,如果我们做错了事后,及时跟孩子道歉,如:

> "对不起,爸爸刚才闯红灯了,实在是不应该,爸爸道歉,下次一定不会再这样做了!"
> "很抱歉,妈妈刚才不该那样对你发脾气,我向你道歉,请你原谅我。"
> "真的对不起,我弄坏了你的玩具,现在我帮你把它修好可以吗?"
> "对不起宝贝,我错怪你了,这件事是爸爸不对!"
> ……

第三章 善于共情：比讲道理更有效的沟通方法

通过这种方式，我们其实是在告诉孩子，只要犯了错或伤害到他人，就应该及时承认错误，真诚地向别人道歉，这是一种非常勇敢的行为，而不是一件羞耻的事。

2.通过写信的方式向孩子道歉

> 一位妈妈与女儿之间发生了口角，导致女儿搬离家中，母女两人一年多都没有交流。
>
> 在这期间，妈妈虽然也知道是因为自己的错，才让女儿离开家的，但始终拉不下面子当面跟女儿道歉。最终，妈妈忍不住给女儿写了一封信，告诉女儿："其实妈妈很早就意识到自己错了，是妈妈对不起你，请你原谅妈妈吧！"
>
> 女儿收到信后，当时就给妈妈打了电话，并且在电话里大哭起来："妈妈，你终于能理解我了！"

很多时候，即使父母犯了错，孩子也不会真正记恨父母，而他们满心期待的不过是父母的一句道歉。当然，有些父母可能明明想向孩子道歉，却始终不肯放下自己的面子和权威，导致与孩子之间的沟通陷入僵局。在这种情况下，给孩子写一封信或者发个短信，说一句"对不起"，孩子可能马上就能原谅父母，再一次回到父母身边。而孩子也会因为你的那句"对不起"，慢慢成长为一个具有同理心、敢于担当、是非观念明确的身心健康的人。

第四章

有效批评：

了解孩子的心理特征，破解孩子的怪异言行

孩子在成长过程中，总会不可避免地犯错，这时父母可能就会用到批评。但是，如何批评孩子，才能既不会伤害孩子的自尊心，又能让孩子意识到错误并且主动改正呢？这就需要父母先弄清孩子犯错的原因，破解孩子的一些怪异言行，然后再运用恰当的方法和技巧批评、引导孩子。要知道，你的批评方式会直接影响孩子看待错误与不足的方式。一旦父母在批评孩子时带有自己的负面情绪，在孩子心中留下的，就可能是被扭曲的错误人格印记。

第四章　有效批评：了解孩子的心理特征，破解孩子的怪异言行

4.1 孩子出现不良言行，粗暴制止没效果

孩子因为年幼，自控能力较差，难免会出现一些不当的言行，如说脏话、说狠话、撒谎、发脾气，或者出现攻击行为等。每当这些时候，有些父母就会立即粗暴地批评或制止孩子，要求孩子马上停止这些行为，比如这样对孩子说：

> "不许再打小朋友，听到没？"
> "你怎么能说脏话呢？不学好，给我闭嘴！"
> "你学会撒谎了？这是跟谁学的'本事'？"
> "你怎么这么不听话，再不听话看我怎么收拾你！"
> ……

这些话语真的能让孩子改正自己的行为吗？或许短期内是有效的，孩子出于对父母的恐惧，暂时控制了自己的言行。但实际上，这些话语并不能让孩子意识到自己的行为有不当之处，而且在我们没有弄清孩子出现这些行为背后的原因时，只是简单粗暴地制止孩子，也很难起到良好的沟通作用。

那么，孩子为什么会出现类似以上的不良行为呢？

一般来说，孩子出现不良的行为主要有下面三个原因：

第一个原因就是寻求关注。

很多人都有渴望被关注的感觉，包括我们成人。想象一下，当我们成为别人目光的焦点，享受着别人的关心爱护，内心是不是会产生一种满足感？如果你有这种感觉，那么孩子同样会有，而且孩子对这种感觉比成人更加渴望。

而一旦孩子发现自己没有被父母或老师关注时，就可能会做出一些不当行为，或者说出一些故意引起大人关注的话，如脏话、狠话，

以吸引大人的注意力,但其实他们想通过这种方式告诉父母:"我心情不好,我想要安慰。""我需要你抱抱我!""我希望你能关注我!"

第二个原因就是争夺权力。

有些父母在想要让孩子做事时,就会对孩子发号施令,这就容易引起孩子的反感情绪。比如,你经常这样对孩子说:

> "赶快出门吧,不然又迟到了!"
> "马上去写作业,天天要我提醒你才肯写,磨磨蹭蹭的!"
> "快点吃饭,吃完饭我们要出发了!"
> "不要再看电视了,看起来就没完没了!"
> "不许再吃零食!"
> ……

每当这些时候,孩子就会感觉自己没有了主动权,于是也会通过一些不良言行来争夺自己的权力,比如与父母顶嘴、对父母的话听而不闻、故意磨蹭等,以此来向父母表示抗议。

第三个原因是孩子出于一种自暴自弃的心态。

有些父母对孩子过度严苛,不管孩子怎么做,父母都觉得不满意。久而久之,孩子就会对自己失去信心,觉得自己说什么都不对,做什么都做不好,于是就彻底放弃了自己,不管父母再说什么,都是一副无所谓的消极态度。

然而,在很多时候,父母并不能真正理解孩子这种言行背后的真正原因,认为孩子的这些言行就是没礼貌、学坏了、无理取闹,因此会马上制止、教育孩子,甚至对孩子进行惩罚,让孩子"记住教训",以此约束孩子的种种"不良言行"。可父母越是这样做,孩子内心的失落感与无助感就越强,甚至会认为父母不再爱自己了,继而影响彼此间的正常沟通和亲子关系。

那么,面对孩子的这些不良言行,我们该怎么做呢?

第四章　有效批评：了解孩子的心理特征，破解孩子的怪异言行

1. 先理解孩子的情绪，再寻找原因，解决问题

不管孩子说了什么或做了什么，在孩子有负面情绪的时候，我们都不要急着去粗暴地制止他或纠正他，而是先看到孩子的情绪，并对孩子的情绪表现出同理心。

当然，这里有个前提，就是孩子的言行不能影响到别人，倘若孩子对着别人说脏话或攻击别人了，不管出于何种原因，我们都要及时制止孩子，然后再寻找原因、解决问题。如果没有影响到别人，那就先帮助孩子平复情绪，比如耐心地对孩子说：

> "你现在很生气是吗？你希望我抱抱你吗？"
> "妈妈发现你好像很不高兴，需要我陪你坐下来冷静一下吗？"
> "我知道你现在一定很不开心，否则不会说出那样的话。"
> ……

当孩子发现我们关注的并不是他说的脏话、狠话或他的错误行为，而是他的情绪时，他就会感觉自己被父母理解和接纳了，内心也会慢慢平复下来。等孩子的情绪平复后，我们再跟孩子沟通，比如这样对孩子说：

> "你能告诉妈妈，刚才为什么那样说话吗？"
> "你觉得自己那样的行为对吗？"
> "如果再遇到这种情况，你除了说脏话或狠话外，有没有其他的表达方式呢？"
> ……

通过这样的沟通，我们不仅让孩子认识到他的言行不当之处，同时也是在帮助孩子，让孩子学会更多的解决问题的能力。

2. 主动暂停自己与孩子的冲突，平复情绪后再面对问题

当孩子出现言行不当，或者故意与父母对抗时，硬碰硬并不是最有效的方法。因为在愤怒状态时，不管是父母还是孩子，都会说出很多伤人的话，这对于彼此间的沟通有害无益，甚至可能加重彼此间的矛盾。

因此，在我们发现孩子有不当言行时，不妨主动喊个"暂停"，用"暂停"代替自己对孩子的批评，让彼此都冷静下来，等情绪略微平稳一些后，再与孩子去沟通，解决问题。比如可以先这样对孩子说：

> "停！我们都先冷静一下，停止！"
> "暂停！我需要冷静一下，OK？"
> "请你先停止你的狠话，我们都需要冷静一下情绪！"

当彼此感觉情绪都平复一下后，再坐下来认真沟通该如何解决问题，比如让孩子用更合适的语言代替脏话、狠话来表达自己的感受，或者耐心地说出自己的需求，而不是使用暴力等。

总而言之，所谓的"问题孩子"，通常都是因为他们还没有掌握恰当地表达内心感受和需求的能力，所以，我们不要一味地盯着孩子说了什么话，也不要只看到孩子表现出什么不当的行为，而是学会关注孩子这些话语和行为背后没有被正确疏导的情绪和欠缺的能力。只有这样，我们才能减少与孩子之间的误会，与孩子之间建立起良好的沟通。

4.2 没有操控的沟通，就没有叛逆的孩子

有一部影片叫作《叛逆青春期》，其中有这样一个片段：

读高中的女儿早恋了，被妈妈发现。面对妈妈的质问，女儿大声说道："我谈恋爱怎么了？我又不是小孩子了，你

第四章 有效批评:了解孩子的心理特征,破解孩子的怪异言行

还管得着吗?"说完,"砰"的一声摔门而出。

半夜了,女儿还没有回来,爸爸焦急地在外面寻找,而此时女儿正跟同学在外面喝酒唱歌。

在家里同样焦急等候的妈妈,想起了女儿小时候说过的话:"以后我长大了,一定做个听话的孩子。"妈妈潸然泪下……

说起孩子的叛逆问题,相信父母们都不陌生。不知道从什么时候起,孩子与以前的"乖宝宝"形象突然判若两人,不再愿意听父母和老师的话,动不动就跟父母、老师较劲、顶嘴。也因为孩子的这些表现,所谓的"叛逆期"几乎成了父母和老师的噩梦。

其实,孩子之所以有与以前完全不同的表现,是因为孩子的自我意识、自我力量开始出现,独立意识逐渐增长,孩子希望摆脱对父母、老师的依赖,希望建立自我认同,从而表现出自己的特立独行与众不同。

从这个角度来看,孩子叛逆恰恰是他们不断成长的标志。尤其在孩子进入青春期后,生理和心理发育逐渐成熟,开始有了自己的思想与主张。有时可能为了表达自己这种独立性的需要,会故意表现出与成人世界格格不入的样子。这时,如果父母表现出对他们行为的不认同、看不惯,或者想继续控制孩子,比如对孩子说下面这些话:

> "千万不要早恋,你还小,不懂什么是爱情,而且早恋太影响学习!"
>
> "你赶紧把你的桌面收拾一下,你看乱得都没地方写作业了!"
>
> "怎么还不写作业?磨磨蹭蹭的,你看看都几点了?"
>
> "赶快起床呀!再不起要迟到了!"
>
> "周末我去那个辅导班看看,我再给你报个辅导班。"
>
> "你看你,就知道玩儿,你看看人家xx,成绩那么好,再看看你!"
>
> ……

这些时候，孩子就会产生抗拒心理，即：你越让我这样做，我偏偏就不这样做，我要自己做主，不想再被你干涉。

心理学上有个"罗密欧与朱丽叶效应"，就是当出现干扰恋爱双方爱情关系的外在力量时，恋爱中双方的情感反而更强烈，恋爱关系也会因此而更牢固。

孩子的许多叛逆表现，恰恰就是"罗密欧与朱丽叶效应"的体现。这时父母的管教、干涉等，他们不但不会听，反而还会更加抗拒，于是亲子之间也会变得剑拔弩张，沟通难以顺利进行。

在弄清孩子出现叛逆行为的原因后，我们在与孩子沟通时，就要尽量减少操控性的沟通，多采取孩子更容易接受的话语来与孩子交流。

1. 少命令，多商量

当你希望孩子做什么时，最好不要直接命令他，更不要轻易批评他，而是尽量用商量的语气和孩子说。比如，你希望孩子不要早恋，可以这样跟他说：

> "早恋是人生中的一种很正常的情感，即使出现也是很正常的，但如果想让这份情感开花结果，我觉得现阶段还是应该先充实自己，让自己变得更优秀、更强大，你觉得呢？"

如果你想让孩子整理一下他的桌面，可以这样说：

> "周末你休息时，能整理一下你的桌面吗？妈妈觉得你的桌面上东西有点多，写作业的地方有点小。"

如果希望孩子能按时起床，可以这样说：

第四章 有效批评：了解孩子的心理特征，破解孩子的怪异言行

> "你自己尽量控制好时间哈，早一点起床才不容易迟到。"
> ……

以这样的方式与孩子沟通，孩子就会觉得父母与自己不是上下级的"领导"关系，而是平等的关系，是尊重和理解自己的感受和看法的，那么孩子也会愿意回馈给父母一个良性的沟通状态。

2. 少批评，多肯定

虽然孩子出现一些不当言行，父母可以批评孩子，但对于有叛逆行为的孩子还是应该少批评，多给予他们一些肯定和认同，多看到孩子表现好的地方，不要整天拿着放大镜去挑剔孩子这里不行、那里不对。孩子从父母这里得到的肯定越多，就越愿意配合父母的要求。

现在，很多父母一发现孩子身上有自己看不惯的地方，就难以心平气和地跟孩子说话，一开口就是这样的：

> "今天老师可跟我说了，你这次考试成绩不好，说说吧，你到底怎么回事？"
> "都跟你说一万遍了，学习能不能专心点！"
> "你看看你写的字，跟螃蟹爬得一样，就不能认真点写吗？"
> ……

这些话，本意是为孩子好，但在孩子听来，就是父母故意挑剔自己，跟自己找碴儿。久而久之，孩子不仅内心反感，还会对其出现"无感"，你唠叨你的，我该怎样还怎样，你的话丝毫影响不到我。与其如此，父母不如把这些宝贵的"机会"留给那些真正需要批评的事，平时多看看孩子表现好的地方。当真正需要批评孩子时，再认真地对孩子说："爸爸妈妈有件事想和你谈谈。"

3. 少拒绝，多认可

对于孩子的一些要求，如果不是特别原则性的问题，我们不妨尽量认可；即使是原则性的问题，需要拒绝时，也尽量使用比较温和的话语，如：

> "你牙齿不大好，我觉得再吃甜食可能会加重你的牙齿问题。"
> "我感觉你刚才的行为有点儿不太礼貌。"
> "总喝冰水的话，对肠胃不太好，我觉得你应该注意一下。"

事实上，要想让孩子不"叛逆"，父母该少做什么、多做什么，我们还能列举出很多，但从根本上说，只要遵循以上三点，就可以减少亲子之间的很多沟通障碍。总而言之，我们尽量多给孩子一些空间，多给孩子一些主动权，一些不大不小的非原则性问题，不妨就让孩子自己做主。在这种比较宽松的环境下，我们再对孩子进行一些建设性的、温和的引导，孩子才更愿意接受和听从。试问一下，有多少父母在教育孩子时，是靠着"这个不许那个不行"的操控行为，把孩子教育好的呢？

4.3 孩子拒不认错，父母怎么说更有效

下面是一位妈妈与女儿之间的一段对话：

孩子："妈妈，我都说了，这块玻璃不是我弄破的！"
妈妈："不是你弄的，那还能是谁弄的？"

第四章 有效批评：了解孩子的心理特征，破解孩子的怪异言行

孩子："您怎么不问问我爸爸呢？我看到了，是我爸爸弄的！"

妈妈："你还狡辩？我都问过爸爸了，根本不是爸爸！"

孩子："那您再去问问奶奶，也可能是奶奶弄的呢，为什么非说是我呢？"

妈妈："因为我看到了！"

孩子："也许你看错了呢！"

……

可能很多父母都会发现，有时明明孩子犯了错，哪怕是"人赃并获"，但他们就是不承认，甚至还会编出各种各样的谎言，把错误推到别人身上，想尽一切办法为自己开脱。如果父母追问得紧了，孩子就会与父母争吵甚至哭闹、耍赖，但不管怎么说，仍然是拒不承认自己的错误。

面对这样的孩子，每个父母都会很头疼吧？不过你有没有想过，孩子为什么会这样？我们通常只看到孩子犯错这个结果，有没有思考过孩子这样做背后的原因是什么？

网上有这样一篇文章：

一个三年级的男孩，把自己的考试成绩从57分改成了87分，被妈妈一眼就识破了。妈妈非常生气，觉得孩子这么小，不但不好好学习，还学会撒谎骗人了。于是，妈妈就严厉地批评了孩子，并且要求孩子认错，没想到男孩仰着头大声说："我没错，也不是我不想考高分的！"说完还一副你要打便打，反正我绝不认错的"大义凛然"样。

妈妈更生气了，准备狠狠地揍孩子一顿，看他以后还敢不敢撒谎。

这时，爸爸下班回来了，了解情况后，忙哄着男孩跟妈妈认错，可男孩一下子就哭了，说："认错也没用，上次我考试没考好，妈妈把我的试卷都撕了，可是她也没跟我认错

呀！我这次不想让她生气，才改了分数的……"

从这个案例中，我们可以看出，孩子有时明知道自己做错了，却不肯承认，背后一定是有原因的。而这个原因可能是父母平时太过严苛，一旦发现孩子犯错，就会严厉地批评、惩罚孩子；或者是父母没有给孩子做好榜样，即使犯错了也没有向孩子道歉、承认错误。父母是孩子的第一任老师，其行为方式也会直接地影响孩子的言行。在父母的严厉管教或影响下，孩子就会认为，父母从来不跟自己承认错误，却要自己承认错误，这对自己很不公平；或者也学大人一样，为自己狡辩，以掩盖自己的错误。

了解到这些原因后，那么再遇到孩子犯错后不肯承认时，我们就要先从自己身上找找原因，继而再用恰当的语言与孩子沟通，而不是继续像以前一样，过度惩罚孩子。

1. 停止对孩子的追问、盘问，诚恳地与孩子沟通

很多父母在面对孩子犯错而没有主动承认时，都会不停地追问、盘问孩子，逼着孩子认错，比如这样对孩子说：

> "我的化妆品瓶是不是你打碎的？打碎怎么不承认？"
> "你还跟我狡辩，我明明看到是你打碎的！"
> "你还不说实话，信不信我揍到你说实话！"

然而当孩子认错后，父母反而再次严厉地斥责、批评孩子，目的是希望孩子能记住教训，不要再犯同样的错误，比如这样批评孩子：

> "跟你说过多少次了，不要乱动我的东西，没长脑子吗？"
> "小孩子不学好，学会撒谎了，真该狠狠地打你一顿！"
> "早承认不就行了吗？为什么问这么久都不承认？今天晚上别吃饭了，看你能不能记住教训！"

第四章　有效批评：了解孩子的心理特征，破解孩子的怪异言行

父母的心情可以理解，都是希望孩子变好，但是，不管是孩子还是成人，在生活、学习和工作中都会不可避免地犯错，而犯错就必然会有原因。尤其对于孩子来说，与其揪住他的错误不放，不如认真找出他犯错的原因，然后再耐心地引导孩子怎样避免错误，和孩子探讨一下下一步该怎么做，这样孩子才能真正从错误中吸取教训。严苛的批评、斥责，只会加重孩子的心理负担，孩子以后再犯错时，也会因为担心惩罚而更加不敢承认，从而错过反思自己、总结经验教训的过程。

所以，与其惩罚孩子，不如耐心地与孩子沟通一下，了解孩子犯错背后的原因，再有针对性地帮助孩子解决问题。比如这样跟孩子沟通：

> "妈妈觉得你这样做一定有原因，愿意跟我说说吗？"
> "爸爸知道你不是故意犯错的，你能告诉我你的想法吗？"
> "这件事已经无法挽回了，那么我们就来想想怎么补救吧！"
> "妈妈不会责怪你，我只想了解一下情况，看我能不能帮你想想办法。"
> ……

孩子原本就因为犯错而有自责、内疚的心理，现在见父母不但没有批评、惩罚自己，还帮助自己一起想办法，内心就会生出对父母的感激和信任。下一次，孩子也一定会吸取教训，不会再惹出同样的麻烦了。

2. 父母要以身示范，敢于向孩子认错

在湖南卫视的一档节目《爸爸去哪儿》中，有一期请到了陈小春和儿子Jasper来参加。在节目中，陈小春多次对

Jasper发火，让Jasper很不开心。于是，Jasper就拿着一个喇叭，大声地对爸爸喊道："你能不生气了吗？为什么要生气呢？"

这让陈小春很惊讶，他原本以为Jasper就是个小孩子，根本不把自己的话放在心上，没想到Jasper已经受到了伤害。于是，陈小春马上过来，语气温和地向儿子道了歉，本来还一脸委屈的Jasper，很快就开心起来了。

父母就是孩子的榜样，父母的教育方式孩子也许不会模仿，但父母的一言一行孩子一定会模仿。如果父母在做错事后，能够及时向孩子承认错误，并且向孩子诚恳地道歉，那么孩子也会潜移默化地受到影响。

所以，如果父母犯了错，不妨放下权威、放下面子，诚恳地向孩子承认错误：

> "对不起，妈妈刚才不应该那样跟你说话，妈妈向你道歉，请你原谅妈妈。"
>
> "我很抱歉，没有及时来接你，你一定很着急吧？妈妈下次一定改正。"
>
> "爸爸很抱歉，答应你的事情没有做到，希望你给爸爸一个弥补的机会。"
>
> ……

知错能改，善莫大焉。即使是成人，也有犯错的时候，认个错并不是什么难事，而且，勇于承认错误，善于改正错误，是给孩子所做的最好的榜样。孩子也会在父母的一言一行中受到影响，以后犯错时也会及时承认、积极改正，这样才能不断修正自己的不足，收获更好的成长。

第四章　有效批评：了解孩子的心理特征，破解孩子的怪异言行

4.4 温和的讨论代替严厉的斥责

我们经常会发现，一些孩子经常言辞激烈地与父母"顶嘴"：

> "你凭什么总说我不对，难道你事事都对吗？"
> "你怎么都看我不顺眼，那你别看我好了！"
> "为什么××可以那样，我就不可以？"
> "你什么意思？天天不管我就受不了吗？什么事都要管我！能少管我点儿吗？"
> ……

每次听到十来岁的孩子，用这样桀骜不驯的语气与父母说话，我们都感觉很心痛。

孩子为什么习惯用这种挑衅十足、"顶嘴"的对抗型沟通方式来与父母沟通呢？

究其原因，其实还是源于父母平时与孩子的沟通方式。在很多家庭中，父母与孩子的说话方式往往也是这样的，动不动就责骂、斥责孩子。一旦发现孩子犯了错，或者做了让自己不满意的事，就会这样跟孩子说话：

> "说，下次还敢不敢了？"
> "自己说，你错了没有？"
> "一点礼貌都没有，闭上嘴！"
> "你敢跟我顶嘴了，翅膀硬了是吧？"
> "你怎么这么不懂事，真让我丢脸！"
> ……

在这种情况下，即使孩子真的犯了错，他也很难认识到自己的错误，更不愿意接受父母的批评。

教育家陈鹤琴曾说过，孩子幼小的心灵极易受到伤害，任何粗暴武断的教育方式都是不合时宜的。只有用温和的方式，才能走进孩子的心灵。

> 法国作家拉·封丹曾经写过一个寓言故事，讲的是北风和南风比谁的威力更强大，看谁能先让行人把大衣脱掉。北风为了显示自己的威力，就用冰冷刺骨的风不停地吹着行人，结果行人为了抵御北风的寒冷，把大衣裹得更紧了。轮到南风时，南风徐徐吹动，天空顿时风和日丽，阳光明媚，行人感觉很暖和，就把大衣脱了下来。于是，南风获得了胜利。

可见，南风采用更温和的方式，往往比北风粗暴的方式更有效果。与孩子沟通也是一样，你用温和、尊重的态度与孩子沟通，其效果一定胜于严苛冰冷的沟通方式。尤其在面对孩子出现不当言行时，你越是严厉地斥责孩子，也就相当于用冰冷的北风在吹着孩子，孩子为了自保，就会把自己封闭起来；相反，你用温和如南风般的语言与孩子耐心地沟通，孩子才更愿意敞开心扉，也更愿意接受父母的教导。

所以说，要与孩子实现良性沟通，父母就要尽量减少对孩子的斥责。哪怕孩子确实犯了错，应该批评，也尽量用温和的讨论来代替严厉的训斥。

那么，父母具体该怎么做呢？

1. 态度可以严肃，语言一定要温和

孩子犯错后，内心都会有些担心会被爸爸妈妈批评的，这是一种潜在的心理负担。而一旦被父母严厉地斥责、批评了，下次孩子出于自保的本能，就可能作出"心理防御"，尽量不让自己的错误被父母发现，或者为了不被父母批评，在父母面前说谎。

第四章 有效批评：了解孩子的心理特征，破解孩子的怪异言行

但是，如果能用温和的语言与孩子讨论他所犯的错的话，孩子的心理就会获得一定的宽慰，紧绷的神经也会放松，情绪稳定了，也更容易接受父母的教导和建议。

当然，这不是说父母在与孩子沟通时就要嘻嘻哈哈打成一片，相反，态度是一定要严肃的，这样才能让孩子正视自己的错误，只不过所运用的语言要尽量温和，比如这样对孩子说：

> "宝贝，我们来聊一聊，能跟我说说你今天这样做的原因吗？"
>
> "虽然今天的事情让我很生气，但我还是想听听你的想法。"
>
> "这次考试的成绩确实不太好，我想跟你商量一下，看看怎么样才能把成绩提上去。"
>
> "我看到你最近一回来就玩电脑，我想了解一下，你玩的什么这么吸引人？"
>
> ……

这样一来，孩子就知道你不是为了批评、教训他才跟他谈话，而是真正想了解他、帮他解决问题的。并且用这种温和的语言来征求孩子的意见，也会让孩子感觉到自己被尊重，孩子也会很乐意配合你来解决问题。

2. 用无痕式的"引领"来与孩子沟通

什么是无痕式的"引领"呢？其实就是父母用一种很自然的、顺畅的沟通方式来与孩子交流，从而在沟通过程中打动孩子，让孩子理解父母的言行，接受父母的引导和建议。

比如，孩子在饭桌上不好好吃饭，剩下很多，爸爸很生气，就对孩子说：

"你每次吃饭都这样,动不动就剩饭,多浪费!这些粮食都是我们辛辛苦苦赚钱买来的,一点都不知道珍惜!"

孩子听完爸爸的训斥,可能会感觉很委屈、很不开心,也可能很生气,扔下筷子就离开了饭桌。

而妈妈看到后,觉得这件事虽然孩子有错,不应该剩饭,但爸爸的语气太严苛了,孩子可能很难接受,于是就换了一种方式,这样对孩子说:

"我理解你并不是真的想剩饭,更不想浪费粮食,只不过早晨确实吃不下那么多,那下次我们就少盛一些。爸爸那样批评你,确实让你很难过,换作我,我也会不高兴的。所以,希望你不要把爸爸的话放在心上。"

孩子听完妈妈的话,想到自己剩饭确实有错,也就意识到了自己不对的地方。那么下一次,孩子一定会避免这种情况再次发生。

妈妈的这种教育方式,就属于无痕式"引领",她既没有给孩子讲大道理,也没有像爸爸那样严厉地批评孩子,而是耐心地与孩子沟通,温和地解决问题,在不知不觉中打动孩子,让孩子心悦诚服。

总之,孩子在成长过程中难免会犯错,父母也会不可避免地要批评孩子,但怎样批评更有效、更能让孩子愿意接受,却是有策略和方法的。父母善于用温和讨论的方式来代替对孩子严厉的斥责,往往能让孩子更深刻地意识到自己的错误,从而让沟通在一种理性、平和的氛围下进行,让孩子在潜移默化之中改正错误,成为更好的自己,岂不是两全其美?

第四章 有效批评：了解孩子的心理特征，破解孩子的怪异言行

4.5 有效批评和适当鼓励，帮助孩子提升能力

孩子一出生，在衣食住行方面都要依赖父母的照顾，这既是父母的责任，也是让孩子更好成长的必要条件。然而随着孩子一天天长大，他们就要试着自己去做一些力所能及的事，如洗手、吃饭、穿衣服、整理玩具等。再大一些，他们还要学会自己洗衣服、收拾房间，或者帮助爸爸妈妈做一些力所能及的家务等。

但是，也有这样一些孩子，他们做什么事都显得能力不足。比如在写作业时，很多家庭中都会出现"不写作业母慈子孝，一写作业鸡飞狗跳"的现象，父母在一旁卖力地教，孩子却什么都听不懂，更不要说顺利地写完作业了！这时，一些父母就会压抑不住自己的怒火，对孩子大发雷霆：

> "我都讲这么清楚了，你怎么还不懂？"
> "你到底有没有听我讲啊？这还不明白吗？"
> "你怎么这么笨，这还听不懂吗？"
> "你是想直接把我气死吧，你写的这是什么啊！"
> ……

这些情形，不少父母都不陌生吧？

除此之外，还有些孩子，在做其他事时也经常搞砸。比如，与同学交往时畏畏缩缩，不敢主动；交给他一件事，如果不是手把手教他做，他就说不会、做不好。这时，一些父母也会感到很"崩溃"，大声批评孩子：

> "我都教你好几遍了，你怎么还不会？"
> "你是不是就想把我气死？"

> "你脑子里到底在想什么？我都教了五遍了,你还不会!"
> ……

孩子的这些表现确实会让父母比较操心,甚至会令父母产生严重的挫败感,似乎怎么教都教不会孩子,也帮不上孩子的忙。到底该怎么办,才能解决孩子的这些问题呢?

实际上,如果你的孩子也有类似的表现,那只能说与他们的真实动机有关。比如写作业,我们都知道,这是孩子自己的事,不管作业有多少、题目有多难,他都必须要完成。而父母一参与进来情况就变了,有些父母嫌弃孩子写得慢,就会自己上手帮孩子写。渐渐地,孩子就会出现依赖心理,反正有爸爸妈妈帮忙,我根本不需要写那么快嘛!这种惰性一旦形成,不管是写作业还是做其他事,孩子都会出现惯性无能现象,事事都想依靠父母,等着父母来帮忙。在这种情况下,你想只通过几句批评来改变孩子,几乎是不可能的。但如果不及时纠正,反而可能让孩子形成依赖型人格,这时想再纠正就更难了。

那么,我们应该如何纠正孩子的这一动机呢?

1. 在有效批评的同时学会放手,让孩子自己承担后果

有些父母面对孩子的依赖,一边愤怒地斥责着孩子,一边又伸手帮助孩子,这种做法很不可取,因为你的批评、斥责会让孩子越来越觉得自己是无能的,做什么事都是不行的,同时又在接受着你的帮助,变得越来越依赖。

与其如此,我们不如在跟孩子沟通后,放手把孩子的事情交给孩子来做,并且让他自己承担后果。当然,在放手前,我们还是应该对孩子之前的行为给予适当批评,让孩子认识到自己的问题,比如这样跟孩子说:

第四章 有效批评：了解孩子的心理特征，破解孩子的怪异言行

> "妈妈发现，你太过于依赖我们了，其实这都是你自己的事情，理应你自己来负责。"
>
> "太依赖爸爸妈妈，你的能力就永远不能提升，所以从今天起，这些事情就由你自己来做。爸爸妈妈相信你，只要努力、认真，你就能做好。"
>
> ……

说完后，就把事情交给孩子自己做。比如，没有了父母的帮助，孩子写作业会写到很晚，第二天可能会因为起床晚而迟到，甚至会被老师批评。这时他就会记住教训，慢慢就知道要尽快写完作业睡觉了。

这里需要注意的是，放手让孩子自己做事，让孩子自己承担后果，并不等于让孩子的处境雪上加霜。孩子熬夜学习，还要早起上学，已经够痛苦了，这时如果你还喋喋不休地批评孩子：

> "活该，早就说让你快点写，就是不听！"
>
> "天天迷迷糊糊的，哪像个能读好书的样子！"
>
> "看你记不记住教训，干什么都拖拖拉拉的！"

这些话反而更容易激发孩子的反抗情绪，甚至让孩子因此而自暴自弃。

2. 接受孩子在某些方面的不足，不要事事苛责孩子

当然，有时孩子不能按时完成作业，或者做不好一些事情，既有可能是依赖心理作祟，但也可能确实是能力达不到，比如跟不上学习进度、没有掌握做事的方法等。这时父母仍然坚持让孩子自己承担后果，孩子就可能一直跟不上学习进度、一直做不好事情，最后更加焦虑、退缩。

面对这种情况，父母就要先弄清楚孩子到底是犯懒，还是确实存在

某些不足。如果是孩子能力所限，那就要接纳孩子的这些不足，不要不断地批评、指责孩子，而是慢慢引导孩子，给孩子学习和成长的时间。

3. 鼓励孩子去勇敢尝试，逐渐培养孩子面对挑战的勇气和信心

要帮助孩子克服某方面的能力不足，父母就要多花些精力在孩子身上了。比如，孩子不敢跟陌生人说话，你要做的不是指责他"胆小鬼""真没用"，而是陪他先慢慢跟熟悉的人说话、交流。当孩子能主动跟熟悉的人沟通时，再鼓励他跟不太熟悉的人去交流，以此慢慢培养孩子面对挑战的勇气和信心。

同时，父母还要对孩子表现出来的一点点进步给予及时的表扬，鼓励孩子再接再厉，不断提升孩子的自我价值和独立性，这也是帮助在某些方面表现不足的孩子的有效途径。

4.6 用建设性的批评代替破坏性的批评

孩子的自尊心是与生俱来的，这本来就是人的一种天性。有些时候，孩子缠着父母说话、喜欢在别人面前表现自己，喜欢听到父母或别人的表扬，这些都是自尊心与自我意识的表现。如果我们不了解孩子的这种与生俱来的意识，不尊重孩子的内心感受，一旦发现孩子有让自己不满意的地方，就过度责骂孩子，往往会令孩子无所适从，甚至心生恐惧、怨恨，既破坏了孩子的主动性和积极性，又伤害了孩子的自信心和自尊心。

美国的儿童心理学家就曾经对父母不当的批评对孩子的成长和人格影响做过深入研究，结果发现，在批评孩子时，父母使用具有破坏性的语言会严重伤害孩子的自尊心，这些语言包括使用难听的字眼责骂孩子，或用侮辱、压制、强迫、威胁、挖苦等过激的语言来批评孩子等；并且研究还发现，父母在气急败坏时，很容易控制不住自己的情绪，对孩子说出各种破坏性的话语，比如：

第四章 有效批评：了解孩子的心理特征，破解孩子的怪异言行

> "你怎么这么没用，这点儿小事都做不好！"
> "我真不明白，你怎么能做这样的蠢事！"
> "跟你说过多少次了，不要再犯这样的错误，你怎么就记不住，没脑子吗？"
> "动不动就哭，哭能解决问题吗？没出息！"
> ……

父母的这样一句不经意的批评，可能会在孩子幼小的心灵上刻下伤痕。而事实上，孩子能够主动接受批评，积极地改正错误，并不是因为他受到父母的批评、自尊心受到了损害，而是因为他们自己被父母关注、被父母期许，他认为自己是重要的、是有希望的，所以才愿意朝着好的方向去发展。

那么，当孩子出现不当行为后，我们该怎样批评孩子，才既不会伤害到孩子的自尊心，又能让批评有效呢？

我们先来对比一下下面两段对话：

孩子：妈妈，我还想再买个玩具。
妈妈：你怎么还要买玩具？上周不是刚给你买了乐高吗？天天就知道买玩具，从来没见你学习有这么积极过！
孩子：可是，那个乐高我已经不喜欢了……
妈妈：那也不买！学习不认真，还要买玩具，没见过你这么不听话的孩子！

在这段对话中，妈妈因为孩子要买玩具而批评了孩子，但批评的却是孩子的缺点甚至人格，称孩子学习不积极、不认真，就知道买玩具，这其实就是一种破坏性的批评。如果经常用这种语言批评孩子，孩子

即使犯了错，也不会因此而引发任何思考，反而可能认为自己的品质有问题，"不认真""不积极""不听话"，并且是无法改变的。经常处于这种"否定"环境下，孩子就会逐渐对自己丧失信心，产生不安、自卑、焦虑等情绪。

反之，如果这位妈妈这样与孩子沟通：

孩子：妈妈，我还想再买个玩具。

妈妈：还要买玩具？嗯，玩具很好玩，我也喜欢玩。不过你上周才买的乐高吧，我记得你说要给我拼个火车呢，等你拼出多个模型后，我们再考虑买新玩具好不好？

我们批评孩子，不是为了发泄自己的情绪，而是为了让孩子认识到自己的错误，继而改正错误。所以在批评孩子时，一定要让孩子知道自己错在哪里，并且引导他向着更积极的方向前进。这就是建设性的批评。

由此可见，用建设性的批评代替破坏性的批评，不仅能帮助孩子及时认识到自己的错误，反思自己的行为，还能让孩子在父母的建议下积极修正自我、完善自我，朝着更好的方向成长。

那么，在面对孩子的错误时，父母该怎样运用建设性的批评呢？

1. 对事不对人，不要伤害孩子的自尊

无论在任何时候，父母在批评孩子时都要只对事不对人，不要用伤害孩子自尊心的言语，如"蠢""笨""没出息"等，这只会令孩子的表现越来越糟糕。心理学家研究发现，虽然认可"痛苦"会令人改变，但长期的"痛苦"只会让人想要抗拒、逃离，一些极端的人甚至会因此而堕落、放弃自己。这也是很多父母心里常有的疑惑：为什么孩子小时候骂他几句管用，久而久之或孩子长大些后，再骂他就没效果了呢？那是因为违背人性需求的暴力沟通方式，都不会长久地发挥作用。

说到这，有些父母可能觉得，孩子犯错时，不把孩子骂彻底点，他就记不住教训，以后还会再犯。其实并非如此，让孩子改正错误的从来不是

第四章　有效批评：了解孩子的心理特征，破解孩子的怪异言行

父母的严厉批评，而是孩子知道怎样做才是正确的、才是父母所期待的。

比如，孩子考试没考好，你大骂孩子一顿，孩子并不一定因此就好好学习，反而可能自暴自弃。相反，如果你换个方式对孩子说：

> "你这次考试数学确实没考好，但我看了你的语文和英语考得都不错。我想，如果接下来你能把精力稍微放一些在学习数学上，我相信下次你的数学也会取得好成绩。"
>
> "我们一起来分析一下，你的数学没考好的原因是什么？找到原因，我们就知道怎么学习更有效了。"

相信我们这样只针对事情本身来与孩子沟通时，孩子也更愿意虚心地接受我们的建议。这要比你劈头盖脸地批评孩子一通更有效果。

2. 批评时态度要明确，并表示给予孩子改正的机会

我们常说，在表扬孩子时，一定要表扬具体的事情，而不是只会说"你真棒""你真厉害"。批评也是如此，一定要明确地告诉孩子我们在批评他什么，以及为什么会批评他，让孩子清楚地知道自己到底哪些地方做错了。

比如，孩子放学后没有及时回家，而是偷偷跟同学出去喝酒了，这时父母肯定会很生气，但我们一定要明确告诉孩子：

> "你放学没有及时回家，偷偷跑出去跟同学喝酒，这样的行为让我们很生气，我们很担心你。而且喝酒会伤害你的身体，这也令我们很担心。"

建设性批评的最终目的，是要让孩子认识到自己的错误，并且改正错误，所以在批评之后，我们还要给予孩子改正错误的机会，比如这样对孩子说：

"爸爸妈妈相信你可以调整好自己,下次不再犯这样的错误。"

"我相信你也知道自己这样做不对,但我更相信你能改正错误,不再重犯。"

以上的沟通方式,不但不会破坏与孩子之间的亲子关系,对于孩子的成长也能起到积极的、正向的促进作用。与此同时,再为孩子提供一些建设性和指导性的建议,可以让孩子更切实地发现自己的不足,进而弥补错误。这样一来,孩子才会向着更加积极的方向成长和发展。

4.7 巧妙地拒绝孩子的无理要求

现在,很多家庭中的孩子都是独生子女,从小几乎是要风得风、要雨得雨。孩子小时候还好说,毕竟比较容易"糊弄"。而随着孩子的逐渐长大,他们的要求也变得越来越多,有时一旦父母不能满足或不想满足,孩子就可能各种不满意、闹情绪。所以我们也经常会在网上或各类新闻中看到这样的事件:孩子想要名牌衣服、名牌鞋子,父母无法满足,孩子就对着父母大喊大叫;孩子想要什么,父母没答应,批评了孩子几句,孩子就要离家出走,甚至闹着要跳楼……

网上有一位妈妈向网友求助:

她儿子今年15岁,学习等各方面表现都不错。但上高中后,孩子说同学都有苹果手机,自己也想要一个,说可以在上面上辅导课、上网课等。妈妈觉得,普通的手机就能满足这些需求,但孩子执意要苹果手机,说其他同学都是苹果手机。禁不住儿

第四章　有效批评：了解孩子的心理特征，破解孩子的怪异言行

子的软磨硬泡，妈妈只好给他买了一部苹果手机。

然而拿到手机后，儿子并没有按照他之前说的那样，利用手机学习，而是下了很多游戏，每天放学回来就扎到房间里玩游戏，成绩直线下降。

妈妈很生气，就没收了儿子的手机，还批评了他几句，没想到儿子竟然以绝食、不上学、不学习等行为威胁妈妈。这下这位妈妈急坏了，不知道该怎么办了。

实际上，当孩子向妈妈提出要买一部苹果手机时，妈妈的处理方式就错了，她没有仔细与孩子沟通手机的用处，以及如何安排使用手机的时间，导致孩子拿到手机后完全沉溺于游戏之中。当孩子成绩下降后，妈妈又直接以批评孩子、没收手机的粗暴方式处理问题，结果引起了孩子的反抗情绪，导致事情无法收场。

这种情况在很多家庭中都存在，比如妈妈带着孩子到超市购物，孩子被货架上的一个新颖的玩具吸引住了，于是就会有类似下面的对话：

妈妈："你家里已经有这样的玩具了，不要再买了。"
孩子："不行不行，这个跟我那个不一样，我就要买！"
妈妈："可这个跟你那个并没有什么太大差别呀，玩法也差不多，买了没什么意义！"
孩子："不嘛,我就要买！求你了妈妈，给我买一个吧！"
妈妈："不买，都有那么多玩具了，还要买！你怎么这么不听话呢！"
孩子："那你不给我买，我就不走了！"（接着孩子就开始撒泼耍赖）
妈妈："好吧好吧，给你买还不行吗？但就这一次啊，下次不能再这样了！"

当然，面对哭闹、耍赖的孩子，妈妈十分愤怒，也可能大声批评孩子一通，然后拖着孩子离开超市……

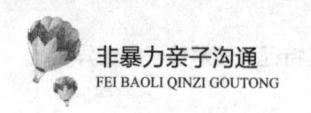

孩子的这些无理要求,大多数父母肯定都经历过。如果满足了孩子,可能会令孩子得寸进尺,以后想达到什么目的就跟父母哭闹耍赖;如果直接拒绝孩子,并批评孩子一通,又可能会导致亲子之间的矛盾激化,此后再也难以顺畅地沟通。

那么,面对孩子提出的要求,父母到底该怎样跟孩子沟通,才能既不会伤害亲子关系,又能让孩子愉快接受呢?

1. 判断孩子的要求是不是合理

著名心理学家李子勋曾说,孩子的需求一般都集中在三个方面:陪伴、探索和确认自己的重要性。所以,当孩子提出一个需求时,我们就可以通过这三个方面来判断,弄清孩子的需求到底属于哪一种。

比如,当家里来客人时,孩子大喊大叫,那么孩子很可能是希望得到你的关注和陪伴,希望你把注意力放在他身上。这时如果你大声批评孩子,孩子就会很受伤。相反,如果你告诉孩子:

> "爸爸知道,你是希望爸爸陪你,不过现在爸爸有客人,你这样大喊大叫有些不礼貌哦!等爸爸跟客人说完话,就陪你玩游戏好不好?"

当你这样耐心地向孩子解释后,孩子就会明白,他这样做已经影响到了别人,要学会考虑别人的感受,同时他也得到了爸爸的关注,心理获得了满足,自然就不再吵闹了。

2. 用"可以"代替"不"

有时候,当孩子满怀希望地向父母提出了一个要求,比如:

> "爸爸,我想学滑冰。"
> "妈妈,我想周日跟同学一起去爬山。"

如果父母认为孩子的要求是不合理的,可能就会一口拒绝,甚至

第四章 有效批评：了解孩子的心理特征，破解孩子的怪异言行

还批评孩子瞎胡闹，如：

> "不行！学什么滑冰，功课那么紧，学那玩意儿有什么用？考学能加分吗？瞎胡闹！"
>
> "爬什么山？周末我们要一起去看爷爷奶奶呢！我已经跟爷爷奶奶说好了。"

这就会令孩子很受伤，让孩子从满怀希望一下子跌入失望里，此时他的第一个反应就是：不接受。接下来可能就是反抗，采取各种各样的方式向父母提出抗议。

儿童心理学家指出，如果父母频繁地对孩子说"不"，同时批评、嘲讽、指责孩子提出的要求，是一种最不恰当的拒绝方式。这会让孩子感觉自己被父母拒之门外了，内心会非常委屈甚至愤怒。

怎样才不会让孩子产生这种感觉呢？最好的方法就是用"可以"代替"不"。说到这，有的父母可能会很不解：不是应该拒绝吗？怎么还能说"可以"呢？

说"可以"，其实就相当于先给孩子一个期盼，用委婉而不是直接批评、否定的方式来拒绝孩子的要求。比如，你可以这样对孩子说：

> "想学滑冰？这个想法不错。不过你现在学习这么紧张，滑冰会占用你很多时间哦，我建议你最好先把学习搞上去再考虑滑冰，你觉得呢？"
>
> "要去爬山呀？可是爷爷奶奶老早就说想你了，你不去的话，他们肯定会失望的。要不，下周再去爬山？"

通过这样的沟通，孩子听到的就不是父母的直接拒绝，而是同意了他的要求，只是他要实现这个要求，还需要先做一些其他事情。这样一来，孩子就获得了一个缓冲的时间，心里也会比较容易接受父母的建议，先做好眼前更重要的事，而暂时放下自己提出的要求。

第五章

订立规矩：

父母会说话，孩子才更愿意遵守规矩

孩子就像一棵稚嫩的小树苗，在成长过程中，需要父母的爱、照顾、欣赏、信任。但同时，一棵小树苗要长成参天大树，还需要不断地对其进行修修剪剪，使其不会长歪长偏。孩子也是如此，父母只有尽早为孩子订立规矩，规范孩子的言行，才能让孩子成长得更优秀。但是，为孩子立规矩也是个"技术活"，需要父母掌握正确的沟通方法。只有父母会说话、说对话，孩子才更愿意遵守规矩，从而养成良好的习惯和优秀的品格。

第五章 订立规矩：父母会说话，孩子才更愿意遵守规矩

5.1 规矩不是为了控制孩子，而是为了赢得合作

俗话说，没有规矩，不成方圆。在生活中，很多父母都想给孩子订立规矩，让孩子因此而变得懂事、听话。于是，父母就给孩子订立了各种各样的规矩，并且不断耳提面命地告诉孩子：

> "在马路上走路要小心，不要乱跑！"
> "在学校里不能跟小朋友打架！"
> "没有经过爸爸妈妈允许，不能随便拿爸爸妈妈的东西。"
> "要有礼貌，见了家里的亲戚、朋友要主动说'你好'，离开时要说'再见'。"
> "每天放学回家必须先写作业，写完后才能玩。"
> "在班级里学习成绩要保持前五名，否则就给予相应惩罚。"
> "一个月只能买一次玩具，如果不听话，就一次都不买。"
> ……

总之，几乎每件事都可以列出规矩，要求孩子遵守。如果孩子学会了遵守现在的规矩，父母马上又会列出十几条新的规矩出来。

可是父母渐渐就会发现，这些规矩并没有让孩子因此而变得听话、懂事，相反，孩子却越来越表现出逆反情绪，不想遵守规矩，甚至故意破坏规矩。为什么会出现这样的情况呢？

因为这些规矩让孩子产生了一种被束缚的感觉，让孩子感觉不自由，进而就会抵触这些条条框框，不听父母的话也就在情理之中了。

实际上，父母这样做完全理解错了规矩对于孩子的意义，把规矩当成了控制孩子的一种手段。我们为孩子立规矩，既不应该是为了控制孩子，让孩子听话，成为"乖宝宝"，也不应该是为了满足父母的

期望和高要求,而应该是为了更理性地爱孩子,赢得孩子的合作。所以,规矩应该是为了让孩子变得更优秀,而不应该成为孩子的负担,甚至扭曲孩子的个性,培养出性格畸形的孩子。

> 有一位妈妈,出于担心和爱护女儿,便经常在自己13岁的女儿面前念叨:"少跟男孩子来往,要好好学习!"女儿每天不胜其烦。
>
> 一天,几个同学约女儿一起出去爬山,其中也有两名男同学。妈妈见了,就阻止女儿跟同学一起去,还当着同学的面狠狠数落了女儿一通,几个同学也尴尬地离开了。这让女儿的自尊心受到了极大伤害。她大声地对妈妈喊道:"你不就是不让我好过吗?不让我跟男同学来往吗?我偏要跟他们来往!我就是要让你生气,就是不好好读书,就是要把你的钱都花光!"

父母的担心和焦虑是可以理解的,但为孩子立规矩必须以不控制孩子的个性和自由成长为前提。否则,就会让孩子内心产生深深的无助与痛苦,引发孩子强烈的抵触心理。

美国作家卡尔·罗杰斯在《论人的成长》一书中写道:"生命的过程,就是做自己、成为自己的过程。"理性的父母在为孩子订立规矩时,一定不会在不与孩子沟通的前提下,就直接无情地下命令,要求孩子遵守,而是懂得满足孩子情感需求,慢慢引导孩子理解规矩的意义,从而调动孩子的内在动力,自觉地遵守规矩,成为一个勇敢独立的人。

所以,父母在为孩子订立规矩前,一定要明白下面几点:

1. 立规矩要以尊重孩子为前提

一个人的心灵世界,是要靠自尊来支撑的。孩子虽然年纪小,但同样有自尊,所以在为孩子订立规矩时,一定要尽量避免下面的话语:

第五章 订立规矩：父母会说话，孩子才更愿意遵守规矩

> "我是大人，你是孩子，你听我的就行了！"
> "小孩子懂什么，乖乖听话就行了！"
> "你不能提要求，你只能听我的，我说了算！"
> "我让你几点睡觉，你就得几点睡觉，不要跟我讲条件！"
> ……

这样不尊重孩子、不考虑孩子的感受和想法地为孩子立规矩，只会压制孩子的自我驱动力，让孩子对规矩充满抵触情绪，规矩也很难真正发挥效用。

2. 规矩从来都不是惩罚

为了让孩子更听话、更服从自己，有些父母把立规矩当成是对孩子的惩罚，比如这样对孩子说：

> "我们来立个规矩，只要看电视超过了时间，就一周都不允许看电视。"
> "只要作业写错一道题，就要把作业写十遍！"
> "如果让我发现你又玩手机，你这周出去玩的计划就取消。"
> ……

面对这样的"规矩"，孩子首先想的通常不是如何遵守，而是怎样才能避免惩罚。很显然，要避免惩罚的方式肯定不只要遵守规矩，还有违反规矩时怎样才能不被父母发现。面对这两种选择，你认为孩子更倾向哪种做法呢？回想一下我们自己小时候，当我们想做一件父母不允许做的事情时，我们都是如何做的？多数人应该都是偷偷去做的吧？

所以说，要想让规矩真正发挥效用，我们就不能把立规矩当成是

107

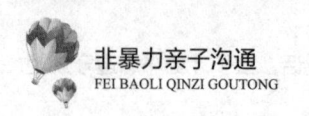

对孩子的惩罚，而应该是一种奖励，比如这样对孩子说：

> "今天按时关掉电视，周末就能多看十分钟的电视哦！"
> "如果今天作业都写对了，就可以多玩十分钟游戏。怎么样，是不是很期待？"
> "如果可以连续三天不玩手机，周末就可以多玩半小时哦！"
> ……

用这样的话语与孩子沟通，"按时关掉电视""写对作业""不玩手机"就成了孩子所关注的目标，因为达成后有奖励。这样，孩子就会把更多的心思花在如何遵守规矩上。

3.让孩子理解订立规矩的意义

在为孩子订立规矩时，我们必须让孩子明白，订立规矩是为了帮助孩子更快乐、更高效，而不是为了束缚他、控制他，这是规矩有效实施的前提。所以，不管我们要为孩子订立什么样的规矩，都必须让孩子理解规矩的意义，也就是遵守规矩能给他带来什么样的正向结果。

比如，你要给孩子订立吃饭的规矩，如吃饭时必须坐在餐桌上吃、不能边玩边吃、不能挑食偏食等，这时就可以告诉孩子：

> "我们是一家人，所以你也应该跟爸爸妈妈一起坐在餐桌上吃饭。"
> "如果一边玩一边吃的话，饭菜就凉了，这样吃下去可能会让你肚子疼。"
> "挑食或者偏食的话，身体就不能吸收充分的营养，就很容易生病，不能长得健康、强壮！"
> ……

第五章 订立规矩：父母会说话，孩子才更愿意遵守规矩

孩子都是很聪明的，当他们知道这个规矩对自己有好处后，也会很愿意朝着父母期待的方向努力。这时父母要做的，就是适当引导孩子，在孩子不能很好地遵守规矩时，给予孩子适当的提醒，帮助孩子更好地遵守规矩。

总而言之，孩子的很多好习惯、好教养通常都得益于好的规矩，而好的规矩一定不是控制孩子、束缚孩子，而是建立在尊重孩子身心发展和个体特点的前提之下，激发孩子内驱力，让孩子愿意主动去遵守和实施的规矩。也只有这样的规矩，才能真正助力孩子的成长，赢得孩子的合作，让孩子成为最好的自己。

5.2 先沟通情绪，再沟通规矩

很多父母在给孩子立规矩时，都存在这样一个误区，认为只要自己跟孩子好好说说，孩子就能听明白，规矩就能马上订立起来。然而当自己跟孩子说完之后，孩子看似听明白了，可真到了要他们遵守规矩时，却发现孩子根本不会主动遵守，甚至还刻意破坏规矩。于是，一部分父母就开始训斥孩子：

> "不是跟你说了吗？这个不能买！"
> "你怎么这么不听话？咱们不是说好了嘛，这个任务必须今天完成！"
> "你说话怎么不算数呢？这可不是好孩子！"

还有一部分父母，则会在孩子的软磨硬泡下，自己先破坏了规矩，对孩子的不遵守规矩行为妥协了。

曾经有一档综艺节目《妈妈是超人》，其中演员马雅舒与女儿米娅之间就经常发生立规矩、破坏规矩，再立规矩、再破坏规矩的行为。

比如有一次，米娅想吃冰激凌，马雅舒认为女儿感冒刚好，就告诉米娅，现在不能吃冰激凌，因为她的感冒还未痊愈。但是，米娅却根本不听妈妈的话，开始躺在地上又哭又闹。马雅舒无奈，只好同意带米娅去超市买冰激凌。

还有一次，米娅跟妈妈去菜市场，看到有卖面包的，就要买来吃。马雅舒告诉米娅，她刚刚才吃过蛋糕，不能再吃甜食了，所以就不能再买面包了。同样的戏码，米娅再次哭闹起来，马雅舒再次妥协。

以上两类父母在为孩子立规矩时，通常都是很难成功的。要想让规矩发挥效用，就必须让孩子把父母的话真正听到心里去，继而激发自己的思考能力，将规矩内化入心里，这样他们才会把合理的规矩内化为自己主动遵守的规则。

但是，当孩子出现难过、愤怒、焦虑、委屈等情绪时，你再给他们提要求、立规矩，他们是根本听不进去的，也不可能心甘情愿地遵守。因为此时他们所关注的只有自己的情绪，而不是你提出的要求和规矩。

由此可见，要想让孩子能够听进去你提的要求，能够主动遵守规矩，你就要先通过恰当的方式处理好孩子的情绪问题。只有孩子的情绪调节好了，那么沟通之门自然就打开了。这时，你再向孩子提要求、提建议，孩子才有可能愿意接受。

所以，在与孩子沟通规矩之前，父母需要这样做：

1. 无条件地接纳孩子的情绪

父母在给孩子立规矩前必须明白一点，没有人是完美的，孩子更不可能完美。在成长的道路上，他们一定会犯各种各样的错误，也会有各种各样的情绪。我们不要期待孩子能永远不犯错，能永远表现出色，能完美地遵守规则，这是不可能的。

第五章 订立规矩：父母会说话，孩子才更愿意遵守规矩

所以，我们会看到，孩子会因为得不到新玩具而大哭大闹，会因为父母不允许他们看电视、玩手机而撒泼耍赖，会因为父母不让他们吃零食而闹着不肯吃饭……尤其是在一些公共场合，众目睽睽之下，孩子的这些行为会令父母感觉颜面尽失，迫切地想要马上给孩子立规矩，制止他们的行为。于是，我们经常会在一些公共场合看到父母大声斥责哭闹的孩子：

> "你简直丢死人了，还不赶快给我起来，说不买就不买！"
> "你还有完没完？哭，哭，哭，哭也不买零食吃！"
> "这孩子真是太难管教了！真想狠狠揍他一顿！"
> "你再哭起来没完，我就不要你了！"
> ……

实际上，这样的话语除了加重孩子的负面情绪外，并不能让孩子真的懂得遵守规则。相反，如果我们能理解并接纳孩子的情绪，明白孩子想要某种东西而得不到，内心其实是很难过、很痛苦的时候，就不会对着孩子大吼大叫，斥责他们"不听话""不懂事"了。这时，我们应该这样对孩子说：

> "妈妈知道，那个玩具很吸引你，你得不到它心里很难过。"
> "你很想吃零食对吗？我理解的。"
> "你哭得很伤心，我知道你很难过。"
> "让我来抱抱你吧，你看起来很不开心。"
> ……

这其实就是与孩子共情，通过抱抱他、拍拍他的方式，让他知道

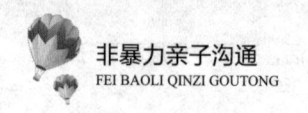

你很理解他。等孩子的情绪慢慢平复下来之后,你再与孩子沟通规矩的问题,就会容易得多了。

2. 有原则地面对孩子的行为

接纳了孩子的情绪后,是不是表示我们也要接纳孩子违反规矩的行为呢?

当然不是。

接纳,是为了更有效地为孩子立规矩,让孩子遵守规矩,懂得哪些事情可以做,哪些事情不可以做。我们可以无条件地接纳孩子的情绪,但一定要有原则地面对孩子的行为,如果是违反规矩的事,不管孩子如何哭闹,我们都要坚持原则。

> 著名心理学教授李玫瑾曾在网上分享过自己和女儿之间的一件事:
>
> 有一次,李玫瑾的女儿提出要买一个比较贵的玩具,但李玫瑾觉得女儿的玩具已经够多了,况且这个玩具也不在她们的规划之内,于是就拒绝了。结果,女儿立马哭闹起来,甚至以不吃饭来要挟妈妈。
>
> 但是,李玫瑾始终没有妥协,她就陪在女儿身边,看着女儿躺在床上哭闹,偶尔帮女儿擦一下脸上的泪水。最后,女儿哭得筋疲力尽,发现妈妈的态度仍然很坚决,才停止了哭闹,并且也不再提买玩具的事了。

每一位父母都希望自己的孩子开心、快乐,但如果孩子的开心和快乐是以不断破坏规矩来换取的,那就得不偿失了。这个世界上本来就有很多规矩需要遵守,如果孩子不能从小就懂得控制自己的需求,约束自己的行为,学会遵守规矩,那么长大后就可能遭受更大的挫折。

所以,父母坚决地执行规矩,看似对孩子狠心、残忍,其实却是在用实际行动教孩子懂得规矩的重要性,以及违反规矩后的行为后果,从而让孩子知道如何做出正确的决定。

第五章 订立规矩：父母会说话，孩子才更愿意遵守规矩

5.3 规矩不能只针对一时一事

大多数父母都知道给孩子立规矩的重要性，为了规范孩子的言行，会很积极地给孩子订立规矩。可是他们发现，自己立的这些"规矩"不但没有让孩子变得更有规则，反而引起了孩子的不满和抵触情绪，亲子关系也出现了不和谐。有的父母还形容说，自己跟孩子说话，就像是两个对立国在进行双边谈判一样，总也谈不拢。

其实，孩子从内心深处并不想跟父母对着干，之所以出现这样的状况，背后一定是有原因的。父母与其不停地抱怨孩子的抵触情绪，不如认真找一找孩子抵触的原因。

> 一位妈妈讲述了这样一件事：
> 有一天，她在电脑中找出了几年前一家人出去玩时录的视频。视频中，女儿一边吹着泡泡，一边开心地在草地上奔跑，先生在一旁和女儿一起抓泡泡，一家人沉浸在一片欢声笑语之中。
> 但看着看着，她就发现了不和谐的地方，因为视频中除了家人的欢声笑语外，还有自己各种不和谐的说教，如：

> "你慢一点，别绊倒了！"
> "你不可以用手抓泡泡，那个泡泡液有毒的，你要记住这个！"
> "你不要动那些草，那里面会有虫子！"
> ……

> 过了一会儿，女儿可能饿了，过来找妈妈要吃的，她的说教又开始了：

113

> "你不能吃这个,这个对你的牙齿不好!"
> "你吃东西时必须先洗手,你还没有洗手,不可以吃!"
> "你不能喝饮料,要喝水!"……

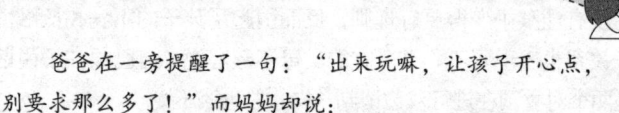

爸爸在一旁提醒了一句:"出来玩嘛,让孩子开心点,别要求那么多了!"而妈妈却说:

> "那怎么行?我这是在给她立规矩,得遵守!"……

当女儿听到妈妈的这些话时,总会嘟起嘴,很不开心。而现在看来,她觉得自己当时真的很"烦人"。

在管教孩子时,我们经常觉得自己是正确的,尤其发现孩子有问题时,就想马上订立一个规矩让孩子遵守,而不考虑孩子出现这个问题背后的原因,更不考虑这个规矩是不是有利于孩子长期的成长和发展。这样订立的规矩除了束缚孩子、让孩子反感外,并不能对孩子的成长有任何帮助。

既然规矩是为了规范孩子的言行,让孩子越来越好,那么规矩就一定是个能够在生活中长期坚持的原则,而不是父母的一时兴起,或者只针对一时一事来为孩子立规矩。这样的规矩不但孩子难以遵守,时间长了,可能连父母自己都忘记自己当时给孩子立过哪些规矩了。

所以,我们在给孩子立规矩时,一定要先对孩子进行整体的评估,确定孩子在当下的年龄段都能做什么、不能做什么,同时还要与孩子讨论立规矩的计划,再根据孩子的年龄和成长特征来立规矩,尽量避免下面几种立规矩的方式:

第五章　订立规矩：父母会说话，孩子才更愿意遵守规矩

1. 凭借情绪立规矩

有些父母一看到孩子不听话、不乖，或者自己心情不好，孩子的行为影响到了自己，立刻就给孩子立规矩，比如：

> "再哭的话，今天晚饭就不许吃了！"
> "你怎么还闹起来没完没了？明天的活动取消！"
> "没看到我正忙着呢吗？再来捣乱，就去外面站半小时！"
> "你怎么还在看电视？故意吵我是吧？把电视关掉，三天内不许看！"
> ……

而当孩子听话、乖巧，或者父母心情好后，孩子再提什么要求，又会马上答应，早已把自己之前给孩子定的规矩抛到九霄云外了。

这种没有任何原则，只按照自己的情绪、喜好来给孩子立规矩的做法是完全错误的。因为这不但不能让孩子明白，他为什么不能做一些事，同时还会让孩子对父母产生不信任感，不知道父母的话哪句是真的、哪句是假的。这不是规矩，是对孩子的惩罚。

2. 想起一件事，就立一个规矩

有些父母就像案例中那位妈妈一样，发现孩子一个问题，就立一个规矩让孩子遵守。实际上，规矩太多，或者没有持续性，都是形同虚设，根本不利于执行，孩子也很难做到每个规矩都遵守，这样就容易导致孩子的内心出现混乱：今天遵守一个规矩，过几天没遵守，妈妈也没提出异议，但又提出了一个新规矩……到底哪些该遵守、哪些不该遵守呢？孩子弄不清。久而久之，孩子做事就可能畏手畏脚，既怕自己违反了某个规矩被妈妈批评，又怕妈妈再给自己立新规矩。很显然，这是不利于孩子成长的。

3. 执行规矩缺乏一致性

有效的规矩一定要具有一致性，这样孩子才能知道哪些事是该做

的、哪些是不该做的。但是，很多父母要做到一致性非常难，可能无形之中，就使给孩子所立的规矩在执行时出现了不一致性。

比如，孩子不小心打破了一个普通的花瓶，父母可能会马上关切地说：

> "没关系，宝贝，手有没有受伤？"
> "不碍事，下次要小心些就行了！"

但如果孩子不小心打破了一个昂贵的花瓶，父母的话风可能就变成这样了：

> "你看看你，干什么都毛手毛脚的，笨死了！"
> "你怎么这么不小心？你知道这个花瓶多贵吗！晚上不要吃饭了，去一边罚站去！"

不管孩子打破的是普通花瓶还是昂贵的花瓶，孩子的行为动机可能都没有差别，但父母对待两件事截然不同的态度就会让孩子感到困惑，尤其是年幼的孩子更难理解。在这种情况下，孩子对规矩就会产生认知混乱。

由此可见，给孩子立规矩并非看到孩子有表现不好的地方，就随时随地口头说出来让孩子遵守，也不是凭自己一时兴起就随便列出几点让孩子遵守。在立规矩时，要尽可能地考虑周全，避免规矩出现漏洞，否则孩子不但不能很好地遵守，还可能成了束缚他们成长的枷锁。

第五章 订立规矩：父母会说话，孩子才更愿意遵守规矩

5.4 给孩子立规矩从来不是"单选题"

面对孩子时，很多父母都习惯性地"高孩子一等"，经常使用命令式的语气跟孩子说话，不断地"让"孩子去做各种事情，或者不断地"叫"孩子完成什么样的任务，比如这样对孩子说：

> "不许再看电视了！"
> "你要在5分钟之内穿好衣服！"
> "放学回家后必须先写作业，写完作业才能出去玩！"
> "去把你的房间收拾好！"
> "周末只能玩一上午，下午就要回来学习！"
> ……

面对类似这样单方面的"指令性规矩"，孩子是完全没有好感的，内心也不会愿意遵守，但由于无法反抗，只能忍着不爽的心情去做。试想一下，带着这样的情绪去学习或做事，他能快乐吗？而且因为这些事情违背了自己的意愿，一旦有机会或有能力反抗，他们立刻就会"揭竿而起"，不再遵守规矩。

比如，父母给孩子定下"放学后回家要先写作业"的规矩，看起来似乎没毛病，但从孩子的角度出发，他会觉得自己已经上了一天学，放学后很想玩一会儿再写作业，所以他内心深处是不情愿遵守这个规矩。然而又无法违背，只能硬着头皮去写作业，但由于内心很委屈，他在写作业时就可能表现得很糟糕。这时，父母为他订立的这条规矩可能就形同虚设了。

实际上，立规矩并不是父母单方面地下命令，爱孩子与立规矩也不是"单选题"。在立规矩时，父母应该让孩子参与到立规矩的过程中来，毕竟规矩是为孩子立的，孩子有权利知道他为什么要遵守这些规矩，

以及这些规矩会给他带来哪些变化等。而且，孩子积极参与其中还能增加他们的满足感和积极性，让他们感觉自己是被尊重、被认可的，从而在订立规矩后也更愿意积极主动地去遵守规矩。

当然，在给孩子立规矩过程中，要想让孩子理性地参与其中可能并不容易，父母还要从以下几方面多努力才行。

1. 事先告诉孩子，为他订立规矩的原因

没有一个孩子不喜欢自由自在的生活，也没有一个孩子喜欢被大人约束，而任何一个规矩从某种程度上来说对孩子都会有所束缚，孩子从心底也不太愿意接受这些规矩。

但是，规矩在孩子成长过程中起着极其重要的作用，它可以帮助孩子学会约束自己的言行，学会保护自己，懂得遵守各种社会规则，避免孩子以后走上弯路、歧路。

因此，在给孩子立规矩前，我们要耐心地与孩子沟通一下，帮助孩子理解什么是规矩、我们为什么都要遵守规矩等。比如，你可以这样跟孩子说：

> "每个人都要遵守规矩，规矩是对我们的一种保护。你看，我们在马路上为什么不能闯红灯呢？因为闯红灯很危险。这就是规矩给我们带来的安全感。"
>
> "有了规矩，我们就有了目标，学习时再也不会拖拖拉拉了，会更有动力。"
>
> "如果都不遵守规矩，那很多人就会做坏事，甚至犯罪，比如去抢不属于他的东西、买东西也不给钱，那我们的社会不就乱套了？我们还敢出门吗？"
>
> ……

就是用孩子能够理解的最简洁的语言让孩子明白，因为有规矩，人与人之间才有边界感，才会有安全感，所以规矩对他是一种帮助，而不是约束或惩罚。

2. 允许孩子提出意见,并参照孩子的意见来为他立规矩

人们都喜欢被需要、被重视的感觉,而厌烦被命令或者被支配,孩子也是如此。所以在为孩子立规矩时,我们要给孩子提出意见的机会,比如这样与孩子沟通:

> "你可以考虑一下,早晨你几点起床最合适,既能让你有时间吃早饭,又不会迟到?"
>
> "放学后,你想先玩还是先写作业?如果先玩的话,你觉得玩多久再写作业,可以把作业按时完成?"
>
> "周末你可以选择一天休息,你打算选择哪天?"
>
> "如果中间有其他事情耽误了学习,你打算怎样弥补呢?"
>
> "如果违反了这条规矩,你觉得什么样的惩罚你可以接受?"
>
> ……

通过上面的沟通,孩子就会有一种受尊重感,同时因为征得了他的同意,孩子在遵守时也更容易做好。

与此同时,我们还要告诉孩子,我们相信孩子可以很好地遵守这些规矩,并且不但他一个人要遵守,父母也会和他一起遵守。如此一来,孩子才会明白这些规矩是不能轻视、更不能讨价还价的。

3. 可以根据孩子的实际情况调整规矩

当你跟孩子讨论完所立的规矩后,孩子可能最初同意了所立规矩的内容,但到真正执行的时候,他忽然发现自己的某些利益被侵害了,这时孩子可能就会提出抗议。

比如,你和孩子原本规定是周末先写作业,写完后再去做其他事或出去玩,但某个周末他发现,自己的作业非常多,如果写完后再出去,

他原本计划好的事情可能就"泡汤"了,于是孩子就不想写作业了。

这时,你该怎么办?是继续让孩子执行规矩,还是破坏规矩?

实际上,这时我们可以先了解一下,孩子计划好的事情是什么、重要不重要。如果真的很重要,比如跟同学约好,一起去看望生病住院的同学;或者答应某个同学,要在几点钟去帮他补课;或者是跟老师约好几点要去干什么,等等,那么我们就可以适当调整规矩。但在调整前,我们要这样跟孩子说:

> "如果按你说的,这件事确实挺重要,那么你可以先写一半作业,等办完这件事后,再回来把作业写完。"
>
> "这件事确实不好推脱,我很理解。既然这样,那你今天可以'违规'一次,但以后再有类似的情况,你最好先把写作业的时间规划好。"

这其实等于是在告诉孩子,你很尊重他的想法,出现问题也可以共同商讨应对措施,由此让孩子明白,规矩并不是在处处管制孩子,而是在帮他更好地规划自己的生活和学习。

5.5 减少无效命令,多给实际建议

孩子在成长过程中,就像一棵稚嫩的小树苗,不仅需要爱、理解、关注,还需要经常进行修修剪剪,这样才能让他们健康、茁壮地成长。而给孩子立规矩,就像是在给小树修剪多余的枝叶,防止小树长歪长斜。只有让孩子生活在有规矩的爱当中,孩子才会成长得更优秀。

但是,在给孩子立规矩时,我们经常听到一些父母这样对孩子说:

第五章 订立规矩：父母会说话，孩子才更愿意遵守规矩

> "你要听话，不能这么淘气！"
> "不要捣乱，这样是不对的！"
> "你怎么这么没礼貌！再这样，我就要惩罚你了！"
> "你不能这么说话！这孩子怎么这么不懂事呢！"
> "我上班要迟到了，你赶快点！"
> ……

这些话很多父母都不陌生吧？但是，你觉得对孩子有效吗？

我们说这些话的目的，是为了让孩子停止不当的言行，是想让孩子像我们期望的那样乖巧、懂事、合作。然而，孩子对我们的这些话要么是一脸茫然、不知所措，要么是充耳不闻，依然我行我素。

孩子为什么会有这样的反应？

原因就在于，他们根本不知道到底该怎么做。爸爸妈妈让自己"听话"，到底要听什么话？不让自己"捣乱"，自己怎样做才算是在捣乱？说自己"没礼貌"，怎样才是有礼貌？说自己"不懂事"，怎样才是懂事？妈妈让自己"快点"，多快才算是快？如果自己一直不听话、没礼貌、不懂事，又会怎么样？……

总之，孩子不确定自己到底该听什么、该做什么，可是看到爸爸妈妈又很生气，甚至在吼自己了，这就让孩子感到很不安，于是也会变得不知所措，不知道自己该怎么做才对。

这就提醒父母们，在为孩子立规矩和执行规矩时，一定不要给孩子下这种无效的命令，而是多给予孩子一些实际的建议，让孩子知道自己做得到底对不对、怎样做才对。这样，孩子才知道自己该遵守哪些规矩，如果不守规矩会受到哪些惩罚。

那么，我们如何跟孩子沟通，才算是给予孩子实际建议呢？

1. 给孩子的信号一定要明确

由于年龄关系，孩子有时对我们的一些语言和指令并不理解，因

而也不能很好地遵守规矩。所以,当我们发现孩子不遵守规矩时,就要明确地指出他的哪些做法是错误的,以及孩子应该怎样做才是守规矩。比如,你要这样对孩子说:

> "你在椅子上跳上跳下很危险,现在停下来吧。"
> "排队时这样跑来跑去会影响到别人,现在站在自己的位置上。"
> "上车时这样挤别人是不礼貌的,如果下次你再这样,我就不再带你来坐车了。"
> "说小朋友是'笨蛋',这是很不礼貌的行为!现在,你要马上向小朋友道歉!"
> "还有5分钟我就要迟到了,所以你要在5分钟之内跟我一起出门!"
> ……

这样的话语,孩子就可以清晰地知道自己哪些行为是错误的,下一步该怎么做。当然,如果你能站在孩子的角度,跟孩子沟通一下他的一些行为背后的原因,那么你就能给出孩子更加有效的建议,规范孩子的言行。

2. 坚持原则,不能向孩子妥协

> 一位妈妈曾经非常苦恼地说,自己给6岁的孩子立下规矩,晚上要10点前上床睡觉,可是孩子几乎就没有遵守过。每次快要到睡觉的时间,孩子就会找各种理由继续玩,如果妈妈不答应,孩子就大哭大闹。即使妈妈大吼孩子,强行把孩子按在床上,孩子也不肯睡。最后,她不得不放弃这个规矩,任由孩子每天玩到困得睁不开眼睛,才会去睡觉。

第五章 订立规矩：父母会说话，孩子才更愿意遵守规矩

类似这位妈妈所遇到的情形，很多父母应该都遇到过：明明给孩子制订了规矩，但孩子就是不肯遵守。无奈之下，父母只好放弃。

实际上，这只会让孩子越来越无视规矩，越来越不遵守规矩。要想让规矩发挥效用，你就一定要坚持原则，不向孩子妥协，必要的时候甚至可以拿出父母的权威。只有父母坚持规矩，孩子才会意识到父母对这件事的认真和坚持，也才会认真对待规矩。

所以，案例中的妈妈如果想让孩子遵守 10 点前睡觉的规矩，就要提前跟孩子沟通好，比如：

> "宝贝，我们还有 30 分钟就要睡觉了哦！现在，我们一起来把玩具送回家吧，它们也要去睡觉啦！"

如果孩子不肯，甚至以哭闹要挟，妈妈也要坚持原则，并且自己以身作则，全家人都在 10 点前上床，准备睡觉。不要对孩子说："你再不睡觉，我就揍你了！""你赶紧上床睡觉啊！"这些都属于无效命令，孩子不会遵守。如果孩子仍然哭闹着不肯上床，那就让孩子自己哭一会儿。坚持几次后，孩子知道父母不会向自己妥协了，也就会主动上床去睡觉了。

3. 不要总对孩子说"最后一次……"

孩子不遵守规矩、不执行规矩的情形很常见，这时，一些父母就会对孩子说：

> "你不许再看电视了啊，我最后一次警告你！如果你不听话，我就会……"
> "赶紧去把作业写了，我最后一次提醒你！"
> "我最后再跟你说一次，不要那样说话！"
> ……

这样的话，就像最后通牒一样，目的是希望孩子马上听话。但是，看似对孩子的"警告"，其实对孩子来说就是无效的命令，因为我们很难做到"最后一次"，即使孩子在听到你的"警告"后继续看电视，你也很难拿出真正有效的方法，因此对孩子也起不到任何教育作用。

所以，在要求孩子遵守规矩或执行规矩时，不要总对孩子说"最后一次……"，而是直接陈述事实，告诉孩子他现在应该怎么做，如果孩子违反规矩，就拿出具体的惩罚措施来，并且要坚决执行惩罚措施。当然，惩罚措施也要列入给孩子所立的规矩当中，这样用规矩约束孩子，要比你不断地"警告"更有效。

5.6 有规矩，就要有惩罚

孩子是个独立发展的个体，在成长过程中，不听话、犯错误都在所难免，而且养成良好的习惯和性格本来就不是一蹴而就的，因此才需要我们给孩子立规矩，规范他们的行为。但是，不管是什么规矩，都会在一定程度上限制孩子的言行，让他们感觉不能随意地"放飞自我"，所以他们免不了要违反规矩、破坏规矩。

这时，你打算怎么办？

一些父母的做法可能是强迫自己忍着怒气，耐心地给孩子讲道理；还有一些父母，可能就会大发雷霆，对着孩子一通斥责、谩骂。

其实，这些都不是很好的处理方法。教育学家简·尼尔森曾经说：错误是孩子学习的大好时机，如何对待错误比犯的错误更重要。孩子犯了错、违反了规矩，那么我们可以用相应惩罚措施来让孩子记住教训，然后再引导孩子向着对的方向发展。

这就要求父母在为孩子订立规矩的同时，也必须制订相应的惩罚措施。但是，在订立惩罚措施时一定要遵循一个原则，就是只针对

第五章 订立规矩：父母会说话，孩子才更愿意遵守规矩

孩子的错误行为，而不上升到对孩子的人格、尊严的攻击。如果孩子一犯错，你立刻就把孩子以前犯下的所有错误都翻出来说一遍，并且借此反复惩戒孩子，这不是有效的惩罚，而是对孩子的打击报复。孩子也不会因为被惩罚就意识到自己的错误行为，更不知道如何改正错误。这样的规矩与惩罚，就失去了它的本质意义。

那么，在孩子违反规矩时，我们要如何对孩子进行惩罚，才会既不伤害到孩子的自尊心，又能帮助孩子更好地树立规则意识呢？

1. 立规矩时就与孩子商定好惩罚措施

在和孩子沟通，要为他订立规矩时，我们同时还要把惩罚措施与孩子沟通好，取得孩子的同意。比如，我们跟孩子说：

> "如果你不遵守我们的约定，或者屡次犯相同的错误，妈妈就要惩罚你。现在你来说一说，我们该怎样惩罚你呢？"
>
> "如果你每天看电视的时间超过半小时，那么第二天就要减少相应的时间哦！这算是对你不遵守约定的惩罚吧。"
>
> "假如你没有按时完成作业，那么你当天上网的时间就要取消了哦！"
>
> ……

如果孩子也同意这些惩罚措施，那么在执行规矩时，一旦孩子犯了错误，我们就要用事先约定好的措施对孩子进行惩罚，决不能因为孩子哭闹、耍赖等就妥协放弃，否则孩子是很难有效执行规矩的。

2. 惩罚并不是对孩子的批评、打骂

有些父母觉得，惩罚就是对孩子吼一顿、打一顿，孩子就能记住教训了。比如，孩子放学后没有按时回家，父母便对着孩子骂一顿：

> "不是说放学就回来的吗?又跑到哪里疯去了!"
> "你还知道回来?你干脆住在外面算了,不用回来了!"
> "让你放学就回来,你没有脑子吗?记不住吗?"
> ……

虽然孩子先违反规矩不对,但打骂绝对不是惩戒孩子、让孩子遵守规矩的有效方法,反而还会伤害到孩子的自尊心。哪怕你真的很担心、很生气,也不要用这种恶劣的态度对待孩子,而是采用更实际、有效的方式来惩罚孩子,比如取消孩子的某种特权、没收孩子喜欢的玩具等。

3. 在与孩子沟通之后,再实施惩罚

有时候,孩子确实做得很过分,我们也要先控制好自己的情绪。如果孩子的情绪也很激动,我们要安抚下孩子的情绪,让孩子也冷静下来,比如对孩子说:

> "妈妈知道你现在有些着急,来,我们拥抱一下,坐下来冷静一下。"

等孩子冷静下来之后,我们再严肃地跟孩子谈一谈,如:

> "现在你告诉妈妈,你觉得刚才自己做得对吗?"
> "那你能告诉妈妈,你为什么要这样做吗?"
> "如果有人那样对你,你会开心吗?"
> "那你觉得该怎么弥补你的错误呢?"
> "好,既然做错了事情,就要按我们的约定,接受惩罚对不对?"
> ……

第五章 订立规矩：父母会说话，孩子才更愿意遵守规矩

这时，孩子也可能会为自己争辩，这里要注意，一定要给孩子"申诉"的机会，因为导致孩子犯错的原因是多种多样的，既有主观方面的失误，也可能是不以孩子的意志为转移的客观原因导致的。从主观方面来说，孩子可能是有意犯错，也可能是无心所致，或者是能力不足，等等。

所以，当孩子犯了错或违反了规矩后，不要剥夺孩子说话的权利，要让孩子把自己的想法说出来。这样，我们才能更全面地了解孩子，对孩子的惩罚也更有针对性，并能让孩子心悦诚服地接受惩罚。

5.7 别忘了表扬和奖励守规矩的孩子

在教育和引导孩子的过程中，表扬和奖励都是不可缺少的。尤其在孩子执行规矩时，如果在某些方面做得很好，父母千万不要吝啬自己的表扬、鼓励和奖励，要及时地把一些赞美的话送给孩子。

说到这，有些父母可能会担心，如果对孩子表扬、奖励太多，孩子会不会对此"上瘾"啊？一旦不表扬、不奖励了，孩子是不是就不想遵守规矩了，这样以后不是更难管教吗？

其实你大可不必担心这一点，要知道，我们每个人都喜欢听表扬的话，也都喜欢奖励，孩子也是如此。被表扬和奖励了的孩子，内心会充满喜悦，因为自己的行为受到了父母的认可，自信心也会在一定程度上有所提高；相反，如果父母认为孩子遵守规矩是理所当然的事，没什么值得表扬的，也从来不对他们的优秀表现给予赞赏，那么孩子的内心就会逐渐对规矩失去兴趣，感觉有没有无所谓，甚至在违反规矩被惩罚时，还会对规矩产生憎恨心理。

而一些父母之所以担心孩子受表扬和奖励会变得"上瘾"，多数是因为你没有掌握恰当的方法。比如，有些父母经常这样表扬孩子：

> "儿子，你真棒！你是最厉害的！"
> "你做得对，真是个好孩子！"
> "今天表现不错，继续保持哈！"
> "你真聪明，做得好！"
> ……

一开始，孩子可能很受用这样的表扬，听完后心里美滋滋的，下次也想表现得更好，获得更多的表扬。但如果我们经常用这些相似的话去表扬孩子，孩子就会出现"表扬免疫"，慢慢对你的表扬就变得无动于衷了。因为孩子逐渐意识到，你给他的这些表扬、夸奖等，并没有什么实质性的东西，他也不知道自己到底哪里棒、哪里对，怎样算表现不错、算聪明。孩子甚至会觉得，爸爸妈妈就是在敷衍他，根本不是真心在表扬他，他原来被表扬、被夸奖后的喜悦感也越来越少。这样一来，你的表扬就完全失去了意义。

可是，如果某一次你没有及时表扬孩子，孩子可能就会很不开心，觉得父母忽略了他，或者是自己哪里做得不够好，自己又不知道哪里做得不好，于是又会变得很迷茫。

那么，我们到底怎样表扬和奖励遵守规矩的孩子，才能更有效地强化他们的正向行为，让他们更愿意积极、主动地遵守规矩呢？

1. 对孩子的表扬、鼓励一定要有具体内容

在孩子很好地遵守了规矩，而你想要表扬或鼓励孩子时，一定要把孩子具体做的事情表述清楚。比如：

> "你今天按照我们的约定，自己收了玩具，做得真不错！"
> "哇，你今天把床收拾得这么干净，真能干！"

第五章 订立规矩：父母会说话，孩子才更愿意遵守规矩

> "你今天提前把作业写完了，而且都写对了，非常好！继续加油哦！"
>
> "你今天在规定的时间内关掉了游戏，说话算数，给你点赞！"
>
> ……

这样的表扬和鼓励就很具体，孩子也知道自己的哪些行为得到了父母的认可。而为了获得更多的认可和表扬，孩子主动遵守规矩的积极性也会更高。

2. 慎用金钱或物质奖励

> 有一位妈妈在网上"吐槽"说，自己和孩子一起做了一张表格，如果每次孩子能认真学习 30 分钟的话，就在表格上打个钩。一周结束，统计表格上的对钩，有几个钩，就给孩子几块钱。
>
> 前两周，孩子的积极性特别高，周末时分别得到了 7 块钱和 8 块钱，开心得不得了。可到了第三周后，孩子就开始懈怠了，学习也不那么积极了，周末只得了 3 块钱。
>
> 妈妈渐渐不能忍受，开始是提醒孩子，后来就不断批评甚至威胁孩子，比如："你再这样，这周的钱就不给了啊！"结果最后孩子宁愿放弃金钱奖励，也不想再坚持了。

这个方法其实就是对孩子的物质奖励，同时我们也看到，开始时效果还是很不错的，孩子学习很有积极性，也能主动完成任务，领取奖励。但后面就无效了，孩子甚至完全放弃了，这是为什么呢？

对于孩子来说，不管一开始的奖励是金钱还是物质，他都感觉很新奇、很好玩，但当这件事变得习以为常后，他就会渐渐失去兴趣。

而一旦孩子在学习中遇到难题,或者失去了内驱力,他就宁愿放弃这一块钱或者相应的物质奖励。

那么,我们是不是完全不能对孩子进行金钱或物质奖励呢?

并非如此。如果用对了方法,金钱或物质奖励同样能很好地强化孩子的正向行为,促使孩子更加积极主动地遵守规矩。只不过我们在用的时候,一定要把这个奖励与孩子的行为之间联系起来。比如,你这样对孩子说:

> "宝贝,我看到你今天学习特别专注、特别认真,所以奖励你多看 10 分钟电视哦!"
>
> "你已经做到连续三天自己收拾房间、自己叠被子了,真的很棒,按照约定,可以奖励给你一个小礼物了,你自己想想要什么呢?"

类似这样给孩子物质奖励,就会让孩子明白:原来遵守规矩的行为是有好处的。这样一来,孩子就体会到了遵守规矩给自己带来的喜悦感和成就感,而受到鼓舞的孩子也会更愿意自主地按规矩做事。

由此也可以看出,在表扬或奖励孩子时,我们一定要想办法激发起孩子内在的动力,即让孩子体会到,他遵守规矩,可以让他的某些技能得到提升,他可以获得某种好处。这些好处不是父母直接赋予他的,而是他通过自己的努力获得的。所以,我们在表扬或奖励孩子时,一定要强调是对孩子遵守规矩这一正向行为的鼓励,那么孩子逐渐就有了继续遵守规矩、保持这些正向行为的内在动机。

第六章

重构关系：
远离暴力式沟通，让沟通更有效

　　心理学上有一句话："孩子能够走多远，取决于曾经与父母走得多近。"然而在孩子成长过程中，孩子与父母的关系不断遭到破坏，沟通越来越趋于暴力，结果导致亲子关系渐行渐远。那么，父母要怎样做，才能重新构建与孩子间融洽的亲子关系呢？就是从现在起，远离暴力式沟通，遵循孩子的发展规律，用孩子喜欢并能够接受的方式，实现真正的有效沟通，成为孩子成长道路上的心灵伙伴。

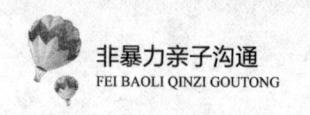

6.1 没有孩子能被说服，除非他自己愿意

有这样一句很有趣的话：从来没有一只耳朵，是被嘴巴真正说服的。这句话同样适用于父母与孩子之间的沟通。很多时候，我们都习惯于给孩子讲很多大道理，希望以此让孩子听话、懂事、理解父母对他的爱，最后却发现几乎起不到任何作用。不仅不起作用，反而还可能引起孩子的反感。

这就提醒我们，孩子在成长路上所发生的所有改变都不是被父母说服的，而是由心而外产生的，因为感受到爱、尊严、信任、接纳，他们才心甘情愿地被影响、被改变。

> 有位妈妈在网上分享了发生在自己和儿子身上的一件事：
>
> 这个男孩小时候很爱打架，小学三年级时，还把班里的一位同学打伤了，父母很生气，平时对孩子又是讲道理，又是严厉批评，都毫无效果。
>
> 有一次，妈妈带着男孩去看一场青少年跆拳道比赛，男孩一下就被跆拳道中那种礼仪、尊重以及对手之间的对抗吸引住了，并且当即就跟妈妈提出，自己要学习跆拳道。
>
> 妈妈也尊重孩子的兴趣，于是找了一个培训班，与教练首先进行了一番沟通。然后，妈妈就带着男孩去报名了，没想到教练却对男孩说："很抱歉，我不能收你，因为我听说你没学跆拳道前，就已经打伤过人了，要是学会了，还不得四处打人！"
>
> 原本兴冲冲的男孩一听教练的话，急得都快哭了，急忙保证自己再也不打架了。后来在教练的指导下，孩子果然不再打人，并且经过半年的训练，还在一次重要的比赛中得了奖。

第六章　重构关系：远离暴力式沟通，让沟通更有效

父母都爱自己的孩子，都希望与孩子之间亲密相处、顺畅沟通，希望孩子能在自己的教育下变得懂事、听话、有出息。但是，要想让孩子朝着这个方向发展，绝不是靠父母的说教、控制所能达到的，不仅如此，还可能会让孩子变得越来越不耐烦，激发他们的反感、叛逆心理，亲子关系也变得越来越疏远。只有激发出他们内在的驱动力，让他们从认知上发生改变，孩子的成长和改变才会自然而然地发生，这要比你的千万句说教更有意义。

心理学研究发现，人们更乐意接受喜欢的人所传达的观点和意见。也就是说，不是因为对方说得有道理，我们才愿意接受，而是因为喜欢他，所以才认为他说得对。

对于孩子来说，这一点同样适用。如果父母想与孩子之间构建融洽的关系和愉快的沟通氛围，就要注意下面两个问题：

1. 让自己成为孩子喜欢的人

著名教育家孙云晓曾经说过："好的亲子关系，就是好的家庭教育。什么时候你和孩子的关系是好的，你的教育就是成功的。"

这也说明，我们与孩子之间的关系质量，将决定孩子是否愿意接受我们的观点和建议。如果孩子总是跟你对着干，那么你就要反思一下，自己与孩子在相处过程中到底出现了什么问题。

不管在任何时候，孩子都不喜欢父母控制自己、命令自己，而是喜欢与父母以一种平等、尊重、信任的方式相处。即使自己犯了错，父母也不是粗暴地批评、嘲笑甚至打骂自己，而是能够理解、耐心地引导自己，给自己机会，让自己改正。这样的父母，哪个孩子会不喜欢呢？

当然，这些话听起来很简单，真正能够做到的父母却少之又少，但这并不表示父母就可以完全不做。我们只需要尽自己最大的努力，用最大的耐心去与孩子对话、沟通、交流，孩子同样可以感受到我们的爱、尊重与接纳，也会越来越喜欢我们，朝着我们期待的方向成长。

2. 如果给孩子讲道理，不妨采用"名人效应"法

相信很多父母在跟孩子讲道理时，说的最多的话就是：

"你怎么这么不听话呢，我还能害你吗？"

"我们都是过来人，你这点事儿还能摆弄不明白？"

"不听老人言，吃亏在眼前！你不听我们的话，早晚后悔！"

……

可你越是这样说，孩子越觉得你的话没有分量、没有权威性，甚至越发不相信。

那么，怎么才能让自己的话在孩子听来有分量并愿意接受呢？有一个小窍门，就是用"名人效应"，比如，我们换成这样的方式来说：

"你们校长说了，你们学校的升学率很高，只要努力，都能考上好大学。"

"医生说了，你的这个习惯会影响睡眠质量，睡眠不好，人肯定就没精神！"

"我在电视上看了，专家说……"

……

总之，就是尽可能地用孩子能够信服的权威来帮助你传达建议，因为在孩子看来，除了父母之外的第三方是没必要欺骗自己的，所以也容易对这些内容深信不疑，并从内心中接受这些建议，继而改变自己的不当行为。

6.2 向孩子敞开心扉,让孩子了解父母

父母与孩子的关系是世界上最亲密的关系,所以也应该与孩子一起分享彼此间的喜怒哀乐,可是,大多数父母只想让孩子向自己敞开心扉,却很少向对方敞开心扉。这种观念,就为亲子间的沟通设置了障碍。

事实上,要与孩子间实现真正的顺畅沟通,我们就要适当地与孩子分享自己的心情,让孩子感受到父母与自己的平等地位,感受到父母对自己的信任和尊重。心理学家研究后发现,如果父母能够经常性地与孩子袒露真实的自己,那么孩子也很容易被父母打动,同时也更愿意与父母沟通。

孩子的心是很敏感的,有时父母是不是开心、是不是生气,他们都能感觉得到。但是,当孩子问我们:"爸爸,你为什么不高兴呢?"或者"妈妈,你在生气吗?"很多父母往往这样回答孩子:

> "没有不高兴啊,我很好。"
> "小孩子不要管那么多!"
> "妈妈没事,去玩你的吧。"
> "爸爸很好啊,没有不高兴,小孩子别想那么多啦!"
> ……

孩子其实是感受到了父母的情绪,很想关心父母,可父母这样的回答就相当于拒绝了孩子的关心。久而久之,孩子就会觉得:"噢,原来父母的事跟我没关系,那我的事也跟他们没关系吧!"

于是,当孩子表现出一些问题时,父母在跟孩子交流时,就会问:

> "你到底在想什么?为什么要这样做?"
> "你是怎么想的啊,倒是说出来呀!"
> "你为什么不听我的呢?现在搞成这样,你到底想怎么样?"
> ……

这时可能就换成孩子拒绝沟通了,因为他们会想:"反正你们的事我也不了解,那你们也别想了解我!"或者"你们高高在上,只会对我说教,根本就不理解我!"

平等是沟通的基础,要想与孩子之间实现有效沟通,父母就必须让彼此间的沟通由单向沟通变成双向沟通,适当地向孩子倾诉一下自己的所思所想。这样,孩子才会更加了解父母,甚至会渐渐理解和体会父母的不容易,也更愿意亲近父母。否则,孩子不理解父母,父母不了解孩子,双方的沟通又如何能顺畅呢?

> 网上有这样一个故事:一个女孩在5岁时,父母离异,女孩被判给了妈妈。当女孩问妈妈,为什么她跟爸爸离婚时,妈妈告诉她,是因为自己和爸爸的感情不好了才离婚的。
>
> 几年后,女孩的妈妈再婚,继父是一个性格很好的男人,对女孩视如己出。但是,女孩一直不愿接受这个继父,甚至暗暗责怪妈妈不应该跟爸爸离婚,让自己不能跟亲爸爸在一起。
>
> 直到女孩考上大学后,妈妈才告诉女孩,其实当时是因为女孩的爸爸家暴妈妈,甚至在妈妈怀孕时对她拳打脚踢,导致妈妈流产,终生不能再生育,妈妈才选择跟爸爸离婚。
>
> 这时,女孩才真正体会到妈妈的不容易,更理解了继父多年来对自己的接纳、包容和爱护。可是,如果她能早些知道真相,也许就不会这么多年对父母离婚的事耿耿于怀,更不会对继父充满误解了。

第六章 重构关系：远离暴力式沟通，让沟通更有效

所以，在很多时候，我们与其对孩子隐瞒一些事实、情绪等，倒不如直接对孩子敞开心扉，用孩子能听懂、能理解的语言，把你的经历、想法、愿望等讲给孩子听。这不仅能加深亲子之间的情感沟通，还能传达给孩子一些处世的经验、态度等。

1. 把你的工作、经历等，说给孩子听听

多数父母都经常要求孩子向自己汇报学习情况，却很少把自己的工作情况、生活经历等告诉孩子。其实，经常把自己的工作、经历等讲述给孩子听听好处多多，孩子可以知道爸爸妈妈每天都在忙什么，知道爸爸妈妈在工作中也会遇到困难、挫折……现在很多孩子不知道父母工作赚钱辛苦，花钱大手大脚，完全不懂得节俭，而经常跟孩子聊一聊工作的事，孩子也会了解父母工作的辛苦，可能就会因此而懂得节俭，并且还会为了回报父母而认真学习。

与此同时，父母也可以向孩子讲述一下自己的经历，比如自己曾经有过什么梦想，为了追求梦想付出过哪些努力，最终获得了哪些成就，等等。这些不但不会降低自己在孩子心中的威严，还会让孩子更加尊重你、信任你，以你为榜样。

2. 适当地向孩子示弱

在大多数孩子的眼中，父母都是强势的、能干的，对孩子说话也经常表现得很强势，如：

> "这件事你做不了，别逞强了，放那里我来做！"
> "都说了，你不行，为什么不听我的话？"
> "我吃过的盐比你吃过的米都多，你听我的还能有错？"
> "赶紧把你的房间收拾干净！"
> ……

父母这样做的初衷，也许是为了维护自己的权威，但经常用这样的方式与孩子说话，就会让孩子产生一种压抑感，久而久之，孩子也

就不愿再跟父母交流了。

聪明的父母会懂得适当在孩子面前示弱,尤其当自己生病、感到劳累、心情不佳、工作不如意时,在孩子面前做个弱者,把自己的烦恼、问题等说给孩子听听,比如:

> "妈妈今天的头好疼哦,你能帮妈妈去买点药吗?"
> "爸爸今天在工作中遇到了点麻烦,现在心情很糟糕。"
> "妈妈今天被领导批评了,心情很不好,你能陪妈妈坐一会儿吗?"
> ……

这时,孩子就会理解,原来那么强大的爸爸妈妈也有自己的烦恼、有自己做不到的事,我不能再给爸爸妈妈添乱了。所以慢慢你就会发现,孩子变得比以前更在乎你的感受,也更懂事了。这表明,当你学会示弱,学会用平等的姿态与孩子沟通,不但不会让孩子认为父母很差、很弱,反而还能激发孩子的责任感和保护欲,促进孩子的心灵成长。

总而言之,要想与孩子之间实现良性沟通,你与孩子之间的沟通就一定是双向的。就像美国著名教育家斯托夫人提出的那样,应该让孩子了解父母的烦恼,这无论对孩子还是对父母来说,都是明智之举。

6.3 适当距离适量爱,才能与孩子相处融洽

生物学家曾经做过这样一个实验:在一个寒冷的冬天,把两只刺猬放到户外,刺猬感到很冷后,就想靠在一起取暖。可刚一靠近,它们就被对方的刺刺痛了,于是只好分开。不一会儿,刺猬又冻得受不了了,再次向一起靠,结果又被刺

第六章 重构关系：远离暴力式沟通，让沟通更有效

痛了。反复几次后，两只刺猬终于找到了最适合彼此的距离，这个距离既能让它们彼此取暖，又不会刺痛对方。这就是心理学上著名的刺猬法则。

不管是在朋友之间、夫妻之间，还是父母与孩子之间，如果彼此靠得太近，毫无距离感，就很容易引发矛盾；但距离太远，又会显得生疏。只有彼此间找到一个适当的相处距离，才会感觉舒服。

说到这，很多父母可能感到不解："我们不是应该爱孩子吗？爱孩子不是应该越近越好吗？怎么还要有距离呢？"所以，绝大多数父母与孩子之间都是"零距离"接触，对孩子的一举一动、一言一行倍加关注，总想着替孩子做好每一个决定，生怕照顾不好孩子，或者一不留心孩子学坏了。殊不知，父母给予的这一切，与孩子真正想要的并不在同一直线上，这也就导致越来越多的父母抱怨孩子"不懂感恩""不懂事"，而孩子却总是嫌弃父母"管太多"。

其实这种情况也不难理解，我们可以换位思考一下，如果有人每天时时刻刻都在关注你、关心你，完全不让你有自己独处的时间和空间，你会感觉舒适吗？你会因此就与对方关系更亲近吗？

北大教育家陈果曾经说过："任何人之间都要保持距离，距离才会产生美。靠得太近，我们就会看到彼此身上尖利的刺。两块石头被投入水中，靠得太近的话，水波都会互相干扰。"

这就提醒父母们，在家庭中与孩子相处时，一定要有适当的距离感，给予孩子的爱也要适量，不要把自己全部的爱和期待、意愿等都强加在孩子身上，对孩子提出各种各样的要求，并强迫孩子遵守和完成。孩子没有任何自由和自我时，不仅身心承受着巨大的压力，与父母的关系、彼此间的沟通等，也都很难融洽。

那么，父母该怎样构建与孩子之间的距离，才能让孩子既可以感受到父母的爱，又不会感到压抑、束缚呢？

1. 学会"藏"起一半爱，给予孩子一定的空间和时间

怎样才算"藏"起一半爱呢？就是我们明明对孩子的爱是十分，

但只表达出五分,把另外五分"藏"起来。孩子从我们给予的五分爱中,就能感受到我们的关心、关注,而"藏"起来的五分爱,却可以让孩子学会独立,也更有自由感和空间感。

比如,当孩子不小心摔倒了,我们在确定孩子没有受伤后,就收回想要马上扶起孩子的手,然后对孩子说:

> "宝贝,妈妈相信你可以自己站起来,加油哦!"

当孩子学习上遇到困难时,我们虽然很担心,甚至忍不住想告诉孩子答案,但仍然要耐心坐下来,适当提醒孩子说:

> "你试着找一找,这道题中的关键词是什么?"
> "你打开课本,找找这道题要用到的公式是什么?"

当孩子在你的提示下解决了问题后,你再对他说:

> "哇,我还没帮你,你就自己想到解决办法了,真棒!"

只有双方之间保持着这样适当的距离,孩子才会不断学习、不断成长,获得各种体验和进步,并且不会感到自己的自由被剥夺、空间被侵犯,也才会真正从心理上感受到父母对自己的爱和尊重。

2.对于孩子的问题,应做到"非请勿帮,请了再帮"

很多时候,一旦孩子遇到了问题,父母马上就伸出手去帮助孩子。父母的做法虽然是出于爱,但却破坏了彼此间的距离,有时甚至会产生"出力不讨好"的结果。

所以,在孩子遇到了难题而没有主动请求我们帮忙时,即使我们

很想帮忙,也要克制住这种冲动,不要主动去帮。如果你感到担心,可以跟孩子沟通一下,比如问问孩子:

> "你需要爸爸为你做些什么吗?"
> "妈妈现在也不知该怎么办,你对这个问题有什么想法?"
> "你感觉现在最大的难题是什么?"
> ……

这种沟通方式,既向孩子表达了你的关注,又给予了孩子相对自由的空间,让孩子能够自己思考、自己决定。此时,不管孩子是否需要你帮忙,他的内心都获得了一个重要信息,那就是:"爸爸妈妈愿意给我提供帮助,愿意听我的想法,但爸爸妈妈更尊重我自己的想法和决定。"

这样的信息对于亲子关系的构建以及彼此间的良性沟通是非常重要的,尤其对于青春期孩子来说,父母这样做显然满足了他们被尊重、被信任的心理需求。这时,孩子再有什么想法、感受等,也会愿意说出来跟你分享,或者也会请你帮忙,和他一起解决问题。而在这个过程中,你与孩子之间既表现出了适当的距离,又让彼此间的关系变得融洽、和谐。

6.4 凡事多与孩子商量,让孩子自己做选择

在电视节目《奇葩说》中,曾经有这样一个话题:"如果你拥有一键定制的按钮,你想给孩子定制什么样的人生?"其中,选手傅首尔讲到了自己和孩子之间的一件事。

有一次,傅首尔到商场花了 2000 块钱给孩子买了一双

鞋，她觉得这双鞋特别帅气。可当她兴冲冲地把这双鞋拿给孩子时，孩子却一脸嫌弃，认为这双鞋根本不好看，因为上面没有他喜欢的卡通图案。虽然带有卡通图案的鞋子可能几十元钱就能买到，但在父母看来，这几十元钱的鞋子怎么能跟2000元一双的鞋子比呢？

但是，孩子就是喜欢。

这就是父母与孩子之间沟通时存在代沟的一种表现。在父母看来，明明是很有价值的东西，但在孩子看来却可能一文不值；父母觉得有些事是为孩子好，但孩子却丝毫不领父母的情。可见，要想与孩子之间实现良性沟通，我们就不能只站在自己的角度考虑问题或为孩子做决定，而是要多与孩子商量，最终让孩子自己来做选择、做决定。

英国教育家斯宾塞曾说过，要少对孩子下命令，命令只有在其他方式不适用或失败时才用；也要少为孩子做决定，如何决定应该是孩子自己的事，而不是父母的事。"要像一个善良的立法者一样，不会因为去压迫别人而高兴，而因为用不着压迫而高兴。"

人与人之间沟通时，相互商量是非常重要且必要的，这会让彼此之间都感受到来自对方的尊重，而尊重的需要是人类较高层次的精神需要。一旦这种需要不能获得满足，人就容易产生失望、沮丧等负面情绪。

孩子同样如此，也有希望被尊重的需要，而且随着年龄的增长，他们的兴趣、爱好、交友等各方面与父母都可能有分歧。这时，如果我们仍然按照自己的要求来阻止或干涉孩子的兴趣、爱好等，就可能引起孩子的反感，让彼此沟通变得不顺畅。但如果我们能以商量的态度与孩子沟通，取得孩子的同意和认可，孩子就会获得被尊重的感觉，遇到问题也更愿意与父母进行沟通。

所以，父母在与孩子沟通时，一定要尽量做到下面几点：

1. 孩子的事，一定要主动与孩子商量

随着孩子的成长，他们逐渐有了自己的想法，这时，一些与孩子

第六章 重构关系：远离暴力式沟通，让沟通更有效

有关的事情，我们就要放手让孩子自己做选择。即便我们想提建议，也要用商量的方式，把自己的想法传达给孩子，让孩子自己思考后做出选择。比如，我们可以这样对孩子说：

> "你现在是不是该写作业了？写完作业再看电视吧。"
> "妈妈想给你报个辅导班，辅导一下你的数学，因为我感觉你最近做数学题比较吃力，你觉得怎么样？"
> "明天早晨，妈妈希望你自己设置闹铃起床，因为你是大孩子了，得自己学着独立起来，你觉得可以做到吗？"
> ……

当然，孩子的答案也可能不是我们期望的，比如他不想现在关掉电视去写作业，不想上辅导班，不想自己设闹铃起床，这时，我们该怎么做呢？

有些父母此时可能就会很生气，开始用自己的权威来"压"孩子、数落孩子：

> "赶紧把电视关掉，去写作业！"
> "不报怎么办？数学成绩越来越差，我还不是为你好？"
> "你都这么大了，还天天让爸爸妈妈叫你起床，太不像话了！"
> ……

结果，双方的沟通再次陷入僵局。

实际上，我们应该随时记住，孩子是家庭中的重要成员，遇到问题应该主动征求孩子意见，如果孩子表示反对时，我们应该心平气和地给孩子解释，争取得到孩子的理解，而不是强迫孩子服从，甚至斥责孩子。

但如果孩子仍然不同意,我们也尽量尊重孩子的决定,再通过其他方式与孩子沟通这些问题,以求达成共识或找到更好的解决途径。

2. 用协商的方式来处理与孩子之间的矛盾

当父母与孩子之间出现矛盾或冲突时,一些父母就开始恼怒于自己的权威受到挑战,于是试图用权威来压制孩子,让孩子服从于自己。但孩子不仅不会因此而听从父母的意见,还可能产生强烈的逆反心理,导致亲子间的关系恶化。

在这种情况下,聪明的父母不会用硬碰硬的方式来"镇压"孩子,而是学会运用协商的方式与孩子沟通,让孩子体会到父母对他的尊重,体验到彼此之间人格的平等。比如,父母会这样对孩子说:

> "你是我们家庭中的一员,我们应该再耐心地讨论一下这件事,你觉得怎么样?"
>
> "既然我们的观点不一致,那么我们就分别来分析一下,我们的观点为什么出现分歧,好吗?"
>
> "你这样说也很有道理,那我再来说说我的观点,好吗?"
>
> "这一点你说得很对,我支持。下面可以听听我的意见吗?"
>
> ……

当矛盾发生时,每个人都很在意自己的尊严,不希望自己被别人压制、说服,孩子同样如此。但如果我们能放下父母的权威,把孩子当成平等的人来对待,用协商的方式来讨论问题、处理矛盾,不管孩子的观点是对是错,都给予他表达的机会,孩子也会更愿意接受父母的建议,并努力与父母达成共识。

总之,遇到问题或出现矛盾时,能够多与孩子商量,而不是一味地命令孩子、斥责孩子,给予孩子一些可以自己做选择的机会,是父母应该具备的重要的爱的能力。这并不是对孩子的迁就,也不是对孩子的纵容,而是找到与孩子和谐相处、实现良性沟通的有效途径。

第六章 重构关系：远离暴力式沟通，让沟通更有效

6.5 学会交换立场，用"利他思维"与孩子沟通

我们在与孩子沟通时，经常习惯性地使用"我希望……""你给我……""你要是听我的话……"等类似语句。这些语句大多数时候都是父母对孩子的命令、要求等，一味地希望孩子能够按照我们大人的想法和意愿来做事。可是，我们有没有想过，孩子真正需要的是什么？他们的真实想法是什么？

很显然，我们习惯于用成人的思维去思考问题，而孩子的思维却非常简单，加上思想不成熟，生活经验少，所以难免会与父母的观点、想法等产生分歧。于是，一些矛盾就这样产生了。但如果我们学会交换立场，用一种"利他思维"来关注孩子所关注的东西，满足孩子的心理需求，你就会发现，你与孩子之间的沟通并没有那么难。

> 一位妈妈带着7岁的儿子在外面散步，忽然，儿子指着一辆刚刚从他们身边驶过的汽车，大声喊道："妈妈你看，那是上海的车！"
>
> 妈妈顺着儿子手指的方向看了一眼，确实是一辆车牌以"沪C"开头的车，但就算不在上海，在其他城市看到上海的车也没什么奇怪的，于是妈妈就不以为然地说："这有什么大惊小怪的，现在每个城市都能看到其他城市的车呀！"
>
> 妈妈刚说完，儿子脸上的兴奋劲儿一下就消失了。

案例中的妈妈，就是在用我们大多数人都会使用的成人思维来与孩子交流。实际上，孩子可能根本不懂得这个车牌的含义是什么，只是刚刚知道"沪"这个字代表上海，所以在马路上看到带有"沪"字的车牌时，才会惊喜地指给妈妈看。

如果这位妈妈换一个角度来与孩子交流，比如这样说：

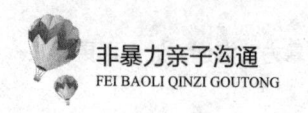

> "噢，你看到这个字，是想到上海这个城市了吗？"
> "你竟然认识'沪'字了？那你知道它代表哪个城市吗？"

这时，才是真正用"利他思维"在与孩子交流，孩子也会变得更加积极。如果妈妈再和孩子一起找一找其他车牌上的字，孩子的学习热情马上就会提上来。

其实我们可以想象一下，当一个7岁的孩子，能够凭借自己学到的知识认出"沪"字代表的是上海的车时，他内心是多么兴奋；但受到妈妈的漠视和打击后，他的内心又是多么失落。如果妈妈能够理解自己所说的意思，并愿意跟自己一起继续寻找其他车上的字时，孩子又是多么开心！

所以说，孩子有自己的思维世界，只是因为他们的认知能力有限，有时才会说出或做出让我们感觉大惊小怪的话或事。但如果我们能与孩子交换立场，用他的思维来看待问题的话，你会发现孩子根本没有那么多难以沟通的问题。

要学会与孩子交换立场思考问题，我们不妨在下面几方面多加注意：

1. 努力体会孩子当时的内心感受

有些时候，当孩子出现情绪问题时，比如受了委屈、遇到困难等，就会很难过，这时一些父母就会轻描淡写地对孩子说：

> "多大点儿事啊，没关系的！"
> "男子汉，坚强一些！"
> "这没什么大不了的，你不用放在心上。"
> "别哭了，下次做好就行了！"
> ……

第六章　重构关系：远离暴力式沟通，让沟通更有效

你会发现，孩子不但没有因为你的"安慰"而真的好起来，反而更伤心、更难过了。

面对孩子的这些状况，我们首先做的就是站在他的立场、用他的思维去思考问题，体会他当时的内心感受。很明显，孩子此时一定是难过的、伤心的、委屈的，那么我们就承认并接纳他的这些情绪，这样来对孩子说：

> "你的朋友不理你，你很伤心对吗？"
> "如果这件事发生在我身上，我也会像你一样难过，所以我很理解你。"
> "你当时一定很尴尬，老师当着那么多人的面说你。"
> ……

这时，孩子就会从父母身上找到"共鸣"，情绪也会逐渐稳定下来。当孩子度过这个情绪期之后，我们再和孩子去分析解决问题，也会变得更加容易。

2. 放下成年人的自我成见

我们都知道这样一个道理：站在不同的位置，就会看到不同的风景；处于不同的立场，也会产生不同的想法。

这个道理在我们与孩子身上同样适用。作为成年人，我们看待问题的角度和产生的观点肯定与认知能力不强、涉世未深的孩子不同，所以，当我们与孩子之间出现矛盾时，也不要用成年人的思维与成见来要求孩子，而是迅速转变角度，从孩子看世界的眼光和思维去看待彼此间的问题，这样才能有效地解决问题。

比如，孩子明明有很多玩具了，但看到一个自己没有的，就想买回来。但我们的想法往往是："你已经有那么多玩具了，不要再买了！"而孩子的想法却是："这个玩具好有趣，我没有玩过，我要买回去玩一玩。"你看，这就是彼此间矛盾的根源。

所以，如果你想真正地解决问题，实现与孩子间良性沟通，就要先了解孩子的真实想法，再从孩子的角度去考虑如何解决眼前的问题。这样，你才能赢得孩子的信任与合作，拉近与孩子间的距离，让他体会到被理解、被重视的感觉，继而再去纠正他的不当行为。

6.6 做好自我管理，为彼此沟通注入"强心剂"

曾经有一部经典的美国家庭教育喜剧，叫作《成长的烦恼》。

这部剧的主人公是杰森夫妇和他们的三个孩子：女儿卡萝尔、大儿子迈克和小儿子本。在这个家庭中，杰森夫妇从来不向孩子们摆家长架子，对待三个孩子一直都很友好、尊重。虽然难免有烦恼和各种意外，但一家人仍然其乐融融，非常快乐。

卡萝尔是个聪明好学的小姑娘，父母都以她为骄傲。当卡萝尔表示自己想要跳级升学时，杰森夫妇既没有盲目地高兴，也没有用大人的"经验"来指导她，而是非常认真地坐下来跟女儿讨论，再引导女儿自己做出正确的选择。

迈克是个顽皮的小家伙，经常惹是生非，做出一些让人意想不到的事情，让杰森夫妇很头疼。但是，他们仍然不会斥责、批评甚至打骂迈克，而是坚持给迈克机会，鼓励他自己做决定。

本的年龄最小，也是个小机灵鬼，经常产生一些稀奇古怪的想法，但杰森夫妇给予他的仍然是和谐友好的态度，平静地与他沟通问题，鼓励他要独立去做事。

英国教育家斯宾塞曾说："沟通不是在任何人之间都能实现的，

第六章 重构关系：远离暴力式沟通，让沟通更有效

父母只有放下架子，才能实现最成功的沟通。"

实际上，很多父母与孩子之间的关系"势如水火"，沟通不畅，完全是由父母自己造成的。因为自己在与孩子沟通时，喜欢凌驾于孩子之上，只希望孩子能听自己的话。自己说对了，孩子要听；自己说错了，孩子还要听。孩子很小的时候，缺乏主见和认知能力，可能会听从父母的"指挥"；但随着他们慢慢长大，自我意识和认知能力增强，你再用这样的态度与孩子沟通，孩子就会渐渐不服气了。

由此也可以看出，想要与孩子构建良好的关系，实现良性沟通，父母就一定要改变自己的态度，管理好自己的情绪，远离下命令、提要求，甚至批评、指责等沟通方式，带着理解、尊重、信任以及善于共情的态度，去与孩子真诚、耐心地沟通。哪怕孩子确实犯了错，也不要直接用斥责甚至打骂的方式来"教训"孩子，而是先听听孩子的解释，找到孩子犯错的原因，打开孩子的心结。你只有先弄清问题出现的根源，才能找到从根源上解决问题的方法，而不是只看问题表面就粗暴地下结论。只有这样，才能有的放矢地引导孩子朝着更好的方向发展。

1. 态度对了，沟通就顺畅了

> "你这是什么态度？"

当别人对你说话的态度不好时，你是否也会这样责问对方？然而作为父母，我们在与孩子沟通时，是否也问过自己同样的问题呢？

相信很多父母都没有反思过这个问题，相反，却经常对着孩子这样说：

> "你这是什么态度？"
> "你这应该是跟爸爸妈妈说话的态度吗？"

> "你怎么能这样跟我说话?"
> "你这是跟谁学的,跟父母说话这么没礼貌?"
> ……

殊不知,孩子跟你说话的态度,可能就是因为你曾经那样与他说话。孩子的模仿能力极强,尤其受父母影响最为直接,如果父母经常与孩子这样对话,那么孩子就会把这种方式"反还"给父母。所以现在,你知道孩子这样说话的问题根源了吧?

要避免这种情况发生,我们就要在日常与孩子相处时调整好自己的态度。如果你能保持温和、宽容、诚恳、幽默而平等的态度与孩子说话,孩子就会获得心理上的安全感和宽慰感,紧张的神经也会渐渐松弛。而当孩子的情绪稳定后,他们与父母说话时也会变得平静、温和,对父母提出的建议等也更愿意接受。

2. 与其命令孩子,不如积极地暗示孩子

著名教育家陈鹤琴在其著作《家庭教育》一书中,讲述了发生在自己与孩子之间的一件事:

一天,陈鹤琴的儿子拿着一块破烂的棉絮裹在身上玩。陈鹤琴看到那块棉絮很脏,就想让儿子丢掉。可他刚要开口,忽然想到,自己该命令孩子马上丢掉,还是直接把棉絮夺走,或者用其他东西代替一下呢?

考虑了片刻,陈鹤琴就对儿子说:"我发现这个很脏的、有味道啦,我想你一定不喜欢,你平时都很喜欢干净的,去拿一块干净的玩好不好?"

孩子听了,立刻把身上的破棉絮丢掉,高高兴兴地去找干净的了。

第六章　重构关系：远离暴力式沟通，让沟通更有效

之后，陈鹤琴就这件事还总结了一段话："无论什么人，受到激励而改过，是很容易的；受到责骂而改过，比较不容易。小孩子尤其喜欢听好话，不喜欢听恶言。大多数做父母的，看到小孩子玩很脏的东西，就自然而然地去把东西夺过来，还会骂他，甚至还要打他。其结果是，小孩子改过的少，而怨恨父母的多；即使不怨恨父母，至少也不一定喜欢父母了。"

可见在很多情况下，我们用粗暴的命令、指责去跟孩子说话，孩子即使当时听话了，也很容易形成与父母间的对立；相反，用一种积极的暗示去与孩子沟通，说孩子喜欢听、爱听的话，孩子反而会主动纠正自己的错误。

3. 重视言传身教，做好孩子的榜样

家庭是孩子人生的第一课堂，孩子在这里生活、成长，习惯、性格、是非观念等也都在这里养成。所以，父母的言行举止、为人处世的原则等，也将会影响孩子的一生。

俗话说："喊破嗓子，不如做出样子。"在家庭当中，父母怎么说、怎么做，都会直接成为孩子效仿的榜样。同时，父母用什么样的语气与孩子说话、沟通，孩子就会用什么样的语气来回答父母。如果你平时习惯用刻薄、粗暴的方式与孩子说话，孩子也会变得刻薄、粗暴；相反，如果你为人处世和风细雨、礼貌有加，那么孩子也会像你一样，与人交往、沟通时慢声慢语、彬彬有礼。

所以人们常说，你希望别人怎样对待你，你就怎样对待别人。在家庭教育上，这句话同样适用，你希望孩子成为什么样的人，你就努力做一个什么样的人。只有父母能够身体力行地为孩子做出榜样，抛弃暴力的沟通方式，用孩子喜欢、接纳的方式与其沟通，这种无穷的力量才会更好地滋养孩子，引领着孩子朝着你期待的方向成长。这要比你用苍白的说教、粗暴的指责、大声的命令的方式来教育孩子的效果好出千百倍。